張君勱著
程文熙編

中西印哲學文集

上册

臺灣學生書局印行

張君勱先生生前演講時情態

中西印哲學文集　目錄

第二編　哲學與政治

第三編 哲學通論與比較哲學……三九三—四五六

第四編 儒家哲學之復興……四五七—六二八

第五編　儒家哲學之內涵……………………六二九—九〇四

第六編　西洋哲學之評介……九〇五—一二九〇

甲、序跋

乙、函牘札記

語錄（廿四則）

一：中華民族今處興亡大變之期，有當以沉痛之心，致其哀思者：

「今日吾中華民族之各分子各家族，乃至社會上之團體，政治上之制度，無一不處於天翻地覆之狀態中，在個人言之，爲生命之安危，在家族言之，爲人倫之大變，在政治言之，日遠於民主而復返於專制，此爲四千年來歷史之大變，吾人之爲民族一分子者，不應僅視爲一黨一派政權之得喪，而當以沉痛之心情，對於吾國文化傳統，致其哀思者也。」

——義理學十講綱要——

二：東西諸國眈逐於吾旁，何以謀所以因應乎：

「嘗統觀四千年之歷史，吾祖若宗所以建立吾族文化者，根基若是其深厚，所拓疆土之廣，所含人種之多，與夫成績之彪炳，享國之長久，求之各國，鮮有匹敵之者。吾儕之爲子孫者，不應託庇先人宇下而自滿，不應坐享前人之成而自逸，蓋東西諸國張目伸手，眈眈逐逐於吾旁，由通商之要求，而進於藩籬之撤盡，由藩籬之撤盡，將進而爲本部之分割，吾民族亡而文化隨之以亡矣。吾同胞乎，其深信歷史之過去，以增高其自信力，其毋忘環球大勢之注意，以謀所以因應，庶幾上無愧於先人，下爲來者樹攸久無疆之業乎！」

——明日之中國文化——

三、人之所以爲人，豈不以其知乎？豈不以其良知乎？

「嗚乎！人之所以爲人，豈不以其知乎，豈不以其良知乎？人不能一刻離其環境中之事物，曰衣曰食曰住曰行，衣食住行之由來，由於士農工商，而士農工商之所以造成此衣食住行之具者，有農學工商之學與夫其他分科之學。此之謂知識或曰科學。知識與科學，起於人類好問其所以然之故，曰天何以運，曰日月星辰何以行，曰地何以載，曰萬物何以生何以成，曰煤曰油何自而來，皆由人類之好問，其答案日積月累，乃成爲知識乃成爲科學。

雖然，天文、地理、物理、人事，皆外界事物，由於觀察比較，以得其定律，而成其爲科學。孔子之所謂仁，蘇格拉底之所謂知自己，耶穌之所謂愛，起於其心中之自得自證。仁也、自知也、愛也，爲三家之中心概念，由一心之所以爲必然者，更推廣於他人之同然而相與奉行焉。此則善惡是非之辨別，得之一己之良知而合於人心之同然者也。此之謂哲學或曰形而上學或曰宗教。」

——「比較中日陽明學」——

四：中西聖人同皆讀書明理以垂教於後世：

「所貴乎士大夫者爲其讀書明理也。孔子刪詩書，定禮樂，贊周易，修春秋。孟子曰居天下之廣居，立天下之正位，行天下之大道，得志與民由之，不得志，獨行其道。孔孟本其博學愼思之所得，以垂教於天下後世。希臘蘇格拉底、柏拉圖、亞里士多德之所爲，亦不異於此。至於西方近世更有天文、地理、物理、化學、農工商礦諸學。吾國士大夫所建立者，爲何種學問乎。平日所治者爲記誦之學，所試者爲墨義帖經之章句。然謂古人不知有利用厚生之學，是斷不然矣。千餘年間，有發展專科學術之機會，如農業法律醫學是也。惜士大夫只知以仕進爲事，置學術於不顧。玆就此三點言之。」

——「錢著中國傳統政治商榷」：「士人政府」——

五：有語言文字與印刷，所以傳授古今經驗，而非附隨於唯物生產方法者：

「古今中外之歷史中，所以訓練與提高人民之心思、智力；與禮義廉恥之心，因以健全各人之人格與文化之基礎者，其爲益於人羣，何可勝窮。有語言文字與印刷以來，所以傳授古今經驗便人記憶追溯者爲何如，有教育制度，耳提面命，圖智育與德育之增進者爲何如，有蘇格拉底之殉其學說，耶穌之殉其宗教，乃至孔子孟子之周遊與著書立說，所以示後世信道之價値者爲何如。文天祥之號召勤王，非希德之反抗拿翁，所以鼓勵民族獨立自尊之心者何如，乃至科學家之發明，民主憲政與社會改革之要求，精神價値之自發自動，何能僅視爲意識形態之附隨於生產方法者乎？」

——「辯證唯物主義駁論」——

六、治學方法及知之意義：

「然方今爲東西大通之日，應就其長短得失之故，而略言之。甲、學問爲獨立王國之義，爲國人不解。吾國學者纒繞於學以致用，或曰學非所用，用非所學之心習中，而無以自拔。倘學必以用爲前提，則星河觀察與月球探險其與地球上人生之用處，能有幾何乎。乙、學問之分類。漢書藝文志諸子類百八十九家。其中除儒、道、墨、名、法、雜家外，更將兵家、農家、小說家，列在其中。試問此種分類以思想派別爲標準乎？則儒道墨名法之外，不應有兵家、農家。倘以學科內容爲標準乎？則兵農之外，天文、地理、動植物等無一可以忽略。即此藝文志分類之法觀之，可以知吾國自古以來，對學問分類，思想派別與自然現象，向無嚴格之界劃與標準。此乃明辨之功之不至，而著書立說者龍侗之病所由起也。丙、旣有學問矣，不能無所以治學之方法。於是有純粹邏輯，其所討論者，曰同一律，曰矛盾律，曰排中律，此屬於概念之所以成爲概念。由此而推廣之，則爲概念、判斷、結論三項。更有所謂應用邏輯，其中包括定義、證據、方法。近來再加心理方面之研究，曰體驗，曰形容，曰立說之成文（Formulieren），則各種學問之術語，概念構成與體系，皆含在其中矣。西方所以重視治學方法，所以求達於思想之正確，前後一貫與其理論之效力之維持久遠之大目的也。吾國儒墨兩派亦以正名爲治學之大事，宋代儒學復興，二程與朱子均守此規矩而勿失。迄於王門之龍溪派泰州派流行，於是謹嚴之風氣大衰。顧亭林斥之曰空談心性。此眞實誠信四字之離開吾國學術之一證也。此兩證之所說明，非謂吾國人民中之各個人，不具有此四種美德。反而言之，吾國人與人之交易往來，雖無合同簽字，然一言旣出，決不食言。獨至政治上之戶口統計，賦稅多少，無一代非姦僞百出。至於學術文章，上下古今，空發議論，其大多數爲臣對臣聞之策論與代聖賢立言之制藝而已。以實事實理爲研究之對象者，不可多見焉。漢學家雖標「實事求是」之旨，然其精力限於文字與書籍眞僞之考訂。謂爲實字求是可矣。以云與實事實理之會通，與夫眞僞之明辨，則毫不相涉者矣。以上二事，爲西潮東漸後吾感不能抵抗外人之大因。拳匪之亂也，戊戌變法也，辛亥革命也，可謂莫不起因於此。然而青年人憤憤不平之氣與急切圖強之心，時時暴露於外，乃激起當年共產黨之成立，招致今日大陸之淪陷。此皆政治與學術之不眞不誠，有以致之也。

青年友人乎？諸君之中居台而不安於台，乃不能不圖來美。既已來美矣，因求學求職之不遂己意，發而爲反對自由，羨慕獨裁之言，此乃心理起復中應有之事，不足爲怪者也。然君等既爲人類中之一人矣，人之爲人之特徵，在吾國言之曰義理之心，人皆有之；西方則名之曰理性的動物，惟其有義理有理性，故人有對事物同異眞僞之知，有道德是非善惡之知。此爲人類求眞求善之動機之源泉。由此求眞求善之動機，凡爲個人者，有其對於知識對於道德之各種責任。

孔子曰：「知之爲知之，不知爲不知，是知也。」此謂知與不知之能自辨別。現世界中關於國際情形，關於科學，皆有公開文字或印行書籍以記載之。諸君皆大學畢業生，年近二三十，何至某君信口開河，至有美國原子彈自德偷來之說。其中有三種過失。第一、求知之責任之未盡。第二、知與不知之不辨。第三、妄以不知爲知，尤見其心意之不誠。」

——與自台來美留學生談話記——

七：孔子之六言六蔽，早已言對於知識不可走於一偏：

「荀子曰：「凡人之患，蔽於一曲，而闇於大理。」又曰：「凡萬物異則莫不相爲蔽，此心術之公患也。」又曰：「道者體常而盡變，一隅不足以舉之。曲知之人，觀於道之一隅，而未之能識也。……內以自亂，外以惑人，上以蔽下，下以蔽上，此蔽塞之禍也。」所以告戒思想家之見一面而不見他面者，荀子之言，可謂深切著明矣。然荀子解蔽篇，實導源於孔子「六言六蔽」一章，其中首二戒曰：「好仁不好學，其蔽也愚，好智不好學，其蔽也蕩。」兩語之意，謂但知仁厚之德而不以學問擴充之，則流於微生之小忠小信，以名相之分析爲事如惠施者，雖極聰明才辯，然終流於放蕩而不知所歸，以成爲名家與希臘之詭辯派而已。以上孔子荀子之言對於知識不可走於一偏，早已發之於二千餘年之前，與西歐哲人之重知識而忘人生之大目的者，早已分道而馳矣。」

——辯証唯物主義駁論——

八：知之重要與講學自由之風不可置之政權之下：

「吾所欲問者，更有其大者遠者。讀書人士之所事，不外乎知。知之爲類衆矣。有自知之形狀言之者，此爲大學格物致知之知，上自天文，中爲人事，下至地理，飛禽走獸，無一不屬於學之範圍。有自知不知之邊際言之者，如實有問題。此爲形上學者之事。有去其形狀，而就其名辭意義之廣狹、同異範圍言之者，是爲形式邏輯。乃至其成爲一科之學，有主要名辭之定義，有次要名辭之定義。惟其名辭之義旣定，而後學者治學有所遵循，不至逞臆爲譚。此爲治學之方法，爲學者所共守。此種風氣，在東西大通以前，吾國曾有所知乎抑否乎？動植物理與夫聲光電化之來自西方者姑置不論，卽以一部哲學史言之，何以儒道名法與宋明以來之理學，本爲吾固有之學，何以必模仿西方。然後有中國哲學史之出版乎？佛敎爲吾國學者與西方高僧共譯之書，何以佛教史之編定反落於日人之後乎？梵文亦自南北朝迄唐吾國人所熟知，何以忽然中斷，待西方人復興梵文後，再從而學之乎？政治思想史與經濟思想史亦爲吾所固有，何以必待見西方同類之書，然後吾從而步其後乎？乃至「引得」一類之書備人查攷者，何以必待燕京大學起而編著之乎？吾可以簡單答之曰，此由於學者但以科舉爲利祿之途，而其涉及心靈深處之事，如良心自由與新學問之創立，無一不聽諸帝王之蹂躪，而莫可如何。試問三武一宗之難，吾國曾有提出信仰自由爲解決之方法者乎？宋代理學之創造，由於不事科舉者捨棄功名而專以行其心之所安，乃有此不傳之絕學。然自程頤於北宋，朱子於南宋提倡道學。海外皆師歸之。遭秦檜之忌，乃目爲僞學，於是南北宋皆有道學之禁。此可見科舉之制既行。一切學問之事，皆隸屬於政權之下，而講學自由之風爲之堵塞矣。東萊呂氏有言曰：「且如唐虞三代設教，與後世學校大段不同。只舉學官一事可見。在舜時命夔典樂，教胄子。在周時大司樂掌成均之法，以治建國之學政而合國之子弟焉。何故皆是掌樂之官掌教。蓋其優游涵養，鼓舞動蕩，有以深入人心處，却不是設一官司。自秦漢以後，錯把官司看了，故與唐虞三代題目自別。雖足以善人之形，而不足以善人之心。雖是法度具舉，然亦不過以法制相臨，無深入人心道理。大抵政與教（卽學）自是兩事，後世錯把教做政看。若後世學校（所教卽所以爲科舉之計）全不可法。」試以現代名辭，爲呂氏之注解。其所謂優游涵養，卽現代之精神活動也。其所謂不可以此制相臨者，一國之學術風氣，賴乎師生之教學相長，非可求之於臨時之循行數墨，尤不可限之以一定程式。呂氏之言，或者爲秦檜、韓侂冑而發。然其深識遠見與現代民主國家大學自由之旨，正相符合。可不謂豪傑之士乎。

——專制君主時代政制之緒論——

九：思想有其對立，但可以融合：

「今日世界字彙中有種種對立之名辭，如個人主義與社會主義之對立也，如國家主義與國際主義之對立也，如資本主義與共產主義之對立也，如唯心論與唯物論之對立也，如有神論無神論之對立也，如自由與法律之對立也，如定命與非定命之對立也，如機械主義與生機主義之對立也，如身體與靈魂之對立也。此種種之對立，無一項不起於理智之討論，或發前人所未發，而成爲一家一派之見，或起於當時通行學說之反面，或起於時代先後中補偏救弊之用，或由矯枉過正而來。吾人明乎此中一起一復一左一右之故，而選擇之，自能構成一種融合各方，折衷妥善之制度，不必追逐人後而專以窮其偏弊爲快意。吾人再就以上所舉對立之數點而略論之。」

——致國內外同胞書——

十：正反云云應經思索與兩方校對而後可：

吾人回到柏氏詭辯派對話錄，以明大陸政治上之病根。古代希臘人長於思辨，有萬有爲一、萬有爲殊、萬有一體、萬有萬變、萬有靜止、萬有變動諸說。柏氏詭辯派一文，先介紹一詭辯派學者（原文名外客）登台，與人論難。難者提出一、殊、有、無、非有、動、靜諸義，詢其爲一爲殊爲有爲無爲非有之答案。此派中人，平時口如懸河，議論滔滔不絕，今則窘態百出，不知所答。柏氏評之曰，此輩長於口辯，以花言巧語惑亂青年，至於基本概念（或曰理型）之聯繫，或其貫通之處，則茫然無知，然敢作大言，將希臘宗敎與道德動搖之、毀滅之，以遂其政治上之商人賣買行爲。蘇氏柏氏等認此爲邪說汚行，乃以類名、概念、定義、意典諸法爲立言之根據，亦卽以此爲人心是非之標準。迄今兩千餘年，西方學說屢變，而此類名、概念、定義、意典等等，爲學者所共守，未有能捨棄之者矣。可知人類心思在自由之中有理性、有規則、有客觀標準，非政府之暴力或武斷所能強人順從。馬克思主義統治蘇聯者已五十年，統治大陸已二十年。蘇聯因其理論之不通與政策之不可行，而日在修正之中矣。如前所述，大陸上政策異同之爭，無一不出於對立，與相反。其所標榜，曰非資本主義、曰反黨、曰反政府。抑知非反二字，示人以其所否定之方面而已，至於具體、確實、特指之事件，則非反二字中無由窺見。此柏氏所謂但言其非，是爲吾人心中不成爲知識之事也。政府不指出具體特定之事件以訓練人之觀察與判斷，而專以迷離惝怳之非反二字爲掩飾之計。此正詭辯派所犯似是而非之病也。質言之所謂正反云云，不經思索，不經兩方校對，而遽以一方之武斷行之，謂可以救國利民者，證之西方之拿破崙與希忒拉，再證之東方之秦政、隋煬，其成敗久暫之故，不已彰明較著矣乎。」

十一：哲學爲一切知識總和之融會貫通：

「哲學自古代以來稱爲一切知識總和之融會貫通。其可稱爲知識或曰科學者，無一不包括於其中。柏拉圖時不聞科學分類之說，然柏氏思索之題材有物質、宇宙、國家、靈魂、快樂、戀愛、知識、文學等項。亞里斯大德氏分知識爲各類，曰邏輯、物理、心理、宇宙、動物、形上學、倫理、政治、經濟、文辭、詩學。其可稱爲知識者，無一非人類之所經歷，無一不應爲哲學之所融攝。約略言之，哲學之所攝者，曰物理界，各自然科學屬之，曰人事界，心理、社會政治經濟等項屬之。曰邏輯爲思想之規範。其在此三大類之上，所以綜合而會通之者，分爲認智論、倫理學、美術論、形上學、實在論、宗教論。其有形而可見者，固爲哲學之所討論，其形雖不可捉摸，而其恒常之態爲人所見者如生命如心理，如數目如圖體等，亦爲哲學思索之所及，宇宙之整體如何，人生之目的如何，是非價值之標準如何，本體之性質如何，亦爲古今哲人所苦心追求，不敢以爲是非好尚之不易決而遽放棄之者也。哲學題材之應無一不概而不容遺漏，不獨柏拉圖、亞里斯大德二氏如此言之，至最近時之英哲懷悌黑氏尤力持此義。」

——辯証唯物主義駁論——

十二：本末體用二者相互關聯：

「文化舊國之中，常有若干高深理論伏於一切實際問題，討論中是非得失之後，舉倭仁禮義爲本，技藝爲末，張南皮等中學爲體西學爲用之言以明之。本末云云，指一樹一木之形體言之，似乎極易分別。就全社會文化全體有形無形者言之，則本末二者，不易實指其分界之所在。西方以宗教爲本，以知識技能爲末，猶之東方於禮義與技藝之分也。然科學知識日趨發達，宗教上生男育女之天賦本能，致因人口過剩，而有節制生育之說。則何者爲本何者爲末，是隨人事之變，而在伸縮之中矣。體用之說，由於人身筋骨臟腑之固定者與手足耳目之活用者而來，就其靜者不變者言之，名之曰體，就其動者活用者言，名之曰用。一若體自爲體，用自爲用。然合而觀之，體中有用，用中有體。倘體失其用，則體等於廢物，用而無體，則體失其本，而用何以見。體用二者之相互關聯如此。然以此語爲口中之碑爲一定不易之理，欲憑之以定新舊文化之是非得失，吾見其難矣。」

——錢著中國傳統政治商榷：歷史上對外國與異族之觀念——

十三：科學，現象、心思，知識等之關聯：

「馬克思學說，有人以爲是，有人以爲非，有人以爲眞，有人以爲僞。倘以馬氏之說爲宗教爲信仰，爲教徒者只有皈依，無彼此辯論可言。倘以之爲一種學說一種科學，其理之可通與否，可行與否，與其旣爲科學，其公例有無證驗。此均應討論之問題也。恩格爾氏稱馬氏學說爲科學的社會主義，所以別於空想的烏託邦主義。吾以爲「科學的社會主義」之名辭之意義之明白，須將以下各問題，先加以分析：第一、自然科學與社會科學之分別。第二、社會現象中有人類心思作用。第三、人類對於自然與對於社會，有事實之知，或曰眞理之知與道德之知之分別。第四、人類歷史現象有公例可求者與出於自由或曰偶然者。

人類之知識，可先分爲兩大類，曰自然科學，曰社會科學。自然界又可分爲四，曰物質，物理、化學等屬之。曰生命，生物學、動植物學屬之。曰人，解剖、生理、進化論、遺傳論屬之。曰地球，地質、礦物、古生物、氣象、地理等屬之。曰宇宙，天文、天文物理、天文化學屬之。社會科學，德人名之曰精神科學，或文化科學，英人亦用道德科學之名。曰科學、曰美術、曰宗教、曰國家、曰經濟、曰法律，皆文化發展所形成者也。此外有歷史、文字考證、社會學、神學、倫理學與美學均屬之。其介於二大類之間者爲心理學，以其方爲身體，他方爲精神，有此身與心之關聯，故只有以中間地位處之。此外有數學，不屬於自然界，然爲治自然科學者必需之工具，學者所公認者也。

以上爲第一問題之答。

自然科學與社會科學之所以劃分，由於自然界現象中無人類心思作用，而社會現象中有人類心思作用故也。譬之治物理者，但就聲、光、電、熱等本身研究之，其社會中某人某團體之意思如何，可不問焉。其現象恒在目前，可以指出而與人共見。即令其現象旣已過去，但可追溯上去，以證其曾有此事，如吾國尚書中所記日食，今日可以覆算證實之，是也。反是者社會現象，有人之心思爲之主動，如各國因生活習慣與傳統之各異，其同爲一種制度，而演進情況之經過各有異同。譬之吾國與歐洲同有封建制度，然歐洲之貴族具有階級頭腦，合力以與帝王相爭。吾國則魯之三桓，鄭之七穆，但爭個人地位之高下，其他貴族或爲學者，或爲客卿，遨遊於諸侯之間。乃至同爲西方國家之巴力門，英國貴族藉口於先例，而要求不出代表不納租稅之權利。法國貴族心中，則早已遺忘此制之若無、若有，而爲國王玩弄於佛爾塞宮中，而至於革命。此皆人類心思活動方向之異，而社會現象因之以異矣。

以上第二問題之答。

人類既有外界之知，其屬於自然界者，稱之爲事實之知或曰眞理之知，其屬於社會者，稱之爲道德之知或曰價值之知。意謂自然界之知，但爲事實之判斷，無内心之好惡高下存乎其中。至於社會之知，有人心之好惡高下以左右之，如吾國不好新知奇聞，故鄭和之南洋紀遊，爲明代政府所焚毀，如吾國素輕商人，故漢代有不得衣絲乘馬之禁。卽此可以知社會之進化，如漁牧如獸獵如農耕如工商，雖各國在大體上自有其循序而進之階段，然其詳細節目之千差萬別，不可以數計。如英人素具憲政傳統，語之以循序改革，則全國上下相喻於不言之中，而自好以議會立法爲改革途徑。反之如俄國者，雖一九一四之中，議會制定，人民自由之承認，與反對黨之合法存在，均爲平日所未嘗聞見。其所習以爲常者，暴力革命而已。由此可知各國社會的政治的傳統，所以影響於人民對於政治問題之判斷者何如。

以上爲第三問題之答。

然尚有一大根本問題，而人類歷史究有意義乎，抑無意義而出於偶然者乎。南宋時朱晦庵與陳龍川有三代以道治天下，漢唐以智力把持天下之辨。以道治天下者，治者相勉於規矩準繩，圖風氣之樸厚，天下之平治。反之，其以智力把持者出於英雄之力征經營，而未必合乎道義。近代歐洲，信人類文化日進，理性之發展，將來有大同之世之出現。黑格爾氏謂一部世界史卽人類向於自覺，向於自由之進展。至馬克思氏力反黑氏理性之說，以物質條件爲歷史變動之因，然以爲資本階級打倒，則社會平等，而人人自由之理想實現矣。謂一部人類史繫乎物質與階級問題，其所見不免過於簡單，他若民族生存若英雄野心若富力土地之廣狹，皆人類爭端所由起之大因。此學者所以有偶然或自由之說也。

以上爲第四問題之答。

吾人旣對以上各點有所說明，乃可進而討論馬克思氏所討論之各問題。」

——馬克思主義之是非眞僞之標準安在——

十四：哲學中之所謂「名」與「實」：

「古人有言「名者，實之賓也」。名旣爲賓，與之對待者爲實。「名」屬於語言文辭，「實」屬於世間形下或形上界之事物。其間距離或隔絕之廣大，雖巧歷難以計算。歐洲中世紀哲學有所謂唯名論、唯實論、概念論三派。唯名論曰世間一切事物或概念，只名稱而已，無客觀的實在可言。如此實在不在思想中，而應求之於經驗界。唯實論以爲在心思之外，有所謂實在，或爲實物，或爲精神，爲人所能見或所能覺。概念論以爲實在存於「大共名」中，綜合各類對象之特點之共同處，予以一名爲「大共名（Universals）」此卽所謂實。依三派之爭觀之，可知中共所謂『不脫離實際』云云，爲哲學上人事上之大問題，有不易解決者。何也。一方爲人類語言文字中之名，他方有其所指之實。就人類衣食住行四者之所需言之，衣在櫃內，飯在桌上，睡在牀上，車在街頭，因有實物所在，口中一提其名，聞者知其所指，自有其應之之道。然事物之概念，如曰房屋供人居住。駁之者將曰房屋如堆棧，所以藏貨，如圖書館所以藏書，不以居住爲目的，則房屋概念如何，非居住二字所能限定。再如曰衣裳爲人蔽體之所必需。然西方近年提倡裸體之風，以一身赤裸爲尙。則衣以蔽體亦成爲陳舊之說。再如曰車爲人遠遊之用。美國人家中備車數輛，或去電影場，或去餐館，與一車兩馬之跋涉異方，相去甚遠，如是因世事變遷之多，事物概念亦隨之而變。至於有關智識之各種科學，其以治學爲事者，自不能無共同概念，爲其學問之基礎。然有其共同，亦有相異。信唯物主義者，以爲世間事物，如物理界之質與能其動其止，一切依自然公例或曰機械定律。其與之相反者舉生命與人之心思之爲例，此爲精神之所以活動乃有自由意志之說。一方名之曰有曰實，他方名之曰無曰非實。此爲名與實之大距離而爭執所由起者一。人之所以爲人，有知識以辨黑白，有德性以別是非，吾國孔孟與西方之柏拉圖，亞歷斯大德迄於近代之笛卡德與康德，皆不外乎此。然英國視理性主義多渺茫恍惚之辭，不若官覺中所接觸者之重複不已而成爲習慣，此卽心理之經驗或曰印象，一轉而成爲智識。於是論智識之性質者分爲二派，一曰出於內生之性，二曰出於人經驗中一再出現之習慣。

質直言之，一若吾國之固有說，一若吾國之外鑠說。此二說似無關於名實之爭，然實之所以爲實之性旣異，則名之所以爲名之質因之而亦異。此又爲名實間之大距離而爭執所由起者二。更有激於世事之不平，樹政治運動之旗幟者，依傍學說而意在宣傳，有枯魯巴金之無政府主義與馬克思等之共產主義。二人同以個人自由爲歸宿，然一則以去國家權力爲要義，一則以階段鬪爭爲先務。旣以去權力爲先，國家所以愛民養民敎民者一切視同敝屣。旣以階級鬪爭爲務，社會中通工易事之互助，視爲不足惜，其下手之法，在於革命成功與奪取政權並沒收人民財產。此爲近百年來政治社會方面流行之學說，而名實之輕重去留之爭，自在其中。此爲爭執之第三點。以上三項中，其對峙之學派，就至少數言之，應有六派。此外更有斟酌損益，調和折衷之人，其間派系之分枝，不可以數計。要而言之，其學說之可以指出可以證實者，如前所言之食物衣住，則一經雙方對校，或然或否，可以立辨。其無法指實或對校者，雙方卽各有所依據，然欲整齊劃一，以歸於一定不移之說，雖有聖哲，無能爲力。」

——中共內訌中之名實論——

十五：語言文字應如其義：

「一國中之語言文字，與其政治社會之生活狀態，有不可離之關係。狀態不越常軌，行爲合於理性，則其語言之表示，一人發之，而衆人相悅以解。反是者政治社會之狀態一旦動搖，所以達意之語言，雖仍甚其舊，然其意義盡失，欲求人瞭解，而收相安之效，不可得矣。茲先擧希臘詭辯派之歷史以明之。

公元前五世紀希臘一派哲學，名詭辯家，持論以爲人情物理，視人所感覺爲標準，初無一定之是非可言。此時希臘政治風氣，注重口辯，青年所長，爲口中似是而非之論，卽詭辯派訓練之功。蘇葛拉底氏、柏拉圖氏起而辨之，擧共相之由來，以明事物分類自有定說。論德性之種類如自克（卽吾國所謂禮讓）如勇氣如公道，自有一定界說，爲社會生存所必需。皆所以駁詭辯派是非無標準之說也。柏拉圖詭辯派一文，更求之言語，以明言語之義。其言曰思想與言語之不同，一爲心靈與自己之談話尚未說出者，一爲思想之出口且可聽聞者，成爲言論。然所謂語言，須遵照文法，如語言之成份二，曰主辭，曰動辭，主辭所以明主動者爲何，動辭所以明其動作如何。倘以若干主辭，曰虎曰棹曰河，相續而下，雖多至十字，其爲無意義則一。更以若干動辭，曰跑曰行曰跳曰飛，相續而下，雖多至數十字，亦爲無意義之辭而已。可知由字母以成字，由字以成文句，由文句表其或然或否之質（Quality）。於是文句中所欲達之是非，爲人所共見。此乃公共是非所由以立也。柏氏於其文中，更就眞有、無、與非有之說竭力辨析，以明各辭之意義。所以廓清詭辯派之理論，猶孟子所謂予豈好辯哉，予不得已焉之意也。」

十六、共產制度下之思想獨佔；一派學說獨是他派盡非：

「我所欲爲國內外同胞言之者曰心地、思想、語言、行動、政策，其中有一貫相通之理，不可紊亂者也。人各有心、有聞見、有思想、有言語。此論事所以貴乎集思廣益也。今日共產制度之下，就理論言之，一派學說獨是，他派盡非。就決策言之，當權派獨是，他人並議論是非之自由而亦無之。孔子所謂惟其言而莫予違者，卽此種局面之謂矣。處此局面下，各人爲求保衣食地位計，唯有服從黨紀，唯有隨聲附和，唯有隱匿眞情，議論與政策之是非，旣無自由，卽無開天窗說亮話之日，是者不因公開論辯而見其爲是，非者不因公開論辯而見其爲非。報紙、雜誌只有一面之辭，蘇維埃會議只舉手贊成。如是，論理論事，而望有正確之觀察，確實之報告與夫眞實之意見，不可得矣。此乃一黨獨裁制度之結果自然如此也。反之其在民主國家中，人人有發表之自由，彼此意見各登報紙，一經辯論，自知其理論之錯誤、過份與見理之不明，乃至各政黨自標政綱，負實行之責，經他黨之責難或國民之從違，自知可行者與不可行之所在，且各黨輪流執政，自知何者合於人心，何者則否。至於政府強執一辭，隨之以嚴刑峻法，甚則判爲反黨反國家之罪名，則歐西所絕無之事也。惟其平日有此自由，主持輿論者，發揮理論，草擬政綱者，皆自知其敵人或對方之所在，而不敢妄發議論，以免爲人所攻擊而失自己之信用，此乃言論自由中之自知負責自知克治之好處也。」

——同上——

十七：思想之不易壓制有歷史可證：

「人民之思想能由國家之政治權力，整齊劃一之乎否乎。此問題之答覆，求之歷史往事，可以概見。昔秦始皇併六國，一天下，博士淳於越建封建之議。李斯駁之曰：『古者天下散亂，莫之能一，是以諸侯並作，語皆道古以害今，飾虛言以亂實。人善其所私學，以非上之所建立。今皇帝併有天下，別黑白而定一尊，私學而相與非法教人，聞令下，卽各以其私學議之。入則心非，出則巷議，夸主以爲名，異趣以爲高，率羣下以造謗，如此弗禁，則主勢降乎上，黨與成乎下，禁之便。』於是有焚書坑儒之舉。第一次殺四百六十餘人，第二次殺七百餘人，第三次在陳涉起兵後，又殺數十人。然其影響之所及，則叔孫通面諛，脫虎口而逃，孔甲持禮器而事陳涉。此卽現代所謂投奔自由之謂也。西漢武帝時董仲舒對策曰：『春秋大一統者天地之常經，古今之通義也。今師異道，人異論，百家殊方，指意不同。是以上無以持一統。（中略）臣愚以爲諸不在六藝之科，孔子之術者，勿使並進。邪僻之說滅息，然後統紀可一，而法度可明，而民知所從矣。』武帝於是下令罷黜百家，表彰六藝。後世論者謂吾國思想之蔽錮自此發端。然武帝名爲尊儒，而其左右人才，如桑弘羊張湯爲嚴刑峻法之人，何能盡去刑名之學。武帝好神仙，何能去陰陽五行家言。汲黯力言爲治不在多言，顧力行如何，此正與道家之言相合。其所表彰之六藝，就其本身言之，『書分爲二，詩分爲三，論語有齊魯之殊，春秋有數家之傳，其餘互有蹐駁，不可勝言。』（隋書經籍志）是表彰六藝云云，足以見漢儒之墨守成說而已。未見有法紀可一之實效也。」下逮北宋之元祐黨爭，南宋僞學之禁，二者純屬於政治黨派之爭，借學術之名，行排擠之私。至於明清兩朝之文字獄，帝王指摘書生一二字之文，定其莫須有之罪，與思想問題，更無關繫，置之不論可矣。推廣之於西方，則希臘哲人蘇葛拉底之死，可謂思想罪之第一大案。蘇氏與滿街青年問難，推行其正名定義之學說，政府責以惑亂青年，判爲死刑。蘇氏服毒死於獄中。柏拉圖追隨蘇氏數十年，記其譚話，卽今日流傳之對話錄，爲世間不朽之作。是政府所判爲罪狀者，在哲學家則信爲追求眞理之人師也。歐洲經希臘羅馬以後，天主敎會之地位日固，言行之是非操於宗敎裁判所之手。哲學家之立言與科學家之發見，需先經敎會核准。若濮羅諾之燒死，其尤著者也。濮氏爲文藝復興以後之人物，反對宗敎而信理性，反舊日天文學而信歌白尼學說，本爲天主敎本都會會員，因遭會中之疑，乃遊法英德三國，演講於各大學中，後返維尼斯居住，受敎會裁判之誘，盡吐其實，乃被囚於羅馬獄中七年。一六〇〇年二月十七日燒死於立木架火之中。及一八八九年意大利人民集資，在濮氏行刑之所建銅像以垂紀念。再其次爲天文學家格里雷之案。格氏隨歌白尼氏克泊雷氏之後自造遠望鏡，證實地球繞日轉動，並以其著書，呈諸敎會。敎會中人有與格氏友好者，爲之延譽於敎皇之前。宗敎裁判所大懼格氏學說流傳，將引起一般人對於聖經之懷疑，於是告格氏取消其邪說。格氏允守沈默，然其出獄時之言曰我終信地球繞日而行。此言乃大行於世，所以明格氏爲眞理之故不屈於威武也。二十世紀之初，我留學歐洲之年，聞法哲柏格森氏之著書，因敎皇之令，列入禁書之中。試問此種思想罪之成立，足以阻止新學說之成立乎。以吾所見適得其反。然當今共產政府，猶以希臘之殺蘇氏，天主敎之殺濮氏，爲可師可法，而追逐其後也？」

十八：立國有賴政治軍事國富道德智識以成民力國力：

「國家之所以立，與其所以與異族或外國相處以力爲要素。力之名雖一，而種類不可勝計。有爲政治之力，有爲軍事之力，有爲國富之力，有爲道德之力，有爲智識之力。再細爲分別，如政府之安定，如議會之擁護，如預算之通過，如守法之習慣，如民事與軍事之劃分，此屬於政治也。有軍隊之數目，有軍官之效忠，有戰略之智慧，有武器之精良。此屬於軍事者也。有工業之製造，有糧食之產品，有資源之豐富，此屬於國富者也。有人民之效忠，有上下之一致，此屬於道德者也。有學術理論之發明，有新器之設備。此屬於智識者也。此種種之力，或出於個人，或出於社團，或出於政府，皆須由多方培植，經時累月，然後能蔚爲民力以成國力。換言之，上自政府，下至民間之一切事務，皆有軌道可尋，而後人民知其未來之期望如何，乃敢有所興作。譬之建屋者知有木磚可買，有包工之可得，然後興工而屋如期完成。反是者，干戈擾攘，盜賊橫行或江水泛濫，則誰復肯投資於兵火盜賊與天災之中乎。何也。亂而不治故也。

吾人知千百種之力，皆在一定軌道之上一定秩序之中，方能培養。今日如此，明日如此，後日再後日亦是如此，然後人知其所預計者如何，而計劃乃能按步進行。造屋也，建廠也，求學也，立業也，無一事不需秩序，以爲設想考慮之準備。倘或今日如此，明日如彼，猶如天災人禍之頃刻而至，誰復有安生樂業之興趣，設廠開工之企圖，開闢農場以期收穫，發憤讀書以期立業成家者乎。此亂之所以不可不速止，治之所以不可不急圖也。」

——錢著中國傳統政治商榷：「結論」——

十九：吾國學人心思方面之長短及歐美日本科哲之所以發達，可爲吾國學思復活之參考者：

「吾國學術之衰落久矣。諸子百家爭鳴，極一時之盛。然學術分科之義，在諸子名義之下，以農家兵家與其他家歸入子部之中，而分科之明確，不如希臘遠甚。至於邏輯之學，雖儒墨名三家各有貢獻，然求如亞里士多德之一部邏輯學不可得矣。二千年來經史子集之著作，非不豐富，然只爲文科之學而已。以云自然科學之分科研究，亦落亞氏之後。鴉片戰後上海製造局之譯書，而後西學東漸。國人知邏輯學之重要，在嚴又陵譯成穆勒名學，乃搜索於舊籍，而提倡墨子論理學與佛家因明學。而邏輯爲治學之本，乃爲國人所認識矣。至於學術方面新途徑新方法之瞠乎人後，尤爲顯著。國富或經濟學，何以必待亞當斯密原富之譯而後有乎。政治學，何以必待孟德斯鳩法意與羅騷民約論而後有乎。乃至同爲哲學史，何以宋元學案、明儒學案、清儒學案之以傳記爲本位者不如胡適馮友蘭哲學史之提要鈎元乎。立國二千年，一部政治思想史何以必待梁任公先秦政治思想史，蕭公權政治思想史而後釐然有當乎。何以所謂『引得』（Index）必得燕京大學而後出版乎。吾國史部之書，尤爲世界各國所不及，然歷史研究方法，何以反在西方之後乎。以上各問題，爲吾人所親歷，見之聞之，而不容否認者。其故果安歟？嘗思之再思之，以爲吾國學人心思方面長短得失，略如下方。（第一）吾國人之好奇心（希臘以爲哲學與學問之起源在好奇心），久已不生作用，以蹈習故常爲事。（第二）忙於字形書本（今文古文之考證，不暇及於思想之形式或體系。（第三）專用功於字（或代聖人立言或文字彫琢），而不以實物（或曰自然界）爲對象。（第四）漢學家所謂實事求是，實即實字求是（訓詁學），然與形下之「實」與形上之「實」，毫不相干。（第五）好上下古今之鞭辟入裏之沿革，不作深思。（第六）習爲囫圇儱侗，不作一事一義之分析。（第七）知有人事之爾我彼此（故長於歷史之記言記行），而忘學問之爲獨立王國。（第八）以博聞強記，抱殘守缺爲事，與西方考證學（考證柏拉圖對話）之以貫通爲歸者大異。（第九）不以篤行爲事，故尊傳統。鮮能如晦庵、陽明、象山之以一理貫徹宇宙。（第十）習於禪宗之不立文字，因而忽視名辭與定義。此乃秦漢以後一般學術思想乃至科學不發達之總因也。吾人居於今日，惟有平心靜氣虛心受教，俟徹底知己知彼後，再說如何駕人而上之。倘徒以意氣爲事，口舌上與人爭勝，而學問之實功與政治上之成績，絕無一事足與世人共見。如此而謂可以發揚吾國文化學術，吾不信焉。數年前友人來美談擬召集世界學者，舉行中國文化學術會議事。吾應之曰、吾國人自己信其文化制度可行於今日者有幾人乎。關於固有學術之大著之出版者，年來有幾書乎。吾國哲學與科學之發展史，賴英人李約瑟（Needham）

爲之整齊條理而成爲一書，則此會議中有何自己成績可以昭示世界乎。西方人在明清之交來吾國者，將儒家之作譯成拉丁文寄歸歐洲。自十七八兩世紀，西方學術政治上面貌一新。此後彼等國中好奇之士，有來吾國求新知者。或如錢著言英國採用吾國文官考試制，此乃一二件零星之事。非對吾國文化學術有嚮慕追隨之意也。凡此云云，非謂吾國文化無其獨有之長，無可以裨益西方之處。吾國正心誠意之學，修身齊家之道，自可以救西方今日之偏，然必待吾國人自己振作自己刷新，依古人之訓，眞心眞意實現其理於一身一家一國而大收其效，然後有實際徵驗可以示人，而人亦自然信從矣。諺有之曰「無徵不信」，此之謂也。日本，移植吾國文化者也。德川幕府時，受朱子學之影響，因朱舜水之居日，而編日本國史。其後本尊王攘夷之旨，以大權還諸天皇，而成明治維新之業。其佐命之臣如伊藤博文等，從吉田松陰治陽明學，乃能本卽知卽行之教，而收憤發踔厲之效。其於東西文化之短長，稱儒家爲價值判斷，目科學爲事實論，二者之間初無衝突，故不若吾國學者迄於五四，尚在紛呶爭執之中。其治井上哲次郎之日本倫理彙編，詆日人對於漢學鮮有所發明。此由於日人長於學人而短於自創故也。然其學者治學之勤愼，非吾國人所能及。其所著中國哲學史，中國佛教史，吾國取而譯之。我在印度時，曾讀日人赴印，寫成英文佛教六宗綱要。此皆祖宗之舊業，吾國人早已放棄而視爲不足愛惜。然日人據爲己有，而今日美人治漢學者咸以入京都大學人文學院爲終南捷徑。質言之，日本能去漢學之枝葉存其精華，保東方文化之本質，而採西方方法，化爲近代式。此乃日人善擇人之所長，斟酌損益合乎時代之所宜，乃能與日俱新也。德國近代學術之興起，尤爲奇特。就吾國人所知之德國代表性之學者言之如康德、黑格爾、均德國尚未存在時代之人物也。康德生於一七二四，歿於一八〇四，略與非烈大王同時（一七四〇——一七八六）。此時爲普魯士初期爭存之日。康氏著『永久平和』一書，力言世界惟有立於共和政體下，乃能和平。蓋鑒於其生時親歷奧、俄、波、法間之連年戰爭不息而有此言也。康氏之生，距笛卡兒之死，已踰七十年，其死年後於陸克之死百年，其生平遠在法國理性主義英國經驗主義發揮光大之後矣。然康氏「純粹理性批判」，苦思十餘年而後成書，其謂智識必以官覺爲本，是贊同陸克之說。其謂悟性中有思想定型，名曰範疇，則本於笛氏等之理性主義。其書出後爲德國學者非希德等所宗仰，然解釋康氏哲學之意義者，派別紛紜。及一八八一年傳至英國，於是有英國唯心主義一派之哲學。及愛因斯坦相對論盛行，於是英國學界乃覺察智識由於官覺構成說之非，而翕然傾向於康氏範疇說。此由於康氏思想之細密，深刻與周遍，乃能合理性經驗兩派於一爐而冶之也。黑格爾哲學以全宇宙中一切，成爲一個思想體系，自稱爲西方古今哲學史之結束。可知其與康德氏周旋於理性經驗兩派之間者所以懸絕之故矣。黑氏哲學分爲三部，第一部邏輯，又名至有論（Ontology），卽上帝心中所以造成宇宙之概念藍圖。第二部自然界，卽上帝之外化而爲物質世界。第三部精神哲學，卽上帝由造物返於自己之身，如國家、社會、文化等等，人類精神之表現，亦上帝之構思也。黑氏舉宗教、美術、哲學與人類制度而合之於一個體系，名曰絕對或上帝。蓋與康氏之謹守知識論之範圍規矩者不可同日語矣。黑氏歿世，正爲西方科學日新月異之際，其門徒分爲兩派，一爲右派，爲擁護宗教者。一爲左派，卽馬克思等唯物論者。黑氏思想推動力之大，可於英國黑氏學派意大利黑氏學派見之。此由辯證法正反合之變化有以致之。上可爲神學之辯護，下可爲無神者之根據。殆非黑氏所及料者矣。吾舉康氏黑氏爲例，所以明德國哲學爲後起，然有康氏黑氏之苦心思索，乃能追蹤英法而不落人後矣。再就美國言之。美人承襲英國之精神遺產，而移居新陸。清教徒（Puritans）之嚴肅教義，理性主義與夫天賦人權，成爲美國憲法之源。初期之美國哲學，傾於超越論與唯心主義，迄今有所謂人身主義者（Personalism），卽由此相沿而來。及十九世紀丕司氏（C. S. Peirce）與詹姆司（W. James）合形上學與實證派爲一，乃有所謂實踐主義（Pragmatism）爲美國自創之新哲學。近年來新唯實主義流行，因其與美國人民性格相合也。美人長於應用科學，少用心於理論科學。日俄戰時，我在日本早稻田大學英文班上，讀美人所寫之文名曰『成功的德國人』。其中記德人科學研究之成績與美國學者赴德留學之需要。及一九四五年遊美，與加州工學院前院長彌立根晤談。彌氏告我曰渠與吾同時在德。乃至現時大名鼎鼎之核子物理學家奧本海梅亦爲德哥丁根大學學生。二次大戰中，西歐學者爲法西斯政府所擯，乃羣集於美國，貢其所長。可謂原子彈與飛箭之成，皆歐洲學者之力也。美國富力雄厚，儀器圖書設備之周，爲歐洲所不及，外賓遠來，惟才是用。戰後美國哲學與科學之發達，進入一個新時代矣。以上日本、德國、與美國所以興起其學術思想者，各有不同之處。然現世界各國所共遵行者，曰學問之分科同也，學問之目的同也，各種學問之基本概念同也，各種學問之邏輯同也，各種學問名詞之精審同也。良以其所根據者爲事實，由事實之彙集，而達於一項理論或原則，則其立說之是非，可以與人共見。此乃吾國學術思想復活之惟一方法也。」

——同上：「治社會科學方法」——

二十：中西學問有其不同，應認識學問王國之獨立性：

「西方所謂學問，如哲學如科學如美術，皆離人而獨立，各人分門研究，或爲天文，或爲數理，或爲邏輯，或爲理化，或爲政治，或爲法律。同爲宇宙中之一部，可以獨立自存，經人窮年累月之研究，而成爲一種專門知識，其可以致用與否，不論也。譬之治天文學者藉望遠鏡以觀察星河或火星上面，記每日所見如何如何，此可謂與利用厚生之業絕少相涉，然不失其爲學問之莊嚴性。其治數理以數目以形體爲學，治邏輯者以概念以判斷爲學，推而至於理化與生物，無一不以宇宙現象之一部，整齊之調理之，以求其因果關係，以求其規律，此則科學之所以成爲條理井然之知識也。西方學術，自希臘開始，至今日而大盛。倘吾人不識此宇宙之廣大與學問之謹嚴，不能以之爲一身中窮年累月之事業，爲一國中前人後人繩繩相繼之工作，而但以抱殘守缺，呼號爭執爲事，吾未見科學之能根深蒂固於吾國也。惟科學爲分科之知識，全國各大學中，有文、理、醫、法各院，每院中就文、理、法、醫，而有教授若干人，每一教授自知其每種學問之內容如何方法何如，又知其一種理論一種體系達成之不易，彼此卽有意見不同，而立言自有分寸，不至以謾罵爲事，如五四之科玄論爭；如近來台灣之中西論戰，甲說東方精神文明，乙說西方物質文明，甲說人生意志自由，乙說萬物萬事皆有定律。此皆空泛議論，無補於科學之發展者也。吾國學者誠能以自然現象爲題目，勤於試驗工作，如楊振寧、李政道、吳健雄在美國之所事。更須知數學邏輯二者爲一切科學之基礎，然後其方法謹嚴，觀察確實，想像力活動，而後可以語於學問上貢獻，胡適之所謂大膽假設，小心求證云云，不過科學方法之一端，非謂科學理論盡於此而已也。凡爲科學家者，應先以自然界爲對象，如格里蘭、克魄雷與牛頓，以天文物理爲推算之象，達爾文、拉瑪克以生物演進爲題材，推其博觀周覽之後，乃立爲一種學說，且憑藉數學公式，以表明其爲可以測算之數量。然甲時代之說，至乙時又有改進，良以方法雖同，而其自然律之內容，時在斟酌損益之中也。昔人有語曰名教中自有樂地。今日可稍易其語曰：研究宇宙現象之學者，爲智識界之工程師，自有其至高無上之地位。與昔年科場中經義策論之文，不可同日語也。

自科舉制度確立，讀書人早夕所誦習，不外經義策論，詩賦爲文藝之學，暫置不論。經義所以代聖人立言，以不背原意爲旨。策論所以評議歷史上或當前之得失利害。此二者視西方所謂學問，大不相類。何也。西方之學，或爲哲學，或爲科學。所論有一定範圍，思想與措辭須合乎邏輯。其爲理論之張本，以事實爲根據，或由理性演繹而出，尤貴乎自己有發明或創建，而不可以剿襲陳言爲事。此則東西兩方治學方法之不同，因而其成爲習慣者因之太異，一則好爲泛論，一則爲分科專門之學，一則議論籠統，一則概念有定義，推理有規則，尤其各人治其分科之學，爲專門之業，不見異思遷。更以吾國士人以治學爲進身之階梯，數十年來之留學生既得碩士博士學位，當教授者，尚以得政府中一個參事司長或督辦部次長爲光榮，猶昔年「學而優則仕」之故態也。今後所以矯正士人之風氣者：第一曰應認識學問王國之獨立性；第二曰各人以在此王國中治一科之學爲終身職業；第三曰全國中大學既多，聚同治一門科學者各以論文在年會中公開討論，誰高誰下，自有此種公開之公評，價值標準確立，行之有年，則文人相傾之習，自然變矣；第四曰學者之生命，寄託於其學問上之貢獻，不可以政府中一官半職爲榮耀。質言之，士人應以學問爲事，不可以仕宦爲事，乃今後風氣轉移之第一要義也。」

——錢著中國傳統政治商榷：「士人之所學與責任」——

廿一：居今日東西關係密邇當求文化會通：

「今日爲東西會通之日，非東西隔離之日，倘以此爲我之所獨有，非人之所能，此不可得之數也。若曰你有宗教，我不信上帝。然在超自然（Supernatural）觀念之下，孔子之尊天，謂爲同有信仰則可，謂爲所信重點之不同則可。孔子雖不言神，然形而上者謂之道，固儒家之言也。此可以相通者一，人倫爲儒家思想之中心，以明明德，止至善爲旨歸，希臘亦信足乎己而無待於外之謂德，且謂德爲最高之善，此可以相通者二。希臘重視智識，尤其於數學爲求眞之法門。亞歷斯大德，好分科之學，以生物學爲其專長。吾國對於學問之分科，遠不如西方精密，然對於西方學問智識之輸入，勉力爲之，惟恐不及。徐光啓之譯作與江南製造局中譯書局所從事，足以證之。此可以相通者三。因此相同之故，吾人處於今日，唯有鼓勵之擴張之，合之於一爐之中，以促成相通而不失其本色而已。以近數十年來，吾國思想之變遷言之，何以康梁變法之論震動朝野，殺身以殉，所不惜乎。何以嚴又陵之天演論、穆勒名學、原富、與法意等書，風行一時乎。何以近年出版之中國哲學史，上溯諸子百家，下至於清代，注重於各時代重要各派之學說，不再學宋元學案，明儒學案之一人一傳乎。何以近年之治史學者，以徵信爲第一大事乎。何以近年關於文化各方面如政治、經濟、法制、社會，必溯源窮流以明其發展經歷乎。東西思想之相交，如海潮之接觸，如光線之遠來，無復有能阻之者。如曰此爲我所獨，非人之所能，或更進一步曰，此爲人之所有，我之所當拒。則東西之間，將有一道鴻溝，或一道長城成爲障壁。此卽以瑪奇諾防線，施之於戰事，敵人尚有繞道入境之途。而思想在不知不覺中易於滲透者，非牆壁門限之所能隔阻者，顯然易見也。吾以爲居於今日東西關係之密邇，與其求彼此之殊特，不如求彼此之會通。而其法有二，一曰知己，二曰知彼。

知己者云，知己之所長所短。知其所長，然後能擇善而守之。知其所短，然後取人之長，以補己之不足。

知彼者云，知人之所長所短。知其所長，取其精者以爲己。棄其短者，以期不陷於人之覆轍。

吾人誠本良心理智之公，去荀子所謂一曲之私。則世界甚大，道路甚濶，自能供我取精用宏，而不至入人陷阱之中。政治也，經濟也，學術也，自有有益無害之途徑，在己之知所選擇而已。」

——民主政治之開始：「範疇與學問理論」——

廿二：研求中印歐之歷史，吾族今後學思之方向，曰精神自由爲基礎之民族文化是：

「吾人研求三四千年中，中印歐民族生活之經過，於是得一結論曰：以精神自由爲基礎之民族文化，乃吾族今後政治學術藝術之方向之總原則也。此原則之所以立，鑒於今日吾族之劣敗與歐洲之勝利而知之，鑒於吾族思想上之束縛馳驟與歐洲學術上之輝煌騰達而知之，鑒於印度喀斯德、吾國家族主義之流弊與歐洲獨立自尊之人格之養成而知之，鑒於國人之自掃門前雪與歐人之各爲其己而不忘國家之急難而知之。誠舉國上下識之眞而持之以定，循此方針以養成四萬萬獨立人格爲所嚮，其終也，人人以誠懇眞摯之心，形諸一己之立身，形諸接人待物，形諸團體生活，形諸思想與政治，形諸國際之角逐，何患吾族文化之不能自脫於沈痾而臻於康強逢吉乎。願今之當局與在野之學者共深長思之。」

——明日之中國文化——

廿三：唯心主義，所以辨是非，分善惡。惟其宅心如此，乃能開科學研究之門，尊自由，建人權：

「共產黨乎！君等倘亦知唯心主義爲何種哲學乎。在理論方面嚴守邏輯，在事實方面注重經驗，且以爲世事秘奧，人之知識有所不及，故常存敬天畏人之念。質言之，對於物理，有嚴辨眞僞是非之心，公衆所謂是與眞，不敢以爲非與僞，其於人情，有善惡邪正之分，公衆所以爲善爲正，不敢以爲惡爲邪，其於人也，視之爲同類而愛護之，不敢以爲工具而利用之而奴役之而殘殺之。惟其宅心如此，乃能開科學研究之門，奠信仰自由學術自由之基，且建人權說以爲民主憲法政治之大本。」

——辯証唯物主義駁論——

廿四：人類全部歷史，人類之進化，非僅處物處事之知與科學之知所能了事。道德實爲重要因素：

「雖然，吾人試默念人類全部歷史，人類之進化，豈獨事物之知有以促進之哉。道德之知何嘗不爲進化之一個重要因素。孟子曰：「魚我所欲也，熊掌亦我所欲也，二者不可得兼，舍魚而取熊掌者也。生我所欲也，義亦我所欲也，二者不可得兼，舍生而取義者也。生亦我所欲，所欲有甚於生者，故不爲苟得也，死亦我所惡，所惡有甚於死者，故患有所不避也。」孟子此段論道德之知，爲後來東西洋之歷史所證實，文天祥之不肯降元，非希德氏反抗駐德之法兵與美國所以宣佈獨立，皆此精神同一表現也。世界上固賴有此道德之知，而後知人格尊嚴，人民自由與民族獨立之可寶，非僅尋常處物處事之知與科學之知所能了也。嗚呼自由乎！其中含有道德之積極意義，決不可以爲工匠之知，技術之知，有自由在也。」

——辯証唯物主義駁論——

第一編　文化與學思

一　我之哲學思想

（四十二年六月）

凡論學問，應先明所謂知識之層次（Levels of Knowledge），知識有屬於常識層者，有屬於科學層者，有屬於哲學層者（認識論倫理學等），有屬於玄學層者（宗教亦屬之），若層次不分，囫圇吞棗，必陷於紊亂而不可究詰。譬之將科學層之文字，與玄學層之文字混爲一譚，則其中定有矛盾之發生。科學之第一範疇爲因果，故以定命論爲立場。哲學或玄學主張人類良心與道德上是非之辨，故側重於自由意志。在科學層講因果者，非否定哲學層之自由意志，反而言之，亦復相同，此層次之不可不分之理由一也。各科學以求自然界之公例爲鵠的，故受其所研究對象之限制。如生物學之動植物，物理學之物質光力與天文學之星辰。一旦進而至於哲學層，將各科科學作爲人類知識之全體而研究之，乃成爲康德所謂科學何以可能？即知識何以可能之問題，自不離乎心之作用。相對論發明者愛因斯坦氏亦嘗有言，謂「理論之物理學之自明基礎（或曰概念體系）乃人心之自由創作」。換言之，此爲人類思想之綜合作用，而不受外界對象之限制（其中亦有受限制之處，下文另論），此層次不可不分之理由二也。就其至淺至顯者言之，各原始民族追溯世界之由來，由物質界而上推以至於神至於上帝，乃人類思想上求達於最後原因最後實在之要求而起。近年來，吾國有「打倒迷信」與毀壞佛像運動，聞其毀之者常云，「你這個泥菩薩，我斷了你的頭看你有何靈驗」。此即將物質現象與宗教上之誠心嚮往與信仰之心，混爲一談之所致，亦即常識層與玄學層（其不認有此一層者自不必說）不可不分之理由三也。此段文字，所以說明人生觀論戰中之參加者，各人絕未說出其自身所站之層次，競相發言以爲快意，即我自身亦不免此病，此所以令今日讀者目迷五色也。

回想當年「人生觀」之論戰，起於我一篇「人生觀」演講。吳君文藻爲清華大學學生時，約我演講。時我方自歐洲返國，受柏格森與倭伊鏗之影響，鼓吹「人類有思想有自由意志」之學說。此乃哲學層與玄學層上之立言，胡適之讀之大爲不快，某日晚在宴會席告我——「我們將向你宣戰」。及駁論印出，乃由丁在君起稿，於是論戰交鋒達一、二年之久。我自身坦然處之，不以爲意，因我內心知此爲哲學上之懸案，無兩造勝敗與是非定論之可言。

今日試將此一場論戰，爲之評價。我以爲此乃吾國思想幼稚迷信科學萬能之表現。歐洲各國受科學洗禮之後，亦同有此現象。法國拉曼脫里（Lamettrie 1709–1751）著人生機器一書，費爾巴哈（Feuerbach 1804–1872）主張唯物主義，命定論與無神論。德國唯物主義思想較後於法國，至十九世紀乃始開展。其代表之者爲伏格脫（Vogt 1817–1895），蒲許納（Büchner 1824–1899），海克爾（Haeckel 1834–1919）等。此三人均主張世界構成之基本要素爲物質，力與能，由物質生力，由力而生熱與運動，其實一也。此等學者之論調，以之與吳稚暉黑漆一團之宇宙觀相比較，可謂爲一鼻出氣。丁在君有一槍打死後，人之精神安在之責問，其基本信仰與吳氏正同。我無以名之，名之曰唯物主義之先驅而已。此種唯物主義與中共之唯物辯證法大有異同。然其否認人類之精神與知識與倫理觀念之起於彼此、黑白、是非之心靈作用，則異流而起於同源。試問宇宙中之現象，有物質有生物人類，可謂複雜萬端，豈「物質」一種元素所能解釋？奈簡單頭腦風靡一時，致陷全國於瘋狂狀態，吾人惟有努力於今後之澄清，而往事之誰負其責，置之不問可矣。以下將我對於科學、哲學與玄學之見解，分別陳之。

第一　我對於科學之見解

人生觀論戰初起之日，我心中對於自然界與人事界劃了一條鴻溝，意謂自然界有公例可尋，而人事界無之。其意所在，謂自然界如天文學以日月星辰爲對象，天體之運行，不論過去與未來，無一事不可推算。生物學則以植物動物爲對象，植物與動物之分類以及物種變化，可以一一如數家珍。乃至化學之原素，物理之光、熱、聲、電，無一事不可以數字計算與列爲數學方程式。以云人事之變化，政治上之爲封建爲君主爲民主，誰能於事先告人以革命之將起與軌道之應循？社會上忽家族主義忽個人主義，亦何嘗有一定之塗轍？因此兩方對照之比較，使我懷疑人事界之科學，可以具有其正確性之公例。或者聞此言，將疑我爲反對科學，或縮小言之，疑其爲反對社會科學。要知自然科學之眞價，在其可以應用於人生之農工商學，即關於未來之設施，可以根據公例爲之設計。獨至於社會科學，只對於過去之事有物質痕跡可尋者，可以爲有條有理之說明，如經濟學上封建制度與資本制度之所以成立，則搜集田產、財產之分配與數目，以爲說明之資。政治學上何以爲君主專制，何以爲民主，則可以農業或工商業之發展爲之解釋。然此類說明亦限於過去之歷史而已。至於未來之事，如美國是否將由私人企業變爲社會主義國家，蘇俄之專制是否有崩潰之一日，此未來不可測知之事，任何社會科學家難於預言，而示人以應循之軌道。此英國羅素氏所以遊俄之後論述布爾希維克主義，稱列寧之成功與克倫斯基之失敗，惟有歸之於人事中之未知數云者，或者其意正與我同耳。總之社會科學之以物質材料爲根據者，乃具有確實性，如人類進化史，因有石器銅器鐵器，然後進化跡象乃可考證。反之，其事之屬於未來，而未留印象於物質上者，雖有智巧，無法加以預測矣。

所謂人事界，非全屬於精神或心靈作用。人身血肉之軀，即爲氣質，或曰物質。如宋儒論人性；分爲氣質之性與本然之性兩種。亦謂人事應分兩面，一爲精神，一爲物質。宋儒更進而言之其於形而上者，稱之曰道，形而下者，稱之曰器，亦即現代哲學名詞所謂無形 (immaterial or incorporeal) 與有形 (material or corporeal) 之謂耳。人生自身與各人所接觸，離不了物質，如人不離衣食住，不離田宅，不離日用之百物。由其物質界之情形，可以推知其心理上之現象，更擴大言之，由封建田產制度，可以察見其農奴與貴族生活，由資本主義下之工廠銀行，可以考求勞工與資本家之生活。最近時之社會科學家擯棄馬克斯氏之以經濟生活爲唯一元素，乃採各種因素互相影響說，如威伯氏「耶穌教與資本主義」，即爲此學派之代表作品。人之生活既在物質與精神之夾縫中，故社會函變說或機能說自爲社會現象解釋中應有之方法。

關於社會函變說，有詢問此點是否勸已承認人事界亦有公例可尋？不但如此，公例之說亦可同時應用於人事？我可以答覆者，人之生活與物質相關者，自可求得其一般現象。至於有無公例存在，我只承認關於過去者，可以有之，以云未來之事，繫於人類今後之努力，非有公例如自然界之所示者。此爲我之確信，至今未見有任何社會科學家學說，可以動搖我之信念者。此雖爲個人之見解，證近三百年之科學發展史，何以天文物理化學動植物與生物進化，已一律成爲具有確實性之科學，至於有關人生之社會科學與心理學則甲爲一派，乙爲一派，丙又爲一派，雖學說紛紜，從未見有一致同意之學說。此可以見吾之分自然界與人事界爲二，非吾一人之臆說，而自有其根據在也。柏格森氏有言曰：「人之理智，自脫離自然界以來，專以非生機的硬物爲研究對象。吾人試追求理智所負之職掌，常覺理智除在死物質上或曰硬物上運用外，從不以爲安適。」所謂硬物猶之舉起重物之槓杆與工業上之工具之謂。此柏氏之言，不免於輕視理智（柏氏重視直覺）。然證之科學發展史，其有物質可尋者，易於成爲正確科學，其無物質可尋者，只可稱爲各派學者之意見，以云成爲科學，則距離遠矣。

以上就兩種科學之性質爲之分辨，且有所抑揚高下，以云輕視科學或反對科學，吾爲現代之人，自問不至頑鈍若是。吾將引羅素與懷悌海氏兩人之言，以爲科學評價代表。

羅氏之言：

> 十七世紀以來各大人物之工作，造成一種新宇宙觀，乃將鬼怪、巫術與爲鬼所驅使之迷信爲之掃清。十八世紀之科學人生觀中，有三大成份極爲重要：（一）事實說明，以各人之實驗觀察爲本，不以古代傳說爲本；（二）非活物世界自身有內在動因，其變動合於自然公例；（三）地球非宇宙中心，更進而言之，人類亦非宇宙之「目的」，且「目的」一項概念，在科學中毫無用處。

羅氏對於以上三點，有詳細說明。就第一點之應以實驗爲本，不可但憑傳說一段中，引用亞里士多德氏書中稱婦女牙齒之數較男人爲少爲證，可謂善於戲謔，亦可見古代人好爲以訛傳訛，不知就事實上求證驗之所致。就第二點說明古代人不知運動之第一公例，故不識物質能以同速率同方向運動，及遇阻力乃停止之原則。自格里雷氏發見此例，而後天體與物體之運行乃有公例可循，而物理學因以成立。第三點，地球非宇宙中心云云，換言之，太陽爲太陽系之中心，如此說法，自爲科學範圍以內之言，無可反駁。若就目的概念言之，羅素氏向舍道德價值而驅之於哲學大門之外，乃有人類非宇宙目的之語。然天文學與人類進化史，與人生意義之目的，兩不相涉，不知羅氏何以必併爲一譚？羅素氏抬高物質而輕視人類道德，故此段文字中一部分爲我所不敢附和雷同。大體言之，羅氏所謂科學人生觀之三大優點，不必因其小有瑕疵而棄之。

其與羅素氏同著數理邏輯之懷悌海氏對於科學之評價，在其所著「科學與現代世界」（小本）一書中，有大異乎羅氏所云云者。懷氏在其末章中，分爲（一）關於宇宙之一般概念；（二）技術應用；（三）知識中之專門職業主義；（四）生物學說對於人類行爲之影響。關於第一點懷氏批評笛卡兒學說視心與物各自獨立之體者，有離價值而流於機械主義之弊，關於第二點之技術應用，懷氏認爲只知發展工商而忽視自然之美與藝術之美。關於第三點，因教育與職業之專門化，人之所知，限於一部門，以致一般科學知識與文藝知識缺乏，而得不平衡之發展。關於第四點，懷氏以爲進化論之原則，適用於人生，乃有生存競爭，互相競爭，階級鬭爭，商業仇視與武力戰爭等事，此與生物之適應環境，互相愛護者，正相反對。

讀懷氏言，乃覺吾人昔日批評科學之語，今日已成爲世界之公言矣。然吾人可姑讓一步曰：有歐美之科學發達，乃有科學發達之流弊。吾國科學未發達，宜先謀發達，而不必多言流弊之防止。況科學人生觀有極爲吾國所師法者在乎。

第一、科學追索至數萬萬年以前，探求人類生長之秘密。

第二、科學以實驗方法，探求宇宙中各種現象之因果關係。

第三、科學以客觀態度探索眞理之所在。

第四、科學據事實證明，隨時改訂其學說。

凡此特長，既非昔日墨守傳統者所能企及，更非今日獨裁政府盲從主義與教條者所能容忍。故就今日中國而言，我以爲科學之提倡與科學態度之應鼓勵，當視爲救國之良藥，而不必稍有所躊躇者也。

第二　我對於哲學之見解

如上所說，人類處於兩界之中，一方爲物質，一方爲心靈，或曰思想。人類運用其心靈求所以宰制自然者，乃有知識。同爲人類，人之與人，有待人物與團體生活之規範，是爲道德。斯二者相濟爲用，不可或缺，猶車之有兩輪，其一或傾或折，則滯於中途而喪其前進之能事。各國社會發展歷程上，有時注重道德，有時注重知識，此因時代進化而異，難以一例相繩。如吾國過去之社會與歐洲中世之社會，均偏重於道德與信仰，故保守之成分多，改進之成分少。循規蹈矩之成分多，日新月異之成分少。及至文藝復興後，天文物理生物諸科學，突飛猛進，千百年前之所未見及者，今則一一陳列於博物館試驗室，且應用於人生日用之中；若生物進化，地球層次，原子構成，均爲吾人祖宗所未夢及者，而今則成爲現代人之聞見。既有此種種科學，於是哲學家新立一科目以研究之，名曰知識論或認識論。以康德之名辭言之，曰知識或科學何以可能？此科目原非康德一人所創，歐洲大陸上之理性主義者與英倫三島上之經驗主義者，各有其說明知識性質之方法。此項科目，哲學家至今奉爲圭臬而珍重之。吾人處於今日，固不能但步趨先哲專譚正心修身而忽視各種知識與哲學上之知識論。然吾人同時心中懷一疑問曰：「人類處於世界，但以尋求知識爲事乎？但抱定培根氏知識卽權力之宗旨乎？知識以外，仁愛信義公平友善爲團體生活之基本者，其因知識之進步而擯棄之乎？」我可以坦白言之，二三百年來，西歐人之心理上但知側重知識，且以爲知識愈進步，人類幸福殆無止境。然自兩次大戰以還，歐美人深知徒恃知識之不足以造福，或且促成世界末日，於是起而討論科學之社會的任務。伸言之，知識之用，應歸於利人而非害人，則道德之價值之重要，重爲世界所認識矣。經百六七十年前之康德，除著「純粹理性」一書批判知識外，同時又有「實踐理性」一書，說明道德之由來。康氏二者並重，與儒家之仁智兼顧，佛家悲智雙修之途轍，正相脗合。而康德則爲現代人中認定此宗旨之傑出者。

我初窺哲學門徑，從倭伊鏗柏格森入手。梁任公先生遊歐，途經耶納，與倭氏匆匆一晤，引起我研究倭氏哲學之興趣。同時每年一度去巴黎，兼讀柏氏著書。然倭氏柏氏書中，側重於所謂生活之流，歸宿於反理智主義，將一二百年來歐洲哲學系統中之知識論棄之不顧。故我初期治兩家學說後，心中卽有所不慊，乃同時讀康氏著作於新康德派之所以發揮康氏者。此爲我心理中潛伏之態度。倭氏柏氏提倡自由意志，行動，與變之哲學，爲我之所喜，然知有變而不知有常，知有流而不知潛藏，知行動而不知辨別是非之智慧，不免爲一幅奇峯突起之山水，而平坦之康莊大道，擯之於視野之外矣。倭氏雖念念不忘精神生活，柏氏晚年亦有道德來源之著作，然其不視知識與道德為文化中之靜定要素則一也。

歐洲現代哲學大師，不可勝數。我所以獨嚮往康氏者其理由所在，可從知識論與道德論分別言之。

甲、知識論

康德氏所提出之問題，曰科學何以可能？知識何以可能？康氏所着重者曰：吾人何以能認識世界，亦即知識可靠性何在？此問題明白說出，康氏但討論吾人何以認識，初未涉及存在問題。大地山河與飛潛動植之早已存在，康氏豈不知之？人類之心靈作用，但從而認識之，何嘗有如共產黨所舉兩語「存在決定思維，非思維決定存在」中之存在問題乎？

康氏之知識論，以經驗為起點，茲舉其言如下：「一切知識從經驗開始；此無可疑者。知識之能（The faculty of knowledge），因何而動作？曰：（一）由外物刺激五官乃發生意念；（二）將所起之意念互相比較而後理解力開始動作；（三）將各種意念，分之合之，於是官覺印象中之原始材料，製成為關於外物之知識，此之謂經驗。依時間之次第言之，知識起於經驗之後，必先有經驗，而後有知識。

康氏注重經驗，即注重與外物之接觸。是康氏固已承認外物之存在於先。何謂康氏輩唯心主義者有思想決定存在之主張乎？

康氏注重與外物之接觸，因而注重經驗。然康氏非謂一切知識皆從經驗而來。舉其言以明之：

「吾人雖言知識從經驗而起，然非謂一切知識均導源於經驗，經驗殆合兩種元素而成：(一)來自感官所得之印象，(二)來自有感官印象後，知識之能所起之作用。因此有一問題，爲吾人所不能不問，而同時有待詳盡研究後方能答覆者，此一問題，卽是否有離經驗而獨立之知識，甚至有離感官印象之知識？此種知識，名之曰先天知識（先天二字依習慣用之，其意曰必然或曰非如此不可，與道家之言先天者不可混而爲一），以別之於經驗的知識之起於後天者。此先天字樣之定義應先求明確，而後此問題之全部意義乃可瞭解。譬曰某人挖空牆脚，彼或先天的已知挖空後牆之將倒。其意若曰彼早知牆之必倒，無待於牆倒之眞，眞正實現於其經驗之中。然人之知牆之倒，由於經驗中知物體因其自身體重在其不得外界支持之際自然倒塌。故謂人之知牆之倒，完全先天的，乃不可能者也。我所謂先天知識，非指知識之離甲項或離乙項之經驗言之，乃指其絕對離開經驗者言之。此種知識與經驗的知識或曰後天知識正相反對。」

「吾人需要一種標準，以分辨所謂純粹的知識與經驗的知識。經驗所能告人者，但云某事如此如彼，但不能告人以某事非如此不可。吾人可舉兩種命題言之。第一，舉一命題而告人曰，此命題在思想中必然如此者（如云有因必有果），此卽爲先天判斷。第二，經驗不能對於判斷予以正確或嚴格的普遍性。但在思想中有某種判斷具有普遍性而絕無例外者，此亦爲先天的。如是，必然性與普遍性二者，乃先天知識之特徵。」

康氏所謂必然性與普遍性之命題，指數學上之命題，與物理學上之因果關係言之。如數學中之甲數等於乙數，乙數等於丙數，則甲數之等於丙數有必然性與普遍性存乎其中。又如物理學上之力學公例云：動力與反動力相等。此動力與反動力相等之原則，亦具有必然性與普遍性。換詞言之，數學家未嘗將此類甲乙丙等數一一實際接觸於經驗之中，而早已知其必然如此。物理學家初未嘗盡世間動力與反動力之關係而接觸之，而早知其必然如此。此所謂先天二字之意義。亦卽謂經驗之中，早已含有此等先天知識，或名之曰範疇、或思想方式。康氏所以謂知識從經驗始，然不能謂知識但導源於經驗者，因純粹知識參加於其中也。

康德著書之先，已有兩派哲學家，一曰歐陸上之理性主義者，二曰英倫之經驗主義者。理性主義根據人類天賦之理性，以證上帝之存在。經驗主義謂知識但由感覺而來，輔之以觀念聯合等動作。康氏對於此兩派之立場，皆有所不滿。理性派之所爲，將理性證實上帝之存在。康氏謂上帝問題不在經驗範圍以內，非人類理解力（卽知識）之所能解決。其於經驗主義者休謨氏所稱吾人但具有來自感官中之感覺（Sensations），此外一無所有。康氏以爲誠如休氏言，時間之先後，空間之前後左右，有誰來次第而貫串之。康氏不滿於兩派學說，乃創所謂批判方法（Critique）以判析理性之由來與其所能與所不能。換詞言之，純粹理性之可能性與其限界之何在。其全部純粹理性分爲三部：第一曰超越觀象（Transcendental Esthetic），康氏曰：時間空間非所覺知之事物，而爲覺知之方式；所以對於時間之先後，空間之上下左右，次序而條理之者也。第二曰超越分析（Transcendental Analytic），或曰超越邏輯，所以說明僅有感覺中之彼此、大小、方圓、黑白、輕重等等印象將不成爲知識，必須有量（Quantity）性（Quality）關係（relation）狀態（modality）（卽所謂因果）等範疇，以成爲思想之方式。第三曰超越辯證，其中所論爲世界之有始與無始與靈魂有無問題，茲略而去之。

康氏全部哲學要點之所在，曰僅有經驗主義者所謂雜亂無章之感覺，則知識無由成立，因知識必先有思想方式或曰概念，以成其爲範型，而後以感覺實之於其中，而有整然之條理。康氏曰：與其謂吾人之感知與外物相符合，不如謂外物與吾人之感知相符合，此即謂感覺雖由外而來，而範疇早具於思想之中，且賴有自覺性之統一作用，而後有知識之可言也。康氏自謂採用天文學家哥白尼氏之旋轉論者，意謂與其令各星辰旋轉，而觀象者居於靜定，反不如令各星辰靜定而令觀象者自身旋轉，意謂以人爲主動，不以外物爲主動，此康氏對於知識論之大貢獻也。

我於各派哲學學說，初非有偏好偏惡，惟其眞者是求。眞耶非眞耶，於何驗之？曰驗之於「無徵不信」四字而已。愛因斯坦氏發明相對論，促成科學界對於時空觀念對於物理學之大變更。愛氏既爲實驗科學家，其所採用之認識宇宙現象之方法，不獨爲現代科學之準繩，同時可以考定各派認識學說之是非得失。愛氏生於康氏死後百數十年之後，其認識之立場竟有與康氏相合者，不謂非奇事也。愛氏曰：

相信有一外在世界，離覺知主體而獨立者，乃一切自然科學之基礎。

純粹邏輯思想，無法產生經驗的世界之知識。有關於實在之知識，始於經驗，終於經驗。此愛氏之言與康氏所謂「知識從經驗而起」者，相同者一。

愛氏一再宣言曰：「理論的物理學之自明理的基礎，非來自經驗之推論，乃爲人心之自由創作。」所謂自明理的基礎，卽康氏所謂概念或曰思想方式。此與康氏相同者二。

愛氏又言十七八世紀之物理學家深信理論的物理學之基本概念與原則從經驗而來。愛氏力反其說而駁之曰：「牛頓爲理論的物理學之第一創造人，深信其基本概念與定例，皆從經驗而來。其名句『我不立假設』之意義，卽在於此。其學說推行之成功，令十八十九世紀之物理學者不克認識其體系之基礎之擬議（假定的）性（fictitious character）。此等科學不識物理學之基本概念與準則之爲人心中之自由創作，而認之爲可以抽象方法由經驗中演繹而出。自我一般相對論成立後，我乃深知此種觀念之錯誤矣。……一切關於力學之基本概念與準則，視爲可自原始經驗演繹而出之嘗試，終歸於失敗。」

此卽康氏概念離經驗而獨立之意。其相合者三。

我舉此三端，所以證愛氏與康氏所見之同，然愛氏與康氏相異者不容抹殺。第一，愛氏認爲科學之基本概念隨時變更，故不信如康氏所言之必然性與普遍性的命題。第二，愛氏不信康氏所舉之固定的十二範疇，其意以爲概念猶之圍棋規則，所以爲奕者下子相殺之用，非一成不易者也。此兩人生世之相距，幾及百數十年，其意見有岐異之處，自不足怪。然試讀以下愛氏對於各批評者之答覆語，其涉及康氏者如下：

「吾人之理論態度所以異於康德者，在於吾人不視範疇爲一成不易，而僅爲自由約定之規則而已。然範疇似乎表現其爲先天性者，由於思想非先有範疇不可，猶之呼吸不能行於眞空之中也。」

愛氏對於英之羅素氏非心非物之中立一元之認識論，曾作文評之。羅氏不認有心，愛氏以爲概念體系，由心構成，但須與官覺體系保持連繫，雖承認有心而無礙於事。同時所謂物者，亦無須懼其陷入於形而上學而棄之。錄愛氏言如下：

「凡信休謨氏之批評之語者，每以爲概念與命題之不能自官覺材料演繹而出者，乃屬於形上學之性質，應自思想中排而去之。一切思想之實質的內容，皆得之自官覺材料者也。此末後一語我固認爲正確。然其中論思想一點，實爲誤解，良以將此義澈底行之，則凡所謂思想，將疑其爲形上學而擯棄之矣。

吾以爲所以防制思想不墜於形上學，或流而爲空譚之方法有二：（一）力求概念體系之命題與官覺材料發生密切聯繫（二）概念體系之所以調整與安排一切官覺材料者，務求其單一與簡化。過此以往，所謂概念體系，乃人心之自由創作，猶奕棋規則之自相約定者然。

休氏學說雖促進哲學之進步，然亦造成哲學界之危險，此危險可名曰「對於形上學之恐懼」，此爲現代經驗哲學派弊病之一端。休氏學說與昔日理性主義者之忽視經驗者，雖相反對，然其爲病象一也。

羅氏「意義與眞理」一書分析之精，爲人所同佩，然亦正犯我所謂「對於形上學之恐懼」之病。惟其有此恐懼，故不名曰物，而但名曰一團屬性（A bundle of qualities），此屬性乃從感官材料來者。曰物，曰一團屬性，二者相合之際，如視之爲一事，則事物之幾何關係，亦可視之如屬性矣。我所以與羅氏相反者將所謂物（卽物理學意義之物），作爲一獨立概念而置之於時空結構之中，我認其不至有陷入於形上學之危險者也。」

既曰科學理論，在感官經驗之外，須有概念，又曰概念之於知識，猶空氣之於呼吸，又曰概念爲人心之自由創作，又曰雖承認有物，初不至有陷於形上學之危險，如是相對論發明之哲學，一切推本於〔事〕（event）推本於關係（relate），而於〔物〕避之惟恐不遠者，愛氏認爲此亦爲現代哲學之病。此我所以謂愛氏之理論物理學，可以作爲康氏認識論之有效性之實證者，其非我一人之虛構與夫依門傍戶之言，當爲識者所同見矣。

抑我更有欲言者，科學與哲學家咸認知識之成立，有賴於人心之運用者，如是其深遠。何以廢心論在於今日尚復風行一時乎。唯物論者不知有心，可以不論。英經驗主義者之休謨亦但云有一團感覺，而不知有心。羅素氏中立一元論，繼休氏衣鉢而更進一步。其他如美之行爲主義者俄之反應論者，皆同出一轍者也。然我以爲心而果可廢也，人類無思想無概念，而尚何科學可言？此我可以低徊流連於康德之認識論者，爲此而已。

乙、道德論

近二三百年來，爲科學或知識發達之大時代。知識發展，隨而侵入道德之範圍，或且取道德而搖撼之而代替之。昔日人類所習聞者，曰「人爲萬物之靈」。將知禮義知是非知廉恥之責，加之於人身，爲其一切行爲之準則。自進化論風行，曰：「人由猴變」，惟有在競爭中以求生存。此兩語間之輕輕一轉，而道德觀念發生動搖矣。昔人信有靈魂之說，且有輪廻有神鬼之說，以爲福善禍淫之獎懲。自實驗心理學成立，不特靈魂失蹤，即對於自覺性之有無（美國詹姆斯之疑問）亦發生懷疑。其僅能剖而視之者，爲神經中樞，然此僅爲血肉與感覺統系而已，人類之靈明，不可於此形質中求之焉。更有甚者，則曰道德宗教與政治法律，乃統治者鞭笞人民之工具，所以爲統治階級政權保護之計，非人性中所固有。以唯物主義者之名辭言之，宗教道德等等爲上層之結構，其在下層而爲之根本者爲生產方法，一旦生產方法變更，其上層結構亦隨之而動搖。換詞言之，道德宗教乃一種依附末光之現象而已。以上所舉三種學說，一爲進化論，一爲實驗心理學，一爲唯物主義，從直接與間接方面，將千百年人間所習聞之道德觀念動搖之驅除之，使其無地容身。

處今日思想自由學術研究自由時代，其取學說之妨碍道德觀念者而遏制之乎？將成爲美國田納西州禁止學校中敎授進化論之笑話矣。或者如共產國家與法西斯主義國家之專以思想統制爲事矣。幸也自兩次大戰之後，重知識而輕道德之趨向，今已大變矣。英國「自然界」雜誌之編輯者哥里氏有言曰：

「昔日見解，以爲科學之惟一任務在於發見或研究自然界之事實與公例，而不須顧及知識含義所生之影響者。在今日各方所同認者，科學不能與倫理脫節，科學不能免除其發明品應用於戰爭中之破壞目的，或平時經濟紛擾所發生之人事責任。科學家對於其所欲建設之結構，與因發明而所生之破壞等事中之政治與社會問題，已不能袖手旁觀。因工業生產與殺人武器中無限能力之應用，使人間競爭之紛亂更加擴大。科學家對於此紛亂中，如何協助其一種合理的協調的社會秩序之建設，自爲其義務之所在。」

再舉愛因斯坦氏與羅素氏之言以證之：

「關心於人類與其運命，乃一切工程嘗試中之第一件要事！諸君在畫圖樣與方程中不可忽視此事。

不可作違背良心之事，卽國家有所命令，亦不可爲之。」

愛氏以上兩語，直捷痛快。其「不可作違背良心之事」一語，已取哲學家道德論之基本而明白指示之。

羅素氏爲詼奇議怪之人，一方排道德論於哲學範圍之外，他方在其社會哲學中關於承認道德之言，不勝枚舉。玆錄其關於科學與人情之言如左：

「科學所給予人之新權力，惟有由人類中因其熟知歷史與富於生活經驗，而知尊重人類情感者與具有男女每日生活所表示之慈愛者，以行使之，方不至有流弊。」

所謂以人類情感與慈愛，規定科學之權力云云，非哲學中之價值論與道德論中是非善惡標準之言乎？

以上愛氏與羅氏之言，爲廿世紀人類注重道德論之明證。然二三百年以來，早將道德與知識並駕而齊驅之者。康德氏爲首屈一指。方霍布斯氏洛克氏解釋人生惟知有競爭，惟知有功利爲社會生活基礎之際，康氏則持期期以爲不可之態度。其對於上帝、靈魂與自由三項問題，以爲此非「純粹理性」（知識）中所能解釋，而在「實踐理性」（道德）中則成爲不可或缺之理性準則（Ideas of Reason）。換詞言之，思想方式但適用於吾人所能知之現象，至於宇宙之創造者之上帝，靈魂不死與自由意志，初與知識無關，而爲人類行爲上不可不具之準則。二者之畛域各異，不可混而爲一。康氏又以爲以功利以快樂解釋道德者，將有流於智巧、權變與術變之病，故創爲斷言命令（Categorical imperative）之說。意謂待人接物應本「視人爲目的，不可視人爲手段」之絕對原則，此與吾國「正其誼不謀其利，明其道不計其功」之言正相脗合。康氏當時之立論如此，然其實踐理性一事，即在歐洲初不爲人所重視，以其不敵邊沁氏等功利主義之甘言順耳故也。

或者曰：如康氏言，將承認道德之一成不變性矣乎？依社會進化之實際言之，人羣之制度如神鬼、祭葬、婚姻、家庭、政治皆因時因地而異，初非有一成不易者在。此言也陳獨秀氏嘗持之以駁斥道德之絕對性。然試讀一部人類進化史，在因時因地之變遷中；自有其尊重人類價值人格尊嚴與團體生活中之仁愛正義忠恕和好與公平競賽之諸美德。吾儕之爲人類者，誠以「民胞物與」之言互相勉勵，則人與人之相處，自進而向上，反是者其以技巧以謀略爲制人之工具，人生惟有流於詐謀欺騙，而慘無人道。我以爲人類道德在其日變之中有不變者在，不變之中有日變者在，言乎人生不離此物質世界，有原始生活，封建社會與君主專制政體各時代，其所謂道德或風俗標準者，自不能離此社會的變遷。然其向於「眞」「善」之目標以前進，則歷歷如在目前。其有背此原則者，祇知有己有黨派而不知有人，但口說所謂集體而否定集體中分子之價值，甚至但知有權謀術數以爲保持政權之計，至於人類有史以來所謂善惡是非者，則盡棄之不稍顧惜。吾見此類人羣將絕不知有生人之樂，自亦不知自動自發自立與自己負責，而成爲麻木不仁痿痺癱瘓，奄奄待斃之木偶，而國其何以立哉？此我所以謂凡否定道德之本於人性與其內在價値者，其流弊所屆，必至人不成爲人，家不成爲家，社會不成社會，尙何統治者權力之基礎可言哉？東方西方之哲人對於目的手段，仁暴王覇與義利等觀念，斤斤辨析於其毫厘絲忽之間者，夫豈無故而然哉？

第三　我對於形上學之見解

吾人處廿世紀之今日，其棄科學知識而置之不問乎？盡人而知其不可能矣。然所謂知識由於觀察實驗而來。以科學術語言之，此爲自然界之現象，受因果律之支配，而以定命主義爲其本質。有人也推至於至極之處而言之，宇宙間或有不因之因，或以亞里士多德之名詞言之，或亦有不動之動者（Mover unmoved），是爲宗敎上之上帝。其在哲學上言之，吾人由現象界之因果關係，推而上之，以至於最後之因，爲一切萬物所由之以出，且自足乎己而無待於外物之憑藉者，是爲本體，或曰最後眞實（Ultimate Reality）。上帝也最後眞實也，名雖二而實同。在時間上爲永存，無過去未來階段之分，在空間上無上下左右前後之分，乃無乎不在。更就其權力言之，無所不能，無所不知，宗敎家稱之曰全知全能。此上帝云云，自現象界時空支配，或感官與思想方式以下觀察者，其爲不可思議之事，斷可知矣。其第二問題曰靈魂不死。吾人所目擊之人世生長老死，爲天然公例之無可逃者。然在宗敎家言之，謂死後別有所謂生命之永存者，是爲不死之靈魂，類似道家所謂長生，佛家所謂「往生淨土」。其然乎其不然乎？亦非知識之所能解答；而惟有別求其心理根據於形上學之中而已。其第三問題曰自由意志。人受胎以後，生而爲嬰孩，入學校而爲學生，中年以後入於社會，其所經歷無一事不可依因果原則以求解釋，似乎自由意志不可得而見矣。然而康德之意曰，人類能不受物慾引誘，而服從理性以下判斷，猶之吾儒家所謂我欲仁斯仁至矣之境界。甚至成仁取義見義勇爲，同爲良知之決定，此卽所謂自由意志。及至十九世紀末之柏格森氏謂生命中後刻繼續前刻，卽爲新者之創造，由心靈之頃刻萬變而成爲成熟，更由成熟而爲決定，卽爲自己之創造。此將生命與自由意志合而爲一，更駕康德而上之矣。此三問題皆由現象界之萬殊，更進而求其一本一源之所在，與吾國儒家所謂分殊中之「理一」，彼此初無二旨者也。

然此形上界之問題，久與道德宗教爲鄰，爲近代求知求眞者所詬病。英國培根氏爲主張觀察與實驗方法之第一人，將一切神學與道德問題擯之於自然界觀察之門外，其言曰：

「自然界觀察方法，不適用於神，創造與贖罪等問題，乃至愛敵如己，對於所恨之人應以善報之，不分善惡，一律公平相待如上帝之雨露然等等之道德原則，亦非此項方法所能適用。」

霍布氏亦有言曰：

「宗教之神秘，猶醫生給予病者之丸藥，倘一口呑下，則有治病效力，若加以細嚼，則吐棄而歸於無效。」

我舉培氏與霍氏之言，以見注重科學者厭惡上帝問題。獨康德氏注重科學，與兩氏同，然其對於上帝等問題之態度，與兩氏相反。兩氏以爲此非知識所能解決，故應棄之，康氏以爲此類問題誠非知識之所能解，然自有其道德學上之價値。此康氏所以名之曰理性中之準則也。

康氏將此類問題歸之於道德界，一方保存科學知識之正確性，他方對人生行爲方面遵奉一種「戒愼乎其所不覩，恐懼乎其所不聞」之天秩天序，自有其思深慮遠之苦心，非但以有物有則爲最高理想者，所能與之同日而語也。

康氏名此理念爲準則，然於其形上學中僅討論「先天判斷」，而不及此三事。舉康氏言如下；

「吾之目的，願從事於形上學之研究者，先發一疑問曰：『究竟形上學可能成立與否？』其爲科學也，何以形上學不如其他科學之爲人所一致同意。其不成爲科學也，何以形上學猶自居於科學，而予人以莫大希望。」

康氏於其形上學序論之中，但言形上學之知識應爲先天的，超經驗的，若上帝，靈魂等事，康氏則絕口不提，其立言之謹嚴可知。及黑格爾氏不滿於康德之不譚本體，乃提倡所謂絕對哲學，於是論理系統中，示人以絕對（卽上帝）之所在。然就歐洲思想界言之，黑氏以精神爲出發點，不合於一般學者之嗜好，其學派內部旣分裂，有所謂黑格爾左派而馬克思之唯物主義起矣。可見科學方法之發展，搖撼宗教與道德之基礎者爲如何？十九世紀末，柏格森氏在其「時間與自由意志」，「物質與記憶」兩書著成之後，發見精神界生命之流，非理智所能瞭解，而應以直覺，或曰理智的同情（Intellectual sympathy）以代之。於是擱置已久之形上學，因柏氏之提出，而駸駸有復活之現象。

形上學之義，如上所云云爲本體或眞實之研究，爲超於各分科以上之普遍原則之研究。古代亞里士多德著作中，在物理學一書以後，另有一書曰「物理學之後」，意謂形而下之後，應更有進一步之研究，此形上學之名之由來也。近年以來，科學家繼柏氏之後愈研究生命，愈覺生命價值之可寶，且由生命價值而接近於「永生」（Eternal）。其在反對宗敎且反對哲學中之道德論者，亦且有下列之言論矣。羅素氏於「社會改造」一書中有言曰：

「此世界需要一種哲學一種宗教，專以奬進人生爲事。爲奬進人生計，其所需之價值標準，應超飽食暖衣之生活而上之。以生活爲生活者，禽獸而已，其中無人生價值可言，不足以慰藉人羣對於現世生活浮雲之厭惡也。生活於人生，則人生之目的應爲超個人超人羣以上，超個人超人羣之觀念爲上帝，眞美等類。眞能奬進人生者，決不僅以生活爲目的。彼等之目的，在求人生中之永久，在登天國而遠離現世之鬭爭、角逐、失敗，與夫受時間限制之情事。此與「永久天國」（Eternal world）之接觸，卽令其爲想像中之境界而非實有其事，亦予人以健康之力與和平久遠，非現世之鬭爭與失敗所能破壞之者。」

吾人讀羅氏此段文字，既曰上帝，又曰永生，又曰永久天國，雖以之揷入於新約全書或康德實踐理性之中，有何不可乎？

吾人於是知科學知識大發達之後，科學家與哲學家回過頭來，注意於「永久天國」，且言康氏之所不敢言者。

愛因斯坦氏亦有言曰：

「專為他人而生之生活，乃為有價值之生活。現世界遭遇一種危機，現時執政者於其為善為惡之決定影響之大，似尚未有覺知。原子能之應用，已將改變一切，獨有吾人思想尚無改變可言。吾人類將走近世間空前之大災害。為求人類生存，且向於更上一層之生存，非有一種新思想不為功。當前之實際問題在乎人心。」

所謂人心改造所謂思想改變，非愛氏公開承認道德價值之言乎？

吾人讀以上各家之言，深感先哲之言，曰宇宙萬物為一體，曰民吾同胞物吾與也，曰己欲立而立人，己欲達而達人云云者，初非書生陳腐之見，而自有其絕對眞理存乎其中。形上形下之並行不悖，斷斷乎其不可易矣。

我以為近代歐洲之形上學，其最初入手一步，由於理性主義者認為上帝之存在，可本理性以作證明。及康德氏解為人類理解力無法解決上帝問題，於是海納氏（Heine）乃有上帝受死刑於康德之手之言。吾人今日回想易經所謂形而上者謂之道，形而下者謂之器，或事外無道，道外無事之言。是道與器道與事雖各在一界之中，然其間自相為貫通。質言之，形上形下，初非互相對立，而有一以貫之妙用存乎其間也。

結論

我思想體系之綱領如上所云云，我一生志願，曰勉爲讀書明理之人而已。居今日思想自由學說紛拏時代。求其爲明理之一人。譚何容易？其在政治學上，有個人與國家，自由與權力之爭。其在經濟學上，有自由放任與計劃統制，資本主義與社會主義之對立。其在社會學上，或側重進化中之制度，或側重職能。此各派之所以爲說，各有應於時與地與人事之需要，初非逞其胸臆而快意一時而已。其在哲學上更有所謂唯心唯物一元多元機械論與目的論，或曰唯實主義實用主義與自然主義等門戶之見。從事研究之者，貴乎博學愼思明辨，即有樂於信奉一家之言者，初不可盲從一派之言，應求其正反兩面而知彼此長短。倘能更進一步，將其互不相容者而融鑄於一爐之中，寧非青出於藍而勝於藍之一大妙事。譬之物理界中機械主義之適用，自不可貿然進而入於生物界，目的論自有其至大至正之理由，而不容抹殺。政治學上既有個人與國家，惟有尊重自由，乃能養人之所以爲人，亦惟有尊重秩序與權力乃成其所以爲國。此我所謂兩說之相反者非不可以相成者也。其在哲學上側重於物者，爲唯物主義，感覺主義等派，其側重精神者爲柏拉圖派康德派或黑格爾派。如康德氏何嘗不以感官材料與思想方式爲配合之言？英之新唯實主義者何嘗不以康德之言爲可以並存並行？可見所謂主義，各有正反兩面，應比較應參相互證。誠循此爲之，則自己思索自己選擇，或更進而自有所去取以爲折衷一是之歸。此則讀書明理者之所當爲也。

我之爲此文，所以述我自己之思想體系，初不爲康德氏作，然全文中引康氏之言爲例者特多。茲再補述一二段如下：

康氏於其形上學序論中有言曰：

「文字流利如休謨氏，壯麗如孟特爾松氏，乃爲不易多覯之事。我苟自己不顧其完成計劃而留之以待他人，或我苟對於自己所治學問，初不十分認眞，則我書之文體，自可改之而爲明白易讀。然我勉自克制與忍耐，不求一時近利速效，而期身後之垂名久遠。」

此則康德氏「純粹理性」一書所以歷十二年之久而後告成也。

康氏著書以告其友人孟特爾松氏曰：

「過失爲我所立定決心以求免除。卽令有犯之者，然因環境之變，追逐時好而變我自己之面目。此乃自己品性不堅定之所致，此類過失，我決無之。自重自尊之心，本於自己之良知，苟失之以去，將爲我一生至大之罪過。我自信其必無此事。我所思索之事至多，亦有正確之信心，信其爲必眞，然我決無勇氣以說出之，至於說出之事而不經思索者，則斷無之。」

康德所謂經過思索而不敢說出者，大概屬於宗敎問題，既說出而不經思索者則爲事之所必無。一則曰不求近利速效，再則曰不追逐時好，三則曰不失自尊之心，四則曰無不經思索之言。此眞學者座右銘之語也。吾願全國學者各自反省，自己所信之學說，曾經一番思考否乎？曾但信一家言而不將正反兩面互相比較否乎？對於外人所謂是者是否定是？非者是否定非？曾經自己一番抉摘否乎？或有非其所是是其所非而爲之求一折衷至當之歸宿否乎？我之所望於國內學界者；第一曰不隨聲附和，第二曰參互比較以求其正反兩面之是非，第三曰敢於對外人議論爲之折衷至當。誠如是，吾國思想界，因其能向於獨立自主而終將有發揚光大之一日矣。此我所日夜禱祝以求者也。(再生香港版)

二、我從社會科學跳到哲學之經過

（四十四年刊於香港）

吾國智識界年事稍長的人，其所受敎育，大概不出兩類：一類是純粹讀四書五經並從舊式的老師和書院或科舉陶冶出來的；一類是從近代新式敎育小學、中學、大學出身的。我的學歷則介乎二者之間。在十三四歲前後，我曾在舊書房內讀過四書五經，又曾在吾國初期所辦的西洋式學校內學習英文、數學、化學、地理。我與現代學術正式接觸，那是以後在日本留學時期。在日本曾進早稻田大學政治經濟科，初進時是預科，後來入大學部。當時的敎授敎政治學的是浮田和民，敎國際法是中村進午，敎憲法是有賀長雄，敎財政學是田中穗積，敎經濟學是鹽澤昌貞。雖然在日本讀書，我的日本語文不太高明，僅僅能看書，說話或寫作都很感困難。所以在早大時自己求智識的工具還是靠英語。當時日本所用參考書，大概都是英文本，除講堂講義是日文外，我自己所讀的是英文書。譬如政治學所用的參考書是威爾遜的國家論，柏基士的憲法，經濟學是薩禮門的經濟原理，國際法的參考書是奧本海的國際法。我日本語文雖不好，因爲所用的是英文參考書，考試亦可用英文來寫論文，所以勉強就畢業了。在日本五六年，學校給我最深刻的印象，是浮田和民所教的政治哲學。政治哲學是選科，選者甚少，就只是我一個人，讀的書是陸克的政府論。上課時，最初浮田先生站在講壇上，後來因爲看書不方便，他同我兩人並肩而坐。這個人和藹可親，循循善誘，到現在我還想見他穿了和服及木屐的樣子。日本學校雖然用的是英文參考書，但是教授常常所提起的，是德國著名學者如 Wagner 及 Schmoller 等；憲法學上也提起 Mayer 及 Laband 的名字，所以在日本留學時，已引起我對德國學問的羨慕心。我在早稻田也曾讀德文三年，德文經濟學，德文憲法也曾讀過些，在那時我已經有意到德國留學。等到民國成立以後，因爲外蒙問題，我在「少年中國」（民元所辦）報上做了文章宣佈袁世凱罪狀，無法安居北京，朋友中如張仲仁勸我到德國去。一九一三年春動身，到柏林留學，途中在俄國住了二三月之久。初到德國，自以爲在日本所讀三年德文，或有多少用處，那知道話一句不懂，看書程度亦很有限。後來自己拼命用功，才可勉強聽講。在柏林大學所選的課，都是在日本所聽見的大教授，如 Wagner 的財政學，Schmoller的經濟學，List 的國際法，同時還聽民法刑法等。德國大學有一種風氣，名叫大學自由，就是選科聽講，完全憑自己意思，學校沒有排好的課程表。當時我自己在學問上正是求智識的時候，那能知道何者先讀，何者後讀，何課與何課有關，何課與何課無關，自己茫無頭緒。學校有此自由給學生，而我卻不知道怎樣運用。

由清末至民國初年，吾國知識界對於學問有一種風氣：求學問是爲改良政治，是爲救國，所以求學問不是以學問爲終身之業，乃是所以達救國之目的。我在日本及在德國學校內讀書，都逃不出這種風氣。在德讀書約有二三年，在自己無多大心得。如 Schmoller 的經濟學，屬於歷史派，何謂歷史派，自己並不清楚。Wagner 的經濟學是以演繹爲方法，何謂演繹法，亦弄不清楚。兩學派何以不同，亦並不加以研究。雖兩三年中讀書甚勤，但始終站在學問之外，學問與自己尚未打成一片。

一九一四年秋，歐洲開戰，我的心緒轉而研究各國戰事的勝敗前途如何，至於經濟學、國際法等，已不能使我發生興趣了。我在歐戰之初，目擊德國動員，領過麵包票，也曾到過比利時戰場去參觀。一九一五年秋，國內籌安會成立，我在海外聞之，憤憤不平，想幫同國內友人打倒袁世凱，所以就在十五年秋離開德國，經荷蘭到倫敦去。這時候北海裏埋了水雷，潛水艇到處出沒，很是危險，但我爲好奇心所驅使，也管不了那麼多了。初到英國，那時，英國強制兵役法尚未通過，常看見沿街招兵的廣告，與德國人之以當兵爲榮者，大不相同。我到了十餘年來所羨慕的英國巴力門裏邊，看見勞合喬治在議會裏把雙脚放在中間的一張長桌上，我心中好奇怪，以爲英國莊嚴議會中，何以大政治家的行動如此隨便。後來知道英國議會不像大陸各國議會注重雄辯，英國議會好像我們鄉下紳士聚在茶館中討論問題一樣，是大家聚在一起，求事的解決，並不是逞口辯的，這是英國議會所以能有成功。一九一六年從英國經過瑞典挪威俄國回到中國，曾幫助朋友反對洪憲帝制，這是我參加實際政治工作的第一次。

現在我要再詳細說我這時期對學問的態度了。前清末年，一般青年都想改革政治，有的以爲非排滿清不能有爲，有的以爲如果革命，內部要分裂，外患要起來，所以主張要立憲。大部份東京留學生都是熱心政治，所謂求學不過在政治運動中以求幫助自己智識之一種手段，很少有人以學問爲目的，以努力學問爲終身事業的。這個時期大家只知有政治，有救國。在東西洋求學的人們，關於宇宙間何以有智識有學術，學術何以有許多門類，何以有所謂方法，這種種問題，大家偶爾在書本上翻到；至於眞正研究純粹學術的人，可以說是絕無僅有。各人自己同學術應該發生何種關係，學術上有多少派別，如哲學上有經驗派，純理派等，我們自己應屬何派之中，也從未想過。簡單說來，自己既不以學問當全生命的工作，自然學問同自己不能打成一片。換詞言之，學問是由於宇宙現象之變化而來，各人自己以探求宇宙之秘奧爲事，而後自己與學問可以合而爲一。若以學問爲改良政治之手段，自然對於學問之本身，不發生興趣，這是難怪的。

倒袁之後，繼以對德宣戰問題。我自己因爲目擊歐戰初期情形，我料歐戰中德國勝利是不可能的，回來之後曾經同朋友說過中國應參加戰爭。我當時的宗旨，認定國家在國際上能立功，然後才可以取消不平條約；徒託空言，是無濟於事的。我們讀意大利建國史，知道加富爾曾參加與意大利無關係的克利米戰爭，其目的是要在國際上立功，而後在和會裏陳述意大利的苦衷，一方面要排除奧國的壓迫，他方面要求英法人的同情。我當時所以主張對德宣戰，實含有此意。後來因對德宣戰政策，竟發生南北分裂，「宣而不戰」與夫西原借款的結果，這實在出乎意料之外，爲提倡的人們所不及料的。此等事大家共知，可以不說了。

一九一六年回來之後，住在國內有兩年半。到了一九一八年同梁任公去歐洲觀察歐洲和會，任公以非正式的資格去考察歐戰情形，希望爲中國爭回多少權利。在巴黎住了一年，常對吾國的五個全權代表，以私人資格，貢獻了多少意見。有時也同法國當局有所往來。等到青島問題解決，梁任公離巴黎到各國遊歷。我們從德國南方名都敏興到柏林道上，他忽然想起當時在遠東有名的歐洲哲學家二人，一爲法之柏格森，二爲德之倭伊鏗。他說何妨去訪倭伊鏗一下。第一次同倭氏見面，這位哲學家誠懇的態度，大大使我發生研究他的哲學興趣。

倭氏替任公做了一篇文章，名曰「新唯心主義與舊唯心主義之異同」。一見之下，慨然對於萬里陌生之人，允許這種工作，其殷勤之意，尤爲難得。一九二〇年任公返國，我遂移居耶納，從倭攻哲學，並讀哲學史與其他有關哲學之書。這次見面可以說是我從社會科學轉到哲學的一個大關鍵。

但是與倭氏見面，是一個直接觸動，平日尙伏有種種暗潮，在我下意識之中。茲分兩點來說：（甲）事實方面的兩個刺激，使我不滿意於國內外的現狀；（乙）理論方面的刺激，使我不滿意於社會科學而轉到哲學。

所謂事實方面的兩個刺激：（一）第一種就是民國成立以後的國內政治。我曾經目擊民元的國會選舉，初選複選，都以賄成，選民如此，議員如此，這個民國能否維持，大家已發生疑問。如其現在選民，現在議員不能維持下去，是否應當開發敎育，開發實業或另有其他方法，以提高人民程度，以鞏固民族基礎。一國以內，先要人民的智識力，道德力充實，然後才有好政治，如果不然，天天空口希望好政治，是無用的。我因爲懷疑於民元以後的政治，所以時常心上要求一種最基本的方法，對民族之智力、道德與其風俗升降之研究，時常感覺必要。可以說因爲國內政治惡濁，迫得我採取一種思考的態度。（二）所謂事實上第二種刺激，是國際的。巴黎和會那一年，我住在巴黎，知道國聯的章程最初是南非洲斯墨茲將軍所擬，後經西雪爾氏代表英外部加以修改的。英國原稿與威爾遜所擬者，大不相同，一則側重於事實，一則偏重於理想。其中爲強國保留了許多權利，我讀最初原稿之後，已經知道國際上只有強權而無公理了。後來青島問題解決，中國雖參戰國之一，但不能直接從德國手上收回青島，而須待日本人交還我們，當時我們的代表和國民都十二分不平。但日本是當年的強國，所以我們只好屈於巴黎和約之下。因國際聯盟與青島問題，深使我感觸國家自己無強大兵力，外交是空話，乃至說國際公法，更是空話。當時我在巴黎與丁在君同室，曾告訴他說：我已決心把我所藏國際法書籍付諸一炬。在君聞之，大爲駭怪。我從那時起，絕不讀這些無用的書，我決心探求一民族所以立國之最基本的力量，或者是道德力，或者是智識力，或者是經濟力，專在這方面盡我的心力。我現在還是如此想：一國能以自力自立起來，不怕他人不上門來請教你。

我在一九二〇年後，對於各方面事情之興趣，不可不略爲聲明。自那年後，我雖專心哲學，但對於歐洲之政治思潮與經濟思潮亦時常注意。這種政治問題與經濟問題，不像以前單就政治論政治，單就經濟論經濟，而是拿了這種材料後，加以一種哲學的思考。所以這時代中並不完全拋棄社會科學，只是令他做哲學家之材料。

所謂理論的刺激，亦可分兩項，一曰科學之分科性，二曰各科學中之抽象歷程。

第一、凡一門科學，不管是自然科學或社會科學，總有他的研究範圍，在這個範圍以內，他有他獨立的資格。我們用一種術語來說是「分科性」。一科學只能在他本範圍以內說話，與其他科目是不相關的。譬如從社會科學之性質上說，政治、經濟、教育各門，各自獨立，自成一種學問；但是從生活方面看來，一國的政治好壞，離不了國民富力與國民的教育程度，所以教育、經濟、政治在學術上可以獨立，在生活方面是互相關聯的。因爲教育不發達，國民無智識，政治絕不能有好現象，可以見教育與政治的關聯。同時國民窮到「食不飽衣不暖」，這個國家也絕對無好政治，可以見經濟與政治有不可離的關係。所以我從分科的科學方面來看。同時，從相關聯的生活方面來看，則兩面完全是兩回事。而在研究科學的人，立在一門科學立場上，往往以爲從本門科學以內可以能解決本門以內的事情。在我最初求學時候，亦以爲讀了政治，就可以照書本解決政治；後來與實際生活接觸之後，就知道科學是以分科爲基本。既以分科爲基本，自然只能說到一方面，而忽略其他方面。這是在初期研究學問的人所見不到的一點，因爲他們忘了學問的分科性，對於學問，有過分的希望，而且往往過於抬高學問的價值，以爲它可以解決一切實際問題。

第二、理論的刺激，還有第二種，就是各科學術裏邊，都有一種抽象歷程(Abstraction)。譬如說：經濟學上有所謂經濟人，認爲人類是有自利心，他的行動是根據「以最少勞力得最大效果」的原則，好像人類的經濟行動除自利心外，就不需要其他基礎了。但是仔細一想，便知其不然，譬如一個工廠的成立，除了股東股份外，若治安問題，法律問題，都是經濟行爲上的必要基礎。一廠以內的工人智識，工人的勤惰，工人的守廠規，也是工廠經濟行爲背後必要條件。所以說：「經濟人」云云，完全是出於抽象，而與實際生活不相應。以上是經濟學中之抽象。再舉政治學中之例來說：政治與社會學中常以個人與社會，個人與國家相對待，我們早已知道一個人在一個團體以內，要以個人資格求生存如魯濱孫一樣，是不可能的，可見世界上是無眞正的個人。至於社會學上則有所謂合羣性，互相刺激，模仿性。有了這幾點，所以能有所謂同類意識或團體精神。我們如此說法，好像是否認所謂「個人」。要知道個人在衣服言語法律之內，是無法眞正表現其個性的；但是個人在言論上、思想上、美術上的創造，或是個人在政治上的奮鬪，確有其自身的價值，非團體所能抹殺。這種眞正個人的努力，我們也承認，但這種努力還是少數。所以與團體對立的個人，可以說還是一種擬制(Fiction)。科學中有這種抽象，有這種擬制，同上邊所說分科性一樣，可以使科學家迺於虛空，這是免不了的情形。

還有幾種情形，使我們不能不從社會科學走向哲學的田園裏去。我們讀各種思想史如政治思想史，經濟思想史等，常看見種種變遷。如近代政治思想從民約論開場，後來法國革命亦受其影響，於是有歐洲之民主政治。可見民約論在政治思想史中是一個有力潮流。但是到了十九世紀，大家對民約論加以反駁，說他毫無歷史的根據。後來漸有一派人拋棄民約論，主張從歷史方面研究國家起源。於是學派大盛，棄民約論時代的浪漫性，一轉而以事實爲根據。這是政治思想史中一個轉變。同時，經濟學從亞當斯密司提倡個人主義、自利主義、放任主義，認爲個人照他自己所認定利益去做，全社會自能達於美滿的目的；因爲亞氏是從個人利益出發，所以後世名之爲個人主義者。到了十九世紀中間，馬克斯等反對資本家之剝削，主張經濟上應以社會公道謀集體的利益，乃有大工業國有，土地國有之說，不外由個人轉到社會身上。同時英國哲學家如邊沁、穆勒、斯賓塞，是個人主義之代表。十九世紀中有英國黑格爾主義者，也主張集體利益。其在政治上，十九世紀中葉爲自由主義全盛時期，自由黨的自由貿易，可謂出色當行。及歐戰以後，俄國、意大利相繼反對議會而趨於獨裁政治，於是自由主義沒落了。可知政治學上、經濟學上，其思想背後有一個總潮流，這種潮流，不能求之於各社會科學，而應求之於哲學。

因研究社會科學，對於忽而民約論，忽而自由主義，忽而社會主義之種種變遷，使我懷疑於社會科學之本身——在以個人爲主眼，可以成立一種社會科學，及乎以團體爲主眼，亦可以成立另一種社會科學。在某種前提成立的社會科學，與另以一種前提所成立的社會科學兩方面比較，覺得他們立說是彼此不相容的。如自由主義時代，有尊個人的政治學說；專政時代有尊獨裁的學說。他們不相容的程度，大大使我懷疑社會科學中可以求到一種眞理與自然科學相等。這也是一個刺激，使我懷疑於社會科學之確實性，而不得不走到哲學的路上去。

大家假定問我，你走到哲學路上後，已經對於以上各種疑問，有結論沒有？我可以答曰：沒有。但是我可以說從到了哲學田園以內，漸漸對於社會科學內各種學派所以不同的總原因，已經較往時明白了許多，從前站在社會科學之內，看不到社會科學變遷之故，現在站在社會科學之外，明白了許多。舉一二例爲證。譬如民約論時代，是從理性方面出發，研究人類政治組織之起源，說人類是天生下來時自由的平等的。在這前提之下，所以說國家主權應操於人民全體之手，因此而成爲十九世紀式之民主政治。我們再從經濟方面來看，這時候就是重農學派與古典學派成立的時候。重農學派與古典派同以理性爲出發點，他們說經濟行動內，有自然公例；這種自然公例都是人類計算利益之中當然發生的。當時之宗教思想，反對傳統的宗教，有一派人創所謂自然宗教。他們不相信有造物主，但是相信世界上有無形的道理，這道理是造成世界的總原因，此可謂爲以理性爲主之宗教。從這政治經濟宗教三方面說，因爲當時所處爲理性時代，所以無論政治經濟宗教三項，同以理性爲出發點。到了十九世紀末年，哲學方面如柏格森主張「衝動」說，倭伊鏗主行動主義，在這時候，不但二氏之哲學如此，在政治、經濟上亦有同樣現象。政治學家如華拉斯著政治中之人性論，以爲政治現象不是從理性出來，是從非理性出來的。政治現象中如羣衆心理，如羣衆催眠，在情感熱烈的時候提出若干主張，往往很易得到人的同情，這種情形，絕不是從理性所能加以說明的。法國工團主義者蘇拉爾（Sorel）又以柏格森學說應用到大罷工問題。他說不必計算利害如何，只要大家肯大罷工，自然工人能得到一種大結果。同時馬克斯等主張奪取政權；既說

「奪」字，那就離不了強力，便無理性可說了。所以說十九世紀末，二十世紀初，哲學上、政治上、經濟上爲非理性主義所支配。

我們從哲學以下觀察，能在各種社會思潮背後，尋得其總根據；所以我說從哲學以觀察社會或自然界，比較的看得淸楚。也可以說從哲學方面來看，容易達於社會科學與自然科學之第一原則。治哲學的人，比治社會科學的人對於宇宙現象之第一原則，接近一層。治科學的人，他們只能在本科學範圍以內講話，天文學家只能說天文，政治學家只能說政治。至於合種種科學爲一，加以一個總名曰智識；此智識本身之性質如何，可靠性如何，成分如何，方法如何，此皆哲學家之事。所以哲學家不能如科學家之單管本門，同時亦須顧到知識之全體。

哲學還能給人類以一種人生觀。譬如唯物論者說世界是由物質出來；即以人類而論，亦是先有物質，繼而有一種靈性，而後有自覺性或曰思想，唯物論者以思想與自覺性爲附屬現象，以物爲宇宙一切事物之基本。他們重物質，輕精神，否認世界有所謂道德，否認國家是民族有意識的團體，反視國家爲壓迫窮民的工具。除奪取政權外，無其他改良政治方法。

另外一派哲學家，以爲人類在幾千年歷史中有所謂國家、社會制度、政治、法律、宗敎、學術；此種種所以產生，即由於人類精神與思想。假如人類無精神、無思想，同木石一般，從何而有各個人對於國家之犧牲？從何而有各個人肯犧牲一生以從事於學術？從何而有損己利人之道德？從何而有以愛爲出發點之宗敎家？從此立場言之，並非說物質不必要，而是說人類之所以愛人類，在乎精神。

從兩派之言觀之，可見觀點不同，結論天差地遠。我現在不是勸大家相信唯物論或唯心論。就是唯物主義，也是要求理想的社會，無階級差別的社會，可以說唯物主義雖不重視精神，但是改良社會的目的與唯心論一樣的。不過唯心主義因爲以政治、法律爲精神的表現，往往偏於保守，爲舊黨張目，所以馬克斯輩反對他。我相信唯物論不過是社會改造期中之現象，十七世紀中之英國，十八世紀中之法國，十九世紀之德國，皆是如此。俟滿意的社會實現後，此種思想自然不必要了。

在世界上秩序安定期中，理論的安定與事實的安定期中，各人做各科學的工作，可以少管哲學。若在理論的不安定（由奈端到愛因斯坦）與政治的不安定期中，各問題時常須返求諸本，所以不能不管哲學。因爲在根本上看自然界與社會界，比分科範圍之內看得清楚多了。此乃治哲學的人的特殊便宜，或者說是哲學家的特殊權利，如此說法，非謂一國中只要哲學家，不要科學家，乃是說一個是分科觀察，一個綜合觀察。各人所從事者不同，自然其所得結果亦不同。但這兩種人，同爲國家所不可缺的。

我自己致力於學問之結果，不外識得一種途徑——就是最初自己在學術之外，其後自己漸進於學術之內。最初學問是主人，自己是奴隸，其後對學問，既洞悉其內容，敢於加以判斷，我漸漸由奴隸而進於能思索之主人的地位罷了。

三　中國哲學中之理性與直覺

（四十四年刊於香港）

自諾斯羅魄教授（Prof. Northrop）著「東西見面」一書後，美國學者謀東方西方哲學之心領神會，乃有東西哲學彙刊（Essays in Philosophy East and West）之發行，本年以理性直覺爲題，來函徵文，我以此文應之，今更譯之爲漢文如左。

我應首先聲明者，爲東西哲學之疆界線頗難畫分。在地理上言之，其處於東方者名曰東方哲學，處於西方者名曰西方哲學。然自思想方法與思想內容言之，東西哲學頗多彼此共同之處。我雖明知東西哲學各有其特色，我願在此文中闡發其共同之處，甲方自其異處立言，乙方自其同處立言，正爲使東西哲學彼此瞭解最有效之方法。

中國爲位於亞洲之國家，然其思想方法乃近於西方而遠於東方。中國不屬於東方國家之創作宗教者，如印度、回教國與猶太等。中國所着重者爲此世界之研究，尤重人倫與道德問題。羅傑氏「學生哲學史」中稱，希臘人缺少宗教熱忱，因此注重理性方面之追求與美術方面之表現。此乃希臘人所以能爲歐洲建立其哲學與科學之基礎。中華民族富於常識，愛好學術，關於宇宙現象，一一爲之記載，可以一部廿四史之著作爲其證明。然中華民族不長於新信仰之建立，尤不感覺有所謂上帝使者降臨之默西亞觀念。孔子一生之言行，最能代表中國人重視入世反對出世之心理。孔子對於子路事鬼神之問，答之曰：「不能事人，焉能事鬼。」子路又曰敢問死，孔子答曰：「未知生，焉知死。」孔子又告子路曰：「誨汝，知之乎。知之爲知之，不知爲不知，是知也。」孔子對於可知之事與不可知之事，畫分一條界線，因此有人稱孔子爲存疑主義者。然不論孔子對鬼神死後之態度如何，孔子一生用全力於此世界之上。孔子之影響，使數千年來之中國人從事於學術之研究，缺少宗教狂熱之表現。然亦正以孔子未嘗與人以出世之信仰，乃有道教之建立與佛教自印度之傳入，正所以滿足吾國人關於宗教經驗之要求。

孔子學說與蘇格拉底同，同爲道德哲學家。孔子注意正名，且多識草木鳥獸之名。所謂草木鳥獸，未必卽爲現代植物學與生物學或動物學。然孔子之好古，則爲無可疑者。孔子曰：「我非生而知之者，好古敏以求之者也。」兩千年來中國人之好治學，好歷史記載，好講義理之學，尤好美術，乃孔子傳統所生之結果，其爲非誇大之言明矣。

孔子沒後百餘年，有繼之而起以發揮儒學之理論者，曰孟子、曰荀子。孟子爲理性主義者，重心重思。荀子爲經驗主義者，以學以求知爲出發點。此兩派互相對立，一主性善，一主性惡。孟對於哲學之貢獻根據理性主義，謂人類之能辨別善惡辨別彼此於其天然賦與之良知。荀子，由此謂人類生而有聲色耳目之欲，乃有爭奪殘賊之習，惟其中無所有，故需「師法之化，禮義之道」以矯正之。此類爭辯，類於歐洲知識論中之理性主義與經驗主義，其在中國所採取之辯論方式爲性善性惡。以東西兩方之爲同爲異，視乎吾人所以解釋此項爭辯之性質者何如。

中國古代之末期爲戰國時代，即爲孟子荀子辯論之時期，此時得志之人爲法家，如商鞅、申、韓、李斯之流，彼等主張廢封建，代之以郡縣，實行管制，注重農戰，駁斥儒家所重之忠孝仁義詩書禮樂。法家參預其間，使秦始皇成統一天下之大功，而百家爭鳴之時代於是結束。此後經學時代繼起，收集始皇燒書後殘缺之古代典籍。及漢武帝表彰六藝罷斥百家，乃成爲思想一統之局。此時之儒家哲學，限於解說章句文字，絕少有活潑意味之辯論。此種餖飣之學，難於令人滿意，因而魏晉之世老易道家之說盛行，佛教自印度輸入後，皈依與譯經之業，成爲社會風尙。自是以迄於李唐，凡八九百年間，其第一流學者羣趨於佛教，與印度高僧同從事於梵文經典之漢譯。雖社會生活依然中國傳統，然吾人思想已大受道釋兩家之影響。此時之中國，正與中世耶教輸入後之歐洲，希臘哲學久已擱置一邊，鮮有人顧問之者。

宋代新儒家哲學，其名詞如理如道如致知如格物，均出自論語、大學、中庸、孟子諸書。此外更有性、氣、本然之性、氣質之性、無極太極等名詞。然新儒家哲學乃一形上學之系統，其冥想成分，遠過於論語孟子之上，因論語孟子中論家庭之孝慈，個人之修省與治國臨民者之所應爲者。孔孟之儒家哲學，乃具體的零星的，而新儒家主義，爲一個條理整然之體系。

新儒家哲學之產生，起於對佛教之反動，然固爲條理秩然之哲學體系，其創始之者周濂溪（公元一〇一七至一〇七三）邵康節（公元一〇一一至一〇七七）張橫渠（公元一〇二〇至一〇七六）程明道（公元一〇三二至一〇八五）程伊川（公元一〇三三至一一〇七）謂之五星聚奎，其各人之貢獻，本文中不及一一詳述。然新儒家哲學之開展，頗與希臘哲學史之開展相類似。周濂溪張橫渠於新儒家哲學之初期，潛心於新宇宙觀之造成，與希臘哲人亞納克齊門達氏以「無限」爲本，與亞納克齊米納司氏之以氣爲本之宇宙論絕相類似。濂溪名之曰太極，橫渠名之曰太虛太和。其第二期爲倫理的反省時期。其在希臘主其事者爲蘇格拉底爲智者派，其在吾國則程明道程伊川，捨濂溪橫渠之宇宙論，而求所謂理、道、識仁、涵養與致知之方。

試將中國思想與近代歐洲哲學互相比較，可發見彼此共同之點。讀周濂溪、邵康節、張橫渠之文，不能不令人想像笛卡兒、蘭勃尼孳與斯賓諾撒，以此六人同爲形上學體系之建立者，且屬於理性主義派故也。宋代哲學發展之中，其中一派着重於致知格物爲下手之方，彼等以爲所謂心者非自足乎已，而有待於外來之知識以增益之。其他一派以爲人心爲良知良能之本，能別善惡明是非。格物致知派類於歐洲經驗派所持之人心如白紙說。其主張「心卽理」者，類於歐洲理性主義者之天賦觀念說。

更進而深求之，其共同之點，豈止此已哉？朱晦庵與亞里士多德之生世，相隔有千五百年之久，自不能有彼此影響之可言，然其結論相同之多，有出人意料之外者。舉其大概言之，以下四點爲最顯著。（一）亞氏反對柏拉圖之「意典」（Idea）離事物而存在說。意典爲一，事物爲多，此「一」卽在「多」中，「一」不能離「多」。與朱晦庵所堅持之「理一分殊」說相同者一。（二）「一」既不能離「多」，故「共相」（Universals）不能離「獨相」（Particulars）而獨立存在。此與「道不離器」之言相同者二。（三）亞氏云物質中必有方式（Form），斷無無方式之物質，此與朱子所謂「天下無無理之氣」，其相同者三。

（四）亞氏云世界現象，推而至於最高處，必有一無形之方式原則（an immaterial form-principle）在。此與朱子所謂「理與氣本無先後可言，但推上去時，卻如理在先，氣在後。」或曰「未有天地之先，畢竟先有此理」之言，相同者四。朱氏亞氏之相同結論，在新儒學中，將有詳細說明。

或曰此項共同點見於希臘哲學、中國哲學與歐洲現代哲學者，其故安在？我之答案曰：哲學之由來爲思索，思索不外乎心思。試將印度、中國與歐洲各種思想派別列爲一表，將見世界上各派哲學，只限於此數，如所謂一元派二元派，唯物派唯心派，理性派經驗派，主知派主意派，絕對派存疑派等等，苟哲學派別既限於此數，則東西哲學自不超出乎此種範疇之外，猶之丸之轉於盤中，不外東南西北之諸向，其所以同多異少，乃其必至之勢也。

在討論理性與直覺相互關係之先，須將二者本身分別加以說明。

哲學之來源，起於心中之「思」。孔子曰：「學而不思則罔，思而不學則殆。」此言乎知識，必以題材爲本。冥心默索，但以想像行之，此類之思，全無根據，故孔子名之曰「殆」，言其爲無根據之妄想也。反是者，題材雖多，但爲零碎的、片斷的，而絕無線索貫串其間，則類乎博聞強記，而無一貫之體系，所以名之曰「罔」，謂其徒勞無功也。及乎孟子，更注重於思，其言曰：「思則得之，不思則不得也。」惟孟子重思，且信人心中之良知良能，故確乎其爲一個理性主義者，蓋以爲人之能辨彼此黑白是非邪正者，卽由此心思而來。孟子所以成爲中國哲學「心派」之創立者卽此之故。

公都子問曰：「鈞是人也，或爲大人，或爲小人，何也。」孟子爲之解釋曰：「耳目之官，不思而蔽於物，物交物，則引之而已矣。心之官則思，思則得之，不思則不得也。此天之所以與我者，先立乎其大者，則其小者不能奪焉。此其所以爲大人而已矣。」孟子所謂耳目之官，非柏拉圖氏達意太透司（Theaetetus）文中之所謂覺知（Perception）乎？孟子所謂「心官」者，非達意太透司中之所謂「辨理」（reasoning）或洞見眞理之靈魂乎？

孟子又曰：「口之於味也，有同嗜焉，耳之於聲也，有同聽焉，目之於色也，有同美焉。至於心，獨無所同然乎？心之所同然者，何也，謂理也，義也，聖人先得我心之所同然耳。故義理之悅我心，猶芻豢之悅我口。」孟子所謂吾心之所同然，卽西方哲學所謂概念（Concept），由各獨相中所抽出之共相，乃成爲各獨相以上之大共名也。

諾斯羅魄教授以爲東方哲學家好着色於有聲有色處。上文孟子所謂味聲色三項，可以造成諾氏立論之根據。然不知此段文章之要點，在乎「心之所同然」之義、理，此非耳目之官所能發見，惟由於理性以察見之。心之所同然之義理，不獨孟子如是言之，英國道德派學者（British moralists）亦有此類意見。勃脫雷（J. Butler）有言曰：「其所以使人類以道德制裁自己者，由於人之有道德性與其感覺，行動中之道德能力，其最根本處在乎人類對於行爲與品行，時加以反省而成爲體驗對象，其以爲是爲善者，則自然的必然的讚許而可之，其以爲非爲惡者，則自然的必然的而否之。」勃氏所謂自然的必然的可與否，卽孟子所謂是非善惡之共同標準。孟子所謂義理，其屬於彼也此也黑也白也，是爲知識之所由成立。其屬於善也惡也是也非也，是爲道德之所由成立。東方人認爲知識之基本與道德之基本，關係極密切，故義理二字常聯結而爲一，爲文化全部機構之基礎。世界人類無一不承認此項知識與道德之基本者，此關於哲學之基本性質，東西所以相同之大原因之所在也。（再生香港版）

四　哲學家之任務

我們知道從前稱哲學爲學問的皇后，意卽一切學問皆由哲學產生出來，好像我們的經、史、子、集，無不從聖賢書中產生出來一樣。但自文藝復興，科學發展後，天文、物理、化學、地理、生理等等諸學，沒有不自成一科，宣告獨立了，所以哲學就變成剩下來的形而上學，知識論、實在論、論理學，哲學的範圍就在此諸方面，而且大家認爲科學是經過試驗，可應用於實際，成爲眞正的學問，至於哲學，大家認爲是瞎子在黑屋子裏暗中摸索，就是說柏拉圖以後，哲學是一種議論紛歧，莫衷一是的學問，這是第一、第二兩次大戰前，大家對哲學的看法。但第二次大戰後，全世界對於各種問題，都不滿意於科學的成績，而要求一種新理想新文明或新世界的道德，這類文章，我所見到的不知多多少少，簡單來說，無人認爲科學可給人類以一種道德的基礎，一種公道的制度，因爲他們在科學方面求之而不得，於是求之於哲學。所以我有一種感覺：就是哲學的復活。或者說今後哲學的權威一定要超過戰爭前哲學所享的權威。

去年十月十二日，我在武漢大學講演：「我國思想界的寂寞」，其中提起過美國哲學協會在一九四三年曾經有一提議，將美國哲學的現狀加以研究，並及於哲學在戰後世界所擔當的任務，包含三項：（一）美國教育界中哲學之現況，（二）哲學在自由教育中所擔當之任務，（三）如何在學校課程中將哲學一科，能實現其應擔當之任務。美國的洛克斐勒基金會（Rockfeller Foundation）聽到了這項計劃，就撥給一筆經費，由五個人組織一個委員會，周遊全國，訪問各大學，並收受各種意見書，最後該委員會出版一本書，叫：「哲學在美國教育中之地位」。組織委員會之五人爲：Blanshard 爲耶魯大學教授，Ducasse 爲 Brown 大學教授，Hendel 爲耶魯大學教授，Murphy 爲依利諾大學教授，Otto 爲維斯康辛大學教授。

從這書中，可看出一向注意科學的美國人，他們現在的眼光亦已漸漸轉到哲學上來了。我所注意的尤其是第一篇，爲勃倫削（Blanshard）所作，曰：「對哲學的一般空氣」。文中說：美國學生大都受了一種科學的智識，但缺乏一種深入的思想，尤其缺少正當的人生觀。所以他發生問題說：美國的哲學是否在向正當的方向進行？哲學是否已經盡了應盡之責任？我們研究哲學的人，是否已照應教的去教了？如其我們沒有這樣教，是不是我們太偏重技術，太使用注射的方法？或我們自己太注重歷史，或我們自己智識還不夠完備，並且學生對於種種大問題：道德、宗教、政治、經濟等，由零零碎碎合併爲一體時，是不是哲學能予以指導。

五人委員會於訪問各大學時，發現教育界有四項要求：（一）化零星爲整體（Demand for Integration）；（二）心思之共同或以墨子的話說：「尚同」；（三）「民主」兩字之再解釋（Re-interpretation of Democracy）；（四）要求建起一種人生哲學（Demand for the Philosophy of Life）。

一、他說：美國學生在大學課程表上，可以找到拉丁、希臘、歷史、科學、商業、新聞、乃至軍事、速記、養鷄等學，無所不備，但是各種學科之間，互相之關係如何，大學講義目錄上是找不到的。爲學生者儘量在其自己範圍以內，力求專門化，使將來便於找到職業，但對於現代智識的全部，如何求得一探視線，卻不爲大學所關心。勃氏曾接 W. S. Learnd 氏一函，其中謂：據我看來，哲學的任務就是使學生對於在教育上所遭遇的各種現象，應給以一種人文的與活動的觀點，各種不同智識中，其互相關係如何，先後次序如何，相依爲用如何，其價值如何，其涵義如何？都是哲學所應顧到的，同時，科學與人文學儘管似對立，但哲學家應求一合理之基礎，使人知道這兩個區域並非不相容，相反地，可以得到一種滿意的綜合。所以哲學是大學課程中最實用，必不可少的元素。

這封信的意思，無非說哲學應該幫助學生將各種智識排列出一個次序，使它有條理、系統，而且將宗教、歷史、科學智識的結果，合而爲一，以求得一個前後一致的宇宙觀。

二、心思的共同。勃氏舉了 Walter Lippmann 與 R. M. Hutshins 等人，指出美國的智識階級頭腦中沒有一種共同意念，共同概念，共同原則。他的意思是說：美國大學儘管養成了許多飛機師、工程師、及機械師專家等等，但對於文學、哲學史、美術史、或論理學等，都列爲次要科目，不在他們主科範圍之內。這樣儘管有了許多法律家、工程師、專家，但他們腦子背後沒有共同的工具可以互相交換意見的，明白言之，就是一種專門家的教育，而不是一種人文教育，大家祇做一個專門人才，而對於政治、宗教、道德等等，沒有一共同的意見，是一件頗爲危險的事。

三、教育界中認爲近年美國學生喜歡討論馬克斯主義、法西斯主義、福拉地主義（Freidism），尤其是共產主義與納粹主義一類有系統的思想，而美國的民主政治反處於被動的地位，無人熱心鼓吹，所以儘管美國公民生活於民主政治之下，反爲納粹、共黨蠱惑。他們認爲惟有將所謂自由、平等、公道、及民主政治中所包含之制度，重新加以解釋，然後能引起人民對民主政治之信仰。他們認爲其他主義的發生，一定是傳統的民主政治有不完備的地方，所以必須將民主政治的理論重新研究，充實其內容。

四、勃氏以爲第四種要求是由於歐洲宗教信仰之日趨衰頹。雖然宗教以極大的權威告訴青年們以神聖的任務，但宗教的權威與其確定性已經喪失，儘管人人還在念聖經，但並不覺得裏面有確定性。或者有人說：宗教已經衰落，可不可以拿道德的唯心主義來代替它？勃氏不敢相信道德的唯心主義能夠代替宗教。所以W. E. Fort給勃氏信說：許多學生要求一種可以作爲生活指南的人生觀，與其讓報館、新聞記者來擔當這工作，爲什麼哲學家不能擔當起來？勃氏更指出英國哲學家羅素（Bertrand Russell）在紐約講哲學時，提到他自己關於婚姻問題的意見，因此爲紐約天主教人士所排斥。他的意思無非表示哲學家的意見與教會間，距離甚遠，兩者不易走在一條路上。

敍述了以上四項要求，於是我要說到哲學家的任務了。在上述四項要求之中，可見出社會上如何對哲學寄之以熱烈的希望。哲學對人類智識之眞理，對科學、宗教、美術、有首尾一貫的見界，科學與人文學之調和，而且所有各種工程師、醫生、化學、物理專家，使有一共同的心理背境，都是一些極大的任務，沒有一國的哲學家，能夠立刻擔當得起來，因爲什麼道理？因爲哲學家自身的意見先不一致，自己既沒有首尾完整的一個思想體系，如何能提供世人一個思想體系，來敎育青年、人類呢？譬如說：什麼是美？什麼是智識？什麼是宗敎信仰？什麼是理想社會？什麼是人生眞正目的？凡此問題，沒有兩派哲學能够一致的。哲學家意見的不同，乃是提出一個統一的宇宙觀、人生觀的大障礙，所以到現在，我們祇有哲學學說、哲學歷史，而無法拿出一個統一的宇宙觀。但哲學家意見之不統一儘管如此，我們就能因此說哲學思想沒有力量嗎？我想略爲把近代的思想史、學術運動、政治運動回顧一下，便可知道哲學對於學術、政治、社會運動之影響之大了。

譬如在哲學初期，理性主義發展的時候，重視人的理性，由理性出發，研求思想的規則，人格之尊嚴，所謂人權運動，如民約論、如人權論、如議會政治，簡言之，從盧騷、洛克、孟德斯鳩、穆勒，各人的政治思想，那一個不是走的理性主義的途徑呢？至第一次大戰前後，柏格生、倭伊鏗、詹姆生等以生活行動爲出發點，於是否定理性，認爲一切智識，一切理論，無一不從人生需要上出發，換言之，理性或自然法是在抽象中，或者說是離開人生而表現的，眞正的人是活的、動的、所以不受理性或法則的支配的，到了第一次大戰中，共黨主張大罷工，主張直接行動，如法國的 Sorel 所說：主張大罷工便是生命之衝動。故共產主義，法西斯主義都是反理性主義的結果。我們看了以往一、兩百年之歷史，我們不能不承認哲學對於政治、社會、人類是有莫大的影響的，假定我們認清其影響，我們便知道哲學家任務之重要。

第一、哲學家之分析工作，或就一概念將其分析明白，與其他概念之異同分析清楚。譬如說：什麼叫智識？經過一套批判工作後，然後能得到智識之眞正意義，或智識之效力何在。人類的智識有的自感覺而來，有的由理念而來，這套問題，科學家是不管的，如：物理家、數學家，祇求其自然法則就停止了。在科學家看來，數學的原則從何而來，物理的原則從何而來，其背境是各不相同的，惟有將各種現象分析清楚，然後自然科學之效力如何，方能論定。這種分析工作做得愈精，思想自然也愈清楚明晰。而且人類的智識離不了數目，離不了邏輯，在普通人看來，數理與邏輯同爲科學之一種，但在哲學家看來，數理與邏輯尤爲一切科學之基本，這就是從分析智識中得來的。

第二、哲學家之綜合工作。科學家祇要顧到其本身的科學範圍就够了，但是，哲學家不能不曉得生理何以與心理不同，生物何以與物理不同，因爲物理所研究的是死的物質，生物所研究的是有生命的物質。心理家更進一層，研究人之心靈。推而上之，有人類歷史及宗教，人類歷史是否可以研究自然科學之方法研究，是不是在其中可以找出自然公理，如物理學、生物學一樣。至於宗教，何以人類會有宗教信仰？何以人類想望一極樂世界？何以希望靈魂不死？乃至人類何以有善有惡？善惡之標準從何而來？這種種問題，都須由哲學家來答覆，如果哲學家能够將物理、生物、人類、宗教等等問題綜合起來，造成一首尾一貫的合理基礎，自更爲人家所歡迎！

讀者諸君！我想在目前我們這個人心動搖的時候，世界上各種主義都在中國各佔一席地，共產主義、民主主義、法西斯主義、社會主義，而且又遇着原子時代，人類文化發生極大危機，所以有人提出科學智識應受道德支配，而且西方國家中已有人倡東西文化之交流，我想我們的哲學家應拿出大智慧大勇氣來迎合這個趨勢，克盡厥職！（再生上海版）

五 喬特「心與物」譯序

第一

英國喬特著
張君勱譯序

歐洲近三百年之哲學，以知識問題發其端。知識之中，有二元素：第（一）、人類何以能知，即知識之中效，是爲認識論；第（二）、所知之世界爲何，即宇宙本體，是爲形上界。雖學說紛起，要皆徘徊於認識論與形上界之間；如康德氏謂吾人所知者，限於現象，不及於本體；如孔德氏自號實證主義，故但求現象間之關係；兩家之侷促於現象，而不敢道及本體均也。其有衝鋒陷陣，直達於宇宙本體者，則有心物一元之論；如黑智爾氏，則惟心一元論也；如十九世紀中之蒲許納氏（Büchner）福耶拔哈氏（Feuerbach）等，則惟物一元論也，然認識論與形上界，能離而二之乎？其自謂以認識論爲限，放棄形上問題者，而隱約之間，對於形上界自有其主張，如康氏明謂吾人所知限於現象，然於物界必假定所謂「物自體」之概念，至於人類行爲，康氏謂其即在本體中，是康氏之難逃於形上學之外也；孔氏以爲吾人處實證時代，應但問現象之所以相繼，初不問其最終原因，然欲躋人事於實證科學，則形上界之否認，自在言外，是孔氏置形上界於不論不議者，實已於不言之中取消之。若夫一元論者之言，自謂非有統一之宇宙觀，難饜人類心理之要求。惟心一元者，以心之語釋物，必求去物而後已；惟物一元者，以物之語釋心，必求去心而後已。此兩派之言，雖大盛一時，而黑智爾輩終爲惟物主義所推翻，不三四十年而新惟心主義者，又取惟物主義而代之，此其故安在哉？蓋統一之宇宙，非僅自心或自物之一點出發，卽可以造成也。苟其立言之方，能驗諸宇宙間生物非生物之各種現象而合，則所謂統一者，乃爲眞統一；非然者，強自物或心立言，自謂系統之一貫，而不問事實之合不合，是徒快立言者之意，非眞正之統一宇宙觀也。夫既有現象，必有本體，既有形上，必有形下，由形下或現象，推及於形上或本體，則自吾人所知之物體，與能知之方法，進而窮所知與能知之本質，二者之間，自成聯絡之關係，非形上學家妄以己意離而二之，能成其所謂形上學也。如是，認識論與本體問題之間，有二標準：

一、認識與本體應有彼此互通之關係（若採康德之方法各科學何以成立爲研究認識之下手處則第一標準可易爲形上學與各科學應有會通之關係。）

二、本體之總原則，應通於宇宙間生非生之一切現象。

持此二者論之，其自隱於認識論之後，自謂知所當止，以不涉及本體爲得計者，德人勞孳氏（Lotze）已先我評之曰：有人磨刀霍霍，而終不求一割之用。換詞言之，曰言認識，而不求所識者之體爲何，雖有認識之具，抑復何用？自我人觀之，自謂以認識論爲限，不涉及本體者，實則其人對於形上問題，亦早有見解，如康氏孔氏足以證之；則此二者之不可分離，亦既甚明。然敢對於本體論爲單刀直入之主張者，惟有以心解物，或以物解心之兩種一元主義。此兩派之立言，果爲形上學正當之方法乎？果舍此外無第三種見解乎？則我之所不能無疑者，敢先就一元主義之例而評之。

第二

十九世紀之初，科學大盛，學者欲以物理學之原則，施之一切現象；於是有惟物一元主義，但認物而不認生與心。此派心目中，除物外不知有他，則亦本無所謂形上界；惟其以爲物質卽本體，則對於形上界之斷定，已在言外，而生也、思也、上帝也之諸問題，近代生物學家、心理學家、宗教學家，視爲莫大困難者，彼等皆以物質二字了之矣。科學家常欲以人爲之力，造成原生質，以爲誠能如此，則生物之爲機械性，確然有據。其有認生與心二者，非化合物所能構成，則創爲心由物質而來之說：如馬勒許氏（J. Moleschott）曰：無燐質則無思想；又曰：個人之所以爲個人，父母、乳母、時間、地點、氣候、聲、光、衣、食之所合成云云；所以證人類品性之構成，賴物質也；伏格脫氏（K. Vogt）曰：思想之於腦神經，猶之膽汁之於膽，便溺之於腎臟；蒲許納氏（Büchner）曰：人類心理，皆腦神經爲之，思也、記憶也、想像也、數之觀念也、空間之觀念也、美之觀念也，皆藏於特定之細胞中，成年人之思想，不越乎十萬概念，而腦中細胞自五萬萬至一千萬萬，故尚有保存新概念之餘地；福耶拔哈（Feuerbach）之言曰：食變血、血變心與腦，繼變爲心質與思想，故飲食者人類文化與思想之基礎；其宗教論尤爲簡捷，以爲上帝者，人類思想之產物，昔日以上帝爲存於客觀中者，實則在主觀之中，昔日視上帝爲可瞻仰者，實卽屬於人類本身中也。此外現代科學家之求化一切生物心理現象爲物理公例者，皆可與馬氏、許氏等量齊觀。

哲學家之持惟心主義，或爲純理性主義者，如華爾乎氏（Wolf）；或爲批導主義者，如康德氏；或爲主觀主義者，且認定非認知不能有物之一語，如拔克蘭氏（Berkeley）三家之立言不同若是，然其自縛於認識論之範圍一而已。至於外物界之分析（或曰自然）如何，以其認定物由心生之一語，故置而不論。近世之新惟心主義者，其取此態度也亦同；柏格森氏以物爲變中之下墜者一語了之；倭伊鏗氏則以人類生於精神物質兩界間一語了之；所以然者，則惟心主義者惟知有心，而否認物之存在，若於物多加研究，則物與心兩相衝突，而惟心之說難成矣。然亦有單刀直入，否認科學家之言，而於物界自爲主張者，則爲惟心一元主義之黑智爾氏。黑氏曰：自然界者，精神之他一面，自有意義，有目的方面以下觀察，則分自然界爲三類：一曰力學，二曰物理，三曰有機體；三者層累而上，由不自覺而達於自覺。力學中之物質，必有重心，則自我精神之第一步已具於其中；物理界之光與電，光與重濁之質相對，其體輕清，類於自覺性，爲善爲神之象徵，電於異者相吸，同者相拒，等於正反合之三分法；有機體則散處空間之物質中，已有生命以灌注之，故爲概念（黑氏之絕對理性）之表現。關於太陽系之論，尤爲奇特，黑氏曰：太陽系合四者而成：曰太陽、曰月、曰彗、曰行星；所以運行者，非離心力向心力爲之，乃論理的必然性爲之云。

自吾人前立之二標準，以評兩派之言，其至顯而易見者，則惟物之說不足以概心，惟心之說不足以概物。如惟物者之言，世界惟有物質，一切應以物理公例衡之，則機械論支配全宇宙，而生物與死物實無異同，有思之物與無思之物實無異同。科學家非不知此二者之分，牽強附會，創爲物理公例支配生物之說，於是有所謂生物界之機械主義。德之羅和（Roux）氏，嘗取蛙卵之第一次分剖之二細胞，其一殺之，其一育之，此所育之細胞，生長爲常胎之半；於是羅氏論之曰，細胞二之一，可成半胎，可知分子半，則產生之物亦半；此則機械論之鐵證也。及杜里舒氏於一八九一年以羅氏之方法，驗之海蝟之卵，取第一次分剖之卵而試之（二分之一），又取第二次分剖之卵而試之（四分之一），所養成者乃全胎而非半胎，惟形居常胎二之一或四之一；於是知生物之中，自有別種機能宰制其間，非物質之分合或多寡所得而解；此惟物主義施諸生物而不可通者一也。若夫人類種種心態，尤爲不易決之點，謂知情意三者，由物質所構成乎？必不可也；謂論理學三大公例，由於物質來乎？必不可也；謂倫理學之是非善惡之準，由於物質化合乎？必不可也；苟此三者，求之物質而不得其化分化合之道，則惟物主義於心態之解釋，可謂已破產矣。科學家知其然，猶必欲求其因於物質，則倡爲燐質之說，腦神經作用之說，飲食之說，然此數者，何以忽變爲思，則馬氏、伏氏、蒲氏、福氏之言，絕不能道其所以然之故也。現代之行爲主義之心理學，其不認有自覺性，與惟物主義同；然其所能解釋，但限於饑餓性慾之本屬於物質者，非眞能解釋心理；此惟物主義施諸心態而不可通者二也。道德之善惡標準，學問之條理，政俗之爲君爲民，宗敎之有神無神，皆人類之精神生活消息其間，卽有歸其因於經驗或社會環境者，此經驗必有能經歷之主體，此環境必先有造成環境之人在，非物質之化分化合所得而解釋；此惟物主義施諸道德、學問、政俗、宗敎，而不可通者三也。所謂惟物一元主義，不適於有生之現象者如是。

反之，若物質界而欲以生命與心理解釋之，則其受蔽也同。尋常惟心論者，但說到物由心造而止，以爲如此，則惟心一元之說成矣。不知日月星辰之大，飛潛動植之衆，如康德之言，謂吾心爲立法者，猶可焉；必謂爲吾心所造成，雖至大膽之哲學家，不敢爲是言。惟黑智爾氏以概念爲等於絕對，理性等於上帝，乃對於聲光與太陽系之物理現象，而亦以「理性」解釋之，徒見笑科學家，而令人皆爲冥想而已。聲也、光也、太陽也，非生物非有理性之體，惟有憑數學之原理，與科學家之實驗從而解釋之；其所採公式，爲奈端式，爲愛斯坦式，則視其當時流行之學說而定。此以空間現象，可以一一實測，實測之結果變，則學理亦隨之而變，而後起之例，包含現象之種類，超於舊例之上，則後例必勝於前例，猶之奈端之說限於物質，而愛氏之說推及光電，則愛氏之說自必爲眾所信從。若否認實驗，妄欲以理性或機體之名加之，則等死物於生物，等無理性者於有理性者，與惟物主義者反其道以行之者正相類焉。所謂惟心一元論，不通於非生之現象者如是。

平日吾人之所認識者，以桌爲桌，以椅爲椅，以日爲日，以月爲月，鮮有疑其認識之誤也；乃至科學家以天文爲天文，地理爲地理，生物爲生物，心理爲心理，亦鮮有疑其認識之誤也。今也一至本體問題之範圍，於昔所認爲天文地理之屬於無心者，則名之曰心，昔所認爲生物心理之屬於有生有心者，則名之曰物，此則形上學家所以被人斥爲冥想空談也。然則奈何？曰由平日所認識者以推及於形上；換詞言之，天文地理還爲天文地理，生物心理還爲生物心理，科學中之分科研究所得之結果，在不變其原來之認識以外，當一一承認；由此而會通之，以窮其相關聯與綜合之意義，則此種形上學庶幾免於空談之弊，而與前述之認識與形上有互通關係之標準合矣。然兩種一元主義，舉不足語此，則以惟物一元論拋棄生物學與心理學之立脚點，惟心一元論拋棄物理學之立脚點故也。

此兩種一元論，既不合於吾人所定之標準，而此外各派之哲學家，合於吾人之標準者，亦不多覯。何也？心與物二者，爲宇宙間之根本原素，兩相對立，决不易互通爲一。此一點也，自來哲學家咸不肯坦白承認者也。如近世之以心力解釋宇宙者格柏森氏，謂心能向上，物質下墜，此其說施之生物，如人類之生成，如草木之滋長，因生機衝動，乃留下所謂物質，固無不可通焉。若夫世界全部之天體，謂與生機有何關係，雖以我至信心力之偉大者，不敢為是言，則物質之盡出於心力之說，不可通明矣。反之，謂世界之初只有物質，忽以進化之結果，而自覺性以生，於是演而為動物為人類；此其說於物質中何以忽生自覺性之故，亦無確實之說明，不過憑空假想曰進化之歷程如是；則心出於物之說，謂其有何根據，亦未見其可。要之，此二者既非由甲生乙，亦非由乙生甲，則以我觀之，不若明認心物二者為最終之元素。換詞言之，曰確立二元主義而已。本此立言，全部哲學，可以豁然貫通，此則森（按，即張君勱自稱）之不敏，所欲以一得之愚與愛智之士商榷之者也。

第三

惟心一元，惟物一元之說，施之本體論，其不通既若是，若驗之哲學中之各科，如所謂認識論、心理學、論理學、倫理學等等，亦無在而非惟心惟物二者之衝突。換詞言之，甲以心能為與生俱來，乙以心能為外界所鑠；譬諸倫理學，甲以道德為自主的，故有無上命令（即 Kant 的 Categorical Imperative）之說，乙以為他主的，故有習慣養成或苦樂計較之說（英之功利派及現代之杜威。）；譬諸論理學，甲以推理力為天賦，故有先天或演繹之說，乙以推理力為感覺所積成，故有後天或歸納之說；譬諸心理學，甲以自覺性為巍然獨存，故有柏格森純記憶之說，乙以為人之思想賴生理而後現，故有心物並行論，或行為主義之心理學；譬諸歷史哲學，甲以為歷史變化起於人類自動，故有惟心史觀之說，乙以為歷史變化，起於氣候或其他物質條件，故有惟物史觀之說；更推而上之，則認識論中，甲以爲理性能窮盡事物，故有理性主義，乙以爲理性不能窮盡事物，必有賴於與外界之接觸，故有經驗主義。最後則有形上學之爭，一以全宇宙爲自然界之因果關係或動力公例所支配，是爲機械論；一則觀察生物之生生不已，一若有大活力主宰其間者，則爲目的論；所謂定命論與非定命論，猶之機械論與目的論也；以宇宙間之事事物物盡爲因果關係所支配者，則爲定命論；反之若有某行爲爲人類所能自主；換詞言之，人類之自由意志可以主宰其間者，是謂非定命主義。此所云云，何一而非哲學界議論紛紜之點，歷數百年而未決者乎？吾人固不敢自謂對於此諸問題，有解決之方，然在心物二元主義之基礎上，取此諸問題而分析之，說明之，則有遠勝於昔日之惟物一元，或惟心一元之論者，茲取上所云二者列爲一表如下：

形上學

目的論……………機械論

非定命論…………定命論

倫理學

自主論……………他主論（功利論 習慣論）

論理學

先天論，理性論……後天論，經驗論

心理學

心靈獨立…………心物平行 行爲主義

生物學

生機主義……………機械主義
　歷史哲學
惟心史觀……………惟物史觀

此雙方對峙之局，卽以各執一偏爲之也：主理性說者不認經驗，主經驗者不認理性；主良心者不認苦樂，主苦樂者不認良心；惟其永不願易地以觀，故永無持平之論。吾人試平心研究之，所謂人者，以心思爲主宰，然心思之所以運行有腦焉，此外則有神經系、有血肉、有骨骼，故一人之身，心與物兼而有之者也；心有心之良能，故以心釋身可焉；心之爲用，有時表現於生理，故以身釋心亦無不可。由是而推及於認識論、論理學、心理學、歷史哲學。無在不可爲內外兩方之觀察：以認識與論理學言之，內有能認識之心，外有所認識之物，故先天與後天各有可以立足之地；以倫理言之，一方有辨別善惡之良心，他方有一身之逸樂，故良心說與功利說又各有可以立足之地；以心理言之，內有獨立之精神，外輔以腦神經系，與其他之分泌與腺，故自覺性說與生理說各有其可以立足之地，此外推之生物學，與歷史哲學各有其極強之根據，而不易推翻者；此則各執一偏之局，所以永存而不分勝負也。吾人以爲其甲乙之互非，不若兩利而俱存。何也？謂外界之認識，以心爲主宰，此惟心論之根據也；然倘以不以日爲月，或不以月爲日，乃至不以桌爲椅，或不以椅爲桌，可知心之立法固焉。然其所以立法，則必能應於外物而後可。換詞言之，愛外物之限制者也。論理學與認識論，有大問題焉：主經驗者曰：人類之認識，皆外界印象之積久爲之；主理性者曰：人類之認識乃先天的範疇爲之。吾以爲卽至幼稚之孩童，於物之甘苦，色之黑白，父母之愛不愛，尙能知之而形諸語言；當其啞啞學語曰：曰此物甘，曰此物黑，曰爸爸好、媽媽好，則明明已知以屬性（attribute）加之於主詞（subject）之身；此其爲之也，本出於不識不知中，惟其爲之於不識不知中，益見此至少限度之先天性，爲人所必具，而不易否認者。乃至擴而充之，若事物之同異，事物之大小，事物之因果，卽康德所謂先天範疇或論理學家所視爲三大公例者，吾人援孩童之心理以推之，惟有承認其爲先天的、內生的（innate）而已。雖然，自他方言之，所以有大小範疇、同異範疇或因果範疇者，則有待於外物之接觸，非憑空發生者；同異者外物之同異也，大小者外物之大小也，因果者外物之因果也；以外物爲對待，而後範疇從而適用也。然雖有接觸，而論理學、數學與夫其他經驗科學，確有不同之點：其在論理學，以外物同異爲根本；其在數學，以空間爲根本。同異者，外物之至高，而不可離之範疇也；始之於甲乙，而終至於千百億兆；以云空間，苟有一原則驗諸一例而合者，推之其他例則亦無不合。惟二者有此特性，故論理學與數學之智識之效力，自較其他科學爲強；反之其他科學，則無此特性，必待聚集之事例備，考核之次數多，而後公例乃以成立。然則知識之效力所以有強弱者，乃外物之異爲之，非心之所下判斷異也。惟如是，雖心有內生的良能，而又視對待之外物之限制者何如，然後知識以成。此二元主義之對於認識論與論理學之立論也。一人之身，具精神肉體二者以立於世界，其待人接物之方，出於大公無我之精神乎？抑出於圖一己便利之物欲乎？於是倫理學上有兩種學說：一曰良心說，如康德是也；一曰功利說，如邊沁穆勒是也。竊以爲既言道德，必有當爲與不當爲之標準在，苟其無之，是非道德而娛樂之心理而已。善惡也、是非也、邪正也、人我之分也、取予之界也、公私義利之辨也，皆道德之標準也；所以剖別之者，在客觀上曰善惡是非，在主觀上曰良心。然人身者，血肉之軀也，以圖逞一身之樂，乃縱男女之欲，圖口腹之嗜，乃至好名好利好權位，皆人類同具之嗜欲，不能抹殺者也；愛國之行，推源於野心，急公之舉，導因於好名，固自有可以說明之證據在焉；然因此之故，謂人類一切行爲，以利己以娛樂爲動機，甚至欲並「當爲」（ought）之名於倫理字典之外如邊沁云者，則大不可。何也？盡忠職務謂爲圖報酬可也，樂善好施謂爲好名，謂爲迷信因果報應之說亦無不可也，世固有不顧一切舍己爲羣者，甚者孔席之不暖，墨突之不黔，耶穌之殉教，釋迦之出家，不謂爲人類良心上至高義務之流露不可得也。如是，人類待人接物之方，爲己者幾何？爲羣者幾何？出於良心者幾何？出於功利者幾何？固可分類言之，不容甲是乙非，若不兩立者然，此二元主義對於倫理學之立論也。關於心之性質本有二派：其一爲陸克之白紙說，謂一切思想皆由外鑠，皆由感覺積漸而成，其二爲康德之說，謂心有天賦之能，因果也，異同也，多少也，乃至其所謂十二範疇也，皆與生俱生者也；此兩派之說，逮於近世之實驗心理學發生後，少變其外形，而仍不失其同一之精神。所謂行爲派之心理學，卽襲陸克休謨之統者也，所謂德之胡爾孳堡心理學，卽襲康德之統者也；此兩種之趨向，更以概括之詞言之，其一承認心有綜合力，創造力，其研究方法爲內省，其論心之本體爲自由意志；反之其並心而否認之者，其研究方法爲外觀，其論心之本質爲受因果之支配。更簡言之，一爲有心之心理學；一爲無心之心理學是也。英之羅素與美之華生輩之論曰：人類非有所謂思想也，不過言語之習慣而已；問甲乙二小孩曰：二乘二之得數爲何，甲答五，乙答四，常人評之者，必以乙爲是，甲爲非，實則無所謂思想也，不過乙之用語對，甲之用語不對耳；故了解語言，等於打球，皆習慣爲之。夫人類之思而等於言語習慣也，則是非眞僞之辨，安從而起？思想之既以確定之語言表示者，固可以言語之合否，定其思想之合否，思想之未以語言確定者，將以何種標準定思想之合否？譬之進化也、天擇也、物競也，皆達爾文既有思想，既得正確之思想而後乃創爲此等言語；苟無達氏之思想，則進化論全部之言語，何自而成立？相對也，光速也，四度也，皆愛因斯坦既有思想，既得正確之思想，而後創爲此等言語，苟無愛氏之思想，則相對論全部之語言，何自而成立？由此可知思先起，而語言後成，有斷然者：苟其不然，既成之言語有限，而思想盡於已成之語言中，學術安從而發展乎？推而至於人類處社會中之行爲，有心派之言，以爲心中先有決定，然後行爲隨之；無心派則曰無所謂決定，乃生理之要求爲之；聞之華生羅素曰，人之求食，非先有所自覺而後取而食也，徒以饑餓後精神之侷促不安，乃急求一飽而後快，此生理爲之，而無所謂自覺性也；又如恐懼云者，常人以爲先發於心，實則非也，腎臟中發生分泌作用，此分泌影響於心，乃成恐懼，此亦生理爲之，而無所謂自覺性也。夫餓與懼之與生理，自有相當關係，固不容否認者，然因此反對自覺性之存在，則大不可。何也？餓而自知其餓，痛而自知其痛，乃自覺性之至淺者也；更進焉，則有思想之別擇，行爲之決定，謂非有心靈主宰其間，不可得焉。依吾人所見，行爲主義可以解釋者，限於感覺，若夫記憶與意志方面，非推本於精神元素不可；此二元主義對於心理學之立論也。

生物學繼物理化學而起，學者乃欲以物理化學之原則適用於生命。換詞言之，欲以元素之配合，造成生命，此機械主義之生物學者所抱之大希望也；乃取生機體而分析之，上自全形體，下逮於原生質，可謂微矣，幾經研究，欲求以化學原素，合成原生質，終不可得，則物理原則之不適用於生物者一；更就生物之生生言之，細胞分裂以後，雖取二分之一，四分之一？或任意取第五期之細胞球而剪斷之，而所長成者，終爲完具之生機體，則物理原則之不能適用者二；由是推之，生物全部之進化，謂物種之變，皆生理立於受環境之影響爲之，則有拉馬克、達爾文、孟特爾輩之爭議在，無須吾人斤斤置辯爲焉。自其靜定之形態，與運用之生理觀之，固難逃物理化學之支配，若夫生物之所以爲生物，自有超於物理外之元素，無以名之，名之曰生命，此二元論對於生物學之立論也。吾人以二元論驗諸論理、倫理、心理、生物四者，大體宗旨，已具於是，他若歷史哲學宗教學，無在不可以同種方法從而折衷之焉。

或者曰：如君所言，不過取同一學術中之兩派，從而調和之，又何足奇者，應之曰：然也，吾亦不敢自認爲奇論也。然吾見歐美之哲學科學家中，如羅素，如美之新惟實主義者，名爲論心之言，實皆否認心之存在者也；如柏格森、倭伊鏗輩，名義上雖認物質之存在，然常以爲物質乃精神之大障，故不欲多所論列也；惟歐美思想之現況如是，吾乃生一反應，以爲孰若於心物二者平等承認，而各予以存在之地位，或者於哲學科學上另生一種境界，此則吾之所欲致力，而不敢自必其所超何如也。然今日可以簡略言之者，惟心物二者平等，故精神之自由，與物質之因果，可以並行不悖；精神既已自由，故可以說明人類歷史進而不已之故；物質受因果之支配，故自然界之現象，與夫社會變遷之有跡象可求者，概可以科學方法研究之。吾人之結論如左：

第一、心（兼生）——自由——非理性的（非論理所能支配）

第二、物——因果——理性（論理所能支配）

如是，則人生之自由，與科學之因果，可以兩利俱存矣。再以具體之詞言之，如柏格森之論生與心，如懷德海之分析自然界，斯二者合一爐而冶之，此吾二元主義理想中之哲學系統也。

第四

喬特氏之書何爲而譯耶？曰以喬氏二元主義之言，與吾平日持論相合故也，本書中喬氏一唱三歎者，曰一元之說，不能解釋宇宙各種現象，故歸結於二元。其言曰：（詳第五章之首）

『吾人認定四種立脚點：

（一）純粹之機械主義，不能解釋宇宙間各種事實。非設定一種精神力，或生活力以活動於進化行歷間不可。

（二）宇宙間之事物，不能以一元，或一元之表現解釋。至少應設定二元，然後錯誤、罪惡與紛歧乃得而解釋。

（三）吾人今日之智識，不能化心爲物，亦不能化物爲心。心與物之最後分析如何暫不論，而一種宇宙觀中，要必承認其爲各殊之二物而後可。

（四）吾人之心的動作與情感狀態，皆內部變化之結果；非吾人所得而管轄，故無合理之理由可得而說明。』

喬氏於第二章論機械主義的宇宙觀之破壞之末，又有暢發心物二者不同之語，茲一併錄之：

『如上所云云而正確，則物理學家所云核與電子之配合，決不能解釋或決定心之爲性，以心之爲性，與物理界生理界之現象迥乎不同故也。』

此種結論，證以吾人所接觸之經驗，正相脗合。夫哲學家頗有持世界心造說者，究竟吾人所知之一切事物，是否爲心的，暫置不論，而思也、夢也、記憶也、幻想也，此數者不能與惟物主義者之所謂物質，相提並論，則事之顯然者也。

物質有輕重可稱，若夏律氏抒情詩 Shelleyan Lyric 所流露之神感，有輕重可稱乎？物質能占領空間，有小莫能破，有大而無外者，能謂心與心之所創造者占領空間乎？物質有質量，而心與心之創造物無之；能謂太陽之質量較倍多芬氏第九協樂（Beethoven 9th Symphony）大乎？太陽質量與第九協樂不可相比。何也？此二物在兩種世界內，故不可以同種尺度衡之。苟謂太陽大於第九協樂者，猶之以量房屋高下之尺而量熱度之強弱，則其結論，當曰此熱之喧嚷聲視房屋之高爲大，復有何種意義乎？

既明此義，則惟物主義者謂心在大千時空世界中不足重輕云云，是否成立，可以想見。如彼所爲，以時空之尺度衡心，則此尺度本專適於物而不適於心，則心之重要自不可得而見。故以時空尺度衡心，以明心之不足重輕者，已先犯論理學上丐詞之病，即問題未成而答案早具矣。其意若曰，欲論心惟有以物質的尺度爲衡，何也？心爲物質的也。如是。豈非心之問題未發，而物之答案先定。

吾人之結論，認爲心之爲性，與物之爲性絕然不同，心之屬性異乎物之屬性；心所受之因果關係異乎物所受之因果關係；心之性的變化異乎物之量的變化或曰物之最終成分之配合。

惟物主義認爲心與物之間，有某種聯絡關係，若物不僅決定心之行動，且爲心之所由產生者然。今有甲乙二物，其相互關係，若甲能產生乙者，則乙之爲物，應有以自證其與甲有何對待關係。假令甲乙之間，竟無此對待關係，且甲乙二者所屬種類迥不相同，則吾人可以斷言曰甲乙二者究爲何種關係暫不深問，要其所謂關係者，決非甲生乙之關係。換言之，甲決非乙之產生者或創造者。如是，吾人之結論曰，心與心之所造者與物質迥異，惟其迥異，故宇宙觀之自物質出發或只知有物質者，決不能推而上之以至於心。

故心者應視爲宇宙之根本也，非自物質流出者也，非物質世界中寄宿之旅客也。申言之，心之地位，至少應與物同視爲宇宙之根本與實在。惟如此，宇宙觀之不以心爲根本或特殊物者，則其說終無以自圓。』

此所云云，無一語非吾人平日所欲言，而不能言者；詩曰：他人有心，予忖度之，竊讀喬氏書，正有此感，乃欣然譯之，公諸國人，非徒傳播喬氏之說，亦以見東西心理之同耳。

喬氏心物論中，二元主義之主張，雖與吾人同，而喬氏所自命者，則英之新惟實主義者也，羅素之徒也，其後感於生活力之不可否認，乃欲與生機主義與惟實主義間作爲一種調和之論。茲譯現代英國哲學一書中喬氏自述之一節如下：

立於羅素氏指導之下，乃以翁克姆氏之刀（其意言分析宇宙之事物至最簡之元素此外一切形上體之不容分析不許其存在也）適用於宇宙。於是我之所有事者，在求知識與實在中所含之最簡元素爲何，而其他事物之應化爲此種元素者一概刪去。於是我依惟實主義之原則以行，所謂物理的物體也，自覺性也。皆視爲無獨立存在之餘地，一則化之爲一連之感官達坦，一則化之爲感覺之一束。此等分析法，爲人所共知，無取重敍。惟有一語當聲明者，則羅氏於其『心之分析』中所立地位，均爲我所承認，亦不能更駕此而上之，羅氏以爲宇宙者中立的特子所構成，故中立特子爲宇宙之根本元素，若夫吾人自身則爲中立特子之交叉點。吾人所以自命爲惟實主義者，以感官達坦或曰宇宙之最終元素，乃離心而獨立，非依心而存在，雖心有觀察之能，然其所以存在與心無涉也。

雖然，哲學的筵席上，只有佳肴一種，曰論理的阿頓主義者，不免於乾燥無味；且惟實主義，祇知至簡之元素，不承認他物，而宇宙間之他種勢力明明發生作用，則惟實主義者但認至少元素者，非陷於困窘不可矣。惟實主義雖但認必要之元素而不知其他，然尚有他種觀念斷斷不可缺者，苟其無之，則理論難以貫澈，是有二物：其一曰生活力，即進化行歷之所由成，與夫生機體之所以變化萬殊者，皆此力爲之；其二曰此變化萬殊之世界，爲生物學與科學之所研究者，在其背後必有一永久不變之形，爲其進化之鵠的，與柏拉圖之所謂法相者正相類。

生活力也，美形也，乃惟實主義之世界中所不容之居民，如何合此二者而共處一室，乃一極困難之點，雖我習用翁克姆之刀，然亦無法使之粉碎，則惟有調處之使之相容而已。此文一篇中所欲致力者，即將生活力與美形二者，爲惟實主義所擯棄之點兼容並包之，此以我認爲有極強理由，萬不能揮之使去，我乃試爲二者綜合之論，然此綜合之不滿人意，雖我亦自知之也。

自上所言觀之，喬氏之地位，昔爲新惟實主義者，近則感於『生活力』之不可輕棄，乃欲以生機主義，安揷於惟實主義的宇宙中。所以安揷之者，略如下方：

『同一事也，在甲種交締法之下，則爲官覺所觸之物，在乙種交締法之下，則爲其物之感覺。故宇宙間同一根本成分，可以或爲物或爲心者，視其交締之法如何。立於甲種交締之下，則心之一部也；立於乙種交締之下，則心之一部分也。因此現代新惟實主義之哲學家，名宇宙之根本成分曰中立特子；所以名爲中立者，謂其物非物非心，而所以成爲心物者，乃視此中立特子之交締法如何。然則宇宙之間，有一非物非心之根本質料，視此根本質料之交締法如何，而後爲心爲物，故心物二者視自根本質料導演而出者也。』

雖然，生機主義與新惟實主義，果有調和之可能乎？試就二者而研究之。

現代之生機主義者，以二人爲最著：一曰杜里舒，二曰柏格森。杜氏驗之於生生之理，與人類之行爲，乃斷言曰：生活之源，不在物理、化學的元素，別有發自內部之動因，是名隱德來希，故力主生活自主之說。以生機主義說明生物變化與宇宙演進之理者，是爲柏格森，柏氏曰：進化之總動因，爲生活衝動，惟有此生活衝動，乃化爲物類之萬殊：其現於植物者爲木強性，現於節肢動物者爲本能，現於動物以及人類者爲智慧，而物類尤高者則智慧尤大，亦卽自覺性尤豐；故人類有兩種能力，其瞭解或運用固定物者，是爲理智；其瞭解或運用生活者，是爲直覺；而要之皆彌綸宇宙之自覺性爲之也。人類既以生活衝動爲根據，又輔以自覺性爲行動之先導，則所以宰制物質者，皆此自覺性爲之，皆此理智與直覺爲之。而柏氏更有至奇之論，謂人類之理智，最適於分別固定物，以便行動，故行動之路徑，卽爲物體之圖形；因謂物體者，理智所產生也。柏氏之所謂心者，導源於自覺性與靈魂爲同義，故不僅限於腦中，應廣求之於非自覺中，而後眞正之心象乃可得而見。惟如此，心物平行之說，柏氏所最反對者也。且心爲自覺的生活之統一體，故有不容分析者，若化之爲覺、爲感、爲印象；然後以觀念聯合 (association of ideas) 之原則貫串之，則此自我，此人格，若可容人分割，若有元素之可求，乃觀念聯合論者之妄想也。故柏氏曰，人格者創造之原動力，非各種心態所能湊合而成。如是柏氏之根本原則如下：

第一、生活衝動爲創造之大源。

第二、生活分兩面：向上者爲精神，下墜者爲物質。

第三、理智爲自覺性之一種，最適合於固定物，故物質之圖形，卽理智所產生。

第四、心卽精神生活，卽人格所在，乃統一體也，不可得而分析。

新惟實主義，羅素及美國哲學家所唱導者也；姑舉羅素輩之言以明之：

(一)羅素氏以數學的論理學爲出發點，認宇宙之間，惟關係 (relation) 爲實在。

(二)數學之中，有所謂無限 (infinite)，繼續 (continuity)，無限小 (infinite small) 之概念；蓋部分的分析中，卽爲大全之所表現，故以此法施之物心兩界，而以心物之分析爲求眞之不二法門。

(三)羅氏於其一九一四年所著之外的世界之認識一書中，以爲世界之實在，惟在感官的達坦；此感官的達坦，可化之爲質點、點、及時刻 (particles, points, instants) (外的世界認識論一二二頁)，而受數學原則之支配。除此而外，不知心界中，復有獨立之現象。一九二〇年心之分析出版後，又認念舊爲心界所獨有，於是認心界亦有其公例。然羅氏又云念舊的因果，或者起於神經纖維之物理的原因（原文三〇七頁）；是羅氏必排心之獨立公例，而定一尊於物理的原因。

（四）心物二者雖爲二物，然決非絕然不同之物，二者皆以中立質料構成；而所以爲心爲物，皆爲倫理的結構，此結構之所由成者，曰特子；而特子之相與，有種種關係，其間有屬於物理，有屬於心理。

（五）羅氏以爲欲使哲學成爲科學，惟有求此特子間之關係，以此關係爲歷劫不磨；故爲客觀的，科學的，而與歷來哲學之人各一說者異趣。

（六）羅氏以爲眞理在特子之關係間；此種結果，惟分析乃能得來，故欲以此方法施之人事，以破宗教上、倫理上種種傳統之說。

新惟實主義有一重要之論點，即謂物之存不存，無關於其知不知，即令不知，而物之存在自若。其爲此言，所以破惟心論者必知而後能存之主張，所謂『關係在外論』是也。至於窮心之本質，則曰內之所有，皆自外鑠，故曰思想者言語之習慣，故謂心有活動，有創造之能，乃羅氏所絕對否認者也。

由此言之，兩家之不同，顯然可見；一曰物之形體由理智所構成；一曰物之存不存，無關於知不知；此關於物質形體，或曰關係由來問題兩家所見之異也；一曰創造之能爲心所固有；一曰思想即言語習慣，由外鑠入，此關於心能問題兩家所見之異也；一曰心之本質，不能畫分爲心態曰覺，曰印象；一曰感官的達坦爲實在，此關於心與覺問題所見之異也；一以心爲不能分析，故重綜合；一以心爲可分析，故重分析；此兩家下手方法之異也。總之，以心爲有創造力也，是生機主義而非惟實主義；以心爲中立特子所構成，而無謂創造力，是惟實主義，而非生機主義；此點既異，吾不知喬特氏有何術以調和而會通之也。且也羅氏輩謂心物二者之後，另有一根本質料，名曰中立特子；謂物之如何組成，以有數學的論理學及愛因斯坦相對論之發明，已示人以多少證據，故除去物質之總名，而歸根於組成之特子可也。若夫心之所以組織者，其爲奈端公式乎？其爲馬克斯威（Maxwell）公式乎？其爲愛因斯坦公式乎？今日遍世界尚無道及之者。至於心之表現爲情、爲智、爲意，心之所向爲公、爲私、爲愛、爲憎，更有何法以舉出其特子之所由組成？則羅氏與喬氏欲以中立特子說明心象者，終見其爲夢想而已。喬氏自謂其綜合之法，不滿人意，卽吾人亦惟有承認喬氏之綜合爲失敗而已。

第五

喬氏之所以失敗者，無他故也，欲取兩不相容者合而爲一之故也。惟實主義以爲外物本自存在，無待於吾人之知；換詞言之，物先心而存也。現代之新惟心主義，以生活力爲創造一切之源泉，故心先物而存也。凡此兩種一元主義，時時以心物二者之先後爲主眼，因而推論二者中之後起者，必由先在者以生，然要知孰爲先生，孰爲後起云者，換詞言之，卽以心釋物之由來，或以物釋心之由來，昔日哲學家所爭執之存在問題(existence-question)，而吾人認爲永不能解決者也。何也？以心爲先在者，必以物爲附庸，爲虛僞；以物爲先在者，必以心爲附庸，爲虛僞；究其實際，則附庸云者，虛僞云者，不能動搖心物二者並存之局於萬一也。吾人之意，以爲心物，或曰精神物質，二者與生俱來，人類之知識行動，卽生於此兩界間，不能取一舍一，而有所謂知識行動；故二者之存在問題，自吾人之立脚點言之，不成問題者也。

人在此兩界間，運用其心思以及於物，於是物質界生種種之安排或變化，皆心爲之也。其在日用飲食間，以桌爲桌，以椅爲椅，以酒食爲酒食，不得謂爲非實在，然心所造成者也，其在科哲學之研究，以阿頓爲阿頓，以電子爲電子，乃至羅素氏以爲物者乃特子之統系，不得謂非實在，然亦心所造成者也；如此言之，大近康德所謂心爲宇宙之立法者矣。然心之爲用，自有其限界，何者宜於桌椅，何者宜於酒食，光速之限度，日月星辰之運行，此皆人類智識中考察所及之物質，本性有以限之，非心所能爲力也。心能之在物質界，有此區處條理之權，故物體間之關係，不待心而知，如新惟實論者所云，非吾人所敢贊同也。反之物界之秩序，可由心任意爲之者，亦非吾人所敢贊同也。故自認識方面言之，心物雖並存，而其主客先後之分，吾惟有答曰：心先而已，心爲主而已。

人類除其認識物質界而外，更進而上之，有社會生活，倫理生活，法律政治生活，乃至宗教生活，其相爲對待者，非物質而人羣也。物質不論其公式爲奈端式，爲愛因斯坦式，要必有物之本性，非人所得而左右者。人類則異是，自動者也，有自由意志者也，彼此相與之際，初非有外力之拘束，自認定一至高原則，如是則心安，不如是則心不安；因而本其心之所感者，發爲種種行動，而教育也、道德也、政治也、生計也，若各有一種準則懸乎心目間，以倫理言之，曰良心；以政法言之，曰公平；以人類進化言之，貴乎脫去桎梏而接近自由；乃至社會過渡時代，有倡改造說者，或以言論，或以行動，雖犧牲一身或數百人之性命，亦所不惜，謂非人生在宇宙間獨往獨來之表現得乎？然人居物質精神兩界間，倫理上有禮俗之束縛，社會上有環境之影響，政法上有國家威權之恐嚇，若不賴外力，則不能整齊而畫一之者；人但見其外不見其內，謂就其在外各力之消長，可推定人生之將來，乃有人生與物質同受因果律之支配之說。不知人生者，以心爲總根源，心之前進無已時，觀察之者遂常落後一步，則以落後者，而與前進不止者相角逐，此斷斷乎不可得者也。德之樸郎克氏(Planck)現代之大物理學家也；既以因果律施之於一切科學，而獨於最後點則斷曰不可能；此點爲何？曰我。我者自由意志之中心，非因果律所適用也。玆錄其言，以作吾文之結束(以下所引皆樸氏因果律與自由意志講演中語)。

樸氏先述精神界與因果律之關係曰：

(前略)此外所當研究者，卽爲精神科學。精神科學中，難用外觀方法，以材料有限故也。然同時又有一法，爲自然科學所無者，卽爲內省法。內省法者，於他人他羣之心理，設身處地以體會之，因而得其思想及情感之經過。

所當問者，精神科學對於吾人之問題(因果律與自由意志)，其地位如何？精神界，或曰人類之情、意、思、行，是否有嚴格之因果關係？換言之，人類之體驗思想或行爲，是否有在前之事態以爲之因，或人類之思行與自然界相反，在某限度內可自由發動者乎？關於此問題，古今意見極不一致；以現代學說言之，曰人類在自然界中，所居之地位愈高，則必然之原則愈不適用，而人類創造的自由之活動範圍愈大，其登峯造極之點，卽爲人類之自由意志。

繼謂人類精神，亦可分內外兩方而研究之：

此說是否正確，惟有待歷史學家心理學家之研究，自然界與精神界咸得分爲內外二面之觀察：在自然界中，曰有某物質之性質如何，及其受外力之影響，則生何種結果，此自然界之內外也。以言人類亦復如此，譬某甲其遺傳性如何，體力如何，智力如何，品性如何，此則在一身之內者也；至於在外之條件，則有屬於心理的，有屬於物理的，譬如氣候，飲食屬於物理的也，訓育交際聽授屬於心理的也，合此種種者，人類未來之行爲，是否爲一定公例所支配，可得而斷言乎？

然精神與物質不同者，則行爲之因，非外力而內部之動機，此動機互相連貫如鐵鎖然。此問題，與以明確而無隙可擊之答覆，較之自然科學爲尤難；然以歷史學與心理學之進步觀之，惟有肯定而已。蓋自然界中，以『力』爲動作之因；精神界中，以『動機』爲行爲之因；物體之行動，爲方向各不同之諸力之結果，人類之行動，爲不同之動機之結果，此動機或爲自覺的，或爲非自覺的。人類行爲，驟視若不可解，及進而求之，則未嘗無原因可尋：或在其品性或在其癖氣，或在其他外界之原因中；非動機之不存也，乃吾人智識之不足也。譬之骰子戲，自外表言之，無公例可求，然其確爲因果律所支配，則人所共信也。故人類行爲之動機，或有爲人所不知者；然無動機之說，則在學問上斷難成立，猶之謂自然界中一切爲偶然所支配之說，在學問上難成立也。至困難之問題，則物理現象與心理現象之相互影響如何，此點暫置不論；吾人可以確定之者，凡心理現象，必與相關聯之物理現象，遵一定公例連帶進行者也。

人類行為不僅為在前之動機所支配，且能影響於後來行為；因而精神界中，成一永遠不斷之聯鎖，即任取某環，必與其在前之環有因果關係，而同時與其在後之環有因果關係。

樸氏又引反駁聯鎖之說者曰，安知無自由的發端在？苟其有之，即為自由意志之證驗。然學問之目的在求因果，故無始之說，非科學家所承認。

學者中對於此不斷聯鎖之說，未嘗無反對者；譬如勞韋（Lotze）氏，反對康德而發為一種意見曰：此種因果的聯鎖，即令無終，安知無始？換詞言之，天才絕特之人，發生一念，獨往獨來，決不受在前之因所支配者，因以成新聯鎖之發端可乎。苟如勞韋（Lotze）所言，則科學家必能發見一例，與勞韋所言者相合。然以現時所研究者言之，則如勞氏所云之自由發端，實為吾人所未見。且即以精神界言之，學問之研究愈深，而因果之研究亦愈明瞭，以學問的研究即在因果的觀察方法中，故因果律之絕對適用，乃一切學問之前提也。

樸氏又因自由發端之說，引起天才家問題，自一方言之，天才家不立於因果律之下；自他方言，安知天才者之不易為人窺測，即為人智低下之表示？苟其不然，則人類思想之得以因果解釋，亦意中事；雖謂人智發達後，即天才家亦立於因果律之下可也。

吾人不僅以此結論為止，再進而驗之於一切天才絕特者，如康德、歌德、貝多芬之類，亦覺此諸人之思想變遷，同受因果之支配，以此等人之精神，自全宇宙定律上觀之，不過一器械而已。

文學、哲學以及科學家之發明，爲世界所瞠目而視者，吾人乃謂爲因果律所支配，不幾於藐視之乎？曰此說旣易引起誤會，吾人應有補充聲明之語，人類對於天才家思想變遷之因果，能一一窮盡而發見之，此必無之事也。思想變遷，與因果的觀察法，二者間距離之遠，尙在物理學家心目中大宇宙與小宇宙間之距離上也。

旣如是，有因果律而不能用，則謂思想爲因果所支配云云，尙有何種意味？曰不然，因果關係者，乃超越的也，非隨研究者之心理而轉移者也；卽令無研究者，而因果關係之存在自若。

我人可推論曰：現代人類之知識，尙非最高者，或者他時他地有異人出現，其知識之超於吾人上，猶之我人之超於微生蟲之上，則此等異人，對於吾人思想中之瞬息變化，安知其不能一一察見之乎？昔日天體之機械公例之發見者，曰拉柏拉斯（Laplace），苟有人焉，察見天才家思想之變化，與拉柏拉斯發見天體等，則精神變化之公例，可以爲人類所探得矣。

如是，因果律當分效力，與能否實行爲二：就效力言之，以因果律爲超越性，固無往而不驗者也；以能否實行言之，自然界中，必賴有持此顯微鏡之觀察者，精神界中必賴有一人，其聰明遠超於其所觀察之事物，而後精神界之變遷可以推定；反之觀察者之知識，與所觀察者相差不遠，則其因果關係，不可得而知，惟此精神界之顯微鏡不可得，故天才家之思想行爲之因果，非吾人所得而推定也。卽令有智慧相等，欲以甲推定乙之所爲，亦惟有以推想假設之法得之，自普通人言之，則天才家之爲天才家，如天書之不可讀而已。故云天才家之思想，立於因果律之下，或者有可能之日，以科學家之研究日益進步，則天才家之思想亦得以因果關係解釋之，蓋求因果者，學問思想之最後目的也。

樸氏既設爲種種假定，以求因果律之適用於人類心理，而終則斷言曰，有一點焉，爲科學之力所不及，爲因果律所不及者曰『我』。

如是言之，自由意志安有立身之地乎？自由意志能與無所不在之因果律同時並存乎？欲答此問題，尚有一事應先解釋。

依上所言，偶然與奇蹟爲科學所不容。然人類所以有奇蹟之信仰，亦爲科學家所當研究，以此等信仰遍於人類，歷數千百年而不變，且自文化史言之，以信仰奇蹟之結果，而生種種偉大之行爲，同時亦以迷信定命之說，而陷國家於不可收拾者，亦非罕見。

或者以爲科學日漸進步，則奇蹟之信仰必見退滅；然事實正與相反。譬如以現代爲科學最進步之時代，而信妖怪學，神秘術者，不論爲有教育者，無教育者等也。其以科學爲根據，而欲造成一種人生觀者，則有一元主義之同盟會，則其成效初不多見。

人類所以信奇蹟者，其原因究竟安在，雖可斥爲神怪荒唐，究有正當之理由存乎其中乎？是否一切問題中之最後一語，不屬於科學乎？更明白言之，因果的觀察法中，是否有某點爲一定限界所在而不容逾越乎？

前項問題，乃因果律與自由意志中之中心點也。吾人之答案，不必他求，前文所云，已約略可見矣。

在此無限之精神界與自然界中，有一點焉，爲科學之力所不及，爲因果觀察法所不及，所謂不及者，不獨在實際上言之，卽在論理學上亦有永不可能之理由，此點爲何？卽自身之『我』是也。在大宇宙中，雖爲至微之一點，然亦一宇宙也，此宇宙中包含吾人全部之情思意，此宇宙中吾人最深之痛苦存焉，最高之快樂存焉，此爲吾人惟一之所有物，雖運命之力不得而奪之，惟吾人自棄其身者，乃從而棄之。

更進而深求之，卽令吾人智慧如拉拍拉斯，而欲求心理上之因果，終不可得；以思行之不立於因果下，猶之人不能追及其影也。

如上所云，非謂吾人之心不在因果的觀察範圍內也。蓋吾人之思想，欲加以因果的觀察，本無一事足以妨害之；但有一至難之前提，卽吾人之聰明，必須勝於今日，然後對於思想之由來，能道其所以；其聰明之程度爲何？卽吾人對於吾人自身之心理，能自居於持顯微鏡之觀察者，或爲拉拍拉斯而後可也；必其能認識之主體，與所研究之客體，二者智慧之相差甚大，乃因果觀察法實行之必要前提也。反之，其距離甚小，則對於過去思想，雖加以因果觀察，而所得必不完全。假令能認識之動作，同時卽爲所研究之一部分，則其所謂因果的觀察法，愈不可信矣。

雖然，謂自身之『我』所以超於因果外者，僅以外表上人類知識之不足爲障礙，則大誤矣。何也？謂知識充足，可以察見思想之因果者，猶云世界至巧之捷足者，所以不能追及其自身之影，由其足力之不逮也。

人類之智慧，不能追及其思想之因果，猶之捷足者不能追及其自身之影；可知自身之『我』，所以不能主於因果律之下者，蓋有自身之理由。其理由且爲論理學上之至大理由，猶之論理原則曰部分之不能大於全體也。誠如是，卽令有拉拍拉斯其人，欲以其因果方法，施之於其自身思想變遷，亦惟有廢然而返耳。

惟如此，自由意志之說乃能存在，而有將來之無限發展之可能。

謂至高之智慧者，能察見吾人腦中之變化，因而能以因果方法解釋吾人之思想行爲云云，未必有損人類之價値，蓋宗教家謂超於人類之上有上帝者，其意卽在此也。吾輩人類也，旣自居於認識之主體，何能同時對於自身之我，加因果的觀察？惟其如此，自由意志說所以存在，而不易排斥之者，而人類自信有無限之可能，自信有偉大之潛伏力，乃至自信奇蹟之發生，隨人意轉移者，胥在於此；而此信仰亦永不至與因果律發生衝突也。

且現在之我，旣非因果律所能解釋，則對於將來之我，或我之將來，亦復如是；以將來導源於現在故也。將來與現在關係之密如是，則將來之境遇如何，亦由人自由想像自由創造而已。然則因果律所不能適用之區域，猶之一圓錐形，其特殊點爲我，自此特殊點以達於圓錐之任何方向，卽其將來也。因果律不能適用之地甚廣，不僅一人自身之我，其他人類亦卽不能適用之地；蓋無論何人，雖自命聰明，決不敢自謂其觀察之力，等於拉柏拉斯者。然謂他人之行爲，毫不能以因果方法推定，則又不然。譬如人與人之交際，必以因果方法觀察，然後他人之行動，我可得而了解；我自身之應付方法，亦可事先決定。至於知識愈在我下者，則觀察之也愈易；反之我之知識居他人下者，則他人之觀察我也，必較我之觀察人也爲易。此則吾人孩童時，對於成年人之觀察，生戒懼之心所由來也。

人生問題，旣非因果律所能作爲準則，是支配人生者，非因果之必然，而道德上、宗教上之心安理得明矣。

科學上之因果方法，對於我之自身旣不適用，然則人生上必欲以因果律爲南針者，至是乃知其不可能矣。何也？欲以因果方法深入吾人未來行爲之動機內，乃必不可得矣。

雖然，人類行爲中，當爲與不當爲，非有根本原則不可；其需要此類原則，視需要學問上之知識尤爲重要。有時人類一次行爲之價値，駕全世界學問之成績而上，故非另求標準不可。此類標準安在？曰非因果律也，乃道德律也，乃倫理上之義務也，乃斷言命令也。換言之，去因果律之必然，代以道德律之當然；去理知而代以德性；去學問上之知識，而代宗敎上之信仰。

樸氏之論，歸結於人類之自由創造，吾人可不復贅一詞矣。夫「我」之一點，吾人因果觀察法，不能追及，猶人之不能追及其影，則人人各有一我，人人各不能以因果律限制其思想行爲，則合全體之我言之，非所謂人生不能以因果律支配乎？如此言之，與柏格森所謂生活非思想範疇所得而適用者，有何區別？則人生問題上心物二者之先後主客之分，吾亦惟有答曰：心先而已，心爲主而已。

結論

喬氏書前四章發明心物二者之不可相互解釋，最後欲以生機主義合之於新惟實論，吾人認爲喬氏篇末之論，完全失敗；以心物二元之說，與外物先在之實在論，兩不相容者也。吾人不以結論之非，而棄其前四章二元主義之是；更作此序，以二元論之方法，施諸全部哲學，庶幾篇首所舉兩大原則，得以澈底適用。至於心物並存之局，必繼以心力左右物質之說者，則心物相互之際，乃爲宇宙動靜開闔之關鍵，變化消長之樞機。柏格森曰：宇宙之實在變也。孔子曰：逝者如斯，不舍晝夜，有以夫。吾人之所以始於認識，而終於心力左右宇宙之形上學者，亦若此而已。

乙丑十二月二十五日寶山張嘉森序（商務版）

六 張東蓀著「思想與社會」序

吾與東蓀及適之，皆受歐美反理智主義哲學之洗禮之人也。東蓀民七譯柏格森氏創化論，我以和會後留歐，專攻柏氏及倭鏗哲學，及返國作『人生觀』演講，引起思想界之辯論。其實我所持者，卽反理智主義之論調，惜乎當日與我論難之人，側重科學玄學一邊，絕未見及吾所謂生者，乃柏氏之所謂生，非科學之所謂生也。適之自美歸來，提倡實用主義，其駁諸子出於王官之論，謂各派學說之生，所以應於人生需要，所以解決其困難，此卽實用主義之立場也。所謂反理智主義，其大潮流雖一，而立言各異，如詹氏之工具論，爲倭氏所批評，如柏氏之生力超乎理智，爲黎卡德氏所反駁；而就其大體相同者言之，不外乎理智之範疇，不能舉所謂生者而盡之。理智爲生之一部，故生之範圍大於理智，惟有力返諸生，方足以去理智矯揉造作之弊。此其所言，不論爲柏氏，爲倭氏，爲詹氏，爲杜氏，固無一而不同意者也。彼等反對之目標，爲黑格爾之邏輯統系，下自第一概念之無，上達於絕對之上帝之所以演進者，無一不在於所列舉範疇之中，在黑氏以爲哲學之大成，莫過於是，而在柏氏、倭氏、詹氏觀之，則以爲生之複雜，決非理智所得而說明，或即有說明，而與生之眞面目正相反也。吾輩當日所以提倡此派學說，初非如柏氏、倭氏、詹氏之反對黑氏，乃由此派學說側重人生，尤好言人生之特點，爲自由，爲行動，爲變化，正合於當時坐言不如起行，惟有努力奮鬬自能開出新局面之心理中來也。

既名曰反理智主義矣，則人智之爲用，與人智所用方法所得之眞理，皆在不足憑信之列，所謂邏輯，所謂歸納與演繹，所謂公例云云，皆可視同土苴，而客觀的眞理，則爲無此物矣。聞之近來納粹黨人之主張曰：客觀性云云，事實研究云云，乃爲過去時代之物，爲西歐之錯誤思想。其爲說雖不必導源於柏氏、倭氏、詹氏哲學，然其視理智之不足爲證據則一。此反理智主義之影響於學術者一。理智爲理性之一部分，旣反理智矣，更進一步則爲反理性，并其具有理智理性之人類亦蹂躪之。學術上自由研究之風氣消滅，視一道同風爲至善之歸，甚至所以治其民者，一出於暴厲恣睢，有所謂集中營，有所謂格司塔堡，有猶太人之驅除，視阿里安人種爲賤種，一言以蔽之，棄理性尊暴力而已。此影響於國內政治者二。既於同爲人類之中，分之爲貴種賤種，貴種爲主人，賤種爲奴隸，其視鄰國之弱小者，爲吾人之俎上肉，而侵略而人類相殘，視爲當然而無足怪者。此影響於國際政治者三。夫歐洲文藝復興以降之開明時代與理性主義時代，其學術之所以昌盛，政治之所以赴於民主，皆以尊重理性與理智之故，今則學術自由受壓迫，人民基本權利受蹂躪，是理智與理性之衰落也。

吾於此有應辯明者一事，即英哲羅素於其『法西斯主義之祖宗』文中，認爲法西斯主義之先驅，爲康德、非希德、尼采、卡蘭爾、瑪志尼與柏格森等六人。其於反理智主義之先鋒之柏氏，絕未引其語而駁之，但舉其名而已。如尼氏有超人說，卡氏著英雄崇拜論，瑪氏視道德律超於民意之上，非氏言論多推尊德意志民族之意，因此，此三、四人不免於與法西斯主義同科之嫌疑。至於康德氏，因其除純粹理性外，更承認實踐理性，將意志自由、靈魂不死、上帝等問題之超於理智外者，即不能以理智證明之者，一併列入其中，認爲應歸實踐理性解決。在羅氏言之，是將反理性之事項歸入理性之中，即所以導人入於反理性也。吾人以爲純粹理性，不離乎邏輯，其屬於理智範圍以內顯然矣。而康德之實踐理性，則承認有道德律，且云道德之原則，在乎以人爲目的，不可以之爲手段，其視納粹黨人但知有暴力不知有理性者，相去奚啻霄壤，而羅氏竟混之爲一譚，夫亦以羅氏重自然界數理界之智識，而否定道德律之存在，因幷康氏之視理性爲至高無上者，竟加之以反理性之惡名矣。

抗戰以來，身處後方，腦中盤旋往復者，爲理性乎反理性乎問題。理性中之最可恃者爲理智，邏輯之範疇，眞理之是非，皆不離乎理智。故理性反理性問題，縮小言之，爲理智反理智問題。對此問題，吾人之態度應如何。昔日嘗師承反理智主義矣，其所以出此，以此派好講人生，講行動，令人有前進之勇氣，有不斷之努力。試舉柏氏創化論中之言：

> 吾人實與全宇宙相渾一，全宇宙乃不可分之動力。抗乎物質而前進。一切生物，息息相關，乃一大動力耳。奮勉前驅，勿論遇何障礙，甚至於死，概有力衝破而越過之也。

柏氏又舉游泳爲例曰：

智慧（原譯如此，實卽理智）常自封於既有之範圍，抉此藩籬者，惟活動耳。如未見有人游泳於水，則必以泅水爲不能之事，及一旦實行練習，先求不致沈沒，後得自由所向，乃知游泳並非難事。

柏氏引游泳爲例，所以明理智封於故步，惟有行動，惟有冒險，乃能衝破舊範圍而別有新境界之開闢，此生物界中生命大流所以新陳代謝也。既在行動與冒險中有自由與進步，而見之於生物界中器官之演進，此反理智哲學所以又名爲『生之哲學』（德西南學派黎卡德曾用此名），在主張奮鬬者之聞此言，有不爲之權欣歌舞不止者乎。

自柏氏生力之說出，法國工黨人士採用其說，謂生力卽等於總同盟罷工，惟以冒險與衝破，乃能解決社會問題，此索勒爾氏（Sorel）『關於暴力之感想』一書之所由作，意在以生力附和暴力之說也。吾人以爲遵理智主義與理性主義以行，對於物之性質，對於人之相處，皆應研究其所以如此如彼之理。其行事也，自有物理，自有人情，爲之依據；今也不然，但知有行動，但知有衝破，以棄舊而謀新，則社會之亂終無窮期，而平和秩序安所賴以建立乎？歐戰後之國家，若德若匈若意若西，無不經一次或二、三次之革命，視法國革命之歷百年而後一見者，其相去不可以道里計。其極也更有如上所舉納粹黨人之依附其說，不可謂非此派學說之流弊矣。然吾人之意，非反對行動也，亦非反對冒險也，其所以行動所以冒險者，當有其所以然之故，當有其正當之理由，必如此而後其行動與冒險，不流於孟浪，不擲於虛牝，而有益於國家與人類之幸福，此吾所以認爲行動與冒險應納諸理性之中而後可也。

吾人之於哲學，豈有成見可言哉，亦視其說之可通與否耳。有人焉以爲事物之成，皆本於機械主義，換言之，循物理學之公例而成而壞，然取椅棹剖之爲二，則椅棹毀矣，而動物細胞以針裂之爲二，其細胞之一半長成以後，猶爲一骨骸完整之動物，可見物理上機械主義不能解釋生物，卽物質有物質之原理，生物有生物之原理可知矣。若夫理之正反與夫善惡是非之別，在物質之木石與生物之具有官覺與本能者同不足以語此，此則生之上，更有所謂心，而理智與理性由之以出矣。乃惑者不察，必舉生與心，一切以歸之於物質，不認生之爲生，心之爲心，吾儕將奈之何哉。以云新惟實主義之主張，其不足以滿我意自若焉。彼等所主張者，曰外界事物之存在，不關於人之知與不知，如懷悌黑分析自然界之物爲事件，或事件與事件之關係，如亞歷山大名之曰空時合體，其不認心爲智識構成之主要因素一也。吾人姑讓一步，謂勃克蘭氏存在起於知之說，不免過甚其辭，然謂吾人所得之外界事物之知識，乃事物自身，或事物間之關係本來如此，而非由心之作用存乎其間，則爲吾所不敢苟同。知識之構成，不離乎範疇：同異也，因果也，關係也，共相殊相也，一與多也，此數者無一能離心而化之爲事件，或時空合體者，同異也，心之識別爲之；共相也，卽同類中之各個體均具有相同之性質，心之識別爲之；關係也，其類甚多，有爲數目關係，有爲地位關係，有爲主辭謂辭關係，有爲範疇與概念關係，乃至左右關係，夫婦關係，在羅素氏謂之爲離思想而獨立自存，然使無心知之作用，安從辨其爲左爲右，爲多爲少，至於範疇與概念之關係，更無論矣。新惟實論者，否定心之作用，我思之歲月，認其說爲難於自圓，故我之所以反對之者，正與反對唯物主義同也。

由以上所反對者言之，我之立場，謂之爲理性主義可也。我所謂理性，雖沿歐洲十八世紀之舊名，然其中含有道德成分，因此亦可逕稱爲德智主義，卽德性的理智主義，或曰德性的惟心主義也（柏氏亦重心，然謂心之作用爲行動爲自由，故爲反理智的，又理性的）。吾所以推尊理性，以爲應駕理智與行動而上之者，蓋以爲理智如刀，用之不得其當，鮮有不傷人者；行動如馬，苟不繫之以轡縶，則騎者未有不顚且躓者。重理性者，所以納二者於規矩之中也。歐洲之開明時代，正爲哲學上之理性主義時代，有笛卡兒導之先，蘭勃尼孳繼之於後，同時在政治學方面，有霍布斯氏、洛克氏、盧騷氏等之民約論，發爲人類生而平等與天賦人權之說，是哲學上之理性主義與政治學上之天賦人權，同出一源也。十九世紀之社會主義，推廣自由平等博愛之精神於一般勞動者之身，不論爲科學派烏托邦派，其所要求之目的則一，即今日羅斯福輩所創免於匱乏之自由云云，亦沿人權論之餘緒而擴充之耳。東蓀於本書中列舉歐洲道統，一曰耶教，二曰民主政治，三曰社會主義。余以爲後二者有理性主義爲背景，已如上述。即以耶教論，自猶太傳入歐洲，亦早經亞理斯大德之論理範疇之鎔鑄，與其謂爲如東方宗教之出於證悟，不若謂爲思想統系之結晶。然則此三者中有一以貫之者，爲理智，爲理性，此點在東蓀雖未明言，吾特舉而出之，當不至與原旨相謬刺也。

吾惟尊重理性之故，對於本書所舉之中國道統，一曰儒家，二曰理學，自認爲吾國歷史上之精神遺產。昔日人生觀論戰之中，曾有新宋學之主張，不圖今日爲理學下新解者，已大有人在矣。吾國所謂理，所謂道，在閉關時代，不外乎仁義禮智孝悌忠信而已。孰知此理此道，傳至歐洲以後，乃變爲理性主義，在知識方面爲範疇爲論理方法，在行爲方面爲道德爲意志自由。夫吾國爲理與道之發見者，特不知推廣而用之於理智方面，以自陷於不識邏輯不識科學之大病，今而後惟有力矯前非，在舊萌芽之上，培植而滋長之，不默守陳腐之道德說，乃由新理智以達於新道德，庶理性與理智有以見其全體大用矣。抑理道之論，發之於孔孟，實大盛於宋明儒者。彼等不特於理學方面有極精確之定義，極廣大之宇宙論，卽於實際行政方面，有所謂鄉約，有所謂庠序之敎，有所謂兵農不分，有所謂常平倉，有對於井田之追憶，何一不本於民貴君輕，不患貧而患不均之公平至正之大道而後有此主張乎。然則謂儒家之精神，同於民主政治，同於社會主義可也。此非吾人之故意附會，去儒家學說之塵垢，見其精義之蘊藏，則知二者，自出於人心之同然，而非偶然。何也，二者同以理性爲出發點故也。

或曰理性與理智爲緣，有理智之用矣，而害亦隨之，如科學爲理智之產物，旣有生人之醫藥，與便人之交通，然殺人之武器亦由之而來，故一日有理智，卽人類相爭一日不止矣。吾則以爲歐洲近代文化，起於開明時代與理性主義，此時代所注重者爲思爲知識，以知識之可靠與否爲中心問題，其名曰理性，實卽理智而已。如康德之著作，一曰純理批導，爲綜合經驗與理性二派之大著，然他一書名曰實踐理性之論道德者，至今猶爲當代大哲羅素氏者所非笑，則歐人之理智，未嘗涵育於道德空氣之中，顯然矣。儒家之不必藏己，不必爲己，老氏之爲而不有，宰而不制，正東方之所長，而西方之所短。西方之論理與科學方法，上窮宇宙之大，下及電子之微，歷史所未載，人事所未經，皆窮源竟委以說明之，豈我東方之惡智者（孟子所惡於智者爲其鑿也），所能望其項背哉。東方所謂道德，應置之於西方理智光鏡之下而檢驗之，西方所謂理智，應紮之於東方道德甘露之中而和潤之。然則合東西之長，鎔於一爐，乃今後新文化必由之塗轍，而此新文化之哲學原理，當不外吾所謂德智主義，或曰德性的理智主義。噫！東蓀先生相距數千里外，無由會晤定其同異，然吾知其必有不謀而合者在矣。

民國三十二年七月二十日，張君勱於重慶汪山。

七　耶司丕論哲學家之偉大

引　論

德國當代哲學家耶司丕氏著「大哲學家」一書，實耶氏心中對所折服之思想家之思考記錄也。耶氏不以西方哲人爲限，列孔子、釋迦牟尼、耶穌，與蘇葛拉底四人爲標準人物，取西方哲學史家所確立耶教文化與非耶教文化之界線而推翻之矣。昔年西方論各國文化者，每以耶教信仰爲第一標準，而輕視孔孟，今則耶教本身在重行估價之中，而孔子之主張「未知生，焉知死」者反受人尊重矣。佛教眞空妙有之說，西方人初攬之不聞，每以多神教視之，今漸有人習其坐禪之法矣。其餘二人如蘇葛拉底爲希臘以身殉道之人，如耶穌以信心爲本，宣告天國之將屆者。此爲西方文化之母，其列爲標準人物，東方人應予以同情。耶氏更列第二類爲哲學之播種者，一曰柏拉圖，二曰奥古斯丁（信仰哲學之建立者），三曰康德（現代哲學之綜合者）。其下分爲四小類，第一小類爲善思想之形上學家，一曰溥羅丁（Plotin），二曰盎雪爾姆（Anselm），三曰斯賓諾沙，四曰老子，五曰龍樹等等。第二小類爲開放，爲覺醒之哲學家，如笛卡德，如休謨，如基爾格卡（Kierkeggard）如尼采（Nietzsche）。第三小類爲秩序建設者，如亞歷斯大德，聖多瑪，黑格爾，向卡拉（Shankare 印度人），朱熹。第四小類爲文學家、科學家、歷史家、政治學者、教育家、人文思想家與批評家等等之有哲學思想者，墨子、莊子、孟子皆在其中。此書可謂集世界人物於一堂矣。吾所欲特別指出者，本書除德文原本外，更有英譯本。然德文本計九百五十頁，而英文本三百八十頁，兩書相差五百七十頁。其所以增減之故，非出於著者之意，殆以爲不合於英美人之意刪之。本論所本爲德文本，此章在英文譯本中已盡刪矣。吾取兩本而校之，反覺其所省之處爲耶氏用力至深之處。吾寧取其深入不取淺出也。

一、人之偉大

第一　歷史與偉大

人類之偉大者，被人目爲典型爲神話，且定有信從之者。偉大處爲人在經歷中之所覺察者，如戰士之英雄，如制憲立法者之建設，如計劃者，如發見者之遠見，如先知者神力之顯示，如詩人美術家之引人入勝與其大澈大悟之收效，如思想家導人於光明與清晰。此數者在文化初期，皆合爲一體者也。

人類必有歷史，其過去之偉大，常與現代人相對語之中。神力之制裁，倫理之決心，世界之覺察，理智分辨之淸晰，皆由大人物之指示而來。其大人物之爲何種，即其民族地位因之而決定。古代之反映，即其現在所以成爲現在之所在，現在偉大之尺度，即過去之反映也。所謂偉大，有一去不回者，有去而再來者，有光輝如昔者，有爲陰影所籠罩者。人類之生存，倘無過去之偉大人物，則爲無歷史的全無而已。

第二　何謂偉大

大人物如大有（Sein）全體之反映，其中事物，歷歷可以指數。大人物爲大有之反映，爲其代表者。大人物不因其行至邊緣之前，忽而墜入深淵，此由於其在囊括宇宙之境（Umgreifenden）（耶氏術語之一）中，爲此囊括一切者所率領故也。大人物之出現於世，同時爲宇宙之衝破者，或爲美善之完成者，或爲悲劇之失敗者，或由生活之至動不息而變爲默默無言，然其與超越體則常在晤對之中也。

偉大必有事功之成就。事功有遠近大小可以計算，然偉大不可以量計也。凡與生存全體與宇宙全體與超越體（Transzendent）相關聯者，乃得其所以偉大。功利在囊括之境界中，得其意義所在者，方爲偉大。凡實有之物（Reale）在吾人經驗中，成爲世界之實有（Wirklichkeit），乃成爲偉大，即其爲宇宙全體之一種象徵而重複出現也。偉大所在，即力之所在，然偉大非力也。生活力之充沛也，精神之創造也，理智之宰制也，此三者皆屬於偉大，反之，柔弱、死呆、疲倦與氣短者，不屬於偉大。活力、生產力、理智，才能，與勤力五者中之一，不成爲偉大。此數者彼此互相聯繫而相代以起變化者，方可謂之爲偉大。

歷史上非他人所能代替之特殊人物，具有相共性者（此相共性卽哲學書中所謂共相）成爲偉大。然相共性，僅爲人思想所能把握而屬於有限者（卽橘之共相限於橘，人之共相限於人。）因其出於思想，乃成爲抽象概念。此相共性入於歷史之中，乃在實有之不可捉摸之無限中者，有其根據所在。如是所謂偉大者，乃相共性（Allgemeinheit）與準繩性(allgemeingültigkeit）合爲一體，非僅爲思想中之所謂共相也。凡爲偉大，不易重複再現，倘其同爲他人所能者，不足爲偉大。他人可以承襲，可學而能，可以承先而繼後者，不成爲偉大。故曰非他人所能代替者，方爲偉大。

偉大之不可代替，不僅在個人所以爲個人之生存中，譬如男女兩人之相愛，惟在愛者與受愛者間之關係中，方知其如此，不爲世人所共見。偉大之不可代替者，有其客體之本質，或爲事功，或爲作品，或爲行爲，或爲創作，更有其越乎此者，卽一人一時之所作所爲，成爲一般人之眞理。凡偉大之前提，在其具有準繩性者，成爲歷史中之特殊人物。或曰特殊之個人與相共性合而爲一，乃成所謂偉大。此乃歷史中人物與其功業之不可測度之所致，與共相之漂流動蕩，與可以分段學習者，不可同日而語也。共相可以作爲智識或行爲之分段學習者，非卽準繩性之超人。準繩性之超人，先具有人格，方可與人晤言，如是，其人乃具有旁觀的意義矣。

偉大之尙未見於事功如行爲，如發明，如研究成果，如藝術成品，如詩歌，如技術之能等等，則不成爲偉大。因一切具有客觀上可以指數之形而爲人所讚賞者，不成爲偉大，只可名之曰人共見之才能而已。

第三　吾人由何覺知偉大

吾人自知個人之渺小，求諸同爲人類之勝我者，以達於至善。此卽自己解放動機之所致也。各人自知其狹小，又知古人之同犯此病而有以矯正之。各人乃開拓常人之環境而廣大之矣。

所以覺知偉大者，本於自己見地之明，與敬長之心，求其所以進於高明之另一境界。古時之偉大人物既已發出其光明之力，吾人可依自己之努力，自己之自由以發自己，此不可見不可聞之世界中，充滿古人之佳言懿行，擇其一二人可以爲友者，則彼等之形將現於吾前，而與之早夕對語矣。

吾人見偉大，乃知我自己之爲何狀。惟有見偉大人物，早夕與之往還，然後我知自己如何，所以不如人者何如。我之意志尤純潔，思想尤深刻，然後方知偉大人物之意志如何與其所欲言之眞理如何。自己本身之質地何如，卽其所以察見偉大之方法也。

對偉大之愛敬，包含對一切人之愛敬。凡愛人類者，乃能在今日世界中，見所謂偉大與偉大在現時應有之地位。偉大之尺度，卽令微細，然已成爲歷史中之偉大指針，則偉大成爲可見可聞。而此具有敬愛之心者，卽所以量衡一切人與一切人變化之尺度也。

當自己之無力，見他人之勝我者，乃駭然於其人之量之遠超吾人之上，此非能見偉大所在也。當吾人將自己俯從他人，減輕己所應負之責，猶之自己甘於爲人奴隸，自低身價，高視他人，其所見者，非他人之眞偉大也。

吾人在研究中，將人物分析考査，則不見人之偉大，因偉大已消散於心理學的社會的試驗室矣。心理學與社會學之研究方法，倘以之爲絕對尺度，令人盲然不知有偉大。良以所謂偉大，已分散於各種試驗，如天才與性質之中，或就其歷史影響言之，曰客觀地位如何，曰量之大小如何，則偉大因之以分散矣。

偉大之存在，爲空無之保證，惟有察見偉大，然後知人類成就如何。此爲讀歷史者至樂之所在也。

第四　對於偉大之思索

依歷史所記憶，人之偉大，皆受人尊敬。如初期文化創始之治者，如印度隱士獨得神之昭示者，如耶奇那伐卡耶（Yajnavalkya），如珊地里亞（Sandilya）爲優婆尼沙度書中之先知先覺，如克匕拉（Kapila）爲瑪漢拉拔塔經中之人物，如中國之盤古，軒轅，神農，如埃及之賢人印霍德氏（Imhotep），泊太霍德氏（Ptahotep），如米蘇泊塔米（Mesoptamien）之稽格墨休（Gilgamesh）皆其歷史中之偉大人物也。此等等者，合宗教、思想、道德、政治、發明與技術之領導爲一體之人也。繼此以後，乃有歷史上之典型人物，如舊約中人，如希臘史羅馬史中人，如中國之堯與舜，如印度之若干人，皆有功於正德厚生，而爲人典型者也。

初期所謂偉大，皆就其人之實有者言之。其後進而思索所謂偉大人物之本質，此在希臘荷馬詩中已嘗見之。海拉克里德氏（Heraklitos）之言曰：「彼等中之豪傑一人，堪當萬人。」希臘詭辯派，柏拉圖氏，亞歷斯大德氏，溥沙董尼氏（Poseidonios）論偉大人物由於天才，由於神授，由於鬼魅之力，由於熱誠，由於思想之深入，由於人類所能之創造力之合爲一體之所致也。

龍奇努氏(Longinus)(公元後一百年時代之人)論偉大人物曰,此等神靈之人,不視人在自然界中爲次一等之造物,乃視爲參加紀念大會之同等競賽者與觀覽者。此等人心中早具有自然之情,愛好一切偉大與神力。其猜度奇中之力,出於宇宙全體,與宇宙隱藏界之外。吾人讚美偉大與美善,不置小河小溪於心目中,但念念不忘尼羅河、多腦河、萊因河與大海洋。亦不以眼前小火小煙爲事,而注意於天上星辰與火山炸口。良以人事中易見者,爲利益可圖之事,其爲人所讚賞者非常之事也,大人物著作中之目的,在其遠者大者,以云一事一句之正確,爲其所忽視。無過失者所以免人之責備,以云人所心賞者,偉大之所在也。如是偉大之巍然者,與天地等量齊觀者也。

所謂偉大之觀念,在歷史內之變遷之中。文藝復興以降,認爲偉大以天才爲根底。既云偉大,須免於黨同伐異之私,而就客觀性以求偉大之所在。譬之一鄉一國爲本位,即爲偏狹之私見,其能就各民族各國家,不論其爲仇爲友,而一概平等視者,方知所謂眞正偉大。偉大,不在各人黨同伐異之中,而在偉大直覺之中。伸言之,眞愛偉大者對於一切反偉大者,置之不顧,且有消滅之之心者,方能謂爲知偉大矣。

敬愛心可提高人之感覺力與對於精神界中獨一不可替代者之辨別力。敬愛心不令人但覺墜入無力的廣漠無依之中,反令人起偉大之感覺,由於其直覺由眞摯中發動而來也。敬愛心覺偉大之中有一規矩準繩,不可以概念表達其根源超越體來也。

第五　對人崇拜之非

對偉大之敬愛，非卽對一切人之崇拜。各人不論如何偉大，如何罕見，然其爲人，一也，與他人爲同類。對人崇拜，非所當有，惟有視爲現實之人，不復有所隱藏，乃爲確然知其偉大之所在。偉大不在神化之中，在其人之眞實性之覺察中也。

處文化之初期，各人之實在人格，不爲人所重視。此時各人所注意者，非眞正之個人，乃人身中之神力也，非其人之內心也，乃其人之行爲也，非個人所以爲個人也，乃個人所代表之羣體也。他人奉爲領袖而隸屬於其權力之下者，不由於其個人之所以爲個人，而由於其爲神力或魔力之化身也。

自文化初期，迄於今日，均以爲個人之突出者，由天賦以才能，使其人絕然異於他人。然個人崇拜，或在生前，或在死後，於是有另一境界之神靈，此爲另一問題暫置不論。因此在一般人類之中，乃有巍然獨立之超人，或名之曰神，其他人類則視爲無關得失之庸人。然究竟誰爲超人，誰爲庸人，在人之信與不信以別之而已。

哲學家之大工作，在於憑其理性之光明，除去個人崇拜，而代之以對偉大人物之敬愛。偉大人物自身不容許個人崇拜，卽耶穌固已如此表示。惟古代後期，嘗許美術家或妖術家以偉大之稱。眞正偉大人物，不論其與他人之距離如何，關係如何，彼等自己所認者，曰與他人立於同一水平線上，其不認此同一水平線者，則失其偉大矣。

然大哲學家有時爲其同道者所推尊，而目之爲出類拔萃，如斯多噶派，如伊璧鳩爾派，如新柏拉圖派，在歷代中，受人異常崇敬，如柏拉圖有神的柏拉圖之稱，孔子、老子、墨子亦有至聖、道人、鉅子之號，視爲獨一無二之巨人。此種風氣，卽在今日，大學教授之中，至今不衰。然不知崇拜之風一起，哲學已離開其本身之立場。因此哲學家之人格，不成爲哲學研究之入門，反成爲受排斥之對象。其中不乏少數或一二哲學家，爲人所愛護。此爲特殊例外，由於一二大哲學家及人影響之深，而各派哲學難於爲人所盡知之故也。

艾梅生（美人）（Emerson）爲英雄崇拜之人，同時又反對個人崇拜之人。因艾氏深信哲學家之爲導師者，不應同時又爲壓制他人之人也。艾氏舉歷史中之成例，如亞歷斯大德哲學，如百都拉曼（Ptolemaic）天文學，如羅德（新教），如培根，如陸克之學說，皆由人憑之以爲權威，造成一道同風之俗。此等事之發生，在偉大人物自己無所容心，而一二狹小輩不好自居於偉大，乃以鼓動旁觀者之盲同相從爲快意矣。艾氏曰「眞正偉大者常勉人自立，不以步趨人後爲事。」又曰「眞偉大者爲大精神大意志之宣告者。不論何人，而令其爲偉大者，難於爲完人，吾人應捨去在世間求一個完人之念。因偉大者之生於斯世，正所以準備更大者之出現。」艾氏曰偉大人物之任務，所以使其自身與其他英雄豪傑成爲贅旒。良以偉大者引致理性爲人生中之元素，其力量日益發展，則握權力之個人不能容身而退矣。

各個人之偉大如何，在彼一人自身，無由得知。偉大人物，終爲人中之一人，因彼之偉大，引起他人之同樣偉大。如是宇宙間偉大之無可代替；即人類心靈之無可代替。凡覺察所謂偉大者，即知己之所以爲己也。

二、哲學家與其他偉大人物分別之處

古代中集合名人之傳記，有爲帝皇傳記，胥頓氏(Sueton)所作，時爲公元前七五至一五〇年。有政治家傳記，溥羅太克所作，時爲公元前四五至一二七年。有爲哲學家傳記，地屋者尼·蘭梯司（Diogines Laertius）所作，時爲公元後二百年。中世紀時所以類聚人物者，曰預言者、耶穌門徒、教會先輩、帝皇、聖哲、詩人、哲學家。文藝復興時代排列人物之序，曰神學家，曰哲學家、曰詩人、曰歷史家、曰作戰者、曰法律家、曰醫生、曰騎士家、曰工程師之知哲學與數學方法者。此種次序人物之法，初不以大小爲準，而視其人之聲名如何，因此滑稽家之花言巧語者亦預於其列。及德國羅漫主義時代，始有大人物之標準說，分之爲四類，曰聖人、曰英雄、曰詩人、曰思想家。每類中列其大者爲首，小者次之。

不論哲學家、詩人、美術家、英雄、聖人與預言家，人物之所以偉大，由於其能影響於宇宙全體問題，如生存問題之由秘奧而明朗，如眞理脫去歷史性的衣裝，如超出於黨同伐異之偏見，皆所謂對宇宙全體之影響也。然哲學家所獨有之特點安在乎。吾人唯有答曰，聖人與英雄之長，在行爲，美術家之長，在作品，詩人之長，在文字，而哲學家之長，在概念之運用。彼等將思想之力透入概念之中，於是概念自身卽成爲思想，由概念以明宇宙全體之爲何狀。於是美術家在耳目直觀中之象徵，或英雄在行爲中之象徵，到了哲學家手中，則爲思想矣。

古代以七賢爲哲學家之典型。此七賢均爲歷史中之眞實人物，唯索龍（Solon）一人稍有記載之文。七賢之名言，流傳於後者，可以窺見其爲希臘內容。希臘於七賢，不視爲聖人或爲上帝所派遣，僅爲世間之人而已。七賢在希臘人心中之印象，同於後來希臘哲學家之觀念，在因時代變遷之中，誠以隨時代變遷乃希臘人心中所謂眞理之標準也。詭辯派以人爲尺度云者，所以別其出於上帝之意也。詭辯派以人爲尺度之言，所以明其深知治理城市國家與人民往還之道。如七賢中之泰蘭氏（Thales），因仰觀天文而墜入井中，卽被認爲不通人事之人。反之，如詭辯派，爲公元三二〇年之狄卡克（Dikaiarch）氏認爲深通世故之人。狄氏論七賢曰，「彼等爲通人情物理之人，手握立法大權，非在演說中與人辨理乃以智慧表現於國家行事之中也。及詭辯派盛時，以口辯爲長技，與古代以實行爲貴，不重文字流傳者相異，誠以如何應付政治，非其所關心，而如何方收政治實效爲古代政治家之所重視。」羅馬西雪羅氏（Cicero）有言七賢均在國家生活中，且立於政治之高峯。由西氏言，可以知古代人物心中重點之所在矣。

其在中國所謂聖賢，皆前朝之創建者，治國者，發明者。皆對文化秩序與幽明之理有所貢獻之人也。

關於「哲學家」之人所共認之概念，求之歷史中，極不易得，然合聖賢、英雄、詩人等爲一體而名之曰哲學家或曰哲人，此歷時甚久，而爲人所共信，至溥沙董尼氏（公元一三五至五〇年）時，猶復如此。溥氏以爲應合發明家、美術家、思想家、立法家、教育家與政治家爲一，而名之曰哲學家。溥氏時尚不知各大人物之行爲，思想與文字之各爲一類而應有彼此之分，此時聖賢與詩人尚未處於政府之外，而委詩歌思想等於次等人物之手也。合各類爲一體之說，在歷史中從未實現，然訖於文藝復興時代猶有所謂溥遍人之說。於是一體之說，降而爲全人說（Idee des kompletten Menschen），然所謂全者，僅爲智識之全，非實現之全，此德國唯心主義者之言也。

哲學與其他偉大既已分離，於是哲學家之各種形態，無法化爲同一分母，只能舉其若干類型，如柏拉圖書中之泰顚都司（Theatetus），如羅馬斯多噶派之知足派，如中世紀之僧侶思想家，如現代不用個人名姓之研究家，如尼采所謂哲學的立法家，如基爾基格所謂宗教的警察偵探，均為不通世務之人而已。由哲學史之沿革，以求哲學家與哲學之實相為何，吾人勢不能以所知之某派哲學家作與一般哲學家為同義之名詞矣。

哲學本為一般精神活動之一部，與宗教、神話、行為三者之思想與行為合一之日，因自己努力，脫穎而出。此數者在其發源之日，本為一體，在分離之後，此一體之觀念依然存在。因而哲學家以各種姿態出現，有存其預言家形者，如恩皮道克爾氏（Empedokles），有存其詩人形者如派爾乃第氏（Parmenides），有仍保其與神話之關係者，雖以掃除神話為名，然仍引用神話為類推之用，是為柏拉圖氏。有以為詩歌美術與理性的眞理不可分離者，乃以詩歌美術為輔助哲學之用，如雪林氏（Schelling）。有以詩人兼哲學家者，如但丁，如歌德。有以美術家兼哲學家者如蘭翁那度氏（Lionardo）。唯如是，與其將宗教、美術、詩歌與哲學等等視為各畛域者，不若目為同一眞理之種種形態。其以思想為主者，名之曰哲學，其以形為主者，名之曰詩歌。反而言之，詩人以表達思想為事者，可名曰哲學家。哲學家以形以比似以神話為主者，可名曰詩人。

哲學中之思想駕形而上之者，自以思想為主位，此由於哲學家信理性之力深入於至深至遠之境也。理性自為法官，下一切判斷，對於其所不能自造者，亦加之以判決，因所求者為眞理，非以思想為限也。理性所屆，由今日之所是，可變為明日之所是。當思想與其他偉大分離後，其與神話、宗教、詩歌對峙之緊張，依然自若焉。

哲學既為獨立之學，其隨之而起者，是為科學。此時所謂科學，為合理的動作之一部份，而與神話、美術、音樂、預言則已離貳矣。其後西方所謂科學，則成為根據經驗之分科之學，有嚴格方法，有公例可求，且以事實為根據者也。科學劃定一條界限如此，哲學因而自悟其源始中固有之本性，曰吾之所具有，有超於科學之外者矣。於是哲學本身之思想，所以異於科學之思想者何如，乃成爲一種基本問題矣。

各哲學家所向者言之，其思想入於高度，透過一切，與科學之好研究且有成果者，相去甚近，然哲學家之思，遠超過科學家之思有不可以道里計者。思想之性質如何，自古代以來，早已成爲問題，既有問有答矣，而新問者方興不已。哲學之成份，不外乎思，以意力爲後盾，則自覺程度益高。如是哲學之思，乃知其所知之思，而又爲自覺其所知爲知之思也。然吾人心靈中除自覺外，更有不自覺（卽下意識）之元素。人類之偉大，乃至偉大行爲之具有無限自覺者，非有不自覺者在其背後，則自覺亦末由出現，是不可不知者也。

三、哲學家偉大之標準

歷史敍述中，唯有就思想家之實際生存者記載之評論之。既實有人，則有可考之時代與所居之處所，此唯有證之於文字與其行動之中。因此早期神話中之預言家，不論在人類回憶中甚爲重要，然在本書中置之於不論不議之列。先舉其外在條件言之，因哲學家之偉大，需有其爲人所共見之文物也。（第一）須有著作。著作二字，可作種種解釋。偉大人物中有不書一句一字者，如蘇葛拉底，如釋迦牟尼，無自寫之文，關於蘇氏與佛祖之言，均爲其門人所記之報告。關於孔子，亦僅有門人記載，非其所著之書，此亦報告而已。然此等人物之一鱗片爪，自有令人讀之而覺其偉大，對於後代又有轉移人心之效力。有爲後代人在雲霧中略見彷彿者，如阿那克席孟岱氏（Anaximander）是，有爲後人見之較清晰者，如派爾梅乃第氏及海拉克里德是。（第二）所謂偉大，視其對於後代大思想家之影響，其所以成爲權威之故，可於此中見之。然唯其爲偉大，常有其後代之瞭解與不瞭解，因此時起爭執，謂其書中之理之不可窮盡，且永無結束之期可也。惟其不可窮盡，則其書猶爲現代之書也。

更就內容言之，其偉大處爲人所覺者可分三項言之。

（第一）其人在時代之中，而有超時代之長。偉大人物，有其在歷史中之地位，所衣者爲歷史性之衣。然偉大之標幟，在於其不受時代之束縛，反而言之，在於其具有超時代性。同爲同一時代之人物，甲之言行不免於限於一時一地，而乙則不然，所言行者可垂久遠，此卽所謂超時代也。故偉大人物不獨以思想表達將其所處之時，並後代之永久，一併置之於心目之中。此由於其工作與生活之中，有超越體之存在，能使其偉大人物與一切時一切人互相對語之可能也。

（第二）眞正思想家與一般人同，因其爲眞實純粹之一人，必具有源始性。具有源始性者，能獨出心撰（original），卽其告人之語，爲世所未嘗同者也。獨出心撰之處，在著作與行事之中，非他人所能重複再演，後代讀其文者，能受其感動而復歸於其固有之源始性。

獨出心撰云云，卽對於歷史躍進之意。其所感者爲新爲奇，不可求之於過去事情，與生存條件中而得之也。

獨出心裁之處，不在文句，而在精神之中，此精神在貫通文句後方能得之。然某甲之獨出心裁，後來歷史家可在他人著作中得同一之措辭。惟此同一措辭，常沉埋於他事環繞之中，偶有回憶，卽復遺忘，其措辭之全部意義與其後果，不在自覺中加以考慮也。

此獨出心撰之偉大人物之所見，擴大人之心胸與其所處之世界。艾梅生曰：「彼等之知，爲吾人而有所知。此類思想家能發掘自然界之秘奧，使見光明。最後一個偉大人物尙未出世之日，非聖經結束之日也。」

（第三）大哲學家有其內在的獨立性，其獨立性中不含固執成見之意。此非自以爲是，或抹煞一切，或堅持教義之獨立性，乃因世事長久不安，不能不求所以絕對安定之道也。哲學家之獨立性具有開放性。今日所以爲是者，明日可另有所嚮往，非爲自有所取求，乃成其己之所以爲己。哲學家有其所以爲己雖孤寂而不以爲苦。

哲學家不以孤寂爲苦，然亦不願常處於孤寂。彼知人之與人相依共存，常求有所聞於人。人之懷眞誠來見者。樂聞其忠告之辭。彼等決不拒人，以得人之助爲先務。彼等不以孤寂傲人，而日以自己不能改正自己爲憂，所謂獨立性者，在此而已。簡言之，彼等不存自以爲是之心，引人之伸手而來者爲友而已。

哲學家之獨立性，出於其承認超越體之存在。有此面對超越體之心，知宇宙之大，乃能自勉於爲思想之主人，爲自己行爲或善或惡之主動人。如是獨立性云者，無一時不以與人同生共處爲念矣。彼之所謂己者，非小我也，乃彌綸宇宙之理性也。此知天盡性之功，謂爲永無完成之日可也。

哲學家之獨立性唯在其思想中，令人有所感覺。倘彼等以爲此獨立性爲其一己之性格，則其價値盡失矣。何也，眞正之獨立性，有移風易俗之效力，一變而爲自是自驕，則失其自信自立之精神。試問哲學家中小有成就者，每自視其著作爲傑出之作，爲他人所不及。此乃偉大之反面矣。哲學家偉大之眞標準，唯有求之於其著作之內容。其項目有三。

（甲）哲學家之偉大之應具有者，自希臘詭辯派以來，迄於歐洲最近兩百年，曰哲學之所以成爲學問，在於邏輯的形態與其是否成爲體系。因此之故，其不具邏輯的形態或體系者，如文詞家如格言家如詩人如哲學意味之作家，皆視爲不屬於哲學之列。然此項標準在今日尚能適用與否，已成爲疑問。因其所遭值之敵人有二。（第一）邏輯實證派但認有證據可言者爲學術之對象，至於昔日所認爲形上學與哲學者，則擯之於哲學範圍之外。（第二）有專與科學爲敵者，但以盡人所瞭解之文爲哲學。因此各走極端之二敵之故，令哲學失其所以成爲偉大之性格矣。邏輯實證派開始於十九世紀，宣告舊日哲學爲無用之物。其以盡人所瞭解者爲哲學，則哲學不與現代科學聯系而失其莊嚴性矣。就今日情況言之，哲學與科學之關係，在搖搖擺擺之中。然科學在哲學中之效力如何，將終爲哲學之標準，不可輕棄者也。

（乙）哲學所以有益於人者，在其能使人類對於其生存，對於世界，對於大有（Sein）有所自覺。哲學超於各特殊目的（如宗教、社會、人生）之上，以理智照耀人生之全部即已至問題之邊界，仍搜索至於極盡處而不能自已。

哲學之本性，曰普遍性，謀所以實現者，曰大全觀念（Die Idee des Ganzen）。所謂大全或僅在靜思默會中，或在生活歷史之象徵性中。然哲學家所獨具之偉大，即此大全觀念爲其內容也。

至特定工作之內容，因其分殊之途徑而表現其大全觀念者，有時亦稱爲偉大。然但就耳目所聞見者，名之曰普遍。其所謂普遍，出於人之強爲安排，內容貧乏，思路淺顯，雖此等作家有時有其極大影響，然不足以語夫偉大矣。

哲學家所以成其普遍性者，有種種方式，而普遍性之存在，無可疑者也。艾梅生嘗表示其意，曰吾願意長久生活於歷史中，經歷希臘時代、耶教時代與文藝復興時代之意大利，以我之心思，發現各時代之創造精神。其言曰「哲學家與一切事物爲忠誠之友，無一事不足以利人，無一日非神祇降臨之日，無一人不有神性。」（此爲艾梅生原文，爲尼采所引用，以冠於其「歡天喜地的學問」（Fröhlichen Wissenschaft）一文之篇首。）

（丙）大哲學家之言，具有規範性。哲學家言之成爲規範，是否有意爲之，不易斷言。然哲學家之所以爲此，初不爲表現其權力，以強人服從，唯其言論之力能移轉追隨者或批評者，則無可疑也。尼采稱哲學家曰立法者、曰文化中之權力者或開刀者。此種措辭不免令人誤會。良以哲學家言有指導他人之意，與政府以權力服人者迥乎不同者也。哲學所以使聽言者自思、自省、自信，不以威力減輕各人之責任心，而以鼓勵各人之自勉，提高其責任心。如是哲學之規範性所以異於宗教者何在？曰哲學以言論勉人自思，自選擇路線，宗教所賴者爲教會制度、爲神父教士、爲檢查言論、爲信認、爲服從。至於科學與哲學之所以異同。哲學所求於人者，曰以人之全部，投入於人生之中，科學之所求於人者，曰以其理智層之自覺，從事於專科學問之研究。

（七月二十二日於拔克蘭。）

——自由鐘卅一號五十六年九月——

八　學術方法上之管見

與留法北京大學同學諸君話別之詞

我與北京大學之關係。不過千九百十八年下半年三四月之久。所教者不過研究室中三四人。故與今日在座之劉半儂先生及同學諸君、當時竟未識面。到歐洲以來。東奔西走。不常在法，晤譚機會甚少。今承劉先生及諸君之招待。反令我心中惶恐萬狀，適劉先生說及此番歸國後在政治上學術上盡力之方針。對於此層、自己一無把握。故不敢對諸君有所陳說。但在歐三年、自己思想上自有一種經過。故今日與諸君之譚話、作爲我自己之回顧錄可焉。

第一　自己思想之經過，諸君知道吾是研究國際法之一人，何以忽一變而攻哲學，此諒諸君所最要問我之一點，初到之第一年，往來於倫敦巴黎之間，所注意者，專在和會外交之內幕，自山東問題解決，佛塞宮條約成立，我心中大爲不平，覺得協商國政治家之所謂正義人道者，皆不過欺人之詞，因而想及所謂國際法者，實等於國際的非法（Völkerrecht-Völkerunrecht）若抱此類條文，爲吾一生研究之目的物，則除縱橫捭闔以外，尚有何物，而吾一生雖盡窺外交秘奧，而於世界人類有何益處乎。

此第一年之感想雖如是，然自己求學方針，尚未確定，我記得梁任公先生於千九百十八年六七月間嘗訪法國哲學家柏格森，是日同去諸君中，有學陸軍者，有學物理者，有學銀行者，任公先生亦強我同往，我竟謝絕之，此時我心中尚以為哲學乃一種空論，顛倒上下，可以主觀為之，雖立言微妙，無裨實事，與馬克思少年時批評黑智爾哲學為海嚴上之音樂，正相類也，任公先生與柏氏譚而歸，告我以所譚內容，及今回想，竟一字不記，我之淡焉漠焉之態度，可以想見，使在今日而有語我以柏氏口授之言，我且立刻記下，而當日乃見亦不願去見，則吾此時束縛於現實生活，而忽視人類思潮之大動力，可想見矣。

一九一八年十二月，同梁任公先生遊德，任公先生屬予開一張在德應見諸人之名單，予平日所注意者，不外政黨首領及軍人，故名單所列者，不外社會黨首領如柯慈基（Kautsky）如前總理夏特曼（Schaidemann）當時之陸軍總長諾司開（Noske）右黨首領海爾佛立希（Helferich）戰時之參謀長羅頓道夫（Ludendorf）諸人而已，及至巴揚之都城孟勳（München）後。任公先生忽自想起曰：日本人所著歐洲思想史中，必認柏格森倭伊鏗兩人為泰山北斗，我既見法之柏格森，不可不一見德之倭伊鏗，奈在旅行道上，無法覓人介紹，乃自致一電於倭氏，述願見之意且懇其寄覆信於耶納之某客舍中，及抵耶納則倭氏覆書已在，極道歡迎之意，是日為一千九百十九年正月一日，訪倭氏於其宅中，談約一時半之久，所談不外精神生活與新唯心主義之要點，任公先生再三問精神物質，二者調和方法。諸君知道倭氏哲學之大本曰精神生活，而精神與物質相對待，舍物質則精神無所附麗，舍精神則重濁之物質則無由向上，而二者之相須為用，厥在行為，厥在奮鬭，故與黑智爾輩之以為眞理可以在論理上求之者，正相反對，倭氏為人，獨立演臺自述所信，雖千人為之辟易，而兩人對答，則訥訥如不能出諸口，倭氏對於任公先生之問，自知難以一二哲學概念表示，乃屢屢以兩手捧其赤心，以表示將精神拿出來參透物質之意，彼之以兩手捧赤心之動作一再不已，我之旁立而聽者，尤感其誠意，相喻於不言之中，是日倭氏以自己著作一一署名分贈之諸來客，又以任公先生新唯心主義與舊唯心主義之異同一問，非立談之間所能畢事，自允手寫一文，時倭氏方有他種著作約期出版，適其夫人在旁阻之，謂汝奈何有此時日作此文章，而彼絕不以夫人之言爲意，待吾等遊耶納及路德爾幽囚之地華德堡（Wartburg）而返柏林，則倭氏之文已先我等而來矣，以倭氏七十老翁，精神矍鑠一如年少，待異國之人親切眞摯，吾乃生一感想，覺平日涵養於哲學工夫者，其人生觀自超人一等，視外交家之以權謀術數爲惟一法門者，不啻光明黑暗天堂地獄之別，吾於是棄其歸國之念，定計就倭氏而學焉，吾之所以學哲學者，非學問之興趣，非理性之決定，乃吾內部之衝動，乃倭氏人格之感召。嗚呼！豈惟一生，卽人類一部歷史之變遷，起於衝動起於直覺者十之八九，若其本於理性本於智識者不過十之一二，卽此可以知主智主義之失敗而生活哲學之所以成立者，非偶然矣。

第二　學問上之比較研究，我今日所欲與諸君談者不在倭氏哲學，故倭氏哲學內容如何？可置不問。蓋我平日所最恨者，厥在自甘於爲一學派之奴隸，我雖從倭氏學哲學，然不願獨尊倭氏之言，視爲世界獨一無二之哲學，而平日所採方法，則爲比較研究，蓋以我觀之，世界現象，可從種種方面以下觀察，譬如以哲學言，則有唯物唯心兩派。唯心派以爲眞實在心，唯物派以爲眞實在物，換言之，外界之物爲獨立實在，不關於心之知不知，美之實用主義則又排斥唯物唯心兩說，以爲議論紛紜，無關實際者，皆可置而不問，獨以有實用於人類者，則視爲實眞。凡此三說，孰是孰非，是另爲一問題，而要之當此新文化發動之期，則學說輸入方法，不可不研究，吾以爲種種學說，固應同時輸入，卽以同一學說言之，不僅正面之言應輸入，卽負面（卽反對者）之言，亦應輸入，惟如是方能啟人懷疑之心，令思想發達，人智進步，若僅僅推尊本師，則舊偶像雖去，而新偶像又來，決非吾國思想之福。吾更擧一例以證之，同一社會主義也，在法爲桑地加主義，在德爲馬克思主義，在英爲基爾特主義，在俄爲布雪維幾主義，可知一種理想因提倡者之性質與國情而大大不同，安在其能獨尊一說而排他說。吾之爲此言，非勸國人對於一切主義不加以偏信。吾知實行者非理論家比，貴於以一種主義，堅持不變，而後其說乃能得人信從而生效力，吾之所欲針砭者，則在學問家與思想家此兩種人當其輸入某學說，應將此學說之反對論，加以研究，則其效果有四，不至獨斷（Dogmatic）一也，不至生不相干的門戶異同二也，經比較以後自己眼界更加廣大三也，折衷諸說後，或者更得一美備之學說四也，諸君聞吾言，切勿誤會我不勸人在學說上有一種立脚點，而專取策府統宗或兔園册子式之議論，吾確信學問上之門戶是萬不能免的，然此類門戶之對抗，由於將英美德法各學問大家贊成者反對者比較研究以後，而自己眞有所信，則此類立脚點必有益於吾國思想界之進步，若但以一家之言舖張揚厲，徒以造成不相干的門戶之見，是徒陷國人思想於狹陋而非學者客觀的求眞之態度焉。總之，一種學問在基本範圍內，將英美德法或其他國之正負兩方一一從而比較之然後再定自己之立脚點，不可但推行一國中一派之言，以自陷於偏狹，再申言之以歐美思想界爲一全體，儘其異同諸學而盡研究之，再定應取應舍之方針，則於會通之義，庶幾近之矣。

或者以爲眞與僞兩言而決耳，若甲說而眞，復何取乙丙丁諸說，若乙說而眞，復何取甲丙丁諸說。吾以爲不然，哲學上之唯心唯物之說，歷千餘年而不決，安見眞僞標準之易定耶，自心理言之，但見變而不見常（如柏格森）；自論理言之（如認識論之哲學家），但見常而不見變，安見眞僞標準之易定耶。甲曰萬物本身，非人類智識所得而認識，而乙反之，安見眞僞標準之易定耶。甲曰人類智識如工具然，故自原始以來。雜以實用之念（如柏格森）；乙駁之曰，智識與實用唯而爲二，如高等數學何嘗有實用之念夾雜其中（羅素之言），是安見眞僞標準之易定耶。以上所舉贊否兩方之說，皆哲學上之爭論，故孰是孰非，極難解決，然推之實證論之科學，又何嘗不如是，甲曰物質之本體曰力，乙曰山納涅，丙曰電子；奈端之言曰時空爲絕對的，愛因斯坦之言曰時空爲相對的；達爾文之言曰進化上之異同之故，起於偶然，拉馬克曰不然，是起於個體自覺的努力；如是即以實驗科學言，又安在眞僞標準之易定耶。吾之所以縷縷言之者，凡以證宇宙現象，可從種種方面以下觀察，不可但信一說而排他說，歐美人之所未嘗反駁者，以吾國現時之學術狀況，固無反證之法，若歐美之已嘗論及而見諸文字者，明明贊否兩方之說，各有一面之眞理，若吾而但執一家之言不及於他方面之研究，或明知之而故意以一偏之言誇耀於衆，是但見其狹陋，安足與語宇宙之大耶。

或者以爲此種比較研究之法，不出三種結果。第一、（Eclectic）任意選擇，故其言爲不澈底。第二、（Compromise）調和衆說，而內部不能凝成一體。第三、學理上之研究，雖以國情之適不適，則與客觀上之眞理，愈離愈遠，此所慮者，固屬甚是，然與我上文所云云，係屬兩事，吾所欲言者，指社會科學與自然科學之研究，而制度之採取不與焉，蓋同爲社會科學同爲自然科學中亦不免於贊否兩方之說，故吾人對於此兩方之說同時加以研究，則因兩方之比較而可以發生新疑問，另開研究法門，即以至少之限度論，亦可收兼容並包之益，且諸君當知比較研究，不必定陷於以上三種弊端，譬如康德之哲學，非集合笛卡兒之理性主義與陸克（Locke）、休謨（Hume）之經驗主義而成者乎？康德之哲學，卓然自成一系統，絕不陷於雜湊或不澈底之弊，此覩其比較研究後綜合之方法（Synthesis）如何，而非綜合之必爲害焉。自來大哲學家何一不想以宇宙現象歸宿於一系統，故黑智爾有正（Thesis）反（Anti-thesis）合（Synthesis）之說，斯賓塞自名其哲學曰綜合哲學，卽此志焉。吾國文明，向與世界隔絕，自成爲一體，今海外新智輸入之機大動，凡歐美任何派別之學說，皆可供我取用吐納之資，以淺者言之，則兼容並包，以深者言之，則融會各家之言，而自成一新說，此則吾思想界之所當有事也。

第三　思想之獨立，或者曰融會各家之言，以自成一新說，此事談何容易。不觀美國與日本，以此兩國學校之發達，學者之精進，而獨創之天才絕少，至今不免於步趨歐人之後，子奈何以此誇大之言告國人乎？吾應之曰不然，思想不動則已，動則非至於獨立之境不止。譬之孩童，早夕聞講師之言論，然彼決不以亦步亦趨爲滿足，自甘於爲應聲蟲或留聲機器已焉，行年稍長，彼一人好惡取舍日益顯著，則其所思所言雖不免於教師之影響，然已儼若二人矣。一人如此，一國亦然，吾國人今日所吸收之外界思潮，他日必能鎔鑄之，以成一種新文化，吾之所敢斷言者焉。以日美之例相繩，是擬於不倫，日本美國皆新立之國，吾國歷史之長，不獨駕美日而上之，卽歐人亦瞠乎其後，惟其歷史較長，故思想之組織，較歐人爲廣博，彼所認爲不相容者，自我觀之，不妨兩利而俱存，彼之觀察，往往以短日月爲限，故所謂利者，害卽伏於其中，我以長時期統計之，故不斤斤於目前之利害，而另有一種通盤籌畫，歐人頭腦，偏於論理的系統的，故是丹非素出主入奴之成見甚深，吾以客觀之念，超然於其各學派黨同伐異之上，故往往彼之所謂甲是乙非；自我言之，不過觀察方面之不同，若以日本較吾國，則日本人長於模仿而短於創作，吾國人長於創作而短於模仿，證之兩國佛教之變遷與歐洲制度輸入後之成績，可以概見，故吾以爲吾國思想界之獨立，殆早晚間事，或者美國日本之所不能者而吾竟能之，亦屬不可知之事焉。（吾國人向以歐美並稱，實則久留美者，均爲予言美人思想界除一二例外如哲學家詹姆司 W. James 外，絕少創作之才，其學者著書，大抵抄襲歐人之言以成篇耳，美人中亦有爲此言者，詳見劍橋大學講義，題曰今日之美國）。且思想獨立之能不能爲一事，應不應又爲一事，吾爲世界人類之一，有固有之文化與歷史，吾之所以自効於世界人類者何如，不可不及今猛省，世界一劇場焉，今之歌哭悲喜者歐人焉，吾則僅爲一看客，或將他人之劇本，讀了一過，若此種僅僅享受而不參加活動之地位，吾國人其能甘之乎，必不然矣。

且以吾所見，則今日有一種形勢，逼吾國人不能不向獨立路上走去者，則歐洲思想界之危機是也。今日之世界，人人知其爲科學世界，然此科學世界是否一成不變，或已達最終進步之一境，我惟有答曰否而已。人生變遷，原無一定，故思想之變亦因之，以希臘學術之昌明，忽一變而爲中世紀之宗教，由中世紀之宗教，忽又一變爲今日之科學世界，可知人生原無一定，今日所謂是者，安知明日不又視之爲非。自大戰以來，歐洲思想界以不滿於現狀之故，有要求改革者，有預言其滅亡者。其要求改革者之中，以社會主義爲最有力，然有更進一步者，則以爲在此工業基礎上，無論如何，免不了資本主義，故其走於極端者，欲盡廢今日之大工業而返於中世紀之家內工業與基爾特，此即英國基爾特主義黨中滂底氏（Penty）之言也。其次在德國有一大著作，此書在德國有哄動一時之力量，尚在愛因斯坦相對論之上，其書出後，不及三年，已重五版，而第五版之絕版，及今已一年之久，其書爲何，則斯賓格雷之歐洲末運論（Spengler-Untergang des Abendlandes）是也，其書大旨以歷史比生物形態，二者同受春夏秋冬時運之支配，故一國文化亦分幼長老死四期，斯氏自稱其書曰新歷史哲學，並舉歐洲今日之亡徵，比之希臘羅馬之末葉；若滂底氏之言，若斯氏之書，不過一二人之言耳，何足以判定歐洲全體文明之得失，然自斯氏書之流行，可知其書必與時代心理相暗合，而影響於世道人心非淺，吾之所謂危機者，蓋以為歐人對於現時之學術、現時之社會組織，已入於懷疑之境，彼既自行懷疑，則吾國今後文化，更少依傍，舍自行獨立外，尚有何法乎。

吾國今日人心，以為科學乃一成不變之眞理，頗有迷信科學萬能者。或者聞我之言，誤會我勸人不相信科學，不重視科學，此則決非吾之本意，故不可不加數語以申明之。吾在德時，有同學擬譯斯氏書者，吾告之曰：此書一入中國，則吾國傲然自大之念益增長，必曰你看歐洲人將倒楣了，還是我之無動為大的好，還是我三綱五常的好，誠如是益以阻塞吾之新機，而新文化永不能輸入，吾之所以勸其不譯者，正以歐洲之科學方法與社會運動足以補救吾國舊文明之弊，此信仰維持一日，則新文化之輸入早一日，若此信仰而失墜，不獨吾國文明無復興之機，而東西洋之接觸更因此阻遲，然斯氏之書已早公開，無論譯與不譯，終必有傳至中國之一日，且歐洲人對於現文明之懷疑，已彰彰明甚，故不能以不譯斯氏之書，可以掩盡吾國人之耳目。總之今日之急務，在求思想界之獨立，獨立以後，則自知其責任所在，或繼續西方之科學方法而進取耶？或另求其他方法以自效於人類耶？凡此者一一自為決定，庶不至以他人之成敗，定自己之進退，而我之文化，乃為有本有源。蓋文化者，特殊的、固有的、獨立的、非依樣葫蘆的，此言新文化者最不可不注意之一點焉。

第四　學術以外之實際生活（Practical Life）世界大學之教育方法，可分二大類。第一曰歐洲大陸上大學之知識敎育。第二曰英國牛津康橋兩大學之實際生活敎育。所謂知識敎育者，學校之所以敎其學生者，但有知識之灌輸，其目的在造就學問家。所謂實際生活敎育者，知識次之，而處世之道最講求，故敎育中所注意者，不在書本學理，而反在茶會體育及政治上之討論。此兩敎育孰劣孰優乎？吾蓋不得而斷言，以英國近時之新大學言之，大抵趨於大陸制，而反抗牛津康橋，似乎牛津康橋之敎育專在養成貴族與英國之治者階級，故已不適於今世。然以我觀之，正未必然，以全社會學生言之，從事學理者多乎？抑從事實生活者多乎？以一人言之，每日十二時中適用課本上界說定義之時多乎？抑適用處世之方法之時多乎？凡此問題，皆不待辨而明，故吾以爲學校中學理固不可不講，而人類共同生活之規則，尤不可不在學校中練習，如打球如競舟，不獨強健身體已焉；以此種遊戲，皆賴多數人而成，而其間自有一定之規則，人人能守規則，人人如尊重他一造之意思，則共同生活之原則在其中矣。乃至牛津康橋之聯合大會（Union Society），其構造一如英威斯脫敏斯脫之巴力門，一邊爲政府黨，一邊爲贊成黨，令學生發表政見，各以分明之態度，爲贊否之主張，有時請國中政治領袖蒞會演說，而學生之中或贊或駁，從容論議，一如議員之討論議案，蓋維多利亞時代英大政治家，其十八九則牛津康橋大學之聯合大會之有辨才之學生，故謂聯合會爲政治家養成所亦無不可。

吾國政治之混沌至今日而極矣，至原因安在？則人人必曰袁世凱爲之，軍閥爲之；袁世凱、軍閥誠罪大惡極矣；然所以產生袁世凱與軍閥者，則又我國民乏政治訓練之所致。爲政治活動者，不知政治上之主義，而但知個人之功名競爭，故同處一黨者，此傾彼軋，易受敵人以可攻之間隙。政黨之對壘，惟恐我之不勝而人之不敗，故絕不解英人所謂平等競爭（Fair

Play）之原則，凡以此故，十年九亂，而今日已陷於無政府之狀況。即有持各省自治之義者，然省憲法會議之成績，勝於當日中央憲法會議者幾何？夫當日之中央憲法會議之搗亂，猶可諉過於袁世凱與段祺瑞；然湖南之趙恒惕，則明明以制憲自由授之議員矣，然以我所見報章，湘省憲法審查會中時以不出席爲抵制他人之具，中路出席，則西南兩路不出席，西南兩路出席，則中路不出席，且一造嘗乘他造之缺席，憑藉其多數，而擅改議事規則，因此議憲之舉，已垂一年，而至今不見憲法之成（歸國後，聞湘憲法已成，然憲法者，非頒布了事，故能否舉憲法之實，須視其施行後成績）。夫所謂民主政治者，非多數政治乎？故少數之服從多數，實爲天經地義，以少數故而不甘於服從，則民主政治永不能運用，而統一之意思表示，永不能成立。再申言之，少數而不服從多數，則政府永不成而國必亡而已。諸君試思之，德之右黨，擁戴霍亨侖皇室者也；社會民主黨，主張共和政體者。兩者之相處，不啻仇敵，然自憲法會議成立後，無論在大會或委員會中，未聞有以不出席相抵制者。一切會議中，右黨中始終守少數服從多數之原則。惟在第三議會中自提出一項宣言，曰吾人雖參預共和憲法之編制，然不因此而放棄吾人自身之信仰，蓋以此宣言爲保持日後自由行動計焉。吾以爲議會政治之下，多數少數與夫因多少數之勝敗，乃當然之事，爲少數者當指導輿論，以待捲土重來，若挾不出席爲抵制之法，吾而辦不成，必令他人亦辦不成而後已，若此心理，則國家非亡不可。

此種政治心理之矯正，實爲今後教育界第一要義，而矯正之法，則自小學以至大學，仿英國牛津康橋之制，注重實際生活是已。若各種體育若茶會若政治討論，皆令學生自組團體，有規則，有預算，有領袖者，有服從者，而教習則但負指導之責，不可妄加干涉，除內部破裂或兩造不相容外，則學生有處置一切之自由。誠全國大小學校中種種團體之組織，秩序井然，有持久之力，有從容揖讓之風，金錢出入，一以預算行之，不令有一文之無着落，則本此風氣以施諸政治，而議會政治民主政治之實現焉必矣。諸君愼勿以爲吾之所言，專以英國議會政治爲模範，蓋團體內部之團結也，少數之服從多數也，以口舌爭而不以武力爭也，憑輿論之從違以定負責者之進退也，此不徒資產階級之政治中應守之原則，即無產階級之政治中，亦不能外此，蓋政治之立不立，視此而決，初不以有產與無產而異焉。

今日承劉先生及諸君之招待，異常欣幸，故將學術上政治上之管見，略述一二，縷縷言之，不自覺其冗長。蓋以我所見，所謂新文化者，不僅新知識已焉，應將此新知識實現於生活中，然後乃成爲新文化。故吾國學術上固當有一種大改革，即社會上政治上之制度亦復如是，要之當自種種方面，造成一新時代，此則吾之所欲與諸君共勉者也。

原載十一年一月改造第四卷第五號

九 老當益壯之自白

自由鐘刊行已滿三年。有友人來詢曰昔韓退之作進學解，同於揚子雲之解嘲。子雲述其所作太玄五千言，追索於春秋戰國以至漢代之用人，而歸結於『爲可爲於可爲之時則從，爲不可爲於不可爲之時則凶』二語。退之之文，有弟子語之曰：

先生口不絕吟於六藝之文，手不停披於百家之編。紀事者必提其要，纂言者必鉤其玄。貪多務得，細大不捐。焚膏油以繼晷，恒兀兀以窮年。先生之業可謂勤矣。觝排異端，攘斥佛老，補苴罅漏，張皇幽眇，尋墜緒之茫茫，獨旁搜而遠紹，障百川而東之，廻狂瀾於旣倒，先生之於儒，可謂有勞矣。沈浸醲郁，含英咀華，作爲文章，其書滿家，上規姚姒，渾渾無涯，周誥殷盤，佶屈聱牙，春秋謹嚴，左氏浮夸，易奇而法，詩正而葩，下逮莊騷，太史所錄，子雲相如，同工異曲，先生之於文，可謂閎其中而肆其外矣。少始知學，勇於敢爲，長通於方，左右具宜，先生之於爲人，可謂成矣。

考韓氏一生，自登進士後，授四門博士，轉監察御史，值德宗晚年政出多門，愈好上章，輒數千言。德宗怒，貶爲連州山陽令，量移江陵府椽曹。元和初召爲國子博士，遷都官員外郎。因論華陰令柳澗之罪不實，乃處愈以妄論之罪。復爲國子博士。進學解之作，即在此時，所以鳴其不平也。憲宗之世，愈有諫迎佛骨之奏，文中有東漢帝皇奉佛者咸致夭折之語。憲宗讀而大怒，乃貶爲潮州刺史。憲宗以愈潮州之治爲賢，至穆宗時，召之爲吏部侍郎，年五七，卒。

自揚子雲與韓退之之往事觀之，文人立於專制君主之朝，其能免於政亂時劇秦美新之禍者，已爲幸事，何事業功名之可言哉。

友人更進而問曰，君今日所處爲二十世紀，自己遊學各國，應以讀書所得，指出其何爲是何爲非，貢國人採擇。我應之曰，我遊德國，兼讀英法學者之書，我好旁搜博採，斟酌得失，然後決定其應行之路。而多數國人好極端，好新奇，專以刺激青年學子，號召爲徒黨，尤其歐戰後之蘇聯革命與德、意之法西斯主義聲勢喧赫，二者皆我心之所非而不敢言之。當一九一八年我再度遊歐而返，在德時已略聞德俄兩方共產黨彼此哄騙之技。我寄回德國社會民主政象記爲觀察歐政之報告，而國中正發起共產黨且有聯俄容共方針之宣佈。此我之不合時者一。凡眞爲建國計者，須擇他國業已試驗，且行之有效之方法，如英國議會政治如法國自由、平等、同胞之原則，或可採用，以自則於近代國家之林。而吾國之急進派急切圖功，務以速成爲事，尤樂聞蘇聯革命後之打倒資本階級，與一黨專政之制，以爲大權在握可以爲所欲爲。然不知打倒資本家，則一部份人之人權剝奪矣，一黨專政，則反對派批評之路斷矣。權力之基礎，縮之愈小，適以造成新舊領袖迭代時之爭奪。此爲立國大計，豈可不加思考而任意學步。此爲我之不合時宜者二。國家社會所以相維相繫之道，方面甚多，不可信一偏之言以爲惟一眞理。馬克思階級鬬爭說，僅爲工人爭取地位之一法，若奉之爲人類相處之道，則士農工商可以相循於爭執，而無一時一刻之安寧。西方工人運動旣起，宗教家之愛人如己之訓，政府維持秩序之例，依然仍存。故馬氏之言雖行於小範圍內，而猶可以相安。吾國則不然，自馬氏之言輸入，一若此爲天經地義，而具有至高無上之權威者，於是傳統毀矣，一切禮俗，惟毛氏一人口含天憲矣。誠社會組織之自身，無其自身維繫之道，而但由鬬爭與政府權力之壓迫，則馬氏共產宣言風行之後，法國狄爾根墨氏（Durkheim），何以有社會互助論之出現乎。政客之言論與學者靜思默索之所得，自爲兩事，不可因甲之故，並乙而抹殺之。此爲我之雙方兼顧者不合時宜者三。國家之興起，要有時間與機會爲之養成，非可以強力爭取，又非可以限期速成。譬之大英帝國之擴張，起於光榮革命，（一六八九至一七〇二），內旣安定，乃以餘力占有北美與印度之海外土地，十三州之失，不影響於英帝國之成功，各科學與哲學家如霍布士、陸克、牛頓、亞當斯密與休謨皆出現於此時，發揚其文化之光輝。法國自革命後，成爲歐洲各國之明證，拿破侖以武力制人，然取德、意等之小國分裂狀態而統一之，反而促成其民族主義之覺醒。及征俄失敗而歸，拿氏竄於荒島之上，而法國民主自由之空氣，已廣被於西歐各國。維也納會議以後，法國成爲王政成爲共和，政體動盪不定。及第三共和成立，而後在歐洲以內，安分守己，再從事於非洲與亞洲之殖民地之獲得。時德國旣興，法國雖欲恢復其拿破侖之雄心，已不可得矣。德意志民族向安於小國分裂之局，及拿破侖興，將德國各小邦，或合之爲萊因同盟，或以普魯士之東部割讓於俄。普魯士自悟其國之不成爲國，乃有斯坦因（Von Stein）與哈登堡（Hardenburg）之革新運動，廢止奴隸，改革地方自治與施行全國皆兵制度。其哲學家如非希德發起柏林大學，如黑格爾鼓吹普魯士王政爲政治模範，（詳見於其歷史哲學），皆德國統一先驅之朕兆也。俾士麥奉命爲相，三戰連捷，對丹對奧對法，立德國統一之大功，雖以馬克思、恩格爾之素反對俾氏者，亦擊節嘆賞之不暇，且有『拿氏三世之失敗，大有益於德國勞工運動之成功』之語矣。此英法德三國非今日共產黨所目爲帝國主義者歟。其所以成功，皆由於安內而後攘外，以文治夾輔武功。長者歷百年以上，短者亦數十年之久。更有意外不可知之因素，如英國在加在印之拓地，因法國革命，乃力少而功多，如因拿氏三世之好大喜功，而俾士麥對法之謀略，得以實現。倘謂此三國皆限定日期，大鳴鑼鼓而得之者，我未之見也，此我之徘徊於歷史之中不敢以簡單直截之說鼓動國人，而自陷於不合時宜者四。質言之，我本庸人，但知讀書以求其理之當然而可行者，若夫「劉季之好大言」，以新奇以誇大爲取悅眾人之計，爲我之所不能爲。此所以處五十餘年政潮之中，幸未入於歧途，然亦無所成就者爲此故也。我以無過無功之身，年齡已屆耄耋，宜如陶淵明所謂『園日涉以成趣，門雖設而常關，策扶老以流憩，時矯首而遐觀，雲無心以出岫，鳥倦飛而知還』矣。顧靜默自思，大陸淪陷，數萬萬同胞共憔悴於虐政之下，我尚有絲毫之微力，可以矯正人之是非之心，使之由暗趨明，由邪歸正，非我一息尚存，此志不容稍懈者乎。況我以多年海外之身，歷遊各國，所知略多，所見略廣，所思略及多方面，所以判斷之者略較人周密，而我所處之地，又爲言論自由之國，書籍既富，考查自易。我一人之身，具以上各種之利便，安敢爲一身之安逸，吝惜其手腕目光之勞，不以之貢獻於國人乎。昔人有殺身成仁之語，我之所事，早宜有殺身之禍，至今得全首領，可謂幸運極矣。司馬遷曰，『貪夫殉財，烈士殉名』。我更續一語曰，「文人殉文」，又何不可乎。我認定我年雖老，而工作之勤，應不後於少年者。更有其正大光明之理由在焉。

政府遷臺之後，大陸同胞陷于敵人之手，今處於水深火熱之境，引領以待外援。彼等迫於無可奈何，惟中共之命是從。縱不深知自由世界與奴役世界之理論之所以分辨，然於仁暴是非之分聞之已熟，因其陶冶於孔孟王覇之義者已二千餘年矣。吾等本仁恕之說與西方人權自由之大義，爲之比較、爲之溝通，未有不翻然改圖，舍賊而從我者矣。此吾對於大陸同胞應有之義務而不敢一刻自逸者一也。

大陸上昔日共事之人，如張表方、羅努生皆受迫而至北京，其於民主主義信仰之堅，決不落人之後，張東蓀爲燕京校地軟禁之人，梁漱溟爲毛氏所吐棄。其他同志今已逝矣。義憤塡膺欲一舉以脫毛氏之覊絆者，可與劉少奇輩之反黨分子，比肩同列。然彼等心有所思而不敢言，或雖欲有言而無發表之法。吾處自由之地，有讀書之機，有發言之便，念大陸同胞不能言不敢言之苦，何能自安於緘默，而不代爲之伸訴乎。此吾責任之加重，不敢一刻自逸者二也。

毛氏與其同黨方從事於主義之爭。昔年在瑞金遵義時，毛氏逞其懸河之口，一若馬克思主義中理論與名辭，惟彼一人知之，且運用巧妙將陳紹禹李立三等人一齊打倒。不知馬克思主義，已成一套專門名辭專門技術，二次大戰後各國學者有在馬克思主義範圍以內，與之分析而明辨之者，有在馬克思主義範圍以外，與之明辨之者。毛氏忙於內爭與中蘇之爭，既不暇讀人之新著，且並其昔日權術而亦忘之，於是提出造反奪權之說，以與劉氏鬬爭矣。吾人以局外之身，冷觀蘇俄與東歐之情態，知馬克思主義之自身，已在搖擺之中，而東方之依附末光如毛氏者猶且故步自封，奉階級鬬爭爲立國之大經大法。吾居海外，飽讀世界批評馬氏學說之書者，豈能吝惜每日數小時之光陰不爲之明辨其是非，稍輕大陸同胞所受之痛苦乎。此又我之不敢自逸者三也。

吾國受蘇俄之蠱惑，始於加拉罕氏放棄中東鐵路及三省權利之宣言。此項權利之交涉結束如何，當在國人記憶之中。俄人爲達其國家目的之時，不屑用任何手段。史太林與希忒拉之互不侵犯條約，史太林與日本之互不侵犯條約，一爲希氏侵俄所破壞，一爲史氏同意對日參戰所破壞。俄人自基夫大公國以來，以侵占四鄰之地，爲其立國之永久規模。凡稍讀俄史者欲求第一件對外交涉，如吾國所謂大同世界之講信修睦，不可得也。第一次大戰之末，吾國處於強鄰凌侮環境下，以蘇俄之甘言利誘爲飲酖止渴之計。然自毛氏「一面倒」以來，迄於俄國技術家之全部撤退，當對於俄人平等待我之策，已略有覺悟矣。然取數百年俄國歷史中之欺騙外交，一一舉其事實以告國人，仍不失爲知彼知己之要務。此我讀俄史之所得，而不敢自逸者四也。

更有國人對於西方學術與政治之態度，使吾心轆轆不安者二事。

（甲）對西方學術之態度：鴉片烟戰爭以還，吾國朝野始認定所謂「西潮東漸」。有江南製造局中譯書局之設立。曾左李諸公明言西方船堅砲利與工藝精良爲吾國所不如。戊戌政變之際，張之洞著勸學篇，有中學爲體西學爲用之說。然體用二者之界，不易分淸。西方民權自由之說，屬之體乎抑屬之用乎。倘以議會、民權、自由爲用，視之同於兵船大砲。吾未見民權自由之可以同於外用之器也。此爲張氏聊以自慰之辭，不足以言東西文化優劣之根本解決。五四以來張氏之說爲國人所指摘，然中國文化特點說代之而興。如錢穆所謂儒家政治學，以道德爲本不涉及權力之說，卽屬此類。西方政治學，自馬基維里氏後，始以國家利害爲前提置信義於不顧。此爲文藝復興以後之觀點。以云希臘之柏拉圖與亞歷斯大德時代，視政治學爲倫理學之一部門，以論人羣之公善爲目的與吾國孔孟「爲政以德」之言，正同軌合轍者也。其次爲西化捷徑說，與中國文化特點說正相對峙，胡適、丁文江、傅斯年可爲其代表。彼等劃出西方文化之科學，爲吾國所應採取，乃有迎科學排玄學之觀念。然彼等但知以格里雷與牛頓以來之科學成績爲至寶，至於西方思想中之康德、黑格爾，彼等以爲應概擯棄。試考西方當代哲學家如懷悌黑氏如耶司丕氏等，誰有拋棄玄學者乎。此兩派處西潮澎湃之際，不顧竭人之所有而盡學之，好自標高立異，本一己之好惡，作學說之迎拒。此又吾心之所憂而不敢自逸者五也。

（乙）對於西方政治之態度：吾國之採取西方政治制度，大抵起於外界之壓力，極少以長久時間，作細心周密之考慮。戊戌政變百日之內，關於新政之上諭，數十道或百道以上之多，其爲紙上空文，顯然易見。辛亥以後，實行共和，袁世凱老奸巨滑，一心以推翻民國爲能事。歐戰起，俄國革命隨之而來。國人但知世界雷雨之交作，不暇考其所以致此之故。馬克思主義也，三省權利之放棄也，第三國際之成立也，打倒資本主義也，世界革命也，皆視若自天下降之救星，爲吾國所應攀附。立說之動機如何，制度之利害如何，吾國青年何來辨別之智能與取捨之定力乎。中山先生爲通曉西方政治之人物，因革命多次挫折之故，乃急於聯俄，以爲政治活動之計。爲益爲害，國人自有公論，不在本文範圍之內。我所欲指出之者，今日行世之三民主義演講，始於聯俄政策決定之後，其中中山自己學說之中，已多遷就馬氏之處，茲略舉三項言之，（子）革命民權問題。（丑）萬匹馬力政府問題。（寅）政府之能，人民之權問題。

（子）選舉為人民之人權之一種，為憲法所賦與。倘此權依某種理由加以剝奪，即共產國家以某種人為資產階級之故，不准其為選民為議員，正復相同。所謂革命民權四字之正當解釋如何，至今未有所聞。倘有人贊成民主而不贊成馬克思主義，此人是否即因不革命而選民權利即被剝奪。此即馬克思主義者奉此理由為實行其一黨專政之藉口也。此種解釋，乃共產黨人所以否認人民自由平等原則，而分化其國民使之互相樹敵。中華民國誠為民享民有民治之國家，則人民之選舉權，除未成年與白癡者外，不應有任何向隅之人。

（丑）萬匹馬力之政府問題。此章中，中山先生對俾士麥與日本政府多恭維之辭。殆由於中山先生不顧在一黨專政名義之下擴大政府權力，如列寧氏將立法、司法、行政三權集於一人或二三人之手。乃借萬匹馬力之工業名辭，以形容政府權力之應擴大。不知三權集於少數人之手，而欲期政府之不專制不橫行，此必不可得之事也。

（寅）人民之權，政府之能問題。中山先生以駕駛員與汽車主兩者譬喻政府與人民之關係。此言是也。然駕駛員之職，限於駕車，因其駕車之能，為車主所任使，進退之權，操於主人之手。至於一國之中，議會或蘇維埃，操立法與通過之權，政府負執行之責，二者不僅主僕之分，有相互制衡作用。倘若蘇維埃之制，其代表亦千百人之多，而其所能為力者，止於舉手贊成，西方人乃以橡皮圖章名之，如是議會所以監督所以進退政府之權，又何在乎。史太林與托洛斯基爭權，挾其同黨中之多數或少數，以為制勝之計，是猶車夫兩人各爭其地位，而主人無如之何。可知政府與人民之對待，是以議會之監督爲關鍵。倘不以監督權或曰責問責任之權爲進退政府之中心問題，而但嘵嘵於權與能之分者，吾恐蘇聯領袖交替之禍，必重演於吾國而不知所底止。此又國家大政之紛擾，使我不敢自逸者六也。

以上六項非五十餘年來國家所以不安定而至於淪陷之大因乎。語曰十年樹木，百年樹人。一木一人之培植，須歷十年百年之久，建國大業所需之時間與努力，更十百倍於樹木樹人，可知矣。而五十餘年來吾國所爲，不特如宋人之揠苗助長，且換種子，移土地，或停止水利或風雨交作，如此而望其植物之生存不可得矣。再譬之建屋，圖樣改換不止一次二次及幸而造成，乃又有建議拆而又造，造而又拆者，謂之築室道謀可矣，以云奠定國家，則斷斷乎其不可能也。良以建國之業，須有一定計劃，且經各方之協和合作，與前後任之蕭規曹隨，而後積時旣久，乃有巍然之大業見於目而存於心矣。

友人再進而規之曰，子之存心是矣。然以上所言，不免於明己是揚人非，與孔孟所謂正己而不求備於人之旨，尙有未合。今後救國，宜有團結一致之法，在過去五十年中尋瘢索垢，非仁人君子忠恕之道也。況上文所言無一語涉及矯正今後風氣之積極方法，子能更端暢言之乎。

吾乃應之曰，吾人今日所處爲東西文化對峙之日，彼此優劣之勢至爲明顯。名爲近代化之大潮流中，實則伏有東西衝突之暗流。舉其顯著者言之。

第一、東方各國咸認現代化（卽西化）之必要，然其內心隱藏東方文化之復興或遇事以東方文化之名爲自己辯護，此東西對立中矛盾之一。

第二、所謂現代化，實卽西化。西化之範圍如何，以工業技術爲限乎，以政治爲限乎，抑廣及於治學方法與道德倫理乎，此界限如不先明白劃定，則民族主義的想法或曰東方文化特點之想法，隨時起而作祟。此爲東西對立中之矛盾二。

第三、旣已名曰現代化，而其中又分小派別。其在學術方面或重科學而輕玄學，如胡適、丁文江，或重科學的社會主義，是爲毛澤東與其同志。其在政治方面，或以爲應遵民主政治路線，或以爲應走暴力革命路線。此爲東西對立中矛盾之三。

以上三種矛盾，爲五四以來時起時伏之現象。倘國人不圖謀所以矯正之法，而但知以力勝人，則政治與學術，永遠混合一處，文化不能自由發展，而政治永無自致於淸明之日矣。其所以矯正之法將如之何。曰廓大心胸，以求東西之會通而已。

吾人處此文化交流時代，應會合東西，鎔鑄於一爐之中，知自己之所長所短而後，就其長者而守之，就其短者而去之。知西方之所長所短。西方之所長所短，不論其爲近代古代爲玄學爲科學，一律平等視之，悉心研究之後，再定去取。此乃今後廓大自己聞見、智識以求文化復興之惟一方法也。倘不盡人之長，而先存成見，如玄學與科學之爭，如民主政治與無產獨裁之爭。此皆先自狹小其心胸以自樹藩籬於學術與政治之中也。

國人誠本至公至大之心，不先存成功自我，與權力在握之心，則學術之界至廣至大，聽人神遊窺遺，自有其確實或精微之成就。其於政治亦復如此。馬克思於英國十小時工作法案通過後，對於英議會與資產階級大致讚賞之辭。（詳見本刊〔按：本刊是指自由鐘〕馬克思資本論經過一百年之後）可知議會政治自有改造社會之功用。奚必以暴力革命爲唯一方法哉。此乃學者統觀綜覽之識力問題，非政客之勦襲成言者所能勉強而至也。質而言之，今後國之治亂興亡視乎國人之心胸、智識與度量之能否廓大而已。

談話已畢。友人臨去，我再明告之曰此文之作，所以明我責任之所在，初無是己非人之念雜乎其中，其中因往事涉我個人者，乃有連累而及之言耳。此文亦絕無揚韓解嘲之意。子雲、退之因不得志之故乃有畏人譏笑，爲自己辯護之文。吾人處於今日只自知其爲堂堂正正之一人而已，何官職大小之足以介其心哉。所以吾文與韓子進學解之性質絕不相同。但韓子之言，足與本文度量云云，有可以兩相發明之處，錄之如下。

> 夫大木爲杗，細木爲桷，欂櫨侏儒，椳闑扂楔，各得其宜，施以成室者，匠氏之工也。玉札，丹沙，赤箭，青芝，牛溲，馬勃，敗鼓之皮，俱收並蓄，待用無遺者，醫師之良也。登明選公，雜進巧拙，紆餘爲妍，卓犖爲傑，較短量長，惟器是適者，宰相之方也。

近人造屋，不論木之大小，一律收用。爲宰相者，不論才之大小，隨宜任使。豈有建立現代文化者不考各學派之內容，但憑己意以爲取舍，建國者不謀各人各派之合作，各得其所，而爲之自分畛域以分化之。如是而望文化與民族之復興，決不可得。此非當今國人所應熟思而深慮者乎。

四月十日（五十七年自由鐘美國版）

十　我的學生時代

卅七年十月三十日在成都石室中學講

談到我的過去，就想到諸位的現在，在諸位這個時候，眞是一個很有意思的時候，無論多吃一兩碗飯沒有關係，多跑幾里路滿不在乎，在考試的時候，開一個整夜的夜車，也毫不覺得疲倦，因爲精神好，一切都應付裕如，同時好奇心很重，對任何一種新奇的東西，都發生濃厚的興趣，無論聽見先生說的，外面看到的，從書本報章上得到的，都要追根尋源的弄個明白，這都表現在諸位這個時代是一個正在生長的時代，是成功、或失敗，也都靠在這個時代的作爲，所謂種瓜得瓜，種豆得豆，這是千眞萬確的名言，所以奉勸諸位應該把握這個時代，好好的爲自己的將來立下一個良好的基礎。

至於談到我的學生時代，並沒有什麼可以值得說的，並沒有什麼可以值得給諸位讀書的參考。不過可以由我這一段談話，明瞭當時讀書的情形，以及社會給我的刺激。而和現在的情形作一種比較，使諸位今後讀書應該如何。

我是在十三歲那年，考入上海一個學堂——是一個洋學堂，在當時還是科舉時代，學堂無大中小之分，一般人對學堂認爲無所謂，認爲讀了洋學堂的書等於沒讀一樣，因爲人家都只知道做八股、考功名、好作官，而全無一點研究科學的想法。這個學堂是江南製造局所設，（製造局就是製礮造船，於太平天國之後成立），名稱叫「廣方言館」，那時國人對於外國文，視作我們國內任何地方的一種方言一樣，並設立有翻譯局，專門介紹西洋科學，如數學、物理、化學、航海學等都有，若干化學命名的譯名，都是那時決定的，如一個「金」側邊一個「呂」字，而成爲一個「鋁」字，就是那時才造的新字，因爲如此才使我們知道世界上除了做八股及我國固有的國粹外，還有若干學問。

我們那時上課，與現在迥然不同，像諸位現在有功課表，一天只有好幾樣功課，每科一小時或二小時，而我們當時卻是四天讀英文，三天讀國文，不過還補充數句，在四天讀英文的時間，並不完全只讀英文，而是包括了數學、化學、物理、外國歷史……等都屬於英文，每一科都好像讀四書五經似的，全要熟讀，以上是指的在四天中的上午，至於下午，先生就改課本，學生就自修，或者上體操。三天讀國文，就由先生指導看三通考，弄點掌故，作論文等功課，學堂當局每月津貼學生銀子一兩，雖然如此，讀這個學堂的人，還是很少。

四年以後，某天我見新民叢報登有震旦學院新聞——招生新聞——梁任公並說中國之有學術，自震旦學院始。這話非常刺激吾的腦筋。於是我就想進這個學堂，每半年要繳學費百多兩銀子，我設法繳了，進校後，見功課與從前完全不同，讀的全是拉丁文，馬相伯先生教得很快，一週以後就把一厚册教完，即講西洋哲學，羅馬將軍泰西多斯所作法國戰記等書，馬君武君就是我的同窗。我起初覺得很吃力，常覺趕不上功課，好在那時的先生教書很有耐心，久而久之，我僅能勉強跟上學校的進度，第二學期，因家裏拿不出百多兩銀子的學費，我輟學了，就有人約我到湖南去教英文。教了兩年，我積有四百多元錢，於是到日本讀書。

到日本考入早稻田大學，縣裏給我公費，意思叫我學理化，而我對理化素不發生興趣，喜歡攻讀法政，半年後縣裏把公費停了，我原來的存款也用盡了，沒辦法中又找到替新民叢報寫稿的工作，每月可得六十餘元，足夠我弟兄兩人之用，誰知一年以後，新民叢報停刊，我的經濟來源斷絕，學校又未畢業，於是就請助親友，每月僅得十三元，只有伙食費用，有時連買手巾的錢都沒有，就與我的弟弟兩人將一塊手巾剖而爲二，再破了，各用四分之一。

一九一二年畢業後回國，正值革命，國內動盪不安，我又到德國讀書，因爲教授們隨時介紹德國學者的影響，在一九一三年，到俄國住了幾月，就到德國，一九一四年歐戰爆發，我正在柏林讀書，最初柏林獲得日本加入德國陣線，德人歡喜若狂，見得日本人就接吻，後來得到確實消息，日人是佔青島，與德作對，於是見到日本人就打，我也被他們疑惑，後來少到街上去，得免於難。我覺得身居世界大戰戰場之中，機會難得，直到一九一五年才離開柏林，因爲在這時我反對洪憲帝制，並且預測德國必歸失敗。

一九一九年我到巴黎，是年多召開和會，美總統威爾遜主張成立國際聯盟，可是我卻覺得一個國家的問題，決不能靠國聯能夠解決的，只有靠自己才有辦法。因爲那時我的興趣轉到哲學方面，以求哲學對世界若干大問題，另有一個正確的看法。其後我到耶納研究哲學，直到一九二二年才正式結束了我的學生生活。之後，我就回國任教，但是我的讀書生活並未終止，因爲我覺得教與學是兩件事情，在學的時候，固然要儘量的吸收知識，在教的時候，也一樣的要多吸收知識，如此自己所得的學問，才能日新月異，教出的學生，才能得到日新月異的新知識，因此，現在只聽見一本有價值的新書出世，我便要買了看，如果聽見別人已經看了，而自己還沒有看，心裏覺得很是慚愧，在一個國家裏，如果有些教授或是學者認爲自己的知識是滿足了，那麼那個國家的學術思想，一定是停滯着毫無一點進步。所以我希望諸君應該隨時學習！不斷的學習！

（再生上海版）

十一　文化核心問題——學問之獨立王國論

一、緒　言

人生於宇宙之中，有其四周所遭值之事物，類聚而研究之。有日月星辰，是爲天文。有山峙水流，是爲地理。有一二三四及或斷或續之量，是爲數學。有花菓草木，是爲植物。有禽獸昆蟲魚鼈，是爲動物。再推而廣之，有元素之分合，是爲化學。有物之質與能，是爲物理。凡此諸學，自有天地以降，與之同時並起。然人之知而條理之者，因時因地而異，或起於古代，如天文名數之學，或起於近代如化學物理。然此各種學問，超然於人世富貴功名之外，自成一天地。其中有恒常之眞理，或爲理論之當然，或有益於日用，可以供學者千百年之窮索，而成爲理智或精神之寶藏。此東西所共知者也。然其孜孜厄厄以爲之，而不爲用舍行藏之環境所惑者，則西方之成就似乎遠在東方之上。此乃學問爲獨立王國之義入於人心之深淺，有以致之也。試擧其特點言之：（第一）學問以自然界或社會上之現象爲題材。其理論之成立與政治無涉。（第二）學問乃人心之同然之恒常之理，與嗜好之因人而異，意見之可以忽彼忽此者不同。（第三）學問為天下之公器或公共產業，經人多方考察試驗而後確立，無所偏亦無所私。（第四）學問所求者為眞理或曰自然律，異乎人事在時間內有其盛衰興亡之象。（第五）學問以求眞善美為目的，雖不離乎用，然不求其必有其用。惟其有此至高明之地位，至廣大之區域，至嚴峻之權威，所以各人分科研究，各有所得，各有所貢獻於人類，至千年萬年而未有窮盡。莊子所謂「生也有涯知也無涯」，指此學問王國之廣大言之。然則人之盡瘁於此者，或為巍巍在上之王者，或為其馬前小卒，不論其所成就之或大或小，其為此中之榮譽公民，一耳。

學問之方法，或為演繹，如幾何學之由若干自明理演繹而出者是。或為歸納，由事實之積累，乃綜合於一項原則而概括之者，如動植物學。惟有此共守之方法，故一項理論或學說之是非，一二人倡之於先，而多數人隨乎其後。經辨論駁難，乃成為一派或一家之學，此可謂人之心所同然，而可隨諸久遠者也。數年以前，蘇聯自十月革命成功，輕視西方資本主義國家之政治與學問，求其別出心撰。有連生哥（Lysenko）其人，稱西方孟特爾公例（Mendel's Law）（遺傳學）為不可信，而代之以環境說。一時頗得史達林之寵幸。然在農場中屢經試驗，終於失敗。於是連氏之說，卒放棄而後已。此西方學問方法，不易推翻之明證也。各種學問，在光天化日之下，與人以共見，經人試驗證實而後成立者，自有一定之是非，與人之逞其胸臆，上下議論者不可同日語也。西方有此學問方法，各人盡其所能，分科研究，各有所貢獻。於此知識之公共寶庫。其間不必事事件件盡以證實方法行之，然其基本概念之何自而來，自有所依據，其立說，自合乎邏輯與一貫之原則。是非派別之爭在所不免，然自其立場與觀點（如唯心唯實之爭）言之，自能成其為一派之學一家之言。其為人心同然之產物，則科學無二致也。質言之，學問之目的，在乎闡明自然界或社會界之現象或宇宙間當然之理，其題材為公眾所共見，其方法為眾人所共守，且大家可以批評或辨難，贊成者贊成，反對者反對。即令學者間之見解，不能一致同意，然其學說之根據，非他人所能否定者也（如哲學中之經驗派與理性派）。西方治學之態度與方法如此，其所言者為事之公理之公，討論之公，所以有所謂客觀態度，有公開標準，而不至成文人之相傾，或意氣之爭者，即此之由也。章實齋言公中篇之言曰：

> 古人所欲進者，道也。不得已，而有言。……（中略）道之所在，學以趨之，學之所在，類以聚之。古人有言，先得吾心之同然者，即我之言也。何也，其道同也。傳之其人，能得我說而變通者，即我之言也。何也，其道同也。窮畢生之學問思辨於一定之道，而上通千古同道之人以為之藉。下通千古同道之人以為之輔。其立言也，不易然哉。惟夫不師之智，務為無實之文。則不喜而強為笑貌，無病而故為呻吟。已不勝其勞困矣。而況挾恐見破之私意，竊據自擅之虛名，前無所藉，後無所援，勢處孤危而不可安也。豈不難哉。夫外飾之言與中出之言，其難易之數可知也。不欲爭名之言與必欲爭名之言，其難易之數又可知也。通古今前後而相與公之之言，與私據獨得，必欲己出之言，其難易之數，又可知也。立言之士，將有志於道，而從其公而易者歟。抑徒競於文，而從其私而難者歟。公私難易之間，必有辨矣。嗚呼！安得知言之士，而與之勉進於道哉。

上段中，道之所在，學以趨之，類以聚之，上通千古，下俟來者云云，可以適用於東方之先秦之孔孟與宋明之程朱陸王與西方之希臘之柏拉圖亞里士多德與後來之笛卡德，與夫康德。同時亦可適用於物理學界十七世紀之格里雷、克魄雷與二十世紀之愛因斯坦。誠以其為公開之題目，同條共貫之原則，即稍有變通，皆從思辨與觀察中得來，乃能以各人之發明，承前而啟後者也。惟其有公範圍，公方法，為人所共信守，故章氏謂之曰言公。反是者，言之出於私者。如蘇張之遊說，逞其一時之口辨，幸其巧言之入人耳，以取六國之相印，此言私之一種也。如韓非子之五蠹八姦專為帝皇一人着想，無一語及於全國人民之德力智力。此言私之又一種也。乃至後來應詔陳言者，如漢代鼂錯言削諸侯之封地，雖洞中文景時政治之要害，然不離乎謀臣策士之術，冀幸一己之功成名顯。此言私之又一種也。隋唐以來，吾國科舉之制，聚天下之士子，試之以經義、策論與詩賦，以文辭之高下定人才之去取而已。所謂經義，非關於一經之大義微言，乃以經中之一二句，驗其記憶之正確與否。所謂策論，或以史事，或以時事為題，以斷其對於政治之識見。所謂詩賦，昔人所謂月露之形，風雲之狀。唐人之與試者之詩曰：『褒衣博帶滿塵埃，獨上都堂納卷回，蓬巷幾時聞吉語，棘籬何日卻重來，三條燭盡（考時許燒燭三條）鐘初動，七轉冊成鼎未開，殘月漸低人擾擾，不知誰是謫仙才。』此詩可以見時間之短促，文思之不開，而榜上題名之念，尤為急切。此種科場射策之文，自不足衡以言公之標準。其為言私之下者顯然矣。數千年來朝廷之所提倡，士子之所奔走，不出乎以文辭為獵取功名之計。如此而望學者中有求眞求善之工作，形成一種客觀公正之存心。蓋亦難矣。昔孟子因景春視公孫衍張儀之聲勢煊赫，目之為大丈夫。乃有大聲斥責之語曰：

景春曰：公孫衍、張儀，豈不誠大丈夫哉，一怒而諸侯懼，安居而天下息。孟子曰：是焉得為大丈夫乎。子未學禮乎。丈夫之冠也，父命之。女子之嫁也，母命之，往送之門。戒之曰往之汝家，必敬必戒，毋違夫子。以順為正者，妾婦之道也。居天下之廣居，立天下之正位，行天下之大道。得志與民由之，不得志，獨行其道。富貴不能淫，貧賤不能移，威武不能屈。此之謂大丈夫。

孟子之三語，曰居天下之廣居，言宇宙之大也。曰立天下之正位，言宇宙間之正當道理應為人所共知也。曰行天下之大道，言乎正當道理應由自己擔當起來。古今東西哲人所以獨行其志，或以著作，或教育後人，不因挫折之故而稍變其節。孔子厄於陳蔡，乃返而刪詩書，定禮樂，贊周易，修春秋。孟子遊齊梁，專言仁義，不合於戰國君王之意，乃退而與萬章等著孟子七篇。至西方希臘之柏剌圖之一生，頗有輔佐一國之君，實現其所志之意，然卒至於被囚被賣，於是退而自立學院以著作影響後人。由此可知正誼眞理存於人情物理之中，待識者之把握闡明。其為獨立王國之地位，不亦顯然明甚矣乎。

二、東西治學方法之異同

孔孟所指示之學問之大方向，曰博學、愼思、明辨、篤行；曰格物、致知，正心、誠意、脩身、齊家、治國、平天下。即在今日言之，可謂為把握要點，概括一切者也。然其節目與詳細之處，遠不如西方。舉例以明之。

（第一）學問不離語言文字。每一種學問，有其概念，命題，一貫之理，與乎體系。吾國學者憑其直覺，指示其要點，洞中肯綮，以云邏輯之學，雖由墨家名家儒家發其端。然一部完璧之邏輯學，吾國缺焉不具。因此各家學說獨有發凡起例之言，少首尾完具之作。荀子解蔽篇之言曰：『墨子蔽於用而不知文。宋子蔽於欲而不知得。愼子蔽於法而不知賢。申子蔽於勢而不知知。惠子蔽於辭而不知實。莊子蔽於天而不知人。故由用謂之，道盡利矣。由欲謂之，道盡嗛（與快同）矣。由法謂之，道盡數矣。由勢謂之，道盡便矣。由辭謂之，道盡論矣。由天謂之，道盡因矣。此數者皆道之一隅也。夫道者體常而盡變，一隅不足以舉之。』此段荀子之言，每一人但舉兩個字爲其標記。曰用曰利，墨子之特點也。曰欲曰嗛，宋子之特點也。曰法曰數，愼子之特點也。曰勢曰便，申子之特點也。曰辭曰論，惠子之特點也。曰天曰因，莊子之特點也。荀子又舉一字以明各家之弱點。文字爲墨子之所缺，賢字爲愼字之所缺，知字爲申子之所缺，實字爲惠子之所缺，人字爲莊子之所缺。此種以三字明各家之所長所短，而洞中要害，求之西方，決不可得。而吾國學者爲之者，由其直覺之敏銳爲之也。然依邏輯之規矩，由概念之定義而命題之推論，而終之以結論。吾國學者非無所知，但不慣於遵守。如孟子言墨子兼愛爲無父，楊子爲我是無君；然兼愛之定義如何，與差等之愛之區別如何，何以一爲無父，一爲無君之推論，皆無詳細說明。此由於但有直覺中之論斷，而缺少邏輯規矩之遵守，有以致之。乃至顧亭林因明末心性空談，而有經學即理學之主張，假令經學早有一定之定義，理學早有一定之定義，二者之異同，入於人心。何至以亭林之博學多識而作此言乎。此可以見邏輯方法，影響於東西之治學爲如何。

（第二）東方所謂學問，由人事入手。西方所謂學問，由自然界現象入手。由人事入手者，不易見類之所以可分。由自然界現象入手者，物類之別，如以物爲大共名，先有顯然易見死物活物之分，其次爲動物植物，再則動物之中又各有類，植物之中又各有類。然類之所以分，依邏輯言之，必先有其根本理由。以數目字言之，可分單數雙數爲二類，此乃以二分之，爲其基本理由也。又如以三角形分類，可分三邊相等，兩邊相等，三邊均不相等之三類。此以各邊之等爲其基本理由也。基本理由有多種，卽分類之法亦有多種。伸言之，大類之中有小類，小類之中有次小類。反是，其基本理由不確定不明顯，則有混淆不清之弊。漢書藝文志，爲記載吾國學問著作之極重要之文字。（第一類）爲六藝，以孔子所脩訂之六經與漢代各家治經之注疏爲主。然「易」一類之中，舉淮南道訓二篇。古雜八十篇，雜災異三十五篇。是眞與「易」爲同類乎，未可知也。尚書一類中舉劉向五行傳記十一卷，議奏四十一篇，是眞與「尚書」爲同類乎，未可知也。「禮」一類中有中庸說二篇。殆以此二篇見於禮記之故。是眞與「禮」爲同類乎，未可知也。春秋類中，有董仲舒治獄十六篇（以其治公羊之故）有戰國策三十三篇，有秦時大臣奏事二十篇，有太史公百三十篇。是眞與春秋爲同類乎，未可知也。孝經一類中舉爾雅三卷，是眞與孝經爲同類乎，未可知也。六藝一類之末，列小學十家四十五篇。六藝之書誠不離乎文字。然文字之學，與六藝各別。故小學與六藝爲同類乎，未可知也。（第二類）爲諸子，分爲儒家、道家、陰陽家、法家、名家、墨家、縱橫家、雜家、農家、小說家共十家。此十家之分，倘以理想爲基本理由，則儒、道、名、法、墨五家，可稱爲春秋戰國之際之五派思想。蘇、張之縱橫，爲外交之策略。農家既以孔子所重民食之言解農字，是爲耕稼之學。下文又續以鄙者爲之，欲使君臣並耕之語。

以現代語解之，卽含有不勞力者不應得食之意。是爲勞力神聖之哲學，無關於耕稼者矣。至於小說家出於稗官。何以與五派思想立於同等地位。此外更有詩賦、兵書、術數、方技四略。兵書分權謀、形勢、陰陽、技巧四小類。術數分天文、五行、蓍龜、雜占、形法五小類。方技分醫經、房中、神仙三小類。其所以分類之基本理由，在今日言之，能否成立，大成問題。如是藝文志中之所以分合之基本理由之不明可以察見思辨力之強弱矣。此由於學問之定義之內涵辨之不清，與學問之外指者之含糊，有以致之也。讀者勿以為我上文所言為吹毛求疵也。吾國二千年來所謂學問，如理學之性質；如訓詁學之性質；如理學與佛道之辨；如孟荀之言性；如東林派與顏習齋之論性；如形上與形下之分；如太極與理與氣之關係，所以此一是非，彼一是非者，何一不起於定義之不立，範圍之不明，致朱子欲以一禪字擯斥象山，後來者如顧亭林、顏習齋、戴東原更以同一方法施之於理學乎。學問之主題何在不明，學問之分類無確定標準。以合全國之力，從事於分科研究，以造成建設性的發展，而不以彼此攻訐為破壞性的批評乎。

三、東西學人之地位

學問為獨立王國云者，言入乎其中者，如登山者可以臨高望遠，如行水者之可以蕩漾逍遙，有樂趣，可玩索，朝夕孜孜厄厄，為之不倦。及見其有條理可以整齊，綱目可以排比，源流可以考索，於是一種學說，一本著作出而問世。其所治之學或為理道之體或為知識之源，或為分科之學如天文地理，動植礦物，乃至政治法律農工技術醫藥，無一不為人生之所需而不可或缺。昔日以心性之學為正心脩身之法，以訓詁文字為治學入手之處。此當日一時之風氣如是，猶古代印度以四吠陀為人所必讀之書，歐洲中世以神學為諸學之王。三四百年來之歐洲早知品物之無窮，分科研究之不可少。於是大學課程之分院分門分系之繁與細，非一般人所能想見也。然我所欲言者爲學術與政治之關係。社會上流行之觀念曰學有體用之分，若學不能致之於用，即不能有恩澤及於人民而成爲無用之學。又曰學而優則仕，仕進登朝，爲人一生之大幸事。一若學與仕有不可分離之關係。平日之所事如經義、策論、詩賦、皆高頭講章兔園册子之文，既不足以言學，尤不足以言專門之學。其眞拒絕之而不與之同流合汚者，惟有少數不以舉子爲業之理學家。然士子入仕之後，念念不忘升遷。因而陷入政治漩渦，自投羅網之中。揚子雲爲好古樂道之人，因事王莽，而有劇秦美新之論。蔡伯喈爲心靜辭綺之人，因應董卓之徵，三日之間，周歷三臺。卓被誅之後，邕亦收付廷尉，死於獄中。班固隨竇憲出征匈奴，因憲謀反，固亦免官，且死獄中。范曄刪衆家後漢書，成爲一家之作。乃附和彭城王義康謀亂，亂未作，而有人告發。曄下獄伏誅。乃自柳宗元，因王叔文與內寺爭權失敗之故，貶斥於柳州。元稹爲唐憲宗之詩人，與白居易齊名，因陷於宮廷之政爭，致被逐於武昌。凡此六七人實爲罕有倫比之文史學者，困厄如此。由於不自知其才其學之價値而重視權位有以使之然也。然文人難於自處於政局之外，尙有他種原因在焉。茲分四者言之。一曰黨錮。二曰派別。三曰學禁。四曰學社。

讀書人入仕宦之途，受孔孟學說之影響，不忘使其君爲堯舜之君，以遂其治國安民之志。然君主有明有暗；后妃、王子有立有廢；外戚與內寺有親有疏。此乃帝室中，時起之升降變化也。因而施政之或得或失，國家之或治或亂，其成敗起伏，有不可勝言者矣。東漢之世，尤(自和帝後)多夭折之君。有在位六月與七月者二，在位一年者三。既無生子，乃旁求繼統之人。女后乘時而起，臨朝稱制，授后家父兄子弟以大權。於是有外戚之柄政。更有宦寺左右其間，或與之合謀，或與之怪離。其立廢人主之權，操於戚宦之手，而三公輔弼之臣，仲長統所謂備位而已。後漢書黨錮傳記之曰：『桓靈之間，主荒政謬，國命委於宦寺，士子羞與爲伍，故匹夫抗憤，處士橫議，遂乃激揚名聲，互相題拂，品覈公卿，裁量執政。』此言乎對於在朝之君與臣，無可以進諫直言之機。乃不得不由匹夫處士負起責任，對政治作大聲疾呼之批評。以現代語言之，造爲羣眾運動是矣。黨錮傳又有言曰『太學諸生三萬餘人，郭林宗、賈偉節爲其魁，與李膺、陳蕃、王暢更相褒重。』其意謂民眾代表三萬餘人，有郭、賈爲其領袖，更有李、陳在朝爲之內應。此則文人學士迫於政荒主謬，不得不起而參加於政治活動之一種方式也。

數千年君主專制之政府中，向少有政治人物之公開分派。因其但有個人之升沈，而無政策之公開討論也。宋代神宗之世，王安石爲相，實行變法，以三司條例司爲改革總滙，其節目曰青苗曰免役曰方田均稅，曰農田水利，曰均輸，曰市易曰置將曰保甲曰保馬曰軍器監。神宗方以兵弱財乏爲病。故安石倡變法之議，贊同之者多。及新法既行。論青苗者曰富者不願借，貧者不易還，而州縣以借出爲功，不免於勒借。論免役者曰，役有勞佚之不齊，人有貧富之不一。強者占田無限，得免里正戶長之役。而應役之戶，困於繁數，僞爲田劵售田於豪強，藉佃戶之名以避徭役。所謂方田均稅，乃清理經界，平均負擔之謂。必分田折產典賣割移之際，絕無欺詐之弊。方有實惠及於人民。反是，富者利其有餘高價以圖兼併。貧者迫於不足，售地逃稅以流浪爲生，則於國計民生，何益之有。因此種種批評，乃有反對安石之人，司馬光、程顥、蘇軾、劉摯等等是也。彼等初無敵視安石之心，但因新政之弊，而非難之。安石派之曾布上疏，稱之爲大臣玩令，小臣橫議。安石不安於位，罷爲知江陵府。曾再召之入相，不及一載，出刺爲江寧府。此兩派政見之異，可以蘇子瞻之言表而出之。蘇氏曰法相因則事易成，事有漸則民不驚。是一為急切圖功派，一派為因勢利導派也。神宗既崩，哲宗繼位。宣仁皇后臨朝，乃起用司馬光，盡罷新政。及哲宗親政，以章惇為尚書，取司馬光所罷者，盡復其舊，即以繼承神宗政策為國是，故名之曰紹述。章惇且宣佈司馬光姦惡，與之同罪者共七八百人。及徽宗即位，蔡京以元祐黨人三百零九人之名，刻石廟堂，名之曰姦黨。此在朝之文人學士，因政見之異而被對方陷害之又一種也。

偽學之名，南宋劉德秀與胡紘所以傾陷朱熹之罪名也。自周敦頤、張載，二程子根據孔孟之說，推求天人之故，性命之理，於是理學道學始行於世。宋史道學傳之言曰：

> 孔子沒，曾子獨得其傳，傳之子思，以及孟子。孟子既沒而無傳。兩漢而下，儒者之論大道，察焉而弗精，語焉而弗詳。異端邪說起而乘之，幾至大壞。千有餘載，至宋中葉。周敦頤出於舂陵，乃得聖賢不傳之學，作太極圖說、通書，推明陰陽五行之理，命於天而性於人者，瞭若指掌。張載作西銘，又極言理一分殊之情。然後道之大原出於天者，灼然而無疑焉。

此為北宋新創之學。治此學者明邪正之辨，不屑與權貴同流。韓侂胄於寧宗有擁立之功，不利朱子之立朝，乃使胡紘奏稱比年偽學猖獗，圖為不軌。猶章惇以司馬光為姦黨也。然偽學之名，北宋之世所未聞，猶天主教法廷之所謂邪說也。由偽學之名得罪者計五十九人。此文人學士者因講學之不自由而陷於羅網之又一種也。

明代政局與東漢有極相似之處。東漢去宰相而代之以三公與尚書。章帝以後實權不在帝皇而操於外戚與宦寺。明太祖廢宰相而代以內閣學士。然英宗憲宗以後，實權不在帝皇，而操於權臣與宦寺。而明代之政荒主謬，越東漢而上之。世宗神宗二十餘年不視朝。羣臣欲一覘天顏而不可得。君主命令之傳達，皆經太監之手。即皇帝降旨亦由太監代寫，而傳之內閣，內寺之弄權非一日矣。錄明史魏忠賢傳語如下：

初神宗在位，久怠於政事，章奏多不省。廷臣漸立門戶，以危言激論相尚。國本之爭，指斥宮禁。宰輔大臣爲言者所彈擊，輒引疾避去。吏部郎顧憲成講學東林書院，海內士大夫多附之。東林之名自此始。旣而梃擊、紅丸、移宮三案起，盈廷如聚訟。與東林忤者衆目之爲邪黨。天啓初廢斥殆盡。識者已憂其過激變生。及忠賢勢成，其黨果謀倚之以傾東林。……（中略）副都御史楊漣憤甚。劾忠賢二十四大罪。疏上，忠賢懼，求解於韓爌，爌不應。趨帝前泣訴，且辭東廠。……（中略）帝懵然不辨也。遂溫留忠賢。而於次日下漣疏，嚴旨切責。漣旣絀。魏大中……（中略）七十餘人交章論忠賢不法。……（中略）當是時忠賢憤甚，欲盡殺異己。顧秉謙因陰籍其所忌姓名，授忠賢。使以次斥逐王體乾。復昌言用廷杖威脅廷臣。未幾工部郎中萬燝上疏刺忠賢，立杖死。（中略）一時罷斥者吏部尚書趙南星，左都御史高攀龍，吏部侍郎陳于廷及楊漣，左光斗，魏大中等數十人……（中略）崔呈秀乃造天鑒同志諸錄。王紹徽亦造點將錄。皆以鄒元標、顧憲成、葉向高、劉一燝等爲魁。盡羅入不附忠賢者，號曰東林黨人，獻於忠賢。

魏忠賢一幕，至熹宗崩，崇禎卽位，乃告結束。吾所欲論者爲東林書院。東林書院成於神宗萬曆三十二年（公曆一六〇四年）。其目的有二。（第一）難陽明之徒『無善無惡』之主張，因其與陽明至善爲心之本體之言不相符合也。澈底言之，反對王龍溪派所造成之風氣也。（第二）龍溪派周遊講學，聚衆至千人以上，以精微玄妙爲尚，無一語涉及時政。涇陽先生與之相反。其言曰：

> 官輦轂，念頭不在君父上。官封疆，念頭不在百姓上。至於水間林下，三三兩兩，相與講求性命，切磨德義，念頭不在世道上，卽有他美，君子不齒也。

涇陽本此宗旨爲號召。其同志直言敢諫，鮮不涉及明代國本，與紅丸，移宮諸案。明儒學案論之曰『數十年來，勇者燔妻子，弱者埋土室。忠義之盛，度越前代。……（中略）一堂師友，冷風熱血洗滌乾坤。』此學者以講學挽回世道而參加於政治之又一種方式也。

由以上四例言之，吾國文人學士，不論其爲在野黨或在朝黨，念念不忘効力於國家。涇陽「君父」二字其明證也。其在野之身如顧亭林氏者，有天下興亡匹夫有責之言。則學者以追求獨立王國爲事，殆不可得矣。

四、結　論

學問爲獨立王國云者，指學問趣於政治以外之獨立境界言之也。其應先事研究者，吾國人心是否有超於政治以外之另一境界。對此問題，我答曰有。非人所能抹殺反對者也。昔人云鑿井而飲，耕田而食，帝力何有於我哉。此爲有此境界之第一證。又曰不事王侯，高尙其事，此爲有此境界之第二證。孟子非忘情政治之人，然其言曰：居天下之廣居，立天下之正位，行天下之大道。卽言道理之正，是非之準，乃處於實際政治以外之義理也。此爲有此境界之第三證。宋明以來之理學家，不論其爲程朱派、陸王派或東林派所以不屈於權力，殺身成仁者，卽信權力以上有義理有是非在焉。此爲有此境界之第四證。莊子告楚使請其爲相之言曰『千金重利也。卿相尊位也。子獨不見郊祭之犧牛乎。養之食數歲。衣以文繡，以入太廟。當時欲爲孤豚，豈可得乎。子亟去。勿汚我，我寧戲汚瀆之中，勿爲有國者所羈。』此爲有此境界第五證。莊子之言與孟子所謂正位大道之義，自不相同。然其謂政治權力以外，另有一境一也。此另一境界之承認由來久矣。但其學術上之成就不如西方之故，下文論之。

吾先舉吾國學術上之典型人物以明之：

（第一）學者之典型　韓退之進學解，自述其爲學之勤與博。況之於現代學者讀書之多與其提要鈎玄之工，可謂古今一轍。其言曰：

> 先生口不絕吟於六藝之文，手不停披於百家之編。記事者必提其要。纂言者必鈎其玄。貪多務得。細大不捐。燒膏油以繼晷，常矻矻以窮年。先生之於業，可謂勤矣。

此言乎學者搜集之廣，不論其爲人文學者，爲試驗室中之科學家。非材料廣博，無以達於論斷之明也。韓氏又論其所以立所以破之之言曰：

觝排異端，攘斥佛老，補苴罅漏，張皇幽眇，尋墜緒之茫茫，獨旁搜而遠紹。障百川而東之，挽狂瀾於旣倒。先生之於儒，可謂有勞矣。

此言乎韓氏一反六朝對偶文之卑弱，自抒其言之有物與質直剛健之氣。其作原道一篇，可謂爲宋儒之先驅。此學者負起承先繼後之責任者所應有事也。惟如是，乃能振起墜緒，引入另一新方向。

（第二）科學者之典型　吾願以張衡爲其代表。張氏生於後漢章帝即位之初（建初二年），死於順帝永和二年（公元七十五至一三七年）。有二京賦，窺見東漢之將衰。其不朽之成績爲渾天儀與地動儀之製造。錄後漢書所記如下：

衡善機巧，尤致思於天文陰陽，曆算。……（中略）安帝雅聞衡善術學，公車特徵拜郎中，再遷爲太史令。遂乃研覈陰陽，妙盡璇璣之正，作渾天儀，著靈憲算罔論，言甚詳明。

張衡之渾天儀，我未研究。但其『設客問作應』一文中，略有說明之句，再錄之。

渾元初基，靈執未紀，吉凶分錯，人用曈曚。黃帝爲斯深慘，有風后者是焉亮之。察三辰於上，跡禍福乎下。經緯歷數，然後天步有常則，風后之爲也。當少昊清陽之末，實或亂德，人神雜擾，不可方物。重黎又相顓頊而申理之，日月即次，則重黎之爲也。人各有能、因藝受任。鳥師別名，四叔三正，官無二業，事不並濟。晝長則宵短；日南則景北。天且不堪兼，況以人該之。……恥一物之不知，有事之無範，所考不齊，如何可一。

在此一段中，有若干重要觀念。『天步有常則』，信自然界之定律也。『官無二業，事不並濟。』學問之應專門應分科也。『恥一物之不知，有事之無範，所考不齊，如何可一。』即材料未齊集，規範無可見之謂也。全文中更有他語，爲尋常古文中所不經見者，如『三輪可使自轉，木雕猶能獨飛，已垂翅而還故棲，盍亦調其機而銛之（言衡作三輪木雕能飛轉）。弦高以牛餼退敵，墨翟以縈帶全城。』此皆古代工程師之成績，張氏津津道之。

後漢書又記其造地震儀如下。

陽嘉元年（公曆一三二年）復造候風地動儀。以精銅鑄成，圓徑八尺。合蓋隆起，形似酒尊。飾以篆文山龜鳥獸之形。中有都柱，傍行八道，施關發機，外有八龍，首銜銅丸。下有蟾蜍，張口承之。其牙機巧制皆隱在樽中，覆蓋周密無際。如有地動，樽則振龍機，發吐丸，而蟾蜍銜之。振聲激揚，伺者因此覺知。雖一龍發機，而七首不動。尋其方面，乃知震之所在。驗之以事，合契若神。自書典所記，未之有也。嘗一龍機發，而地不覺動。京師學者咸怪其無徵。後數日驛至，果地震隴西，於是皆服其妙。

地震記錄儀器，西方創始於大維米爾尼氏（David Milne）時爲一八四一年。張氏之發明在公元一三二年，是早於西方千七百年矣。

張平子（衡之號）信天行之常規對於讖緯妖言，力斥其非。其言曰：

> 春秋元命苞（漢時讖緯書）中有公輸班與墨翟，事見戰國，非春秋時也。又言別有益州。益州之置，在於漢世。其名三輔諸陵世數可知。至於圖中訖於成帝。一卷之書，互異數事。聖人之言，勢無若是。殆必虛僞之徒，以要世取資。往者侍中賈逵擿讖互異三十餘事。……（中略）此皆欺世罔俗，以昧勢位，情僞較然，莫之糾禁。且律歷卦候九宮風角，數有徵效，世莫肯學。而競稱不占之書。譬猶畫工惡圖犬馬，而好作鬼魅，誠以實事難形，而虛僞不窮也。宜收藏圖讖，一禁絕之。則朱紫無所眩，典籍無瑕玷矣。

范曄於其論贊中述崔瑗之稱平子曰：『數術窮天地，制作侔造化。斯致可得而言歟。推其圍範兩儀，天地無所蘊其靈。運情機物，有生不能參其智。故知思運淵微，人之上術。記曰德成而上，藝成而下。量斯思也，豈夫藝而已哉。何德之損乎。』崔氏天地無所蘊其靈七字，言其能發見宇宙之秘奧也。有生不能參其智七字，言其技術之無以復加也。千八百餘年，吾國有此科學家有此技術家，乃不能繼續發揚光大，以成爲落後之國。非吾國人所應引爲大恥，而深思其所以致此之故歟。

（第三）哲學家之典型　哲學爲希臘以來愛智學之譯名。吾國自宋以來名之曰理學。此二者之共同點，即以研究宇宙之所以爲宇宙，萬物之所以爲萬物，人之所以爲人之自然與當然之理也。分科之學如物理學、化學、動物學、植物學，但就物性，元質之分合，動物之生與植物之生言之。至於理學或哲學，乃就宇宙之全體，萬物之全體，人之全體之所以存在之自然或當然之理，由於思考或理性得來者也。宋明以來理學家所討論，曰理曰氣曰理氣之關係，曰性曰氣質之性曰本然之性，曰知曰聞見之知曰德性之知曰知與行之關係，皆宇宙萬物，人類全體之基本概念也。理學家或哲學家之立場不同，見解各異，然其不離乎宇宙，萬物，人類之全體，則一也。此爲哲學之根本性質問題，略言之而已。理學家之任務，在乎發見此範圍內之各問題，思索以通之。其爲理學史中之大人物，莫有過於朱晦庵王陽明者。茲就朱王言之。

朱晦庵在南宋時，以建立理學體系爲事。靜心思索，又廣求諸賢經傳。蓋以伊川二語涵養須用敬，進學在致知，爲其治學修身之方法也。宋元學案記之曰：

> 其爲學大抵窮理以致其知，反躬以踐其實，而以居敬爲主。全體大用，兼綜條貫，表裏精粗，交底於極。嘗謂聖賢道統之傳，散在方冊。聖經之旨不明，而道統之傳始晦。於是竭其精力，以研窮聖賢之經訓。其於百家之支，二氏之誕，不憚深辯而力闢之。所著書有易本義啓蒙、蓍卦攷誤、詩集傳、大學中庸章句或問、論語孟子集註、太極圖、通書、西銘解、楚辭集註辯證、韓文攷異。所編次有論孟集議、孟子指要、中庸輯略、孝經刊誤、小學書、通鑑綱目、宋名臣言行錄、家禮、近思

錄、河南程氏遺書、伊洛淵源錄。皆行於世。平生爲文一百卷，生徒問答凡八十卷，別錄十卷。

朱子自知其著書之多，於尊德性工夫，不免有所欠缺。於其致項平父書中，曾自言之。

子思以來，教人之法，惟以尊德性，道問學兩事爲用力之要。今子靜（陸象山）所說，專是德性事。而某（朱子）所論，卻是問學上多了。所以爲彼學者，多持守可觀，而看得義理全不子細。又別說一種杜撰道理遮蓋，不肯放下。而某自覺雖於義理上不敢亂說。卻於緊要爲己爲人上多不得力。今當反身用力，去短集長。庶幾不墮一邊爾。

朱子以主敬進學二者爲下手工夫，乃盡心於明辨之工。陽明評之曰物理，吾心，判而爲二。即指其理也氣也，心也物也，知也敬也，氣質之性也本然之性也。聖經賢傳也，操存舍亡也之分析言之。朱子無一處不分之爲二。二元主義乃朱學之本質也。然因此於文字與名義，分析極精，又能下一確當之定義。一元之上，賴其身體力行爲一種統一之法。所謂全體大用，兼綜條貫，表裏精粗交底於極。既有體用、表、裏、精、粗之分，而其上再加以兼綜條貫，此朱子之所以成其偉大也。

王陽明生於明代，不慊於朱子之分心物爲二，分問學與德性爲二，分知行爲二。乃以朱子分而爲二爲中心問題，而求所以一以貫之。此則陽明之所用力也。錄明儒學案中陽明之言曰：

先生之學，始泛濫於詞章，繼而徧讀攷亭（朱子）之書。循序格物。顧物理吾心，終判爲二。無所得入。於是出入於佛老者久之。及至居夷處困，動心忍性。因念聖人處此，更有何道。忽悟格物致知之旨。聖人之道，吾性自足，不假外求。

此言陽明本默坐澄心之思，或曰內心深入之意，忽發見所謂物者皆通過內心而成爲知，於是達於物理吾心二者之一貫。舉陽明之言以明之：

在物爲理，處物爲義，在性爲善。因所指而異其名。實皆吾之心也。心外無物，心外無事，心外無理，心外無義，心外無善。吾心之處事物，純乎理而無人僞之雜。謂之善。非在事物有定所可求也。處物爲義，是吾心之得其宜也。義非在外可襲而取也。格者格此也。致者致此也。必曰事事物物上求個至善。是離而二之也。伊川所云，纔明彼，卽曉此，是猶謂之二。性無彼此，理無彼此，善無彼此也。

明儒學案加按語曰：『先生恢復心體，一齊俱了。眞有大功於聖門。與孟心性善之說同。』陽明所言，指德性之知言之，名之曰良知或曰致良知。旣曰無彼此。卽心之至善，發之於良心之足乎已而無待於外者也。

此文非陽明學說。但舉一例以明其思之深刻銳入而有不易動搖者在矣。

以上所舉學者、科學家、哲學家三種典型中，可以見吾國學術過去之所以勝人，卽在此種典型人物身上。國人處此學術競爭之世，知前人之所以努力，何患乎爲牛後，而不爲鷄口乎。

雖然，吾人有應反省者，應自己反問曰。何以吾國有此典型人物，而今日內外兩方，視之爲落後乎。其原因所在，可分爲二……。一曰起於理論。二曰起於實際生活。儒家有通天地人謂之儒之語。其於博學愼思明辨，固已知之久矣。然較諸希臘與今日之西方，吾國於一種學問之構成，不能不謂其缺少邏輯的方法之適用。每一學問有其基本概念，此等概念應有一定界說。而後此種學問之性質之特徵如何。其與其他學問之關係如何，乃能劃清界限。譬如社會學以人間之公共團體爲主題，或起於血統，是爲家族。或起於職業，是爲農工商之組織。政治學之主題爲國家與政府，以王權爲其特質，因而與社會團體之發生於各人之志願者異。如是學問之起點爲根本概念。此概念定義不立，其他論斷亦無由推演而出，更何由而得結論，以成其爲首尾整然之學問。吾國因缺少邏輯學爲其準繩。乃有顧亭林經學即理學之說。經學以某種經書之注解爲本。理學之以心與理之關係爲主題。二者之主題各異，何能混而爲一。乃至顏習齋之注重習行，而厭理家之靜坐，亦界限未劃淸之所致也。此吾國之缺點一。前既言之，漢書藝文志之諸子略分爲儒家、道家、陰陽家、法家、名家、縱橫家、雜家、農家、小說家，所以如此分類，由於各派之先後興起，初無分類之基本理由可言。術數一類，分天文、五行、蓍龜、雜占、形法五小類。方技分爲醫學、房中、神仙三小類。分類之理由，所以如此分類之理由可謂暗昧之至。因其五小類三小類皆不在同一水平線故也。此分類之不明，起於觀察分辨之不周，亦即學問不發達之大因也。更推而廣之。吾國千餘年來之學問曰理學曰訓詁學，一以理學爲空疏，一以訓詁爲支離爲餖飣。此由於吾國人從不以實物為對象，分類而研究之故也。此吾國之缺點二。西方於經驗界以內，分之為物理、化學、生物、心理、社會諸學。其上有哲學，以認識論為主要部分。其上更有凡有學「Ontology」或曰形上學。吾國於形下界之各物，既未深入研究。於哲學中之認識論，有聞見之知與德性之知之名目，二者之所以分別如西方之經驗派與理性派，為吾國所未聞。至於形上學，如關於太極圖，朱陸往返於有無儒道派別之爭，至形上學之所以為學問之如何成立，未討論及之。可以見吾國人對於學問之層次問題之不注意矣。此為吾國之缺點三。吾國有學以致用，或學非所用，用非所學之言。一若學以用為鵠的。然學為知識之總名，依各種原則（如定義如分類）整齊而條理之，且說明其各項論斷或假設之相互關係，則一種學問乃以成立。有形界之物理生物之學不必言矣。哲學與形上學之性質亦復如是。倘必以用為標準，則名數之學之用，鮮有可見。然西方視之為至正確之學，而不可須臾缺者。如羅素與懷悌海氏之數學原則（即數理邏輯）與非歐里几氏幾何學，此二者有矯正亞氏邏輯與歐氏幾何之功。然其與吾國正德利用厚生之用，相去千萬里矣。學自學，用自用，二者不可牽涉為一。國人能明此義，然後乃瞭然於學問王國所以獨立之義。以上僅就理論言之。此外更有實際生活方面之問題。第一、學問在國內治安秩序之中，方能發達。而吾國因朝代之起伏殺士焚書之禍，不斷來。

漢書儒林傳序曰秦始皇兼天下，燔詩書，殺術士，文學從此闕矣
通攷經籍篇曰劉歆總羣書著七略，凡三萬三千九十卷。王莽之亂焚燒無遺。
又曰初光武遷洛陽，其經牒秘書，載之二千餘輛，自此以後三倍於前。及董卓移都

之際，吏亂擾亂。自辟雍、東觀、蘭臺、石室、宣明、鴻都、諸藏典策文章，競共剖散，其縑帛圖書，大則連為帷蓋，小乃製縢囊。及王允所收而西者，裁七十餘乘。道路艱遠，復棄其半矣。長安之亂，一時焚蕩，莫不泯盡焉。

隋時牛弘上表，言書之五厄。三厄已述於如前。此後二厄，一曰劉石之亂（卽晉之南渡）二曰侯景燒梁之文景殿，書籍宛然猶存，及周師入郢，蕭繹焚之，所收纔十之一二。繼之以後魏後周之搜集，僅得一萬五千餘卷，較梁武帝時之數目，祇有一半。

牛弘在隋時作此五厄之言。自中共占領大陸，迄於今日之紅衛隊，則焚書毀碑之舉猶在進行之中。此政治之紛亂為學問發展之大障礙者一。第二、學問如花木之培植，古玩之珍藏。至少學者應有生活之保障，然後能出所懷抱以公諸人世。倘國中時有黨錮之禍與學術之禁，則人趨而避之，何苦盡心於研究與發展。此政治上之峻法為其障礙者二。第三、學問須有同聲同氣者之響應。孔子所謂德不孤，必有鄰，是也。一國學者不樂於孤陋寡聞。如康德氏之三大批判，起於法國理性派英國經驗派之折衷，又受休謨、盧騷之書之刺激而後寫成者也。科學家之成功因各國科學家有一公共信條，曰科學為公開的為國際的。卽章實齋所謂上通千古同道之人下通千古同道而合於一爐而冶者也。惟其憑此公開標準，所以造成大公無我之合作也。倘挾自私之心，以害人為得計。則成為門戶封鎖，何來智識文化之交換乎。此文化上之閉關政策足為大障礙者三。其他如人民富力之滋長，為學術發展之助，如學術機關之多學者之衆。互相辯論，使學術界有一種平衡之局，則眞理尤明，而客觀態度易於養成矣。

學問之獨立王國乎！孔孟老莊與宋明以來之儒家，知此義久矣。然自邏輯方法言之，此理想絕未實現。後惟有從此方面力矯前失，方足以拯起衰敝。而政府當局若以爲學問在吾手掌之中，左右方圓，可以從心所欲。此猶科擧時代之八股而已，何足以言學術乎。學者應先盡其在我，徐待政治之曙光。或者有人尙抱定東方文化西方文化之界限，而不求其所以會通矯正之。劉歆曰『猶欲保殘守缺，挾恐見破之私意，而無從善服義之公心。』劉氏評今文家之言，豈不可移贈於今日保守傳統之學者乎。

自由鐘二十二號（五十五年十二月）

十二　養成民族思索力

我們現在都知道我們所處的時代。抗戰以來有一名詞，稱之爲「大時代」此名詞甚爲恰當。何謂大時代。這時代可以使國家存，可以使國家亡，可以使國家興，可以使國家衰。總之，此時代爲極大變遷時代。實在，在抗戰前幾十年，這時代已爲大時代。何以這時代在中國歷史上特別大，因爲在此時代中，中國自己的文化與外國文化接觸，中外文化接觸之後，於是有人我文化優劣之辨別，不特辨別好壞而已。而且文化好壞問題中，可看出這種文化，在世界上能够站住能力有多少。在這情形之下，有許多人說，我們的老文化好，有許多人說中國老文化很早就要不得，故非找新的，拿新的來補充不可。因此在中國方面有許多人主張東方文化，有許多人主張全盤西化，我們自己裏面有種種爭執，或替東方文化辯護，或替西方文化辯護。

我們對於好壞問題，暫且不論，吾們要問的，這時期中中國人一方面非學外國不可，但學習之後，是否全跟外國走，我想不會，如學生跟先生學，起初跟先生走，但慢慢學生有自己的認識，有自己的看法，亦有其自己前進之方法，所以我們雖然學外國，但我們自己之自覺心自信力亦因之而增加，二者是互相影響的，學別人時候，不會瞎睛但跟走的。在此時代中，無論學任何外國，你不會忘記你是中國。中國人要學外國，在任何學科中，有自己種種眼光，所以你儘管學人，對於國家應如何貢獻，有你自己的觀察和方法，不會完全與外國人相同。在這樣局面之下，我們的任務，自然在拿外國文化，來加強改良吾們自己。擔當這個任務的，不但一二人如此，可以說全中國人都在這大任務之下，四五十年來，沒有一人不站在此大任務之下。

怎樣接受西洋文化把東方改良起來，這是普遍的任務。在普遍任務之下，我想不外二點。（一）學理上怎樣研究，（二）事功上對國家如何貢獻。

（第一）從學理方面講，中間各人有各人的看法，各人看法大大不同，舉一例說，對於世界的事物，我們人類最容易爲現實爲名詞所拘束。怎樣是爲現實及名詞拘束呢？如以木頭爲木頭，以機器爲機器，以大砲爲大砲，以銀行爲銀行，這就是叫但知其一，不知其二，但知其然，而不知其所以然。這樣爲名目，爲現狀所拘束，思想範圍就窄，觀察能力就薄弱，知道變化就少。人類爲便利一時計，希臘名詞在世界上流通，如同鈔票流通一樣右手進來，左手出去。很少有人把一切名詞一切事物的前因後果，時常在研究。事實上亦很困難，一天到晚，事務甚多。所以很少有人去研究事物的所以然，名詞的所以然。在這一種限制之下，不但一般人如此，許多學問家、思想家都免不了這種毛病。如前幾年我們在學術界有科學與玄學之論戰，有人說中國要科學。我想現在沒有人會說中國不要科學。但科學是什麼？是無線電，是飛機，是汽車麼？這些都是科學的結果，是科學具體的東西。有人說物理學是科學，經濟學是科學，這已經是進一步的說法。再問科學怎樣成功？要怎樣算是科學的觀察？如以研究植物學爲例，就不單觀察一枝樹，要觀察許多樹，今天看見甲種樹，明天觀察乙種樹，進而至於一切植物，自然得一公例。於是知道之後，還要問把植物分類，作一目錄，分析歸納，得一自然公例（Natural Law），這一公例性質怎樣？這公例有沒有必然性？這條公例，所依靠的因素有多少？換句話說，有幾個前提，說到前提，就踏進了哲學範圍以內了，吾們姑且止於此，不再說下去。

從剛纔所講的看法，就知道促進科學問題，不應該像以木頭爲木頭，以大砲爲大砲，以銀行爲銀行，那班人的看法。我們對於一切東西要打破沙鍋問到底，問科學是什麼，科學的原理是什麼。假定我們這樣問下去，可說世界上沒有一件事物一個名詞經得起你這樣問的，因爲你這樣問法，總有幾個因素靠不住，因爲有幾個因素在一時代認爲固定不變的，到第二時代又變了。無論西洋文化的經過怎樣，他的科學在他文化經過中佔很重要一部份，如能够把他分析，我們一定能够把牠最重要原素找到，如把原素找到，我們走到他們的境界，並不是困難的事。若是我們看見留聲機當他作留聲機爲止，看見飛機當他作飛機爲止，這樣國家的學問不會發達，因爲學問的發達，一定要問他背後的基礎。學問是什麼？科學是什麼？因爲裏面還有背景，分析清楚，使我們知道什麼事都有線索可尋，不能認爲是固定的呆板的。我們一定要找到最後的原素，拿打破沙鍋問到底的精神，適用到全中國。有了這個精神，不怕中國沒有飛機大砲，不怕國家不強。所怕就是剛纔所說的看見木頭只知道是木頭，看什麼只知道什麼，而且看見名詞，就只想拿名詞搬過來，這就是等於盲從。我們民族的毛病就是不喜歡打破沙鍋問到底，不肯求所以然之故，不肯用思索力，不肯用心想。譬如一個近視眼除非眼前看見種種顏色，否則就不易發生刺激力。吾們有句熟語，名曰『熟視無覩』，這就是說事物已到眼簾中，而還是等於看不見，豈不是一種不可救藥的病根嗎？見了西方立國之法，而漠然無動於衷，又見了日本之強而漠然無動。今稍受刺激，亦就在感覺上叫喚上停頓了。這種情形，豈不是，就是麻木不仁，國家如何能立起來呢？

第二在事功上對國家貢獻來說。先舉幾個例。俄國有五年計劃，我們聽見了，亦要學他。如問俄國以前的歷史是怎樣。就答不出來。意大利有法西斯蒂，吾們亦想依樣胡蘆，但問墨索里尼以前薩第尼立國的經過，他便茫然不知所對。我們國內的人，像小孩子一樣，街上鑼鼓響，就趕出去看，鑼鼓所以來的原因我們不去問，僅感覺方面最容易受到刺激。在這情形之下，不但學問決不會進步，在事功上亦安能有日新月異之象。因爲五年計劃，及法西斯蒂，都有他背後原動力，而原動力決不僅起於一朝，決不僅在表面現象之中的。這時代裏面，無論政治與經濟，能把人家的制度來源思想來源弄清楚，就不會一天到晚跟外國人走，但知以模仿他人爲能事。每個國家的政治史，每種學問的思想史，如同一把鑰匙一樣，可以把人家肚子裏的內容發見出來。目前吾們國家最重要的事項，是確立吾們的政治經濟制度，這就是大家所希望的中國近代化。中山先生提出民族、民權、民生、三大綱領，已確定吾們立國的方針，因爲這三項之中，一切政治經濟潮流都已包含進去。但是原則易立，而具體計劃，尙待吾後來人的努力。譬如爲實現民生主義計，俄有俄的方法，在俄國初革命時候，大家一時轟動說俄國將銀行等收回國有，資本家都被打倒，是了不得的革命。當時國內機關紛紛派人前往俄國，現在中央政治教授俞項華及已死的瞿秋白，是吾們朋友助他前往的。俞先生去後，即感覺俄國一套東西是否能搬到中國來，尙有疑問。到了一九二八年，第一五年計劃成立，俄國情形就有秩序有軌道可尋了。民生主義之實現，以增進公有財產減少私有財產爲關鍵，但現在人人都講崇拜中山先生，而事實上從政府大員起至一般行政人員，有幾個在實行孫先生的主義？就是各人都以保存私產爲事，專靠公家地位，謀私人利益。這情形可以想見世界改造的不容易。所以俄國大革命把資本家皇族趕掉，死了幾百萬人，基礎才成立。當然，假如死去掉一二百萬人替人類造一個新制度當然使我們感動。但是我們想想，假定一種制度採用之大前提，非殺死幾百萬人不可，爲了使世界人類生，先使幾百萬人死，是一件很痛苦的事。

所以俄國共產主義很好，但怎樣避免殺掉這許多人？而且要注意吾們這國家，如跟俄國走，須有一九一七到一九二八這十年痛苦，經得起經不起，是一個極大問題。像俄國這樣大的國家，日本打不進去，英法要打他，亦沒有打成功，所以俄國還能够保存，不但保存，一九二八年後更爲鞏固。試問我們國家有沒有這樣地理上的便利？有沒有這樣好的國際形勢？這種種情形，應該在我們考慮之中斟酌之中，一言以蔽之，在思索之中的。所以拿出一種主張，關係於國與民，實在太大，不是隨便的。吾們可以說領導革命，不是一件容易的事。

俄國革命之後，一九一八年德國社會民主黨亦起革命。吾一九二〇年在德國，吾去訪問當時總理夏德曼。吾說「你看德國一切工業國有能否辦到？」他說：「沒有那會事。」吾問他怎樣不能。他說『俄國沒有工業，國內大部份還是農業，沒有出口貨物必需與世界其他各國競爭的。德國已經是工業國，要拿鋼鐵到世界上去競爭。如鋼鐵的價錢比英美法等提高了，怎樣能競爭。假定將大工業收歸國有，而出品的價格比英美的高，那麼這些大工廠就要關門，國有之後，就要破產了。』所以要廢私產，將私人工業變爲國營事業，一定要事業站得住。所以一九一八年後，德國儘管革命，但大工業歸國有這一步，始終沒有實行。

經過七八年，我自己天天注意俄國德國有什麼變化？俄國原來一切收歸國有，到了列寧新經濟政策時期，准許五十人以下的工業由私人去辦，用不着國家來辦。一九二八年後又實行集合農場。一九三二年我來參觀時，所謂集合農場，就是集合有一百畝三百畝四百畝在一起化為一個公共農場，將管理及曳引機等集中一處，集中經營，各家分擔工作，蓋房屋，設托兒所，為全體謀便利。吾問這樣各個土地多少不同，所得是否一律；他們說，這不能平均，多者多得，少者少得。吾就懂了。世界上私有精神多少還包含在那裏。吾再問司機器員與掃地夫所分是否相同？他們說，司機器員分得多，掃地夫分得少。簡單說，一集合農場好像一公司，二百畝的是二百股，一百畝的是一百股，當然二百股所得較多。若論工作，司機師最重要，清道夫就輕些。可見世界經過十年的變遷，大家看出一道理；私有財產還不能絕對廢止，只能在某一種程度內加以限制。

從俄國革命到一九二八年，我們看世界上的變遷，知道要像俄國一九一七年整個把私有制廢除，是辦不到的，是不必要的。我們只能辦到某一種程度內之公有罷了。但這一個原則確定，那麼世界的社會問題並不困難，調停的計劃有很多了。可以說經過十多年中間，社會革命路線方始找到。吾自己在當時，自問像李大釗陳獨秀的勇氣是沒有，他們看見俄國革命，就要說在中國實行那樣的革命。至於吾的見解呢？一種外國制度，總要找到他背後的理性與根據，並且問問中國是否可行，然後敢自己拿出主張來，一九三〇年前後，吾對於社會改造的主張，可算纔成熟。吾相信一方面承認私有，一方面承認公有。是一條無可逃的大道。但這不是調停兩可之詞，以後國有事業是應該一天一天擴大，私人謀利的動機是應該大加限制的，必如是，然後能增加民族資本，開發民族經濟。

從以上兩段學理上事功上來講，我們要針砭的，是現時對外人依樣胡蘆的習慣，如此做去，不但學問不發達，在事功上亦不會有進步的。現在我更舉一二個實例來證明，如果一個民族有思索力有創造力，那末他的命運是不會始終落在人後的。

西哲有一句格言說：「我喜歡我的先生，我更喜歡眞理。」可見眞理是人的眞面目，果眞對於學問有打破沙鍋問到底的精神，學生所造一定能比先生進步。歐戰以前，德國的科學，在世界上算是第一，但我們看見十九世紀初期，德國科學那趕得上法國。法國是十九世紀世界文化的中心。在十九世紀初，德國科學著作，如洪卜爾地理遊紀，都用法文寫述，試問現在還有那種情形麼？其次如英國的立憲，俄國的五年計劃，那一件不是民族本身從自己經驗中，想出方法來的。語云皇天不負苦心人。惟有不肯苦心，不肯焦思，那國家便無辦法，否則天不至令人走上絕路的。

自己無論對於學問，對於政治，都有興趣，因興趣很多，所以一無所成。但是吾對於一切問題有吾自己的立場，這立場不是人云亦云，並且不喜歡跟人走。吾先研究在吾良心上在理論上是說得通，吾才說他對。吾說了之後亦很少有變動，因爲吾沒有思索以前，決不隨便說，不喜歡跟人走。假定吾有了吾自己立場，吾的立場，就在那裏。（范費錄記）

（原載重慶時代「再生」第五十一期）

十三　我國思想界的寂寞

——卅七年十月十二日在武大講

一國的智識階級，不論大學教授、著作家、或新聞記者，對於世界上日新月異的變動能夠注意，能夠吸收，還能夠自己有所發動，那末才可以說知識階級是盡了他的本份，反過來說，智識階級對於外界變化，好像連感覺都沒有，更說不上自己有創造的能力，這樣子是一國的思想界，到了惰性或睡眠的狀態之中。我們知道外國人批評中國文化，是在停頓狀態中，這是說幾百年來，中國思想之變遷不及歐洲文藝復興的緣故。但是在我們的思想史上，實在有自己發生的變化，如說完全在停滯不進狀態中，是不確實的，這話說來很長，非今日本文所能講得完的。

我今天單就抗戰以來，世界思想界上的變動與我們國內的感應作一比較，就是說人家的變化起了多少，我們能夠注意，能夠吸收，到了何種程度。一方面是外界對我們的挑動(Challenge)，一方面是我們的答復(Response)。我實在很難過，覺得我們思想界近年來到了一種沈寂、無所事事的狀態之中，我這句話並不是罵任何個人，而是完全暴露我們學術界有氣無力的情形。這原因何在呢？糾正的方法如何呢？這要請大家從長來考慮，我現在祇拿我們這方面麻木不仁的、感覺不靈敏的事實舉出來。

近年來，世界思想的變動，科學的發明與進步，很有幾件驚人的事，使全世界人爲之坐立不安。

第一、原子能之發明。經過第二次世界大戰，我們才知道空中戰鬥力的厲害，可以以幾百幾千的飛機轟炸一個大城市，使生產力破壞，人心動搖。空中戰鬥力之發揮，賴所謂空中堡壘、超級堡壘、V1、V2的飛箭武器，到戰爭末期，又發明了原子彈，原子彈的威力大家知道很大，至於大到什麼程度呢？我在這裏就所知道的告訴諸位。原子彈的威力等於二千架超級堡壘所載炸彈的威力，其爆炸力等於二萬噸TNT。廣島一彈，炸死的人民有九萬人，長崎一彈，亦死了四萬人。有一個英國政府派往日本調查原子彈威力的考察團，回去報告說：「假定有一原子彈擲在不列顛島上，如平均每畝地上之居民以四十五人計，那末五萬居民將被炸死，就等於第二次大戰中，被德國飛機所炸死的英國平民的總數。」原子彈的威力如此厲害，所以全世界的科學家，都在大聲疾呼，探求原子能之發明究爲毀滅人類？抑爲救濟人類？

本來科學發明無止境，不必顧慮它要如何妨害人類生存，這個問題向來無人顧到，但是現在一彈下去，可以毀傷幾十萬人，則幾個、幾十個原子彈可以毀滅倫敦、紐約，有什麼希奇？這樣便發生了原子彈與人類不能並存的問題，所以近年來，在聯合國與各國外交家中，原子能之如何管理，成了世界上第一件大事情。譬如一九四五年英、美、加三國關於原子能聯合訂了一個條約，我把這條約中的頭上兩條讀出來，就可知道世界上近年因原子能發見後，在其靈魂上有一種驚心動魄的神情。

第一條：我們承認近年科學發明應用於戰爭後，有一種人所不察的破壞方法可加利用。但是這種破壞方法，尚無軍事上的防禦可以抵抗，這種破壞方法之使用，沒有國家應有獨專之權。

第二條：我們願意鄭重聲明，對於此類新發見，應該用於增進人類幸福，不應用作破壞工具，大家應共同負責，設想達到此項目的的方法，這種責任不僅落在各國身上，且落在整個文化世界身上。但原子能既由我們之開始應用而進步，則我們亦應自處主動，以研究採取何種國際行動，始克防止原子能使用於破壞方面，促進科學之進步，尤其使原子能之利用，達到和平的人道目的。

我們讀了以上條約中的兩條，同時又知一九四五年十二月莫斯科會議時，又有貝文、莫洛托夫、貝爾納斯三人簽字的原子能聲明，可見原子能之使用，已經不是戰爭誰勝誰敗的問題，而是人類的生存問題了。

義大利物理學家猶利（Urea）逃亡美國後（現任芝加哥大學物理教授，曾獲諾貝爾獎金），在美國 Westinghouse 的百年紀念講壇上，說「科學乃是理智的追求，它的目的爲了解及說明自然界現象」，但是，此類科學智識我們如何應用它呢？拿來創造物質呢？抑拿來做毀滅人類的工作呢？我可以告訴你們，自然科學所賜與人類的益處。但是，我也是人類悲慘命運的使徒，我曾受過驚慌，今天也要你們來受受驚慌。世界上現時情況之嚴重，可以說已經到了不能表達，無可誇大的程度了。所有積極的益處多來自科學，但此種益處，能否享受，就看戰爭問題，尤其第三次戰爭問題如何解決？我們已經應用科學方法到羣眾戰爭方面，從這世紀中開始，這種科學方法之應用，十分有效，已帶領我們人類文化至懸崖絕壁之境。

此類議論，物理學家如愛因斯坦、奧本海、康普頓（Compton 麻省理工大學校長）等均有發表。我們試問在這樣世界科學家鑼鼓喧天之環境中，我們國內科學家、思想家對此問題有什麼討論？有什麼悲天憫人的議論呢？我們並不能夠說因爲我們自己不能製造原子彈，所以我們無法對這問題發表議論。或許我們沈默的原因確是因此而生，但是遭受原子彈浩刦的廣島，是在我們鄰國日本境內，試問我們可曾派科學家去調查災後情形沒有？一個炸彈下去，可以傷亡二、三十萬人，就是說二、三十師的人可以一次犧牲，難道我們還不應該注意嗎？在美國方面，不但軍事家在研究，外交家在討論，甚且國會還召集許多科學家諮詢，而我們國內對這問題可有一份報告？可有詳盡的文章發表？這是我所謂我國思想家的麻木，第一個證據。

第二、十幾年前，我在「明日之中國文化」一書中，提起過一部書，這部書就是英國陶尹皮氏（Arnold J. Toynbee）的「歷史的研究」（A Study of History），他的書最初於一九三四年時出了三本，就引起我的注意。後來抗戰起，書籍來源斷了，我無法見到他的書。一九四四年我到了美國，就去買他的書，始知他又出了三本，先後有了六册。最近陶氏受美國丕立斯登大學深造學院之聘，可能於不久的將來，他的最後幾本也要寫成。一九四六年正月我在倫敦，得陳通伯先生之介紹與陶氏見面。我知道陶氏這部書的著成，一定受過德國斯本格勒（Spengler）氏的「歐洲之衰亡」（Untergang des Abendlandes）一書的影響，所以與他談話中，我曾問他一問題：你這部書的主要意思從何時發動？他答稱在一九二〇年開始。我聽了這話，就知道他書中的結構受了斯本格勒氏的影響是確實的。雖然他的觀點與立論與斯本格勒完全不同，但是把人類的全部歷史放在一只水缸裏，用棒攪和，不以年代或國家爲界限，上下古今，沒有不拿來互相比較一點看，是相同的。

陶尹皮氏的書出版可分三期：第一次出三册，第二次從四——八册，第三次從九——十三册，這十三册著作，其內容大略如左：

一、引言；二、文化之產生；三、文化之成長；四、文化之崩敗；五、文化之分裂；六、大一統國家；七、大一統教會；八、英雄時代；九、空間方面文化之接觸；十、時間方面文化之接觸；十一、文化史中之韻律；十二、西洋文化之展望；十三、烟士比里鈍。

看了目錄，就知此書內容之豐富，至於他拿各種文化相同相異之處，互相比較，有極精闢之議論，更不必說了。我讀了他的書，時常有一種感想，覺得二十世紀第一部大著當推陶氏這部「歷史的研究」了，這不是我個人如此看，其他世界學者也多如此看。玆將批評的話，列舉幾則如下：

英國政治學者巴克（Earnest Barker）批評說：「陶尹皮的思想有第一等的創造能力，他智識之廣博如同百科全書。以往許多著作很難找出一本，可與陶氏的「歷史的研究」相比較，他的書出後，把以往同樣的著作壓低了下去，所以陶氏的書在今後多少年內，一定是第一部大著。」

湯納（R. H. Tawney）說：「豐富、活躍、精力與無限的衝力，這幾個字是我讀了本書後時刻提起的。沒有一個人讀了本書，會不感覺到將歷史的研究置於最高的地位；沒有一個人讀了本書，不爲之感動的，而且獲得許多新觀念。」

不但英國學者如此恭維，美國學者發廸門（Fadiman）亦批評他全書的節本說：「今後一百年內，應讀之書就是陶尹皮的「歷史的研究」」。還有馬依（Myers）亦說：「假定你今年有時間，明年有時間來讀書，那末就讀陶尹皮「歷史的研究」的節本。」

試問世界上有如此一本偉大的巨著，我們的思想界中，把這本書提起過的有幾個人？把這本書的內容詳細來討論的有什麼人？把陶氏議論的是非，加以批評的，又有什麼人？或以陶氏的方法，應用於中國歷史的各時代，又有什麼人？這是我所謂我國思想的痲木，第二個證據。

第三、我們從五四運動以來，不是時常聽見有人說向世界現代文化，迎頭趕上去的話嗎？尤其於第二次大戰以後，科學發明與新武器的關係，是大家所知道的。而且科學發明，最初祇是戰爭的侍女，也是人人所知道的。

一八六三年美國南北戰爭時設立一個研究院（National Academy of Science），至一九一六年第一次大戰時，威爾遜又命令設立一個國立研究會(National Research Council)，至一九四一年羅斯福又命令設立科學研究開發局（Office of Scientific Research and Development 簡稱 OSRD），後來原子彈就由這個機關產生。這種科學研究與武器製造機關由國家設立經營，可以表示出一種趨向：科學研究從前爲私人的事，現在已變成國家職權之一項了；從前爲私人的嗜好，現在要於國家計劃下分途進行。所以科學研究開發局主持人巴庶博士（Dr. Vannevar Bush現巴庶氏已辭職，十月五日杜魯門已另任命康普頓氏爲主持人。）曾受羅斯福總統之委託，研究一項問題，即如何由個人的零星研究歸於全國科學總機關之下，因爲政府要設立科學總機關，可以發生下面幾個問題：（一）如何使政府機關研究與個人學術研究自由不發生衝突；（二）不因政府之管理研究，而妨礙科學之自由；（三）如何將科學研究工作之公開與國防上之秘密不相衝突。（四）科學人才選擇之標準如何？（五）國家設立科學機關與大學或私人所辦之科學機關如何合作。

凡此問題，巴庶氏曾著一書，名曰：「科學——無涯的境界」，有所說明。他把戰爭期內美國的科學研究工作與發明新武器，以及今後科學研究總機關之工作如何進行，都有詳細論述。這樣的書，我們國內思想界卻沈寂無聲，除了任鴻雋君在大公報上載了一篇短文外，並無其他人把巴庶書全部講起過，也不見中央研究院把此問題提出討論過。

現在我再從科學方面轉到哲學方面來講。我記得五四以後，我們曾經有過一次科學與玄學的戰爭，這戰爭是我當初在清華的一篇演講——「人生觀」引起的，我的老朋友胡適之和丁文江，見了大不以爲然，於是開始攻擊，當時參加的人有王星拱、朱經農，張東蓀等，雙方差不多筆戰了一年之久，那時候，大家對於西洋哲學的書籍很是注意。譬如胡適之是熱心杜威哲學思想的移植的；張東蓀翻譯法國柏格生（Bergson）的「創化論」，我到德國，研究倭伊鏗的哲學，當時大家紛紛熱心把西洋哲學拿進來，從那時起，中國的思想界就頗受西洋哲學的影響。譬如胡適之的「中國哲學思想史」與馮友蘭的「中國哲學史」，其內容是中國的，但其觀點則是西洋的。自抗戰至今，試問我們對於外國近年哲學思潮熱心提起的是誰？自己能創造哲學派的又有何人？我時常閉目靜思，好像覺得最近幾年來哲學思潮的活動，遠不如五四運動前後。

一九四五年、一九四七年我二次在美國，常與各方面哲學家接觸，我覺得人家很有志氣地在鼓勵哲學思想的進步。一九四三年美國的哲學會，認爲美國的哲學現狀與哲學職掌應重新加以研究，於是由洛克斐勒基金會撥給一筆經費，由五個人組織了一個委員會，名曰：「自由教育中哲學職務委員會」。這五個人是：Brand Blanshard, Curt J. Ducasse, Charles W. Hendel, Arthur E. Murphy, Max E. Otto。他們周遊全國，與各大學教授學生及各界人士接觸，研究此問題，至一九四五年他們五人合著一書，曰：「美國教育中之哲學——它的課題及其機會」，書中有一段話說：「我們的哲學是不是一種著作眾多，而內容空泛的東西呢？因爲標準不同，這問題就較爲困難回答。有人確實希望美國有像康德和柏拉圖一樣的人出現，然而，依據大多數的標準，美國近年來哲學界的著作已够得上獨立與充實的水準了。對於被西北大學選入當代哲學名人叢書的人，沒有人會否認他們在哲學上的突出成就。值得重視的是爲首的七個人中（Dewey, Santayana, Whitehead, Moore, Russell, Croce, Cassirer），有六個或久或暫居於美國，並著述於美國。在美國沒有如吉福得（Gifford）一類的講座，但可以注意者，早期與晚近幾年中，幾個卓著的貢獻皆由美國人完成。卡路司（Carus）講座，雖成立未久，但已樹立了確實的標準，哈佛的詹姆士（James）講座，耶魯的特立（Terry），加里福尼亞的侯唯生（Howison），都有值得稱頌的工作。近世紀好幾個最有權威的學派，不是起源於美國，就是在美國已經有了相當的發展。所謂實用主義、新實際主義、批判的實際主義、個人主義及其他象徵的論理學與字義學。要說這種工作是氾濫或庸俗，實不可信。美國思想是展開的、龐雜的、探索的，它本身有明白的區分，但它往往是喧囂的、粗俗的和樂於深究的，所以它本身並沒有僵亡。」由這段話中可以看出美國人對於哲學有一種志氣，有一種創造性。

美國人向來哲學思想的程度，我們在歐洲讀書的人不大肯佩服，但近年來他們這種努力，我們國內有人注意了沒有？效法沒有？這是我心上最煩悶的一件事，我的所謂中國思想界的麻木，這是第三個證據。

我責備我們思想界的麻木，好像我是求全責備，而不加原諒，我也知道有人回答我說：抗戰之中，書籍太少，顛沛流離，還能做什麼思想和研究工作呢？抗戰勝利之後，忙於復員，而且衣不暖，食不飽，如何再有空閒研究學問呢？何況國內政局如此動盪，如何能有興緻來注意這種空論呢？這種答復，我不但承認，而且我還要責備政府，對於國家的治安不能負責，對於人民的衣食不能負責，自然要大學裏面來做促進科學與哲學的前進是不可能的，但是我要反問一下，世界上科學與哲學思想的發動是不是一定要等到國家太平，人民生活安居樂業之後呢？試問英國哲學家活躍時代，像浩布士、洛克等人是不是生活在英國內亂時代，逃來逃去，自己國內不能住，要逃到法國去呢？再問德國的大哲學家康德，其所處之時代又如何呢？乃至我們的孔子、孟子、他們的著作思想，是在太平中成功呢？抑在亂世中成功？所以我的結論：我們思想上的努力不應以社會不安作理由，而大家束手待斃，反過來說，世界愈亂，我們在思想上、言論上、行動上愈應努力！（再生上海版）

十四　世界文化之危機

『張君勱先生在三十七年年尾曾作橫跨大陸之旅行講學，十月中旬由武漢乘機抵渝，在各大學、學術團體、圖書館、社團作演講十餘次，歷次講詞除載當日各報外，本刊亦應讀者要求，分期登出。此篇「世界文化之危機」係張氏在十月廿三日向重華學院師生講演之全文，而為本刊以前所未登者，爰錄出以饗讀者。編者。』

我們翻閱現代歐美出版之書籍目錄，時常會看到一種新穎的書籍名稱，如「文化在試鍊中」（Civilization on Trial），如「向世界挑戰」（A Challenge to the World），如「人類的最後機會」（The Last Chance of Man），如「人類的命運」（Human Destiny），如「我們創化中之文化」（Our Emergent Civilization）。這種種書名，都充份表示出人類對世界文化的懷疑、憂慮和担心的心境。是否人類以往的文化行將結束，今後要另外開始一種新的文化呢？可以說：世界上凡略有遠見的人，他們隨時隨地無不對於文化前途抱着一種恐懼心理。其實，這種對於現代文化悲觀的心理，從第一次世界大戰以後就已經發生了，不過，經過二次大戰之後，這種悲觀心理更爲厲害罷了！其中的原因我暫且放到後面再來說。

我現在先提出一本書，就是斯本格勒（Spengler）的「歐洲的衰亡」（Untergang des Abendlandes），此書於第一次大戰後出版，轟動一時，後來有英譯本，名曰「西方的沒落」（Decline of the West），因其書名引人注意，而且把歐洲人所崇拜的西方文化的沒落，用預言家的態度說出，更使人們爲之觸目驚心。在德國國內，此書出版後引起各方面之評論，單單做批評的，也大大小小出過一百來本書籍。這書所以引起如此的注意，在於它內容之豐富，立論之新奇，引徵之廣博。無論你不贊同亦好，但在他豐富材料下的立論，你是不能不吃驚的。他看文化的立足點，就是將文化視同草木，有春夏秋冬四季的嬗遞變化：春天是含苞發芽之時，夏天是發展成長之時，秋天是成熟收穫之時，到了冬天，非沒落衰亡不可。但是文化等於春夏秋冬四季草木的話，還不能包括斯氏書中豐富的內容。所以我在本演講中亦無法把斯氏的書詳細說明，不過有人若要找一本指出現代文化危機的書，我就以爲斯本格勒的書還是第一本討論此類問題的書。

我不妨也約略舉出他書中各章的目錄，大家就知道他的書是不容易在一次演說中所能討論的。

第一章，引論；第二章，數目之意義；第三章，世界歷史問題；第四章，世界形態問題：命運觀念與因果原則；第五章、第六章、大宇宙；第七章、第八章、音樂與雕刻；第九章、靈魂想像與生活感覺；第十章，靈魂想像與生活感覺；第十一章，浮士德（Faustian）與阿波林（Apollinian）的自然界智識。

我舉了他第一本書的目錄後，第二本的目錄暫且不提了，不過他說過一段關於帝國主義的話，我倒可以提出來說一說，他說：帝國主義就是文化死亡的象徵。他曾拿現代帝國主義與秦始皇的統一六國相提並論，認爲秦始皇之對外發展與現代帝國主義對外發展之情形是一樣的，同屬於時代結束的現象。所以他下結論道：現在歐洲文化決不能無窮盡地向上發展，祇是歷史上的有限階段，經過幾百年後，必如中國、印度、希臘、羅馬文化一般，遲早有結束的一天。他又說：現在的商業文化、資本主義、帝國主義、大城市生活，都是文化末落必然的現象。

當第一次大戰結束時，我們還沒有感覺到斯本格勒氏所作的預言，於人類的實際生活會發生什麼大影響，僅認爲是歷史家的一種新理論而已。待二次大戰後，有許多實際問題，出現於國際政治上，譬如原子彈問題，美蘇對立問題，國家主權與世界政府問題，民主政治與獨裁政治問題，資本主義、社會主義與共產主義問題。這種種現實問題，報紙上天天有刋載，當爲大家所共見共聞的。其中每一問題，都可絞盡世界上人士的腦汁，而無法趨於一致。但是這種種實際問題，我今天不能一一提出來說，我今天所要說的是在實際問題背後，另有幾種更深刻更基本的問題，這幾種問題更容易引起彼此間的誤解：

一、語言混亂。

二、人生價值標準不一。

三、理性的暗晦。

先說語言之混亂。孔夫子有一句話，說：「名不正則言不順，言不順則事不成。」名正言順事成實爲一定之程序，因爲凡人論事論理離不了名辭，有了名辭乃有雙方表達之意思，乃能構成語言、文字。語言文字等於貨幣，賣出買進都使用此種貨幣，並承認其價值，然後形成賣買。現在俄國方面與西歐民主國家方面所用的許多名辭，雖屬相同，也與賣出買進所使用的貨幣，同屬一類，但口中談話，文書交換，所用名辭儘管一樣，其意義則不一定一樣。我們舉「民主」一辭來說：英美人說民主，說世界上最好的政治是民主，俄國共產黨人則說我的民主比你的民主更好。英美方面所謂的民主，是言論自由，結社自由，反對黨存在等等；俄國共產黨人所謂的民主是爲窮苦大眾謀幸福，剷除資本階級。兩方面所用之「民主」名辭雖一樣，但意義之差別如此。俄國與英美國家，在波茨坦宣言中，准許東歐各國自由選舉，成立政府，但俄國之所謂自由選舉是一黨獨覇，有俄國的特務隊在背後，其政府受一黨操縱，試問自由選舉之名，豈不是當時在外交公文上彼此同意的嗎？而今天所得之結果是天差地遠。照此情形，彼此外交上所同意的，僅僅是文字的形式，至於內容上，你說你的，我想我的，全然爲不相同之兩物。乃至俄國自身一方面拿了「民主」之詞欺騙世界上之殖民地或次殖民地，說我要促進世界上的民主政治，事實上，將來眞正變成那一類民主呢？恐怕離不了俄國獨裁政治的榜樣。因此在學術、語言、政治上之名辭發生種種混亂與曲解之現象，在這情形下，人類精神上已沒有交通的共同媒介如貨幣存在。

其次，爲人生的價值標準不一。自從十九世紀中葉，馬克斯繼黑格兒而起，自有他的所謂唯物辯證法後，原有資產階級的價值標準，已被馬克斯口中的價值標準推翻，另立無產階級的價值標準；（一）國家與階級之對立。馬氏認爲資產階級口中所說的國家、民族、政府是欺人的，勞動者應以階級作出發點，進行鬬爭與革命。（二）道德、法制、政治是社會必需之制度，但馬氏說道德、法制、政治是統治階級壓迫人民的工具。歷史發展之大動力在於生產方法，其他都是附屬現象。馬克斯這種理論，已將歐洲以往的價值一齊推倒，而另立他的價值標準。從前所謂善，在馬克斯眼中適成善之反面，從前所謂眞，在馬克斯眼中適成眞之反面。關於善的方面而言，我想在以上所舉各項中，如以否定國家、抬高階級、否定個人價值、抬高階級價值，已很明顯了。至於什麼是眞呢？我現在拿科學的研究作例，來加說明：關於遺傳學之研究，照從前門特爾法則（Mendel's Law）所云：祖上的體質可以遺傳到子孫身上去。這遺傳學說如確立，則從前自認優越的貴族，其聰明才智便可以世襲了，則貴族政治就可以成立。這項法則爲俄國生物學家所反對，近來俄國有兩個生物學家，一承認門特爾法則，遭俄國政府所免職，另一人則不承認此法則，強調環境可以改造種子的話，這人現在爲俄國政府所寵愛。這是由於優種遺傳的話便於貴族政治，環境改造種子之說便於平民政治。俄國政府認爲第二種學說與馬克思理論相吻合，應爲眞理，第一種學說與馬克思理論相左，便非眞理，視爲邪說。這事傳至歐洲後，歐洲科學家爲之譁然，因眞與非眞乃有客觀標準決定，絕不能因合與不合馬克思主義，可以隨時顚倒的。更進一層說，幾千年來之政治，認殺人放火爲不當，乃是一條普通的原則。如殺人放火，如幕後搗鬼，如挖人牆脚，與以前所謂合則留，不合則去，服務忠誠之道理都相違反，但在共產黨看來，爲達到目的起見，可不擇手段，換言之，如其能奪取政權的話，則任何欺人、殺人、害人之事，沒有一件是不可以做的，但我們問一問：目的與手段之關係究應如何呢？就目的而論，是想達到的境界，手段乃是如何達到此境界之方法。譬如說：爲仰事俯育起見，需有家庭，乃有婚姻之制度，現在拿結婚當爲致富謀財之手段。朋友相交，爲彼此互有益處，現在在結交之始，卽已有出賣朋友之目的。現代國家之中，無一國沒有政黨，沒有團體，現在組織工會，組織政黨之後，即要推翻社會現有之秩序。試問這樣的團體，豈不危險之至嗎？共產黨所以改造社會之方法，與英國革命、法國革命、美國獨立是完全不同的，因為從前的革命反對是一時的、公開的、明目張膽的，而現在的革命則是埋伏的、暗中的，拿了不信不義不忠不誠的手段並一切人類相處之基本原則而毀壞之。這種革命方法之實行，他們說為了革命，為了大眾的幸福，但這種話我們能相信嗎？大家應知從前的民主政治，自由主義，對資本家有偏袒之嫌，但是它們終究承認各個人之價值，各個人之平等，各個人有立身向上之機會。現在祇有一個共產黨，在全國之中，它所決定之是卽為全國人之是，它之所非卽為全國人之非，試問共產黨以外的其他人，住在這個國家之內，有何興趣及自由權利可言呢？藉口為多數人之幸福來造成一黨之獨裁，且口口聲聲還說着民主，大眾幸福一類的好聽話。現在世界上，一面是獨裁，一面是西歐的民主，互相在對抗爭扎之中，彼此所謂眞善美的客觀標準，或人類價值，根本是牛頭不對馬嘴，永遠不能相容。

我們從以上兩種情形看來，危機實在是很大的，而且暫時不易把它融化或消滅掉，因為假定有爭執的兩造，無論談話，或辯論或訴訟，必須要有同一的語言，同一的法律標準，然後能得解決之方法，假定語言不同，則彼此意思無法交換，也無法了解，假定甲方對乙方傳達一事，或乙方對甲方傳達一事，彼此之間不以傳達的話當為正話，反研究這番話背後的動機何在，是不是想搗亂、宣傳、和緩或利用呢？總而言之，彼此先有猜忌之心，彼此來往之文件沒有如鈔票一類東西，作為流通授受之價值，這種情形，以現在美蘇間之關係，無論屢次交涉中，今之柏林事件中，豈不是件件可見？簡單言之，語言既不一，價值標準亦不一，是無法求和解的。

其次是尙力不尙理。兩方爭執既不是言語、辯論所能解決，則於口角後，結果必歸動武，使用暴力。歐洲的社會主義運動，至這次大戰後，已明目張膽地在鼓吹暴力，如法國之陶雷士（Thorez）可說是到了「圖窮而匕首見」的階段。但一般相信社會主義的人，如從前德國的考茨基（Kaustsky），就反對這種暴力的主張，而以爲由選舉的民主的路子可以達到，但考茨基的見界，卻被列寧責罵爲落伍的人。所以俄國革命之成功可以說是亞洲式沙皇主義的成功，而決不是西歐傳統上民主政治之成功。尤其是俄國五年計劃的成功，拿五年計劃中所製造之大炮飛機坦克來戰勝德國，在俄國人心目中，使用這些武器，已成天經地義，不可動搖的了。所以美國自發明原子彈後，俄國一定要想法探知其秘密，如不能，則必自誇能製造原子彈，故「權力政治」之名，又復成爲現代政治上的流行名辭。

然則，現存之大衝突，其今後之出路到底怎樣呢？據我看來，世界文化上如有一種衝突發生，是不易獲得解決的方法的，如新舊教之衝突，封建社會與大一統皇帝的衝突，君主與民主的衝突，乃至目前的資本主義與社會主義的衝突，都是文化史上免不了流血的、破壞的。可以說從一種舊時代過渡到新時代，猶如小孩自母親肚中誕生出來後，離不了奶水的。但在我們想像之中，有三條路可走：

一、如英國的社會，往往將一個政治上的大變遷在議會場中求解決。如一七〇一年的王位繼承法成立，英國的議會制度於此確立；此次工黨政府所通過的銀行國有及運輸業國有，也是用和平方法解決國內問題的。這種和平解決的方法，可說是英人之特長，別國人能否如此，不敢說，而況現代文化之爭執，不像英國憲法上爭執，只限于一國之內，所以這條解決世界文化危機之路是不容易求得的。

二、像宗教戰爭一般，於歷經幾十年之戰禍後，終得一原則，即容忍。彼此容忍，各行其是，假定現在世界上共產主義與西方民主的衝突，經過一相持時期後，而能彼此相容，如宗教上新舊教之並存一樣。

三、假如以上兩種都行不通，那末祇賸一條，即秦始皇滅六國之方法，由一人統一全中國，即是說由一人之獨裁來代替現代的民主文化，到那時，思想自由，個人價值，恐將一起毀滅，換言之，就是天上地下，成爲一人獨尊之世界，多數人民說不上還有自由、努力、貢獻、到那時，是不是世界上的人皆能認爲滿足，可以相安無事呢？誰都不敢說。

我們終希望世界上不要有秦始皇式的大統一出現，要世界上還有個人的價值，思想的自由，人民對政治還有選擇討論之自由存在，則必須恢復理性，有了理性之後，則：（一）合理的是善，不合理的不是善；（二）現代的科學與哲學，其是是非非有一定之標準；（三）自然知道從意氣變成武力之爭爲不當。所以不論科學家、哲學家、乃至熱心政治的人，大家都應該朝着恢復理性的路上走去。（再生上海版）

（三十九年四月十五日香港版十四期重載）

十五、現代文化之危機

——卅七年十月廿三日在重慶重華學院講——

我們國內近年來呈不安的狀態，希望和平，得不到和平，希望建設，沒有建設。不但我國如此，即世界任何國家都在精神上感覺不安，這種不安的情緒可以從外國的各種書籍名目上看得出，譬如說：「文化在試驗中」、「人類的最後機會」等等，為什麼世界會到這樣不安的時期，這是原子彈在日本廣島投下後始造成的。在從前，所有日新月異的發明，如天文、機器製造品，大體言，其範圍較小，沒有影響人類生存的問題，這並不是說原子彈發明以前，沒有人注意文化的危機，德國的斯本格勒就老早於第一次大戰前後對西方文化之前途發生懷疑了。他著了一本「西方的衰落」，書出後，很震動了一些人，並且贊成與反對此書的小册子，也出了約有一百本，所以這本書眞可謂奇書。他將文化與春夏秋冬四季相比擬。在十九世紀的歐洲人看來，世界文化是無限制的進步着的，但他卻認為國家文化之興亡盛衰根據數，春夏時期過去後，秋冬時期就要到來。他說帝國主義就是文化死亡的象徵。他以帝國主義與秦始皇的統一六國在相提並論，認為秦始皇之對外發展與現代帝國主義對外發展之情形是一樣的，因爲時代結束的現象。所以他歸結說，現在歐洲文化決不能無窮盡地向上發展，經過多少年後，必如中國、印度、希臘、羅馬的文化一樣，遲早有結束的一天。他又說，現在的商業文化，資本主義、帝國主義、大城市生活，都是文化沒落的必然現象。

現在世界文化所以到今日的危險地步，在其背後實在有三個很重要的問題：（一）語言的混亂。（二）價值標準之不一。（三）理性的暗晦。我分別來說一說：

一、語言的混亂。人與人間意思之貫通要語言，在平時，互相傳達語言不致引起誤會。我們孔老夫子有云：「名不正則言不順，言不順則事不成」，所謂名者即名辭也，現在在國際間，英美與俄國相往來，名辭的解釋不相同，英美的瞭解與俄國的瞭解不相同，英美的看法與俄國的看法不相同，譬如英美所謂的民主與俄國所謂的民主不同，英美所謂的自由選舉與俄國所謂的自由選舉不同。這是語言混亂在政治上發生的大影響，大麻煩。語言原如鈔票，可以爲物物交易之媒介，其背後有法律有軌道，現在則不然，語言已不能如鈔票之能爲交易之媒介，這是一個大困難。

二、價值標準不一，人與人間相處有幾種價值標準，自從馬克斯以後，原來社會上的那套相處的價值標準已經完全被他否定了，馬克斯認爲社會最重要的是生產關係，上層的政治、道德、法律爲統治階級壓迫的工具，於是使社會上父母與子女，政府與人民，朋友與朋友相處的道理和秩序發生動搖。歐洲自文藝復興起迄法國大革命，價值的標準始終沒有改變，直至一八四八年共產黨宣言發表後，就大不同了，於是分明劃成資本主義與共產主義二個標準，戰後一切問題未能獲得解決，背後的關鍵就在於此。

三、理性的暗晦。我說現在有人在走反理性的路子。過去，何以有人不肯信仰宗教，是因爲它沒有證據，沒有數字可以表現。何以相信科學，因爲它有證據，何以相信民主政治，因爲它尊重個人，合乎理性。美國獨立宣言與法國的人權宣言成時，是理性登峰造極時代。大家知道遺傳學上有所謂門特爾法則，即凡祖上的優良種子可以傳至下代子孫，俄國共產黨認爲這法則是在替貴族政治辯護，反乎馬克斯主義，便排斥了，但另外有一個俄國科學家，則提出反對的見解被俄人認爲合乎馬克斯學說，受政府之寵倖。這且更使歐洲科學家非常不滿，認爲科學應有客觀的標準，決不能因其合與不合馬克斯的學說受到歧視。現在是理性上有憑有據的事，人家可以否認，這時代表現科學愈發達，權力政治愈盛行，國家與國家間，理性的機會愈少。

這三件事實擺在眼前，大家問我將來怎樣？我可回答說有三條路。

（一）求一個妥協，以討論辦交涉的方式覓取妥協，但是這種方法在我看來很渺茫。

（二）如歐洲經過幾十年宗教戰爭後，終於得到一個「容忍」的原則，即國家間如宗教之新舊教一般，相容並存。

（三）大魚吃小魚。在權力政治之中小國的地位減低了，有造成我們戰國時代的趨勢，出了秦始皇，到那時候，一切自由、理性都沒有了，人類也臨到垂亡的時候。

世界這樣混亂，我們自己的國家又如此不安定，我們思想界的人士就應加倍努力，希望大家勉勵，共赴艱難。（再生上海版）

十六　歐洲文化之危機及中國新文化之趨向

——（在中華教育改進社講演）

我之出席於此江蘇教育總會，今天乃是第二次。第一次是何時？一九一七年五月是也。其時歐戰正酣，德之潛艇戰略尚未宣布，美國尚未入戰團，俄國尚無所謂克倫司幾政府，更不知有所謂李寧政府，世界上之最新共和國即今之德意志，亦尚未出現。今也勝負分矣，休戰而後，並正式和約亦已簽字矣。不僅歐洲問題已解決，即太平洋之裁兵會議，亦將告終矣。吾們今日在此見面，諸君必問我：「此數年間你常在海外你看將來世界究竟怎樣？中國之地位究竟何如？」所謂世界究竟怎樣？包含太廣，斷非立譚之間所能說得盡的；若就世界現有之問題分析之，諸君之意，豈不曰俄國之政局究竟何如？世界革命能達到目的否？巴黎和約能長保不至變更否？各國財政工商已漸恢復否？德國之賠款能照約付出否？各國之內治問題，如內閣，如議會如何？凡此種種者無論何件，無一非緊要問題。惟因其人所立之地位，而緊要不緊要以別：如外交家自然以和約為第一，而他事次之。如社會黨自然以第三國際及各國勞動運動為重，而他事次之。但是以上各事，如外交，如社會革命，我今日姑且不譚。我所欲與諸君語者，則在歐洲文化問題。吾有一語，警告諸君，諸君且勿駭怪，卽歐洲文化上已起一種危機是也。諸君在上海所見，租界秩序何等整齊！外人聲勢何等浩大！電燈何等光明！文明利器何等便人！何以歐洲人對於其文明起了反動？何以有所謂危機？則其原因有三：

第一，思想上之變動，諸君知道康德以來之哲學，以理性爲出發點。人類之所以能認識世界，合二者而成：曰官覺，曰理解。在康德固未嘗說宇宙之秘奧，可以純粹理性參透；然而康德以後之哲學家、科學家、或者側重唯心論，或者側重唯物論，引起人類心理上一種希望，以爲此宇宙之謎可以由人類智識解決之。此解決宇宙之謎之希望，以達爾文物種由來出版以後爲最盛。此在思想史上，名曰實證主義時代。卽吾國歐化之輸入亦正當此時。故侯官嚴氏所譯各書，如穆勒名學，如赫胥黎天演論，如斯賓塞羣學肄言，卽其代表也。近三十年生物學更進步，心理學亦發達，愈研究，愈覺此宇宙之秘奧是不易瞭解的。譬之從前以細胞剖爲二，據生物學家之言，此半個細胞之組織，卽爲原形之半；然現時發明細胞雖分爲二，而其組織仍爲整個的，於是覺物理上之因果律是不適用於生物，乃至心理上之綿延，更非以物理學之計算法所得而衡量。哲學家如柏格森之類多言之。無俟予之贅言。要而言之，以近來哲學科學之進步論之，昔之研究在物理者，今則在生命方面；昔之研究在自覺者，今則在非自覺；昔之研究在理性者，今則以爲非理性所能盡；昔之研究在分析者，今則在把捉實在全體。此則所謂主智主義與反主智主義是也。

第二，社會組織之動搖，諸君知道歐洲各國向以工商立國。所謂工商立國者，一方國內工商發展，故人人有生活有衣食之所；他方一國之富力發展於外，爲工商競爭，爲投資，爲生計滅國新法。此等事在富力未發達之國，固以工商發達人民生計爲最良之政策，迨乎旣發達以後，於是在工廠之小民，自己仔細一硏求，說貨物由吾造成的，富力由我增進的，乃結果所得，無非擴充海陸軍，一般外交代表得肆其縱橫捭闔之計，或使本國銀行代表之在外國者臣門如市罷了。於是發生一種自覺，說一國之富力不應集於少數人之手，國之與國，不應有所謂侵略。此所謂社會主義與第一第二第三國際組織之所由來也。

第三，歐戰之結果，歐戰之結果，死了數千萬人，費了數千百萬萬財產，爲人類有史以來第一次大戰，是盡人所同認的。現在和約定矣，歐洲已恢復平和矣。所得者，無非割了地，賠了款，問世界到底有何好處，實在說不出來。然其中有一件事爲吾人所不可不認者，卽昔所認爲不可能之事，竟變爲可能。譬如十年前有誰想到奧國之分裂，而奧國竟分裂矣；昔時有誰信爲德國全國人所愛戴之霍亨荼侖王室之去位，而今竟去位矣；有誰信德俄兩國能成共和國，而今竟德之憲法已確定，俄之李寧政府亦已支持至三年之久矣；昔以強凌弱爲定則者，今則有所謂國際聯盟之說；昔以武裝和平爲定則者，今則有所謂裁兵，乃至戰時計口所食之麵包票也，以一切私有之工廠歸國家支配也，皆引起人一種想像，以爲人類改造環境適應環境之能力是極大的。一言以蔽之，則人類改造可能性之大，至戰事中而大表顯。惟此可能性之大，於是改造哲學者有人焉，改造社會者有人焉，改造各科學者有人焉，乃至思改造文化之根本者亦有人焉。總之，或曰改造，或曰革命，其精神則一而已。

合以上三種原因，可以說現在之歐洲人，在思想上，在現實之社會上，政治上，人人不滿於現狀，而求所以改革之，則其總心理也。其在哲學界則國人所常稱道之柏格森倭伊鏗是也。柏格森之哲學，一名變之哲學。倭伊鏗之哲學，最反對自然主義，最反對主智主義。兩家之言，正代表今日社會心理，故爲一般人所歡迎。其在政治界，社會革命界，則俄之李寧，英之基爾特社會主義者之柯爾氏，此皆國人所已知，無待贅述者也。所最奇者，並對於今日歐洲文化亦有懷疑者，如英之潘梯氏（Penty）是也。潘氏亦爲基爾特社會主義者，但其立腳點與柯爾不同。柯爾氏欲就現有之工業組織，改大資本家之所有制爲生產者之所有制而已；而潘梯氏則以爲有大工廠大市場自然是資本主義，故不僅以改良所有權爲滿足，以爲非廢大工廠不可，甚至說非重農而輕工不可。乃至有人說工商業由科學發達來，工商組織既已流毒如此，故對於產生工商之科學，亦生疑問，凡此奇怪之論所以發得出來，卽係不滿足於現狀之故，卽係改造可能性發展至極度之故。卽如羅素書中常說現社會之組織，是抑制本能，是戕賊生機，欲恢復心靈以調和理智。以羅素之好爲分析之哲學家，而其社會哲學中，雖不排斥科學，然明言理智之害，卽不啻道及科學所生結果之害。乃至因戰敗後之失望，則以德國爲尤甚，故甚至出了一書，名曰歐洲之末運。吾之所謂歐洲文化之危機者此也。

今日承中華教育改進社之招，其演題登在報上的，是最近對於教育的感想，我現在已說了半天，尙無一語及於教育，諸君必定問我：何以你所講的，竟是文不對題？諸君要知道文化是與教育極有關係的，中國昔日之文化，以君尊臣卑，以家庭爲其組織之幹體。故以誦讀孔孟之書爲教育。今日主張科學，主張各人獨立自動，故學校所教者，爲各種科學；所練習者，爲團體生活。假使文化面目一變，則教育全體方針亦隨之而變。故我以爲歐洲文化上之危機爲世界之大事，而吾國人所不可不注意者也。

或者諸君要問我：歐洲文化既陷於危機，則中國今後新文化之方針應該如何呢？墨守舊文化呢？還是將歐洲文化之經過之老文章抄一遍再說呢？此問題吾心中常常想及。吾到上海之次日去看一朋友，他拿出梁漱溟先生新著東西文化及其哲學一書，全書卽是討論此問題。吾將梁先生之所說，簡單報告諸君，再述我自己的意見。

梁先生分世界文化爲三種：曰中國，曰印度，曰歐洲。歐洲文化爲「向前要求」，故產生科學方法及民主政治；中國文化爲遷就境地，但將自己的意思變換或「調和」，或「持中」，至於印度，將生活困難從根本上取銷，故爲「反身向後要求」。此三種文化的特點，說得很透闢，吾極佩服的。但是後來說到三方面之哲學中，他說：

西洋生活是直覺運用理智的；
中國生活是理智運用直覺的；
印度生活是理智運用現量的。

此三語中，包含佛教哲學，西洋哲學，中國孔孟之言，內容太繁雜，今日不能細說，他日俟有機會，再一一討論。而吾所不解者，則其所引爲西洋以直覺運用理智之根據，曰「我」之認識。所謂「我」之認識，是由於笛卡爾氏「我思故我存」一語而來。笛卡爾此語，爲後來理性主義之祖，實爲後來主智主義之張本。卽曰此「我」爲人生活動之「我」，則爲政治學上生計學上個人主義之「我」，與理智直覺何涉？而梁先生乃曰「我」之認識爲直覺，是吾所百思不得其解者也。梁先生又引孔子之言「仁」，言「中庸」，「吾與點也」之語，以證孔家之自得之樂，以爲出於直覺。所謂自得之樂，是否孔子惟一面目，已是問題。梁任公先生告我，梁漱溟之孔學，乃陽明門下泰州一派，則自得者，孔子之一部而非全體也。

譬如梁漱溟先生釋孔子之「仁」字，引「予之不仁也」以證明此「仁」字乃感情溫厚直覺敏銳之意。然而孔子之答顏淵曰，克己復禮為仁；答子張曰，出門如見大賓，使民如承大祭。言禮言祭言大賓，其鄭重將事為如何？而非直覺二字之所能盡明矣。以吾看來，所謂「仁」所謂「義」，孟子說得最好，乃是不學而知，不慮而能之良知良能，既無所謂理智，亦無所謂直覺。梁先生書中乃強名此良知良能為直覺，則康德之實行理性，亦名為直覺派哲學可乎？

至於印度哲學上之現量，是信解行證四者中之境界，與西洋哲學中之理智直覺，不能為比較的研究。梁先生將直覺理智二名詞，用得極寬泛；三方面文化之特徵，盡歸納於理智直覺之中，故名詞意義之歧混，乃全書中最大的缺點。

然而今日是討論東西文化，非批評梁先生之書，故最要緊者，是梁先生之結論。第一層，梁先生從物質、社會、精神三方面觀察其變遷。與我第一段所觀察大略相同。梁先生自言未嘗出國門，而其觀察之深入如此，乃我所極佩服的。但梁先生竟引倭伊鏗輩之言，以為與孔子之言相同，而斷定西洋文化必走中國的路子。彼於其書中曰：「精神生活一面，大致是中國從來樣子」；以為藝術復興，禮樂復興，以收拾人心，安定人心，而宗教必定衰微，亦與中國舊樣子相合。（梁先生語）。梁先生以為孔子說人生，倭伊鏗亦說人生，字面既已相同，意義亦當相同。不知孔子的人生，是倫理的人生；倭伊鏗的人生，是宗教的人生；孔子的人生，是就人生而言之人生；倭伊鏗之人生，是宇宙的人生，二者不可以相提並論。至柏格森書中之「生」字，有指生物學上之「生」，有指心理學上之「生」，更是不同。要之，歐洲文化之將來，吾是不敢斷定；然就大略觀之，則一地之文化在本國以內，以反動狀況為多。譬如甲時代爲一種文化，乙時代爲一種文化，至乙時代而生反動時，常稍變其形式，而復返於甲時代之文化。漢時之考據，至宋明爲理學；理學之反動，則又爲另一種之考據，然其爲考據一也。以我默察歐洲情形，今日人人於中世紀之制，羨之如中國人之稱唐虞三代，所謂基爾特社會主義之基爾特，即中世紀之制也。倭伊鏗爲主張耶敎革命之人，然以爲代物質文明而興者，舍宗敎而外無他物，且以爲此後之宗敎運動，必有如中世紀之盛，凡此足以證吾文化反動之說之非無據矣。故梁先生之推定歐洲文化爲走中國路子，我所絕對不敢贊同者也。

至於第二層，更爲重要。梁先生斷定世界未來之文化，就是中國文化的復興。此類勇氣，吾是極端贊成的。但是今日尙在振作精神創造新文化之時，自己文化如何，尙不得而知，而竟斷定「世界文化即中國文化復興」，不免太早計了！至於梁先生所說今後中國應持之態度亦有三項：

第一，要排印度的態度；

第二，對於西方文化全盤承受，但對其態度要改一改；

第三，批評的把中國原來態度重新拿出來。

梁先生一方說世界未來文化是中國文化，而他方又說中國應採西方文化，此兩說如何合得到一起，吾苦難索解。一種文化有內外兩方；有西洋之愛智識之精神，而後有今日之科學文明；若去其愛智識一點，而採中國人之優遊自得，則科學文明能否發生，已是疑問。即令發生，能否有今日西洋人之工商組織，亦是疑問。總之，吾於梁先生所說承受西方文明一節，是完全贊成的；但對中國到底成何種文化，世界成何種文化，我不能如梁先生之速斷。茲將吾對於中國文化方針約略言之：

一，文化爲物，發之自內，由精神上之要求，見之於制度文章；其性質爲自我的，獨立的，雖因外界之交通，而思想上有互換之處，然一洲或一國之固有文化之成立，必其國民自身有特種人生觀，有特種創作，此考之希臘文化與歐洲文藝復興以來之文化；何一非創造的思想家之言論動作，有以涵育而成之，是其明證。故吾國今後新文化之方針，當由我自決，由我民族精神上自行提出要求。若謂西洋人如何，我便如何，此乃傀儡登場，此爲沐猴而冠，既無所謂文，更無所謂化。自此點觀之，西洋人對於其文化之失望，吾人大可不必管他，但自問吾良心上究竟要何種文化。

二，據我看來中國舊文化腐敗已極，應有外來的血清劑來注射他一番。故西方人生觀中如個人獨立之精神，如政治上之民主主義，如科學上之實驗方法，應盡量輸入。如不輸入，則中國文化必無活力。

三，現時人對於吾國舊學說，如對孔教之類，好以批評的精神對待之，然對於西方文化鮮有以批評的眼光對待之者。吾以爲盡量輸入，與批評其得失，應同時並行。中國人生觀好處應拿出來，壞處應排斥他，對於西方文化亦然。

四，文化有總根源，有條理，此後不可籠籠統統說西洋文化，東洋文化，應將西洋文化在物質上精神上應採取者，一一列舉出來；中國文化上應保存者，亦一一列舉出來。然東西文化之本末各不同，如西洋人好言澈底，中國人好言兼容，或中庸；

> 西洋好界限分明，中國好言包容，此兩種精神，以後必有一場大激戰。勝負分明之日，卽中國文化根本精神決定之日。

此四項既經過以後，乃有所謂新中國文化，乃再說中國新文化與世界之關係如何，究竟中國文化勝耶，抑西洋文化勝耶，抑二者相合之新文化勝耶，此皆不可以今日臆測者也。

以上四者：精神上之自發也，研究也，批評也，相反二者之綜合也，可以謂爲尙偏於智識方面，然文化之根本，智識固不可輕，而所重尤在行爲。譬之練新軍也，其一，當軍政之局者，應有爲國防而練兵之目的；第二，用人行政，須爲國家百年久安之計，非以軍隊爲擁護個人之利害，第三，關於陸海軍經理部，出入須有着落，不可絲毫冒濫，能有此行爲者，斯其練兵爲可久可大之業。又譬之政治也，政治家須有一定之政策，時時演說於公眾；政治家本守法之精神，依政策之行不行爲進退；政治家不肯有絲毫腐敗國民道德之舉，能有此行爲者，則政治之由新而舊，乃有確實根據。吾嘗乘日本船，見其自船長而下，以至候補士官，舉止行動，於整肅之中，有和愛可親的樣子；大小各官，如出同一模形，可知其始事之初，必有一種模範人格以爲之表率，故能養成此種風氣。而日本一切新政所以行之而有效者，皆以創始之先有公心，有以身作則之人物爲之倡也。吾國競言新文化矣，新文化自智識輸入下手，本當然之事，然新文化必有負擔者，以德人之名名之，可曰文化之擔負者（Kulturträger），此擔負者之責任奈何？曰，本新文化之精神，一一身體而力行之耳。新文化之要件在解放，故人人當從自己解放起；新文化之要件在自立，故人人當不依賴他人做起；新文化之要件在勞動神聖，故人人當從自食其力做起。此寥寥數條，人人遵而行之，則民主精神，科學精神之新文化，自然實現於吾國。若夫徒以之爲口頭禪，隨便說說，便算了事，直是虛僞，而何文化之足云！要之，以世界大勢看來，歐洲人自己家內之困難問題，正是不少，故以亡國作杞人之憂大可不必；然國亡之懼雖無，不能說吾國就此高枕無憂，蓋人生在世，當然有各人之責任，居今之世之最大責任，厥在對於今後世界新文化之貢獻。吾國人而誠能發奮爲之，則新文化桌上，必容吾國人占一席，而不然者，舊者且日就淪夷，更無所謂新，此則我所欲與在座諸君及全國教育界諸君共惕勵者也。

（東方雜誌十九卷第三號）

十七　中國對於西方挑戰之反應

——伊里諾大學演講——

此次我來伊里諾大學校，因我女孩之邀請。現世界日益縮小，往來便利，甲國人移居乙國，貢獻其所長者日多，中國人在美國各大學、各實驗所、各醫院、各工廠中工作者，有數千人之多。此與一九四九年以前，一旦大學畢業，卽行回國服務者，大大不同。

此種東西文化關係之接觸，不但發生彼此意見之交換有時亦能引起彼此間之衝突，假使因衝突而達於調和而達於折衷，其有益於人類之相處，決非淺鮮。我個人在學問方面，興趣甚廣。今日想就過去之中國宗教、語言、與哲學三方面，我心所懷抱者與諸君共同討論。我個人無意於告訴諸君對於中國應如何看法。我在西方居住多年。我常想在東西比較研究之中，求得一種彼此折衷之立場，各去其所短，各保其所長。此爲太空時代各國間相互瞭解之大事，吾人所當致力者也。因此我所欲與諸君言者，非爲另一種哲學派別，乃促成各國間瞭解之接近而已。

第一宗教　吾國古代以一世大哲，任天下之重。堯之自任曰『一民飢，我飢之也。一民寒，我寒之也。一民有罪，我陷之也。』湯之自任曰『萬方有罪，罪在朕躬。』伊尹之自任曰『予天民之先覺者也。非予覺之而誰也。』古之大哲，上自天道，下至人事，一切引爲己責，所以覺世、化民、成俗者，皆爲一身之事，故吾國所謂先覺，猶西方所謂預言家(Prophet)也。其後官失其守，學絕道散。於是先知先覺之責，不在於君，而移於在野之賢哲，乃有孔孟爲儒者之宗，而六藝之教因之以興。禮記經解曰：

> 孔子曰入其國，其教可知也。其爲人也，溫柔敦厚，詩教也。疏通知遠，書教也。廣博易良，樂教也。絜靜精微，易教也。恭儉莊敬，禮教也。屬辭比事，春秋教也。

吾國教字指人事物理之典則，可以垂諸後世者言之。宗教之曰於信仰者，爲印度以西至猶太與阿拉伯所獨有，而爲吾國之所無。佛法自印度傳來，吾國人但以理智態度起而信守之。此時尚不知所謂宗教。及十字教會傳教之士利瑪竇於明萬歷時傳天主教於吾國。其所以受人尊重，據徐光啟幾何原本序中之言，計有二因：一曰利氏之學，指其天算方面有關於日蝕月蝕之推算言之，一曰利氏之道，指其敬天愛人與立身行己之道言之。此時徐光啟李之藻輩激於明末王學之空譚心性，對於利氏之學既已景仰，自然對於利氏一神之說，若高山之仰止矣。然十九世紀中葉，耶穌新教西來，大昌吾國人民崇拜偶像之說，一若民眾之愚昧，同於非洲之野人，然不知郊天之祭，始於堯舜禹湯文武。故禮記郊特牲之言曰：

祭之日，王被袞以象天（謂文日月星辰之章），戴冕十有二旒，則天數也。乘素車，貴其質也。旂十有二旒，龍章而設日月，以象天也。天垂象，聖人則之。郊，所以明天道也。萬物本乎天，人本乎祖，此所以配上帝也。郊之祭也，大報本反始也。

所謂「萬物本乎天」與夫「天地之大德曰生」，與西方上帝創造萬物云云，非爲同一意義者乎。因西方忽視吾國祭天敬天之禮，乃視之與崇拜多神爲同俗，因而釀成千萬件教案，至清末有拳匪之變。中共興起，乃有反帝國主義之口號，雖歷史上事情之因果，極不易簡單斷定，尤不可將其因果簡單化。然彼此間之輕視，易生反感，則無可疑也。

假令許我以想像方法設想當時各國所派教士，不屬於長老會洗禮會之人，而爲黑格爾左派之非鴉拔哈（Feuerbach）氏，我信菲氏所以報告中國人之信仰者，將爲另一圖形而大異乎新教傳教師之所言。菲氏以爲世界中心，應在人類之愛不在超絕自然界之上帝。茲錄一八四〇年出版之「耶穌教之本性（Wesen des Christentums）之言如下：

彼等稱我爲無神者，實爲不知我者之言。上帝之有無問題，或曰有神論與無神論問題，乃十六或十七世紀之事，非十九世紀之事。誠然，我否定上帝。但我所以否定上帝者，因有神論者否定人類之故也。將人類置之於冥想之天堂中，即等於將人類實際生活之地位降低，與其空想天堂，不若代之以人類之實際生活，或就政治上或社會上之地位而抬高之。故上帝之有無問題非他，即人類有無問題也。

孔子生於公元前五五七年，早於非氏二千三百年。但孔子思想之現代化，正與非氏同。孔子思想以仁爲出發點，而二人相處之關係，漢儒解之爲相人偶。由此人與人之關係間，發生人與人相愛之情與理，名之曰仁。孔子釋「仁」之義曰：

仁者，己欲立而立人，己欲達而達人。

子貢問曰：有一言，而可以終身行之者乎。子曰：其恕乎；己所不欲，勿施於人。

仁恕二者，互相關聯，惟知己之所不欲，乃能知人之所欲。仁恕二者之相關聯，孔子之言，中庸記之曰：

忠恕違道不遠，施諸己而不願，亦勿施於人。

此即人倫關係，如父子如君臣如夫婦如兄弟如朋友，皆應自兩方着想，然後其愛、敬、忠、信、乃出於眞誠也。

孔子尤着重於把握一己之身心，故曰正心、誠意、脩身。凡能把握自己之身與心者，方能信仰上帝，倘不先正心，雖日到教堂或坐或跪，有何用處。太史公於漢高本紀後贊之曰『夏之政忠，忠之敝，小人以野。故殷人承之以敬，敬之敝，小人以鬼。』鄭玄釋之曰多威儀，如事鬼神。吾人可再釋之曰，如以人世之事，委之上帝，則人民信神而忘其在己之身心。反而言之，如專以有形之事物，可以目擊耳聞手觸者爲眞爲實，而忘其無聲無臭之中自有其主宰之理，此則孔子所以有知之爲知之，不知爲不知之言，知之者，可耳聞目擊者也。不知者君子所畏之天道也。孔子於可知之學問與不可知之天道二者之間，擇其一條中間道路，不以神道壓倒科學，亦不以科學否認上帝，此正中庸之道也。乃至就西方上帝與世界之關係言之，分爲三派。一曰汎神論（Pantheism）謂上帝在世界之中，與上文所謂天地之大德曰生極相似。二曰自然神論（Deism），上帝造世界後，聽其自然，不加干涉。此爲十八世紀自中國傳至西方之說。三曰神道論，即上帝本其唯一神之地位，經由此世界而運用之。合此三說，又分二派，一曰外在說，上帝與世界爲一體，然居於世界之外，二曰內在說，上帝所爲，即在萬事萬物之中。此二說不足以形容上帝之神妙莫測，乃有上帝人格論（Theistic Personalism)。上帝爲人格，有主意之決定，受祈禱之影響，但無一定計劃(No Definite Plan)，而潛在於人類本質之中。因此上帝創造此世界，然不依賴此世界，而此世界則依上帝而存在。此第三說合內在外在二者而一之。然依吾東方人之觀念，上帝屬於天道，非名相所能形容。立說多，則議論尤爲紛歧。因西方人好以言語爲說明之資，不甘於向超名相之境界低首故也。然易經有言，形而上者謂之道，形而下者謂之器。中庸曰『博厚配地，高明配天，悠久無疆，如此者，不見而章，不動而變，無爲而成。天地之道可一言而盡也，其爲物不貳，則其生物不測。』可見天地事物，從其所見者言之，曰文理密察，從其不可見者言之，曰至誠無息。此形上形下之所以不容偏廢也。本節論宗教，我姑引菲鴉拔哈之言爲結宿。非氏曰所謂神道實不外乎人道。此與孟子所言『仁者人也。合而言之，道也。』何以異乎。

第二、語言　我常聞西方人評中國語言者有二。甲曰中國語無文法，乙曰中國語不適於討論哲學（德人著中國哲學史者有此言）。

我以爲中國語之有無文法，當視所謂文法之定義何如。丹麥人俠司判孫氏（Jespersen）所言，文法依語言之位處定之。依俠氏之意，中國語言雖無西方語言中多少數之相合，動詞之現在時或過去時，然因其位處有定所，謂爲無文法，不可得也。語言所以達意，意之既達，語言已盡職，文法自在其中矣。

我姑且舉中國語言所負譯述之責任言之。第一次，將佛經以梵文寫成者譯爲漢文。佛經之理如無常無我如涅槃，與儒家所論孝悌忠信之道，是非善惡之辨，絕不相類。但經中國學者、印度與西域高僧之共同努力，三千數百種之佛書，譯成漢文。鳩摩羅什有「不能嚼飯與人」之言，謂譯文不盡如作者原意之意。然佛教之理，經漢譯而大行於東亞，則爲彰明較著之事實。近來印度學者因梵文原本之不可得，乃就漢文本再譯爲印文或梵文。是漢文譯本足以達意，且爲現代印度學者所能瞭解，乃能就漢譯以恢復其梵文本之原型。是漢文足以達意可以見矣。西方人所謂中國語言不適於討論哲學云云，其爲錯誤之言，顯然矣。況乎中文譯本造成日本、高麗、越南之佛教信徒，而越南之佛教徒形成一種政治勢力，尤爲美國人所共見共聞者也。

第二次將西方之自然科學、哲學、與馬克思主義之書籍，譯爲漢文。此項繙譯斷非易事，因各書之概念與中國格格不相入也。然中國經鴉片煙戰爭中法戰爭之挫敗，自知新知識輸入之必要，乃於上海江南製造局中附設一譯書局，此外更設一廣方言館，即爲我少年讀書求學之地。譯書局中有吾國專治理化數學之人如李善蘭、華恒芳輩司筆譯之責，更有美國人傅蘭亞（Fryer）負口述講解之責。自我來美洲，出入加州大學，求書於亞洲圖書館，乃知亞洲圖書館之書，即傅蘭亞在上海時所收集之書，移贈於加州大學，更因傅氏之書擴而充之，以成爲今日之亞洲圖書館。是傅氏之移植科學於吾國者，有其回饗美國者在矣。

以上爲第二次譯述書籍之第一屆。繼自然科學而起者，爲嚴復氏（號幼陵）之譯西方哲學著作。各書之名稱如下。

㈠天演論 Huxley: Evolution and Ethics

㈡原富 Adam Smith: Wealth of Nations

㈢名學 John Stuart Mill: System of Logic

㈣羣學肄言 Herbert Spencer; Study of Sociology

㈤法意 Montesquieu: The Spirit of Laws

其後更有德國哲學家如康德、黑格爾書之譯述，反理智派哲學如柏格生之物質與記憶，創化論，由張東蓀譯出，倭伊鏗由瞿世英譯出。此爲第二屆。

其第三屆爲馬克思、列寧、史太林全集之繙譯爲蘇聯革命以後對中國宣傳而起。其時莫斯哥設有中山大學，招收中國學生數百赴俄留學，由各學生譯出者也。俄政府印行，經西伯利亞五千五百英里鐵道運送而來，免費分送於人。

以上兩次三屆之書，由梵文與西語譯述而來。試問中國語言苟不能勝此達意之任務，則文化交流之效果，何由發生乎。

更自反面言之，中國書籍，如孔孟儒家之五經四書、道家之老子、莊子、法家之管子、商君、韓非與墨子，乃至史部之史記等等，無不經西方人之力，業已譯出，較諸吾國人未將柏拉圖對話，亞歷斯大德各書全部漢譯者，遠勝多矣。

第三、哲學　我爲從事於哲學研究之人，所欲與諸君討論之問題甚多，如中國哲學之語簡義廣，西方哲學之語繁義精，中國哲學問題在人事之中，西方哲學問題在自然界知識之中，中國哲學方法在直覺，西方哲學方法爲邏輯與經驗。此皆可以互相比較者也。今日時間忽促，但就二、三點言之，其一爲二元主義。世間事物繁多，有屬於物質者如木石銅鐵是也，有屬於『生』(Life)者如植物動物人類是也。有屬於心者，如人之思辨是也。有屬於客觀精神者，如禮俗，制度文章風氣是也。此數者任其自然而聽其所在，如大學所謂格物、致知、正心、誠意、修身，則物、知、心、意、身五者自有其自然的地位。反是者以爲物質之學，生物之學，心意身三者之學，既已成爲智識與學問，乃一切歸之於心，將萬物化之爲一元之心，於是有哲學中之唯心論派，其有反對之者爲唯物論派，將一切歸之於物，是爲唯物主義派，其有非心非物者，則以現象爲主，是爲實證派（Positivism）或曰現象派。然一切歸之於物者，乃將物質運動之機械主義（Mechanism）推及於生與心，於是而生命之目的論與心思之自由意志論因被否認，乃至禮俗制度，亦以爲由物質生活之下層結構所決定。反是者其以心以思爲主者，如黑格爾氏欲將自然界依邏輯學方式，演繹而出之，乃有『自然界爲精神之自其本身外推而出之』之言（Nature is spirit in alienation from itself），此則將事物之爲事物，各事物之演變，由時間醞釀而成者一併否認之矣。依中國向來觀念言之，物自物，生自生，心自心，此三者各自爲一體，不必混同而化爲一元者也。其二爲直覺與經驗問題。此二者爲人類智識由來之源。所謂直覺，依各直接所感所知之能（faculty）推定外界事物之理曰如是如是。孔子所謂己所不欲，勿施於人。孟子所謂良知良能，卽自此直覺之知(Intuition)來也。西方偏重經驗之知，然邏輯學家亦認思想三例（惟排中律除外），爲直覺之知。幾何原本作者歐里幾氏明言以若干自明理爲出發點。若推而廣之，笛卡德之『我思故我存』，非現代哲學本此自明理爲其出發點乎。當代大哲懷悌黑氏推翻心物二分說而代之以『事』(Event)，事卽爲唯一實在，且言其出乎經驗。然既爲經驗矣，應爲人同在此世界中者所共遇，然必待懷氏起而後有此新說，其爲懷氏一人之直覺，顯然矣。此猶東西聖人心同理同之義，爲人所同然，然必待象山而後明者，因其爲一人獨特之見故也。此兩種之知，一爲一人之妙悟，一爲事情證實之所需，合而用之，其有益於眞理之發見，何止如今日而已乎。其三爲科學發展問題分兩項論之。（甲）爲核武器之前，（乙）爲物理學之新發展。（甲）原子彈製成之前，科學家一致之見解曰科學爲事實（Fact）之研究，與人事之價值（Value）無涉。吾國科學家共守之規矩，曰科學無國界，曰科學研究一切公開。伸言之，科學研究宇宙之秘奥，應爲人類所共知共有，不應有此疆彼界之分。所謂事實研究，不參以價值高下云者，爲科學家將研究結果公開之藉口而已。試問德拜耶公司(Bayer)所發明如染料如藥品如鋪路柏油，既有益於醫病，又可用之於衣與行，何能謂無價值存乎其中乎。無線電之便於通信，電視之廣見博聞，可以輔助教育之推行，其中有正德利用厚生之效，何待論乎。然數百年來西方人守科學爲事實研究之言者，所以便各國科學之通力合作而不必有所隱匿也。

二次大戰時，德美兩國爭先製成原子彈，自愛因斯坦獻議於羅斯福總統，乃有所謂孟哈頓計劃。而美國各大學科學研究室卽張貼通告曰：『此處不准人參觀並不得交換意見。』所以防此項計劃之洩漏。自是以來，科學知識一切公開之舊貫，爲之一變。今已將核武器不得散播規定於國際條約，而法國戴高樂因向隅之故，退出北大同盟矣。此可以見核武器所生之人事社會方面之影響如何。茲舉蘇聯核子物理學家卡比柴（P. L. Kapitza）之言如下（一九六二年四月四日原子科學家報告第十八冊）

> 我就一生所見科學發展情況，加之以思索，乃覺其中驚奇之事，即人類對於科學之一般態度是也。我少時常聞純粹科學（Pure science）之名，即爲科學而研究科學之謂。然今則情況已大異矣。今日已認定科學爲社會秩序中之所必需之物。國家視科學爲其主要職掌，與軍隊、警察、司法三者處於同等地位。此爲五十年前所未嘗聞見者，因當時科學研究爲私人主動之事也。
>
> 吾常聞科學分而爲二之說，一曰基本科學，二曰應用科學。然基本科學何時終，應用科學何時始之界線何在，極不易得，因此分界出於人爲的制定故也。昔法國科學家朗格密氏（Langmuir）工作於工廠中，因求電燈技術問題之解決，而有關於科學基本之發見。則此種分界之不易成立，可以見矣。
>
> 國家因科學研究之擴大，其用於科學研究之經費日增，如加速機與反應爐之製造，如外空之探測，皆工程浩繁需用大款者也。此種工作非私人所能負責，而必須由團體擔任。此後創造性之團體工作，更將方興未艾矣。
>
> 昔時戲臺之上，但見有演戲者，至於總攬指揮者爲不關重要之人。現時電影一幕演戲者之數，達於數千或萬人以上，其主要安排之責，則屬於指揮者。現時科學界之情況正相類似。科學研究所以需要指揮者，由於其所負任務爲創造性，非執行性故

也。所謂創造性之任務，如戲劇排演之分一二三幕，誰任某角，誰任某角，演員分配得宜，方成爲好戲。科學研究之安排，猶之好戲好電影之安排，此乃指揮者之所以重要也。

關於科學研究大計劃，指揮者雖不親自工作，然其爲偉大人物自若焉。譬之衛星之運行於空中，指揮者自有設計之大功。然諾貝爾委員會不以獎金予之，此我所不解也。愛因斯坦氏與克蘭爾氏（Reni Klair）既爲藝術家，又爲大指揮者。科學界中之長於組織者，豈不應視之爲大藝術家乎。吾人今日所處，爲科學與技術發展之世，科學界組織者所負之任務，極關重要。據我所知，演員而兼指揮者，有却魄靈（Charlie Chaplin）其人。英國物理學家羅德福氏（Earnest Rutherford）一面爲科學研究，一面爲大試驗室之創造者，即富於指揮天才之人也。（卡氏在英，爲羅德福之學生，史太林請卡氏返俄之日，羅氏以卡氏試驗室全部儀器贈之，史氏派軍艦載之以歸。卡氏此文提及羅氏，所以表其感恩知己之意。）

原子彈出現之後，科學研究公開之時代已成過去矣。今各國科學試驗室，雖未予人以閉門羹，然科學報告中已有可公開與不公開之分類矣。澈底言之，人類心思所及之事，便有其重要性與價值性，豈有全國各大學千百萬人之所鑽研者，僅爲一種客觀事實，而絕無與其人生社會方面發生影響之可言乎。此本爲人之所易見者。但公開研究四字所以促成各國科學之昌明者，今已成廢棄，不免令人嘆息者也。

（乙）項所應討論者爲物理學之新發展，其中爲泊朗克氏（Planck）之量子論，爲愛因斯坦之特殊相對論與一般相對論，為哈伊盛堡之不定論。其間經過繁多，但就其理論分為三點言之。（子）物質之非物質化。——向來科學家以為宇宙現象可憑物質與運動二者為解釋之資，甚至腦神經系之行列，亦以物質變化為之解釋。其意以為物質為一切現象之運送般，因其為多方面的，而為宇宙間之終局而不可化之體也。所謂物質之方面㈠繼續不斷於遍宇宙之光亮的以太中。㈡可分為原子而行動於以太中。然自十九世紀之末，經所謂摩勒氏米卻爾生氏（Marley, Michelson）之試驗後，知以太動態之不可得。此後又經愛因斯坦氏明可夫司幾氏之言成為定說，認為以太為不必要而無用，不如棄之為得。於是此繼續不斷，占據空間之物質，因此被驅逐於科學舞台之外矣。然硬性與分段之原子依然在焉。自托姆生氏（J. J. Thompson）之研究，初時僅知原子為正電區，附以若干力小之負電。其後羅德福氏蘇狄氏（Soddy）二人繼之，確知原子之X光發射體之核心為正電，旁有負電環之，乃使全部原子成為中立化。倘就氫氣原子之形狀言之，假定其面積如同自地球至於北極星之廣大，其核心如一檯球，其電子為長三百尺之圓球環繞於此檯球之四周之軌道，約有十英里。如是此硬性之原子，僅為空無的空間而已。所謂核心，非一律之圓球，自有結構而變化甚多。所謂電子，亦非簡單之物體，惟有自身轉動之中，其形之大小如何，為科學家所難於斷言。然其為點形（Points），為數學的單一體之現於空間者，則可明言者也。因吾人處此不定與疑似之中，只能以「非物質化」（Dematerialisation）四字為原子之概念，或者去正鵠不遠矣。

(丑)運動之分段或不繼續——平日吾人在所處宇宙中之所見，一切運動無不繼續，如鳥之飛行，如石之下墜，如星辰之運行如人之行走決無中斷可言。先以螢火蟲譬之，夏夜間有螢火蟲飛動，一點一點之光，閃鑠來往，幾疑其飛動之或斷或續。但依常識行之，則知其飛動之一步一步前進，爲無可疑者。至近年科學家深入於原子中之電子始知運動繼續原理之不能適用。何也。電子現象，如同螢蟲夜間之飛，有時可目見，有時不可目見。雖電子行於其經常軌道之中，求其位置所在，僅有若干不定之點。惟其在空中僅有若干不定之點，此所以名之曰運動之分段或不繼續。明白言之，對於原子地位不衡量，僅知氫氣電子之不變情況，在其可見之空間的分配之蓋然集合數中。至於每次地位之個別觀察，則不可得。如是，電子運行之繼續之證實，既受堵塞，而電子本身爲甲爲乙爲丙丁，又無可分辨，則電子自身之個別，且不可辨，更何從而有個別觀察可言乎。科學家因電子位置之凌亂，棄其繼續之假定，但就多數次之觀察，得其平均形態(The average behavior of a multitude events)。此原子物理學中所以採用蓋然集合數之所由來也。（寅）因果律——因果律原指物之定態時間內之變樣言之，某物之定態在勢力熱度變化之下，如容量與壓力三者之變（Variables），引起定態之變。或另一種名伸縮性的物，因壓力或伸長而起定態之變化。前者爲熱力，後者爲伸縮性。物之定態之可知者，其未來之變化可以預爲計算，前一態名之曰因，後一態名之曰果，合而言之曰因果律。前段所言之電子，其形既小，其個體不可辨別，於是昔日物理學之因果律不能適用矣。哈伊盛堡氏之不確定原則，卽指質點之地位與動量之不可確定言之。而牛頓之因果律乃告終矣。然吾人暫舍物個別定態，而另採統計中之定態（卽蓋然集合數），換言之，以蓋然數爲其意義，卽定態在各不同時間以內，仍有其所以不同之故。如是因果律可恢復適用矣。

吾人面對物理之新進步，惟有讚嘆曰，誠窺見宇宙之秘奧矣。然就吾國哲學之原理言之，只見雙方之接近，非增加其疏遠也。何以言之，方今物質定態之說已去，機械律與定命論已縮小其效用，於是物質為主之說打消，而心為立法者之說乃大流行。其隨之而來者為價值論之昌明，昔以科學說明物質本身之所以然之故者，今視為眞之價值之所從出。伸言之，科學所求為眞之價值，與美學所求為美之價值，倫理學所求為善惡是非之價值，宗教所求為神聖之價值，其理正復相同。此可謂東西接近者一也。事物之認識，不能離乎心，除其所目擊耳聞手觸者外，只有其無形之理在，所謂善惡公私邪正美醜之辨，因之以生。古人有言，形而上者謂之道，形而下者謂之器。道器之分，即無形之不可見者，與有形之可見者之分。人類之維持其生命，不能以有形者之分配為限，而不顧長久相安處之道。以懷悌黑氏之從事於數學與技術者，而有『宗教造成論』與『實在與行列論』之形上學之大著，實為二次戰後西方思想界最特出之處。此可以見自定其理知之範疇，自東西之接近者二也，人既有心，知價值之所在，則其為理性之體，顯然易見。當大難之日，有成仁取義之決心，西方名之曰自由意志，吾國名之曰正氣。此可以謀東西之接近者三也。或者駁之曰，此為英國哲學界中少數卓絕人士之走向柏拉圖康德之路者而已。我可答之曰，姑再舉二三事為證。原子彈之愼於使用，非輕物向心之明證乎。諾司羅泊氏（Northrop）『東西相遇』之著，非公開承認東西之各有短長乎。二次大戰後羅素創議世界大學之建設，迄今尚未見諸實行。然其為此後必成之局，無可疑也。吾人處此東西接近之中，標章兩方之所長所短，以圖世界人生觀之一致而達於其主要點之從同而不禁其彼此之相異，非應共同努力之一件大事乎。注：本文中科學發展一段，為原稿所無。本刊（按：本刊即指「自由鐘」）為國人所閱覽，特採美國耶魯大學教授馬格瑙氏（Margenau）之說以補之。因此項發見，為物理學與哲學界之大事也。

（十一月五日）

——自由鐘廿四號五十六年十二月

第二編　哲學與政治

一 民主政治的哲學基礎

——卅七年十月二十六日在成都大學講

我們知道現代的文化由三個運動而來：第一、宗教革新；第二、科學發展；第三、民主政治。這三個運動大家又知道是歐洲文藝復興「人的發現」而起的。所以講「人的發現」，是因爲中世紀祇迷信神道，置「人」於一邊不顧，從「人的發現」之後，於是乎當時的許多文學家歌頌人的偉大，人的樂趣，從此以後，漸知人是頂天立地的、有自身價值的人。人有其心思，有其才力，可以辨別是非，明白眞僞，而且人的價値，絕不是敎會的迷信，亦不是君主專制政體所能抹煞掉的。

所謂宗敎改革，就是以人爲本位，來判斷敎會的是非，確定聖經的解釋。所謂科學，用中國名辭來說，就是有物必有質，用西洋名辭來說，就是自然公理，是拿人的智慧來研究自然現象。至於所謂民主政治，就是以人的尊嚴，天賦人權之說，來推翻當時的專制政治，建設合於人類尊嚴的政治，從人的尊嚴，發生人的智慧，人的辨別，人在政治中的地位。所以這三個運動：宗教革新、科學發展、民主政治、都由一個本源而來。

這三個運動之中，從其根本上言，宗教上之可信與不可信，學理上之是非與夫政治上之善惡，另外有一種客觀的標準存在，這就是人類的理性。人類的這種理性，對於一切辨理方法，形成所謂邏輯，對於數目、形態、形成數學。推而至於天文、地理，無處不可以得到一種實驗上的憑證，以證明其是非。因此數學、自然科學之成立，尤其證明人類的理性有它一定的標準，且爲有憑有據。理性可以達到客觀的眞理，是爲科學與哲學成立之根據。所以當時哲學上有一種最盛行的學派，即理性主義（Rationalism），笛卡兒、來勃立茲、烏爾夫都屬此派，後來雖然有英國洛克等的經驗學派崛起，謂人類的智識靠感覺累積而成，但是經驗學派未能將理性派的主張完全打倒，因爲這兩派的思想，各有所長，不可偏廢。

與理性派同時發生的，在科學上有所謂自然公理，在政治思想上有所謂天賦人權。最初自然公理之由來在乎自然現象之本身，而與人之判斷無關，後來，康德的批判哲學起，他發出一個問題，問人類何以可能？他就告訴我們說：自然公理不在自然現象本身，而是人類的思想方式與外界現象的感覺相合而構成的。從這話中可見科學的構成與人類自己的思想方式有密切關係，即是說人的知識來構成科學，科學智識非自然現象中所能發生的。由這個立場，再跨進一步，就可明白天賦人權的道理。

天賦人權照我上面所說，即是人人有其尊嚴的地位。這學說最初發生的時候，完全係針對君主專制政體而起。因爲帝王有帝王的特權，有生殺予奪之權，政治思想又苦於君主之壓迫，於是發爲「人類何以需要國家」的問題，乃假想說：在天然狀態中，人類互相爭殺；終於訂了契約，成立國家、政府，所以國家或政府之成立是謀人民的福利的，不是人民爲國家而生存的。但是人民所要的國家，究竟爲何種國家？依照英國浩布士的說法，人民相約組織國家，拿一切權利獻給一個人。他著一書曰利未雅坦（Leviathan）（原意大鯨魚），他這部書中所論，成爲現代獨裁政治的藍本。然而洛克著「政治論」，與浩布士的看法就不同了。他說：政府做事應爲人民，應得人民之同意。這就成了後來民主政治的張本。此外，參加於天賦人權運動的人尙多，如盧騷、孟德斯鳩都在內，此刻不加細說。

所謂天賦人權，到底人權是天賦呢？還是政府成立了之後才有？兩派的見界我此刻也不加討論，但無論人權爲天賦的，或政府成立後才有的，兩派相同之點爲共同承認人民有人權。所謂人權的意義，在哲學上看卽是康德所謂拿人當目的，不拿人當手段、工具，也就是說人類有其獨立的人格，政府應待其人民爲有人格之人民，不待之如奴隸。要使一個人成其所以爲人，成其爲有人格的人，當然需要有養有敎和政治上的判斷能力，這原是一件不容易的事，但國家如能向此目的進行，無論如何，可以眞正達到各人皆能享受人權的理想。

從人類所以成其爲人的基本觀點上，於是有各種特殊的人權因之而起，如人身自由，政府不可隨便拘禁、逮捕、宰殺人民，因爲無此權利，人民如牛羊，任政府宰割，還能算是人嗎？又如信仰宗敎自由，爲宗敎革新後，大家覺得如敎會可強迫人民，敎會對人民信仰有統制權，使人民無法發揮信仰之自由。又如言論、出版、結社諸自由，這種種自由無非劃定界限，使政府權力不得侵入，如政府得隨意侵入，則人民就不成其爲人民，而爲牛羊了。其次，在政治制度上，還有幾條原則，如君主不負實際責任，征稅須經議會同意，政府負行政之責任，人民有參政之權利等等，都是人權運動至十九世紀初葉，各國憲法成立，民主政體的背後思想。

但是十八世紀、十九世紀兩世紀中所造成的人權運動，直至十九世紀各國憲法成立，其間的人權運動偏重個人主義、自由主義，那就是說政府的成立，在保護個人自由，個人幸福；至於個人自由，個人幸福之中，是否全體人民都能享受自由，都能享受幸福，就不顧了！工業革命以後，造成了多數窮苦的勞工階級，少數的資本階級。於是十九世紀上半期，社會主義運動興起，這是除個人自由而外，尚有一個社會公道的大目標。這種社會公道的要求，先期的幾個創導人中，馬克思自然最有力量。這個運動先後推廣到英國、俄國、德國、法國，各國之中所表現者各不相同，然而有一共通之點，即要求社會對其分子要有一律公平的待遇。具體地說，第二次大戰後所實行的社會安全保險制度、一般生活程度的提高、勞工生活及工作條件之改善、工業民主制等，無非表示工人對工廠，應如資本家有同樣的權力，國有政策亦無非達到社會貧富均等，同得生活之享受。

上面的話是說明從法國革命起至今，所謂民主政治與社會主義的運動大概情形如此。所以在我看來，這種種運動的背後不外乎著重兩點：（一）個人自由；（二）社會公道。所謂個人自由，就是說一國之中，有千萬人民，各人的才能、思想、職業、境遇各不相同，政府無法以一種統制的方法使其平均發展，因為各人有各人的能力，惟有聽其自由發揮所長，倘使政府干涉，才能是無法發揮的，所以民主政治的第一個條件在發展個人自由。社會上各種人民，既各有各的職業、境遇，好比工程師、工匠、農夫無法使其一律，但其生活程度、教育機會、求業機會、參政權力，應差不多求其平等，否則，要使教育普及，工會組織普遍化是不可能的，壓迫無產階級，不令其得到向上發展的機會，人生樂趣的享受也是不可能的，所以，社會公道為民主政治的第二個條件。

我現在換一個方面，說出幾件事，這幾件事在民主政治的哲學中，應如何處置之方法：

(一)意志　在西方民主政治之下，有幾千百萬的人民，意思是千差萬異，不能相同的。換句話說，政府不能壓迫人民服從其命令，因爲民主政治之中，根本無此種假定，唯其如此，所以民主政治下，人民有言論、信仰、出版、結社諸自由，各人可想其所想的，行其所欲行的，祇要不超越法律範圍，如英國言論自由中之不譭謗他人的名譽，不煽動叛亂，總希望各人的說話，得一平心靜氣之處。各人之思想既有不同，但各人可隨其同類同器之人，結成團體，如同政黨，可以在議會中成爲反對黨，並在反對的立場上可以批評政府，提出建議，機會來時，還可取政府黨而代之，這卽是允許意見不同的人可以生存，允許其發表不同的政治意見，而有更番表現的機會，這是民主政治對待不同意見的方法。

(二)客觀眞理　在初期哲學、科學發達的時候，咸認哲學、科學發達的眞理起於自然現象。思想方式，乃至人權運動中認爲人民有限度以內的權利，政府不可侵入，亦可算是一種客觀的標準。但十九世紀下半期，有所謂生活哲學，卽以生活(Life)爲出發點的學派，如柏格生、詹姆士、杜威、倭伊鏗等都屬此派，而且竭力主張行動在先，思想在後，他們的意思無非說世界上的科學與制度起於人類的慾望、利害、要求，換句話說，學術、制度起於主觀的，而非客觀的，這種學說流行後，就無所謂科學眞理，一切得合於政治、社會，此卽所謂政教合一，這種情形，在法西斯國家與俄國都有同樣表現。譬如說，學術、制度上的眞理可以一階級，一國家作界限，則學術、制度皆可以階級、民族之私利做出發點，卽學術、制度無客觀的標準。各就主觀、個體的好惡立出一個標準，則科學無國界之說，四海之內皆兄弟之說都不能成立。反言之，學術失其客觀的標準，人類的法律制度亦無共同的標準。所以如果客觀眞理不存在，則學術無法發展，社會安寧無法維持，這是社會的一大危機！

我再回到理性主義來說。簡言之，宗教革新、科學發展、與夫民主政治，都建築基礎於哲學初期的理性主義之上。十九世紀初葉，可以黑格兒做結束，大家對單以理性發見眞理表示不滿意，趨向於意志，認爲是人類進化的大動力，從叔本華起至柏格生，都是這個趨向。自從有了意志主義派的哲學，所以主張行動激進，衝動皆由此而起。我們從各國的革命歷史上，可以得到教訓，知道單單從行動衝動是不能達到人類的幸福的，往往推翻復推翻，不得美滿的結果，如果於行動之先，能以理智前後多加考慮，倒反可以一步一步前進而得到堅實的基礎。我現在以哲學發展初期的幾個字來說明民主政治的基礎——「理性的意志」——在這基礎上，我相信可以將中國的民主政治確立起來！

——再生上海版——

二、賴斯幾學說概要

一時代之政象，有其一時代之學說爲之後先疏附，以陸克之『民政論』爲十七世紀英國政治之代表，以邊沁之「政治零拾」與穆勒之「自由論」、「代議政治論」爲十九世紀上半期英國政治之代表，則現代之政論家可以代表英國者，舍菲濱協會之槐伯夫婦，工黨之麥克洞納氏，基爾特社會主義者之柯爾氏，與新進學者之賴斯幾氏外，無可他求矣。我所以獨好賴氏者，槐氏等專爲政治上一種主義鼓吹，而賴氏於政治學有全系統之說明，故繼承陸克邊沁穆勒之正統者，殆賴氏矣乎。

我與賴氏至今無一面之緣。一九二一年講學社擬聘歐洲學者東來，所開名單中，有賴氏其人，託人詢之，謂方有事於著作，不願離歐。留美學者金龍蓀、張奚若、徐志摩屢爲我道其形容與學說，志摩在美時贈我賴氏『近代國家中之權力』一書，是爲我與賴氏神交之始。賴氏以二十餘歲之青年，受美國之聘，講學於哈佛大學，嘗以工人罷工，賴氏起而爲應援之演說，爲警吏所阻，旋返英，爲倫敦生計政治學校之講師，與工黨自由黨相過從，時參預其密勿，其著作之名與年月表列之於左。

1917, Problem of Sovereignty.

1919, Authority in the Modern State.

1921, Foundations of Sovereignty.

1925, Grammar of Politics

賴氏政治典範之書既出，倫敦大學特設講座，擢之爲教授。近年之新著兩書，曰馬克思，曰共產主義，賴氏之文生氣躍然，讀之者若感觸電力然，雖以英國現代思想之先導言之，不如槐氏麥氏，然集合各派之長，而滙成一系統，非他人所能及也。

賴氏學說，略分節論之如下：

第一　多元主義的國家論

現代之政治思潮，反對主權論之思潮也，反對國家之強制權，反對主權之表示曰法律，反對國家在國際間主權之無限，其來源起於德國學者奇爾克氏（Gierke）及英國麥德蘭氏(Maitland)。若追而上之，郇狄葛主義者普羅洞氏攻擊國家之論，遠在一八四八年之先，一九〇一年後，無政府主義者哥羅伯德金起而發政府是否必要之問，於現代政府之專事壓制，言之尤爲痛切；故近代反國家之強烈言論，必以普氏哥氏輩爲先河矣。及一九〇〇年麥德蘭氏譯德國奇爾克之中世紀政治學說，於是社團人格說社團離國家獨立說，大盛於歐洲，所以倡社團人格說者，即所以壓倒國家無上之主權，法有狄驥氏（Duguit）、龐哥氏，德有奇氏，荷蘭有哥拉勃氏（Krabbe），英除麥氏及拔克氏外，賴斯幾氏尤稱此運動中之健將也。

賴氏早年之書，皆以主權論名，專爲攻擊主權論而作者也。故其言曰，『近世之主權論，亦卽爲政治組織論。彼等以爲一社會之內，應有惟一之最終決定機關，此機關駕乎一切之上，人民之紛爭悉依其一句一字爲解決之券。然自政治眼光觀之，此種立論是否正確，大有商榷餘地，且權之來源，推本於一，易流於專擅恣肆，道德上之危險甚大。』依吾人之意，此主權觀念，苟取銷之，政治上歷久不解之糾紛從此絕跡。

自布丁輩以來，咸以主權爲國家之要素，而賴氏獨爲此取銷之論，豈故作驚人之語耶，抑自有其立言根據耶，曰其理由有三，一以社團爲對象，二以國際爲對象，三以個人爲對象。

近世國家之中，有種種社團，或爲宗敎的，或爲社會的，或爲生計的，或爲職業的，或爲政治的，如工會工主聯合會、敎員聯合會、律師公會之類，皆社團也，此社團應人民之需要而自然發生，故奇爾克言，社團之人格爲實在的爲自發的，非因國之許可而存在，試證之事實，英之萬能國會，能取銷近日工人之集會權乎，能取銷天主敎會之選舉權乎，夫既已不能，可知主權說之非者一也。

賴氏非大同主義者也，非各國平等論者也，其第六章中論世界今後之文化，曰國際機關應分兩院，一曰立法院，二曰行政院，各國之權力大小不等，故其在兩院中之位置亦不等，此出於英人承認國際不平等之事實，而爲此言也，然在兩院中之位置雖不等，而有關全體利益之國際事務，賴氏則斷然認爲應由各國公決，其言曰，非律賓之自治，非美國之事而全世界之事也，印度之統治，亦世界之事，非英一國之事也，如是國與國互相對待，其權之行使，自不能無限制，故賴氏曰，國際機關之成立有一前提，曰主權的國家之消滅，或曰國家主權之否認，可以知主權說之非者二也。

賴氏曰：『國家之運用，不離乎人。居於主權機關之政府之地位，自以爲無所施而不可者，其人不能久安於位。十七世紀英國之內戰與革命，一七八九之法國，一九一七之俄國，皆主權問題之極好註脚，蓋賴氏以爲國家果有最高無上之主權，即不應有革命，有革命即無最高無上之主權之證。是主權說之非者三也。

賴氏持此三義，於奥斯丁氏法律的主權論反對最力。奥氏以爲一國之內，應有特定機關，爲最終權力之源泉，此機關之權力爲無限制的，其意之所表示曰法律。以英國爲例而言之，其特定機關，巴力門中之英王也，此巴力門中之英王所頒布者曰法律，爲一切英人所當服從。然進而深求之，此巴力門敢於剝奪天主教之選舉權乎？決不然矣，敢於禁止工會之存在乎？決不然矣，誠如是，特定機關之無限權力安在耶；更考之美國，中央政府之權有限的也，各州政府之權有限的也，全國之大決無一握有無限權力之機關，其能因是謂美非國家乎。蓋全國之大，一職司的社會也，因其所標之目的，而各機關之權限隨之以定，權限與職司相對待，職司大斯權限大，職司小斯權限小，職司之運行當，權限存，職司之運行不當，權限亡，故國家機關之權限，因其外界之對待狀況而定，決非一成不易如奥氏輩之視法律的主權爲超然於社會變化之外者也。

此主權排斥論中，即爲賴氏多元主義之所存。一國之內，有種種社團，若教會，宗教的也，若工會，生計的也，若政黨，政治的也，所謂國家者，非能舉人類一切活動而概括之，乃此種種社團中之一而已。故拔克氏曰國家者非各個人爲公共生活而組織之社團，乃各個人既相合於各種社團之中，因其有更廣大更涵賅之目的，乃別形成一社團曰國家。賴氏意以爲既承認各社團之自主權，則以國家爲強制式之社團主義，當在取銷之列。其所想望者，在合國家與各社團而爲平均分權之聯邦組織，故曰一國之權力應爲聯治的，即此意也。彼名其政治學說爲多元的，猶之美國哲學家詹姆士氏名其宇宙爲多元的，意在打破此至尊無上之主權，而造成各個人各社團自發自動之習尚也。

社團地位重矣，國家之性質果與之等乎，社團出於各個人之自由組織，而國家不然，一也，社團之目的限於一部，而國家職業之範圍甚大，二也，爲打破主權無上之說，不能不降國家於社團之列，然主權之全部，即令施行職業自治地方自治等方法分配於各社團，而國家之地位，亦未必果與社團等也，賴氏於其早年著作，極端否認國家之地位，然於『政治典範』中已稍變其說矣，其言曰：

> 國家者，明明一公共職務之法人團體也。所以與社團異者，他種社團之分子，可以自由出入而國家之人民不能，一也；他種社團無領土而國家有之，二也。大抵一國之民分地而居，須臾不可缺者曰衣曰食曰地方之庇護，曰子女之教育。其利益爲各人所同，其事不離乎一定之地點，於是可知國民之所望於國家者，一消費者之利益耳，一鄰里鄉井之利益耳。凡此諸端，皆由國家爲之組織籌畫，使人民之所需，可以頃刻取求，不至匱乏。同國之內，各以人之資格相見，咸立於平等地位。人民與國家之關係，但問其是否爲國民，其爲律師、爲礦丁、爲天主教、爲耶穌教、爲

工主、爲工人，初不計焉。自社會理論觀之，可謂各人爲發展其人格計，有必需之某某職司，而此職司勢不能責諸人人之自舉，故惟有委之國家。此種職司，不論其組織之方式爲何種，其地位勢必凌駕一切而上之。如是人之所以爲人之需求，皆在國家掌握之中。

夫曰國家之地位，凌駕一切而上之，又曰人之所以爲人之需求，皆在國家掌握中，則國家之地位，不同於社團可知矣。賴氏於本書中，以平均酌劑之地位，屬之於國家，是以多元主義者之資格，隱示對於一元主義之讓步矣。

第二 權利爲自我發展之條件

英自霍布士、德自康德以來之學者，咸認國家爲法律之惟一源泉，謂法律由國家而生，國家爲制定法律之所，十九世紀中成文法主義之盛行，學者益傾於國家規定之說，除國家之外，不認法律之第二來源。

哲學家翁特（W. Wundt）氏云，法者全體規則之總名，其效力由於國家所造成，故曰國家後於法律，乃決無之理也。

雷松氏（Lasson）曰，法律者國家之意志之表現於人類行爲之一般規定者也。法律之惟一源泉，曰國家之意志。

意林氏（Ihering）亦曰，國家者，法律之惟一源泉。

此所云云者，無異謂國家爲至高無上之主權之所寄，此至高無上之主權之表示爲法律，主權既已至高無上，法律安從而有第二來源乎。因而成文法家所以解釋權利性質者曰：

> 權利者國法所賦與之力也。
> 或曰權利者國法所賦與之利益也。

此亦權利不離乎法，不離乎國之謂也，賴氏之言，與此所舉者正反對矣，曰：

> 權利非國家所造成，乃國家所承認。
> 國家與權利之先後問題，敢斷言曰，權利先於國家，意謂國家所以生存之正當理由，源於權利故也。

賴氏既不承認國家主權，自否認國家先權利後之說矣。蓋國家者，社會之一部，社會之所以成，有社團有個人，此輩常以其心力左右國家，則國家背後之動力自有所在，而權利之由來，亦別有所在矣。更有可注意者十九世紀中重視人權，以力以利益解釋權利之性質，抑知以一方爲有力，卽以他方爲無力，在一方爲利益，卽在他方爲損失，社會之中以此兩方之人相對待，其能長治久安乎。故賴氏一變其說曰：

> 權利者社會生活之要件，缺之者則人類不能發展其自我之最善之謂也。
> 人之所以有權利，卽以吾人爲國家分子之故。人之所有權利，所以使吾人所特具

者，在此國家組織之下，得以貢獻於公衆。……我能成爲最善我之條件具備，卽所以使我努力於達於最善我也。

權利非法律所產生，乃其先決條件。社會之內，以各盡所長爲原則，國家深恐此自我之發展，有爲之妨礙者，於是設爲條件以保障之，此卽所謂權利也，又恐有一部分人之不盡責，故設爲條件以強制之，此卽所謂義務也。如是社會組織之條理，所以達於共存共榮之大目的，一道德的大團體也，豈有所謂有力無力與利益損失之可言哉。

賴氏以不認主權爲出發點，忽轉入於團體之道德基礎說，此言也，或非惟實主義之賴氏所樂聞，然事實如此，非可誣也。賴氏曰：

法律家之論曰，法律所認者爲權利，因其所認者，可以窺見其國家之性質，至其所認者是否應在承認之列，法律家不加深究，……竊以爲立於法律之外，應另求一標準，以評斷所認權利之當否。

國家於人格之所必需者，於人則許之，於我則拒之，是明明不以我爲公民而已。如是爲之，自否認權力之有道德的根據。

一則曰另求標準，再則曰道德的根據，故吾人謂爲賴氏之國家論、法律論、權利論含有豐富之道德成分也。

權利爲自我實現之條件之語，卽賴氏學說中個人主義的彩色也，人處社會之中，各有其思想與言行，此思想與言行，卽本於各個人之經歷，此經歷惟各人自身知之最眞，非他人所得而越俎，故不徒許各人以自有所經歷也，同時須賦以解釋其經歷之權。賴氏曰：

> 他人於吾人之失敗成功未嘗無一瞥之明。然其所以成，所以敗之意義，惟有求諸吾人之自身非他人所能窺見。卽以此故，近世國家中，咸設定權利所由實現之最小限度之基礎。人之貴爲政治家，與賤而爲皂隸，要皆使其立於同一水平線上享受同一權利，由彼自身尋其經歷之意義。

此實承認個人在社會中之最高地位也。

賴氏更進而歷舉各種權利，曰工作、曰適當工資、曰合理工時、曰教育、曰參政、曰被選爲議員閣員、曰財產，一一詳見本書，無取繁引，但賴氏於今日智愚之不等、貧富之不等，言之尤爲剴切。

> 前爲公民職分下定義曰，各個人本其理智之判斷，以貢獻於國家公善之謂。因是公民有應受教育之權利，使其智識充分發展，然後能盡公民之責任。智識之種類多矣。若謀生之技能，若生活意義之瞭解。乃至心之所懷抱者，能爲條分縷析之說明，平日所經歷者，能尋繹其前後得失之宜。居近世國家中，其至顯之鴻溝，無過於甲方爲有智識之人，乙方爲無智識之人。——希臘之智士安梯風氏曰，世事之第一重要者，當推敎育，豈獨希臘，今世爲尤甚，號爲人類而缺乏敎育常識，非爲奴

隸不止矣。

其關於財產權之言曰：

我所有之財產，爲執行我之職務所不可缺者，則我固應有財產權。伸言之，我所有之財產，與全國公福相關聯，且爲公福維持之要件，則財產權固我所應享也。……故吾人之意，各人之財產所有權，以達於各人衝動之相當饜足爲止，此外則非所應享。蓋過此限界以上，其所以貢獻於社會者，不出於其人之人格，而出於彼之財產矣。

賴氏以爲必國民之智識財產約略平等，然後可語夫政治生計上之自由平等，非然者，雖有美制，徒成具文，明乎此義，則治國之惟一方針，厥在國民地位之擡高，此外無他妙巧矣。

第三　今後之新財產制度

古今學者念及人類之生存，不能離財產，故於財產制多辨護之詞，德詩人席勒有言，人類必有其屬於自我者，名曰我的，否則其人將從事於燒殺，此卽流俗『有身家』之說也。財產權說因十八世紀之人權論而大昌，竟有視之爲絕對權不可移讓權，德哲菲希德之子意孟尼菲希德氏（Immanuel Fichte）曰所有權者，直接權也，不可移讓權也，先法律而存者也。賴氏文中之言曰，陸克以爲國家者所以發展各人文治的利益，是爲生命，自由，身體之不可侵，與外物如金錢土地房屋等之所有，又曰工業革命之出現，正財產權之確立之日。夫財產權之不可侵，因陸克輩之自由主義而強固，誠然矣，至於財產權之無限云云，陸氏初無此主張。陸氏書明言不動產以一人能耕者爲限，動產以一人所能取而不毀壞者爲限，故其言曰，占有權以理性與衡平法爲限，其越乎此限，直取人之所有也，取一己之所不必需者也。雖然，陸氏個人主義者也，非社會主義者也，於財產公有之說，絕少提及，因此賴氏以財產權之鞏固，歸罪於陸克與邊沁等，固其所也。

自一八四八年後，形勢爲之一變，普魯東主張財產出於掠奪說，馬克思創剩餘價值說，路易白朗有各盡所能各取所需之名言，繼之以各國社會黨之組織與第三國際之集會，其大書特書者，每曰財產之公有。數十年來聲浪不爲不高，聲勢不爲不大，歐戰之後卒有俄共產政府之成立與德國之革命，吾人但聞一片打倒資本主義之聲，絕不見有政治上實際之解決方法，德新憲雖規定生產工具之國有，而至今未見施行，俄人進行勇猛，卒返於新生計政策，可以知此事解決之不易矣。賴氏受現代之影響，於貧富之不均，攻擊甚烈，然其持論非如社會黨人或共產黨人專以呼號革命爲能事，常平心靜氣以研究其條理，事貴可行，不尚空譚，誠難能可貴之論也。

賴氏之出發點曰，權利與職掌相對待，惟我能有所施，而後能有所受，不能有所施者，即不能有所受。故其言曰：

旣爲我設備我之最善我發展之條件，我乃求所以自效，使社會之公共積貯因而增進。此所以自效者，必出於我之自身，否則不得謂自效。譬之我僅爲父母之子女，非自效也。我能離羣而索居，亦非自效也。所謂自效者，必我之所作爲，社會公認有作爲之價值，然後我得享受社會上公認有享受之價值者。社會中之百業，若木土水泥匠，美術家教育家皆人羣所不可缺者，我能擧其一業，卽我所負於國家者得以淸償。所以人習一業以償所負者，不啻謂我之得享權利，卽以我之能盡職務故也。其不盡職務者，卽不得享權利，猶之不勞者之不得食。

其立點如是，社會上之不勞而食者，自在攻擊之列矣，其言曰：

社會上擁有財產，而財產出於他人之勞力者，是之謂社會之寄生蟲。彼等但知有享有，而不能爲社會生產也。因有財產，彼等益有所恃以自適於社會生產力之外。

夫不勞動者，不得食，俄共產憲法之條文也，賴氏其爲最激烈之共產黨歟。曰非也。賴氏明知現社會之不公道，謀所以革新之，然以爲非革命二字所能了事，而貴乎有解決之法也，於是賴氏分三項論之。

第一，關於財產之總原則　賴氏嘗擧三端：

一、財產之出於努力者應聽其存在，如醫生、航海家、發明家之酬報之類。

二、財產與個人身心有密切關係者，可聽其保存，如個人玩好之書籍圖畫之類。

三、遺產之爲寡婦贍養爲子女教育計者，可聽其存在。

此三者賴氏認爲財產之合乎道德的原則者也。

第二，關於各人之酬報　貧富之分之由來，非徒財產之受授也，平日酬報之多寡，所關尤大矣，賴氏先駁三說，一曰各人收入均等說之不可行，二曰市場高下說之不可行，三曰各人需要說之過於簡單，於是更進而創第四說，其條件有三。

一、立一最小限度之需要，爲一切國民所共享受。

二、非盡力於有用工作之人，不受酬報，而對於此盡瘁於有用工作之人之需要之供給，以三事爲標準，一曰健康之保持，二曰天才之發展，三曰一家衣食不虞匱乏。

三、除第一項最小限度之享用，爲各人所同外，視其人所貢獻於社會之公善之多寡，亦得享受分別待遇。

賴氏亦知今日之出產力，不足供給多數人提高生活之需求，於是主張生產方法之改良，但在改良方法未經試驗以前，賴氏決不輕棄其最小限度之需要之說也。

第三，關於工業組織　賴氏以爲酬報之制，卽令改良，而工廠管理仍今日之舊而不革，則猶不得爲自由之社會也，其改革之議三，第一、廠主由所有主之地位，降爲領受股利之人，換詞言之，廠主雖投資於廠中，然不得有絕對的管理權，第二、工廠中規矩，分經理與司機工人之等差，按其職務之高下，定權限之大小，且由參加工業者共同預聞廠事，第三、大工業之關係公眾幸福者，應歸社會所有，其管理方法應分多種，爲生產合作社可，爲消費合作社可，爲一九一九年煤業調查委員會之方式亦可。

賴氏於財產制度之改造，認爲至難之業，其小心謹愼之詞，可於本書中求之，嘗舉麥幾維里之言曰。人類於親戚之死易忘，而財產之沒收難忘，誠洞見人心隱微之語也。惟其然也，賴氏對於財產之沒收，主張予以賠償於改造後之工業，反對其悉隸屬於政府與夫劃一方式之管理。此所云云，視白朗氏所謂各盡所能各取所需之空泛論，相去何如，視俄國之頃刻沒收頃刻破產者相去又爲何如，要之在此條分縷析之研究中，乃有貧富不均之解決，而標語之號召，則已成過去矣。

第四　政治及生計方面之改造

二十世紀，可謂政治上生計上之浪漫主義時代矣，各懷一新理想新計劃，去目前之舊，圖今後之日新又新，俄憲其一例也，德憲其二例也，乃至學者之著書，如威爾斯之現代烏託邦，出於小說家者無論矣，槐伯氏之英社會主義共和國之憲法，與夫柯爾之職業代表大會，何其近於理想而遠於事實耶。賴氏宗旨，簡括言之，曰國家社團個人三者，宜求其相劑於平，國家非主權體也，委之以平均酌劑之任務，個人則設爲權利系統以保障之，俾達於自我實現之境，至於社團，如教會如工會之活動範圍，有爲國家所不應侵入者，更許社團以選舉職業代表之權，俾得參與政策之決定，此三事同時盤旋於賴氏之腦際，故其立點自與槐氏柯氏之專爲社會主義運動計者，不可同日語，賴氏關於國家制度之意見，可分兩項論之。

第一、政治方面　方今流行之語，曰民主政治流弊百出，曰代議政治已成過去，謂其不能代表民意而圖民福也，俄之蘇維埃制度，以無產專政相號召，德於國會外，別立一生計會議，皆成於此種口實之下者也。於是柯爾氏倡爲職業代表大會今日兩院之說，槐伯氏調和新舊兩制之間，謂宜設兩院，一曰社會院所以代表生產者，二曰政治院所以代表消費者。賴氏不特不贊成柯氏說，並槐氏而亦反對之，其立言之理由有四，一曰領土的代表之必要，二曰普通選舉制之明瞭，三曰一般問題非職業代表所能議決，四曰職業代表易爲人所操縱，全國之人，居斯食斯，同享保護，同受教育，斯有其共同利害，而所以討論之者，莫若以領土爲單位，以分區代表，集議一堂，此近世各國議會，所由以成立，而其優點自不易抹殺者矣，其理由一。賴氏曰：

> 吾人之意，選舉基礎惟有以人爲本位，人之所以爲人，決非隸屬於各職業之總體系也，社會生活之本題，亦非柯氏輩職掌之說所得而解釋者也。以全國人民直接選舉立法機關爲國家行動——出發處，衡——一切制度，恐難出其範圍之外。

賴氏進而述其理由曰：

> 以個人爲本位，因而選舉議會，其理簡而易曉，以職掌爲本位，因而選舉職業代表大會，其理曲而難明，議會決於各人之票數，故去人之所以爲人者近，職業代表大會，以職業爲基，去人之所以爲人者遠，……今日頗有評英之衆議院不能代表民意者，不知所以改良之法，不在乎否認區域的基礎。

以一人爲一人，乃普通選舉之基礎也，故曰簡而易曉，職業代表之數，以職業之強弱大小爲衡，則人之資格，隱於職業之後，故曰曲而難明，其理由二。賴氏曰：

> 職業代表機關之用，在乎各業對於其本業之利害，盡情發表，至以一般的社會問題

> 之解決，期諸各業，不可得也。何也？以社會問題屬之各業聯合會，彼等自其本業以立言，僅一部分人利害之見而已，勢不爲人所重視，若棄其本業之地位，自遠大之點以發言，則又失其爲職業代表之資格。

此言乎職業代表不能討論全國之政治問題也，其理由三。賴氏又曰以職業爲單位，因職業而影響個人，則各個人地位之不等，爲其選舉法之固定前提，嘗舉英國工會爲例，謂其大政方針之決定，實操於少數人之手，與美國政黨之『布司』等，此皆職業代表選舉法之出發處，不能簡單明瞭有以致之。然則求民意之直接反映於代表機關中，與其以職業爲本位，遠不如一人一權之制，輔之以政黨公開競爭之爲愈矣，其理由四。

賴氏本此四理由，力主國會制與普通選舉法之保存，更引德國新生計會議之不適以證其說，其言曰：

> 德國生計成立之年月，僅三年而已。由其三年中工作觀之，一般的問題之討論益小，特別問題之討論益大，全體大會之討論益小，委員會之討論益大。——此會議有發議而無實行之責任，人出一議，以爲立法之資料，而議題紛起。——合種種專家於一堂，甲之所言與乙無涉，乙之於甲，亦復如是，而此機關又爲龐然大物，無可運用之中心，則國事之獲益能有幾何乎，——此會議紛向各部要求各種索牘，於是法人之所謂紙堆生活，乃於此見之。

甲職業之所言，與乙職業無涉，乙職業於丙職業亦如之，乃至祇有意見，初無實行之決心，是職業院之大病，所以不能取國會而代之者明矣。故賴氏斷言曰：

以全國領土爲單位，由普通選舉所選出，乃全國各種意志競爭中，求其最後決定之最良方法也。此等會議，按理論上言之，不能處於不負責任之地。第一此會議爲民意機關所造成，選民之智識愈發展，則立法機關愈不能不尊重民意。第二政府實行政策之先，不可不商之社會上有組織的意思。

然則賴氏其輕視職業代表，而不令參預國家大政歟，曰非也，賴氏以爲職業代表不必集會爲大機關，但就有關係之利益，對於有關係之行政，爲專家之陳說斯可矣。其言曰：

今後工業，誠欲置之於立憲軌道上，惟有設爲法定之諮議機關，先之以商議，而後爲政策之決定。

有此機關而後有關係之利益，得自達於政府。彼等胸中所懷相者，得爲正式之陳說。既與政府相接觸，則政府政策之大綱細目，可以窺見。——就他方面言之，有關係之利益，得以其所積之眞消息，報告政府，使政府中之立案者有所根據。——如是政府方針集合專家意見而後成，其所行所爲，庶可謂合於責任政府之原則矣。

吾人意中某職業之有關係者，立於政府各部之旁，爲其諮議機關，不可集合各種代表於一堂之上也。

賴氏心目中之政府，視今日無大異焉，曰立法機關爲一院制，曰行政機關爲英之內閣制。所以仍今日之衆議院而不廢者，以其爲全國之代表，可以議全國公共之利害。若政黨之制，爲柯爾輩所一字不提者，賴氏以其職司在於明瞭選舉之爭點，使國民注意有所集中，亦爲立法中不可少之組織也。所以保持英之內閣制者，以其政府領導政策，集中事權，自勝於美之分權制與法之多黨制，眞能貫澈主張而負實行之責任者也。

第二、生計方面　賴氏書中多攻擊現社會之詞，然就其所採機關言之，於舊制未嘗一切舍棄也，其心力之集中，則在生計方面，財產制度既論之如前，更進而討論處置工業之法，第一類關於公衆利益而具有獨占性質者，第二類一般人之需要品，可以畫一製造（standardized）之者，第三類純粹私人營業，國家但立爲工資工時等之限制。

嘗考俄德兩國之情況，而知國家干涉工業之不易矣。俄人採一般沒收之制，移時而後，工廠悉閉，工業掃地，於是採新生計政策，以一部還之人民，一部操之國家，其操之國家者，能否如私人營業之認眞而節儉，不可知也。德鑒於俄之覆轍，關於煤電工業之國有，設委員會以討論之，迄今徒有計劃，絕無實行之望，賴氏知其然也，知有公業而無私業之終不可能，於是分之爲如上之三類，而以下列之法處置之。

第一類，關於獨占之工商，如礦業、鐵道、船業、銀行、煤油，由政府以公債買收，設局管理，中央設總局，地方設分局，每礦每廠，設經理一人。惟其爲國有也，故立於議會監督之下。又恐官僚政治之叢脞也，故管理局中准公衆代表參加，且設工務委員會，以疏導工人意志。總之國有以後，當求其事業之繁昌，一如私人經營時代，惟其利益所入，不以肥一己，而潤澤全體人民也。

第二類，人生日用必需之品，如衣履、牛乳、麵包、肉食、家具，可以大量方法生產之者，歸之於消費合作社，目的不在營利，而又合於生產事業之民主精神，故此類營業方式，賴氏以爲可以永久保存者也。第三類，除以上二者外，下自一人自設之工廠，上至分利制之數千人之工廠，如德國耶納光鏡廠之類，要皆屬於私人營業者，國家應定爲條例以限制之。而其條例中所應保護者有三種人，一曰勞動者，使其得享相當之酬報與安舒，二曰消費者，防止物價之奇昂，三曰投資之公眾，使其不至受辦事人之矇混。爲達此種目的計，董事部中，除經理人列席外，勞動者亦得占議席之半，每年盈餘之報告，向大眾公開，如遇意外奇盈，除股東紅利外，或以盈餘之一部歸之國家，或降低物品之價，以使一般人之購買。

賴氏自評曰，此種計畫，不合於共產黨之意甚明，以其非澈底的改造也，非能取資本主義一朝消滅之也。賴氏曰，以革命方法，達生計改造之目的，不特原有目的不達，且爲害有不可勝言者。於俄且然，何況英國！蓋冥心孤往，視天下事易如翻手者俄人之心理也，脚踏實地，得寸進寸者，英人之心理也。讀賴氏書者常覺其理想之標準與社會之指斥，不殊共產黨人，而就其所提出之辦法觀之，無一非循序漸進之語，此皆英人心習之支配爲之也。

第五　賴氏與英國傳統的學說

賴氏書成於廿世紀，謂其視十七世紀之陸克，十九世紀之邊沁、穆勒，絕無新說之發揮，斷不然也。若團體人格，若職業代表，若財產權之制限，與夫國營之事業，皆屬後起之說，爲從事斯業者所不能不解答之問題，賴氏書中所指陳，即賴氏對於斯學之貢獻也。然賴氏言，豈能盡出英國傳統的學說之外乎，則一國思想史之繼續性實爲之也。

蕭君公權著『政治多元主義』一書，謂賴氏學說，以三種潮流混合而成，一曰邊沁之功利主義，二曰個人主義，三曰康德的背景，蕭君所分析者爲賴氏之哲學的立處，而我之所重者爲其與英國思想史之關係，本書顯然流露者亦有三點，一曰代議政治，二曰個人主義，三曰零星改良精神。

陸克者英政治學史上最有權威之一人，其學說之最影響於英國政治者，莫過於其以立法機關爲主權機關之說。議會爲英之定制久矣，英諺有巴力門除男變女女變男外無所不能之傳說，十八世紀末年內閣政治確立，益以促成議會多數黨柄政之局。自是以來學者中祇有因時改良之說，絕不聞澈底改造之議。近年來國外有共產黨之攻擊代議政治與夫俄國蘇維埃制之成立，國內有基爾特社會主義之主張，欲以職業代表大會代巴力門。而政治家如麥淸納不承認領土的代表制之廢止，學者如賴氏亦以爲領土的代表制爲代表人民之消費方面，決非職業代表所得而取代，因而主張國家之特殊地位，因而保存普選之制，因而維持國會與內閣之制，夫亦以議會爲數百年來之舊制，既已推行盡利，則亦不必輕易更張耳。陸克之言曰：

> 立法以號令全社會之權，屬之全社會，——君主行使此權而不得其所統治之人之同意者，直專制而已，法律之不得公衆同意者非法律也。

因是而徵稅募兵與夫其他國家大政，非得國民之同意不可，此英國憲政之恆例也，而賴氏書中習見之語曰審查之義務，其文曰：

國家之保護人民利益，應普及於人人，不得厚於甲或乙而薄於丁或丙，甲乙丙丁同有審查之義務，問國家所以待我者是否有所未周，其未周之故安在。審查之結果，雖直鳴其非，可也。

英人之政治論，有大前提，曰政權行使不受人民監督者，易流於專擅，惟有監督之後，乃有良政治，故賴氏曰：

言乎權力，必有行使權力之人，而受法律委託以行使權力者，常爲少數人。此問題之中心，不在乎法律上操最後決定者爲何如人，而在其所以爲此決定者，是否以最廣之歸納法，徵求全國多數人之同意。

惟賴氏之意，在嚴防政府之擅權，故於國體政體之分別則否認之。昔人之言曰，主權之所在曰國體，主權之行使曰政體，而賴氏則曰國家何在，不可見焉，吾人每日所接觸者，獨政府而已。政治學中之問題，非國家主權之問題，而政府行爲之問題也。國民對於此少數人之政府，惟有常目在之，不容一刻怠忽，而後政府不至因私忘公。然則政府之良否，不在政府自身，反在監督之之國民矣。於是個人之智識與個人之權利乃爲政治學中第一問題。

穆勒氏著『自由』一書，發揮個人特性之義，最爲深切著明，其言曰，各人之天性不同，發展之途，宜於甲者不必宜於乙，宜於乙者不必宜於丙，故國家應聽各人之自發自動，而後合此萬有不齊者以成社會。又曰人類蹈常習故，所以破舊俗之非者，賴乎特殊之個人，且眞理因辨而尤明，因不辨而晦，甲方之反駁，適以促成乙方之猛省，故人持一說，正所以發明眞理也，此等等個人特殊之說，穆勒於其書中往復不已，而賴氏之言如出一轍，賴氏曰。

> 吾人所以爲國家之人民者，非達國家之目的也，乃達吾人自身之目的。凡爲個人必有其不易與人同化者在，斯爲獨知之地，獨得之祕，爲彼之所獨，他人不得而犯之者。……各人獨得之處，國家惟有聽各人之自爲，任其各適其適，若國家而勉強侵入，不啻毀滅人之良心，而各人所自信爲至眞不易者，一旦盡失其憑依矣。

此重個人輕國家之明白表示也，其與穆氏微異者，穆氏等個性以發揮少數人之特長，賴氏個性以提高一般人之程度，其言曰：

> 國家所有事，旣在取資於社會經驗以見諸行事，則經驗二字應爲至廣之解釋，以期所以取用者益精益密。不論其人地位高下，應容其發抒所見。此卽民主政治之所以推行也。國者合民而成，國之爲性，視乎人民以其生活中求而有得之意義，貢獻於國家者而定，此一義也。國之爲性，旣視人民之發展而定，則人民所處地位，應使其得以從容分析其經驗，以有裨於創造，此二義也。

惟國家與人民相依之密如是，故選舉權不可不普及於人民，賴氏曰：

> 他人之所感覺，決不能如我之所感覺。他人所得之印象，決不能如我所得之印象，——惟其然也，以全國之立法，託之於惟一階級，安在其可乎。

此言乎各個人之利害，惟各個人自知之，故應使其自行參預表決而後可也。欲達此人人自動之目的，則所以教育國人者不可不講。賴氏曰：

> 前為公民職分下定義曰，各個人本其理智之判斷，以貢獻於國家公善之謂。惟其如是，公民有享受教育之權利，使其智識充分發展，然後能盡公民之責任。所謂智識之種類多矣，若謀生之技能，若生活意義之瞭解，乃至心之所懷抱者，能為條分縷析之說明，平日所經歷者，能尋繹其前後得失之宜。居近世國家中，其至顯之鴻溝，無過於甲方為有智識之人，乙方為無智識之人。權力之所聚，必在於能領會能分別意義之人，換詞言之，為有智識之人。或者以為人之智慮，乃天然之不平等為之，不知天生者雖非人力所能強同，而立為最小限度之基礎教育，使人人得以共享，實人事之所當盡者也。蓋人自安於愚昧，政治變化茫然不知，則事之關係吾一身之利害者，曾不能以吾之意思參加其間，故教育者教人以吾之意志，參加於政治所成之果耳。希臘之智士安梯風氏曰，世事之第一重要者，當推教育，豈獨希臘，今世尤然，號為人類而缺乏教育常識，非為人奴隸不止矣。

賴氏之重視教育如此，無非欲挽此蠢如鹿豕之羣眾，以自奮於是非可否之場，故謂穆勒氏爲特殊的個人主義者，則賴氏爲民主的個人主義者可焉。賴氏既推尊個人，則窮至其極，非承認國民有革命之權利不止，蓋國家最終之是非可否，操之於個人也。賴氏曰：

因分析國家之內容，在倫理學上迫我以不得不謀國家之傾覆。國家之行使其權，以合於所以立國之原目的爲當然之理，今既不能矣，凡爲公民應有所覺察，而出於抗拒。

如此云云，遽謂賴氏爲純粹之革命黨則非也。何也，彼於政策上主張積漸之試驗，於學理乃詹姆士氏等實用主義之信徒也。試驗之下文：

欲求生活平等，其爲共產主義之實行乎，其爲私人產業之監督，若利益分配，若勞動狀況，一一受國家之支配，使貧者稍免生活之苦乎，二者必居一於是。然依俄之近事觀之，共產主義之立國，決非短日月間所能實現。——廢止私產以達於平等之改革，決非旦夕之事，必期諸長時間之潛移默化與甲制乙制試驗之痛苦。

既曰長時間之潛移默化，又曰甲制乙制試驗之痛苦，其不如俄國共產黨之以革命爲惟一聖藥明矣。

賴氏嘗引詹姆士與杜威之語，其多元的國家之名，即本於詹姆士氏多元的宇宙之語，又曰多元的國家論之內容，卽杜威氏之試驗主義也。意謂一切政治之施行，應驗之於實際，行之而合於民福者斯爲善，不合於民福者斯爲惡。故其於生計改造計畫中，小心謹愼，提出所謂改良方針，而於革命家之持論，則以爲不特不達目的，反以障礙之，此即所謂零星改良，所謂淑世主義，而英美人之國民性在是也。

第六　賴氏之哲學的立點

我始譯賴氏書，金君龍孫於其主撰之英文報名『勦襲』（Plagiarist）中曾有記載曰張某譯賴氏政治典範將使是書成爲康德化，將以康德之超越的統覺超越之，龍孫措詞原爲滑稽，然其言外之意謂我輩惟心主義者，奈何助賴氏張目乎。我初讀賴氏書，頗覺賴氏雖自命爲惟實主義者，然口口聲聲不離道德與倫理，似兼採惟心主義之長，繼而讀蕭君公權書，乃知美人義律奧（Elliott）已在美國政治雜誌中指出『賴氏倫理的個人主義之康德的背景』（Kantian Background of Laski's Ethical Individualism），金君之所以譏我儕者，已有義律奧氏爲我作辯護人，義氏文余未得見，玆就我所見賴氏書中之惟心主義的彩色而論之。

哲學上惟心惟物兩派，名義雖同，內容則屢變矣，康德之惟心主義，異於黑智爾惟心主義，黑智爾之惟心主義，異於今倭伊鏗柏格森之惟心主義。乃至以惟實主義言之，昔之素樸的惟實主義與今日羅素氏槐德海氏之新惟實主義，尙有幾微之相類乎。就現代惟心主義言之，其謂外之自然界，出於我人之自覺性與古同也，其認爲人類社會中在現實之上別有所謂理想在，亦與古同也，其爲今之所有而古之所無者，則謂大宇宙實在，變而已矣，其進而益上，在乎吾人之努力，換詞言之，宇宙非完成之境，乃日在行健不息之中，宇宙爲不完成之物，有待乎吾人之完成，不完全者，現實也，求所以完成之者，理想也。

關於人事之哲學，常分人事爲二，一曰現狀，即目前之事實也，二曰理想，即道德上倫理上之當然者也（ought to be）。人類不滿於現狀，而求所以改革之，其改革之主張，即當然之表示，即惟心之表示也。惟其如是，即自命爲第一等之惟實主義者，要其工作不能限於現實，舍進步，或改良之主張而不道。故在自然界以內，惟實惟心兩派，確有絕大分別者，而在人事上言之，斷乎不然，蓋程度之差耳。

夫兩派在人事哲學上，同不能不承認理想，誠然矣，然兩派間有絕不相容之點，曰政治中之總意，此爲惟心派所可，而惟實派所否者，曰客觀的道德標準，惟心派名之曰理性曰善，起於先天，惟實派曰幸福曰功利，起於後天。依此兩標準評之，賴氏之爲惟實主義者，無疑義矣，何也，賴氏自言曰：

> 如上所言，惟實主義者之國家論也。（第一章第四節）
>
> 如上所云之國家之觀察，可謂盡惟實主義之長矣。（第一章第五節）

總意云云，如何實現於一國之中，本爲疑問，以民主國之立法，但得多數同意爲有效，不問有全體一致之說也。然總意之所以可貴，不在乎同意者人數之多寡，而在乎其決議之是否合乎理性，故康德之言曰：

> 良法律之標準，不在乎各個人之實際的同意，而在此法律與理性的自由的個人之意

志相合。換詞言之，公道之法律，在其合乎是非標準，假令礙於一時事實，多數人不能共表實際同意。而其同意在於可能之列者，已不能不謂公道之法矣。

惟其有此道德標準在，故先覺之士，常在世人不知不言之日，而先有所主張，此人類之理性爲之也，乃至今日多數人所不同意者，而認爲在他日常有承認之可能者，亦人類之理性爲之也，惟其然也，賴氏之言曰：

> 國家者，立於勝任或不勝任之道德的測驗之下。
>
> 人民所以服從之根據，在公德上之公道。
>
> 國家所以行使其權力者，在確保其權利而已。其合於此旨者曰善，反是曰惡，此即國家之道德性之所以分辨也。

賴氏書中，曰正當生活，曰合理工時等等名詞，充斥其間，試問不先有人同此心之理或道德，則所謂正當所謂合理者，安從而成立乎。既承認道德，而欲自遁於惟心主義之外，得乎？

義律奧氏謂賴氏學說本於康德之倫理的個人主義，以我觀之，尙不止此，今日之世界，去國際聯盟之理想甚遠矣，自惟實主義言之，則今之現實界中，尙無吾人所想望之國際聯盟機關，而賴氏一則曰，廢止戰爭，再則曰軍備擴張非一國之私事，此種立論，苟以詢諸各國政府之陸海軍總長，鮮不謂爲書生之論矣，然賴氏敢於昌言者，夫亦以大同之境，爲人類最終之境，而理性之當然者耳，此種立論，惟在惟心論之立脚處乃能有之，決非達爾文之生存競爭論或邊沁之功利主義中所能產生者也，故吾以爲賴氏學說，不徒受康氏倫理的個人主義之影響，而同時受康氏倫理的人類主義之影響也。

且賴氏自居於惟實主義，故文中常云吾人之所謂是非乃經驗中之是非，非先天之是非，又曰吾人心中無超越哲學之神秘概念，蓋自謂其學說建築全體於現實主義之上也，然吾人讀下列文字，覺賴氏之神秘遠出康氏之上，其言曰：

> 於是，國人中果有自現其好身手者，亦視一般人所以爲之布置者何如，而後此輩乃能自顯其對於盤根錯節之應戰矣。此世界之於彼等，自外言之，若爲一大祕密，而自個人內心言之，彼等乃負有穿透此祕密之使命之人也。此深入祕密之使命，是個人之犧牲也，亦即個人責任之實踐也。或合而言之曰，由犧牲之途而達於實踐亦可也。夫世界之運命，繫乎人羣之奮勇先登，非精神生活活動之表示乎？非人羣循脚踏實地之途，以潛達於創造的目的乎？非吾人應舍難蟲之爭，而圖人事之遠且大者乎？

夫惟心主義者之歷史進化觀，不外曰精神生活，曰創造的目的，今賴氏亦既自認之矣，謂爲康德的背景，謂爲現代新惟心主義之背景，誰曰不宜。

雖然。現代之惟實主義與多元主義所深惡者，爲英國之黑格爾主義，此派學說曰實在意志，分之於各人，而各人之所得，無不相同，因吾個人之實在意志，即此公共意志之一部分，推至其極，即爲國家，故曰自由之實現，在乎國家，除國家而外，個人自由無由實現。

然則拘捕與刑訊，爲國家所有事，同爲國家之意志，將謂吾之拘捕，亦卽吾之自由乎。此其說之弊，在乎過於推尊國家，而忽視個人，故哲學家如詹姆士起而力攻之，賴氏輩更拓詹氏之工作於政治方面。詹氏口號曰反對整塊宇宙，賴氏之口號曰反對至高無上之主權，其用意正同，皆所以圖人類創造力之自由發展耳。

孰知現代所謂新惟心主義者，起於反對物質主義與定命，以宇宙爲生之演化，以時間爲世界之實在，故時間進展不已，卽爲宇宙之進展不已，而封鎖體系之說本爲其所反對，雖爲人生哲學方面新惟實主義之要求，與宇宙觀方面新惟心主義之要求正爲同一方面可焉。此何等現象乎，以惟心主義者卜山圭氏之名名之，曰思想界兩極端之相遇；更以惟實主義羅素氏之言名之，所謂心者，因行爲主義而大減少其心的性質，所謂物者，因相對論而大減其物的性質，然則吾人可以成立同一方式曰，所謂一元或曰先天者，因新惟心主義而大減少一元或先天性，所謂多元或後天者，因新惟實主義而大減少其多元或後天性，而二者之交相爲用，殆爲政治哲學之新途徑乎。

賴斯幾著「政治典範」（商務版譯本）譯序

三、中國教育哲學之方向

——智識與道德各派哲學及拘束與開放各時代文化之大結合——

一、緒　論

自中國改革教育以來，所討論的問題爲教育宗旨、教育制度及教學方法。最近一年以來吾們在報紙上，讀了好幾篇文章：一、吳俊升中國教育需要一種哲學，二、趙子凡中國教育所需要的哲學應該如何產生，三、姜琦在東方雜誌發表一篇論教育哲學之文。中國最近教育界，是從制度和方法問題，轉到教育哲學了。我現先從教育與哲學的關係來解釋解釋。

一般人往往以爲有了科學就不必再要哲學，好像科學發達以後，哲學便消聲匿跡。譬如天文學、物理學在十八世紀還是哲學一部份，心理學雖然到現在還沒有脫離哲學範圍，但是許多心理學家要把他成爲獨立科學。從這個努力的方向說，好似各種科學眞能完全獨立，那哲學就不要了。

我告訴諸位，這種見解是錯誤的。因爲學術界中，一方面各科學如物理、化學、生物乃至於心理學，儘管成爲獨立科學，但物理、化學、生物還是脫不了有他的哲學問題。我們舉幾個例來說：第一物理學，物質可以分爲電子原子中立子，但是電子背後許多人還是承認有物質，有人不承認有物質，只認爲是事件 (events)。到底是物質，是事件，這是物理學所不能解決的，要靠自然哲學來解決。動物是有機體，有機體是什麼，是否就是一個機械，或另有生機力，這也不是生物學所能解決，而是自然哲學問題。從心理學說，有人主張用實驗方法，有人注重內省方法，有人說心理現象上有最簡單原素，有人注重心理中之統一結構，這四種立場都是哲學問題而不是心理學問題。我們從歷史說，歷史不管是那一種體裁，是編年式，是斷代式，或記事本末式，或通史式，皆不外乎記載事實。但是有人討論歷史中之種種變遷原因，究從何來，如馬克思說決定歷史變遷之主因，是生產關係，黑格爾說歷史變遷起於精神之自動。此亦哲學問題而不是歷史問題。從以上物理心理歷史三項來說，可見一切科學儘管發達，而科學背後，自然有他解決不了的問題。所以哲學，還有他存在的理由。

現在說到教育與哲學的關係。教育之最大目的，不外乎將一國或全人類文化上的寶貝，傳授給青年人，希望他在將來能够發揮光大。所以一方面，不能不顧到過去的習慣傳統。因爲一個民族生在世界上生存好久，總有寶貴的經驗，可以傳給他的子孫。同時因爲人類所處的環境常在變遷，所以一個民族的文化是不能固定不變，須得觀察形勢能够合乎「窮則變，變則通，通則久」的道理。所以可以說教育的目的一方面是繼往，一方面是開來。如歐洲中世紀的教育乃至於文藝復興以後初期人文主義時代，大致偏於讀古人之書而模倣之。這個時代的教育，可以說是偏於繼往，文藝復興以後，偏重於各個人之自動精神。各個人體德智三方面健全之發展，總希望各個人聰明伶俐能適應環境而創造新境界。從繼往與開來兩種觀點，可以見人類因他各時代中宇宙觀、人生觀之不同，而其教育方針，因而大異。

吾人從廣泛方面說，各時代中宇宙觀人生觀之不同，可以影響於教育方針者如此之大，再就特殊部份或專門部份來說：譬如有一種心理學家認爲人類心靈，是一張白紙。他的學習，是由外界點點滴滴的知識灌輸，日積月累而來。那麼他的教育方法是一種經驗說。又有人認爲人類的心理，本來有統一的結構，所以教育孩童，只要觸發他自動自發的本能，而不必注意於點滴的灌輸，那麼他的教育方法又是一種。可見對於心靈觀察方法不同，又可以影響到教育來。教育家教育孩童不外兩種：一種偏重「知識」，一種偏重「道德」。偏重知識者，未嘗不知道德之重要，但是他以爲人類所以有不道德之行，皆因其智識不健全，不然不至有不道德的行爲，所以他們認爲要道德健全，應從知識下手。至於偏重道德的人，自然注意於道德的訓練，用命令式的方法，使兒童去邪歸正，他們從意志方面以影響於行爲，而不從知識方面着手。再舉一問題，就是個人與團體之輕重。英美向來注重「個人主義」，所謂「個人」，並不是吾國人所誤解爲自私自利的個人，乃將個人特性完全發展之謂。只要一個人之身心能健全發展，並知道獨立自尊自重，只要個人健全發展，社會之福利，亦自能達到。返過來說，偏重「團體」之一派哲學家，以爲一個人在社會裏從他出生以後，即無所謂個人，因他在小的時候有家庭撫育，長大時與社會互通有無，他對於國家有種種權利義務關係，可見一個個人僅僅當他是一個個人，是不對的，因爲個人就是大團體之一分子，所以教育方針就應該偏重於團體與個人之關係。以上所舉之「心靈問題」，「知識與道德問題」，「個人與團體關係問題」，皆哲學問題而不是現代的自然科學社會科學，已能够給與我們以答案的。因爲此皆哲學問題，而非科學問題。目下我們教育界想尋求一種教育哲學，就是已經見到上面所說的問題了。所以中國教育需要那一種哲學這個問題，呼聲一天高一天了。

二、吾國現時討論教育哲學之困難

但是要答覆這個教育哲學問題，是不容易的。我以爲對於此問題之答覆，有兩種困難：第一，歐洲之教育與其背後之哲學，是不可分的。至於吾國，二者令人起脫節之感，是由於過渡時代的特種情形而來。歐洲從文藝復興以後學術界之思想與政治制度，成爲一個劃然的新時代。新思想家立於時代之先，發表他的意見，後來被政府採用以成爲政治之制度。所以一種教育家之新理論，同社會上教育制度，雖有先後之可分，至於教育與教育背後之哲學，是不能分的。這句話說教育理論之中，是包含教育方法與教育哲學，並不是一種教育理論，只有方法而無哲學。譬如洛克之教育理論中，包含洛克的教育哲學。盧騷教育理論中，包含盧騷教育哲學。乃至就近代言之，拿推勃的教育理論，也就有他的全部哲學爲背景。杜威的教育理論，有杜威的全部哲學爲背景。凡一個哲學家有他的整套哲學，他就對於宇宙人生道德知識個人社會各種問題，都有他的觀察，根據他的觀察，然後演出教育理論。所以可以說將他哲學觀點，應用到教育上來，就有他的教育理論。並不是有了教育理論，而後才有教育哲學。這是什麼原因？因爲歐洲思想界與政治界之變遷，若兩個輪盤，一個是「思想」，一個是「社會事實」。思想進步，社會事實亦跟着進步。所以有一種新的教育理論發表出來，他就能影響於社會與政府。因新理論之推進，就有新制度新事實之確立。所以從歐美來說，社會制度，社會事實，是跟思想一步一步望前演變。至於我國採用西洋制度時候，已是急不暇擇。但取其制度，而不能再問制度後之思想背景，哲學背景。我們但採其社會上已確定之制度。至於歐美制度之背景，換言之，即歐美教育制度背後之思想過程，是沒有在我們教育家心靈上發生影響的。方今洛克、盧騷、杜威等教育理論，我們中國教育家當然無所不知，但是他們的教育理論初時所造成之空氣與刺激，這不是我們事後採取之東方人所能感覺到的。這話就是說，思想同制度，能夠互相推進的國家，他的教育同哲學，是連在一塊而不可分的。像我們有教育與哲學分為兩段之感覺，就是因為我們思想不能推進社會制度，所以發生教育與哲學分離的問題。我們把歐洲教育思想史變遷之經過，考察一下，就知道他們教育與哲學何以雙軌並進，而吾們三十年來有教育而無哲學作指南針的原故了。所以教育與哲學合一問題，視民族思想界的權威，能不能支配制度，而不是有了事實有了制度，而另找社會制度背後之哲學所能辦到的。

第二，就歐洲思想史的變遷來說，十七八世紀一直到大戰前後，無論各種學派如何分裂，但他總潮流是一貫的。譬如洛克、盧騷、孟德斯鳩之民約論，其立論內容各自不同，但其歸結處無不同為民主政治。洛克、裴斯泰洛齊、與福羅培爾之教育論，各自不同，但其歸結處無不注重於個人之自發自動。換辭言之，教育理論，政治理論是大同小異的。大戰以前，他們的思想界教育界乃至政治界是安定的。至於歐戰之後，政治方面經濟方面顯然成為兩個對壘局面。在經濟上一方面為蘇俄共產主義，他方為英美之資本主義。在政治上一方為無產階級之專政，他方為法西斯主義之獨裁，再加上英美式之民主政治。而政治經濟上制度之不同，皆是從其哲學背景而來。有洛克、盧騷、邊沁、穆勒之政治哲學，自然有英美式之政治制度。有馬克思之勞動神聖與唯物史觀，自然有俄國式之政治制度。有黑格爾、琴梯爾之哲學，自然有意大利、德國之法西斯政治。吾中國處於此種各是其是，各非其非之時代，不但使我們制度不能確立，同時使我們思想界更加徬徨無主。假定我們在歐洲大戰以前，能將我們政治敎育制度確定下來，或者吾們可以跟着十九世紀之歐洲，並且斟酌自己國情，而可以達到相當安定的境界。我們在歐戰以前，政治上社會上，也曾經想模倣十九世紀的歐洲理論，求我們制度的確立，可是這個目的未能達到。而繼之以歐戰後歐洲政治上思想上之大混亂，他的影響也就演成我國政治上思想上之混亂。如資本主義與共產主義之對立，如獨裁與民主之對立，如唯物史觀與其他史觀之對立，由思想界之混亂，即所形成政治界之混亂。所以這個時期，如小舟在大海波濤上起伏顚波，國家之危險，眞不可思議。恐怕因爲這個混亂，大家心中有所依傍，求一個方向，於是敎育界中發生需要哲學問題了。

說到今後應當採取的敎育哲學以前，我們先拿人類地位怎樣，說明一下。人的一身所包含的，有物理原素，如血肉皮骨，有飲食男女之欲，更進焉又有心理狀態，所謂知情意。在小孩時須受父母撫養，使他身體發展。在他長成後有職業有婚姻，在社會上有種種接觸。在一個民族以內，又同政府法律命令發生關係。當其要求精神上的安慰，又有宗敎問題。我們可以說一個人生上幾方面：肉體方面，可以說屬於物理。飲食男女，可以說屬於生物生理。知情意活動，可以說屬於精神。一個人自生至死，有家庭、有社會、有國家、有宗敎團體的關係，此種種方面無一不屬於敎育範圍之內，就是無一不屬於哲學範圍之內。假定敎育家有一方面不顧到，則其敎育即不免於缺陷。假定哲學有一面顧不到，則其哲學亦不免於缺陷。但是吾人拿當代哲學家來說，各派哲學家能將以上各方面顧到的，實在不多見。我們可以說，要單獨拿特定的一派哲學，作中國敎育之指南針，那是不够的。

現在先引兩派哲學，來說明一派哲學所以不够作指南針之原因。俄國革命以後，唯物史觀派之哲學，在中國盛行一時，認爲世界上能够決定一切變動原因，就是物質或者說生產條件。此派哲學他們認爲世界上唯一的實在就是物質，就是生產關係，至於所謂精神，所謂人性中之理論結構，是他們所不願承認的。他認爲內部的心與物質世界的關係，猶之照相機與所照物件之關係，簡單說內心卽照相機，外界卽所照事物，內心對於所照之事物，不能有所謂綜合能力或其他結構，不過將外界事物，依照原形，複寫一下。彼等既不承認心理上作用，關於智情意三者，自然看爲一種生理的反應，並不像其他哲學家認爲心靈中有莫大妙用。心靈既無妙用，人類之道德觀念，彼等概不承認，並且說道德是統治階級壓迫平民的工具。彼等有一句最明顯的話，凡認識，皆有階級性。推其意，謂凡認識或知識或學說，皆以階級爲背景。將一切哲學分爲兩大類，一爲唯心主義屬於資產階級，一爲唯物主義屬於無產階級。彼誠能將此種理論，推至極點，使資產階級所成立之物理化學數學等爲一種，使無產階級所成立之物理化學數學等又爲一種，而後彼等所謂認識之階級性之說，乃能成立。然各種學說之不因階級而有所不同，乃不待辨而明之事實。至於道德上之仁義禮智等，乃人類所共認爲善的行動，而絕非甲階級之道德爲一種，而乙階級之又爲一種。彼等對於國家，亦名之曰統治階級壓迫平民之工具。其心目中以爲國家卽掌握軍警權之政府，而不認國家爲民族之統一體。蘇俄革命以後，彼等專提倡階級鬭爭與世界革命。至於近年以來，彼等亦漸知國家本身之重要，應先料理本國之事，而後再及其他。半年以來，中國蘇維埃政府，亦拋棄階級鬭爭之說，而提倡民族鬥爭，且標出生存，民族獨立之旗幟。此等共產黨政策之變動，亦卽可以窺見他們思想之動搖。澈底來說，卽爲他們哲學之動搖。國家民族，彼等向不認爲理想價值之一（Ideal value），現在他們既知國家民族之重要，就可以說他們也承認國家民族爲理想價值的一種，再進一層來問，同一民族，所以應相親相愛之故，因他們是同血統、同言語、同風俗、同歷史之關係，所以同一民族以內之同情心，與對於其他民族排斥性，是不同的。此種同甘同苦之情感，是從何來，不能不說是人類心靈上來。推而遠之，共產黨既認民族國家之價值，不啻將他平日否認精神否認道德之學說推翻。我人向反對唯物史觀的學說，卽爲此故。現在他雖然只承認民族與國家之價值，而不推翻唯物史觀之哲學，但他的哲學全部理論，已發生動搖了。澈底來說，唯物史觀之哲學，不是吾人在民族爭存時代所需要之哲學，同時也不是吾人在民族爭存時代之敎育所能採用這種哲學的。

吾們再引羅素之哲學而說明之。羅素最看重知識，他說哲學之目的如下：

「哲學之自覺的目的，在了解宇宙，不是確立道德上所需要的命題。凡從事研究哲學者，應放棄一切成見，不論爲倫理的或科學的。假定，他們心不放棄某種哲學的信條，那麼他們是不配研究哲學的。」

羅素又說：

「人類是種種原因的產物，此種種原因，不自知其所欲達之目的如何，人類的起源、長成，他的希望與恐懼，他的愛情，與信仰，不過是原子（Atom）偶然聚合之結果而已。無論何種熱烈的心火，無論何種英雄主義，無論思想與情感如何深密，不能保持個人生活於其死後。千百年之工作，各人之虔敬，各人之煙士披里鈍(Inspiration)，各人之天才，在太陽系統全體死亡之日，終於滅亡而後已。總之人類種種成績之大廟，其最後結果，總是埋於宇宙灰燼之下。以上各點，是無可致疑的，是已確定的，反對這幾點的哲學，是不能希望成立的。」

羅素這一段話，是從物理學上熱力消滅論，證明世界將來有滅亡的一天，這是他但注重有形方面的原故。反過來從無形方面看，人類的努力，不必計及世界將來滅亡與否，但問理之當然，人類有不應不努力之道德義務。所以人類的努力，在注重物質世界與精神世界的兩派看來，大大不同的。注重精神的人，覺得人類的努力無論何時，不會沒有意義的。如其着眼於物理世界之消滅，那就覺得現在之努力，將來不免歸於灰燼，那目前的努力，亦等於灰燼。羅素這人在哲學上，專看重知識，不看重道德。他曾明白說求眞問題，是哲學家所討論，善惡問題，不是哲學家所應討論。我們不能不說善惡問題，在平日生活方面，較之求眞問題更爲重要。因人類所處的家庭、社會、國家，無論何時何地，沒有不同善惡問題相接觸。惟其有團體，纔有是非善惡標準，所以不能不注意克治存養的工夫。從這方面說，就可以知，但論知識而不論善惡之哲學，不足爲中國教育之指南針。

以上我舉了兩派哲學，證明哲學家往往有偏見。換言之，他注意宇宙之一面，而忘了他面。教育家對於物質精神，對於個人與團體，既應面面顧到，所以今後不能以一偏之哲學，作爲吾國之教育哲學。從以上所引之例中，可以明白今後教育界所需要的哲學。依我的意思，有兩標準：第一、各派哲學之大綜合。第二、各時代文化之綜合。前一個綜合是橫的，是從科學與哲學的學理上定中國今後的教育理論，後一個綜合是縱的，是從歷史經過上指出我們今後教育的動向。

三、各派哲學之大綜合

我們讀哲學書，常覺各派哲學，有可以互相調和之處。各派哲學，各自代表一方面，各自發明一義，所以表面上互相對立，而實際上可以互相補充。近代歐洲哲學之發生，起於理性主義，其後經驗派以經驗爲立場，糾正其說。可知哲學家之立說，必有所破而後有所立。自其所破觀之，常覺能破者，與被破者互相對立。實則所破者未必眞被打倒，能破者祇能自堅其壁壘而已。所以對立之學派，名爲相反而實未嘗不可相成。理性主義派認爲人類之認識事物，有若干內生的概念。有此內生概念，乃能辨別外界事物。如笛卡兒、蘭白涅茲，均主張此說。其後洛克之經驗派起，反對內生概念說，認爲一切概念皆從感覺中從經驗中得來，且因每日習見習聞，然後有所謂認識。自康德起，創所謂批導主義，一方面承認一切知識皆起於經驗，同時主張謂認識之所以可能，在經驗與感覺以上另有其先在的方式。如所謂因果關係，主客關係等，以其苟無此等先在方式，則並經驗而不可能也。康德未嘗否認經驗之重要，但指出經驗之所以可能，必先有若干先在的方式，因此理性主義與經驗主義，乃得調和於同一系統之中。

更依倫理學上兩派相對立之學說而說明之。有一派倫理學家，認爲人類道德觀念，出於天賦，類乎吾國之所謂良知良能，謂有此良知良能，乃能別善惡，乃能事親從兄，此爲人類所獨具之特性，蓋人類所以爲萬物之靈，而道德所以有無上尊嚴者卽以此故。至於進化論，視人類由動物進化而來，謂道德觀念，亦由動物生活中日積月累而成，且因環境變動，而道德隨之而變。彼等舉高等動物如猴子為例，當其在生育時期中一雄與一雌相處，力排他雄之來擾為例。可知動物之生殖，已受一種限制，非任意雜交者可比。進化論者更舉一例，有母狗一方撫小狗，適公狗出獵，自以不能同去，表示羞愧，繼而又現懊悔之色，可知動物亦有心理上之交戰。可知進化論者，求道德之由來於自然界中，意謂道德不出於天，而出於自來之演變，道德不過適應生活環境之手段，非有絕對的尊嚴。吾則以為進化論者對於最初期道德之由來，其說明未嘗不是，然不能因此之故，而排斥道德之尊嚴。蓋道德之由來，即令出於自然，而其所以為道德者，自有道德之自律性（Eigengesetzlichkeit）。現代人類善惡是非之標準，如不應殺人，不應妄語，推己及人，忠恕待人等等，此等標準，久已確立，豈因道德由來出於動物之故，而能動搖之乎？如是，以進化論者之說為天賦說之補充則可，以之推翻道德之尊嚴，則其根據，不免薄弱。與其以甲倒乙，不如兩利俱存之為得，此吾對於兩派之態度也。

本以上所舉之方法，所以證互相對立之各派哲學，可以調和於一個大系統之中。現在我更要縮小範圍，將以上方法適用於教育哲學。舉以下各點為說明之資。

（甲）心靈問題：關於心靈問題最極端的兩派，甲派說心靈有他的特殊作用，與物質絕不相同。乙派說心靈離不了物質，乃至於說無所謂心靈，而實在只是反射作用。第二派中以俄國之 Parvlov 及美國之華生行為主義為尤極端。有心靈論者，又分若干派，有所謂能力心理學說，有所謂心理狀態說，有實驗主義之適應環境說。在主張有心靈說者方面，因其關於理論之不同，各派對於訓練心靈之方法，立說亦復各異。如十八世紀之理性主義者，偏重於形式方面，注重數學論理論，如杜威之實驗主義者，偏重於生活實際方面，意謂應於實際生活中求得解決。

吾人再就唯物論者否認心靈說之態度言之，彼等既不承認有心靈，只承認有生理作用，吾人若採取一澈底反對之態度言之，可以說既不承認有心靈便無教育之可能。然彼等立論，亦不能如此澈底，在教育方面，彼等仍認人類有教育之可能，但以爲應注重者在身體而不在心靈。彼等採取一種主張，謂有健全的身體，纔有健全的心靈。彼等既否認心靈，自不能不自適於健全身體之說，實則健全身體之說，在主張有心靈論者，何嘗認爲不相容，而必欲排斥之乎？唯物論者，又以注重生理的反射作用之故，注重於神經系統之組織，視心靈作用爲各種器官之聯絡。此等理論，美國心理學家商達克亦常如此主張，對於某種技能之學習，如打字打球之類，此種理論，自可適用。如是可見唯物論者之言，苟能縮至某種範圍以內，亦可視爲相通而不必視爲相反。此爲大綜合可能之證據一。

有心靈說之各派中，從理性主義至現在所謂完形心理學派爲止，我們可以說其中主潮不外兩派，甲認爲心靈能自動，有統一綜合能力，乙則否認心靈有此能力。理性主義者以人類能下判斷，並在學理上能作賅括的結論，所以他看心的作用，比感覺高一等。至於經驗主義者，自洛克至海爾巴脫以爲一切知識，皆從感覺而入，由感覺之拼湊而成概念，故有所謂心理原子說，言概念之成立，猶之化學原子之結合而成爲化合物也。迄於最近此兩大派仍依然互爲對峙，然頗有兩派合流之勢。譬如以技能之習得而論，自應以經驗派之心理學爲根據，至於關於推論及普遍意義之心理作用，非經驗論所能解釋，唯有認爲出於心理上自發之綜合。澈底來說，低等之心靈作用，可以拿經驗主義來說明，高等心靈作用，不能逃出理性主義範圍之外。此爲大綜合可能之證據二。

（乙）知識問題：此項與前段心靈問題有密切關係。明了前段的話，則知識問題亦可窺見其端倪。理性主義者如笛卡兒、蘭白涅茲，認爲人類之知識，本於若干內生的概念如大小先後因果等。經驗主義者如洛克如海爾巴脫，認爲人類之心靈如一張白紙，其知識皆由感覺與經驗而來，無感覺無經驗則無所謂知識。前一派之敎育方法注重形式之訓練，以數學論理學爲基本。後一派主張刺戟兒童感覺，並採用實物敎授。此兩派中當然後一派之勢力爲大，因爲經驗派能够在敎學方面實際應用他的主張，至於前一派的主張，只能在判斷方面在創造學說方面表現，所以不能在敎育上佔很大勢力。但是我要告訴大家，美國實用主義者詹姆斯氏，他是注重經驗的人，但是他認爲人類的求知動作之中，確有若干先天的範疇。康德的學說到了十九世紀被一個實驗室中之心理學家所承認，不能不說這兩派主張各有各的堅強之根據。

迄於最近，杜威氏創實驗主義，將知識出於內生或出於經驗問題，擱在一邊，另倡所謂「就生活中求知識」之說。關於人類知識之獲得，杜氏有五階段之說：

第一、有困難之自覺，即有一問題，心中欲求解決。

第二、將全部情形，加以考慮，求其難點所在，並確定其關鍵所在。

第三、列出幾種提案，以圖解決。

第四、將各種解決案，見於實行，即所以試驗其當否。

第五、觀察與試驗，以定各種解決方法中之應去應留者。

杜威學說採取各派之優點，而不走於極端，是其所長。如將倫理學中動機論與效果論合而一之。又將理性主義之心理學與近代發生論的心理學，亦兼容而並包之，此皆杜威融滙各派學說之苦心。至於其教育學說，以實際生活爲出發點，自然引起學生興趣，自然能使理論與事實合而爲一，同時能將書本與實做合而爲一，此皆杜威氏之優點，吾人不能不加以稱許。但我們要知道所謂知識由行爲中得來這個標語（Learning by doing），吳俊升先生在其所著教育哲學中，曾指出他三種缺點，知識雖然由實際活動中產生，但是知識現在已漸漸達到超過實用的境界，所以現在人類求知，不能專以實際生活爲限。第二知識現在已成系統，若一定要從點滴之生活上求解決，則不免忽略了知識系統，且忘了從知識系統下手，有執簡御繁之便利。第三學問家之求知識是爲知識而求知識，其目的不限於實際生活。吳先生這一段批評是值得我們注意。不但先生之言如此，我更舉現代哲學家懷悌海氏之言以明之：

「學術是一條河流，而有兩源，一源是實用，一源是理論。實用的源是促進我們之行動以完成心目中之目的，譬如英國爲在國際戰爭求公道起見，非注意科學不可，乃教人民以輕氣化合物之重要。此爲實用之目的，但是我要力說學術方面理論之重要性。爲避免誤會起見，我並不是對於兩源有所輕重，因爲我們不能說理論的動機，比實用動機高貴多少。同時兩方面各有其壞處，專以實用爲目的，只顧目前，是其壞處，至於理論家別有以知識爲玩物之病。」

懷氏此言，無非說爲知識而求知識，不是爲生活而求知識。換言之，爲知而求知，是科學發展之大動機。現代科學家之發明如相對論，如量子論，不能不說是科學上之大貢獻，但不必與生活實際有關。我們從教育方面來說，爲多數人設法，自以杜威之言爲是。但爲養成少數思想家大科學家計，則爲求知而求知之動機，亦不應忽略。此爲大綜合可能之證據三。

（丙）道德問題：關於本問題，我們先從知識與道德之輕重說起。思想家中往往有認爲人類之至寶，在知識而不在道德。譬如羅素是重知識的人，對於道德常表示厭惡之意，因道德之中包含訓條，某事可做，某事不可做，惟其如此，所以容易限制人類思想之自由，又易養成人類之成見。所以羅素說人類最可寶貴之產物在知識。又有一種人，並不看輕道德，但是認爲知識發達以後，道德自能進步，如知吸紙煙之害，知早起之益，自能早起。西方學者，自希臘以來，有知識卽道德之說，他們以爲所以不道德由於無知識，假如眞知，則不會作不道德之事。道德之養成，究應從知識下手，抑從道德本身下手，是古今中西一個懸而未決的問題。我們看起來，人類某種動作，知識進步以後，自然能分別善惡，見善則爲，見不善則不爲。但是爲與不爲之間，還有關鍵，卽視其意志與決心如何。吾人以吸煙爲例而說明之。知煙之爲害於身，是知識也，有人貪吸煙之舒服而不肯不吃，有人明知舒服而決戒去，此卽視其意志與決心而定。更譬之早起，知早起能呼吸新空氣，能增加時間，是知識也，但是有人貪床上舒服而不肯起，有人不貪床上舒服而勉強早起，這是意志問題決心問題。故我以爲僅僅增加知識，固然可以人知某事應做與某事不應做，但是道德問題，但靠知識是不能解決的。我們可以說教育家中如海爾巴脫是極端推重知識的人，認爲一切行動皆由知識累積而成，至於獨立的意志他是不承認的。此種說法之結果，必至於否認意志否認道德教育。但是最奇怪的海氏認爲教育之自由，卽在養成人民之道德。而養成人民道德之方法，他以爲還是從知識下手。海氏曾有言曰：

「人之價值，不存於所知之中，而存於其意志中。但是意志，非獨立之物。意志之根源，在於思想中累積種種之概念，乃成所謂意志。」

我們從現代心理學家之研究中，知道意志確離開思想而獨立。意志之中，雖不能拋去思想與概念，但是我們不能說意志是由思想概念積累而成。譬如拿紙煙，是從意志中發生之動作，此拿紙煙之動作，固然離不了紙煙之觀念，但是拿紙煙之動作中最重要之成分，是「下手拿」之意志，是動作。我們既經明白意志與思想之區別，就知道道德教育的方法了。道德教育之條件如下：

一、是非之標準，卽人類生存於團體中，有某事應作有某事不應作之訓條，如所謂推己及人，所謂各盡其職，所謂不害人、不殺人等是。

二、此類是非之標準，由於有共同生活之大團體在。人類既生活於大團體中，應有若干行動之規律，故說到是非標準，說到規律，便離不了大團體。

三、爲所當爲，與避所不當爲，換詞言之，爲其是者，避其非者，此視平日意志之訓練。雖然辨別是非，離不了知識，但其爲與不爲，還是靠着意志。

近代以來之道德教育，主張從知識下手者，以洛克氏、海爾巴脫氏爲代表。從意志下手者，以康德爲代表。至於杜威之道德論，調和於康德之善意說（動機）與功利主義者效果說之間。其道德教育則反對康德氏嚴格的克己制慾主義，因爲康德之制慾主義，是用種種訓條，來教訓學生，反傷害兒童自發之本能。所以他的道德教育，主張一方不承認有所謂超於各時代之先驗法則，他方亦不承認功利主義者所謂苦樂利害之計算。他以爲每一道德情境之中，有一特殊的善，此須要兒童自己判斷，所以他的道德論還是偏重於知識，他主張應安排許多活動，這許多活動能引起兒童興趣，使兒童在這些情境之中，自下道德的判斷。換詞言之，道德不離實際生活。

我告訴大家，道德教育是個難題目。因爲道德教育，離不了訓條，有了訓條就不免對於兒童身心加以制裁，與知識教育之可以漸漸引起興趣，可以漸漸灌輸者，大不相同。至於我的所見，認爲意志與思想是兩件事。知識可幫道德的忙，但不能道德教育，可專從知識下手。此大綜合可能之證據四。

以上各個問題之解決方法，我的意思是應該拿歐洲近代各哲學家的學說，相反在那裏，相成在那裏，先比較一下，同時拿幾個教育家從洛克、盧梭、斐斯泰洛齊，至杜威爲止，亦拿他相反相成的學說，列舉出來。由其相反相成之中，我們自己可以造成一個中國教育學說系統。這種方法，對於我們所須要的教育哲學，定可以求得一條道路出來。

但是我的意見，或者有人反對，譬有人說歐洲各派各有長處，若合在一塊，反而失了各派精神，還是保存他的眞面目爲好，還是使各派互相對抗爲是。我認爲這種方法，是忘了歐洲的思想史上一派起來一派來打倒他的經過了。現在我們以一個局外的國家，爲何不能將各派短長同時排列出來，因而採其長而去其短呢?

目前所需要的是一種大綜合，在以上討論中，我的方向，我的答案已明白說出來了，希望有同情的人從細節目來完成他。

我還要提出一個問題，就是我們現在處於民族存亡危急的時候，我們民族心目中所要的，是幾個大目標如內政上要改良要安定，對外要爭民族生存，爭民族獨立，廢除不平等條約，爭到國際上平等的地位。換句話來說，我們青年心目中，有幾種希望有幾種目標，這種希望這種目標，是早已確立在那裏。國家只須照這個目標，把民族的意志力加強，使他們齊心一德向一種目標進行，譬如蘇聯政府五年計劃之實現，希特勒廢止凡爾賽條約之成功，都是民族意志力加強以後纔達到的。杜威式教育方針，在美國人處於「國泰民安」之中，是可以採用的。至於國家遭逢大難，且有極大危險橫在前面，那不僅是杜威氏所云增加人民知識，教人民適應環境所能達目的的。我們除發展民族知識外，應加強全民族意志，應發展全民族之責任心，這種方針恐怕要取法於德俄兩國之教育（如此云云，非謂共產主義與法西斯主義可以採用或應該模倣），而不是求之於英美所能得到的。我這樣說並不是說英美全無長處，因於英美國難問題全已解決，但求個人健全發展，就可以維持現在國家地位。至於我們處在危難之中，除了個人健全之外，不可忘了全民族政治方面之意志。這個問題，杜威式教育哲學中，絕少予吾們以指示，須得求之於別個方面。

四、各時代文化之大綜合

我們如其要將東西文化史，詳細來說，那不但是所謂一部二十四史不知從何說起。說到文化史，是一有歷史以前的文化，有歷史以後的文化，從史前說起直到現在，不免離題太遠。我姑舉兩個名詞來說。第一種名之曰「拘束時代」，第二種名之曰『開放時代』。譬如印度有所謂喀斯德四姓之制，有佛教有婆羅門教之信仰。就中國言之，在一般社會上有五倫之說，在政治上有君臣上下之分，在學術上有「曾經聖人手議論安敢到」之孔教，此皆拘束時代之現象也。至於現代之歐洲，有學術上之自由，有工商業上之自由競爭，有生活上之小家庭制度，有政治上之議會，此所謂開放時代之現象也。再從各時代歷史來說，我們戰國時代有各派學說爭鳴，有七強之對抗，此可名之曰開放時代。秦漢以後，封建廢而成爲大一統之局，於是思想定於一尊，君主專制成爲不易之制，是爲拘束時代。印度方面忽而婆羅門起忽而佛教興，忽而佛教消滅而婆羅門又興，各族之間，始終對抗，未曾同化而成一體，且四姓之制歷二千年而不廢，故印度一部歷史謂爲始終在拘束中可也。至於歐洲，則拘束與開放兩時代，有先後循環之象。譬如希臘時代哲學與科學發達，初期民主政治實現，黑格爾氏認爲少數人之自由，在雅典已實現。可以說希臘是歐洲歷史中第一個開放時期。從羅馬起把地中海四圍統一而成一個大帝國，後來耶穌教侵入地中海方面，繼而英法及北歐方面都接受了他。日爾曼民族又取羅馬而代之，乃有所謂神聖羅馬帝國。一方面有羅馬教皇爲宗教上之中心，他方面又有神聖羅馬帝國爲政治上之中心，而教皇與羅馬皇帝因宗教關係而成爲兩位一體。這時代之學說操之於教會之手，所以無所謂科學，只有神學，無所謂知識教育，祇有宗教教育。社會上有奴隸有貴族階級，工商業中有行業組織，名曰基爾特。由此種種皆可以現出他是拘束時代。從文藝復興起，學術方面丟掉上帝，而趨向於自然界，最初有天文學物理學的發達，乃推及於生物學心理學。政治方面有民約論，認爲國家，是由各個人平等組織，不是由上帝或皇帝命令而來。在社會上廢止基爾特，主張個人自由。就個人言之，各個人之價値，不在乎其爲宗教信徒，而在乎其獨立人格。各個人都有知識技能，有他生命安全之保障。其學術上之發展與民主政治之實現，較之希臘更進一步。故在中世紀拘束以後，又來一個開放時代。近年以來因社會黨共產黨要求社會公道，要求資本國有之結果，在俄國有所謂無產獨裁之制，政治上廢止歐洲議會，在思想言論上停止一切自由，投票權利在工人與農民兩方，顯有區別。至於德國意大利等因防止共產主義，而實行所謂法西斯主義，其採用獨裁政治，其防止思想自由，其不准勞動階級之自由罷工，其承認人類之不平等，無一不與俄國同（德國近來階級學說盛行）。不過在俄國名曰共產主義，在德意兩國名曰法西斯主義，所不同者其名，所同者其實。所以在我看來，將來一定是個對於文藝復興時代後之解放，又來一個反動，來一個拘束時代。

現在我們將兩個時代主要現象，列表如下：

開放時代

第一、學派盛興，思想自由。
第二、民主政治有憲法有議會，及少爲有限的民主政治。
第三、個人在政治上社會上地位平等，或至少有一部分人享有此種權利。
第四、經濟方面在十九世紀後有所謂自由競爭之說且工商發達。
第五、雖未嘗無宗教，但社會上標榜信仰自由。

拘束時代

第一、學派定於一尊，思想受政治之限制。
第二、君主政治，或獨裁政治。
第三、階級制度盛行，社會組織立於階級基礎上。

第四、農工商立於種種限制之下，中世紀之所謂基爾特，今日所謂統制經濟。

第五、社會上所以範圍人之心靈者，賴有宗教，或另以一種權威代之。

假定我們知道歷史上開放與拘束互相迭代而興，那麼我們可以拿此標準，衡量我們中國中外交通以後的情形。中國自秦以後，君主統一之局完全確定，人民不能享有政治上權力，在思想上自漢武以後，罷黜百家，表彰六經，換言之，以孔教爲信仰之中心。社會上奉三綱五常，爲不易之社會組織，讀書人除掉四書五經之外，幾乎不知別有所謂學術，至於醫藥降而與卜筮星相同科，工業技術，委之於不識字之平民，國防則有所謂好人不當兵之說。總而言之，一切政治宗教學術與夫生活蹈常習故，毫無振興氣象，各個人散漫、因循、依賴，不知有自身之責任。此爲中外交通以前之大略情形也。自歐洲與中國通商以後，戰爭不止一次，喪權辱國之事，不可勝計。於是覺得中國制度與夫文化，一切不如外人，乃盡棄其所有而學之。君主制度，則變爲民主。科舉制度，則變爲學校。昔日賤視農工商者，今則重視農工商。昔日賤視當兵者，今則視兵役爲國民應有之義務。昔日人民聽其無教，今則有所謂普及教育之說。凡此種種以視昔日萎靡不振之舊中國，大變其面目。至於此種解放運動，自五四以後，更趨於尖銳，有所謂文學革命、婦女解放、小家庭生活等等之運動。簡單言之，要將歐洲之文藝復興、宗教革命、科學發展與夫十九世紀之平民政治所得之結果，一切移而至於東方。

但是這種運動尚未結束，而歐戰以後之歐洲，又出現於吾人之眼前。歐戰以後之歐洲，與自文藝復興迄於歐戰以前之歐洲，立於互相背馳之境。政治上由民主而趨於獨裁，經濟上自由競爭而趨於統制，個人主義一變而爲集體主義，婦女解放變而爲婦女回家運動，思想自由變而為思想束縛。因此之故，使我們關於接受歐洲文化問題，發生一種衝突。當開放運動尚未完成之際，而拘束時代之目標，又復紛至沓來。所以最近之思想界，與夫教育界中，有一種矛盾現象相對立：一方為個人主義，一方為集體主義。一方為民主政治，一方為獨裁政治。此為歐洲目前之衝突，亦即吾國目前之衝突。

我要請大家考慮的，就是我們要創造我們的新文化，不可盲人瞎馬似的追逐歐洲。應自己有一番考慮斟酌。歐洲人之所謂良藥，不一定適於中國的病痛。中國人現在之病痛，不一定與歐洲之病痛相同。我們不應拿歐洲之所棄者棄之，所取者取之。

歐洲自文藝復興後之解放運動中，有種種改革，在歐洲已經做到，而我們沒有做到的。譬如以政治來說，全國人民應受教育，應識字，全國人同有生存權，此種人民地位之平等化，自為立國之至寶，而不可忽略的。十九世紀以後，思想言論信仰之自由，列入憲法條文之中，惟有此自由，而後學術乃能昌明。乃至就政治言之，各黨各派在議會之中，可以從容討論，並無一黨壓制他黨情形，使全國人各本其良心之所信，以貢獻於國家，而不至於有冤莫伸之苦。凡此種種之中，全國人民地位之抬高，個人人格之尊重，俾得對於政治學術有所貢獻，此皆歐洲文化之至寶，而不可忽視者。如其我們承認以上種種是有價值，那麼十五六世紀以至於歐戰前之開放運動中之種種成績，我們還得拿來細細考察一番，將其長處表彰出來，並須照他來做，以為吾人今後改革之目標，而不可輕輕抹殺了去。

有人說現在歐洲，已經趨於獨裁政治與統制思想，我們應該跟他背後而依樣葫蘆作去。我以為歐洲現在情形，乃是開放過度的反動，而不是我們開放運動尚未完成的中國所應模倣的。如民主政治在歐洲已經到了百年之久，有憲法有議會有責任內閣，是他的好處。但是空言多，實行少，加以黨派林立，意見分歧，與夫選時種種舞弊及資本家操縱選舉，是其壞處。這種意見分歧之議會政治，遇到歐洲政局紛擾，財政困難，遇到軍備競爭劇烈時代，難以發生效用，所以獨裁政治代之以興。至於學術方面，大學林立，科學發展，各有所創見，這是十九世紀以來的好處。但是正爲思想自由，而全國意見趨於不一致，學者好爲探奇索幽，使學問與日用相去日遠，自爲歐洲現在學術界的壞處。現在在蘇俄在德國，皆有其所表彰，有其所排斥。在蘇俄表彰唯物論，而排斥唯心論。在德國適反之。墨索里尼嘗有言曰：「法西斯主義否認物質與幸福的關係：如馬克思唯物史觀之言，將使人類專注於一事，即飽食暖衣，不啻使全人類但注意於物質的生存。」此爲墨索里尼之言，同時亦爲希特勒國家社會主義之中心思想。簡單來說，歐洲因思想自由之結果，使人民心靈上發見種種衝突，種種矛盾情形。列寧、希特勒各有所以糾正之之方法，即採用壓迫思想。此爲歐洲特有之情形，與吾國人所犯病痛，不一定相同。

我們現在再將歐洲開放時代之各個人在生活上所受之利益，重複陳說一遍如下：

一、民眾解放，使下層民眾地位抬高，並且普及其知識。

二、各人之生命財產，享憲法上之保護。

三、各人人格既被尊崇，故思想與信仰享有自由。

四、各個人在政治上，享有同等權利。

五、各人對於國家負擔義務，尤其要負擔當兵義務。

吾們請大家審查以上各點，在中國是否已完全作到？如其沒有，那麼歐戰以前各國所奉行的種種政治上社會上理想，還是我們的規矩準繩，不可完全拋棄。因爲個人不解放，他在權力壓迫之下，絕不能完全發展他的獨立人格與責任心的。

但是歐戰以後，俄國革命，與夫德國希特勒所施行之種種事情中，未嘗沒有可以採取之點：第一政治上，權力集中，故執行敏捷。第二政治上，少意見分歧。第三無論在政治上經濟上規定若干年之計劃，故一種政策貫徹於各種行政之中。第四使全國人民，向於同一目標而進行。

假定有人問：拿希特勒所施行的一切，移到中國來，是可能或不可能？我是一個懷疑者。什麼緣故呢？因爲四萬萬人中，多數是不識字並且無知識，所以人民智識與責任心，完全沒有開發出來。要拿一種權力或威力來壓迫他，人民自然只知服從。但是從國家全體來說，是不會有好結果的。因爲全國人民，沒有健全發展，只知奉承意旨，只知伏首帖耳，只知趨炎附勢，只知敷衍搪塞，只知鑽營請託，只知模稜兩可，只知委卸自己責任。拿這種人民去參加運動，他是沒有辨別力，是同木偶一樣的。拿這種人民，參加政府行政，只知道逢迎上官，只知奉行故事。拿這種人民參加於統制經濟，在下的只知道隱匿不報，在上的舞文弄法，或受賄賂。試問這種人民，名爲能夠幫助政府，名爲增加政府權力，實等於海灘沙地上建築高樓大廈。要知道建築房屋，是一種設計，一種組織，必須顧及地下牆脚。必須塊塊磚瓦是方正的，然後全部房子，乃能耐久。所以份子健全，是牆脚是磚瓦。政府指揮，等於全部房子的結構。假定但注重組織，但注重領導，而忽略人民之知識與人格，這國家是不能持久的。

所以我認爲歐戰以前歐洲立國大宗旨，如下層民衆之解放，個人人格之尊重，與夫思想自由之保護，這是十九世紀以前的成績，大家不要認爲已經過去而不適用。至於現時歐洲潮流，如民族意識之加強，如政府權力之集中，如民眾行動之團體化，紀律化，如行政之有一定計劃，這都值得我們採用。但是在這兩方面，各採所長，是不容易的事。因爲注意於領袖之權力，便忽略人民之自由，注意於行政之敏捷，便忽略民意之尊重。反過來說，注意於人民之自由，可以縮小政府權力，尊重民意表現，可以減少行政效率。這兩方面的調和雖不容易，但是不是不可能。須得有幾個思想家政治家將兩方面的優劣比較一下，不僅將他們長處好處挑選出來，同時採取人家的理論，須得顧到吾們政治經濟軍事教育上實施的情形。我們可以簡單來說，歐洲的理論家如盧梭、如洛克、如穆勒，乃至於支配現代德意兩方思想的黑格爾、琴梯耳、克利克等的理論，都是我們應仔細研究，斟酌損益。在這斟酌損益之中，我們可以得到文化史上開放與拘束兩時代之大綜合。

結論

現在可以歸到我們的結論了，一國在一個時代裏，有他的教育目標，同時就是他的立國大方針。民國以來，這種教育目標，屢次變更。這個原因，因爲專看國際環境，而不從自己思考中拿出來的。換句話說：一方沒有將歐洲的政治哲學教育哲學詳細考察一番，他方也沒有將我們自己的情形考察一番，再經過消化之後加以決定的。惟其自己方針不出於內心的思索，所以時常在動搖不定之中，這是國家最危險的一件事。譬如歐戰以前，採用軍國民主義，歐戰以後又採用國際平和主義。俄國革命以後，大家趨向於俄國的新潮流，德國意大利新政權成立之後，又羨慕法西斯主義。假定教育宗旨的變動，時常如此忽東忽西，國家的危險眞不可設想。所以我們提出各時代文化的大綜合的話，就是要提出文化史中幾種寶貝，始終拿他當爲不易的方針，在政治方面如此，在教育方針上也是如此，庶幾泛舟大海之中，得了一個指南針了。

此類教育目標，既確定後，還得需要幾個教育家，如裴斯泰洛齊其人，能深入民間，替平民造出多數國民小學來，如海爾巴脫其人，從心理學上，對於教育方法有所貢獻，再加上幾個教育改良家注意於古典教育與自然科學之關係，注意於書本教育與勞作教育之關係，與夫班級教授與集團教授的比較。如其有這樣各方面改進，那麼以上所說的教育目標，不單單是一種理論，而且可以變爲事實。所以我說：中國教育哲學，不但是一部有系統的教育理論，而且需要多少教育家來實現這個理論，然後可以救我們國家的危急，而到長治久安的境地。

（原載二十六年一月東方雜誌卅四卷一號）

四、懸擬之社會改造同志會意見書

——民國十一年十一月十五日改造四卷三號

今後吾國應有着手改造運動之團體，盡人所同認矣。改造之大本大源，曰去人的結合，而代以主義的結合。曰去政客之播弄，而代以羣眾運動。曰去人的起伏，而代以制度的變更。誠本此三點爲信仰中心，結合團體，如英之非賓會（Fabian society）以下所謂浸灌工夫（Permeation），不獨解目前糾紛已焉。坦坦蕩蕩一條大路，於是乎在。此則吾懸擬之文所由作焉。

第一

人類社會之現象維何？曰繼續不斷之變動而已。變動何由起？曰人類心力實爲之而已。投石於河，點水受擊。圓形波紋，普及水面。人心之動也，亦然。始造端乎一二人，終則磅礴乎一世，是心力之由小而大也。心力，與人類之始以俱始。繼繼繩繩，以至今日。續既往，開將來。雖歷千萬年，而莫知其所終。是心力之由暫而久也。奇妙哉，人類之心力。偉大哉，人類之心力。

人類之心力何物哉？就其特著之現象言之，是曰自覺性。死物能靜，而不能動。生物能動矣，而不知善惡是非之辨。惟人知善惡是非。非者是之，惡者善之，故常不滿意於現在之境界，而別求創造其他新生活形式。新生活形式之創造無盡期，故文明之進化無止境。幾希哉，人類之自覺。明顯哉，人類之自覺。

動植之倫，形體簡單，生生不息，不外時運循環。惟人反是。日新又新，永無窮期。然環境限之，習俗移之，故亦不免於故步自封，安常處順。於是有新舊之爭。以思想相激射，以生命相肉搏，是之謂革命。勇猛哉，革命之精神。燦爛哉，革命之精神。

處漁牧時代者，安知有農業？處農業時代者，安知有工商業？處封建之世者，安知有君權之一統？處君權一統之世者，安知有民主政治？推之文學美術，何一而不如是？當浪漫主義之盛，不知有所謂寫實主義。當內印主義之盛，不知有所謂外現主義。如是，但患人之不努力耳。而自覺性之表現，新形式之創造，豈有盡哉。

人能自覺，動植礦物不能自覺。能自覺者，變化出於自主，故爲自由的、進步的。不能自覺者，如機器然，雖日在運轉，而初不知其所以運轉，今日如此，明日亦復如此，是爲機械性。此機械性，非動植死物質所獨有，而人亦不能免焉。目司視，耳司聽，口舌司飲食，手足司行動。視也、聽也、飲食也、行動也，習之既久，則開闔上下，初不知其然而然。故所視無窮，而自知其視者常在異物，此以視之後，有自覺焉。所聽無窮，而自知其聽者常在異聲，此以聽之後，有自覺焉。手之舉動無窮，而所舉者重，或其物易於傾折者，則於手之所扶持所高下，倍加注意。何也？有自覺以隨之焉。足之舉步無窮，至遇道上障碍或危險之物，則足之前後左右，倍加注意。何也？有自覺以隨之焉。可知自覺，固無時不存。然人類性質中有一種惰性，常好將五官心思之用，流為機械性。其在社會，則為習俗。其在學術，則為師統。其在政治，則為古今成法。嗚呼，世界古往今來之歷史，非此自由創造之精神，與默守故常之習慣相爭相鬪何哉。

一人不能獨存。有相資以生者，是為衣服宮室飲食財貨。有相共以生者，是為男女家庭國家社會。有貨財，有人與人之關係，於是有所謂你我，有所謂彼此，有所謂名分，有所謂大義。權利義務以分，親疏以辨。或甘為之死，或視之如仇。於是機械性尤牢固，人類之桎梏尤酷烈，而人生之道大苦矣。

有人焉，不甘於常人所好惡，常人所云云，苦形勞神，以探求生活之新境界。毀譽不顧，生死不顧，於是社會之進化，為之更上一層。非其人之有異於常人焉，其自覺性發達耳。人之行於平地，足雖舉而不自知其舉。及遇障碍，則聚精會神以超過之。可知自覺集中，則內部能力膨脹，所以去障碍，開新局面者，不患無法。故有路德而教權之統一破，信仰自由之端開。有格里里（Galileo），有渤羅諾（Bruno），而科學研究之法立。思想自由之風盛。有法國革命。而憲法上三大自由遍於全歐。有俄國革命，而共產主義得以實地試驗。嗚呼，人類之僕僕進化途上者數千年矣。一線光明，時時照耀，以繫吾人之希望者，獨此思想界行為界之少數革命豪傑耳。

第二

同此圓顱，同此方趾，二千年來之中國人，其心力之發展安在耶？其自覺性之表現安在耶？其種種式式之革命活動安在耶？除孔孟之書，不知有所謂學術。除一姓興亡，不知有所謂政治。除聚族而居，不知有所謂家庭。除耕田鑿井，不知有所謂生計。幸焉海通以還，外人叩關而入，不待吾之渤羅諾之焚死，吾之格里里之入獄，吾之路德之奮鬭，而國民聞見上，固已開一新紀元矣。辛亥前後，國中先覺之士，以爲憲法一成，或政黨一立，則西方政治可以不終朝而移植於吾國。近數年東馳西突，政象益紛，於是有所謂新文化運動，以打破偶像改造社會之說相號召。其心摹而力追者，在歐洲之文藝復興。以爲西方政治改革社會改革兩大時間之先，嘗經文藝復興，以及思想解放之工夫。故吾國改造之路，亦不能脫此一級。究竟西方改造之三時期，容許吾人一一挨次而來耶？抑時異地異已，不容吾人拾級而登耶？吾聞西方學者之新說曰：「人類之進化，生命的奮進而已。但知人生有不可不前進之衝動，而決無所謂一定之階級，可以按圖而索。」故歐洲之舊文章，是否可供我作爲藍本，蓋眞疑問矣。

吾國今後奮進之方向，當求在我，而不在人。在我奈何，曰去桎梏馳驟之苦，而謀自由創造精神之發展而已。其所以達此目的，則知識之解放，政權之解放，與生計之解放，三者同時並行。

今之持改造說者，常以知識（或文化）運動爲高潔，而以其他活動爲卑污，此謬說也。知識由行爲起耶，抑行爲由知識起耶？苟無行爲，安有知識之必要？故近來學者，咸以行爲爲進化之原動力，而知識則其工具焉。人類無時無刻不在行爲之中，而心力之所記憶，五官之所察覺，時時燭照於行爲之旁，以導其前進之路。今日智識之所積，明日必歸於行爲而後已。故持文化說者，若曰吾暫時不爲其他活動，斯亦已耳，若曰文化可以離其活動而獨存，甚或抑揚高下其間，此新文化運動家之讕言，不可不辭而闢之。一部人類歷史，以言論造成耶，抑以行爲造成耶？自耶穌之殉教，以至藍寧政府之成立，何莫非二三豪傑出死入生之舉，照耀大地，令千載下讀之，猶躍躍有生氣，而勇往前進之思，爲之倍增。使馬克思但著資本論，不竄逐國外以從事於第一國際之組織，則馬克思之勢力，等於普魯頓拔枯寧可耳。使藍寧而無蘇維埃政府之成立，則至今以理論家終其身，而共產主義何得有今日之活躍？嗚呼，誠有志於改造，舍行爲其奚由哉，舍行爲其奚由哉。

今之持新文化說者，其意豈不在改造，不過將下文行爲一改，收起不說耳。然就知識言知識，則知識爲空泛的。就行爲言知識，則知識爲具體的。譬之輸入西方種種學說，謂其有功於一般文化可焉，謂有組織有主張之改造運動，即由此而發生不可焉。何也？改造當有一定之方向，時時發爲言論，以告戒國人，然後結爲團體，要求實行。於是成爲一部分之勢力，而政府敬憚焉，而容納其要求焉。此同人所謂知識之解放，當以政權解放，生計解放，與之相輔者其義一也。

但有知識而無具體之方向固不可，但有方向而無知識，又安見其可？眞正之改造，其基礎當建築於羣眾之上。言論之開始，不必發於羣眾。而信仰之後盾，不能不賴羣眾。言論之普及於羣眾者，則一旦成爲法文，其行也可垂諸久遠。而羣眾以參與討論參加團體之故，其政治知識政治能力自隨之而高。以自由自動之個人，組織自由獨立之國家，眞所謂萬年有道之基矣。此同人所謂政權解放，生計解放，當以知識解放與之相輔者其義二也。

夫自居於學問家教育家，斯亦已矣。誠有志於改造者，不能外行爲而他求。法革命告成，而盧騷天賦人權之說，垂諸憲法，傳佈萬國。俄國三年蘇維埃政治，其掀動一世，遠在馬克思文字鼓吹之上。吾非謂盧騷馬克思可以不生而山岳黨藍寧可以獨占其美，凡以證行為之行，遠在言論上耳。國人鑒於十年來政治之混亂，於是相戒不言行為。抑知此乃少數人把持團體不謀之羣眾之過，非行為之過焉。夫國民精神上之希望，非提出要求，何能表示？欲表示之有力，非以羣眾為後盾，何能有功？同人不敏，誠不敢輕以行為之說導國人。然以改革方針，公表於國中，以為運動之階梯，此方今之急務，不容少緩者也。用敢內審國情，外察世界大勢，列舉所信，以與國人商榷焉。

第一　政　治：

一、掃除軍閥，按瑞士制度改編國民軍。
二、國會採一院制，本職業代表之精神另設生計會議。
三、政府因信任投票而進退。
四、促進國民之識字能力以舉普通選舉之實。
五、國會議員選舉應用直接選舉制。
六、各省應有廣大之自治權，以中央憲法及省憲法確定之。
七、關於外債募集應設嚴厲之制限。
八、對外一切條約之締結，應經國會通過。

第二　生　計：

九、大實業應本社會所有（Socialization）方法開發之。

十、限制大地主，小農土地准其私有。

十一、繁盛口岸土地應歸市有獎勵市有事業。

十二、獎勵協作社（co-operation）。

十三、規定工人保護方法。

十四、確立救貧事業。

十五、遺產應課重稅以限制之。

十六、銀行公司及大商店應提利益若干成作爲辦理教育及公益事業經費。

第三　文　化：

十七、促進家族分居使大家族變爲小家族。

十八、女子在社會上之地位務求其與男子平等。

十九、中央及省憲法中應規定教育經費最少限度。

二十、限若干年內實行教育普及。

廿一、獎勵學校內學生自治精神。

廿二、各工廠負開辦學校之義務。使工人子弟入校。並工人應於規定工作時間內，每日許以入學校讀書識字兩小時。

凡此二十餘項，有關於國家之大本者，有屬於行政之節目者，他日另有專册刋佈，茲不具論。然關於今後改造大方向，有一二點爲世所爭執者，不可不論次之。

第一民主政治：爲掃除四千年專制之舊習，而發達人民自由創造之精神，其第一要義，則在民主政治之實行。蓋十九世紀以來之所謂民主，其利害得失論之者眾矣。然就個人社會之發達言之，要不能不推爲良制。何也？以對議會負責之政府，而輔之以直接民選之國會，則政治之施行，不能大反乎輿論。且有集會自由出版自由生命財產自由，以爲保障，故國民學術上工商業上日進千里，遠非前代所及，此皆事實彰彰，不容否認者也。抑人類之進化，無有窮期。政制之利害，歷久彌顯。自各國社會黨勃興以來，評今日之巴力門爲資本家把持政權之地，不足發展貧民階級之利益，於是有二說焉。爲今日視線所集者，其一則俄國寶雪維幾之貧民專制，其二則基爾特社會主義派之掃除政治機關之巴力門，而以職業代表之基爾特會議主持一切是也。寶雪維幾之所爲，其示人以人類創造的努力，此後歷史上自有定評。特因其廢除資本制度前後之方法，將民主精神，剝奪殆盡，其利害能否相償，則爲一大疑問。蓋議會內政黨之對抗焉，選舉競爭焉，言論自由焉，一一皆限制之，使民氣鬱而不舒。於是反對黨勾結外國，釀成內亂。現政府自知無法持久，已准人民自由買賣。一自由既始，則他自由自隨之而來，前途變化，正是難言。抑吾人之所以反對此制者，尚不在此。一國之至可寶者，莫若人民自由自發之精神與能力。亞洲之所以不及歐洲者在此，歐洲之所以勝亞洲者在此。今爲忘卻亞洲之缺點，艷稱藍寧成功之捷速，欲以貧民專制之制，施之東方者，靡問其不能成功焉，即成功矣，一黨獨擅大政，貪私利以奔走者，遍於全國，公產制之成績毫不可見，而並此破碎不堪之舊文明，恐亦將掃地無餘矣。此貧民獨裁之制，所以斷不適於吾國者也。若夫基爾特社會主義之精神，一曰以生產者組織基爾特，實行社會主義。二曰以基爾特會議，代今日之主權政府，以生產者組織基爾特，實行社會主義。此點俟下文論之。其所謂廢今之政府以基爾特會議代之者，其意以為今日之內閣，今日之巴力門，大權集於少數人之手，故不合於眞民主，欲求眞民主，莫若求職業獨立，以行使職業之人，討論其職業團體以內之事，則議事範圍有限，而大權不至集中於一二人。蓋今之巴力門，無所不議，無所不爲。議員自謂代表民意，而與民意不顧焉。內閣自謂代表巴力門，而巴力門之眞意不顧焉。反是者，以一職業成一基爾特，而集全國之基爾特，以成全國基爾特會議，其所謂中央政府者，不過調停各基爾特，以消息其間而已。則今日之政治性質之巴力門與內閣可廢，而眞民主實現矣。吾以爲巴力門與內閣之權限應縮小，自爲一事。若謂採職業代表主義以後，所謂政治焉者，可以廓清，吾未之敢信。何也？今各國之社會黨及工人組合，非所謂職業團體耶？何以於政治行動直接行動，則意見紛歧焉，對於第二第三國際則意見紛歧焉，對於同盟罷工則意見紛歧焉。可知政治者，人類對公共事務意見異同之所由生，絕非以基爾特代巴力門，則政治爲物，可以由有而使之無。基爾特派對於他日中央政府之任務，但曰調劑（co-ordination）。而其方法如何，則絕未確定。譬之對外問題焉，海陸軍費多寡焉，收稅輕重焉，此皆政治意見之至重者。因此意見，於是有政府更迭。若此種種者，無論其形式如何變更，要之此類問題之存在，則無論何人，不能否認。故謂去巴力門後而代以基爾特會議，謂政治活動可以消滅或減輕之者，乃過信制度之效力，初未嘗深察政治與人性有不可離之關係焉。誠如此言之，則今後之中央政治機關，將何途之從而可乎？同人以爲民主政治下之巴力門制，但有改良，而無廢除。所以改良之者，若就吾國言之，限若干年內，使人人識字，以舉普通選舉之實，一也。改今日間接選舉爲直接選舉，二也。國會議員任期之縮短，三也。內閣應以國會之信任與否而進退，四也。以總民投票輔助代表制之國會，五也。誠能行此五者，則代議式之政治，必日有起色，而未見其可以抹殺。若夫今日巴力門，不免爲資本階級所占，而勞働者爲一國生產者之重要地位，無法以表現之。則吾以爲據勞働者獨占政權之理論而折衷之，莫若仿德憲法，設生計會議。關於生計問題，勞働立法，一一詢此會議而後立法施行焉。是巴力門者以地方區域人口多寡爲比例，所以代表形式的民主（Formal Democracy）焉。生計會議者，以工廠或職業團體爲標準，重在生產階級之利益，所以代表工業的民主（Industrial Democracy）焉。此同人所謂奮進之方向者一也。

第二社會主義：爲掃除四千年專制之舊習，而發達人民自由創作之精神，其第二要義，則在社會主義之實行。蓋依歐洲工業革命後之歷史證之，人民有企業自由，各挾資力以相競爭，則家內工業日少，而工廠工業日發達。小工業併於中等工業，中等工業併於大工業，於是社會上成爲兩階級。其一曰工主，是爲有產階級。其他曰工人，是爲無產階級。名爲人人平等，然有產者所享有之權利，以無產者視之，不可以道里計焉。名爲人人自由，然有產者所享之自由，以無產者視之，不可以道里計焉。其在政治上，則有產者爲統治者，而無產者莫奈之何。其在生計上，則有產者以其爲財主之資格，而無產者莫奈之何。於是十九世紀初期以來，則有所謂工人運動。始焉爭工人狀態之改良，繼焉爭工業之公有。工業公有者非他，所以廢工錢之制（Wage-System），即所以廢資本主義。使個人之於職業，有服務之樂，而不至專立於受工主鞭笞之地位耳。一言以蔽之，爭自由耳，爭自治耳。今後吾國之生計發達，將循西方之舊，由資本主義而社會主義耶，抑無須經資本主義而可以直達社會主義耶？甲曰社會主義者，所以求分配之平均耳。吾國產業受外人壓制，力求發展，尚不暇給，若以分配平均自擾，則吾國實業，永不能與人競爭。乙曰社會主義，必起於工人團體之要求。吾國既無工業，故無工人團體，則有何要求有何實行可言？丙曰社會主義者，所以廢私有財產，所以收私人工業歸國有。今吾國尚無大工業，有何收歸國有可言？且私人企業，以其有利害關係，故視廠事如己事。若收爲國有，必蹈官僚政治之惡習。今英美人所以反對國有者，大根據在此。蓋國中所以反對社會主義者，其論調大約若此。如甲所云云，以爲社會主義爲專圖分配平均，此實誤解社會主義之言。蓋社會黨所反對者，乃富之集中於少數人，初未嘗反對全國富力之發達。惟富之集中於少數人，視勞働者爲乞丐，爲求食者，即其工作時間工廠衞生亦必待工人要求政府立法，然後善爲之所，於是雙方勢同仇敵，有不兩立之勢。甲之意豈不以爲吾國資本缺乏，所恃以勝外人者，獨工價賤耳。若工人提出要求，生產費增加，則吾工業勢不能與外人競爭，尚何國富之可言？吾以爲工業發達之要着，厥在工主工人之協和。若內訌日起，雖工價之賤，不敵其他損失。故如甲之意，專望工人安心做工廠奴隸，爲吾國發達工業之惟一良法，施之昔日之歐洲，尚且不可，況今日之吾國乎？如乙所云云，有工人團體，乃有社會主義。其意若曰，凡一事物，必有欲之者，然後其事乃能實現。若無欲之者，則雖日日倡言之，終是空話而已。吾以爲所謂「欲」之云者，在一種制度未成熟前，則欲之之主體，常限於一階級。當一種制度既成熟後，則欲之者，不定限於一階級。譬之昔之憲法運動，其始焉發於市民與貴族帝王之爭，此欲之者與反對之者限於一階級焉。及各國憲法既成，其他之專制國中之政府，認大勢之無可抗，自起而公布憲法。此所謂欲之者，不必限於一階級焉。吾國人誠知社會主義之無可抗，平心靜氣，標此義爲鵠的。凡技術家工程師之養成，則告之曰：汝之學成而開礦而開工廠，乃所以爲社會服務，非爲個人營利焉。告工人曰：公等爲生產者非僅求衣食於工主，故關於工廠之管理、經理及紅利分配，當早具相當知識以參與之。誠如是爲之，則階級之爭可免，工業發達可期。奚必待勞働階級既成，然後爲資本主義代與之主體乎？如丙所云云，當分兩段言之。其第一段，謂有工業然後可言國有，無工業則無國有可言。第二段，謂國有企業無私人利害關係，以官僚充斥，故其視企業，不如私人自謀之周。就第一段言之，吾以爲應將發問之法稍變之，則答語亦因之而不同。吾人所問者，非工業之有無，乃今後工業之發展，當以資本主義行之，抑以社會所有之方法行之是也。今日中國，無多大企業，不待我之聲言。惟其無工業，譬如一張素紙，或黑或白，視我下筆時之主意如何。如曰社會所有方法，不足以發達實業也，我誠不敢以社會主義號於國人。如曰社會所有方法，他國方擬草案而施行焉，則吾國發達實業何不以社會所有方法開始，以免迂徊曲折而終不免於逮此一境？若曰公有以後，無私人利益關係，恐其業不昌，則今之德國煤礦社會所有法，嘗設法以保留私人之自發精神。而基爾特社會主義之討論，所以調和個人自由與社會公道者，尤爲詳密矣。此丙之言，不足爲反對社會主義之理由也。且吾聞之馬克思之言，必大工業集中以後，然後收爲國有也易。吾以爲中國之大工業，以礦業論，其獲利厚資本大，故開始之時，皆與外人合辦，往往開掘不及一二載（如中原公司），而所分之利，已等於其所投之資。夫以勾結外人開發天然之富源，政府及全國有力者，通同一氣。故自開辦之始，已成集中之局。謂此等資本家而當保護，吾不見其應保護理由之安在也。若此富源，與其歸之少數人之手，孰若收為國有，收為省有？以礦業技師聯合工人組合參與其間，則利普及於民，而事業之發展也益易。其為良法美意，何待多駁乎？若曰收為國有後，徒為一派人利用，國有鐵道，可為明證。為此言者，蓋不知國有與社會所有之別耳。昔之國有制，咸以官僚為之主，故但以官業肥私囊，徒為盤踞者之城社。若夫社會所有之制，工人參與焉，資本家參與焉，消費者參與焉，國家參與焉。惟其監督者多，故主持之者，不得而舞弊。惟有關係者眾，故求其事業之昌大之心自切。故國有論之是非，不足以定社會所有制之利害。總之居今日工業未興之中國，欲確定工業之新組織，免階級之戰爭，舍自始採取社會主義而施行社會所有法外，殆無他道。此同人所奮鬪之方向者，又其一也。

第三進行方法：方向定矣，今後進行之方法若何？以歐洲之例言之，其一曰議會政略（parliamentary strategy）。則勞働者結成團體，自列於政黨之林。於以競爭選舉，爭議席，或爭閣員，以為改造社會之手段。此法也，德之社會民主黨，及英之勞働黨採之。其二曰革命手段。以勞働組合為根據，主張大罷工及妨碍工業諸方法，以達工業自治之目的，故重工業方法而排政治方法。此法也，法之工團主義採之。其三曰暴動。自俄革命後，共產主義遍於列國，乃有專以暴動為入手方法，以步寶雪維幾派之後塵。今年德國共產黨嘗有所謂三月行動，卽其例也。此法與第二派之宗旨同，惟其手段更暴烈耳。此三者雖分三項，然吾以為分中有合。以平日之鼓吹言之，則不能少議會政略。以臨時之作用不能少革命手段。德之社會民主黨之歷史，謂為以議會為惟一武器可也。然德共和之成，何嘗無同盟罷工，何嘗無暴動？卽以寶雪維幾論，雖側重暴動，然亦何嘗放棄選舉？藍寧對共產黨之左派主張放棄選舉者，則諍諍告戒之，以爲不可。即今後英法誠有革命之一日，恐亦不能獨以議會政略爲惟一武器也。故曰三者雖分而實合。同人既主張知識之解放，且以爲一切運動，以羣衆之信從爲本，故目前所重者厥在文字鼓吹。及乎他日團體既成，或採政治行動，或取工業行動，此視團體員之心理，非今日所得而預言。要之方法貴乎漸進，而行事貴乎澈底。其大旨如是而已。抑同人認定推翻舊歷史，建設新局面，厥在有新信仰新生命之人物。故政治上之城狐社鼠，在所必擯，此則可以大大聲言者也。

第三

或者曰：公等計劃，既聞命矣，然改造大業也，難事也。在中國之環境中，而欲有所設施轉移，談何容易？謀之羣衆，則蚩蚩氓，識字者幾何，恐誨者諄諄，而聽者渺渺焉。嗚呼，吾知之矣，數十年來，環境說之入人心者，已深且久。一若天下事物，皆由自然因果支配而人力無可得施。抑知人類進化之大動力，曰生命的奮進，曰衝動，曰意力。三者名雖異，而實則一。總之則向上之心耳。惟其有此向上之心，故一切境界，皆由人造。惑於定命論者，以爲世間事物，皆有因果，何得由人自主？不知所謂因果者，乃事後之分析。由人意自定某事曰因，某事曰果。若其正在進行之中，有誰能知某事之爲因，某因之必生某果？當千九百十七年十一月以前，誰能測定藍寧革命之必告成功者。夫亦曰藍寧之意力致之耳，藍寧之行爲致之耳。當千九百十八年十一月以前，誰能測定德之必改共和者？夫亦曰德社會民主黨之意力致之耳，德社會民主黨之行爲致之耳。如是世界進化之大動機，其意志哉，其行爲哉。

尋常所謂因果者，月暈而風，礎潤而雨耳，否則饑思食寒思衣耳。蓋就平時人類生活言之，饑食寒衣，已成習慣。常人安於此習慣，不復能自更。若夫生命變化關頭，則有出其不意之舉。以驚世駭俗者，何也，平日舉動，拘束於習慣，及至緊要關頭，則自覺性起而衝破此習慣。於是意志隨之，行爲隨之，而平素所不習見之事，竟爾成功。一身且然，國亦猶是。若宗教革命也，十九世紀之革命也，今日之社會革命也，即自覺性之表現也，即意志行爲之表現也。

自覺性不發生於平日，而發生於臨時，證之今日思潮之變而可知。自歐戰以來，社會呈危危不安之象。察微知著者，大有所悟。對於愛國主義懷疑焉，對於軍備懷疑焉，對於現教育制度懷疑焉，昔所認爲天經地義者，今細細一按，知所謂是者之未必是，非者未必非，而改造之運動起矣，而革命起矣。嗚呼，是悉吾民不自覺耳，安有環境之可言哉？

然一時之自覺不難，有自覺而能持之以意力，斷之以行爲則甚難。以歐洲之例言之，階級自覺（class-conscious）之說，日騰於報紙。然眞能奮鬪者能有幾人，能奮鬪而堅持不變者又有幾人？無他，意力與行爲不足以繼之耳。蓋好生惡死，人之常情也。今焉見人之焚溺，入火投水以救之，則人字之曰勇曰仁。躭於嗜好，亦人之常情也。今焉痛自克厲，早去一分，暮去一分，必至戒絕而後已，則人字之曰勇曰堅忍。夫救焚溺，去嗜好，乃事之至小者也。其所要求於意力者猶且如此，而況改造之大業，政府妨害之，反對黨抵抗之，今年一戰，明年一戰，雖累數十年而不知勝利之誰屬者乎，此吾所以謂持之以意力也。

意力者，與行爲爲一體者也。意力弱，則行爲隨之而弱。意力強，則行爲隨之而強。有救人之心，而不能入火投水，是意力弱故無行爲焉。有去嗜好之心，而不能早去一分暮去一分，是意力弱故無行爲焉。夫改造之大業，亦猶是耳。微藍寧十一月之變，則俄至今猶克崙司幾政府可焉。微基爾之暴動，則德至今猶帝政可焉。語曰「知之非艱，行之維艱」誠空言之不敵實事久矣。此吾所以謂斷之以行爲也。

且不聞西方行爲哲學家之言乎？美詹姆士之言曰：「明知其難而爲之者，是爲理想的行爲道德的行爲。」故此二種行爲，即向抵抗力最大方面進行之行爲也。法柏格生以爲人類之自覺，至道德範圍而登峯造極。故其言曰：『道德的人，是爲至高度之創造者（It is the moral man who is the creator in the highest degree）。此人也，其行爲沈雄，故能使他人之行爲因之而沈雄。其心地慈祥，故能燃及他人慈祥之火，使之炎炎而上。』吾讀兩哲之言，而知所致力矣，曰世界改造之大動力，厥在道德精神耳，厥在道德精神耳。世之同志，盍歸乎來。

五、新道德之基礎

——卅七年十月十五日在湖北省省訓團講——

五四以後，國內有所謂打倒孔家店運動，就是打倒吃人的禮教，打倒舊道德。說到中國的禮教，實在是一個極爲複雜的問題。就理論方面來說，有所謂父慈子孝，兄愛弟敬，或者說君爲臣綱，父爲子綱，夫爲妻綱，就實用方面來說，有喪禮、婚禮、祭祀、乃至所謂女子的貞操、軍人的大節。自從我們與西方文化接觸以後，看見西洋政體是民主的，自然對君爲臣綱之說不能滿意；我們又見現代教育對下一代的體魄、知識非常注意，好像一家之內，幾乎以子女爲中心，自然對父爲子綱之說不能滿意；現代的婚姻男女平等，雙方於認識後，先成朋友，後來結成夫婦，自然對夫爲妻綱之說不能滿意。

我們應該知道不滿意是一回事，一種道德學說有它發生的環境和發生的時代，是另一回事。拿現代的環境、標準來批評二千來前之學說，實在是一種不公道不合理的舉動。譬如說：春秋戰國時代，看見諸侯互相爭伐，殺人盈野的情形，在那個時候，如其讓諸侯互相殺伐呢？還是希望大一統的君主出現呢？所以孔夫子當時的尊王之說，自有其環境的，決不是我們能隨便非薄的。在我們有「父爲子綱」之學說，就是一種父權制度，即所謂「天下無不是的父母」，換句話說，父權在家庭中是絕對的。同時，我們查一查羅馬法，其中一樣尊重父權，父母對子女的權力也是絕對的。至於女子應該從事於中饋以內的工作，就是德國人所謂婦女應管理的三件事：一爲生育；二爲廚房；三爲教堂。由此可見婦女的地位限於家庭之內，也是各國所共通的。我以上所說的這段話，並無意替中國舊禮教辯護，要你們來遵守舊日的禮法，也不是要從東方文化或精神文明做立脚點來替孔孟當辯護士。我無非要說古人的學說有它發生的環境、存在的理由。我們要以十九世紀、二十世紀的標準來衡量，來打倒二千年來制度、學說，那是一件文不對題的工作。古人的學說，制定爲當時而發，自有其存在價值，我們能劃開時代，辨別環境，來判斷學說的價值，自能發出公平的議論。但是這個問題，也很複雜，也不是我此刻所要與諸君討論的。

我今天要討論的，就是諸君所希望知道的，現代社會之中，各個人所以自處之道，應該如何？這就是我所謂的新道德之基礎。明白地說，假定諸位所想望的是現在的政體、現代的家庭、現代的職業，而諸位在心理上、行動上仍沿襲舊日的老習慣，來求現代社會生活的享受，那是一件極大的矛盾，更明白地說，就是要享受現代社會組織的利益，而仍保持封建社會的心理，這是可以引中國到斷潰絕境危險的前途去的。現在我舉出三個例子來說明這事：

第一、政治方面。大家現在所想望者是民主政治，既是民主政治，就必須使一個人有一個人之價值，一個選民有一個選民之價值，一個國會議員有一個議員之價值。因爲現代社會以個人作基礎，既以個人作基礎，所以個人之地位權利都必須尊重，個人則盡義務享權利。

反過來說，古代社會是以社會公共體作出發點，在公共團體爲出發點之下，自然一國之內不能無秩序，不能無權力的人，所以有君爲臣綱之說，一家之內有父子、夫婦、有仰事俯育之責，所以有父爲子綱，夫爲妻綱之說。所謂三綱五常的話，都是以團體作出發的。現代不然，先以個人作出發點，其次說到團體，所以團體道德沒有忽略，而是在團體道德背後，更有個人的道德。現在我仍舊回到政治方面個人的價值來說：一個人得到憲法的保障，所以有他種種身體、言論、結社等等之自由，要了這種自由幹麼？就是要使他個人得到安全的保障，法律的保護，然後行使個人的權利。所以一個人在選舉法上是一個選民，能自由選擇、投票；在國會中的議員，也敢於明白說出贊成或反對。現在我們中國，人人叫喊民主，但試問每個選民自己知不知道他手中一票的重要呢？政府又是否能尊重選民投票呢？又是否把選民册調查清楚呢？至於我們的國大代表、立法委員，提名的時候大家趨之若鶩，但當選終想靠政黨的力量、政府的力量、或者地方官吏的力量將他選出，其眞能以個人力量，說服選民，獲得選民同情，得累千累萬票而當選的，全國之中究有幾人？換句話說，還想利用自上而下的壓力，把自己選出來，得一個頭銜而已。及至當選後，無論國大代表、立法委員、其能在大會中、委員會中，熱心討論，按時出席，專心職責者究有幾人？拿人民代表之機會當作一己的功名，拿選民看得一文不值，而自己終日在操縱利用之中，達到飛黃騰達的目的，換句話說，仍以舊社會的依賴心理表現於應以獨立精神實現的民主政治，這怎麼可能呢？

第二、家庭方面。現在的青年，大家知道組織一個小家庭，自由選擇一個太太或丈夫，但是據我在外國所見，青年在求學時代，自然可以由父母負擔，等到大學畢業之後，終要自己找尋職業，不願再去加重父母的負擔。至於婚姻問題，既由他自由選擇，就由他自己負責，就是說必須等到自擇的職業已固定後，再談結婚，建立家庭。但是近年來我在國內所見，還太太是青年自己的權利，但不知道維持家庭也是自己的義務，依然寄食於父母之家，由父母替他養太太，而毫不以爲慚愧。生了子女，還由其祖父、祖母照顧、撫養、乃至敎育，這種情形與從前依賴家庭的習慣有何區別？換句話說，權利的享受是現代的，義務的擔當是古代的。這可以說是大家接受現代思想不徹底的地方。

第三、職業方面。一個人的職業，如何找到？而且如何找法？最可表現這個社會的眞相。譬如說：我們現在的工、商各業，有一家大銀行，或一家大工廠，還是離不了家屬的關係。以上海的申新紗廠來說，就是一個很顯明的例子。既然我們現在的工、商業離不了家庭關係，自然家中有祖上傳下來的大產業，無論那個兒子，都要分沾其利，於是弟兄若干人，各分得一、二個廠，賴以謀生。但是這種事情在西方卻很少見到，父親創辦的事業，不必一定傳給兒子，而可交給社會上的專家們來繼續經營管理，因其如此，所以一個汽車廠，一個電氣廠，不爲傳子傳孫之機關，而爲服務社會之機關。我在美國見到一家很富裕的人家，主人的兒子從十三、四歲起已開始踏脚踏車爲人送報，每月得數美元，以爲其收入。乃至父兄是銀行家、是富翁、兒子或兄弟不受大學敎育，自願做淸道夫，不肯去找他的父兄爲其另謀好差使，因爲在他覺得找父兄有失自尊心，甯可做淸道夫，而不懊悔。試問這種精神，我們靑年有沒有？乃至一個大學畢業生，或請他老師，或請他父兄寫八行書的，不知道又有多少？所謂門生故里的奔走，照舊一樣，這與子女之依賴父母有何兩樣？這原因雖然是由於中國目前的工、商業不發達，文官制度不確立，所以要人函緘的習慣還沒有取消，但終得知道仰求別人是可恥的，然後我們的分子，我們的社會，能發展至於健全的境界。

我說了很久，還沒有把我的要點說出，什麼要點？就是工業革命後的歐美社會，以個性主義來做基礎。個性主義普通翻譯爲個人主義，我嫌它不好，因爲個人主義含有自私自利的意義在內。所謂個性主義，就是說每個人應該自己尊重自己，自己求職業，自己求有所發明，再講自己的享受，既不依賴家庭，更不依賴團體，自己對自己負責，來發揮其能力，行使其權利。這種個性主義，我們還可以分爲三點來說：

一、獨立精神。在一國之中爲自由公民，在家庭之中，既成年後，應自求職業，不依賴父母親戚，而自己有勇氣決定自己的方針，選擇某種職業，創造他自己的前途。

二、儉約的習慣。這話的意義與古代之節約自有相同之處，但並不是如古代所謂節衣縮食。因爲現代人講究享受，要求舒適，所以自己有了小家庭後，還要有汽車、冰箱、收音機，但他取得汽車、冰箱、收音機等的方法在乎那裏？他靠自己努力，不靠父母，或靠在政府中的貪污，這是西方道德中最重要的一點，而我們東方人不大了解。平常我們又看見西方人斤斤計較錙銖，覺得很可惡，要知惟有在計較錙銖之中，每個人才能有盈餘、有積蓄，才能將國民所得累積起來。我在美國又曾遇到一個老太太，她家裏很有錢，但平日出門，不像我們往往僱出差汽車，費錢沒有可惜，她終是乘坐公共汽車，費錢少，我起先覺得這個老太太非常吝嗇，但後來我見她在救濟中國的捐款簿上捐了幾千元，我才知道西方人的儉約不是吝嗇，而是可以養成急公好義的精神的。

三、自己負責。現代政治、社會、家庭既以個人爲基礎，一個人處社會之中，關於自己的職業、家庭、政治方面，須得有自己負責之精神，這話怎麼說呢？就是自己有明確的意見，敢於決定，決定之後，敢於說出贊成或反對，而無所畏懼，假定做成功了是他的功績，做錯了他應負某種責任。我們看見西洋家庭中，小孩與大人同桌進餐，桌上的菜無論是湯、是魚、是肉，一樣放至小孩面前，任其自由選擇，不加勉強，亦不以命令方式出之。再說青年在大學裏所要專攻的學問，將來職業的途徑，要靠同學、老師、報紙之中摸索出一條路來。自己選擇職業本來很難，但如自己選定的職業，能發揮其天才能力已是最好的選擇。現在青年從高中至大學，所選功課未必一定恢心貴當，但青年自己所選者，大體成績是不錯的，因他志趣所歸，可以自由發揮才能，較父母指使和命令爲好。其次，再說政治，各國公民對地方政府、中央政府之選舉沒有不投票的，對國家法律、政務沒有不加批評的，並且不論在投票或發言，都要有不怕負責任的精神，但是反觀我們國內情形，投票無保障，發言不負責，致造成兒戲、漫罵、搗亂和一團糟。

諸位先生，諸位青年，希望大家趕快覺悟，打倒孔家店，打倒舊禮教的時代已經過去了。因爲舊禮教本身的生命已經退化，它無力量可以來抵擋你，試問皇帝在那裏？父權在那裏？夫權又在那裏？舊禮教既無活力妨礙你，而國內還有不少人，天天在向舊禮教進攻，這幫人無非藉此表示他們是進步的、現代的，於問題之解決無補。目前最緊要的工作是建設新道德，提出建設性的提案，來研究現代道德學說的新標準，自己能獨立，自食其力，對於自己的意見表示，自己負責，要拿這種新道德的標準，以身作則，做給社會看，這件事我很希望大家共同勉勵。我們需要的不是打倒舊道德，而在建設新道德。（再生上海版）

六、原子能時代之道德論

——卅七年十月廿八日在成都東西文化協會講——

從廣島上空投下原子彈後，一彈之下，傷亡人民幾十萬人，於是斷定一百枚，二百枚原子彈可以把紐約、倫敦全部毀去，各國政治家因而慄慄危懼，覺得此種厲害利器之使用可以毀滅人類，所以僉認原子彈之使用非由國際共管不可，至一九四五年十一月十五日美英加三國有一項原子能共同宣言，我現將其頭上幾條重行提出一下：

第一條：我們承認近年科學發明應用於戰爭後，有一種人所不察的破壞方法可加利用，但是這種破壞方法，尚無軍事上的防禦可以抵抗，這種破壞方法之使用，沒有國家應有獨專之權。

第二條：我們願意鄭重聲明，對於此種新發見，應該用於增進人類幸福，不應用作破壞工具，大家應共同負責，設想達到此項目的的方法，這種責任不僅落在各國身上，且落在整個文化世界身上，但原子能既由我們之開始應用而進步，則我們亦應自處主動，以研究採取何種國際行動，始克防止原子能使用於破壞方面，促進科學之進步，尤其使原子能之利用，達到和平的人道的目的。

第三條：我們知道各文明國家，為免於科學智識作破壞的使用，求有所保障，唯有防止戰爭。但任何安全方法，無法得到一種有效保障，可以不讓用心於侵略之國家，不來使用原子武器，因為工業方面的原子能應用與軍事上之原子能應用同屬一事（意即工業方面之原子能應用可以移向軍事之用）。況且還有其他新武器之發明，亦可威脅現代文明，與原子能之於軍事上使用一般。

第五條：我們相信科學研究之結果應對各國公開，研究自由與意見交換自由對於科學之進步是必要的，依照這種政策，原子能為和平目的而使用之基本情報早經公諸世界，將來發生之情報，凡可以公開者，亦應同樣處置，吾人希望其他國家，採取同樣政策，然後可以造成一種和平空氣，然後政治上的合作功夫，亦可發達起來。

把這四條讀了後，我們學政治學哲學的人，大體可以得到幾種感想：

第一、對人類的愛；第二、像原子彈一類武器之發明，非一國所應獨專，以為侵略他國之用；第三、科學的發展要受道德的限制；第四、發明國既不願將原子彈秘密獨專，可見發明國並無獨霸世界之意圖，推廣言之不為一國利益着想，而為國際公共團體着想。

我從以上條文所作的這種推論，想為人人可得之結論。現在，我再分段來說一說：

一、知識受道德限制——從自然科學發達以來，開始是天文、物理之學，至最後而有心理、社會等學。自牛頓、伽利略起，認為科學家之工作在求宇宙現象之因果定律，天是天，地是地，動物是動物，植物是植物，各種科學有其各自的範圍，不應以人類之好惡、價值、或道德夾雜其間，因為拿人類的道德、好惡夾雜進去，就不能求得自然現象的眞面目。所以說自然科學之職掌在於說明自然現象，說明也者，求其眞面目之謂，不夾雜道德的成分。這次，當大家研究原子能之際，也還在此狀態之中，卽仍以自然科學的方法研究。但是，原子彈發明後，它已不若千里鏡當作千里鏡用，蒸汽機當作蒸汽機用，因爲原子彈之使用可以消滅敵國的人民，擴大言之，可以消滅人類，這使原子彈的使用發生一個大問題，是不是要了武器，不要人類？還是要人類，不要武器？假定自然科學研究的目的是所以增益於人類的，而不是害人類的，又假定到了有武器而沒有人類之境地，是人類自身所決不做的，那末，我們必須在這方面有一個大大的覺悟。現今科學發展碰到了一個新的界限，換句話說，知識的發展與人類的生存不能並立時，知識應受道德的限制。

二、知識與學術自由——過去幾百年中，科學之研究，無所謂秘密，一國研究所得立卽公開於其他國家，所以有科學超國家，或國際性的話。因爲惟有公開後，使科學家共知，然後科學之進步更爲容易。在科學研究公開，各國科學家互相切磋勉勵之情形下，表現全人類對研究方面的大合作，這實在已觸及了道德的問題，可惜以往大家不注重，沒有專門提出來講。現在原子彈已經發明，它應該爲一國秘密所有呢？抑公諸世界各國呢？成了一大問題。假定原子彈屬諸一國的秘密所有，那末從此以後，科學研究各國均將採取閉關政策，自己知道的不讓人家知道，失去互相切磋的好處。假定原子彈秘密應加公開，但公開後，又恐徒然供給侵略國家以一種破壞人家的武器，造成人類的大災禍。所以一面覺得科學研究應加公開，一面又恐公開後有不妥當之處，於是苦心孤詣，設想一項國際共管的辦法，同時保持公開與自由研究之習慣。因爲這次原子彈之造成，雖在美國，但一九四六年我在美國國會原子能研究委員會旁聽所得，知道原子能之發明有義大利人、德國人、英國人、加拿大人幫助。

我於聽畢各國科學家之發言後，猶憶該委員會主席發一問題：「如此說，原子能之造成豈不是外國人之助嗎？」可見科學研究之公開與自由，美國政府身受其益，故而美國除爲國防保持相當秘密外，仍想遵守公開之老習慣。這也是科學家道德之一部分，與第一項所說略有不同，故也提出來說明一下。

三、知識與國際監督——按照常例來說，新武器之發明，無異於其他科學上之發明，個人的發明照各國出版法尚且可以專利，豈有一國政府對其新發明，反不可任其保持秘密呢？但是，美國發明原子彈後，並沒有說這是獨有的秘密，不應與其他國家共享，所以他已將原子彈秘密對英國與加拿大公開了，但是美國又沒有說這是三國獨有的秘密，其他國家不應知道，在他祇願原子能作和平的使用，而限制其在戰爭上的使用，即是說，假定大家同意原子能在和平方面使用，則公開於英、加二國以外之國家，何嘗不可。但是公開以後，諸如原子彈之原料、工廠設備等，皆應立於國際監督之下。這種有了新武器，而不願秘密獨占，作爲攻擊侵略他國之用，且願置於各國共同管理之下，也是一種道德上的進步，我們應加表彰。

四、原子能與世界和平——自一九四五年八日六日原子彈在廣島投下後，一彈之下，死傷居民近廿萬，而且幾天之內，壓迫日本投降。大家認爲原子彈能屈服日本，當亦能屈服其他各國，大家既畏其威力之大和恐怖，因而認爲世界從此可不發生戰爭，或幾千年來想望之世界和平，可以達到。如一九四六年六月十四日美國的所謂公園板櫈政治家巴魯啟（Baruch），他在原子能監督委員會中有一段演說：

「我們在新原子時代之兇兆之後，背後有一種希望，可使人類達到自救之方法，如其我們失敗，那我們將使人類變成恐懼之奴隸了。我們不要自欺，我們必須在兩者之中選擇其一：（一）世界和平；（二）世界毀滅。

科學給予我們這種可怕的能力，它亦能使這能力對人類有偉大的貢獻。但科學自身無法阻擋我們不爲有害的使用。所以我們受各國政府之命，希望在世界各民族的心思交換匯合之中，以求免於誤用科學知識之大害，此實有賴人類從自身意志中求得答案。處此危機之中，我們不但代表政府，亦且代表人民，我們必須記住人民非政府之所有，而政府乃人民之所有，我們必須答覆人民之要求，即世界人民要求和平，要求安全，唯有在長久和平之中，自由、民主才能加強，才能深刻化。戰爭乃自由與民主之大敵，不要相信於未來戰爭中，世界能有任何一國自處戰爭之外，戰勝國、戰敗國、乃至中立國，沒有不在經濟上、物理上、道德上受到損害的。」

這老政治家一番悲天憫人的話，殊堪佩服。我也相信在此殺人之偉大武器之中，不少戰爭可因此項新武器而免除，無論目前美蘇兩國對原子能之監督，還沒有獲致妥協，但此可怕之武器，可以使侵略者屈服，在事實上已經證明過了。

從以上四點說來，有了原子彈之發明，反將人類的道德提高了一大段。雖然巴魯啟氏的世界長久和平論，不易馬上達到，但下列兩點，卻是很明顯的：

A，知道原子彈爲國防上之利器，但美國並沒有說利己害人的武器可以隨意使用。不可隨意使用的話在大砲、飛機發明的時候，我們沒有聽見，而到今天原子彈發明後才聽見，正可說是人類道德進步的第一點。

B，近代以來，所謂至尊無上，不可加以侵犯者爲國家主權，即是說國家爲國際法上之主體，其地位不受其他法律之拘束。至一次、二次大戰後，國際聯盟、聯合國種種觀念發達，求國家地位之降低，國際團體地位之抬高。這次原子彈發明後，使人知道要靠武力維持一國主權是不可能的，因爲這種武器甲國有了，可以毀掉乙國，乙國有了，可以毀掉甲國，這就是說國家主權的基礎，不能專靠武器，而另有一種武器以外的道德基礎。

最後，我引英國生理學家兼醫學家 Dr. A. V. Hill（戰時派往華盛頓任英國大使館航空特派員，一九四〇至一九四五年代表劍橋大學爲國會議員）的話：

「今日所必需者，較其他任何事項重要者爲一公共理想之感召，一種共同的國際利益，一種倫理行爲的公共標準，一種不願爲一時一地的小利，犧牲全宇宙人類之精神。我們必須以勇氣，必須以忍耐，以求免於在反理性壓迫下出賣理性。許多人自命爲現實主義者，他們對於我們提倡道德論，加以譏諷，但最眞實的現實主義，就要承認人類幸福，人類生存，人類之健全發展，決不依賴機器之發明，或各種組織之發明，而是依賴道德、誠實、容忍、合理與忠誠之進步。」

以 Hill 氏這樣的大科學家，在原子彈發明後，竭力提倡科學的倫理(Scientific Ethics)，這題目請諸君不要以爲是以科學方法爲根據的倫理學，而是科學研究，科學結晶之使用，應有倫理或道德之標準。所以原子彈發明之後，同時使世人亟求人類道德之增進與發展，一方面是人類感受原子能之發明爲可怕，另一方面又感覺世界人類因原子能之發明，將來必有一極大光明，橫在我們的前面。（再生上海版）

七 國民心理之轉移

（甲）心理由來

吾國之立於世界，已數千年之久。其歷史長，更事多，因而其人民性格中形成種種特點。好就深思，發爲學說每有創見一也。其接受外國學說，必待久嚼消化，成爲己之所固有二也。勤於記事，乃有其朝代變遷與制度沿革之繼續不斷之史籍三也。知事情之不易頃刻立就，有長久打算四也。人民習於勤儉，雖移徙海外，均能成家立業五也。自孔孟以來，以教育爲第一件大事，今則海外僑民亦以立學校教育子弟爲事，爲他族所不及六也。胸襟寬，氣度大，不斤斤於一枝一節之計算七也。所學所事，涉足之餘，知其要點重點之何在，而以全力赴之八也。通達人情，長於應付九也。善察見人與事之具體現象，而短於邏輯與數理之抽象工作十也。此所云云，皆本於吾年來遊歷印度、西方、與東南亞各國之聞見，繼之以比較思索而後出之者。非一時逞臆爲譚之論，想同胞當能見及也。

一國人民之性格，以歷史與現代成就爲根據，過去與現在二者繫留於心，而成爲心習(Mental Habits)，或以馬克思之徒之名辭言之，名曰意的牢見(Ideology)。其意謂口中文中所稱道者，爲新說，及其見於行爲之中，受數千年內心習之支配，而仍不免於故態復萌。則新者雖名爲新，而終不免於舊之滲雜也。如是一國之風氣，以云改變，譚何容易。然歷代以來有所謂氣質變化，有所謂風俗轉移，皆當時讀書人士就國人性情之偏向，而欲有以轉旋之，此曾文正所以有「原才」之作。其言曰：

「風俗之厚薄奚自乎？自乎一二人之心所嚮而已。………世教既衰，所謂一二人者不盡在位，彼其心之所嚮，勢不能不騰爲口說而播爲聲氣，而衆人者勢不能不聽命而蒸爲習尚，於是乎徒黨蔚起，而一時之人才出焉。」

曾文正發爲此論，由於其有見於當日風氣之苟且偷安，曾有激烈批評之言曰：

『二三十年來，士大夫習於優容苟安，揄修袂而養閒步，倡爲一種不白不黑不痛不痒之風。見有慷慨感激以鳴不平者，則相與議其後，以爲是不更事，輕淺而好自見。國藩昔厠六曹，自擊此暴風味，蓋已痛恨次骨。』

『天下滔滔，禍亂未已。吏治人心，毫無更改。軍政戰事，日崇虛僞。非得二三君子倡之以樸誠，導之以廉恥，則江河日下，不知所屆。默察天意人事，殆無挽回之理。』

文正之所以於淸之末葉，有所建樹者，卽由於其早有一轉移風氣之決心。其在北京之日，與唐鏡海、賀耦耕、倭仁、吳延棟等之往還。在湘之日，又有羅澤南、李續宜、李續賓等等爲之左右，皆其平日擇交處世之道，早有方向故也。

今日歐美之社會，分工專業，各有重心，各有領袖，不易以一二人之心所嚮，提挈而轉移之。然當大危機大問題發生之日，其先知先覺者，亦知事態之所以成，不外乎人之心理，於是從人心方面以求危機與問題之解決者，大有人在。如美國參議院外交委員會主席富爾布蘭氏，卽其中之一人也。富氏新著名曰『舊神話與新現實』(Old Myths & New Realities)，其書所論爲美國之外交內治。然其下手之法，指出舊腦筋，不能瞭解新問題，惟有將心理改變，則新觀點新方法，自隨之而來矣。茲譯錄其書——二三段如下：

『我所欲指出而力有不逮者，卽世界和平方法，初不在乎問題之解決，而實繫乎心理態度之變更。當知戰爭之種子，起於各人之一心。惟有改造人心，卽所以轉移爭端，卽所以開和解之門。然則國際關係之硏究，惟有求之於心理學家與病態心理家矣。』

富氏舉英人赫胥黎之言，以明人心之不易瞭解。其言曰：

「政治學中精微玄妙之議論，雖已窮盡，然關於和與戰之由來，終爲一不能解答之問題。何以各人對於此問題之爭辯若是其多，對於此問題之關心若是其甚？赫胥黎之言曰：冷帶地上如何種參，童山上如何再造森林。此項問題卽有爭辯，決不因此起互相殘殺之事。惟有一旦討論世界上何國最好？何種宗教最好？何種政治理論最好？何種政體最好？何以他族愚蠢而見不及此？何以其他人民不如我之良善聰明？何以其他人拒絕我領導彼等之善舉？此類問題一旦發生，則人類互相殘殺之事起矣。」

富氏更述美國一個山上哲學家（其名不詳）之言如下：

「人爲一種怪奇動物，如地上之獸，空中之鳥，海中之魚，何以來何以去，非彼所能自主。

當其生時，須一切依賴於人。既不能行，亦不能語，既不能游泳，亦不能爬地。人有兩足，不如其他動物之四脚。人無羽毛，遭毒蟲毒獸之咬與刺，無以自衞。其身上毛髮，僅小小一撮而已。

人之不及獸類如此，然有其獨強之一點，是爲辨別之理性。人類雖有理性，又自己擱置不用而代以迷信。較之其他動物，人最爲殘酷暴虐。人在動物之中，乃惟一製造武器以自戕其生者也。

人爲惟一動物，殺自己子孫以祭神。人爲惟一動物，竭盡人力錢力以建造家庭城市，又轉而自毀其家其城於戰爭之中。

人爲惟一動物，集合其同類於宗教、部落與國家之中，又部勒其同類於一團一旅一師一軍之中，於殺戮之中，爭取光榮，每告人曰此爲其君主或其政治家之所命。」

富氏既述赫氏與山間哲人之言，乃有歸根之結論曰：所謂安全，乃心理狀態所造成，非武器所能爲力也。其言曰：

「吾人必須窮竭人類知識與技能之資源，以建造原子時代之安全之基礎，此則政治學、歷史學、經濟學、社會學、心理學、文學與美術之力也。安全云云，非武器非裁兵計畫所能造成，更非領土變更與兵力安排所能濟事。安全者心理狀態也，非器具與計畫也。有器具有計畫，僅能使一國之人民與政治家認爲其國有備無患之心理的行歷而已。」

由以上曾氏富氏之言觀之，可以知新陳代謝之際，舊時代已屆窮途末路。弊病既已暴露，則察見隱微之士，自知開出藥方，以謀補救之法。曾氏曰去虛僞而代以拙誠，去敷衍而代以剛直。富氏曰去民族主義而代以各國相互依存，去以戰解決之心而代以和解決之心。此則二人皆從人心之所嚮，以謀風氣之轉移，顯然矣。

（乙）吾國人心習之偏向

吾國處於世界，自商周後，有史記載之歲月，與其史前時代，約爲五千餘年。惟其歷史長遠，傳統根深柢固。因此國人口中常有一語曰『吾們有五千年歷史』。此一語中，表面上指歷史的年月，然此外另有含義；吾國文化之優勝一也，自信心之堅強二也，他國所不能比三也。吾國雖有應學人之處，然有吾之所固有四也。此種含義，或者爲我一人之解釋，非其作此言者之本意如此。然我嘗遇見美國華僑，彼等詢我以在美工作，我答曰教哲學。彼繼曰，中國哲學，外國人如何能懂？某乙曰，美人歷史太短，對於世界事情多不瞭解。又常見一來自香港之女記者，來美不及三月以繙譯爲事，然大批評美國家庭之病與離婚之多。以吾所見，信心堅強，與胸有成竹，未有如吾國人之甚者矣。此信心之中，猶有其受病之處。荀子曰私其所積，惟恐聞其惡也，倚其所私以觀異術，惟恐聞其美也……豈不蔽於一曲而失正求也哉。心不使焉，則白黑在前而目不見，雷鼓在側而耳不聞，況於蔽者乎。（依俞樾之言，改原文「使」爲蔽）換辭言之，以吾國歷史之長，乃輕視他國歷史之短，以吾國經驗之富，乃目他國爲少不更事。又正以吾國風俗之如此如此，乃批評他國風俗之如彼如彼。荀子曰萬物異則莫不相爲蔽，此心術之公患。此之謂也。

然今何時乎？二十世紀之中葉也，原子彈毀滅人類之日也，東西爭執中共產主義與自由世界對立之日也。吾大陸於此時期中實現其所謂解放，標榜馬列主義爲國策，且以反帝國主義反殖民主義領導亞非兩洲之日也。而吾國數千年來歷史所養成之國民性格，正足以堅其信心，鼓其勇氣，而表現其目無他國之氣概，此種心態與其所自任之時代使命，兩者相合而滙爲一流。此爲吾族前途之大危機，而不能安於緘默者也。茲舉其心理蔽塞之處而略言之。

第一、自傲自大　吾國歷史上令人歡欣鼓舞之事，實在不少，遠之如蒼頡之造文字，神農之嚐百草，堯舜之爲君，大禹之治水，周公之禮樂，皆文化創建之首功也。逮乎春秋之五霸，戰國之七雄，以至秦之一統天下，則霸主謀臣與夫學術上之百家爭鳴，足爲此時之特色。秦始皇併吞六國，創書同文車同軌之局，於是乎因文字之一同而民族團結牢不可破。兩漢代秦以興，繼續其北逐匈奴之業，且役屬西域三十六國。此爲吾族開拓之第一期。及東漢之末，魏蜀吳三國鼎立，中間西晉之混一，不過五十餘年，其爲南北分裂之局者二百七十餘年之久。其間有五胡亂華，十六國與拓拔魏，是爲吾族失其長駕遠馭之力。幸賴宋、齊、梁、陳保存文物於南方而已。隋唐統一，而後吾族威權復振，然隋有天下僅二十餘年而唐代之。太宗高宗之世，乃設安南、安東、安西、安北、單于與北庭六都護府，是爲吾族開拓之第二期。吾國內政方面，向無民意爲依據之制度。因漁陽鼙鼓之後，因宦寺藩鎭之亂，而唐室以亡。其後宋繼五代以興，獎勵名節尊崇士人，朋黨對峙，紛更雖多，成績實少。更以內重外輕之故，外患紛至，受遼金凌辱而卒亡於元。元自成吉思汗始，早已平定西域，其子窩濶臺繼之，橫行歐洲及忽必烈稱帝，因定滅宋之策。襄陽既陷，順江而下，宋帝昺終於投海而死。元人統治中國八十餘年。在「殺韃子，滅胡元」之號召下，明太祖先統一大江南北，乃移師北向，取元而代之。太祖勵精圖治，長於猜防，然王子之爭位，與宦官之亂政，遠出於其始料之外。卒因流寇，滿清乘隙入關。康雍乾三代致力於文治武功，尤長於開闢疆土。然滿族之人，盡同化於漢族，辛亥前後革命運動興起，自知其力之不敵，退位以法，而民國宣告成立矣。吾國歷史之背景如此，前有秦皇、漢武、唐太之拓地。後有明代與民國之光復，其不甘於長受外人凌辱，而終有昂首世界之一日，是無可疑者。然因此歷史心理之作祟，使吾人自傲自大，以爲可以超越前人，或且鄙視漢唐，乃以世界革命號召，除大陸解放之外，復以打倒資本主義國家爲己任。試問方今自由世界之制度，自工業革命以來，有政治民主，有學術自由，有人民福利之增進。卽令如中共之願，英美與其他民主國家，一律如大陸億兆人民之爲奴爲隸，謂此種解放能爲人類造福，誰其信之。況世界革命云云，出之以暴力，行之以戰爭。如拿破崙之於十九世紀，希特拉之於二十世紀，非不一時轟轟烈烈，然十餘年後，歸於敗亡而息滅矣。此吾人瞻望前途爲之不寒而慄者一也。

第二、自縛自畫　一個國家之振作，賴乎人民德智能力之發揮。自五四前後吾國人漸識西方文化之優點，而謀所以迎接之。乃馬克思主義正於此時植根於蘇俄，而吾國正苦於軍閥政治之混亂，乃傾心嚮往。於是國民黨與共產黨共起而與攜手。雖其間曾有國共分裂與蘇聯斷交，然馬克思氏書與列史二氏之書之傳播，初無中斷之一日。及中共席捲大陸，於是馬列主義定於一尊，若羅馬君士但丁之受耶教洗禮矣。自是以來，所以解釋吾國古代社會歷史經濟者，惟馬、恩、列、史之學說爲宗。乃至關於現代社會政治經濟問題，一切以馬、恩、列、史之說爲依據，其與之不相合者，概遭擯斥。然世界上人事現象之解釋，豈眞有唯一之眞理可資依據哉！亦曰由學者隨地隨時之研究立說，聽世人採擇而見諸用行而已。馬克思曰社會變化，起於下層經濟關係之變，而後上層之宗教政治倫理隨之。然麥克司威勃氏反之，著耶教倫理與資本主義一書，說耶教勸人勤儉勞作，爲資本主義所由產生。是則經濟之影響宗教，與宗教之影響經濟，可以各成一說而非有定論矣。馬克思氏又以爲歷史變遷之定律，猶之自然界之法則，乃以爲人羣生活中，無所謂道德。彼等視道德之是非善惡，是階級鬪爭中特權者之所以自便私圖。然試問良心上，苟無所謂是非善惡，則勞工之苦，童工之苦，富者過富，貧者過貧之感覺思想，何自來乎？道德是非之存在，初不起於特權者自保其權位之計，而自有精神根據。非唯物主義者所能一筆抹殺也。馬克思之徒以爲改造社會，必須走革命路線，推倒政府，沒收一切地主與資本家之生產工具。然試考英國自工黨執政以來，議會政治承歷史之舊，因而不革，其大工業國有之策，至今猶在爭執之中。然貧富懸殊之弊，已由租稅政策，物價政策，與夫公用事業之監督而趨於平等。是社會問題，自可遵法律軌道以求解決，而不必定以革命以暴力爲唯一方法矣。由以上之例言之，可以見學理政治與社會問題，從事實研究，自有補偏救弊之法，是在學術思想結社言論之自由與公開主張而已。今大陸則不然，奉馬列主義爲聖經，輔之以獨裁專政，以束縛馳驟爲治國之方針，置六億人民聰明才力於一黨指揮之下。此種反人情反物理之舉，猶之昔日曹操搜求不忠不孝而有治國用兵之術者，以助成其篡國禪代之局。趙甌北云，至曹魏創此一局，而奉爲成式者且十數代，歷七八百年。此乃重視權術而成爲名節掃地之所致。吾人瞻望前途，爲之不寒而慄者二也。

第三、咬文嚼字　吾國人舊習，自童時讀四書五經，專以背誦爲能。長而應考試，或試經義，或作八股，代聖人立言，皆以發揮古人立言之意爲宗旨。漢學家之考證，解字之文，可以引經據典，至數萬言之多。此卽吾國人咬文嚼字之所由來也。其所以如此，傳統既深，歷史既久，社會現象之變化底裏，不爲人所注意，除遵守成說外，不知有其他新觀點。仲言之，讀書人不研究外界事實之遷移，專以默守文字爲盡一己之能事。自中西交通以來，留學生從事新學，讀一家言，起而標榜之。一若除此而外，無復有與之對立或代替之者。自進化論輸入，謂人自猴子變化而來，故人卽動物。至於人有理性一點，則不復道及。自自然科學發達，謂一切現象皆有定律支配，於是有定命主義，而目的論而自由意志付諸渾忘矣。此乃新學說東來後，一家之言，成爲世界眞理，不再博取旁搜，以求其融滙貫通。此亦漢代以來「定於一尊」之習，有以驅使之也。其後馬克思主義自俄而來，益復變本加厲。以一黨獨裁操生死之柄，以馬列主義爲聖經，成爲一切理論之本，人之賢不肖與智愚，一切以其出生階級爲標準。昔人云半部論語可以治天下，此乃宋代趙普之言，所以勉人讀書明理。今則政治、社會、歷史文化與夫國際問題，以爲但憑一項馬列主義，便有規矩可循，便可以解決一切。大陸治國之道，文學思想，非以馬列主義所以抑揚資產階級與勞動階級爲準繩乎？經濟政策之沒收生產工具，非遵循馬列主義乎？乃至中俄相處之關係，曰戰爭、曰解放、曰和平共存、曰世界革命，無一不以馬氏列氏之言爲典據，而與蘇共當局相爭相辨乎？然馬氏之言，其前後反覆何可勝數。馬氏對於普法戰爭之態度，袒普而反法，非可謂爲贊助俾士麥之帝國主義乎？馬氏又慊惡農民不好革命而輕視之，非可謂爲馬氏革命性不澈底乎？乃至以列寧之態度言之，其於戰時共產主義引起饑荒，乃宣佈新經濟政策，自一方言之，可視爲一時之權變，自他方言之，何嘗不可視爲改良主義乎？時至蘇聯，於一九三四年加入國際聯盟，何嘗不可視爲和平共存乎？世界事物之情態，爲多方面的。今中共以一己爲獨是，他人爲盡非。不獨對國內人民如此，卽對於國際之各國，無不如此。目蘇聯當局爲反背馬列主義，視自己爲獨得馬氏列氏史氏衣鉢。昔年吾人以四書五經爲依據，今則以馬列史三氏爲法典。馬氏學說所謂勞動價值，所謂剝削，所謂恐慌，西歐學者早已明辨而斥之。至於議會政治之妨害社會主義，與改革之不可一蹴而幾，亦早爲西歐勞工黨所公認，何嘗以爲「一朝權在手便把令來行」之可以達成社會改造之大業乎？昔日教理之出於儒墨佛耶者，成爲教條。然儒於孔子後已分爲八，墨離爲三，佛亦分爲若干宗，耶教自新教發生後，派別更多。況乎馬克思主義之成於十九世紀中葉，乃謂可憑之以解決廿世紀國家內外問題，此猶王莽之居攝踐祚，動引用經義以文其奸。此我瞻望前途，不寒而慄者三也。

第四、崇權尚術　吾所謂權術，卽法家之所謂術也，亦卽方法也。世間事情有目的有方法，目的所以達其心中所欲成就之祈嚮，方法所以使其所欲成就之祈嚮，得以完成。然此二者互爲聯繫，而不易劃分其界限。譬之開鑛採鐵，是開鑛爲方法，而鐵爲目的。然及乎將鐵入爐，鍊之成鋼，則以鐵入爐爲方法，而鋼爲目的。以鋼造機器造械造船，則鋼之剪裁爲方法，而機械兵船爲目的。乃至以機器造成貨物，則貨物爲目的，而機器爲方法。就貨物供人之用言之，則厚生爲目的，而貨物爲方法矣。故曰方法與目的，乃相對待之辭，無一定界限可言也。然儒家有君君臣臣父父子子說，此卽君臣父子各有其所當爲者在，因而方法與目的不分爲二。而墨家駁之曰，是猶曰「室以爲室」之一語，其意義未明白說出也。然而世間確有許多事情，只能以君君臣臣父父子子之方式出之。此乃梁任公所以有「什麼都不爲，正人生妙味之所在」，乃舉爲娛樂而娛樂，爲勞作而勞作，爲學問而學問，爲慈善而慈善之例以實之。此言目的與方法合而爲一，而無法分之何爲目的與何爲方法也。儒家與墨家各有一人生目的，如曰爲人之道曰非攻，此以目的爲重，而方法次之。孔子孟子皆以仁爲人生所同具之德。故人類不可相殘，乃有殺一人而得天下，不爲之語。得天下爲目的，殺一人爲方法，然殺人方法反乎人性，故其收穫雖大，而不可爲之。至於法家則不然，其目的在乎整齊其民與富國強兵。彼等懸此爲目的，乃有奉公法、廢私術之語。（韓非有度篇）又曰釋法術而心治，堯不能正一國，去規矩而妄意度，奚仲不能成一輪。然法家雖欲以法整齊其民，自尹文子與韓非子後，早已舍法而側重於術。尹文子曰「術者人君之取密用，羣下不可妄窺。」韓非說疑曰「術也者，主之所以執也。」其六微八姦等篇，皆所以勸人主如何用術之法。秦始皇所以佩韓非有「寡人得見此人與遊，死不恨矣」之語也。可知專制君主之所以造成，則術之密用爲其大因矣。吾人從廣義言之，可謂權術之用，吾國人最爲精明，如老子所謂「將欲取之，必故與之」，此術之一種也。李斯之奏曰「陰行謀臣，資之金玉，遊說諸侯。」亦術之一種也。可見凡爲法家，無一不長於術。其甚者，因「術」之故，並人生而盡忘之。何也，但知有方法，不知有目的故也。今日之共產主義，與法家最接近，其講組織圖號令齊一，相同者一。其講農戰，與今日之重農產重工業化者，相同者二。其以一黨專政爲號召，與強公門弱私室者相同者三。重告密，與今日共黨令一家子女告父母，相同者四。共產黨不知有人與人之道德，與法家以禮樂詩書善修孝悌廉辯爲蝨者，相同者五。由此兩方相同之點，以測其將來，則商鞅之作法自斃，李斯之從黃犬出東門而不可得，與秦代壽命不過二十餘年，而天下大亂，皆必然之勢，而無可逃者。此吾瞻望前途，不寒而慄者四也。

第五、北胡南越　吾國政治上君臣之間，向有南走越北走胡之說，言其政見不合之人物或因其他仇恨，雖遠走異國可也。其與今日西方政黨雖相對峙，而有所謂舉國一致之陣線或曰非黨派基礎，即超於黨爭以外而以全國爲前提者，正相反也。伍胥之去楚而入吳，中行說之叛漢而事匈奴，皆南越北胡之顯例。其所以如此，由於吾閉關自守，自以爲雖去異國，爲一己功名而無礙於事之計，與今日歐美以民族主義爲背境者，迥乎不同也。此南越北胡之風氣中，常有兩人相爭，竟成仇敵。甲既得長於東，乙唯有走至相反之西方，丙既至南，丁唯有走至相反之北方。孔子作春秋有人臣無外交之戒，言一國之臣不應恃外國之援，以爲爭權奪利之計。數千年來吾國獨立東亞，外無強大之國，因而鮮有人臣之外交。然歷史上非無賣國之臣，如石敬塘之割地於遼，如吳三桂之招清兵入關，史家所謂二臣也。第一次大戰以還，有所謂第三國際，以滲透革命之方法。近十餘年更有美俄軍援經援，爲政黨靠山而壓迫自己同胞。此吾瞻望前途，不寒而慄者五也。上舉五項，我不敢謂其在吾國已成風氣，然政治上確有此種趨向為人所共見。質而言之曰心理之蔽或曰心理上之魔障。其所以然之故，或由於意氣，或由於反常，或由於故意，不易為之分析。倘聽其如此而不知所以改之，則吾民族之運命，將陷於盲人瞎馬夜半深池之境，有不可測度者矣。

國家之所以發展，有其必經之途程，一曰先內安而後外展。英國之所以擴張其勢力於海外，所以日所出入無處無英國國旗者，由其於一六三九年光榮革命後，國內秩序已定，乃能戰勝外敵如法國等，而奪其在加在印之屬地。其佔領印度，由於若干英人領袖在當地自己徵兵籌餉。其澳洲殖民地，由探險家哥克氏先發見其東岸雪泥港，然後移民前後。及一七七六年遭十三洲之反抗，而卒訂巴黎條約，而承認其獨立（一七八三年）。可知英帝國之成，由於積若干次之因利乘便而來，非若拿破崙之窮兵黷武，力征經營也。其國內政府由兩黨更迭為政，不若法國之先有路易十四世之斷頭，繼有拿破崙之忽起忽倒，又繼以忽共和忽復辟之舉棋不定。則內安之必要，由十九世紀中英法情形之比較可以見之。二曰先文治而後武功。國家之發展以文化為先務。希臘嘗戰勝波斯矣，然其傳於後世而為人所尊者，為柏拉圖與亞歷斯大德之哲學與其他作家之文學與美術。羅馬亦有統一歐洲之功，然其垂世久遠者，為其法典與工程。英帝國今已衰落矣，然陸克（一六三二——一七〇四）之經驗論與代議政治論，牛敦（一六四三——一七二七）之宇宙攝力論，華德氏（一七九六）蒸汽機與夫達爾文進化論（一八〇九——一八八二）則為人思想所繫，而一刻不忘。三曰國家貴乎自立，不在傾覆他人。亞洲各國見歐西之船堅砲利，乃起而學之。又見其議會之詢謀僉同，起而效之，一方有其優勝之處，他方自派遣學生留學而推行其法，何取乎所謂世界革命。四曰立國為百年大計，不必求近功速效。吾東方人之特長，在其歷史久遠，知制度改革須有長期打算，方能生根。反是者限以年月與指標，表面報告似乎合於格式而考其實際則爲敷衍塞責。此則由於不准人自發自動與不令其自有責任之所致，乃出之命令束縛馳驟。此猶秦始皇「躬操文墨，晝斷決，夜理書，自程決事，日懸石之一，而姦邪並生，赭衣塞路，囹圄成市。」夫每日懸石，以程其所處理之事，至所處事之方法如何事之成績如何，計時計日以圖功有何用乎。雖然，上取云云，皆吾國歷史上之經驗，舉之以爲藥石之言。中共必將答我曰，馬列史主義也，階級鬪爭也，無產專政也，五年計劃也，世界革命也，子爲門外漢，何能知之，吾人戰勝大陸，又遭饑荒，均能克服困難矣。子何人，乃敢加批評。我惟有答曰，語云惟當局者乃知局中之事。此爲局中局外之分，無可否認者。然另有語云當局者迷，旁觀者清，此言乎身當其局者心有所營，有所注，乃於成敗得失之故，反不如置身事外者頭腦清靜，乃能於「無着」之中多所察見耳。我亦知所謂共產主義，既已爲成功執政之黨，其門戶之意識，先入之成見，尤較他黨爲深刻，非外人所能動其一毫一髮。姑舉一例以明之，有友人訪問東非洲後來美，彼所至之地，卽周恩來所至之地，周氏訪坦尙尼加時，街上貼滿照相表示歡迎。周氏在坦國演說中有一語曰『革命之時機已成熟』。東非各國聞此語乃彼此相告曰，吾國家剛脫離帝國主義與殖民主義，不知周氏所欲革者爲何人之命，殆革吾人政府之命乎？因此拒絕周氏之訪問。此故事之中，可以見共產黨人腦中以世界革命爲其心中唯一大事，他國他人之心中如何，置之不顧。其出言以己見爲本，旁人之利害與夫願聽與否，非其所問。此正爲當局者迷旁觀者清之明證，抑知天下至廣，事理至繁，豈一黨一派成見，所能處理者乎。此皆心理上受病之所致也。再舉荀子解蔽篇之言以藥之：

「心何知所，曰虛壹而靜。心未嘗不藏也，然而有所謂虛。心未嘗不滿也，然而有所謂壹，心未嘗不動也，然而有所謂靜。人生而有知，知而有志，志也者藏也，然而有所謂虛，不以所已藏害所將受謂之虛。心生而有知，知而有異，異也者同時兼知之，同時兼知之，兩也，然而有所謂壹。不以夫一害此一，謂之壹。心臥則夢，偷則自行，使之則謀，故心未嘗不動也，然而有所謂靜，不以夢劇亂知，謂之靜……虛靜而壹，謂之大清明。萬形而不見，莫見而不論，莫論而失位，坐於室而見四海，處於今而論久遠……制割大理而宇宙理矣。（王注裏當爲理）」

天下之事理，每有兩方面或曰不止一方面，如形上與形下，如有與無，如虛與實，如內與外，如動與靜，如恒與變，皆相對之兩方面。就政治社會言之，曰治者與被治者，曰道德與權力，曰自由與法律，曰個人與團體，曰生產者與消費者，曰資產者與勞工。此皆對待之兩方，必須同時兼顧，然後可得其平衡而達乎公道。荀子曰不以所已藏而害所將受，又曰不以夫一害此一，不以夢中胡思亂想而妨其平旦之清明。然則唯承認有心，而知所以養之，殆爲今日之惟一要圖矣。曾文正曰媕婀軟熟，而今日之病在乎生硬酷辣，曾文正又曰和同，而今日之病爲立異爲自用，其爲兩時代同病之處曰塗飾曰虛僞。吾所以告國內外同胞者，曰廓大胸襟，平心靜氣，參稽互證，合乎事理人情，然後可以圖治。此所以繼『原才』之後，而提出國民心理轉移之建議也。（八月十六日拔克蘭）（自由鐘版）

八、歷史之壓力

（盧山會議毛澤東印發枚乘七發）

（一）由歷史俱來之傳統與習慣

民國成立，已逾半世紀以上矣。其領袖之所作所爲，託名於民國政體之下，有所謂總統、內閣、國會、法院。然其實際行事，可謂無一項合於民主精神，而仍因襲專制君主之舊貫。袁世凱要求清室遜位，似爲民國鋪路。然試與其洪憲帝制合而觀之，則欺人孤兒寡婦，狐媚以取天下也。其蕩平獨立各省，殺宋敎仁，解散國會，何者可謂爲爲民國建設之大政乎。袁氏旣歿，北洋軍閥繼起，各省分崩離析者十有餘年，乃有國民黨軍之北伐。及蔣介石旣抵南京，國內始有治安之望。然外有日本之侵略華北，內有共產黨之佔據江西。於是繼之以對日抗戰八年之久。賴美國參戰之力，乃恢復失土，還於舊都。（中略）由此言之，一國歷史之經過，纒繞於各人心理。既爲舊邦卽有新命，其外之顏色可變，而內之實質依然。大彼得有一新俄國之志，然其君主專制之習，至列甯、史太林之世，猶古之沙皇也。日本明治維新後，有憲法頒佈，政黨政治成立，然天皇大權之施政，東條內閣以爲可信守而無愧者也。法國路易十四世稱覇歐洲之光榮，歷拿破崙第一、第三兩世，迄今戴高樂氏猶以爲應承其後而維持之者也。一國之傳統，因歷史之經過，造成一種獨具之性格，謂之爲立國精神，本無不可。然其影響於其後代人民之思想習慣者，甚深且遠矣。試舉例言之。吾國立國亞洲四五千年，秦代、兩漢，隋唐，皆能保其疆土獨立，不受人侮。惟宋代有徽欽北狩，爲元所滅。明代以驅除蒙古興，乃又爲愛新覺羅所亡。及世界大通之日，西方之英、法、德、俄與東方之日本，各以千軍萬馬，集矢於我，然中國終未受亡國之禍。因此毛澤東柄政於八屆八中全會，乃有「神洲不會陸沉，天不會塌下來」之言。此卽漢族閉斷自守所養成之自信力之所致也。吾國宗教文化，悉出於自創，其所信者爲敬天尊祖，自守約束於人事之中。孔子曰未知生，焉知死。卽其對於超越自然之上帝，不敢有所議論之意也。孔孟提倡儒家哲學，以人性之善，博學愼思爲本，好以古先哲人之言，垂敎後世。此其立言之所以信而有證，而不流於藐遠虛無之弊。其他道墨名法諸家。老子溯天道於靜甯一之中，蔑棄人事之綱維。其用心不離乎以柔制剛，欲取故與，而適成道家之陰謀。墨家一反禮樂喪祭之繁縟，代之以短喪節葬。其兼愛之說，所以異乎愛有等差之言。然依孔子汎愛親仁之言推之，墨子之立異不足以推倒儒家，顯然易見。獨其苦於勞神，胼手胝足之精神，世之傾倒之者不乏其人。莊子天下篇所以有「墨子眞天下之好也，將求之不得也，雖枯槁不舍也，才士也夫！」之言也。名家之辯，有所謂卵有毛，雞三足等說，傳至今日。莊子評之曰「飾人之心，易人之意，能勝人之口，不能服人之心，辯者之囿也。」其立論既不本於事實，又不以推理爲方法。誠名相之遊戲而已。法家以法齊一其民，視詩書仁義等爲六蝨。有助秦代統一之功猶烈火之錘鍊鋼鐵，以爲刑具而已。獨戰國後期之莊子，世目之爲道家，然實綜合各家而滙歸爲一之人也。其論道曰「夫道有情有信，無爲無形，可傳而不可受，可得而不可見，自本自根，未有天地，自古以固存。」此與中庸所謂「天命之謂性，率性之謂道」無以異也。其所謂「修胸中之誠，以應天地之情而勿攖。」更與中庸誠明之旨互相一貫。獨其措辭之法，斥萬物觀點下之時、空、爾、我、大小、遠近、南北、東西與夫有用無用之辨，而概歸之於道。而儒家之斤斤於善惡是非之分者，相形見絀矣。莊子之修身齊家，時露憤世嫉俗之態。其妻死之日，惠施往弔。莊子箕踞鼓盆而歌。惠施非之曰「與人居，長子，老，身死，不哭亦足矣。又鼓盆而歌。」楚威王聞莊周賢，使使厚幣迎之，許以爲相。莊周笑謂使者曰，「千金重利，卿相尊位。子獨不見郊祭之犧牛乎。養食之歲數，衣以文繡，以入太廟。當是之時，雖欲爲孤豚，豈可得乎。子亟去，無汚我。」莊子對於六國之君之評語曰竊鈎者誅，竊國者侯。言乎高下賞罰之不足爲懲也。著漁父、盜跖、胠篋諸篇，皆詠其瑰怪以適己意。

歷來評者謂之爲寓言，太史公滑稽傳言之，謂爲談言微中，足以解紛。亦無不可也。我所欲論爲莊子一書所養成之風氣。曰彼亦一是非，此亦一是非。是非由於彼此，而不在客觀之事物。曰談言微中，則事理之所貴爲其中肯之處，而不在其恒常現象。社會上之善惡，決之於達觀與否，而綱常名教可以嘻笑怒罵出之，而突梯滑稽，乃成爲處世習俗之一部份矣。

（二）廬山會議文件之內容

一九五七年中共掀起紅旗，實行大躍進。其所注全力者爲工業化，爲人民公社，爲土法鍊鋼。此工農並進之政策，按之普通事理，所需金錢多少，時間多少，人才多少，交通工具多少，方法適宜與否。稍一細心考慮，是非利害便可立見。中共不然，以爲彼等既佔有大陸，此事既實現，則世間無不可能之事。於是半年之內，合併七八萬合作社爲人民公社。既就此一事言之，包含一、二、三萬人之公社食堂之鍋子、筷子、碗碟、棹子、櫈子多少。既農而又工，則工業之機器如何，工具如何，原料如何，庫房如何，工場如何，運輸方法如何，銷場如何。此等等問題，誠先爲計算籌備，則當時之社會經濟與政府行政之力不足以任此艱鉅，顯然易見。奈中共勝利後腦子冲昏，以爲如此居食住集合一處，可省時間金錢，可以增加生產。甚至有「吃飯不要錢」之標語。然其結果如何，居不安，食不飽，衣不暖，農不農，工不工，乃至各人面黃肌瘦、眼腫、腹漲。令全國人民成爲病夫，何生產可言。此爲人民公社之失敗。

鍊鋼，爲現代工業。歐美人幾經研究，方能製成堅性之鋼，供工具與武器之用。而中共下令收集人民家中鐵器，燬之於露天土爐中，名之曰鍊鋼。及千萬噸鋼鍊成後，政府工業家評曰「不够標準」，乃委而棄之曰，此或可供地方狹軌鐵路之用耳。此爲中共之兒戲命令，勞民傷財而已。

彭德懷爲此項大問題牽涉及於四、五萬萬人之性命與財產。在廬山會議中曾有指責之詞。其言如下：

一九五七年整風反右以來，政治上經濟上一連串的勝利，黨的威信高了，得意忘形，腦子熱了點。把這些經驗總結一下，不要丟掉了，但不要埋怨。「毛主席」家鄉的那個公社，去年搞的增產數，實際沒有那麼多，我去了解實際只增產百分之十六。我又問了周小舟同志，他說那個社增產只有百分之十四。國家還給了不少幫助與貸款。

以上為彭氏七月三日之語。

彭氏言外之意，主席家鄉公社增產之數已不核實，其他公社報告，可想而知。「主席」家鄉公社，有國家給了幫助與貸款，其他得不到幫助與貸款者，將何以辦到生產指標之數。

從北戴河會議以後，搞了個「左」的東西，全民辦鋼鐵這個口號究竟對不對。全民辦工業，限額以下搞了一萬三千多個，現在怎麼辦。每個協作區、省，要搞個工業系統，不是一個兩個計劃的事情。

以上為彭氏七月六日之語。

彭氏責問每個協作區或省既辦工業，應有一個工業系統。錯誤的東西一定要反對。北戴河會議不批評「吃飯不要錢」。結果普遍推廣了。

以上彭氏七月八日之語。

基層黨組織的民主問題要注意。省、地方的民主是否沒有問題呢？現在不管黨委的集體領導的決定，而是個人的決定，第一書記決定的算，第二書記決定的就不算。不建立集體威信，只建立個人威信，是不正常的，是危險的。解放以來，一連串勝利，造成羣衆性的發熱。因而向「毛主席」反映情況，只講可能有利的因素。在大勝利中，容易看不見聽不進反面的東西。

以上彭氏七月十日之語。

彭氏自蘇俄回國，竟有「只建個人威信」之語。可謂出於忠言逆耳之用心。然毛氏聞之，自然耐不下去，乃有七月二十三日之答覆。讀其言者，見其一肚不平之氣，自居膽大，出奇制勝，與對人不對事之舊習，充滿字裏行間。摘其發言要點如下：

在座諸公，你們都有耳朵——聽嘛！無非是講得一塌糊塗。難聽是難聽，歡迎。你什麼一想，就不難了。爲什麼要人家講呢？其原因，神州不會陸沉，天不會塌下來。因爲我們做了好些事，腰幹子硬。我們多數同志腰幹子要硬起來。爲什麼不硬。無非一個時期蔬菜太少，頭髮夾子太少，肥皂沒有。比例失調，市場緊張。什麼人都緊張，以致搞得人心緊張。我看沒有什麼緊張。我也緊張，說不緊張是假的。上半夜你緊張，下半夜安眠藥一吃就不緊張。

廬山會議討論之主題，爲人民公社與土法鍊鋼。此二者可辦與否，按人口數字，（毛氏自言三億五千萬其實不止此數。）工作範圍，畫一張圖表，立刻可以明白。毛氏竟以缺少婦女頭髮夾子爲自己辯護之辭。可謂置根本問題於不談，而以不關重要之一二小節對付敵人。至云自己辦好事，爲政黨自己應爲之事，不應以此自傲。倘見其政策行不通，而以腰幹子要硬起來爲鼓勵之辭。此乃以剛愎自用爲治國方針，與討論公社鍊鋼兩大問題，毫不相涉。毛氏承五千年歷史之後，國家不受蹂躪。自信以爲神州不會陸沈，天不會塌下來。我敢告毛氏曰，此皆祖宗積累之厚之所賜。倘毛氏再將公社重複幾次，人民將自病自亂以至亡國。天雖不塌，地下六億人口定難以生存下去。

毛氏爲自己辯護之辭甚長，再錄一段如下：

> 說吾們脫離羣衆，羣衆還是擁護我們的。我看是暫時的，就是兩三個月，春節前後，我看現在羣衆和我們合作的很好。……這種廣泛的羣衆運動，不能潑冷水，只能勸說。同志們！你們的心是好的，事實難以辦到，不能性急，要有步驟。……這些幹部率領幾億人民，至少百分之三十是積極分子，百分之三十是消極分子，以及地、富、反、壞、官僚、中農與部分貧農。百分之四十隨大流。百分之三十是多少人，卽一億五千萬人。他們要辦公社食堂，搞大協作，非常積極。他們要搞，你說這是小資產階級狂熱性嗎？

此段文字中毛氏以公社之發動，歸之於一億五千萬積極分子。然國家之所以貴有領袖、在其能對於事情之可行與否，有所決定。列甯之新經濟政策，列氏自己決定，非羣衆之意也。列寧關於對德和議，不管托勞孳幾氏之反對，毅然簽字。亦列氏自身決定，非羣衆之意也。人民之所以爲人民者，因有飲食起居生男育女之自由與時間也。此六億人民之數，歸國家管制，自然國家佔了大便宜。然此乃六億牛羊犬馬，而不成爲人矣。

毛氏在廬山會議中之發言，約略言之，有三個特色。（第一）他人以爲辦不通者，毛氏以爲「硬着頭皮頂住，一個月、三個月、半年、一年、三年、五年、十年、八年。有的同志說持久戰。我很贊成。這種同志佔多數。」彼以爲事之可行與否，不在乎事理之如何，而在頭皮之硬與不硬。毛氏以神州不會陸沈，天不會塌下來爲搪飾之語。古今以來論事之可行與否，不求其利害於事理之中，而以天塌不塌爲前提者，彭眞等評之爲偉大的空話。誠得其當也。（第二）毛氏之出言吐語，以出奇制勝，攻人不備爲心。黨員中有言「公社人員不懂政治經濟學是不行的。」毛氏答之曰，古代不識字的人可以做宰相做詩，爲何現代公社幹部、農民，不可以聽政治經濟學。我看大家可以學。講講經濟學，不識字的可以講，講講就懂得了。毛氏所謂不識字的人，曾舉出三人姓名。（一）爲梁武帝時的宰相陳發之。我攷之萬斯同著梁宰相大臣年表，不見陳發之之名，恐毛氏記錯了。（二）曹景宗，亦爲梁武帝時代之人。其賦詩之情景，據南史所記如下：

> 景宗振旅凱入，帝於華光殿宴飲連句。令左僕射沈約賦韻。景宗不得韻意。色不

平。啓求賦詩。帝曰卿技能甚多，人才英拔，何必止在一詩。景宗已醉，求作不已，詔令約賦韻。時韻已盡，惟餘競病二字。景宗便操筆，斯須而成。其辭曰「去時兒女悲，歸來笳鼓競。借問行路人，何如霍去病。」

曹氏能以韻餘二字作成此詩。與毛氏所舉不識字的人，可謂正正相反。

斛律金「敕勒歌」爲一首好歌。其不識文字確係事實。然人之識物理人情，出乎天性。其家中出了一皇后、二太子妃、三公主尊寵。金告其子光曰「古來外戚梁冀等無不族滅。」金之深通人情如此。以塞上情況寫成歌詞，雖屬少見，非不可能之事也。毛氏所以用此奇癖典故以大會之中者，所以勝人而已。（爲三）毛氏演詞中更提到宋玉登徒子好色賦。因登徒子攻宋玉三點曰漂亮，曰會說話，曰不可到後宮去。宋玉所反駁者，是攻其一點，不及其餘。毛氏據宋文，以評當時反對公社之人，謂爲與頭髮夾一點之不足，不成爲反對公社之理由。試問毛氏。頭髮夾之足與不足，與公社能否存在之基本條件有何干涉。既論公社，應論公社之本身如何。此之謂爲事情之本身，爲客觀之事理。如是，乃爲論事，而非對人矣。

毛氏當時更印發「枚乘七發」一文，其理由如下。

此篇早已印發，可以一讀。這是騷體流裔，而又有所創發。騷體是有民主彩色的，屬於浪漫主義流派，對腐敗的統治者投以批判的匕首。屈原高踞上游。宋玉、景差、賈誼、枚乘略遜一籌，然亦甚有可喜之處。你看「七發」的氣氛，不是有許多的批判彩色嗎。「楚太子有疾，而吳客往問之。」一開頭就痛罵上層統治階級的腐化。「且夫出輿入輦，命曰蹶痿之機。洞房清宮，命曰寒熱之媒，皓齒娥眉，命曰伐性之斧、甘脆肥濃，命曰腐腸之藥。」這些話一萬年還將是眞理。現在我國在共產黨領導下，無論是智識分子、黨政、政軍人員，一定要做些勞動，走路、游水、爬山、廣播體操，都是在勞動之列。（中略）……總之，一定要鼓勁幹，反右傾。枚乘直攻楚太子。「今太子膚色靡曼，四肢委隨，筋骨挺解，血氣淫濯，手足惰窳。越女侍前，齊姬奉後，往來游讌，縱姿於曲房隱間之中。此甘餐毒藥，戲猛獸之爪牙也。所從來至深遠，淹滯永久而不廢。雖令扁鵲治內，巫咸治外，尚何及哉。」（中略）……這個法子，我們叫做批判。「客曰，今太子之病，可無藥石，針刺，灸療而已，可以要言妙道而去也。」

毛氏謂枚乘痛罵上層統治階級，是投以批判的七首。此類文字專對個人而言，非對統治階級之批判。此問題姑置之不論。我所欲言者，宋玉、枚乘等，與淳于髡、優孟爲一類可同列於太史公滑稽列傳者也。所言者皆對人言行之病狀之評論，旁敲側擊以出之者，所謂談言微中，足以解紛者是也。其一方爲進言之文人，他方爲聽言之貴族，對人之病痛，加以針刺。我所謂對人而不對事者，其義在此。

依吾所見，吾國歷史上之特點，莫過於對人不對事。宋代神宗之變法，怨毒集於王安石之身，對人也。元祐之復舊，歸罪於司馬光，對人也。明熹宗時代朝野之爭，一方爲宰輔，他方爲東林黨，對人也。我求之中西歷史，得三項原則（一）曰對人不對事。（二）曰事之經過，向不以數字利害之報告書宣佈於人民。（三）曰不以投票多少，明是非定論出於公意，因而加深對人之恩怨。今大陸上已行馬克思科學的社會主義矣。吾儕外人所見所聞者，毛劉之爭，人事也。造反云者，以己代人，人事也，周恩來所委曲調停者，亦人事也。

（三）由對人轉到對事之方法

吾人既知歷史造成傳統，加壓力於今日之子孫，如此其深厚。然則今後所以轉此對人之趨勢以移於對事，其方法如何乎？

此爲今後政治上之大問題。吾人先將客觀世界與人事關係分而爲二而研究之。

（第一）客觀世界　人類在宇宙間所遭值之客觀世界，其類有五。一曰物質世界，卽天文、地理、動植木石、與聲光化電之以質能等構成者。自然科學之本觀察試驗而成立自然規律者，由此來也。二曰數理世界，在古代數學與邏輯分而爲二。自羅素（Russell）與弗蘭治（Frege）起，謂自若干未界說之元素，質性（Properties）功能（Functions）關係（Relations）等演繹而出之自明理，以成數學，與邏輯出於一源。其理論精微，本文難以詳論。此二者在數量與語言文字之中，支配之力之大，潛在於不知不覺中。卽以各種學術中定義與概念之效用一端言之，可以證之。三曰心理世界，卽人之知、情、意、慾與本能，所以驅使於學問、嗜好、功名與事業與其反常行動者是也。四曰倫理世界，所以辨別人之行爲之善好、是非、苦樂與公私者是也。五曰社會世界。其中所治之學分爲社會學、人類學、教育學、法律學、經濟學、政治學等。

吾所以舉此五類世界與各種專門科學者，所以明此世界中恒常規則（Uniformity），爲一切現象之所共有。學者從事於此者尤多，則尤知事理之重心在客觀世界而不在一朝一夕人事變遷之中也。

（第二）人事關係　人事關係，不外乎國中柄政者之起伏而已。人事善惡，與國家之興衰或前進或落後，自有莫大關係。桓公得管仲，而齊以覇。秦用客卿而六國平。有明治維新而日本興。有袁世凱反覆而民國亂。此古今史乘中人事關係之至顯者也。然日月星辰之軌道，不因堯桀而變更，草木之繁滋，不因內閣之爲誰某而改其春生夏長之序。勤者因耕而有收穫，惰者因違時而凍餒。人口過於繁殖之國，有糧食不足之患，用機器生產者其工商業發達。此所云者，皆事物自然之理，不因柄政者之爲甲爲乙，而生產消費之率，爲之稍變也。

關於客觀世界與人事關係之比重問題，吾欲明告國人曰此視學問之發達如何，學問發達者，客觀世界之比重大。學問不發達者，客觀世界之比重小。其所以然之故，知識日進，各事有自然法規，人之支配自然之力日大。因此學問之價值因而大。此客觀世界比重所以增者一也。知識尤增，改良社會之法多，富力亦易增加，各人慾望易於滿足。此客觀世界比重所以增者二也。各種科學年年有會，各讀論文，各自成名。學問日新月異，執持己見者無容身之地，因而同行嫉妬，因學問水平之高，爲之下降。此客觀世界比重所以增者三也。質言之，學問發達之結果，理性的思想大進，而恩怨爲之減輕，其大原因也。

就吾國言之。國人學問思想之能力。不在西方下。此在孟子與柏拉圖之比較一文中，可以證之。然吾國處今日較西方爲落後者，約有數因。孔子曰我欲托之空言，不如見之行事深切著明。空言二字指抽象性之言論之，深切著明指事情之具體者如歷史言之。吾國人既重具體之事情，故長於史學。至於理論與語言文字之具有抽象性與普遍性者忽視之，因此邏輯學與界說定義之方法，不爲學者所注意。此東西學術發展之所以異者一。依孔子譬之草區以別矣之語，孟子泰山河海之言觀之，分類方法之重要儒家已早知之。然研究之勤，搜集之廣，不如希臘遠甚。此由於國人好用直覺，不尊聞見之知之所致。此東西學術發展所以異者二。吾國以智爲道德中之一部分，常恐智識之廣爲道德之累。鄭和七次南洋之行之記錄，明代悉取而焚之。此與西方以馬可鮑羅遊記爲瓌寶者正相反。此東西學術發展所以異者三。利馬竇東來，矯正回教徒測算日蝕月蝕方法之功甚大，徐光啟與李之藻輩等從之受學。然研究機關之不立，又不以學於人者爲已有而傳之後世。及十字會人士爲雍正所逐，西方天算之學亦中斷矣。此東西學術發展之所以異者四，況乎秦漢以後，政府之獎勵學術，不外考試。以經書中之一字一句令人背誦或默寫。持此以爲千萬青年思想之訓練，何學術之可言乎。吾謂兩千年來除百家爭鳴確有蓬勃氣象外，餘如縱橫家之遊說，法家之說難，下至秦漢隋唐之臣對臣聞，皆讀書人利祿之途而已，與學問無與。此客觀世界之學術性所以不能建立，而相形見絀於西方之後矣。（定義、概念爲方法，與著書立說爲兩事，惟方法不立，各種學問體系因而不能產生。）毛澤東既知其弊，而提倡馬克思科學的社會主義矣。口中所言者曰馬克思主義，曰社會發展之由來，曰自然規律，曰列甯氏經驗批判主義。其遭值人民公社難題，應如何搜集人口數字、物理數字、運輸數字、時間多少數字爲問題之說明，爲解決方法之推求。乃其所以敎人者爲枚乘七發一篇，所以喚人注意者，爲要言妙道，爲「涊然汗出，霍然病已」。且將原文點竄，而改爲下列之文。今將兩者一併錄之，以備覽觀。

（原文）客曰將爲太子奏方術之士有資略者。若莊周、魏牟、楊朱、墨翟、便蜎、詹何之倫，使之論天下之精微，理萬事之是非，孔老覽觀，孟子持籌而算之，萬不失一。

（改文）吾們應當請恩格思、考茨基、普列漢諾夫、斯太林、李大釗、魯迅、瞿秋白之徒，「使之論天下之精微，理萬物之是非」，講躍進之必要，說公社之原因，兼談政治掛帥之重要性。馬克思覽觀，列甯持籌而算之。萬不失一。

我讀毛氏演詞，覺其所言與科學家之立場，大不相類者四。

（第一）科學家所求者，爲自然界與社會界之恒常現象，爲自然公例，非要言妙道，非太史公所謂談言微中。

（第二）社會黨共產黨所伸訴者爲貧富之不平，非一二人身體之苦樂。

（第三）社會黨共產黨所追求者，爲羣衆痛苦之解除，非一二人之霍然病已。

（第四）社會黨共產黨所求者，爲問題之解決方案，非聞者與言者間之忽然之聆悟。

自此四點言之，毛氏爲有所信之人歟，抑無所信之人歟。抑甲時可以馬克思主義服人則以馬克思主義爲武器。及馬克思主義不足以制人，則另以枚乘七發代之。其所求者爲一己之勝人。而民生、國運與黨法，概置之不顧。以如此翻來覆去之人，操一國之柄。而欲國家不亂不亡，不可得也。

我尙有爲毛氏言者，所謂科學，乃可見可聞可知之區域內，收集其材料，而製之爲系統的說明而已。若其不可知之範圍，則浩如烟海。莊子曰生也有涯，知也無涯。蘇格臘底曰我知我之所不知。正謂此也。教育家曰讀書識字之益，人所共知。讀書識字之人必好讀書，而不讀黃色新聞。此爲科學界之所不知。由斯以論共產黨之接替人，謂令工農子弟受大學敎育，則他日爲接替人者，必爲工人階級而不爲資產者。反是者准資產階級子弟入大學，則代替當政者將走資本主義道路。請毛氏一觀蘇聯情況，五十年蘇聯所營所謀，無一事不爲無產階級打算。然方今要求自由者若前外長列托維諾夫之子，若文學家蘇爾茲海尼淸，皆受勞動訓練之人也。此輩所要求者曰自由，非蘇所指爲反動者之口號乎。昔年蘇聯第一飛箭發放之日，美國軍事家求蘇俄之所以成功，由於蘇俄中學中科學課程鐘點較多之故。然毛氏關閉大學校門兩年之久，將能爲共產黨鞏固子孫萬世之業乎，抑以智力不足與人競爭，而陷國家於覆亡乎。此非徒誰享受大學敎育問題，而民族存亡之所繫。不知毛氏當能省覺否乎。（十月廿四日美國加州）

自由鐘四十六號五十七年十二月

九　紀念五四運動的意義

五四運動起於巴黎和會中中國外交的失敗，因此激起學生示威運動，要求罷免曹汝霖、章宗祥、陸宗輿等。當時我身在巴黎，所以我對於這件事情，絲毫沒有參預。但是我還記得山東不能直接歸還中國而先要交到日本人手上，這個決議成立之後，我追隨梁任公、顧少川之後曾在巴黎去拜訪過美國總統威爾遜一次。那時候威爾遜碰到國內反對國際聯盟，國外意大利和日本人同他爲難，所以他臉上面帶病容而且是灰白色。梁任公力說山東是孔子的生地而且是齊桓公管仲政績展佈的地方，如山東不能交還中國，恐違民族自決的大義。中國人民一定大大失望。威爾遜不曉得青島在那裏，站起來請顧少川公使在地圖上指點給他看，人口有多少、面積有多大，可見得對於青島這個問題還不大清楚。當時山東交還日本決議成立後，任公先生還在家裏請了出席和會的代表，如王亮疇、顧少川等，力主張不簽字的方針，梁任公這個主張提出之後，他便到瑞士、意大利去遊歷，所以學生後來包圍代表團不讓簽字，那個時候我們已經不在巴黎了。主張拒絕簽字和約，梁任公實在是個創議的人。學生的不許代表團簽字，是不是與任公有關我不敢說，但意義是一貫的。同時在此處可附帶聲明一件事；在山東交還日本的決議未發表時，中國代表團中有人打電報到國內，說任公是親日派。這個親日派的謠言所以起，因爲陸徵祥應付不了代表團內爭席次先後的問題，陸氏逃到瑞士去，代表團陷於無主的情況，於是謠言四起，說當時政府想把梁任公來代替陸徵祥。代表中之某甲素來反對梁氏，故散佈謠言，使任公代陸之事不能實現。其實政府並沒有使任公代陸的意思，故謠言也就息了。證之任公先生拒絕簽字的創意，親日的謠諑，也不攻自破了。

大家紀念五四，已有廿八年之久，但任公的創議，始終未有人提過，故借這個機會說一說，顧少川先生可以證明。這不是我個人的阿好之詞。

現在說到五四運動的意義。五四愛國運動終了之後，繼之以文學革命打倒孔家店、德先生、賽先生的口號相繼提出了。所以有人把五四運動和培根的打倒偶像和歐洲的啟蒙運動相比擬。從五四言論家的趨向來說，未嘗沒有歐洲啟蒙運動的意義，包含在裏面。但是說到中國人知道西方科學的寶貴，在曾左李時代設同文館廣方言館已經知道西方天文物理器數之學之精，可見科學的重要，中國人早已認識並不從五四起。但是其中是有許多不同之處。曾左李所認識的科學，是指船堅炮利而言，並不指科學研究的本身。五四時代的所謂科學，是指『無徵不信』及科學的客觀標準言之，而且是反對傳統，所以說他和西方啟蒙運動有其相似之處。

但是我們要知道歐洲的啟蒙運動，就是拿二十八年前的五四來說，恐怕也不是一個單純的理智運動而另外有其他的成分在裏面。這其他的成份，就是意志或實驗理性。說到這裏我要提到康德兩部大著了：一是純理批判，一是實理批判。純理批判研究人類的悟性，從邏輯的範疇，說明人類的知識何以可能。在純理批判中所謂善惡問題上帝問題良心問題，一切都不談的，但是既有人類不能沒有團體生活，既有團體生活，不能沒有行爲的規範。這規範從那裏發生？康德說是從人類良心裏面來的。康德說他對天上的星辰和人類的良心，他對牠常懷畏懼之意，無非說明這兩件事對於他有一種神秘性。這第二部著作，偏重意志，所以名爲實理。自由意志便是書中討論的一部分。有了這第二部書，就發生非希特的自我哲學和黑知兒的精神現象學。從歷史進展來說，人類的精神活動不能但劃分爲純理與實理兩種。純理之中包含實理，實理也離不了純理。換句話說，一面是悟性，一面離不了意志。

我們現在處在建國的時代。我們工作的對象，在乎和平，在乎統一，在乎民主法治。這種目標既已確定，需要全民族意志的力量盾乎其後。所以單靠求眞的純理是不能解決問題的，還是另外要過渡到實理或意志方面，方能應付我們的時局。所以我們在二十八年後紀念五四，單單拿啟蒙運動四個字作爲紀念的目標是不够的。我並不是說求眞方面或促進科學是不重要的。但是求眞運動之外，還得加上一種意志運動。譬如一七八七的美國獨立運動宣言，其中說到保障人權保障人民自由。這是從歐洲天賦人權說來的。（也卽理性主義，純粹理性中來的）但是美國能够造成聯邦，造成一個太平的國家，這是民族意志的表現。可見純理的求眞運動和發揚民族意志運動，如車之雙輪，不可偏廢。這是我所望於紀念五四運動的人們的。（再生上海版）

十　中國之將來——在科學研究

我們中國自從與西方文化接觸後，老早知道西方文化的特長在科學，等到天文、數學、物理、化學諸學初來時，就使我們怵目驚心，到後來，我們的政治家曾文正、李文忠等對西方的堅甲利兵，亦望而生畏。可見科學從智識上、工業上、國際上來說是現代國家最厲害的武器。我們可以分三個時代來說：

一、明朝嘉靖萬曆年間。

二、曾文正在上海設製造廠及沈文肅在福建設船廠時期。

三、從五四起大叫賽先生時期。

第一時期，適爲中國當時的曆本由回教徒所製，計算日蝕、月蝕，往往錯誤，這時遇利馬竇，南懷仁到華，他們是十字敎徒，來華傳天主敎，同時帶來了許多天文、數學、物理、地理、論理等書，其中最著名的一本就是徐光啟譯的幾何原本，這本書在歐洲文藝復興時代從舊書架上取出，重新翻譯成拉丁文，亦爲促進歐洲科學極有用之書。後來曾文正設立製造廠，從事翻譯外國書籍，又將此書重行付印，它的價値由此可見。除幾何原本外，當時十字敎會中人所譯之地理、天文、邏輯等書不下數十本。明朝覆亡，淸朝代興，康熙且派十字敎徒往各地測量地形，製成一張「王輿地圖」。假定當時能够繼續不斷接受西方文化，恐怕我們今日科學落後的情形，是不至於的。但到雍正以後，因爲祭祖問題，雍正與天主敎會發生衝突，把敎士都趕回去，因此，中國與西方科學上的聯繫就中斷了。

到曾國藩時代，已是鴉片戰爭以後，外國的堅船利炮給他一個極深刻的印象，所以他熱心從事於設立兵工廠，造船及翻譯外國書籍。中國到抗戰前後，能煉鋼造船，還是靠曾文正的一些努力的基礎，雖然後來的張之洞設了煉鋼廠，現在的資源委員會也有設煉鋼廠的計劃，然或壽命短促，或紙上談兵，遠不及江南製造局眞正有成績。至於譯書局所譯的書有駕駛、造炮、化學、物理等書，其數不下數百種。戊戌變法之領袖，如康有爲、梁啓超都是受過影響的。梁任公曾著「西學書目考」一書，說明譯書局中所出各書對於當時智識階級的影響，但是後來全國人的思想轉而注目於西方政治、法律，認爲造船造炮是不够的，所以進到了另外一個階段。

戊戌政變後，全國人注目的是立憲、變法，學校與夫工、商之業，到了庚子以後，已是淸朝末年，全國人最熱心的是革命與不革命問題。這時代以日本留學生翻譯的日本法政書籍最爲流行，至於眞正的自然科學，乃至工業方面出版的書卻很少。中間經過民國成立，全國之中有人鬧憲法、內閣、國會等事。直至五四運動以後，陳獨秀與胡適之竭力叫喊德先生與賽先生。德先生與賽先生之提出，實爲打倒孔家店，打倒舊禮敎，與希望自然科學發展的關係是很少的，換言之，提出這兩個口號，僅僅打倒舊禮敎，不像徐光啓、曾文正確確實實爲發展西洋自然科學的。所以他們的呼聲雖高，但所出版的科學書籍，尚不及徐、曾兩氏之多。

現在距五四已有三十年之久，我要向全國人民呼籲第四次的科學運動了。我鑑於以往三次的科學運動壽命不長，基礎不能永久確立，其原因何在？時常在我腦中轉來轉去。我認爲中國科學之所以不發達，不在乎舊禮教，不在乎聖經賢傳之障礙，而是我們對於宇宙的態度與西洋不同：（一）中國人對於人事興趣特別濃，某人升官、某人發財、某人得寵、某人失寵、某人豪俠、某人吝嗇，對人事上終有特別興趣，而對於宇宙事物現象公理之研究非常淡泊；（二）中國人對實用方面非常注意，而不大注意實用之背後有理論，有純粹科學，譬如說我國人很熱心造船造炮，但不知造船造炮後面有物理，化學等純粹科學，而不加熱心；（三）中國人喜歡「寫意」好「隨便」，至於受科學定理之支配，就不大習慣。譬如甲等於乙，乙等於丙，甲當然等於丙，這推理爲論理上必然的，一定要相信必然性的理論，然後知科學的重要及效用，換句話說，除人事以外，另有一物，懸諸天地之間，而不能隨便動搖的，卽自然公理，事物之理，這「理」藏在宇宙之間是無窮無盡，靠人研究才能發見認識，與其這「理」給任何一國發見以後，大而保障國家，小而利益人民。所以科學研究之好處是無窮無盡的。

我再提出二次大戰中美國科學研究及發展局（S. R. D.）前主任兼卡納奇研究院主任布庶博士（Dr. Annevar Bush）所著的一本書，叫「科學，無窮的邊界」，或曰「科學，無涯之智」（Science, the Endless Frontier）。讀了此書之後，知道布庶氏是美國戰時新武器製造的總指揮。所有戰時發明的新武器如雷達、原子彈、無不經過科學研究及發展局指導的。我們再一想二次大戰其他新武器之發明，如磁性水雷，如快迅飛機，如DDT，配尼西林等藥品，那一樣不是科學家絞腦汁而應用於戰地的，況且敵人的武器日新月異，與其英美方面落在德國日本之後，就無法打敗敵人了！所以美國陸海軍部長曾有一項聯合聲明說：「此次戰爭重視三件對國家安全特殊重要之事實：（一）有力的新的防禦和攻擊戰略，係隨科學與工程上研究所得的新武器而發展的；（二）在發展是項新武器與戰略之中，競爭的時間因素可起決定性的作用；（三）戰爭已逐漸演成總體戰，在總體戰中，每個國內人民所有的力量應積極參加補給武裝力量。」

這聲明中可見出科學家之地位在這次戰爭中是何等重要！而美國這樣製造新武器總指揮的責任落在布庶氏身上。我有一次在美國時，曾與他有過一次談話，這是我一件極高興的事，我見了他比見了美國總統還高興。那次談話中，他曾告我說：「中國不應單單派學生到美國大學讀書，應派大學教授到卡納奇研究院去做研究員，然後中國科學家會瞭悟科學家腦中所想的是什麼，必須消息靈通，保持密切聯絡，才有助於中國科學家。」我們會面時，正是日本投降以後，他告訴我美國在菲律賓有登陸艇幾百艘可贈與中國，我當時曾以他的話通告政府，問政府如何辦？後來我沒有再注意，結果就不清楚了。布庶氏是科學家，但有辦事才，而且對於旁人的要求很有幫忙的熱心，所以與其他試驗室中之純粹科學家是不同的，這樣的人叫他是科學的政治家也未始不可。彼時我受教育部之委託，要我研究美國科學發展史，這時適遇布庶氏「科學，無窮的邊界」一書出版，我早已將此書譯完，惜未加謄清，也沒有送到教育部去，這是我一件很感慚愧的事。現在我趁此機會，把布庶氏書中的話略摘出其要點，分三項來說：醫學、國防與農工業。

他第一段中說：「科學進步能應用於日用方面去，能使全國人多得職業，更高的工資，較少的工作時間，更多農事收穫，更多空暇時間，不需要如過去數千年來人民那樣的勞苦工作。

科學發展能提高生活程度，能防止疾病，能保留資源，能有防止侵略之方法，爲達以上目的起見，新科學智識的發明須繼續不斷的，有實效的……」。

一、布庶氏說到二次大戰中，因爲醫學上之發明，死亡人數大爲減少。據他說：第一次世界大戰中，因病而死者，每千人中有一四・一，這次戰爭中，每千人中有○・六，就是說千人中不到一人。他又說痢疾在從前的死亡率很高，在這次戰爭中已成小問題了。在義大利拉布勒斯曾有一次傷寒流行病，因爲噴射了ＤＤＴ，就立刻制止了。消炎藥品之使用降低了肺炎病人的死亡率，在第一次大戰中，因肺炎致死者每百人中有二四人，這次戰爭中已不到百分之一了。腦膜炎在上次大戰時之死亡率約爲十人，現在已減爲一人了。但是布庶氏，不以上述成功爲滿足，認爲有許多病理與防病的方法還沒有研究出來，所以醫藥方面還待大家共同努力。

二、從國防上說，我已於前段中引過美國陸海部長的聯合聲明，足可證明科學研究與國防之關係爲如何密切。我們請再回顧二次戰爭中的情形：德國以潛水艇在大西洋上毀壞聯合國船隻，後來英國戰時首相邱吉爾之顧問發明一法，使磁性水雷無法引至船身，然後減少了許多船隻之沈沒。待雷達發明，好似一種新的眼睛，可以很遠望見德國潛水艇之來，設法擊沈它。再說飛機飛行的速度，載重量，以及防衛方法亦日新月異，所以後來能以數百架飛機，成羣結隊，轟炸柏林、東京，這豈是第一次大戰時所能想像得到的。德國飛箭發明後，轟擊倫敦，幸而發明了三種方法予以抵制，飛箭第二號又出現了，乃將其在大陸上之發射地點奪取，就無法使用了。至於原子彈之發明尤其重要，不但英美方面把世界科學家集在一起，研究製造原子彈，且嚴守秘密，不使公程式爲敵國間諜竊去，所以在本國以內，用分部管理的方法，使各部門的人只能知其一部分，無法知道全部的工作。又防敵國知道製造工廠在何處，何時開始，工作進行情形如何。當時英美方面知道敵人在挪威方面有一種重水的製造，於是襲擊挪威某地，將其重水製造廠毀壞之。據邱吉爾發表的聲明說：原子分裂之可能在一九三九年大家已公認了，最初在英國各大學中研究，等到一九四一年英國主持原子彈研究的人湯姆生爵士（Sir George Thomson）已有報告，希望原子彈在二次大戰結束前能够造成。至一九四一年英美聯合參謀部決定，將製造原子彈工作移到美國去做，因爲英國離大陸太近，易受轟擊，至一九四五年七月十六日先在新墨西哥試驗一次，這就是第一顆原子彈之造成。這顆原子彈下來後，巨光升至四萬呎以上，其響使人感到地球要毀壞一樣，就拿到廣島去試驗，這城市百分之六十成爲灰燼，三十四萬的人口死傷了二十萬，即在十哩以外的超級堡壘亦爲其所震動，這原子彈製造工作之開始研究，而總其成的就是布庶其人。至八月十日杜魯門聲明中很高與地說：「原子彈之製造及使用不是容易決定的，我們正在研究中，他們也很快能找到這種秘密。我們怕他們先發明，所以我們毅然擔任這個製造與發明工作，這是很費錢的（費去二百億美元）。我們在這發明的競賽中，勝過了德國人，我們必須使用此項原子彈直到日本作戰能力破壞爲止，惟有日本投降，方能停止我們使用原子彈。」

在這段說明原子彈之歷史中，無非說現代戰爭就是科學家頭腦之競賽，假使靠了幾枝步槍，幾尊大炮，就認爲是有武器，有作戰能力，差不多就等於原始時代野蠻人的石斧罷了！說到這裏，我們的軍事家，科學家應如何驚心動魄，難道曾國藩見外國人的船堅炮利而有所覺悟，我們處在原子彈時代還能專門向人家買飛機鎗炮，算已盡了國防設備之能事嗎？

三、這次戰爭之勝利，決不是單靠原子彈。試問美國人造了幾萬架飛機，幾百萬噸軍艦與船隻，又造了多少汽車，坦克車，分送給各國，這就是平日工業之進步，才能有此成績。我們在戰時，從重慶飛到過紐約的人，就知每一飛機站上終有少則幾架，多則幾十架飛機，有了飛機，就不能沒有修理飛機的工廠與零件。每一飛機站上，一定有汽車接送，一定有汽油站。戰時，美國有一千萬人民，分爲陸、海、空三軍，在世界各地作戰，同時還能有麥子、牛油、牛奶、及其他食物分送各處戰地上，這就是說美國不但是一個工業國，同時亦爲一農業極發達之國家。美國的農業，可說是機械化的農業，二千畝、三千畝的土地，耕種的農民不過二、三人，因爲其播種可用飛機，收穫可用機器，所以二千英畝的土地，等於我國一萬二千畝，照我們所用人工的標準說，恐怕需要六、七百人，乃至千人，但在美國因有機器，祇需工人六、七人就够了，試問六、七工人在一萬二千畝土地上所生產的，除自己消費外，剩下多少？我們一萬二千畝地上所產的，一千人消費，還剩下多少？所以美國佃主佃戶除自己消費以外，每年還有大量餘額可以出口，在我們自己消費尚且不够，更說不上供給鄰國了。但是美國農業之發展決不單靠機器，它的中央的農部與各州的農部，所做的工作是十分可以佩服的。農部以其平日研究所得，把智識供給全國農民，它知農業不比工業，大工廠自己有錢，自設化學試驗室，可有發明，且可賺錢，希望農業有巨額盈利，剩錢做研究工作是不可能的，所以農業研究工作須由國家擔任。這裏是說美國是一農、工業都發達的國家，所以除能造飛機、大炮、坦克等外，還能以幾千萬擔之糧食供給別國，這也都是科學之賜，也就是工業技術，農業技術之賜。

我以上說了三大段，無非說明現在國家之安全，人民之生存，無不靠科學，沒有科學便不能立國，有了科學雖爲窮國可以變爲富國，雖爲病國可以變爲健康之國，雖爲衰落之國也可以變成強盛之國。尤其像我們這個國家，號稱地大、物博、人眾，但地雖大、物是不博的，試問我們的生產能與英美比嗎？我們地下的石油能如美國那麼多嗎？我們鐵礦中含鐵量能像人家那麼豐富嗎？以人眾來說，在這塊土地中，有了四億五千萬人口，數量雖多，試問其吃的穿的那裏來？健康怎樣？所以以人眾一層說是我們負擔比人家重，不是我們人多了，生產能力也比人家強。因爲人口多，而物資缺乏，於是變成了一個貧乏的國家，每一職業地位，必有多數人搶奪，一礦一實業興辦時，也有多少人來搶位子。因爲太窮，使大家的精力消耗在陰謀詭計之中，終想把別人的據爲己有，搶奪之事愈多，農、工商各業愈不能發達。我以爲今後救國之道，惟有大家從科學研究，科學發明下手，其理由如下：

一、宇宙之無盡藏唯有靠科學研究發見它，試問幾十年前，誰知道有人造絲，這次戰爭之前誰又知道牛奶裏面可以造出纖維製造衣著？又誰知道大豆中有製造餅乾的原料？可見宇宙裏的秘密至今爲人類所發見的還不過一小部分，假定我們存心在這方面研究下去，穿的、吃的、用的一定可以另有所發明。我們資源的不足，也惟有靠科學研究來補充之。

二、有了科學研究，大家心胸自然寬大。我們因爲人口眾多，所以或士或工或商，沒有一處不是互相忌嫉、排擠、傾軋，譬如有了先施公司，必有永安、新新公司在旁邊競爭，有了民生公司，招商局來競爭，終想打倒人家，抬高自己。與其我們知道了宇宙中所藏的智識，沒有一事不可有利於人羣，謀自己的福利的，與其爭目前的微利，不如從宇宙的秘密中自己努力求發見，大家的心思才力能够移到自然界去，自然知道目前一時的得失不足計較，而天文、地理、物理、化學的種種智識，不但可解決衣食，亦可開拓眼界，擴大心胸，所以惟有靠科學，才能將我們幾千年來狹小偏私的見地達到天空鳥飛的境界。

假定科學研究的好處，僅僅祇我上面所說的兩項，但已能補救我們資源的貧乏，原料的缺少，最重要的，把現在的心思才力用在傾軋、排擠方面的移向於研究方面，而造成一種海闊天空的胸襟，自然可以向創造合作方面做去。試問我們國家的和平、健康、強盛不就是在目前嗎？諸位當知日本投降那天，日本政府有一聲明，說日本不願再從事於戰爭，而願從事於科學研究，以增進人類幸福。像日本這戰敗國家尚且有此覺悟，我們號稱戰勝國的，難道不應有同樣的覺悟嗎？爲個人計，爲國家計，爲全世界人類計，各方面的幸福就靠科學，這是我近年來自己見到的地方，不能不向大家鄭重說出的。（再生上海版）

十一 新儒家政治哲學

甲：中希政治哲學之同異

先秦儒家之政治哲學，自表面言之，似乎與今日之西方相去甚遠，然上溯至於希臘，則孔孟之言與柏拉圖氏與亞歷斯大德氏在根本上可謂出於同根。此非我一人之逞臆爲譚，可以雙方言論，舉而比較之者也。

第一、希臘柏氏與亞氏，同以爲政治爲倫理之一部份，政治應以道德爲根據。柏氏「共和國」之又一名稱，曰正義，或曰公道。其中言國家之本，在乎四種德性，曰智曰勇曰自克（亦曰中和）曰正義。亞氏曰：國家爲人類團體之至高之一種，以達於至善（或曰至高之善）爲目的。又曰：國家組織法之善惡，視其是否以人民公利爲目的，合於公利者爲善，不合於公利者爲惡。此與孔子所言「政者正也，子率以正，孰敢不正。」又曰「道之以德，齊之以禮」，與「其身正，不令而行，其身不正，雖令不從」云云，與孟子所言「有不忍人之心，斯有不忍人之政，君正莫不正，一正君而國家矣」云云，何以異乎。「西方之政治學理論，自麥幾維里氏，將政治學與倫理學分離，一若對內法制與對外和戰，只以利害爲前提。然今日西方立國之要素，曰人權，曰自由，曰平等，曰社會福利。此等等皆以道德之是非善惡爲根據，非麥幾維里氏學派所能範圍矣。

第二、希臘哲人既以道德爲立國之本，對於強者之利益說，竭力駁斥。柏氏共和國之始章，先由坦拉西馬楚氏（Thrasymachus）爲強者利益作辯護人。意謂國家之所以成，不外乎強力，成則爲王，敗則爲寇。其所表彰之公道與所立之法律爲強者之利益計，責人民以服從而已。蘇格拉底氏反駁之曰：「治者猶一船主，船主爲駕駛人，須爲全船之乘客計，不能徒爲其自身計。猶之駕馬者，不徒爲自身計，須同時爲馬計。可知工於治國者，猶之船主與駕馬者須同時顧到弱者之利益。」此與孟子先問梁惠王曰：「殺人以梃與刃，有以異乎？」，曰：「無以異也。」「以刃與政，有以異乎？」曰：「無以異也。」梁惠王知政之殺人同於刃之殺人，於是孟子乃進言曰：「爲民父母行政，不免於率獸而食人，惡在其爲民父母。」此與蘇氏強者利益說之不成立，而應以弱者利益或全民利益代之之意同。

第三、一人之身，有內外之分，內而心靈，外而教育。孟子曰：「仁義禮智四端，非由外鑠我也，我固有之也。」此言乎四端之內在也。孟子又言「苟得其養，無物不長，苟失其養，無物不消」，則四端之應由外加以培養擴充也。柏氏書中有「道德爲知識」之言，其意謂道德應由智識以開發之，應由教育以完成之，然同時又言道德之在有德者身上，乃天之所賜。此可以知道德之內在外鑠乃一難於作答之問題。我則以爲此問題中既分兩派，一爲固有說，一爲外鑠說，在哲學家好自成一家言者，可以聽其自擇，若就政治範圍言之，則內外二者不可同時兼顧，良以一國人民幸福之種類，曰衣食情慾，此有賴於外者也。然苟無德性以立其本，則安知眞幸福之所在乎。孟子曰：「有天爵者，有人爵者，仁義忠信，樂善不倦，此天爵也，公卿大夫，此人爵也……今之人，修其天爵以要人爵，既得人爵，而棄其天爵，則惑之甚者也。終亦必亡而已矣。」亞氏曰：「眞正幸福由於有智有德而來，不由外物之佔有而來。然德性生活，必須備有外物。」此言內外二者之兼備，就其先後輕重言之，則德性自在外物之上矣。

第四、人既有德性，乃應以教育擴充之。孔子答冉有之問既庶既富之後何者爲先，子曰：「教之。」孟子曰：「逸居而無教，則近於禽獸。」其答滕文公之問曰：「設爲庠序學校以教之。庠者養也，校者教也，序者射也，皆所以明人倫也。」柏氏之注重教育，以爲各人年幼時吸收力極富，應以體育，音樂與好文學教之，猶孔氏禮樂射御書數之意也。亞氏曰：「教育應順人之發展之自然次序，第一爲體，第二爲慾，第三爲智識。又曰年幼時，應教以服從，（即長幼之序），年長時應教以治人。治人爲最高之職。善治者應爲善人。吾人之教育，必須以造成善人爲目的。人之各種能力，應使之發展，所以使其能爲生活中之各種活動，達於最高之能力與最高之目的，爲教育之所以應有事。純粹軍事教育，忽略此項原則。」此與吾國孔孟之教育宗旨若合符節者也。

第五、孟子曰：「規矩，方員之至也，聖人，人倫之至也。欲爲君，盡君道，欲爲臣，盡臣道。二者皆法堯舜而已矣。不以舜之所以事堯事君，不敬君者也。不以堯之所以治民治民，賊其民者也。」是儒家以堯舜爲人之標準爲君之標準，必得如堯舜之智與仁，方能負起天下之責任。柏氏「共和國」中論治者之教育，自年二十起，使之學習科學（數學與幾何），使之遠離於變動現象，而達於抽象的眞理。年三十，應使之超脫物慾、免受人哀憐，所以養其獨立不倚之精神。年三十五，使之入於人羣之中以試驗之。年五十心中識所謂「善」之觀念，而身體力行之，且使之從事於國。此等善人之治，方能使國內一切人民同受平等幸福。吾國儒家以堯舜爲治者之模範，希臘以哲人之治者（Philosopher-king）爲人極，此又非兩方之一致者乎？

以上之論儒家與希臘哲人一致之論點，推而及於今日西方之政治善惡，不離於道德。如自由世界與共產國家之所以顯分高下，即在一仁一暴，一合乎理性，一背乎理性。各國之所立國，無不從飽食暖衣下手，又無不敎人以識文字明理義。至於一國領袖人物之培養，賴乎家庭敎育，大學敎育。與夫議會中之追隨前輩，提皮包，掌書記。雖不能如柏氏之人極理想，然自有一種「先聖後聖，其揆一也」之氣象也。

然三四十年來，吾國學者深恨儒家三綱五常之論，且以爲專制君主政體，起於儒家「天無二日，民無二王」之說。依我觀之，孔子處春秋之世，目擊天下無道，禮樂征伐，自諸侯出之兵連禍結，又見夫大夫與陪臣之執國命，求所以撥亂反正之道，乃以尊王爲致治之法。此猶柏氏不滿於當時希臘政況而作「共和國」，或歐洲封建時代之各諸侯之爭城爭地，乃有布丁（BODIN）氏出而主張專制君主之說，此亦政治學說之發展順序如此而已。若夫孟子在戰國末，提出民貴之說，且貶桀紂爲獨夫。孟子之言，在秦漢以後未見有人發揮而光大之，此係乎吾國之地理形勢，促成一統之君主使然，不可專以落後之故，歸咎於前人也。吾所以爲此言，所以告國中人有津津樂道柏氏亞氏之學說，乃對於孔孟之同於柏氏亞氏者不聞有人起而彰表之。吾所大惑不解也。

讀者聞以上中希兩方政治學相同之說，倘以爲吾主張二者盡同而無異，則爲過甚其辭。希臘之所謂國，爲海邊上之市府小國，與吾國之爲大陸國者，其異一。希臘地上有斯巴達有雅典等十餘國，其政體或爲君主或爲貴族或民主各種，與吾國之純爲君王式者異。卽有大夫陪臣，亦難稱之爲貴族政體，其異二。希臘各市府國中有議會與民選代表，故有選舉規定與組織法，其代表爲多數人，故與吾國之由諸侯由大夫一人執政者，其異三。希臘境外有波斯強敵在東方，乃有各市府國之抗敵同盟，與春秋戰國之諸侯相爭之不覺以外敵爲對象者。其異四。因此四者，孔孟儒家之論政，乃與希臘有迥然不同之處，不容吾人默爾者矣。

乙：儒家尚德西方尚法之分馳

以上就德治方面言之。吾國儒家，不論其與希臘相較，或與現代歐洲現代國家相比，自有其彼此一致之點在。倘就尚法治習慣言之，則儒家立場正與西方相異。歐洲自希臘至羅馬，更自羅馬以至中世以至近代，有至深至長之法治習慣，貫串其間，爲吾國之所未嘗見。儒家因尚德，而忽視法治。法家所謂法，乃嚴刑峻法之法，與西方議會中之法，猶薰蕕之不同一器。此則法治習慣，所以爲中西政治哲學分岐之界線。

希臘與羅馬爲歷史之始，同爲市府國家。市府國家中有元老院，有平民代表，此多數人平等相守之約束，名之謂法。柏拉圖第一書名曰「共和國」，以道德爲出發點；理論高遠，而不切實際。繼之又作第二書曰「法律」，第三書曰「政治家」，其中所主張，與第一書有兩歧之處。亞氏政治學之開宗明義，以最高之善爲出發點，其所根據者，爲各市府國之成法有數十種。此可以知論政者不能離乎人民實際生活，不離乎條文規定之節目。希臘旣亡，羅馬繼之。始爲君主，旋易爲共和，歷時二百五十年之久。及紀元前五〇八年，因平民與貴族間權利平等之爭，約百餘年，迄紀元前四五一年，制定十二銅表息爭端。其後羅馬先併吞意大利，繼擴地及於地中海西端，又繼則混一英法德各區。及玄西丁（Justinian）爲帝，時爲紀元後五九四年，乃有法典大全一書之編成，分爲三編，曰法典，曰解釋，曰要義，將近千年之法律正文與解釋彙集於一書之中。自是以迄於中世紀之敎會，亦有敎會法規。文藝復興後，歐洲各國新設大學，無不有法律一院。迄於現代，英有習慣法，法德兩國各有其法典。是爲西歐公法私法昌明之日矣。

返而觀之吾國則如何，孔子之前，鄭子產鑄刑書，晉叔向遺書非之曰，「昔先王議事以制不爲刑辟，懼民之有爭心也，猶不可禁禦，是故閑之以誼，糾之以政，行之以禮，守之以信，奉之以仁，……於是乎求聖哲之上，明察之官，忠信之長，慈善之師，民於是乎可任使也而不生禍亂。民知有辟則不忘於上，並有爭心，以徵於書，而繳幸以成之，弗可爲矣。今吾子制三辟鑄刑書，將以靖民，不亦難乎？民知爭端，將棄禮而徵於書，錐刀之末，將盡爭之，亂獄滋豐，賄賂並行，終子之世，鄭其敗乎。」由此文觀之，知吾國所謂法爲刑罰而起，與西方之因議會選舉而起者異，因此將法與刑與獄訟混而爲一。孔子因此傳統之影響，乃以德禮爲道民之本。故曰：「道之以德，齊之以禮，有恥且格。道之以政，齊之以刑，民免而無恥。」又曰：「聽訟吾猶人也，必也使無訟乎。」此原爲禮讓爲國之最高境界，非人所能非議。然亦知法之意甚廣，有憲法之法，所以規定各機關之權限。有行政之法，如管仲之軌里聯鄉，有爲刑法之法，如舜典所謂五刑。所謂法者有條文，有節目，有制裁，有解釋，既有兩造爭執，乃有判斷，此事理之必然者也，吾國儒家因法律之有爭有訟，乃視之爲錐刀之末，此雖爲法界不免之風氣，然因此而排斥之，視爲不足措意。於是將此一大塊園地，獨讓法家佔有之，去貴族抑豪強，乃廢井田，開阡陌，視詩書禮樂仁義爲六蝨。於是各種政治，行政，經濟，道德之制度，概以法名之，而造成帝王專制之局。此由於儒家過重道德，而忽視法律制裁之所致。猶宗教家之力說空無，而忽視人生。自然科學家之注重外界，而引起精神生活之空隙矣。

距孔子之沒百六七十年。同爲儒家之荀子，早知德之一端不足致治，乃倡禮義之說以代之。力言爭端之不免，而應有度量分界。此與西方之以法律規定各人權利之界者，最爲相似。荀子曰：

「禮起於何也。曰人生而有欲，欲而不得，則不能無求，求而無度量分界，則不能不爭。爭則亂，亂則窮。先王惡其亂也，故制義禮以分之，以養人之欲，給人之求。使欲必不窮乎物，物必不屈於欲。兩者相持而長，是禮之所起也。」

荀子治學重實在，輕理想，知權量分界之不可或缺。然因戰國時彼此競爭之烈，申不害，韓非與李斯之法家言，爲時君所欣賞。荀子學說，雖視德治已進一步，然難與韓李輩之收近功速效者爭衡。其門徒大用於秦，而荀子卒以蘭陵令死於楚。其死三年，與秦始皇之統一六國爲同時。此爲法家所造成之專制帝皇，與希臘，羅馬，與現代歐西諸國背道分馳矣。

十九世紀後半，中西兩方相接相觸。吾國大羨慕歐西各國之憲政民主，乃有康梁之呼號憲法，與中山之奔走革命，而民國告成。梁任公於第一次大戰後赴歐遊歷，及其歸後，著先秦政治思想史。其論孟子一章中，感觸到歐西權利之說之爲害，發爲慨嘆之論。錄其文如下：

「利的性質，有比效率觀念更低下一層者，是權利觀念。權利觀念，可謂爲歐美政治思想之唯一的原素。彼都所謂人權，所謂愛國，所謂階級鬪爭……等種種活動，無一不導源於此。乃至社會組織中最簡單最密切者，如父子夫婦相互之關係，皆以此觀念行之。此種觀念，入到吾儕中國人腦中，直是無從理解，父子夫婦間，何故有彼我權利之可言，吾儕眞不能領略此中妙諦。此妙諦未領略，則從妙諦中推演出來之人對人權利，地方對地方權利，機關對機關權利，階級對階級權利，乃至國對國權利，吾儕一切皆不能瞭解。旣不能瞭解，而又艷羨此時髦學說，謂他人所以致富強者在此，必欲採之，以爲我之裝飾品，於是如邯鄲學步，新未成而故已失，比年之蜩唐沸羹不可終日者豈不以此耶。我且勿論，彼歐美人固充分了解此觀念，恃以爲組織社會之骨幹者也。然其社會所以優越於我者何在，吾儕苦未能發明。卽彼都人士，亦竊竊焉疑之。由孟子之言，則直是『交征利』，『懷利以相接』，『不奪不饜』，『然而不亡者未之有焉』。質而言之，權利觀念，全由彼我對抗而生，與通彼我之『仁』的觀念，絕對不相容。而權利之爲物，其本質含有無限的膨脹性，從無自認爲滿足之一日。誠有如孟子所謂『萬取千，千取百，而不饜』者。彼此擴張權利之結果，只有『爭奪相殺謂之人患』（禮運）之一途而已。置社會組織於此觀念之上而能久安，未之前聞。歐洲識者，或痛論彼都現代文明之將卽滅亡，殆以此也。我儒家之言則曰：『能以禮讓爲國，夫何有』（論語）。此語入歐洲人腦中，其不能瞭解也，或正與我之不了解權利同。彼欲以交爭的精神，建設彼之社會。我欲以交讓的精神，建設我之社會。彼答我懦，我憐彼獷，旣不相喻，亦各行其是而已。」

任公先生批評西方社會組織，曰以權利觀念爲唯一原素。其實宗教倫理同爲西方文化之成份，不可不分別立論。西方人之愛國愛鄉，與夫捐資興學，建立醫院，豈能謂爲不知有仁之觀念哉。一家之內有和好之日，有爭奪之日，和好時可行其孝悌慈愛，紛爭時不能不講度量分界。不惟一家如此，卽各地方各機關亦何不如此。而不必相非者也。此爲東西所同，我所以錄梁氏之文，以見儒家道德說禮讓說之根深蒂固而已。

丙：德與法之合一

吾人不可不知者，國家之所以成，由於求治求安求公平，其所謂法，亦以求治求安求公平，非可因法中之包含權利字樣，而謂法之目的爲達乎分權分利。特以法定權力權利之分界，所以求國家機關間之相安，所以求人民與政府間，人民與人民間之相安。故吾國之法字，有觸不直之義。西方之法字，有公平公道之義，卽爲此也。法之效用，乃一種規章，可以限制政府權力，可以制止民間之動武，可以畫定各人自由之界限。伸言之，此與德相輔而行者也。現代各國憲法中均有各人基本權利之條文，曰人身自由，曰信仰自由，曰行動自由，曰投票選舉權利，曰職業自由，曰法律之前人人平等。此正所以保護各人地位，不受政府壓迫，不受旁人欺凌，而使各人各得其所各遂其發展之善法，不得視爲刀錐或刑罰者也。

其規定政府機關權限之條文，曰人民主權，曰立法，行政，司法之分立，曰國會代表民意，曰每年預算須經國會通過，曰法官爲終身職，此爲國家之根本組織，不得視爲刑罰或刀錐者也。各國憲法中，除基本人權保障之規定外，更有如人民言論結社自由，非以法律不得限制之之規定，此言乎政府行政權中不應禁止人民權利之行使，非先經人民代表之同意，不得以命令方式限制或禁止之，此可謂爲人權保障之第二種補充規定，而不得視爲刑罰或刀錐者也。以上所舉各項，乃採其各國現行憲法之成文法中，然其最初開始之際，乃導源於天賦人權說。一七七六年美國獨立宣言有語曰：「吾人認以下各項爲自明之眞理：（一）一切人生而平等，（二）一切人由上帝賦以某某種不可移讓之權利，此不可移讓之權利中，曰生命曰自由曰幸福之追求。爲保護此各項權利，乃設立政府，任何政府之毀壞此目的者，人民有權以變更之以廢止之……」。傑弗遜遊法之日，受天賦人權之影響，其負責起草此宣言之日，即以此著之於篇。然宣言之目的爲佈告美國之獨立，難容各種人權一一之列舉。我再舉一七八九年法國人權宣言中之文，以見所謂人權之內容，（甲）各人就其權利言之，生而平等自由，且應繼續平等自由。（乙）政治結合之目的，所以保全各人之天賦與不可有所失有所得之權利，此項權利爲自由爲財產爲安全爲對壓迫之反抗。（丙）全國人民爲主權之源泉，任何個人任何團體，非經此全國人民之主權以明文許與之者，不得有任何權力。（丁）政治自由，爲行使任何權能之不妨害他人者。（戊）法律應禁止一切行爲之有害社會者。（己）法律爲團體意志之明示。（庚）除依照法律規定外，任何人不受控告，被捕，或監禁。（辛）思想與意見之不受拘束之傳達，爲最寶貴之人權，一切公民得自由口說，寫文，與出版。（壬）公安力，爲保護各人各公民之安全，此公安力，所以爲團體之利益，非爲團體之受託者之特殊利害，（癸）團體之不能實現三權分立與人權保障者，應有憲法。此由（甲）至（癸）之條文，可以知當時人權說之流行，自有極崇高之理想伏乎其後，且有極熱烈之文字以表而出之。

國人亦知此學說之何自而來乎？西方近年經專家研究後，乃知其來自儒家。自天主教之十字會中人來華傳教，讀孔孟之書，以臘丁文之譯本寄歐洲，其在吾國，但發見天理說，人性說，而不聞有神示說，於是理性說大行於歐洲，乃有華爾甫氏康德氏憑理性以批評宗教者，亦有以理性立倫理學說之基礎者，繼而以理性說推廣於政治組織者，乃有天賦人權說。曰人羣所以為治安計，乃組織政府，此政府所以為人民服務者，應守一定界限，不可使用暴力，不許人民使用暴力，而人民自身為此團體之主人翁，應以平等自由之地位，制成法律，為政府為人民所共守，如是乃有治，乃有安全，乃有平等，乃有自由之可言。其說之由來，得之於孟子告子上篇之語：「詩曰天生蒸民，有物有則，民之秉彝，好是懿德。孔子曰，為此詩者其知道乎。故有物必有則，民之秉彝也，故好是懿德。」西方人讀此文者解之為世間萬事萬物，既有定則，而此定則出於人之秉賦，此為道德，此為理性。由是而推廣之，乃有理性宗教論。乃有理性政治論，卽天賦人權。乃有學術中之自然定律論。而傑弗遜留法時，知有此文，及其歸也，乃著之於獨立宣言之中。可知天賦人權，自為吾家舊物，遺留於海外二三百年之久，今可如遊子之還鄉矣。彼西方既採儒家言以建立其民主，吾何為不可以西方民主還之於儒家乎？

丁：結論

上文所論重點，在乎說明今後之政治學，應以德法二者相輔而行，為今後學術發展之途徑，亦卽為今後立國之途徑。良以國之所以為國，有各機關之關係，有政府與人民之關係，有人民與人民之關係，決不如師生之以內心修養為教，家庭之以和愛相處為事，可恃德以處理之者也。惟其然也，儒家既恥尙力尙術尙勢之法家之託名於法，然則捨德法之相輔，別無他途矣。更有國人關於政治上習見習聞之語，曰治人治法之關係，曰治亂之意義，曰改革之由法或由革命。曰治者之誠與實，曰治之在內與在外。此數者，同為吾國政治上理論方面與實行方面之問題，不可不兼論之。

吾國有治人治法兩說。中庸曰：「其人存，則其政舉。其人亡，則其政息。」此治人為先之說也。黃梨洲原法篇之言曰：「使先王之法而在，莫不有法外之意存乎其間，其人是也，則可以無不行之意。其人非也，亦不至深刻網羅，反害天下。故曰有法治而後有治人。」此治法為先之說也，歷代以來兩造之辯論多矣。卽在近代言之，憲法頒行之國，亦常亂國多，而治國少，可知但有治法之無濟於事。然吾以為人存政舉，人亡政息之言，但見周代有文武成康則治，有幽厲王而周衰。或有齊桓公用管仲則治，桓公死五子爭立則亂。此為歷史上治亂之顯例。至於現代國家之組織至為繁複，其所倚賴者，不僅為在上之一人或輔佐之二三人。中央有立法，行政，司法之三機關，國會中有代表數百人，獨立法官與律師數千人，乃至地方自治中有市長，鄉長，市議員鄉議員數千數萬人。此等等人之外，又有農工商等之千百萬人。此上下千百萬人，有職業、有教育、好活動、好發言，非先立一種基本法以範圍之，則此一部分權分職分開活動之大機器，決無運用之可能矣。有此基本法之後，其為領袖之若干人能守法，能循序能引導人民，則其國為治國，而百事上軌道。反是，如南美諸國，其所採取者，爲與美相同之憲法，然其爲領導人者，靠武力，行私弊，今日甲黨上臺，明日乙黨挾軍力取而代之。數十年來武力政變，先後相繼，自難以治國名之。此可以見治人之說，不失爲其眞理。我以爲人法二者，不易軒輊。就今日立國次序言之，法是應在人之先。其所以或治或亂，則應責之於人。以法之不能實現不善運用，乃人爲之，法不負其責也。

所謂治亂之意義，此二字之意義應分析淸楚。治者，治平之謂也。在政府所以治民，應使其生命自由得所保障，且使各人立於平等，而彼此待遇一無歧視，倘政府所以自豪者曰吾有軍隊吾有警察吾有黨部報密，可以駕馭人民使之俯首帖耳。此可謂之爲警察國家而已。以云人民之衣食充足，行動言論自由，殆無此事。此孟子所謂：「以力服人者，非心服也。」表面上雖可謂之爲治，然張良之鐵錐陳涉之揭竿，乃旦夕間事耳。因此眞正所謂治，必須尊重民意，人人立於法律之前一切平等而絕無歧出。而其立於民上者，各依法進退，而無爾詐我虞，此傾彼軋之弊，如是者爲治爲安爲公爲平，反是者爲強權爲專政爲壓迫，何治可言哉。

所謂改革之依法或依革命云者。眞治之國，民間不平之鳴，或涉及自由，或關乎生活平等，或關於財產權，其應有改革之日，應由法治之途，得由人民提案以變通之，以修正之，或治者之設施失當，可以質問，可以調查其得失，可以使之退職。此所謂循法律之道以求其變而通者也。反是者，革命黨人自號於衆曰，吾能起兵，吾能討逆，吾能取而代之。此在帝王時代爲陳吳之揭竿，爲楚項之爭霸，爲莽操之篡代，爲黃巢之流竄。倘一國之民，常以此等等爲誇耀之事，如是而望其國家之國力經濟文化蒸蒸日上，吾未之敢信。大英帝國所以有太陽所至無處無國旗之照耀者，惟其國內之治安也。惟其政權之平和交讓也。美國國力之所以擴大者，亦曰南北戰爭以後絕無內亂，其每次選舉，無有南美之政變故也。治國者倘徒以革命自誇，其成績至多等於拿破崙而止，或等於希特勒而止，何能望英美之後塵乎？

所謂治之在內與在外。孟子曰：「禍福無不自己求之者，詩曰：永言配命，自求多福；太甲曰：天作孽，猶可違，自作孽，不可活，此之謂也。」吾常以此言，驗之民國以來之政治，自己無一年無內亂。如洪憲帝制，如張勳復辟，乃至直皖之爭，張吳之爭。北伐以後，軍閥間之爭奪，一如往昔，有閻馮之爭，有蔣桂之爭，又繼之以剿共之戰。於是外人乘隙而動，乃有東北陷落，華北自治。治國者乃大聲疾呼曰帝國主義，曰侵略曰外患。抑知立國於世界，有其至高之義務，曰自治其國，卽國無內戰，未有自己內亂不息，而能停止他人之侵略者。孟子所謂能治其國家誰敢侮之之謂也。治而不亂，乃立國之第一義務，此義務不先盡，而求免於外患，決不可得也。其次治國者，應先求自己治安，而對外成功次之。國本先固，方能進退裕如，以應付外國。倘自己國力未充，人民衣食不給，急圖遠交近攻，且高標帝國主義爲敵，雖曰其政策所以團結人民一致對外，然世界革命之口號，徒招強敵之忌，而自耗其國力。吾未見此種先外後內之方針，可以成爲立國之善策也。

所謂治國者之誠與實。治國家者貴乎言行一致，表裏如一。國體更新之日，上之人所宣佈者，字字見於實行，方能得人民信仰，而號令如流水之源。乃今朝宣誓共和，而明日籌備洪憲。今朝就職總統，曰守二任之限，及三屆之日，忽解釋可以三任，此吾國當政者之以法爲兒戲也。更有每屆選舉，從未見有選民調查册，投票櫃開票，不許他黨監視，甚至以僞票數千數萬塡入櫃中，令己黨黨員當選，他黨失敗爲得意。試問治國對於法之守與不守，可以朝三暮四如此，對於票數之數目，可以如此假造。此乃治國之起碼條件置之於不顧，乃反昌言曰：國之不治，由於人民程度不足有以致之。此非政治思想問題也，乃政治家之欺詐。由欺詐之道以求治，不亦戛戛乎其難哉。

前段中論述吾國政治之各方面，並及於民國之實際政治，令人憤慨而流於悲觀。然我回溯於儒家所以明辯政治之是非得失者，令我勇氣勃然，一若一切難題自有光明解決之一日。試述吾所懷，以與國人共勉。

孟子對齊宣王之湯放桀，武王伐紂問題，答曰：「於傳有之。」齊王又曰：「臣弒其君可乎？」孟子曰：「賊仁者謂之賊，賊義者謂之殘，殘賊之人，謂之一夫，聞誅一夫紂矣，未聞弒君也。」孟子所言與傑弗遜起稿獨立宣言之語曰：「假令有長期不斷之弊政與簒奪，足以證明其意圖之在於使其政體成爲專制主義，則人民之權利人民之義務，應驅除此種政府，應另擇治者爲未來安全之計。」又曰「君主之品性，徵之於所作爲之成爲暴君，則不合於爲自由民之治者」云云，有何以異乎。此可以奠定民主，而鼓我勇氣者一也。

孟子對齊宣王曰：「左右皆曰可殺，勿聽。諸大夫皆曰可殺，勿聽。國人皆曰可殺，然後察之。見可殺焉，然後殺之。故曰國人殺之也。」孟子此段文字，殆由古代詢國危詢國遷之遺俗而來。雖去現代民主國會甚遠，然被治者同意之種子已在其中矣。此可以奠定民主，鼓我勇氣者二也。

孟子曰：「昔者堯薦舜於天而天受之，暴於民而民受之。故曰天不言，以行與事示之而已矣。曰，敢問薦之於天而天受之，暴之於民而民受之如何？曰，使之主祭而百神享之，是天受之。使之主事而事治，百姓安之，是民受之，天與之，民與之。」孟子委宛曲折以解釋天與民二字之義。現代人讀之，則曰：「百神享之」云云，爲無證據之事，然事治而百姓安，則可驗之民心歸向與否。吾人誠不能謂堯舜出於民選，然選賢與能之精神自在其中矣。此可奠定民主，而鼓我勇氣者三也。

公元前八四六年，周厲王惡國人之謗，得衞巫有神靈，能預知有謗，使之監謗，有告則殺之。召公諫曰：「防民之口，甚於防川，川壅而潰，傷人必多，民亦如之。是故爲川者決之使導，爲民者宣之使言。夫民慮之於心，而宣之於口，成而行之，胡何壅也。」厲王不聽，遭民變而死。此爲歷史上之大教訓，因此歷代有諫議大夫與御史之制。惟其不以民選爲後盾，故其諫諍之效力，不如西方之國會遠甚。然言論自由，爲民意發洩之所，其成爲吾國傳統，固已久矣。此可以奠定民主，而鼓我勇氣者四也。

黃梨洲於明末目擊宦寺與昏君庸主之害，大聲疾呼專制君主之不足以爲法。其言曰：「三代之法，藏天下於天下者也。山澤之利不必其盡取，刑賞之權不疑其旁落，貴不在朝廷也，賤不在草莽也……所謂無法之法也。後世之法，藏天下於筐篋者也，利不欲其遺於下，福必欲其斂於上，用一人焉則疑其自私，而又用一人以制其私，行一事焉，則慮其可欺，而又設一事以防其欺。天下之人，共知其筐篋之所在，吾亦鰓鰓然日唯筐篋之是虞……所謂非法之法也。」吾人將此文，以比較三代與秦後君主之制者，推廣而用之於君主專制與西方民主，更推之於右派獨裁與左派獨裁，則孰以天下爲公，孰以天下爲私心之辨，昭然爲人所共見矣。此可以奠定民主，而鼓我勇氣者五也。

以上所舉儒家之傳統，無一字一句非今日之至寶。倘國人奉之爲圭臬，而求一一見之於實事，則所以追隨英國光榮革命，與美國華盛頓與傑弗遜者，何難之有乎？

吾人居廿世紀末葉，耳聞目擊者，無一非政治思想問題之彼此是非之爭。甲曰獨裁，乙曰民主，甲曰統制，乙曰自由。甲曰國際，乙曰民族。甲曰統一設計，乙曰市場經濟。甲曰國家主權，乙曰世界政府。倘吾人能繼孟子與梨洲諸賢之後，靜心以思之，明辨以言之，詳備之，明確之，更濟以篤行之志。則儒家政治學說之一新耳目，且且暮遇之，非國人所應心慕力追者乎？

三月二日

第三編　哲學通論與比較哲學

一、思想與哲學

——一九六三年十一月十日在東方人文學會講

一

今天承東方人文學會之邀，來大會堂講演，深覺高興。所講題目是「思想與哲學」。我治哲學，始於一九一九年多，時隨梁任公先生訪問歐洲，觀感所及，遂留在德國從倭伊鏗先生遊，研究哲學，當時並不懂得哲學的奧妙。歐美通常批評哲學家，說他好似在黑房子裏抓黑貓一樣，摸來摸去總不得要領。然歷時稍久，自己找到一點門路，乃知哲學與人生之關係極深且大。據我四十年來的經歷，深知要想瞭解人生的意義和價值，必須懂得哲學，在治哲學中才知道思想是一切智識行動的幕後要角。舉一個比喻來說，一年四季有春夏秋冬，此爲天時，知此天時乃知飲食衣服之所宜。農夫必須知道春乃知耕種，知道夏乃知去惡草。船戶必先知道陰晴，方能航海。四時天氣一刻不離人生，而思想之於人生，猶如模型之於事物。吾人所見外界事物之形狀與結構關係，一切受思想支配。我們看到講堂上的桌子，能擺東西，於是推斷一切桌子皆有可以安放東西的用途。再如一人死，兩人死，乃得到一切人皆死的結論。此一切桌子、一切人，在論理學中稱之爲全稱命題，這是人思想中之概括動作。這是思想中將零星一件一件事項，歸結之而成爲普遍化的概念。

人爲萬物之靈，除血肉之軀以外，有一個運用思想的頭腦，非其他動物所能及。人心中之機能有意志，情感，記憶各種，此是人類的大本領。假使人無記憶力，人類之智識、歷史文化將無從寫起。記得幼時入塾讀書，背誦三字經、四書、十三經等，全憑記憶力。其他如寫小說，則是靠想像力，自然科學則靠實驗與一套概念。人會用思想，覺得人在物質方面精神方面有一種意義發見，覺得此兩方面中有一種條理，一種秩序，乃吾人所應研究，所應考索。先由普通常識，進而爲一般學問，更進而爲嚴格科學。然在一切學問或科學之中，有其彼此不一致或不調和之處，如物理現象受外力之支配，而生物則有自發之機能，道德方面則自知分別善惡是非，乃至宗敎方面肯定一造物之主，此皆非分科之科學所能解答，必需另一種學問握其管鑰，爲之澄淸，爲之綜合，此卽哲學所應有之工作。

一切學問都離不開邏輯，邏輯就是思想的法則，不論其爲自然科學或人文科學，都是如此。邏輯可以說是思想的鑰匙，我們人類就掌握了這個鑰匙。人在世間之生活，表面不外乎飲食男女，但此生活中時常發生苦樂，久暫，是非善惡等等價值判斷。這類問題在人生中成爲倫理問題，哲學問題或宗敎問題。此爲人自有生以來所同時並起之事，有時人習以爲常，不加思辨，然自歐洲近代以來，一切應加以批判，於是智識、道德、宗敎之準確標準何在，更成爲哲學之中心問題。

邏輯和倫理外，尚有所謂實在和本體問題，譬如說物質之所以爲物質，到底是什麼呢？

世界任何事物，都是在變化，有許多東西，甚至是消逝了，究竟世界是空的暫的呢？還是實有的或恆久的呢？如果是不空不暫的，那末，實在是什麼呢？這就是哲學中之實在論和本體論所研討的問題。

人類生活中所接觸的和體驗的，如其要求一規律或結論，便不能離開思想。我們爲了方便起見，加以分類，名之曰這是科學，這是倫理，這是形而上學。簡單來說，科學研究事物現象，倫理研究是非善惡，形上學研究實在。但其所以成爲科學或哲學，總離不了思想，離不了一心，離不了共相，或曰類名，由此心思，類名之中，乃生概念、定義，與學問體系。

二

關於思想和哲學，表面上顯有東西之分，此由於各民族有語言、風俗、習慣之不同。然就思想本質上言之，可以說無根本的不同；反而言之，自有其共同一致之點。舉例明之；孟子一書，是吾國二千年前的一部書，數年前和賓四君毅兩先生談到孟子書中之所謂類，此卽孟子思想之基本方法，這是一個重大的發現，孟子有「心之官則思」之言，惟其以思爲出發點，乃知「類」（卽共相）之重要。因此西方人視孟子爲中國之柏剌圖。荀子一書也談到類的問題，其立場同於亞歷斯多德，因其對於世界事物，採取一種現實立場。「類」是一切邏輯的根本，這在東西方沒有不同。分了類，才見出同異，才能畫定範圍，進行討論，才能產生各種分科之學。孟子告子篇：「不知足而爲屨，我知其不爲蕢也，屨之相似，天下之足同也。」這段引文是說做鞋子的不必量脚而自爲鞋子，不會成爲筐子、籃子。其所以自成爲鞋子，這是因爲人類的脚相同。足有共同性質，故鞋亦有共同性質，雖有大小之別，而總是鞋，不會成爲筐子籃子，此卽是類不同。足有足之特質，屨有屨之特質，蕢有蕢之特質，此三者因類之不同，而見出同異。推而至於物之所以爲物，人之所以爲人者亦復如此。由人之所以爲人之概念中，又觸類而有「仁者人也」這一句話，亦是經過了分類乃以仁爲人之特點所在，可知一切物理人情，經過思想和邏輯上的工夫，才得到概念和定義。概念是縮短的定義，定義是延長的概念。這樣說明，也許大家更容易清楚些。

思想之所以爲思想是愈研究愈深刻。一國思想的發展，猶之地質學家求油礦時打鑽子一樣。茲舉東西兩方的例以說明之。儒家講愛字分爲親親、仁民、愛物，這是有等級的，墨子認爲一有兼別之分，便有輕重厚薄之異。墨子是儒家出身，知儒家特點，乃向他進攻。孟子說：「墨子兼愛，是無父也。」仍本愛之差等說以反駁之。其實孟墨的不同，是出發點不同，墨子出發點是天，孟子出發點是五倫。孟子不反對愛，然兼愛不分親疏遠近，容易出亂子。墨子反對此差等說，因爲若有兼別之分，便有愛不愛之不同。我們亦可以作一解釋，儒家喜歡講體，墨子喜歡講用，此爲兩方立場顯然分道而馳之原因。到了荀子又提出禮字來，以一個以內有君臣上下之分，故荀子治國亦不能不重等差。由墨孟荀三家之辯論，可以見甲立一說，乙從而駁之，丙又起來創一說以駁乙，此甲乙丙之互辯，卽思想由之以深刻，此卽所謂打鑽子之意。

西方近代哲學思想，原初分爲理性經驗兩派，理性派有斯賓諾莎、賴布尼茲、笛卡爾等，經驗派有霍布士、洛克、柏克萊、休謨等。此兩派互相駁詰，直到康德自己立一個規模，取理性經驗兩派而調和之，提出一種折衷方案，而有批判哲學。因此哲學思想愈鑽愈深，因而可隨時進入一個新時代。哲學家的事情，常在變遷之中，所受刺激尤多，則思想尤多新彩色。然哲學中既包含認識論、道德論、與宇宙論、本體論等，故須具有思想之明辨與意志之勇決，才能窺見哲學之全部，而對於人類有所貢獻。孟子說：「居天下之廣居，立天下之正位，行天下之大道，得志與民由之，不得志獨行其道，富貴不能淫，貧賤不能移，威武不能屈，此之謂大丈夫。」孟子處在戰國混亂時代，能博學，能深思，有抱負，有決心，所以能繼孔子之後，負起中國文化的大責任。希臘蘇格拉底時代，政治混亂，彼與任何人談話，先求概念清楚，道德標準確立，柏拉圖極佩服之，師生合而爲一，建立了良好的典範。可以見東西兩方同樣以居正位，明大道之人爲文化界之柱石。

我們所處的今日，是個大變遷的時代，我們需要大家深思，以解答今日所引起的問題。換句話說，需要產生大哲學家，不但知識廣博，理解清晰，並且對倫理道德上，有敏銳高超的大決心。今日中國正處於憂患的大時代之中，其原因何在？其前途發展如何？需要大家大澈大悟，在思想上另立一個新規模、新體系，我們國家民族方才有復興之望。

（民主評論十五卷六期）

二　中西形上學之所以異趨與現時之彼此同歸

西方哲學有物理（Physics）超物理（Metaphysics）之二名，物理指形界（Material）言之，超物理指非形界（Immaterial）言之。儒家之言曰：「形而上者謂之道，形而下者謂之器」，器言乎工具，如刀之所以割，錐之所以鑿，衣爲穿着，鞋爲步履，所以備用，而一器限於一用，所以明形界之限制，同於西方之所謂有限性（Finite）。道則貫隱顯，通上下，朱子所謂「放之則彌六合，卷之則退藏於密」，同於西方所謂無邊無限性（Infinite）。物理學所研究，爲有形之物；亦曰現象（Phenomenon）。超物理或曰形上學所研究，爲無形界；亦曰實曰眞有（Reality）。現象可分爲物理、化學、動物、植物諸學。曰實曰眞有者，即亞歷斯大德以來所謂「有之所以爲有（Being as such）。其主要問題曰宇宙全體之性、曰上帝、曰人之自由。言乎事物之悠久不變，而普遍有效者也。」中庸廿六章所謂「天地之道，可以一言而盡也，其爲物不貳，則生物不測」云云，有互相脗合之處也。

第一：西方形上學四時期

（甲）古代西方形上學之稱，因亞氏哲學第一原理一書，在編輯次第之日，列於其所著書物理學之後，意謂物理學後更進一步之硏究，此則超物理或形上學之名之所由來也。然柏拉圖氏早已提倡曰實曰眞有之說。柏氏以爲吾人官覺之所見所聞，均爲朝來夕去，或頃刻變動之事物，不足以構成學問或眞知。眞知或學問之所以成，必須達乎事物之原始型，歷久不變，而有普遍效力者。柏氏畀以一專名，曰意典（Idea），意典之性，爲物事之所共有，而非散殊於各個事物屬於專有者。譬曰方，有種種大小不同之別，然方之所以爲方，自有其共性，爲一切不同之方所公有，更譬之三角，亦有等邊不等邊之別，然三角之所以爲三角，自有其共性，爲一切三角之所公有。此物之共性，惟有以思想之力乃能達之，而不在於耳聞目擊之官覺中，因此其爲共相（Universals），或曰概念，乃所謂實所謂眞有。而意典之所以爲悠久，不變與具有普遍效力者，卽在乎此。柏氏著作對於「意典」一項，傾注全力。其對於後世之大貢獻在此。然亞氏起而駁之，謂物之所以爲物，雖不離乎意典，不離乎共相，然共相不能脫離個別之物而自存。譬曰方之所以爲方，不離種種不同之方，曰人之所以爲人，不離乎孔孟之個人或張三李四之個人。倘將共相與個別之物分離，則個別之物之所以成，須以共相爲模型而效之，則又生共相與個別間之模效問題。此柏氏所以有一牀二牀三牀之說也。亞氏之言雖與柏氏異，然亦知非有共相難以解釋同類之事物。於是倡爲事物不離理型之說，意謂散殊之物，自有其共同之理型，物雖散殊，然其屬於同類者，則有理型在焉。亞氏旣認有理型，則與柏氏之意典或曰共相，初不相背，但亞氏以爲理型不獨立，而存於個物之中，此則與柏氏岐出者也。

自是以來，西方哲學界分為二派，一曰惟心派之側重於思想中之共相，二曰惟實派之側重於個物。此為自古迄今，未嘗能外此而他求者也。

（乙）中世　中世紀為宗教盛行之世。經院哲學家專以求宗教與理性之合一為事。然在其中葉與末葉曾發生共相問題之爭論。（甲）曰惟實主義，謂離乎各個體事物之外，自有一形上的客觀的實體。此說又名柏拉圖氏實在主義，其主之者為阿里其那氏（J. S. Erigena）。阿氏謂一切事物皆上帝之所造，皆出於上帝之智慧。而一切事物之原始之理，曰善曰眞曰生命曰理性。皆能離乎人之心思而自己存在者也。（乙）曰唯名主義（Nominalism），謂共相如所謂善、眞、生命、理性等，僅存於思想之中，乃一名辭而已，猶人之名姓，為張三李四，亦可易之為丙丁，而無客體實在可言也。此說中世教會認為具有危險性，因其視其抽象之共相為空名，則其勢必趨於崇拜目擊手觸之實物為事矣。於是（丙）派之概念主義起而調和其間。謂共相雖不具有客觀實在，而確為人之思想之所構成。眞、善、生命、理性之抽象概念，雖不為官覺所觸所見，然其為眞實自若也。此甲乙丙三派之外，更有多馬·阿奎諾氏之溫和的惟實主義，謂共相為事物之所共，出於心思之所把握，至於共相之所本，仍為個體之事物，譬以人類言之，曰人之所以為人，曰人性，此惟求於人之所公有，而不在於各個之人，然此各個之人，乃共相「人性」之所以為基礎者，惟有在官覺中求之。此卽本於亞氏理型與物質關係之說，而推及於共相者也。

（丙）近代　西方近代哲學，自笛卡德氏開其端，至康德氏奠其基。其關鍵在乎認識論與形上學之畫分界限。其在笛氏與斯賓諾莎氏著作，將上帝問題與科學知識何以可能混而為一。自康德氏一七八一年純粹理性批導一書出，於一七八三年繼之以「未來形上學序論」一書，於是將科學智識之所由成，一曰經驗，二曰時空覺察，三曰思想方式或曰知覺範疇。此爲純粹理性批導之主要內容。然其在超越的辯證一章以內，又討論三事，一曰上帝，二曰宇宙由來，三曰靈魂不死。此三者屬於本體界，與科學知識以現象研究爲主題者，迥乎各別。伸言之，科學屬於知覺範圍以內之事，而上帝問題等，則因理性之要求而起者也。茲錄「未來形上學序論」之言以明之：

「關於事物本體（Things-in-themselves），吾人不構成任何概念，但無時不以追求此項問題爲念。以靈魂之性質言之，任何人不能求之於己身之自覺之主體，且深知所謂靈魂非唯物主義所能解釋，然欲人不發生『靈魂之實在如何』之問，不可得也。靈魂既不能以經驗爲憑而作答案，然任何人又何嘗不可假想一位無形的主宰，至於此主宰之客觀的實在，非人所能證明，又人所共見也。更有宇宙性質問題，如宇宙之大小與年月，如人性之爲自由爲必然，誰能以人云亦云之知解爲滿意？以上三項，但依經驗界之原理答之，則答案本身便另生問題而另需作答，於是吾人知物理界之解釋，絕不能予理性以滿意矣。由此可知經驗界之原理，甲乙丙丁之事彼此相依且又富於偶然性，任何人不能以此爲滿意而止於此。誰能止於以經驗爲證之概念，而不以達於其可能性非人所能覺察，亦非人所能反駁之至高之有乎？此至高之有乃單純的理性體，無此至高之理性體（Rational being），理性決不能自安而止也。」

康德之生，已近牛頓氏逝世之年，其時科學知識正在發展。康氏之純粹理性批導，以牛頓氏之物理學爲背景，說明科學智識所以有效之故，由於其合官覺與思想範疇而一之者也。然科學智識，不離乎甲事與乙事相依之因果關係，是爲相對的、條件的。然人心中決不以相對的條件的智識爲滿意，必進而別求其絕對自存之體，然後以之爲圓滿（Perfection）爲完成（Completeness）。上帝不依賴任何官覺界之事物而自存，宇宙論舉萬殊之事物，一切概括於其中，而能明其所以相生之故，靈魂論所以求知覺既離形體，而仍遊行自在，豈非人生至樂之所在乎？此三者康德氏以爲理性所以求圓滿與完成而生之概念也。

（丁）當代康氏「未來形上學序論」行世之日，正爲科學發揚廣大之時，世人咸以爲形上學涉於冥想，非有嚴格學術根據。其間黑格爾氏論理學體系，以絕對以宇宙全體爲研究主題，在其掌敎柏林大學之日，頗移人耳目，及其既沒，相與淡然置之。黑氏逝後數十年，則爲形上學最沉寂之時期矣。一九一二年，柏格生氏形上學序論出版，此爲廿世紀形上學復活之第一聲。一九二九年懷悌黑有「行歷與實有」（Whitehead: Process and Reality）一書，取柏拉圖與柏格生之說合之於一爐。德國尼哥拉·哈德門氏於一九三五年有「凡有學基本論」，一九三八年有「實在世界之構造」，一九四〇年有「凡有學之新塗徑」各書先後出版。懷氏以柏拉圖爲宗，哈氏近於亞里斯多德派。此皆由於認識論之不滿人意，而有異軍之突起矣。三人之中，柏氏學說之要點，將世界事物分而爲二，甲曰物質，乙曰生命，物質在於空間，各個碎處，惟理智能知之，生命不離綿延，惟眞覺能知之。其尤與歐洲哲學相反者，莫過於其以變以時間爲實有之說，彼以爲變非分別物質與空間之理知所能瞭解，而有待於直覺之洞見。懷悌黑氏爲數學家，爲邏輯家，爲科學家，不附和柏氏理智瞭解物質之說，然於柏氏變爲實在之說，則採而發揮之，其所以標「行歷」二字者，即本柏氏變爲實在之說。惟懷氏以爲變中有不變者在，乃有「永恒元素」（Eternal objects）之說，此乃柏拉圖之說，至懷氏而復興矣。哈德門原以新康德派學者爲師，繼轉而入於亞里斯多德之唯實主義。然哈氏分外界之有曰物質，曰生命，曰心理，曰精神，且說明此四層或單獨存在或互相依伏，更取亞氏所謂可能與實在之說而發揮之。哈氏之意，以爲有之爲有，本已存在，離認識而獨立者。此三人雖同自認爲形上學者，然其背境各異，不可不深察也。

吾人就上文所述歐西形上學之沿革，返而求之於吾國「形而上之謂道」與中庸「天地之道，可以一言而盡也，其爲物不二，則生物不測」，此就形而下之有，進而求其無形之不貳不變者。乃東西思想之同，非人所能否定者也。然中西兩方所以懸絕之故，吾人所不可忽略者也。

（第二）、希臘哲學界之兩派，一主變者海拉克立圖司氏。海氏以爲宇宙間事物之最後元素爲火，由火變水，由水變土，其相反方向，則由土變水，再由水變火。因此世界事物，如海水之成爲蒸汽，再由太陽收藏之而成爲火。火之大用，在於置事物於鴻爐中，使之廻旋於由分而合，由合而分之變化中。此爲海氏之主變說。然希臘哲人聞海氏言而反對之，以爲世間倘只有變，則事物之理型何由而來，於是有派梅納第司氏（Parmenides）主「有」說。派氏謂有（Being）與非有（Non-being）相對立，有者充滿空間之謂，非有者空無之空間之謂，惟有乃存在，非有則非存在，且不在思想之中，有者無始亦無終，有不能自非有中造出，且不能化之爲非有，有只爲現在之有，不能成爲過去之有與未來之有。有爲現在之有，故爲連續的不可分的。惟其不可分，故無往而不在，無往而不同。由派氏之所謂有，乃有有爲永久、不變、不動之見解，而「實有」之所以具有不變不動與永久性者，即由之而來。西方人深信邏輯學中之矛盾律，既已爲有，則不能爲非有，既爲非有，則不能爲有，此二者之分，乃一成而不可易者。惟其然也，其有爲靜定之有，爲一成不易之有。此乃出於西方邏輯學與語言結構，非吾中土學者之觀念所有也。朱子之釋太極圖曰：「上天之載，無聲無臭，是就有中說無，無極而太極，是就無中說有。」此爲有無之可以相通之東方之見解也。依派氏言，既已爲有，不能爲無，既已爲無，不能爲有，則截然兩段，無可爲之變通者也。此爲中西「有」與「實有」之解釋各異，所以引起東西形上學見解之不同者一也。

（第二）、歐洲哲人好分宇宙之事物爲二，一曰現象，二曰實有。山峙水流，春去夏來，味之甘苦，身之冷暖，其不離乎官覺之接觸一也。然若不廢之江河，與百年之故屋，乃至埃及金字塔則以爲凡爲物質，受成住壞空之支配，無永久長存之理，故亦歸之於現象之中。其所謂實有，則爲概念，如曰人之所以爲人，物之所以爲物，乃至物理學中所謂質力，生物中之生命，數學中之形數，若此者，由思想中之共相或曰概念而來者，乃稱之爲眞有，以其具有不變不動與永恒之性也。實有惟存於思想中，爲上文所述之派梅納第司氏之說。派氏本爲數學家，認爲凡形數之以思得之者，乃可謂之爲有，其不以思得之者，不得爲有，伸言之，其不可得思者，卽爲非有。無非有或無中不能另有所生，則除現在之有外，何能另有所增益，而實有乃永恒的整體，以其中無變之可能也。派氏之說，至於近代斯賓諾莎氏贊同之，乃發而爲宇宙大全之不變論。而吾國易經仰觀俯察，含有易、不易、簡易三義，且就事物之所以生生不息言之，故曰「剛柔相摩，八卦相盪，鼓之以雷霆，潤之以風雨，日月運行，一寒一暑，乾道成男，坤道成女。」此則雙方之不同，一以思想中之不變爲本，一以事物之變易爲本，所以形成中西形上學見解之異者二也。

（第三）、時間之所以影響於人生之實際者何如，亦爲中西思想大不同之一點，吾國向有上下古今與因時損益之說，言乎時之能左右一朝一代之制度也。西方哲人之論時間者，舉柏拉圖氏宇宙論「梯摩斯」(Timeaus)一篇中之言如下：

「當造物者既造萬物，能動而又能生，一如其永久之神之影象，乃大為歡喜，更決心使此影象之同於其真本，因真本為永久的，乃盡其可能，使此宇宙同樣永久。但所謂永久之理想，不易現之於一切造物。但造物者決意使此影象有永久之表，且使此天地秩然有序，於是使此影象能動，且按數字而動，此影象名曰時間，既曰按數字而動，則具有可分性，然永久之為單一體自若焉。當天地未成以前，初無年月晝夜可言，既造天地以後，年月晝夜隨之而定。年月晝夜即時間之部分，過去未來亦為時間之特定部分，然有人將此可分者視之為永久之本性，此為出於不自覺或過失之所致。吾人說某人過去如何現在如何未來如何，然吾人所認為真者，只有他現在如何，其過去如何未來如何，均為動中之變，其恒久不變者，則不因時間而老而幼也。此恒久不變者，決不因生長原因支配之一切能動能覺之物，而有有變之可言。所謂或老或幼者，乃時間之方式，僅模仿永久，依數序而轉動者而已。」

柏氏之時間說，柏格生評之曰「時間虛幻說」。

至康德氏純粹理性批導一書出版，更有時空為吾人覺相之形式說(Forms of Intuition)，其分別先後老幼者，曰時，分別東西南北、上下左右者，曰空間，猶人目之眼鏡上所見之遠近大小之不可離者。此言乎時空屬於人主觀，非有客觀的實在也。然吾人試一觀人類之環境，如春生夏長，秋收冬藏，何一非時間左右之乎？向東向西云者，何一非空間定之乎？而西方思想界重思中不變之型，乃有柏氏之意典，亞氏之理型，至近代有康德之覺型與知解方式，皆以為時間為屬於主觀性，非有其自身的實在也。然吾國五倫中有所謂長幼之序，平日生活有「日出而作，日入而息」之諺；就歷史言之，有三代損益之說。是時間之為實在且影響於人生之操作與制度之改革，豈鐘錶上時刻之次序而已哉！此又中西形上學見解之所以異者三也。

此三項之所以生，由於吾國所謂有非為一成之有，即有中含變之作用，既已名之曰變，則變中含有時間之先後。其在西方為一成不易之有，因而無所謂變，亦無所謂時。及廿世紀，思想為之一變。此乃柏格生氏與懷悌黑氏之力也。柏氏學說，名曰變之哲學或曰生命之哲學，其於世間事物，以生為眞為實，出於生之衝力，猶火之上升，其降而下墜者，為物質，而占有空間，此為固定之物死呆之物，（亦即無機的物），為理智能把握之。至於生命之流，惟在自己體驗中方能知之，如川流之不已，與日在變動不居之中。人有自覺性，閉目內視，便知此頃刻萬變者何如。此生此變，為宇宙間之實有，而宇宙之實有，不能外乎變。此宇宙中之變，既為實有，而常流（A constant flow）不已者，柏氏名之曰緜延，其性即為時間。然時間刻畫於鐘錶後，便可分割。此可為數學的時間，而與緜延異矣。讀柏氏書者，知其學說乃經生物學心理學發達之後，乃始見變與時間之為用之大，乃曰世間之實有，惟此緜延此變而已。

懷悌黑氏採柏氏「變」說，但不附合柏氏「物質與生命」二分與柏氏但以變為實有之立場。其所著「行歷與實有」一書，合變與不變而一之。懷氏為數學家，為邏輯學者，為科學家，然立言大反乎科學家之心物二分說、定所說（Simple location）與具體性之失所說，此等主張，均與其形上學相表裏，然本文爲題目所限，無法詳敍其學說。但譯其「行歷與實有」卷二第十章之言如下：

> 『一切事物流動爲一極廣泛的槪論，乃無系統的未分析的直覺中所產者也。此主題見於希伯爾禮讚之最佳詩歌中，又見於希臘哲學家海拉克里圖之言中，又見於英國野蠻時代會堂燕子飛來飛去之傳說中。可見此爲各國文化中，情感之回憶而形於詩歌者也。假令吾人能同到此最終與大全之經驗（此經驗必待理論加以闡發，且此闡發爲哲學之最終目的），則事物之流動爲一項最終的結論，而哲學體系將繞此而織成者也。』

「事物之流動」云云，爲哲學體系所以織成之本，爲懷氏形上學之基本，有時又名之曰「創造的前進」，乃同一事之異名也。然懷氏所以異於柏格生者，由於柏氏但以流以變爲實有，而否認其永恒或不變者，此乃兩人之所以始同而終異也。懷氏以爲宇宙之成，以事件（Event）爲基爲源，然「事件」各有互相攝引而交融，此交融中有爲可能者（Possibility），有爲現實者（Actuality），此現實者與永恒型（Eternal object）互融而爲一體，於是變與不變互融，而現實者因之以形成。此可能與永恒者，即柏拉圖所謂意典，亞氏所謂理型。惟懷氏以相對論量子論發見後之新物理學爲本，而棄硬塊物質說所造成之新宇宙觀也。

懷氏爲邏輯數理學者，且寢饋於物理工程者十餘年，及其任美國哈佛大學哲學教授後，發現科學家除物質之動以成其空間關係之變化外，不認世間有何意義，有何準値，而此世界乃成爲絕無意義之一大堆事實而已。錄懷氏「自然界與生活」一書之言如下：

『牛頓氏物理學之方法，乃一極大成功。然牛氏所謂力，使自然界絕無意義絕無準值。物質世界之本質，但有質量、運動與形狀，則就宇宙攝力言之，亦無存在之理之可言矣。其所謂特種之力，作爲宇宙時代之偶然者，然卽就牛氏之質量與運動言之，何以物體因重力(Gravitation)而互生關係，其理亦不可得而見焉。重力觀念，爲物與物之關係之所在由生，亦爲牛氏自然界之概念。牛氏之成就，僅在考驗中特種重力之確定。此種確定對於宇宙攝力中之壓力之單獨化，頗有成效。然就事之性質言之，重力由何而來，絕無暗示可言。牛氏但對於物體之運動，就空間、質量與運動之開始狀態而說明之。牛氏既提出重力觀念，乃造成自然界之體系面目，然此體系中之因素，如質量如重力，僅成爲單單各自獨立之事實，而其所以共同存在之故，不能提出任何理論爲解釋之資。牛氏所提出之哲學眞理，曰死的自然界，而理之所以然，不可得焉。要知一切事物之最後之理，除求之於其大目的而標出其各種準值外，則事物之理決不可得。』

懷氏以爲科學家將世界中一切準值取消，則詩歌、音樂、宗教、倫理均失其所以存在之理由。然科學世界如認此爲惟一眞實之理，則宗教成爲集體的迷惘，而倫理亦爲壓迫他人之工具矣。倘以爲人與人之相愛，僅爲電波之刺激，人性物性僅存於物質血肉之中，則世界之眞者實者，獨有運動中之物質 (Matter in motion)，而人安在，而人性安在，人類文化安在乎？此懷氏以科學家而發為此論，其所以走上形上學之道路者，非偶然矣。我舉懷氏此段言論，初不為助形上學張目之故，而排斥科學，然以為科學所以研究為形下，倘以為形下之外，形上界之理無可為人類所信守所尊者在，則人之所以為人，失其根據矣。

吾人讀懷氏言，而反求之於自身，則吾國文化初期之直覺，如曰易有易、不易、簡易（即最普遍之原則）三義，又曰「天地絪縕，萬物化醇，男女化生。」此非天地風雷水火山澤，與夫無窮之萬物，無一不循變化之自然大法而後形成，非吾國數千年前所早見及，而與西方所謂演化，懷氏所謂行歷相合者乎？如曰「立天之道曰陰與陽，立地之道曰剛與柔，立人之道曰仁與義」，此非氣質之中不能不有其永恒之所以立者在乎？懷氏之言曰：「除現實之外，有永恒之型與之交融」，亦即朱子所謂理附氣以行之意。此非吾國所早見及與懷氏相合者乎？如曰「天地之大德曰生」，此生生之原，即為天，即為造物者。故中庸有「天命之謂性」之言。懷氏亦曰「流變之中，其選擇永恒之型以融合於時空之流者為上帝」，此非吾國所早見及，而與懷氏相合者乎？人之所以為人，與天地並峙而成三才，所以人道能參天地之化育。此非吾國所早見及，而與懷氏人文主義相合者乎？如此云云，吾先哲對於形上學之理論，雖為單辭片義，不若西方論此者之源源本本，系統秩然，然其理論中之大經大法，較之廿世紀之西方，固無愧色。吾人何為自慚形穢而不昌言之乎？

雖然西方形上學中之問題，除前文已舉康德氏之三項外，更擴而充之，則為以下：（第一）形上學之方法。（第二）實有（Reality），其中包括實有與現象，質（Substance）與性質（Quality），事物之變與法則。（第三）宇宙論，其中包括造物主，一本與萬殊，有限與無窮等。（第四）理性的心理學，其中包括身與心靈之關係，神靈不滅，自我、道德、自由等。題目之繁若是，應分類分項論之，庶幾對於道之弘人，人之弘道之義，乃能發揮光大之乎？

關於今後中國之形上學，除邏輯實證論者以形上學無意義，置之不論外，其可循之途徑不外乎三：（第一）康德路線：康氏以為形上學中之問題，如上帝如宇宙論如神靈不滅，非經驗界所能覺察，惟有求於理性之中，此與朱子之釋太極為理，與伊川所謂性即理，均為宇宙之所以成與人之所以為人之第一義問題，除終極之理外，洵無其他可以瞭解之者矣。（第二）哈德門路線：哈氏以為人之認識之背後，有所謂「有」（Ontology）分為物質、生命、心靈、精神四項。前三者屬於自然界，其範疇曰時，曰空，曰恒，曰變，曰生物之特點，就精神言之，曰個人精神，曰客觀精神，曰主觀精神。此皆實事求是之言，合於朱子治學方法。（第三）懷悌黑路線：其宇宙論乃集合人類樂趣、覺知、意志、思想中之各種經驗，滙歸於一個前後一貫，必然不易而合於邏輯之普遍概念之體系。此非與易之既言變而有天道、地道、人道之所以立者相脗合乎？孔子曰：「吾道一以貫之」。以現代語解之，則人之立言，必於正反隱顯前後之事物，首尾貫通，而不相衝突之謂。然則從事於形上學者，非有窮極幽微之想像，博通天人之學識與密察文理之思索者，何易臻此造詣乎？

約於一九六四年以後寫（敦華注）（再生台北版七十一期）

三、中國哲學中之理性與直覺

（四十四年刊於香港）

自諾斯羅魄教授（Prof. Northrop）著「東西見面」一書後，美國學者謀東方西方哲學之心領神會，乃有東西哲學彙刊（Essays in Philosophy East and West）之發行，本年以理性直覺爲題，來函徵文，我以此文應之，今更譯之爲漢文如左。

我應首先聲明者，爲東西哲學之疆界線頗難畫分。在地理上言之，其處於東方者名曰東方哲學，處於西方者名曰西方哲學。然自思想方法與思想內容言之，東西哲學頗多彼此共同之處。我雖明知東西哲學各有其特色，我願在此文中闡發其共同之處。甲方自其異處立言，乙方自其同處立言，正爲使東西哲學彼此瞭解最有效之方法。

中國爲位於亞洲之國家，然其思想方法乃近於西方而遠於東方。中國不屬於東方國家之創作宗教者，如印度、回教國與猶太等。中國所着重者爲此世界之研究，尤重人倫與道德問題。羅傑氏「學生哲學史」中稱，希臘人缺少宗教熱忱，因此注重理性方面之追求與美術方面之表現。此乃希臘人所以能為歐洲建立其哲學與科學之基礎。中華民族富於常識，愛好學術，關於宇宙現象，一一為之記載，可以一部廿四史之著作為其證明。然中華民族不長於新信仰之建立，尤不感覺有所謂上帝使者降臨之默西亞觀念。孔子一生之言行，最能代表中國人重視入世反對出世之心理。孔子對於子路事鬼神之問，答之曰：「未能事人，焉能事鬼。」子路又曰敢問死，孔子答曰：「未知生，焉知死。」孔子又告子路曰：「誨汝，知之乎。知之為知之，不知為不知，是知也。」孔子對於可知之事與不可知之事，畫分一條界線，因此有人稱孔子為存疑主義者。然不論孔子對鬼神死後之態度如何，孔子一生用全力於此世界之上。孔子之影響，使數千年來之中國人從事於學術之研究，缺少宗教狂熱之表現。然亦正以孔子未嘗與人以出世之信仰，乃有道教之建立與佛教自印度之傳入，正所以滿足吾國人關於宗教經驗之要求。

孔子學說與蘇格拉底同，同為道德哲學家。孔子注意正名，且多識草木鳥獸之名，所謂草木鳥獸，未必即為現代植物學與生物學或動物學。然孔子之好古，則為無可疑者。孔子曰：「我非生而知之者，好古，敏以求之者也。」兩千年來中國人之好治學，好歷史記載，好講義理之學，尤好美術，乃孔子傳統所生之結果，其為非誇大之言明矣。

孔子沒後百餘年，有繼之而起以發揮儒學之理論者，曰孟子、曰荀子。孟子為理性主義者，重心重思。荀子為經驗主義者，以學以求知為出發點。此兩派互相對立，一主性善，一主性惡。孟子對於哲學之貢獻根據理性主義，謂人類之能辨別善惡辨別彼此於其天然賦與之良知。荀子，由此謂人類生而有聲色耳目之欲，乃有爭奪殘賊之習，惟其中無所有，故需「師法之化，禮義之道」以矯正之。此類爭辯。類於歐洲知識論中之理性主義與經驗主義，其在中國所採取之辯論方式爲性善性惡。以東西兩方之爲同爲異，視乎吾人所以解釋此項爭辯之性質者何如。

中國古代之末期爲戰國時代，即爲孟子荀子辯論之時期，此時得志之人爲法家，如商鞅、申、韓、李斯之流，彼等主張廢封建，代之以郡縣，實行管制，注重農戰，駁斥儒家所重之忠孝仁義詩書禮樂。法家參預其間，使秦始皇成統一天下之大功，而百家爭鳴之時代於是結束。此後經學時代繼起，收集始皇燒書後殘缺之古代典籍。及漢武帝表彰六藝罷斥百家，乃成爲思想一統之局。此時之儒家哲學，限於解說章句文字，絕少有活潑意味之辯論。此種餖飣之學，難於令人滿意，因而魏晉之世老易道家之說盛行，佛教自印度輸入後，皈依與譯經之業，成爲社會風尚。自是以迄於李唐，凡八九百年間，其第一流學者羣趨於佛教，與印度高僧同從事於梵文經典之漢譯。雖社會生活依然中國傳統，然吾人思想已大受道釋兩家之影響。此時之中國，正與中世耶教輸入後之歐洲，希臘哲學久已擱置一邊，鮮有人顧問之者。

宋代新儒家哲學，其名詞如理，如道，如致知，如格物，均出自論語、大學、中庸、孟子諸書。此外更有性、氣、本然之性、氣質之性、無極太極等名詞。然新儒家哲學乃一形上學之系統，其冥想成分，遠過於論語孟子之上，因論語孟子中論家庭之孝慈，個人之修省與治國臨民者之所應爲者。孔孟之儒家哲學，乃具體的零星的，而新儒家主義，爲一個條理整然之體系。

新儒家哲學之產生，起於對佛教之反動，然固爲條理秩然之哲學體系，其創始之者爲周濂溪（公元一〇一七至一〇七三）邵康節（公元一〇一一至一〇七七）張橫渠（公元一〇二〇至一〇七六）程明道（公元一〇三二至一〇八五）程伊川（公元一〇三三至一一〇八）謂之五星聚奎，其各人之貢獻，本文中不及一一詳述。然新儒家哲學之開展，頗與希臘哲學史之開展相類似。周濂溪張橫渠於新儒家哲學之初期，潛心於新宇宙觀之造成，與希臘哲人亞納克齊門達氏以「無限」爲本，與亞納克齊米納司氏之以氣爲本之宇宙論絕相類似。濂溪名之曰太極，橫渠名之曰太虛太和。其第二期爲倫理的反省時期。其在希臘主其事者爲蘇格拉底爲智者派，其在吾國則程明道程伊川，拾濂溪橫渠之宇宙論，而求所謂理、道、識仁、涵養與致知之方。

試將中國思想與近代歐洲哲學互相比較，可發見彼此共同之點。讀周濂溪、邵康節、張橫渠之文，不能不令人想像笛卡兒、蘭勃尼孳與斯賓諾撒，以此六人同爲形上學體系之建立者，且屬於理性主義派故也。宋代哲學發展之中，其中一派着重於致知格物爲下手之方，彼等以爲所謂心者非自足乎己，而有待於外來之知識以增益之。其他一派以爲人心爲良知良能之本，能別善惡明是非。格物致知派類於歐洲經驗派所持之「人心如白紙」說。其主張「心即理」者，類於歐洲理性主義者之天賦觀念說。

更進而深求之，其共同之點，豈止此已哉？朱晦庵與亞里士多德之生世，相隔有千五百年之久，自不能有彼此影響之可言，然其結論相同之多，有出人意料之外者。舉其大概言之，以下四點爲最顯著。（一）亞氏反對柏拉圖之「意典」（Idea）離事物而存在說。意典爲一，事物爲多，此「一」即在「多」。與朱晦庵所堅持之「理一分殊」說相同者一。（二）「一」既不能離「多」，故「共相」（Universals）不能離「獨相」（Particulars）而獨立存在。此與「道不離器」之言相同者二。（三）亞氏云物質中必有方式（Form），斷無無方式之物質，此與朱子所謂「天下無無理之氣」，其相同者三。（四）亞氏云世界現象，推而至於最高處，必有一無形之方式原則（an immaterial form-principle）在。此與朱子所謂「理與氣本無先後可言，但推上去時，卻如理在先，氣在後」，或曰「未有天地之先，畢竟先有此理」之言，相同者四。朱氏亞氏之相同結論，在新儒學（編按：指「新儒家思想史」一書）中，將有詳細說明。

或曰此項共同點見於希臘哲學、中國哲學與歐洲現代哲學者，其故安在？我之答案曰：哲學之由來爲思索，思索不外乎心思。試將印度、中國與歐洲各種思想派別列爲一表，將見世界上各派哲學，只限於此數，如所謂一元派二元派，唯物派唯心派，理性派經驗派，主知派主意派，絕對派存疑派等等，苟哲學派別既限於此數，則東西哲學自不超乎此種範疇之外，猶之丸之轉於盤中，不外東南西北之諸向，其所以同多異少，乃其必至之勢也。

在討論理性與直覺相互關係之先，須將二者本身分別加以說明。

哲學之來源，起於心中之「思」。孔子曰：「學而不思則罔，思而不學則殆。」此言乎知識，必以題材爲本。冥心默索，但以想像行之，此類之思，全無根據，故孔子名之曰「殆」，言其爲無根據之妄想也。反是者，題材雖多，但爲零碎的、片斷的，而絕無線索貫串其間，則類乎博聞強記，而無一貫之體系，所以名之曰「罔」，謂其徒勞無功也。及乎孟子，更注重於思，其言曰：「思則得之，不思則不得也。」惟孟子重思，且信人心中之良知良能，故確乎其爲一個理性主義者，蓋以爲人之能辨彼此黑白是非邪正者，即由此心思而來。孟子所以成爲中國哲學「心派」之創立者即此之故。

公都子問曰：「鈞是人也，或爲大人，或爲小人，何也？」孟子爲之解釋曰：「耳目之官，不思而蔽於物，物交物，則引之而已矣。心之官則思，思則得之，不思則不得也。此天之所以與我者，先立乎其大者，則其小者不能奪焉。此其所以爲大人而已矣。」孟子所謂耳目之官，非柏拉圖氏達意太透司（Theaetetus）文中之所謂覺知（Perception）乎？孟子所謂「心官」者，非達意太透司中之所謂「辨理」（reasoning）或洞見眞理之靈魂乎？

孟子又曰：「口之於味也，有同嗜焉，耳之於聲也，有同聽焉，目之於色也，有同美焉。至於心，獨無所同然乎？心之所同然者，何也？謂理也，義也，聖人先得吾心之所同然耳。故義理之悅我心，猶芻豢之悅吾口。」孟子所謂吾心之所同然，即西方哲學所謂概念（Concept），由各獨相中所抽出之共相，乃成爲各獨相以上之大共名也。

諾斯羅魄敎授以爲東方哲學家好着色於有聲有色處。上文孟子所謂味聲色三項，可以造成諾氏立論之根據。然不知此段文章之要點，在乎「心之所同然」之義、理，此非耳目之官所能發見，惟由於理性以察見之。心之所同然之義理，不獨孟子如是言之，英國道德派學者（British moralists）亦有此類意見。勃脫雷（J. Butler）有言曰：「其所以使人類以道德制裁自己者，由於人之有道德性與其感覺，行動中之道德能力，其最根本處在乎人類對於行爲與品行，時加以反省而成爲體驗對象，其以爲是爲善者則自然的必然的贊許而可之，其以爲非爲惡者則自然的必然的而否之。」勃氏所謂自然的必然的可與否，即孟子所謂是非善惡之共同標準。孟子所謂義理，其屬於彼也、此也、黑也、白也，是爲知識之所由成立。其屬於善也惡也是也非也，是爲道德之所由成立。東方人認爲知識之基本與道德之基本，關係極密切，故義理二字常聯結而爲一，爲文化全部機構之基礎。世界人類無一不承認此項知識與道德之基本者，此關於哲學之基本性質，東西所以相同之大原因之所在也。（再生香港版）

四、中國學術思想上漢宋兩派之長短得失

（民國廿六年張菊生先生七十生日論文集）

第一　漢宋兩派之爭執

吾國學術史上漢宋之爭，不始於宋；不始於明；而始於清初。蓋宋明兩朝之理學，以獨往獨來之氣概，自闢徑蹊，不獨不與漢學家度長挈短；自謂其所得，有超於漢人之上者；此爭端之所以不起也。明清之交，顧亭林輩反對王學之空譚心性，以陽明之學，比晉王夷甫之清譚。自是而後，有由王學而返於朱學者，是爲程朱派；更有舍理學而專以六經爲研究之對象者，是爲漢學派。漢學自清初迄於清之中葉爲極盛之日，「家家許鄭，人人賈馬。」戴東原除從事於考證之學之外，並及於攻擊程朱，於是理學之復活運動又起矣。此運動中之中心人物，則唐鑑曾國藩輩是也。

唐鑑之言曰：

「今夫經也者，聖人之至文也；聖人之至文，聖人之至道也；聖人之至道，人人之至道也；得人人之至道以求經而經傳；經傳而聖人之道亦傳。孟子之後，傳聖人之道以存經者，朱子一人而已。其他則大抵解說辭意者也，綜核度數者也；乃或以辭意之別於今，度數之合乎古，遂至矜耀，以爲得所未得，而反厭薄傳聖人之道以存經者，是其所以自處亦太輕矣。秦人有敬其老師而慢其師者，或問之曰：「老師衣紫，師衣褐。」或曰：「然則非敬其老師也，敬紫也。」今之遵漢經師而詆朱子者，是亦敬紫之類也，又烏足與校哉？」

曾文正之言曰：

「近世乾嘉之間，諸儒務爲浩博，惠定宇戴東原之流，鉤研詁訓，本河間獻王實事求是之旨，薄宋賢爲空疏。夫所謂事者，非物乎？是者非理乎？實事求是，非卽朱子所稱卽物窮理者乎？名目自高，詆毀日月，亦變而蔽也。」

同時，有方東樹作漢學商兌一書，舉漢學家詆毀宋儒之言，一一從而駁之，以反攻之法爲理學張目。此理學復活運動，雖嘗發端，然因其中堅人物，參與對抗太平天國之戰事，未及開花結實，而先夭折矣。

漢宋雙方之主張，可歸納爲下列各端：

甲、道之所在之異

漢學家以爲求孔孟之道不離乎古經。

例證　戴東原之言曰：「後之論漢儒者，輒曰『故訓之學云爾，未與於理精而義明。』則試詁以求理義於古經之外乎？若猶存乎古經中也，則鑿空者得乎？嗚呼！經之至者道也，所以明道者詞也，所以成詞者，未有能外於小學文字者也。由文字以通乎語言，由語言以通乎古聖賢之心志，譬之適堂奧之必循其階，而不可以躐等者。』

宋學家以爲義理根於心，不必求諸古經。

例證　陸象山之言曰：「堯舜曾讀何書？」又曰：「六經皆我註脚。」

其稍溫和者，則有主張道學問尊德性並重之朱子，其言曰：「大抵子思以來，教人之法，惟以尊德性道問學兩事爲用力之要。今子靜所說專是尊德性事，而熹平日所論，卻是道問學上多了。」（答項平甫書）

乙、道與佛教之關係

漢學家之自貴其學，謂其不爲佛說所染，其責宋學也，謂其雜以佛家思想。

例證　阮元之序漢學淵源記曰：「兩漢經學，所以當遵行者，爲其去聖賢最近，而二氏之說，尚未起也。」

戴震曰：「宋以前孔孟之書，盡失其解，儒者雜襲老釋之言以解之；於是有讀儒書而流入老釋者，有好老釋而溺其中，既而觸於儒書，樂其道之得助，因憑藉儒書以談老釋者，對同己則證其心宗，對異己則寄託其說於六經。」

宋學家中，雖有習靜與覺悟之說，然其目的，在乎立己立人，故去釋氏甚遠。

例證　王陽明之序象山集曰：「象山文集所載，未嘗不教其徒讀書窮理；而自謂理會文字頗與人異者，則其意實欲體之於身。其亟所稱述以誨人者；曰居處恭、執事敬、與人忠；曰克己復禮；曰萬物皆備於我，反身而誠，樂莫大焉；曰學問之道無他，求其放心而已；曰先立乎其大者，而小者不能奪。是數言者，孔孟之言也，惡在其爲空虛者乎？獨其易簡覺悟之說，頗爲當時所疑。然易簡之說，出於繫辭；覺悟之說，雖有同於釋氏，然釋氏之說，亦自有同於吾儒，而不害其爲異者，惟在於幾微毫忽之間而已。」

丙　心性爲虛爲實之爭

漢學家以六藝之文，百王之典爲實，其於心性之探索，則目爲空譚；反之，宋學家則謂所事切於身心者，方得謂之爲實。

例證　顧亭林之言曰：「昔之清譚譚老莊，今之清譚譚孔孟，未得其精而遺其粗，未究其本而先辭其末；不習六藝之文，不考百王之典，不綜當代之務。舉夫論學論政之大端，一切不問，而曰一貫，曰無言，以明心見性之空言，代修己治人之實學；股肱惰而萬事荒，爪牙亡而四國亂，神州蕩覆，宗社丘墟！」

戴東原曰：「以理爲學，以道爲統，以心爲宗，探之茫茫，索之冥冥，不如反而求之六經。」

朱晦菴曰：「聖賢說性命，皆是就事實上說，言盡性便是盡，得三綱五常之道，言養性，便是養得此道，而不害至微之理，至著之事，一以貫之，非虛語也。」

陸象山曰：「宇宙間自有實理，所貴乎學者，爲能明此理耳；此理苟明，則自有實行實事。」又曰：「千虛不博一實；吾生平學問無他。只是一實。」

丁　方法之爭

漢學家既以爲求聖人之道，不離乎古經，所以解經者，不離乎文字，故其下手之法，在乎訓詁小學；至於宋學家則以爲義理自義理，不應求諸訓詁文字與典章制度之中。

例證　錢大昕曰：「訓詁者，義理之所從出，非別有義理出乎訓詁之外也。」又曰：「訓詁之外，別有義理，非吾儒之學也。」

戴震曰：「後世儒者，廢訓詁而譚義理，則試詁以求義理於古經之外乎？若猶在古經中也，則鑿空者得乎？經之至者道也，所以明道者詞也，所以成詞者，未有能外於小學文字者也。」

方東樹曰：「漢學諸人釋經解字，謂本之古義者，大率祖述漢儒之誤，傅會左驗，堅執穿鑿，以爲確不可易，如以「箕子」爲「荄滋」、「枯楊」爲「姑楊」、「蕃庶」爲「蕃遮」數百千條，迂晦難通。」何義門云：「但通其訓詁，而不辨義理，

> 漢儒之說詩，皆高子也，信乎朱子有言，解經者一在以其左證之異同而證之，一在以其義理之是非而衷之，二者相須不可缺，庶幾得之。今漢學者，全舍義理而求之左驗，以專門訓詁，爲盡得聖賢之傳，所以蔽也。」
>
> 方東樹又曰：「至謂古聖賢義理，卽存乎典章制度，則訓詁以經典所載曰欽、曰明、曰安、曰恭、曰讓、曰愼、曰誠、曰忠、曰恕、曰仁、曰孝、曰義、曰信、曰慈、曰儉、曰懲忿窒慾，曰遷善改過，曰賤利重義、曰殺身成仁，反而言之，曰驕泰，曰奢肆，曰苟妄，曰自欺，曰讒諂，曰貪鄙。凡諸義理，皆關修齊治平之大，實不必存乎典章制度，豈皆爲異端邪說歟？」

漢宋兩派爭執之中心問題，不外如上所舉。吾人以今日之眼光評之，漢學家所研究者爲文字，爲名物，謂爲近於西方之文字學，考古學可也；宋學家自心性之微處，以求人之所以行己立身，與夫治國平天下之道，其所研究有屬於形上學，有屬於心理，有屬於倫理，簡而言之，可稱爲哲學。一方既爲文字學，他方則爲哲學，在今日言之，不特不能以甲方打倒乙方，且兩方之間，雖欲衝突而不可得。何也？爲文字學者，考文字之解釋，古書之眞僞，與夫名物之由來，何能與以形上學以倫理爲對象之哲學發生衝突乎？雖然，雙方之爭執，起於吾國之古代典籍。一以欲求聖人之道，舍古經莫由，故當從文字訓詁下手。一則以爲求聖人之道，雖不離乎典籍，然所以判斷典籍中之難題者，不能不以心中之義理爲斷；可知心中之義理，自爲判斷一切之最後標準。如是言之，所謂漢宋兩派之爭，不起於其研究之對象，不起於兩種學問之本身，而起於古代典籍之是否代表全部義理，與夫所以瞭解古代典籍者，應由文字入手，抑另有所以判斷之標準在也與否之問題也。

吾人先將理學之性質解釋一番，俾世人曉然理學之所以成立，自有其自強之根據，非漢學家所得而任意推翻。所謂理學之根據有二：一曰思想系統，二曰概念。凡所以成爲一科之學者，自有其思想，自有其系統；科學然，哲學然，乃至吾國之理學亦無不然。有天道焉，如所謂太極、無極、理氣是。有人道焉，如心、性、情、慾是。自濂溪而後，此學自成一種統系，且確有超出古經之外者。若窮其由來，亦惟曰思想力實爲之，與古經之出於古先哲人之心思者一。若必取後人之思力從而否認之，則後人之學將無能出乎前人之上者，此斷乎其不可通者也。凡所以成學者，既有其系統，而其爲之單位者曰概念；由概念之連貫，而其系統以成。譬之朱子輩之言理，必舉孟子心之所同然之言以解釋之，而戴東原舉木中紋理，或文理密察之言以解釋之。一以爲理在心，故引孟子之言以說明之；一以爲理在外，故以木石爲之證驗。凡此解釋之不同，初不關乎文字，不關乎小學；蓋由哲學立場之不同，而理之概念因之以異；卽其他概念之異同，亦以此根本立場之異爲之根。戴氏雖以文字訓詁爲護符，實則其所以自成一家言者（如孟子字義疏證）初非字義之疏證，乃其自創之哲學學說也。讀者誠明此二義，可知理學之所以爲理學，自有其最堅強之根據，非古經與小學所得而範圍之。自今日學術之性質言之，一爲文字典籍之考證，一爲義理之探求，雙方各有其範圍，各有其方法，彼此間正不必有所詆誹也。

第二　宋代學術之評價

以上所言乃就清代學者所以排濂、洛、關、閩、與爲陽明之學者而言之也。吾人更進而窮之，則有應考察者三事：第一所謂宋學云云，如濂、洛、關、閩之理學家，是否不講考據與訓詁之學乎？所謂宋學云云，但以濂、洛、關、閩，爲代表之說法，對於宋代學術之評判是否公允乎？江藩氏有言：「經術一壞於東西晉之淸譚，再壞於南北宋之道學。」宋學家對於古經所負之責任，果如是重大乎？此三問題，吾人處今日應以無偏無黨之精神，加以研究者也。

江藩氏之言曰：「宋初承唐之弊而邪說詭言，亂經非聖，殆有甚焉，如歐陽修之詩，孫明復之春秋，王安石之新義是矣。至於濂洛關閩之學，不究禮樂之源，獨標性命之旨，義疏諸書，束諸高閣，視如糟粕，棄等弁髦，蓋率履則有餘，考鏡則不足也。」

同時，淸代漢學家所主持之四庫全書總目亦有言曰：「洛閩繼起，道學大昌，擺落漢唐，獨研義理，凡經師舊說，俱排以爲不足信。」

此江氏與四庫全書總目之言，自吾人今日觀之，不可謂爲持平。蓋一時代之精神，漢代學者，以守家法爲務，此漢代之精神也；宋代學者，讀古人書，求發前人之所未發，此宋代之精神也。當淸人以漢代爲宗之日，自然以恢復漢人成法爲唯一能事；然就學術之進步言之，則發前人所未發之舉，安得而一概抹殺？朱子嘗序呂氏家塾讀詩記曰：

> 唐初諸儒作爲疏義，因爲踵陋，百千萬言，而不能有以出乎二氏（指毛鄭而言）之區域。至於本朝，劉侍讀，歐陽公，王丞相、蘇、黃、與河南程氏，橫渠張氏，始用己意，有所發明，雖其淺深得失，有不能同，然自是之後，三百五篇之微詞奧意乃可得而尋繹，蓋不待講於齊魯韓氏之傳，而學者已知詩之不專於毛鄭矣。」

魏安行序孫明復之春秋尊王發微曰：

「六經皆先聖筆削，而志獨在於春秋者，賞善罰惡尊天子而已矣。奈何傳注愈多，而聖人之意愈不明？平陽孫明復先生，與學遠識，屏置百家，自得褒貶之意，立為訓傳，名曰尊王發微，其詞簡，其義明。」

自清代言之，以宋人之擺落漢唐為非；自宋代言之，則以不出前人範圍為陋，而以始用己意有所發明，屏置百家，自得褒貶之意為高。可知一時代有一時代之風氣，安可以甲代為定是，乙代為定非乎？

吾人姑讓一步言之；治經者不應有所發明，應以守古人成法為務，應從訓詁考證為下手法門，則朱子於此，可以比美清代漢學家而一無媿色！陳東塾於其讀書記中，列舉朱子尊重漢學之說，茲引二三條為之證：

「朱子論語訓蒙口義序云：『本文注疏以通其訓詁，參之釋文以正其音讀，然後會之於諸老先生之說，以發其精微。』

學校貢舉私議云：『其治開也，必專家法。天下之理，固不能外於人之一心；然聖賢之言，則有淵奧爾雅而不可以臆斷者，其制度名物，行事本末，又非今日之見聞所能及也，故治經者，必因先儒已成之說而推之。借曰未必盡是，亦當究其所以得失之故，而後可以反求諸心，而正其謬。此漢之諸儒，所以專門名家，各守師說，而不敢輕有變焉者也。』

惟朱子之立論如此，陳東塾乃曰：「朱子自讀注疏，而譏深不讀注疏者。……近時讀注疏者乃反訾朱子，皆未知朱子之學也。」此可謂持平之論矣。

清代漢學家閻若璩之古文尚書疏證，羣推爲大著也。然古文尚書之僞，朱子語類中已屢言之矣：

「尚書孔安國傳，此恐是魏晉間人所作，託安國爲名，與毛公詩傳大段不同。今觀序文亦不類漢文章，如孔叢子亦然，皆是那一時人所爲。

某嘗疑孔安國書是假書，如毛公詩如此高簡大段，爭事漢儒訓釋文字，多是如此，有疑則闕，今此確盡釋之，豈有千百年前人說底話，收拾於灰爐屋壁中，與口傳之餘，更無一字訛舛，理會不得。兼小序皆可疑，堯典一篇，自說堯一代爲治之次序，至讓於舜方止，今卻說是讓於舜後，方作舜典，亦是見一代政事之終始。卻說歷試諸艱，是爲要受讓時作也。至後諸篇皆然。況先漢文章重厚有力量，今大序格致極輕，疑是晉宋間文章；況孔書至東晉方出，前此諸儒，皆不曾見，可疑之甚。然漢儒以伏生之書爲今文，而謂安國之書爲古文，以今考之，則今文多艱澀，而古文反易平，或者以爲今文自伏生女子口授，鼂錯時失之，則先秦古書所引之文，皆已如此，或者以爲紀錄之實語難工，而潤色之雅詞易好，則暗誦者，不應偏得所艱，而考文者，反專得加所易，是皆有不可知者。至諸序之文，或頗與經不合，如康誥酒誥梓材之類；而安國之序，又絕不類西京文字，亦皆可疑。獨諸序之本不先經，則賴安國之序而可見。故今別定此本，一以諸篇本文爲經，而復合序篇於後，使覽者得見聖經之舊，而不亂乎諸儒之說，又論其不可知者如此，使讀者姑務沈潛反復，平其所易，而不必穿鑿傅會於其所難者云。」

朱子對於詩不信毛序，其言曰：

「詩序之作，說者不同，或以爲孔子，或以爲子夏，或以爲國史，皆無明文可考，惟後漢書儒林傳，以爲衛宏作毛詩序，今傳於世，則序乃宏作明矣。然鄭氏又以爲諸序本自合爲一編，毛公始分以寘諸篇之首，則是毛公之前其傳已久，宏特增廣而潤色之耳。故近世諸儒多以序之首句爲毛公所分，而其推說云云者，爲後人所益，理或有之，但今考其首句，則已有不得詩人之本意，而肆爲妄說者矣，況沿襲云云之誤哉。然計其初，猶必自謂出於臆度之私，非經本文，故且自爲一篇，列附經後；有以尚有齊魯韓氏之說並傳於世，故讀者亦有以知其出於後人之手，不盡信也。及至毛公引以入經，乃不綴篇後，而超冠篇端，不爲注而直作經字，不爲疑詞而遂爲決詞。其後三家之傳又絕，而毛說孤行，則其牴牾之迹，無復可見。故此序者，遂若詩人先所命題，而詩文反爲因序而作，於是讀者轉相尊信，無敢擬議，至於有所不通，則必爲之委曲遷就，穿鑿而附合之，寧使經之本文繚戾破碎，不成文理，而終不忍明以小序爲出於漢儒也：愚之病此久矣。」

此亦可謂疑古精神之至顯著矣！奈何漢學家於清儒則揚之，於宋人則抑之，何其尺度因人而施之不同至於如是乎？

況乎就朱子所注四書，其尊重漢儒之注，隨在可見。陳東塾評論語集注云：「朱子集注，多本於何氏集解，然不稱某氏曰者，多所刪改故也。……」讀朱注者，皆不讀集解，遂不知朱注所自出矣。友人姜忠奎近作中庸鄭朱會箋，比較兩家之注，謂朱注多與鄭注合，且言鄭朱非兩不相容之軍壘；可知江氏所謂「義疏諸書，束置高閣」之語，斷不適用於朱子矣。

吾人由此可以定宋人對於古經埋沒所應負之責任矣。清儒之所深惡，則爲漢儒所注古經之湮沒，江藩有言：「易用輔嗣而廢康成，書去馬鄭，而信僞孔，穀梁退糜氏而進范寧，論語則主平叔」此三十餘字，江氏對於孔冲遠朱子奢之定讞也。旋又繼之以詞曰：

「宋初承唐之弊，而邪說詭言，亂經非聖，殆有甚焉！」

漢儒各經所以寖微之故，試略爲之考訂，則宋人對於各經之態度可知矣。易之爲書，王弼始有新解；王氏學說之所以流行，四庫總目論之曰：

「易本卜筮之書，故末流寖流於讖緯，王弼承其極弊而攻之，遂能排擊漢儒，自標新學。」

可知康成之易之所以廢，屬於晉人之事，與宋儒無涉。至宋時，況有周易鄭康成註，出之王應麟之手，早於惠棟鄭氏周易者約有五六百年之久。書之僞孔傳，始於晉而盛於唐，獨有朱子始起而疑之。至閻若璩嚴今古文之辨，而古文尚書疏證以成。可以證朱子之無負於古經。春秋三傳之學，江藩氏嘗謂「至唐趙匡啖助陸沈始廢傳譚經，而三傳束置高閣，春秋之一大厄也。有宋諸儒之說春秋，皆啖趙之子孫而已。」竊以爲所以治經者，不外求聖人之義法，與其求之於釋經之傳，何如直接求之於經？此亦人心之趨向有必至者，不足怪也。宋之治春秋，有譚經者，有求諸傳者，不能一概而論，茲以葉夢得書證之。葉夢得著春秋傳，以孫明復之春秋尊王發微，主於廢傳以從經，蘇轍春秋集解，主於從左氏而廢公穀，故其書以參考三傳爲本，其自序中，先述春秋之性質曰：

「夫春秋者史也，所以作春秋者經也，故可與天下通曰事，不可與天下通曰義。左氏傳事不傳義，是以詳於史而事未必實，以不知經故也；公羊穀梁傳義不傳事，是以詳於經而義未必當，以不知史故也。由乎百世之後，而出乎百世之上，孰能覈事之實，而察義之當歟？」

於是葉氏自答之曰：「不得於事，則考於義，不得於義，則考於事，事義更相發明。」是以葉氏書之並重三傳明矣。他若胡文定之春秋傳通例通旨，事案左氏，義取公穀；劉敞之春秋傳，呂大圭之春秋或問，皆參用三傳之文；可知宋代初未嘗廢傳談經。若以合三傳而一之，視爲不合於漢朝治經家法，則又另爲一事矣。至於所謂論語則主平叔，自爲唐人之事；

然於下文「宋初承唐之弊」一段中，竟將朱子對鄭趙兩家之推崇，絕無一字表而出之，可知其所以抑之者惟恐不力，其有可以表彰之者，則置不復道。至於歐陽修之詩本義，江藩以爲不祖毛公之第一書，其言曰：

「自漢及五代未有不本毛公而爲之說者，有之，自歐陽修本義始，於經義毫無裨益，專務新奇而已。」

然歐陽文忠之公序曰：

「後之學者，因迹先世之所傳而較得失，或有之矣；使徒抱焚餘殘脫之經，倀倀於去聖人千百年後，不見先儒中間之說，而欲特立一家之學者，果有能哉？吾未之信也。」

可知歐陽文忠公亦主張窮竟先儒之說，未嘗以新奇爲專務也。吾人自大體觀之，宋儒自義理以求通經，反之於一己之身心，故各經經其解釋之後，令讀者殊覺其親切有味，乃能使千百載以前之經書，與今日之人心發生關係，其爲有補於學術，復何待論？即其持論有與漢儒不相符者，亦出於發明義理之苦心，不得目爲「亂經非聖」！蓋不守漢儒家法，何能與「非聖」混爲一談乎？

竊以爲評論宋儒之得失，當就其對於學術全部觀之，乃可達於公允。若如江藩氏以漢代學說之存否，定宋人之功罪，則宋代對於吾國文化之貢獻之眞面全失矣。宋代爲吾國思想史上戰國以降第一蓬勃之時代，新學術新方法，由宋儒開其端者，不勝枚舉，茲略表而列之：

第一　理學由邵、周、程、張創始於北宋，朱、陸、繼承於南宋。

第二　經學如伊川之易傳，胡安定之春秋口義，王氏周禮新義，歐陽修詩本義，發前人所未發，爲漢以來經學界開一新局面。

第三　史學如司馬溫公之資治通鑑，袁樞之通鑑紀事本末，與鄭樵之通志，皆爲獨闢蹊徑之書。

第四　說文一書，由宋承五代之後，令徐鉉氏爲之校正，使千載以上之文字學典籍，益臻明備。鄭樵作通志中之六書略，將象形、指事、會意、轉注。諧聲、假借等，更就每一類分之爲小類。象形之中，一曰形兼聲，二曰形兼意；指事之中，一曰事兼聲，二曰事兼形，三曰事兼意，以下四類之小類，姑略之。此皆宋代所特創，前世所未聞焉。

第五　輯逸之工自宋人始，曰王應麟之周易鄭康成註，及詩考等。

第六　金石款識之學，有歐陽之集古錄。有呂大臨之考古圖者。

宋代對於學術界之創造工作如是，謂爲清代之漢學家開風氣之先可焉。奈何爲反對理學之故，乃並其全部貢獻而抹煞之？此吾所大惑不解者也。

第三　漢學家在學術上之成績

清代學術運動之大動機，曰反於明學之空疏而已；去理學家所討論之心性理氣，而反諸古經而已。其初期黃、顧、王、顏四家，各有其救國與治學之志趣，與後來之惠、戴初不相涉；其所以卒成惠、戴之學者，由於吾國除古經以外，無可以爲實事求是之憑藉者，苟當日之思想界早有如西洋哲學與科學之對立，或哲學上唯心與唯物兩派之對立，則康乾以後之學術界，決不僅以返諸漢代爲其全運動之惟一方針矣。奈明末清初，既以王學爲空疏而求其不空疏者，除古經以外，別無他物，於是乃以求唐宋以來久已汨沒之古籍之復活，爲惟一能事，有尙書今古文之爭，有「凡漢皆好」之惠氏主張，有惟求其是，而不必漢代一家家法是尊之戴震，最後更有所謂今文學學派。此各家之注目處，雖有不同，然其搜漢代古籍之原形一也，求漢代當時之眞解一也。如今文學家之言，謂由此運動得孔子所刪定各經之眞相，得孔子之眞思想，則斷乎其不然。何也？古文尙書卽令僞矣，其與之對待之眞者，僅爲伏生之二十八篇，其果爲孔子之書與否，不可知也。春秋之義，卽令以何休之公羊傳爲準，亦僅爲公羊與何休之所以解春秋者，其果爲孔子之春秋與否，不可知也。詩卽令不用毛傳，而用齊魯韓三家之詩，亦僅成其齊魯韓三家之詩，其果爲孔子所刪定之詩否，不可知也。至於禮本存鄭康成之舊註，漢代以來，未之或改，易去王肅而返於康成。於是吾人可以斷言：清學者治學之理想，曰求返於漢初所立之十四博士所用之舊本而已，求返諸鄭康成與許叔重而已。再伸言之，晉唐以來所確認之各經註疏外，復添一種今文家，或鄭康成之註疏而已，其去孔子刪定各經之原形如何，則不可知也。

今文學派好以僞字加諸「古文」之前，如曰「僞古文」，一若彼之所得者爲眞本，其屬於古文派者爲僞。吾人今日以不偏於家法之眼光觀之，自西漢以來，有久已確立之十四博士之學說，有劉歆等立之左氏傳，逸禮三十九篇，與書十六篇，其同爲當時之一種學說或本子一也；所以別者，一立於博士，而一則否，非能以眞僞爲二者之分界，一若先聖所遺留，一出於後人之僞造也。在劉歆責讓太常博士之日，與夫東晉梅賾古文尙書未出之前，其爲古文者，世人初未嘗以僞目之。劉歆之所以責博士者曰：「今則不然，深閉固拒，而不肯試，猥以不誦絕之，欲以杜塞餘道，絕滅微學。」可知西漢博士僅以不誦爲拒絕之理由，未嘗視之爲僞焉。當東漢杜林衞宏之日，古文尙書猶有存者；及乎晉豫章內史梅賾上孔傳諸文尙書，增多二十五篇，此即孔穎達之所疏注、唐宋以後所傳，而閻若璩所駁正者也。此書作僞之迹顯然，故駁校亦易爲力。至於其他各種，若左傳，若詩，若逸禮，雖有今文家言，然無僞本可爲攻擊之資，故雖有駁之者，而不若閻若璩破敵之易。況若左氏之本屬古文，毛詩之有鄭箋，三禮之鄭註，歷唐宋未之或改者，其不易搖動更不待論矣。惟其然也，清儒之所成就者，爲西漢之今文家爭得一種地位，至於鄭康成之威權，絕不稍受影響。蓋終清世僅造成一個今古文並存而已。各經之中，除尙書一書而外，絕少爲今文家所推翻者。清代漢學家之所成就，在經之本子猶小，而在其實事求是之工作則甚大，其駁前人之說，必臚舉若干證據，求之各書而無不通者，而後信以爲眞。始爲閻若璩之古文尙書疏證，與胡渭之易圖明辨，次有惠氏惟漢是宗之主張，最後則有戴氏之方法。錢大昕稱之爲實事求是，不主一家，其始也發動於經，漸次及於小學、子學、與史地、金石諸學。凡古書之不易讀，不易通者，經清人之硏究，而今日讀之，則疑難渙然冰釋，此則由於古書眞僞考證中所得之副產物，而其重要性更過之矣。

清代如江藩氏雖自標曰漢學，然漢代人所主張是否盡合於眞理，盡合於孔子之意，吾儕實未敢信。假令漢代之學說如災異，如陰陽五行，如讖緯，使不因其後人之作僞而盡保其眞面目，其有用於今日與否，未可知矣。戴震氏知其然也，於惠棟之惟漢是宗之標準棄之，而別求其必「徵諸古而靡不條貫」之方法。可知吾儕今日之所當問者，不在乎漢不漢，而在乎漢人學說之適用於今日者安在？

梁任公稱戴段二王等之治學，爲合於科學方法，詳見於其所著淸代學術概論中，茲不煩引。吾以爲自文化史上之功績言之，漢代與漢學家之所以貢獻於吾國者，不僅其文字訓詁之考證，蓋別有其重且大者矣。

第一、漢學家保存古籍，鍾泰於其所著中國哲學史有言曰：「秦之遇儒至虐，故儒之處境至苦，而惟其處境至苦，乃以成其自守之堅。秦禁偶語詩書，而伏生之尙書即以口授而傳，詩三百篇，亦以諷誦而得不絕。禁藏詩書百家語，令下三十日不燒者，黥爲城旦；而異日之古禮逸書，即出於壁中。蓋當秦漢之交，儒者抱殘守缺出入於死生之際者，不知其幾何人矣。故三代古籍之存而不失，一皆儒者之力，而他家不與焉。」又曰：「不特此也，自是以來，其校定諸子者，如成哀時之劉向父子，安帝時之劉珍，順帝時之伏無忌、黃景，即皆儒者。是不獨六藝因儒者而復顯，即諸子亦賴儒者而後傳。漢以前儒爲九流之一，漢以後儒爲百家之宗。嚮使無儒，則中國學術之亡久矣。」此漢學家之抱殘守缺，適以延吾族文化之壽命，應特別表而出之者也。

第二、漢學家之義理　陳東塾之言曰：「漢儒說經，釋訓詁明義理，無所偏尙，宋儒譏漢儒講訓詁而不及義理，非也。近儒尊崇漢學，發明訓詁，可謂盛矣。澧以為漢儒之說，醇實精博，蓋聖賢之微言大義，往往而在，不可忽也。」試舉陳氏書中之若干條如下。鄭氏之釋天曰：「天者羣神之精，日月星辰，其著位也。」其釋陰陽曰：「陰陽助天地，養成萬物之氣也。」白虎通之釋聖人曰：「聖人者何？聖者通也，道也，聲也，道無所不通，明無所不照，聞聲知情，與天地合德，日月合明，四時合序，鬼神合吉凶。」鄭氏釋禮曰：「禮者體也，履也，統之於心曰體，踐而行之曰履。」趙岐釋道字曰：「道謂陰陽大道，無形而生有形，有形舒之六合，卷之不盈握，包絡天地，稟授羣生者也。」漢儒之言中，亦自有其義理，不僅以治訓詁為能事，惟其立言樸實，尚未達於如宋儒受佛教影響後之精微，此其所以異也。

第三、漢學家治算曆之學　漢書劉歆傳曰：「典儒林史卜之官，考定律曆，著三統曆譜。」鄭玄傳云：「始見京氏易，公羊春秋，三統曆，九章算術。」鄭興傳曰：「天鳳中，將門人從劉歆講正大義，（註左氏義）歆美興才，使撰條例章句訓詁及校三統曆。」何休傳曰：「休善曆算。」可知漢之經生，同時兼治天文算學，迄於清代，此風不替，故惠棟著交食舉隅，戴東原著天文略、勾股割圜記、與曆問、古曆考等書，錢大昕講九章算學及歐羅巴測量、弧三角諸書，可謂善繼漢代之志者矣。

第四、漢學家考定文字演變　漢學家既以識字為讀書之法門，特注重小學。鄭樵之言曰：「經術之不明，由小學之不振；小學之不振，由六書之無傳，傳聖人之道，惟藉六經，六經之作，惟務文言，文言之本，在於六書，六書不分，何以見義？」孫星衍序說文曰：「唐虞三代五經文字燬於暴秦，而存於說文，說文不作，幾於不知六義。」又曰：「說文作後，鄭康成注經，晉灼注史，已多引據其文。」夫許叔重爲文字學開山之祖者無論矣，徐鉉之精校說文，與夫鄭樵之六學，何能不認爲許氏之功臣？至於清代段玉裁繼許徐而起，著說文解字注，蓋本戴氏嚴正之研究法，以施之於許氏書者也。

第五、漢學家對於典章文物之精審　漢學家對於文字形義，既一毫不輕放鬆，同時對於歷代典章文物，必求其至確而不疑之狀，禮制中之喪服也，兵車之制也，與夫古代之器皿也，其所以研究之者，類於今日科學家之必以數字爲憑。蓋漢學家具有數學頭腦，於名物之圖形與制度之數字，斷不令有毫忽之差，此其所以不可及也。

漢學家研究之範圍廣矣，如日食，曆算等，在今日爲數學，爲天文學，爲天文學；若考工記，在今日爲工程學；若明堂，宮闕，在今日爲建築學；若溝洫，兵車，在今日爲水利，爲軍制；若音韻學，方言學，在今日爲語言學。吾儕處二十世紀，所以治此諸學者，自不能悉仍漢學家之舊法，而其正確精密之心思，在千百年後之今日，猶可爲吾人師法，若專以考證訓詁爲漢人之專長，則不免於自貶漢代之成績矣。

結論

吾所欲爲國人告者，漢學宋學之性質，非對立而不相容，如清儒所想像焉。若但就狹義言之，以考證爲漢學家之事，以義理爲宋學家之事，此兩派各有其不可動搖之地位，已如前述。蓋一國中之學術，以思想爲源泉；古代之典籍，無一不出於其民族之思想；即其至神聖之文字，亦其民族之思力爲之。故象山有「堯舜曾讀何書」之語，無非表示書本之上，應以思力，應以義理，爲理智之源頭而已。思力之變遷無窮，學術因之而演進；其不能以古代之典籍限制後人之思想，有斷然者。況乎民族之所以成為民族，有其治學方法，則不能離名（論理）與數（數學）；其待人接物不離乎倫理、與政治。若此者，可謂為學理方面之義理與人生方面之義理，人生之演進無已時，斯義理之探求亦無已時，此則宋學家之所為，自其為吾族樹立一種義理標準言之，在此千餘年中，確能有所貢獻者也。有思力矣，有義理矣，則不能不形諸文字與書本之中。誠以古今中外之國家，無不有文字，無不有書籍，無不有典章與名物，此數者，皆起於數千載之前，而文字有變遷，書籍有疑信，制度有興替，名物有存亡，於是考證之學因之以起。其在歐洲，以之屬諸文字學家；其在吾國，謂為漢學家之文字訓詁與名物考據。此種工作，自為學術界之一種，然不能以此而廢止理學家之思想與義理，何也？理學之基礎在思索，在義理，漢學家之基礎在文字。理學自成一思想系統，漢學家但求諸一名一物之間之義理，又可定生活之標準，由各時代之人，思索而後得；名物之考證，惟有求諸古紙堆中。二者之分界至明，其不必以甲打乙或以乙打甲明矣。質言之，以宋學家之工作，施諸思想，施諸義理，求吾人之宇宙觀，人生觀；以漢學家之工作，施諸文字，施諸名物，以求考古之正確，此兩者可以同時並存之明證也。更就廣義言之，則宋學漢學，彼此乃互倚而不可互離。以文字書籍之考證，名之為漢學，其為考證之學者豈獨鄭康成與許叔重，卽歐陽文忠之易童子問，詩本義，與司馬溫公之疑孟，朱子之疑古文尚書，與王應麟之輯逸，亦應以考證學視之。自學術言之，當但問其問題性質之相同與否，不當因其人之生於何代而強分漢宋。此言乎宋學之工，可以歸諸漢學之中也。反之，以漢學家之注疏言之，鄭康成曰：「禮者，體也，履也；統之於心曰體，踐而行之曰履。」此明明以身體力行之義解釋禮字，安得僅視為小學之訓詁乎？鄭康成又曰：「易有三義：易簡一也，變易二也，不變三也。」此亦先藏三義於胸中，而後下此「易一名而三義」之語，此言乎漢學之工，可以歸諸宋學之中也。以經之字句言之，如春王正月，大一統也，此在漢學家視之。名之曰公羊之家法，然實則尊王之義，君君之義，已隱伏於「王正月」三字之後，此言乎字句之不離乎義理也。即以「一」字之訓詁言之，其釋一字曰：「惟初太始，道立於一，造分天地，化成萬物。」此「一」字之義果得之於一字本身乎？抑得之於「一」字在文字全體中之意義乎？其釋「示」字曰：「天垂象，見吉凶，所以示人也，從二三垂日月星也，觀乎天文以察事變，示神事也。」此「示」字果得之於示字本身乎？抑得之於「示」字在文字全體中之意義乎？此言乎文字之不離乎義理也。如是，漢宋兩派之性質誠能分析明白，則兩家各有其範圍與方法，彼此可以各自發展，而不必互視為仇敵。若從廣義言之，尤見兩家應相倚而不應相離，換詞言之，漢不離宋，宋不離漢。

誠如是為之，漢宋兩派之互相詬誶，其可從玆已矣。不獨此也，合以義理為主與以訓詁為主之兩派經籍註疏於一爐，可以為經學另開一新面目。更就將來之思想途徑言之，以漢學家之精神，發揮之於考古學，文字學，史學，以宋學家之精神發揮之於哲學，或人生觀，豈非中庸所謂「萬物並育而不相害，道並行而不相悖，」而為吾哲學界之大幸事乎？

五、與美國邏輯實證派花格爾氏略論東方直覺主義

本篇原文爲英文，載美國東亞哲學彙刊。王春先生漢譯

孟子（西前三七二——二八九？）者，百花齊放，諸子爭鳴之戰國時人也。其時，彼卽知夫虛妄語言之內實焉。其答門人公孫丑「何謂知言」之難曰：

詖辭知其所蔽。淫辭知其所陷。邪辭知其所離。遁辭知其所窮。

夫語言爲達意通情之具。然曖昧，冗贅時生。故於哲學語言之不斷鑑衡以驗其名之應實焉否，乃必要者。吾華俗諺有曰，名但客耳，唯實爲主；換言之，後者爲尤要也。以名不應實則成無謂故也。

當哉，邏輯實徵派之置重語言分析也。然於此應溯及法蘭西斯・培根，蓋彼曾一勘哲學舛謬之源。彼稱無謂之名爲偶像。然邏輯實證派之於語法分疏也輒越語言分析而過之。彼輩常倡言摒棄形而上學與倫理學卽其實例。此確然侵及哲學之領域矣。花格爾教授「就科學經驗主義論衡直覺」一文卽如是者。於此文中，花氏全神貫注於直覺一名之曖昧含義，謂斯名之用義多至七種。彼因之否認直覺爲一純正知識焉。

夫人心內明直照之直覺，顯有異於觀察，實驗，證明之經驗，科學方術。然此不卽謂彼直覺適與人類經驗相違也。經驗明示，倫理或形而上學之判斷，僅能於資料已爲觀察所集聚並對該等資料加以思考之後以形成之；而此種判斷乃緣是非之義，相契毋違之邏輯原理，與夫天地靈明（intelligibility of the universe）而立。於焉，判斷形式乃具有心理學，邏輯，倫理學，形而上學之依據，無之則任何一說卽不能以判明之形式陳述之矣。此卽倫理學與形而上學諸原理所以存在而有效之理據焉。

既有此爲引說矣，吾將轉至直覺本題。蓋本文之旨趣乃在明示自古以來——大早於科學經驗論著見於世以前——東方聖哲已獲致諸多誠諦不虛之結論。彼等必已緣科學經驗論以外之方，如理致知或獲達眞諦，而此種方術，一如吾人之所將見及者，直覺是也。故吾將依吾華賢哲之用義以集論直覺。

一、孟子：直覺論之鼻祖

孟子，直覺主義運動之鼻祖，倡言爲萬物之靈之人者必有是仁、義、禮、智之四端也。仁者，一如吾華文所示，蓋相「人」、「偶」耳。是此端卽指人對人之關係者。義者能使人別乎是非之一端也。禮者莊敬也，由之而儀文生焉。智者明殊物之知，別彼此之能也。此四端者皆價值判斷之洪範也。彼等皆不顯豁於人之兒時；方其顯也，人卽依之以形成其德慧知術之判斷矣。孟子並擧援者乍見孺子入井時之心情以證定其凡人有是四端之說曰：

> 所以謂人皆有不忍人之心者，今人乍見孺子將入於井，皆有怵惕惻隱之心。非所以

內交於孺子之父母也。非所以要譽於鄉黨朋友也。非惡其聲而然也。

孟子觀援人之應物乃自然而無其他動機者。故彼續論上舉之四端爲天賦而有待顯發者曰：

由是觀之，無惻隱之心，非人也。無羞惡之心，非人也。無辭讓之心，非人也。無是非之心，非人也。

惻隱之心，仁之端也。羞惡之心，義之端也。辭讓之心，禮之端也。是非之心，智之端也。

凡有四端於我者，知皆擴而充之矣。若火之始然，泉之始達。苟能充之，足以保四海。苟不充之，不足以事父母。

方孟子重明吾人固有之四端也，彼亦深知凡人品性之多有賴於其敎、養，亦即外緣焉。此下所言正明示斯意，其言曰：

富歲之子弟多賴，兇歲子弟多暴。非天之降才爾殊也。其所以陷溺其心者然也。今夫麰麥。播種而耰之。其地同，樹之時又同。浡然而生。至於日至之時，皆熟矣。雖有不同，則地有肥磽，雨露之養，人事之不齊也。故凡同類者舉相似也。何獨至於人而疑之？聖人與我同類者。

以下引述卽孟子之直覺知識——良知論。論曰：

> 人之所不學而能者，其良能也，所不慮而知者，其良知也。孩提之童，無不知愛其親也。及其長也，無不知敬其兄也。
>
> 親親，仁也。敬長，義也。無他，達之天下也。

孟子且重是非之性。彼謂此屬自明之理。故曰：

> 魚，我所欲也，熊掌，亦我所欲也。二者不可得兼，舍魚而取熊掌也。生亦我所欲也，義亦我所欲也。二者不可得兼，舍生而取義也。

中國人於道德義務，亦卽是非之探論，乃集注於個體於人生中當位盡分之一點。故以之與西人者相較則尤著人道者，蓋以西人所論厥爲何者謂善，何者謂福，何者謂樂。此乃尋伺一理論與客觀之基礎者焉。孟子反乎是，故續謂：

> 生亦我所欲，所欲有甚於生者，故不爲苟得也。死亦我所惡。所惡有甚於死者，故患有所不辟也。
>
> 如使人之所欲，莫甚於生，則凡可以得生者，何不用也？使人之所惡，莫甚於死，

> 則凡可以辟患者，何不爲也？
> 由是則生而有不用也。由是則可以辟患而不爲也。

於焉，孟子乃以是、善、或道德於人爲自明者。人應操存之而勿喪。彼曾舉例以明人之不得不擇善也。其例爲：

> 一簞食，得之則生，弗得則死；嘑爾而與之，行道之人弗受。蹴爾而與之，乞人不屑也。

吾人察知，孟子之直覺論乃基於諸般要素者，此如：人之性情或四端，人心之所同然，以及於人之一生當中所作之諸項決定。是以此種直覺，乃不同於直觀，蓋直觀雖爲人所自知與自持，而其但爲全程之一部則昭然若揭焉。縱令此外種種要素確然具有客觀之基礎，吾敢信花氏猶必屏絕之者，唯在於直觀爲構成直覺本質之重要部份耳。

花氏謂科學經驗論乃典型之西方思想。彼亦知西方哲學中有直覺主義學派，且註云東方哲學中亦有是存焉。考非獨（Phaedrus）篇，彼柏拉圖持論知識依於哲學靈魂之先天直覺義理者，花氏必知之熟耶，又後天學疏（Posterior Analytics），彼亞里士多德（Aristotle）宣言一應科學必基於彼非推知而唯直認之原理者，花氏亦必知之熟稔耶。

吾不欲煩言西方直覺主義者之詳，然不一舉近代與當代英國直覺主義諸賢，亦必不允當也。彼莫爾者（G. E. Moore），其哲學固有異於孟子者焉，然孟子之能與於下舉莫氏之言則斷斷然也。其言曰：舉凡本然善者，必有如是之特性焉；即凡事態如含有是特性，則行為者能為某一將產生彼事態之行為之事實，乃與行為者當為是一行為之設定密切相關者也。此實孟子良知、良能說之翻版也。

莫爾之外，伊文、瑞奇雅、卡銳、布若以及羅思亦必須一提焉。此四君子者，世咸知為義務論宗，故在彼特重權利與義務之意義也。然彼等僉認權利義務為一物而直覺覺知者之說者也。是故吾華之直覺主義乃為西洋時哲如是背認也焉。

二、宗　門

孟子之後，中華哲學曾一度寥落。於焉佛教乃乘此良機弘傳於中國。梵文佛典翻譯，乃佛教於西前一世紀傳入中國之後與其教義深入中國人心之前數百年之主要工作。禪（靜慮）宗興於西元第五世紀。此宗直認凡人皆有佛性。此顯即佛教符契於孟子人皆可以為堯舜之說者也。在能者宗門六祖惠能大師之倡導下，人性本善之觀點咸是認焉。以是乃促成孟學之復興。而儒教與佛教於焉互滲交融而由同一方向繼進。惠能之良知觀，彼由禪門碩德所現示者；後乃弘傳於諸儒者之中。

於此一述禪宗之發展史略將有裨益焉。考禪宗為菩提達摩之所創，彼約於西元四七〇至四七五年間即來吾華矣。吾華人傳述其教言乃一如下述：

教外別傳；

不立文字；

直指人心；

見性成佛。

其徒慧可，常謁之曰：「我心未寧，乞師與安。」達摩答曰：「將心來與汝安。」可良久曰：「覓心了不可得。」達摩曰：「我與汝安心竟。」

此種極其難解之玄言，敎示吾人彼人心者乃在於人之自己，而唯能自知也耶。他人無益於其知也。是達摩之敎示人必自安自心而無他求。以心靈之行業乃自知而自明者，彼斷斷乎不可以物理或客象彰之，亦不可以邏輯證之也。

方宗門之得勢，巍巍然而其他諸宗咸拱之之時也，乃予諸儒者一大刺激焉，因之，彼等乃發始閱讀宗門之語錄而且似甚喜之。故唐（六一八——九〇七）時之從政者與學人，騷客，泰半與諸宗門巨匠有密切之交往也。韓愈（七六八——八二四）者乃曾上表憲宗諫迎佛骨之文伯也。彼亦著有原道一文。於此文之中，彼力申儒家於宇宙人生之肯定義。然韓之自身亦有一方外之友，即宗門大癲禪師焉。彼嘗白孟尚書：「來示云有人傳愈近少信奉佛氏，此傳之者妄也。潮州時，有一老僧號大顚，頗聰明，識道理。遠地無可與話者，故自山召至州郭，留十數日。實能外形骸以理自勝，不爲事物侵亂。」韓愈者，排佛之人也，然於禪師處宇宙之態度亦表其鑑賞之忱焉。白居易（七七二——八四六）者步韓愈之後塵而起之大詩人也，彼亦常與諸禪師交契；且有發凝公和尚心敎八漸偈之作焉。偈曰

觀

以心中眼，觀心外相，從何而有，從何而喪。觀之又觀，則辨眞妄。

覺

惟眞常在，爲妄所蒙。眞妄苟辨，覺生其中。不離妄有，而得眞空。

定

眞若不滅，妄卽不起，六根之源，湛如止水。是爲禪定，乃脫生死。

慧

專之以定，定猶有繫。濟之以慧，慧則無滯。如珠在盤，盤定珠慧。

明

定慧相合，合而後明，照彼萬物，物無遁形。如大圓鏡，有應無情。

通

慧至乃明，明則不昧。明至乃通，通則無礙。無礙者何？變化自在。

濟

通力不常，應念而變，變相非有，隨求而見。是以慈悲，以一濟萬。

捨

衆苦旣濟，大悲亦捨。苦旣非眞，悲亦是假，是故衆生，實無度者。

中國佛敎之宗門，彼創始於達摩者，乃活躍於有宋（九六〇——一一七九）儒學復興前之五百年間者也。

其根本義諦爲：⑴令心自作主宰；⑵由心發照直觀。此二義諦於有宋新儒學之興，特於心學之興起洵大有功焉。

宋儒於此思路並非盡得其同。是故有二學派：彼尙復其本心之心學，與崇格物致知之理學。九淵（陸象山，一一三九——一一九三），楊簡（一一四〇——一二二六）其名與心學相俱，而程頤（一〇三三——一一〇七），朱熹以及其後學則尊信理學焉。至此兩派之通義乃爲正知出諸心之說是也。

三、宋明時代之直覺論

陸九淵者有宋心學之先驅也。至有明（一四七二——一五二九）又踵之而起。吾將略述彼等思想之懋績焉。

九淵常示人曰：「識其本心」。而其哲學蓋建基於下舉三義：

一、先立其大者：彼得此義於孟子。此義在於承認心靈與去除人慾。九淵多與於孟子之義，故孟子使人自順於心力，則有明見於其自己爲是者之良能，以人性與生具全之故也。

二、去人慾：人固自全，然亦時生煩惑也。何以故？故在彼爲人欲所動，或因其好惡而偏私焉。

三、不以求知爲首要：九淵响至崇心。基此崇信，彼乃貶斥馳心外務以求知之說。於致其弟子曾宅之之書中，彼嘗宣示其卓見曰：

> 此理本天所與我，非由外鑠。明得此理卽是主宰。眞能爲主則外物不能移，邪說不能惑。所病於吾友者，正謂此理不明，內無所主，一向縈絆於浮論虛說，終日只依藉外說以爲主，天之所與我者反爲客，主客顚倒，迷而不反，惑而不解。

此書所言，顯係對彼主唱理學之朱熹一當頭棒喝也。

於此吾人將考察九淵如何應用宗匠之思路，卽此心自知是非之義諦於與彼門弟子敬仲楊簡論道之中焉。時敬仲主富陽簿，問「如何是本心」？九淵引孟子答之曰：

> 惻隱仁之端也。羞惡義之端也。辭讓禮之端也。是非智之端也。此卽是本心。

敬仲對曰：「簡兒時已曉得。畢竟如何是本心？」幾數問，先生終不易其說。敬仲亦未省。

偶有鬻扇者，訟至於庭。敬仲斷其曲直訖，又問如初。先生曰：「聞適來斷扇訟。是者知其爲是。非者知其爲非。此卽敬仲本心。」敬仲忽大覺而信此心爲自知，自明者矣。

宗匠與九淵所論不可蔑視爲徒然玄辯或一無實義，而一如邏輯實證派之所爲焉。宗匠與九淵明示在此心之本性與作業中，其能知與所知乃融洽無間者。此略同於亞里斯多德所謂睿智（Intellect）。亞氏於其後天學疏中鑑言：「方知識與睿智恒眞，睿智尤眞於知識也。」此所謂睿智意卽直覺。亞氏如此將直覺之價值置於實證知識，卽科學之上，乃以睿智或直覺爲知識本源故也。

於此吾人進論有明。首言王陽明之難悟孔學，尤不悟其所謂「格物」之義焉。朱熹解之曰卽物窮理。王則酬彼格庭前修竹以窮理之事例。蓋王於庭前之竹數數思省，然仍不達其理，且因勤力而致病。王乃結謂彼急於求知爲彼隕越不達之故。但有一念生於其心，卽物與其理既劃而爲二也，人心又何能一之耶？因是沉鬱甚久，舊病復作。久委格物之論而不之問焉。

年三十八，彼被謫居貴州龍場，一夜，忽大悟格物致知之旨不覺呼躍，從者皆驚。而其所悟者乃依於如是一念，卽彼所謂物者無他，不過此意之所涉著而已。以事物之被知，必由意識，是故此心能見物理乃自然事。因乃以默記五經之言證之，莫不脗合。至其此所悟者蓋大同於柏克萊（Berkeley）：存在卽被知（Esse est Percipi）之義蘊焉。自茲而後，彼卽主心卽理，或知爲實在中核之說。且復有其發展，綜合言之，可略結如下：

一、人之心卽天地之心。

二、人之知卽實在之中核；換言之實在見於意識。

三、物理皆可由知而顯，以萬物者，與其謂爲存在於吾人以外之事，毋寧謂爲意識之客相。

四、天地爲一統體，人則爲天地之心或中核。四海之內皆兄弟。眾物與心一氣相通。

五、若天下無心，則乾坤幾乎息矣。

六、物質或自然世界乃備心靈作業之素材焉。

此種結論明示王氏如何界定其基本概念，以及如何建立其整個思想體系。王氏曰：「理一而已。以其理之凝聚而言，則謂之性。以其凝聚之主宰而言，則謂之心。以其主宰之發動而言，則謂之意。以其發動之明覺而言，則謂之知。以其明覺之感應而言，則謂之物。」凡此所引不過其思想之一主要成份耳，吾人欲深窺其思想之全豹，則必探究其全焉。

王氏學旨在天地之靈明。而良知或知，彼非徒限於人所獨有，廣義言之，即擴及一應有生物乃至無生物莫不咸具之者，則其鑰也。王氏曰，「人的良知，就是草木瓦石的良知。若草木瓦石無人的良知，不可以爲草木（謂植物）瓦石（謂礦物）。豈惟草木瓦石爲然，天地無人的良知，亦不可爲天地矣。」王氏於他處又解曰：「充天塞地中間只有這個靈明。人只爲形體自間隔了。我的靈明，便是天地鬼神的主宰。天沒有我的靈明，誰去仰它高？地沒有我的靈明，誰去俯它深？鬼神沒有我的靈明，誰去辨他吉凶災祥？天地鬼神萬物離卻我的靈明，便沒有天地鬼神萬物了。我的靈明，離卻鬼神萬物亦沒有我的靈明。」

王氏言說之別旨爲人與生物無生物間必是一氣之流通者，蓋以五穀禽獸之類，皆可以養人。藥石之類，皆可以療疾。然靈明爲天地之心則吾大哲之至信。依此心，人乃與無聲無臭之上天暨自然之下界密切相連矣。依此心天地與人爲一矣。

下舉王氏與其門人之問答，更明示吾人以彼對天地爲一大全之悟解焉。

問：「人心與物同體。如吾身原是血氣流通的，所以謂之同體。若於人，便異體了。禽獸草木益遠矣。而何謂之同體？」

王氏答曰：「你只在感應之幾上看。豈但禽獸草木，雖天地也與我同體的。鬼神也與我同體的。」

請問。

王氏曰：「爾看這個天地中間，甚麼是天地的心？」

門人答曰：「常聞人是天地的心。」

又問：「人又是甚麼敎做心？」

王答曰：「只是一個靈明」。曰：「可知充塞天地中間只有這個靈明。人只爲形體自相間隔了。我的靈明，便是天地鬼神的主宰。天沒有了我的靈明，誰去仰他高。地沒有我的靈明，誰去俯他深。鬼神沒有我的靈明，誰去辨他吉凶災祥。天地鬼神離卻我的靈明，便沒有天地萬物鬼神了。我的靈明，離卻天地鬼神萬物亦沒有了我的靈明。如此便是一氣流通的。」

此種問答明示吾人，王氏對此基本問題之看法爲如何。彼意謂靈明卽實在，卽誠。靈明有兩端焉：其一端，能知之心；而其另一端爲所知之天地萬物。卽無任何離卻他端而有之實體，亦不可謂有任何附屬於人之物。故王氏曰：「目無體以萬物之色爲體。耳無體，以萬物之聲爲體。鼻無體，以萬物之臭爲體。口無體，以萬物之味爲體。心無體，以萬物之感應是非爲體。」

王氏意指宇宙萬物依存於良知，而無知覺靈明，或曰心，則唯爲晦暗之表象或混沌之感知。故曰：「良知是造化的精靈。這些精靈，生天生地，成鬼成帝，皆從此出。眞是與物無對。人若復得他，完完全全，無少虧欠，不覺手舞足蹈，不知天地間更有何樂可代。」

王氏以良知如日之光與力；能照知何者爲是，何者爲非；而體現彼無上大法令也。然良知或心，必保任其純精而無私，以免其發爲人心而如日之爲雲所蔽。精靈卽實理，而實理之契獲則依於一純然無私之心。王氏樂引中庸之言，謂：「詩云，鳶飛在天，魚躍於淵，言其上下察也」。鳥飛於天，魚遊於水，其含義卽謂有無邊神妙綿亘於其上也。而天地萬物一氣相通固瞭然耳。

於此引言中，以及他處所引之話頭中，王氏實令人覺其爲一哲學神秘論者，其思想間於喬達諾・布魯諾（Giordano Bruno）之言同聲相應。下舉布氏之言確若出王氏之口也。其言曰：「置信世界之任一區區爲無靈命，感覺，與有機構成者實不合理也。自此彌綸美麗莊嚴之無極大全，自此環覆於吾人之上之穹蒼及飛揚之微塵，吾人得斷論彼必有一各盡其能，以映射此莊嚴，智慧，與神美俊秀之無限造化，或無邊眾生也焉。」

夫王氏之良知，乃不徒爲知識，且爲使宇宙萬物眞切可見可解之慧光也。一劍橋柏拉圖徒者，羌・史密斯（John Smith）之言曰：「依徒然思辨，卽彼爲推徵所導入之知識不過浮知薄識耳；而彼自眞誠善性所發之者則賦靈魂一神聖之慧光，而視任何推徵爲尤顯而信者也。是無論吾人理性之如何敏銳，之如何探論精詳，然尤無見於眞理之彌綸天地者，乃吾人若是間常自絕於眞理與眞誠善性故也，而彼眞理，善性之自身，固不可爲人所絕也耶。」此種參乎眞，善之言，不過彼王氏自願而已發明之良知義耳。自王氏視之，善性與眞理之光卽宇宙之實在。

顧王氏之全部哲教，必將爲花氏詆爲一無意義者實意中事，以王氏之哲敎爲形而上學故也。吾將一提莫爾（G. E. Moore）焉。莫氏謂凡爲善之事物咸有「應然之內蘊性」。然莫氏將此應然範限之於道德行為，王氏則施用之於天地萬物。是以王氏謂草木瓦石與人類為一氣相通者焉。

結論

依邏輯實證論之公定程序，其目的如下：第一、為科學備一妥善基礎，其次，證明形上學之無意義。其實現此目的之途徑則為概念與命題之邏輯分析。彼等強調兩根本義：①存在義之命題必具一經驗之實徵，而②經驗者均可為邏輯分析所結示也。

邏輯實證論源於維也納，而流衍於英格蘭。其重經驗與分析之為羅素與維特根什坦（Bertrand Russell, Wittgenstein）之表同情而接受之也，以維也納學派（Vienna circle）與不列顛哲士咸具反形上學之傾向焉。令彼等之觀點為獨一正理，則問題自隨之而興，即：「彼由直覺照達之眞理悉為毫無意義之言乎？」如果是，則東西哲人所已達之諸般眞理之如人必導入一道德生活，如人必說誠實言者悉無意義而必被鄙棄，以此等眞理皆不可由經驗以實證故也。然吾則以為一命題之有意義抑無意義乃為語言哲學之問題。而用於連結實理之語言必先行究明。如此一深入之問題非今茲所可論。然烏兒斑氏（W. M. Urban），語言與實在一書作者之言，吾必引之以饗彼於斯道饒有興緻之諸君。其言曰：

> 語言研究績效所顯之要點，彼見於邏輯實證論者，尤特與形上學相關。如衆週知，此型之實證論，一如其先進，原有此特徵，即自現實知識之域中完全消毀所謂知識之擴大領域，與更釋此等餘留亦卽科學之知識。此種知識，尚不為科學家自身所完

全接受。而遭受消毀之領域爲道德，宗教，藝術，總之，爲形而上學。凡此均被貶入感情與情緒表辭之領域。科學所持之觀點卽彼徒爲寫相者，而全部玄學命題，於此亦皆爲無意義者也。

烏爾班見及依彼花格爾爲一卓越代表之邏輯實證論，則見於道德，宗教、藝術與形而上學領域之全部眞理應悉加消毀。如果是，則彼依耶穌基督，釋迦牟尼佛，孔夫子，孟夫子之敎所立之全部遺文亦必遭鄙棄之矣。然此對人類究爲得抑爲失耶？姑無論邏輯實證論者依一知識立場對直覺賦予以任何論點，使此一論點果爲舉世所納，則文明將土崩瓦解矣。蓋人類不可無彼訴於個人良心之道德與形上學而獨傍科學爲生也。

（五十一年四月臺北獅子吼雜誌創刊號）

第四編　儒家哲學之復興

一、自 序

今後儒家哲學發展之途，可以一言蔽之曰：自力更生中之多形結構而已。當代學者中求吾國文化所以異於西方之特徵，名之曰一源的。倘易之以哲學名辭，可謂爲一元的。然細加分析，豈無外來元素，如音樂美術植物之來自西域，佛教之來自印度。此數者入吾國環境中，受其陶冶之日久，且從未經彼此間度長挈短之試驗，故仍不失其爲一元的外形也。海禁大通以來，吾國始與西歐國家較量文化優劣。吾國朝野初期所感者，爲西方船堅炮利，次期所覺者爲科學技術之精良爲政治制度中法治與民主之優越，終則覺其倫理關係與學術方法無一不超過吾人。至此而四千年文化全部武裝繳械矣。然吾所欣羨之西方文化，自一九一四迄於今日，已經兩次大戰，引起西方多數人心之不安與少數思想家之憂慮，其爲之畫一疑問符號者大有人在。吾人處於今日，聞西方文化衰落之呼聲矣。然返躬自問，吾國能否返於閉關以前之舊狀乎？我惟有答曰：此必不可能之事也。依我所見，論西方文化之危險，等於聞鄰家數金銀珠寶之聲，論他人之富貴貧賤。苟吾國自己不努力，其富且貴，也未必卽爲吾益。

其貧且賤也，或更於吾爲大害。我以爲吾國所以自處之道，曰自己努力，不可以爲傳統中之學術與制度，尙有效力，尙可遵行。唯有自己思考，自己觀察，檢討自己所有，再將自己一切與世界各國所有者，較其優劣與得失，以定其取舍。惟其有待於外人，今後將無一源性之可言。其可以採擇之地，或爲西歐或爲美洲或爲印度，或爲各回教國或爲日本，其來源各異，將成爲一種多形結構。然其選擇、決定，與陶鑄而成之權，操之於己，而不流於喧賓奪主。此所謂自力更生中之多形結構之要義也。此非我一人憑空立論，今日西歐文化，卽沿此途徑演化而成者。其初期所吸收者，爲希臘之理性思想，次期爲羅馬制度，再次爲耶教，及文藝復興後，乃自己創造科學與民主政治。此種多形結構之中，可以窺見歐人上自信仰下至物質生活，無一事不在探深致遠之中。因此引起我將儒家哲學思想探討一番，此固有之傳統，可以爲今後推陳出新之基礎否乎？我考儒家思想之範疇，曰萬物之有，曰致知窮理，曰心之同然，曰形上形下相通。此數原則中，何一不可與西方哲學聯繫者乎？何一反於科學者乎？何一妨礙民主政治者乎？何一不可爲世界大同導其先路者乎？我再思三思，覺「五四」以來主張「打倒孔家店」者，但見「三綱五常」與夫「禮敎吃人」之爲害，然於儒家思想與德賽兩先生可以同條共貫之處，竟熟視而不覩不聞！在今日思之，猶不能不爲之深惜者也。去年自美而歐而亞，以儒家思想復興爲題，與各方人士往復討論，今記而出之，所以謀今後推陳出新之途徑。此爲發端，而續之以詳說。此我「爲往聖繼絕學」之宗旨也。

二、儒家哲學在歷史中之變遷

發端

考之東西各國思想史，其哲學無一不經盛衰興亡之階級。孔孟哲學始於春秋時代，極盛於戰國之世，至秦漢而衰，此一例也。其次新儒家之宋明理學，始於唐代之韓愈與李翱，至宋代而學說系統完成，至明代之王陽明登峰造極。自明末與清代，理學雖未衰亡，迥不如漢學家考證訓詁之盛，清中葉後，理學已達於沒落之期。

再考之歐洲哲學界，其經過正復相同。希臘哲學盛於紀元前四五世紀之蘇格拉底氏、柏拉圖氏、與亞里斯多德氏。及至三世紀斯多噶學派鼓吹禁慾主義，伊壁鳩魯學派主張任情自適，此爲由哲學而達於宗教之過渡時期。現代歐洲哲學之復興，始於笛卡爾氏而大成於康德氏。十九世紀後半之德國，新康德主義且爲思想界之指南針。然自二次大戰之末，康德氏學說衰落矣。

由以上亞洲與歐洲哲學思潮之經過言之，可知興盛衰亡爲其必然現象，猶一年季節之有春夏秋多也。何謂哲學之盛？其盛之特徵何在？何謂哲學之衰？其衰之特徵何在？不可不分辨而論之。在論哲學盛衰興亡之前，先略論哲學之性質，及亞歐兩方對於哲學之見解。

哲學爲討論人生之應如何及人生所處之宇宙爲何如之學問。其在歐洲，自亞里斯多德以來分爲三部：第一曰邏輯，第二曰物理，第三曰倫理。在希臘時代，論理學方開始成爲科學，絕無如現代以爲研究象徵邏輯便爲盡哲學之能事者。亦未有以爲物理世界之研究爲哲學重心之所在者。至於倫理爲研究人生之應如何，在希臘哲學家中之蘇格拉底氏與柏拉圖氏均注重人生問題。蘇氏、柏氏哲學之著作，與東方極多相似之處。惟亞氏著作中多分科之學之研究，則與東方異。然倫理與政治之合一爲亞氏學說中重要部分，乃其同於東方之處也。至於現代歐洲哲學以認識爲主題，此認識論之主題，即知識之可靠性（Validity）何在，由於科學知識之昌明，乃有認識論之出現。然認識論中之兩派，一曰理性派，二曰經驗派。此兩派一以理性爲主，與孟子所謂「人心之同然」同；一以五官感覺爲主，與荀子所謂五官當簿之言相近。自此方面言之，西方哲學與東方哲學固分途發展，然二者在根本上初不甚相遠也。至歐洲哲學之其他派別如唯物主義派，以物質世界之本質，推論人生問題，或如邏輯實證主義派以可證明者爲哲學範圍以內之事，其不可證者視爲不在哲學範圍以內之事。此二派忽視人生，否定價值，雖在西方視之爲哲學，然與東方哲學相去遠矣。

此東西哲學相去甚遠之中，實有一大問題在。此問題中，簡單言之，包含三點：一、東方注重人生，西方注重物理世界。二、東方注重「是非善惡」，即西方所謂價值，而西方認爲次要。三、東方將道德置之智識之上，西方將智識置之道德之上。在東西兩方見解異同之中，東方人對於現世界之危機中，自有以其可以矯正西方之處，乃吾人所不可忽視者也。吾爲此言，無意於表彰東方生活而否認西方見解，但兩方利害長短得失之比較，不可輕易放過者也。

甲　古代儒家哲學之盛衰

以上就東西兩方哲學見解之異同言之，更進而論所以盛衰興亡之故。哲學各派之所以興，自有其社會環境有以致之。此問題屬於哲學與社會背境之中，暫不細論。就其所以盛所以衰之徵象言之：

第一、哲學盛時之現象：子、哲學家能發見有關世道人心之問題，如孟子、荀子之論性善性惡，如孟子、墨子之爭辨義利問題，如道家之以自然爲主，儒家之以人事爲主。此之謂問題之發見。唐宋以後儒家哲學復活之際，其所謂問題，如佛家之主空無，儒家之注重人生。儒家自身分爲尊德性道問學兩派，朱子派之理氣二元論與陸王派「心卽理」論。更有方法論中之問題，如窮理致知，如主敬主靜，均爲問題所在。丑、哲學家發見問題後，更以語言文字說明其所以然之故。吾人處於現代，更可以西方哲學家所用名辭以代之。黑格爾氏嘗有言曰：哲學家將想像中之所覺所見者，以清晰的概念表現之。程明道自謂「理」字由自己體驗得來。程伊川於「知」字，極鄭重分析言之，尤注重親歷之知。至於王陽明「心卽理」之主張，由於龍場一悟。可以見哲學凝成於一二人思想之中，乃形成所謂概念，是由於自己苦思力索或曰夢寐求之而後得者。寅、此問題此概念爲社會所同認，乃成爲學界上論辨之事，或留傳於後成爲國中之傳統。此點可以見之於孟子之批評墨子宋硜，更見之於荀子批評孟子之論性善。此時代各家自創一說，以己之所是，攻人之所是，此可以見其思索力之旺盛，亦卽哲學家努力所在，而學術之所以昌明也。

茲舉荀子解蔽篇中之言如下：

「墨子蔽於用而不知文，宋子蔽於欲而不知得，愼子蔽於法而不知賢，申子蔽於勢而不知知，惠子蔽於辭而不知實，莊子蔽於天而不知人。故由用謂之，道盡利矣。由俗謂之，道盡欲矣。由法謂之，道盡數矣。由勢謂之，道盡便矣。由辭謂之，道盡論矣。由天謂之，道盡因矣。」

此短短數行中，吾國古代哲學家之概念，如墨家之利與用，兼愛與非攻，法家三派之法、術、勢，名家之辭，道家尙自然任天行，盡在其中矣。彼此之辨論，其起於孟、墨之義利論，孟、荀之性善性惡論，與儒道兩家之天與人，孰先孰後論，可謂其波瀾之壯濶，爲哲學史中所僅見者。至於留傳於後世而成爲傳統，則以孔、孟哲學成爲學說之標準，或成爲社會之制度爲最重要。其他各派，雖不如孔、孟，然亦因時代變遷而有發生效用之日。如道家之於西漢於兩晉，法家之於秦與夫後世實際政治方面，墨家之復興於邏輯學昌明之日，或者其非攻論將盛行於今後原子彈已發明而不敢使用之日。要而言之，儒家學說大行於吾國，其他學派之效用，則限之於某時期而不佔優勢。

以上各派學說，在西漢後，不論其爲儒家爲非儒家，皆呈衰落之象。此衰落之象，與上文思索力之旺盛相對，可名之曰思索力之疲乏，表現於以下各點：（一）定於一尊：孟子曰天下烏乎定，定於一。墨子尙同篇曰立以爲天子，使從事乎一同天下之義。此統一之成爲制度，自秦漢而實現，而最著於漢武帝之表彰六藝，罷黜百家。（二）以書本爲對象，拘泥於成說，如漢代之置五經博士，如今文派與古文派之爭，如經義斷獄，皆拘於成說之顯例也。（三）以遁世爲事，由東漢之末，至於晉代，戰亂相循，學者以逍遙世外專務玄譚爲事。

在秦統一之先，早有法家視詩書禮樂爲蠹之言。儒家哲學遭秦焚書爲一大刼。至西漢而固定而殭石化。西漢東漢之間，佛教來自印度，第一流學者皆皈依佛法，始也將佛書翻譯，繼也自己體會，終也乃成爲中國佛教之各派。此其時期，短言之，爲五百年，長言之，至於千年。亦猶希臘哲學衰亡之後，轉而入於宗教時代，其趣向相似也。

吾人所欲問者，哲學思想何因而盛，何因而衰？哲學之所以盛，由於人之智力發達，敢於發問，敢於分析，敢於作答案。戰國爲七雄爭長之世，哲學思想初不因戰爭而遭挫折。秦漢大一統以後，帝王專制之局確立，自然不樂於人民之好爲異說。李斯氏上奏之言曰：「古者天下散亂，莫之能一，是以諸侯竝作，語皆道古以害今，飾虛言以亂實。人善其所私學，以非上之所建立。……聞令下，各以其學議之，入則心非，出則巷議，夸主以爲名，異取以爲高，率羣下以造謗，如此弗禁，則主勢降乎上，黨羽成乎下，」此與現代獨裁政治下之思想統制，非異曲同工者乎？漢代董仲舒之言，雖視李斯較爲和緩，然其定於一尊之方向，如出一轍。董氏曰：「今師異道，人異論，百家殊方，指意不同。是以上亡以持一統，法制數變，下不知所守。臣愚以爲諸不在六藝之科孔子之術者，皆絕其道勿使並進。邪辟之說息，而後統紀可一而法度可明，民知所從矣。」此表彰六藝之舉，自然確立思想定於一尊之局矣。然此種要求之所以出現，猶之草木屆百花齊放後，至秋冬而葉落而萎謝矣。漢代大學中設五經博士弟子，其所治經書，各有專書。所以解釋五字之文，至於數萬言之多，此卽所謂「考據訓詁」之學。然思想之性質，變動不居，雖外受強制，而內部自生變化。證之太史公「六家要旨」，桓寬之鹽鐵論，與王充之論衡三書，儒家以外之學說尙有其活動發展之餘地，與現代蘇俄式之思想統制，自有不同者在矣。兩漢思想之中心，不外經學之版本，謂之爲吾國思想停滯時代，自爲允當。迄於魏晉之際，國內之亂，邊疆之禍，遠甚於秦漢之末，其時思想界遁入虛無，乃有所謂清譚與老易之學。自其由儒家轉向道家言之，不可不謂爲非思想之移動。然其對於問題解答上，則懶散之態度，完全表現矣。晉書阮籍傳云：「阮瞻見司徒王戎，戎問曰：『聖人貴名敎，老莊名自然，其旨同異？』」瞻曰：「將無同。」此「將無同」三字，爲春秋戰國講正名之際所不見，卽名物之正確意義，棄置一邊，而以「不求甚解」了之而已。

阮籍作大人先生傳，攻擊君子禮法之言曰：「且汝不獨見虱之處於褌中，逃乎深縫，匿乎壞絮，自以爲吉宅也。行不敢離縫際，動不敢出褌襠，自以爲得繩墨也。飢則嚙人，自以爲無窮食也。然炎斤火流，焦邑滅都，羣虱處於褌中而不能出。汝君子之處區內，亦何異夫虱之處褌中乎？」人生問題，苟如阮籍笑罵之可以了事，儒家所以斤斤於繩墨規矩，自不免多事矣。然正惟以逍遙世外之態度，不足以解禮樂刑政，此乃儒家所以出之以不厭不倦之努力也。然晉代淸談家視之爲羣虱之處褌矣。威爾斯氏（H. G. Wells）評希臘思想之末年曰：「紀元前四世紀結束之際，思想界之潮流，不走向亞里斯多德方面，亦不走向條理井然之智識之辛勤積聚。……當時大勢所趨，非哲學家所能把握，乃由市府之設計，新生活之思索，轉而至於遁逃世事之美景，以圖自慰而已。」威氏此言，爲希臘而發，然移而用之於晉代，何不可之有？

乙　宋明儒家哲學之盛衰

唐宋以後，儒家哲學之趨於興盛，其根本敎義與所用名辭，絕不離乎孔孟。然其所解釋之者，乃出於一個新哲學觀點。宋代學者周張邵與二程等所造成之學說系統，如所謂理氣，心性，理一分殊，氣質之性，本然之性，即爲其系統中之重要成分。張邵與二程等自己諱言其學說與佛家有何關係，吾人處於今日不妨明白承認宋代以後新儒家哲學之興起，乃佛敎入中國後之刺激有以促成之者也。

孔孟書中對於人生問題，如論孝、弟、忠、信、仁、義、禮、智，皆就弟子所問者零星答覆，未嘗以全部人生觀或宇宙觀，作爲一個系統而闡發之。自朱子所輯錄之「近思錄」一書觀之，其中以道體列爲第一項，與孔子罕言性與天道者大相異矣。更證之以近思錄之其他各章，可謂其自本體論至於心、身、家、國之各方面，無不網羅於其中。此乃宋儒哲學之體系，與孔孟大相遠矣。

吾人可以明言：中國各派學說，因其國家地位在近世以前罕與他國接觸，在其文化演進史中，絕少有外國思想之跡象。有之，則以印度佛敎爲惟一外來原素。吾國人不輕易承認外國文化而向之低頭，必待自己納之胃中消化以後，化爲自己血液，而後吐而出之。此可證之南北朝之際，佛敎各派無一不在中國自成一宗，如所謂三論宗成實宗，其後更由消化印度學說後而自己創爲一宗，如天臺宗如華嚴宗如禪宗是也。再進一步，學者厭棄佛敎遁入空無放棄人倫，乃走向闢佛返於孔孟之途徑，此則宋儒哲學所由興也。

佛敎各派書籍之漢譯，予儒家以極大刺激。儒家自知關於宇宙與人生，非有一套與印度佛書體系相等之著作，勢難與之並駕齊驅。於是有周子太極圖說，以說明宇宙之所以成，有張子西銘以明仁愛之無遠不屆，有邵子之無名先生篇，所以明道之無乎不在，以見可名可道者之非最終之大道。質言之，宋代乃理學之創造時代也。各家之努力於創造，可以以下各家之言證之。

程明道曰：「吾學雖有所授受，天理二字卻是自家體貼得來。」此可見理學之名，乃程明道千錘百鍊中體貼出來。其所以與希臘「愛智」二字並垂千古者非無故也。

周子太極圖說之首句，曰無極而太極。陸子靜因無極二字爲昔所未見，乃疑爲非周子之言。朱子反駁陸子曰：「孔子贊易，未嘗言無極也，而周子言之，則知不言者不爲少，而言之者不爲多矣。」此言乎學者不因孔子所不用而不敢用，所以明「無極」之名乃周子所自創也。

黃東發日鈔曰：「橫渠先生精思力踐，毅然以聖人之事爲己任。凡所議論，率多超卓。至於變化氣質，謂形而後有氣質之性，善反之則天地之性存焉。故氣質之性，君子有弗性焉。此尤自昔聖賢之所未發。」自昔聖賢之所未發云云，非張子創造之意乎？

陸象山曰：「堯舜曾讀何書」，此語最可見昔賢成說不足貴，貴乎自創。

然宋代諸子知自己創造之不足，僅爲新說來源之一，乃別求所以承繼傳統之道。於是將大學中庸自「禮記」中分出，視爲自成一書，合此二書於論、孟，稱之爲四書。此項四書與五經成爲儒者學說之敎典，自二程始。下逮朱子，對於舊日經書，重作新注解，所以使孔孟之面目，因新注解而一新。前人所未發見者，更因新注而發見之。此吾國哲學所以時在繼承傳統與自創新說雙軌並進之中也。

南宋時朱子繼二程之後，將宋代各家學說集其大成。其自身學說之基本曰理氣二元，曰理一分殊，曰進學主敬。其基礎濶大，足以包舉前人成說而熔之於一爐之中。基於其自己學說，將論語、孟子、大學、中庸、易、詩、禮各書爲之註解。其在註解方面之工作之艱難，視其自創新說更遠過之。朱子之大學補傳，引起後世所以與王陽明之爭辨，可以見註解工作之中，其自身哲學見解含在其中矣。

吾人可概括言之，宋代儒家學說盛行之後，如政治上王霸之分與堯舜其君之理想，如全國之書院制度，如鄉約，此項學說與制度且成爲一時風氣。尤其程朱之四書與各經註解，成爲命題試士之標準典籍，則與董仲舒之表彰六藝罷黜百家如出一轍矣。

然明代哲學風氣，以現代哲學家懷德黑之術語言之，可謂其富於「思想上之冒險進取」（Adventures in Ideas）。明代政府雖下令以程朱之註解爲標準，然其時學者之見解，並不以「此亦一述朱，彼亦一述朱」（黃梨洲姚江學案中語）爲滿意。如陳白沙氏，王陽明氏皆以創作，以另闢新境界爲己任者也。陽明學說，可謂宋代學說發展之登峯造極。何也？宋代理氣二元論之推演，成爲物、知、心、意等之離貳。陽明龍場一悟之要點，以現代哲學術語表之，卽拔克蘭氏「物之存在繫於覺知。」（Esse est Percipi）物之存在既由覺知，則離開覺知便無所謂物之存在。於是心與物合一。心物既合一，乃有心理合一，知行合一，乃有功夫與本體之合一。質言之，是爲惟心一元論。此爲哲學上之大發明，乃孔孟程朱所未嘗見到者也。而況陽明更有事功之成就，如平宸濠如平思田，因而聲名甚大，轟動四方。其學徒之衆，爲世所罕見。一部明儒學案六十三卷中，所謂王門，其直接與陽明有關者，占廿六卷，占全書三分之一以上矣。其與之反對者爲甘泉學案，其修正之者爲蕺山學案，可謂爲陽明之諍友。則謂陽明爲支配明代哲學思想之人可也。陽明之唯心一元，莫顯著於其語錄中之所自言者如下：

「心外無物，心外無事，心外無理，心外無義，心外無善。吾心之處事物，純乎理而無人僞之雜，謂之善。非在事物有定所可求也。處物爲義，是吾心之得其宜也。義非在外可襲而取也。格者格此也，致者致此也。必曰事事物物上求個至善，是離而二之也。」

「格物者，格其心之物也，格其意之物也，格其知之物也，正心者，正其物之心也，誠意者，誠其意之物也，致知者，致其物之知也。」

陽明如此解釋大學之文，恐大學之作者初未嘗想及，我所以謂爲登峯造極也。

然陽明學說至明末而衰。其所以衰，依黃梨洲之言言之，狂禪二字害之也。此風氣之流行，由於天泉證道記中「無善無惡心之體，有善有惡意之動，知善知惡是良知，爲善去惡是格物。」四語之解釋，尤因四語中「無善無惡心之體」之第一語。龍溪因第一語而推論以及於下三語云：「此恐未是究竟話頭，若說心理是無善無惡，意亦是無善無惡的意，知亦是無善無惡的知，物亦是無善無惡的物。」

梨洲評龍溪之立場曰「既無善惡，又何有心意知物，終至於無心無意無知無物而後已。如此則致良知三字，着在何處？先生獨悟其所謂無者以爲教外之別傳，而亦併無是無。有無不立，善惡雙泯，任一點虛靈知覺之氣，縱橫自在，頭頭明顯，不離着於一處，幾何而不蹈佛氏之坑塹哉！」

龍溪於重刻陽明文錄有後語一篇中之言曰：

「道必言而傳，夫子嘗以無言爲警矣。言者，所由以入於道之筌。凡待言而傳者，皆下學也。……若夫玩而忘之，從容默識，無所待而自中乎道，斯則無言之旨，上達之機。」

陽明門下之王心齋一派，其學說基本名曰淮南格物。此派名爲自陽明傳授良知學說，然其學者之立言，則與禪宗爲近。又顏山農嘗講學於僧寺，榜曰「急救心火」。羅近溪偶過其地，初以爲名醫，及入而訪之，乃知山農榜此四字爲號召之術。又趙大洲答友人之言曰：「僕之爲禪，自弱冠以來，敢欺人哉！」又周海門與許浮遠辨論之言曰：「不知惡既無，而善亦不必再立，頭上難以安頭，故一物難加者本來之體，而兩頭不立者，妙密之言。」讀以上各人之言論者，可知黃梨洲名之曰狂禪，顧亭林名之曰心性空譚，誠非無故而然也。

明末陽明學說既流於禪，於是起而矯正之者分爲三派：一曰由王而返於朱。如陳清瀾之學蔀通辯，陸清獻之學術辨是也。二曰否定理學而返於經學，如顧亭林所謂「古之所謂理學，經學也，非數十年不能通」是也。更有修正陽明學說使之歸於篤實者如劉蕺山黃梨洲是也。此三派中以顧亭林之主張爲最有力，既已視心性之學爲空譚，自然返於有實證之經學，因而造成清代之考證家。其第二派之宗朱派在清代繼續發展，然亦僅保持舊日規矩而已。至於第三派之修正派，在明末不失爲有力之一派，至清代尙服膺陽明學說者，僅有極少數人而已。

吾於此應當說明者，陽明學說在明末之衰，與孔孟學說在漢代以後之衰，迥乎不同。何也？孔孟學說至漢代成爲書本上之註解，更經過兩晉，與南北朝，迄於唐宋而後復活者，乃另一種新面目之儒家哲學也。明末王學雖衰，然朱學依然存在。此乃儒家中一派之盛衰，非儒家全部哲學之生死也。倘以之與歐洲相比，僅如康德派衰而黑格爾代之以興而已。歐洲思想界中有默想（Speculative）與實證二大潮流，默想派爲哲學，實證派爲科學。此兩派中默想派極盛之後，則實證派之注重科學研究者代之而興，及實證派成爲分科之學流於分散過甚，於是復返於求綜合之默想哲學。歐洲學界常往來於默想與實證之間，而明末之由理學之復返於經學，亦猶歐洲之由默想而返於實證也。

吾人處於二十世紀之今日，知哲學乃以概念爲基本之學問，與經學註解之爲文字語言之學問，兩者性質絕不相同。吾人既自學問分類之性質上而知理學之爲哲學，其性質與經學大異。顧亭林理學卽經學之言，在清初曾哄動一時，然自今日言之，吾人知此二者之渺不相涉矣。吾人但瞭解其一爲默想一爲實證之兩種治學方法，而不拘拘於去彼就此之爭。庶幾漢學家考證，可視之如西方所謂文字學，而儒家思想，視之爲哲學。豈非「合之則兩美」之一法乎。

三、儒家哲學處於西方哲學環境中之覺悟

發　端

考之東西各國思想史：其哲學無一不經盛衰興亡之階段，孔孟哲學始於春秋時代，極盛於戰國之世，至秦漢而衰，此一例也。其次新儒家之宋明理學，始於唐代之韓愈與李翺，至宋代而學說系統完成，至明代之王陽明登峰造極。自明末與清代，理學雖未衰亡，迥不如漢學家考證訓詁之盛，清中葉後，理學已達於沒落之期。

再考之歐洲哲學界，其經過正復相同。希臘哲學盛於紀元前四五世紀之蘇格拉底氏、柏拉圖氏、與亞里斯多德氏，及至三世紀斯多噶學派鼓吹禁慾主義，伊壁鳩魯學派主張任情自適，此爲由哲學而達於宗敎之過渡時期。現代歐洲哲學之復興，始於笛卡爾氏而大成於康德氏，十九世紀後半之德國，新康德主義爲思想界之指南針，然自二次大戰之末，康德氏學說衰落矣。

由以上亞洲與歐洲哲學思潮之經過言之，可知興盛衰亡爲其必然現象，猶一年季節之有春夏秋多也。何謂哲學之盛？其盛之特徵何在？何謂哲學之衰？其衰之特徵何在？不可不分辨而論之。在論哲學盛衰興亡之前，先略論哲學之性質及亞歐兩方對於哲學之見解。

哲學爲討論人生之應如何及人生所處之宇宙爲如何之學問。其在歐洲，自亞里斯多德以來分爲三部，第一曰邏輯，第二曰物理，第三曰倫理。在希臘時代，論理學方開始成爲科學，絕無如現代以爲研究象徵邏輯便爲盡哲學之能者。亦未有以爲物理世界之研究爲哲學重心之所在者。至於倫理爲研究人生之應如何，在希臘哲學家中之蘇格拉底氏與柏拉圖氏均注重人生問題。蘇氏、柏氏哲學之著作，與東方極多相似之處。惟亞氏著作中多分科學之研究，則與東方異。然倫理與政治猶爲亞氏著作中重要部分，乃其同於東方之處也。至於現代歐洲哲學以認識論爲主題，此認識論之主題，即知識之可靠性 Validity 何在，由於科學知識之昌明，乃有認識論之出現。然認識論中之兩派，一曰理性派，二曰經驗派，此兩派一以理性爲主，與孟子所謂「人心之同然」同，一以五官感覺爲主，與荀子所謂五官當簿之言相近。自此方面言之，西方哲學與東方哲學固分途發展，然二者在根本上初不甚相遠也。至歐洲哲學之其他派別如唯物主義派，以物質世界之本質，推論人生問題，或如邏輯實證主義派以可證明者爲哲學範圍以內之事，其不可證者視爲不在哲學範圍以內之事。此二派忽視人生，否定價值，雖在西方視之爲哲學，然與東方哲學相去遠矣。

此東西哲學相去甚遠之中，實有一大問題在。此問題中，簡單言之，包含三點：一、東方注重人生，西方注重物理世界。二、東方注重「是非善惡」，即西方所謂價值，而西方認爲次要。三、東方將道德置之智識之上，西方將智識置之道德之上。在東西兩方見解異同之中，東方人對於現世界之危機中，自有以其可以矯正西方之處，乃吾人所不可忽視者也。吾爲此言，無意於表彰東方生活而否認西方見解，但兩方利害長短得失之比較，不可輕易放過者也。

甲、古代中國哲學之盛衰

以上就東西兩方哲學見解之異同言之，更進而論所以盛衰興亡之故。哲學各派之所以興，自有其社會環境有以致之。此問題屬於哲學與社會背境之中，暫不細論。就其所以盛所以衰之徵象言之：

第一、哲學盛時之現象：甲、哲學家能發見有關世道人心之問題，如孟子、荀子之論性善性惡，如孟子，墨子之爭辨義利問題，如道家之以自然爲主，儒家之以人事爲主。此之謂問題之發見。唐宋以後儒家哲學復活之際，其所謂問題，如佛家之主空無，儒家之注重人生，儒家自身分爲尊德性道問學兩派，朱子派之理氣二元論與陸王派「心卽理」論，更有方法論中之問題，如窮理致知，如主敬主靜，均爲問題所在。乙、哲學家發見問題後，更以語言文字說明其所以然之故。吾人處於現代，更可以西方哲學家所用名辭以代之。黑格爾氏嘗有言曰：哲學家將想像中之所覺所見者，以清晰的概念表現之。程明道自謂「理」字由自己體驗得來。程伊川於「知」字，極重分析言之，尤注重親歷之知。至於王陽明「心卽理」之主張，由於龍場一悟，可以見哲學家之思想，凝成於一二家之中，乃形成所謂概念，是由於自己苦思力索或曰夢寐求之而後得者。丙、此問題此概念爲社會所同認，乃成爲學界上論辨之事，或留傳於後成爲國中之傳統。此點可以見之於孟子之批評墨子宋硜，更見之於荀子批評孟子之論性善。此時代各家自創一說，以己之所是，攻人之所是，此可以見其思索力之旺盛，亦卽哲學家努力所在，而學術之所以昌明也。

茲舉荀子解蔽篇中之言如下：

> 墨子蔽於用而不知文，宋子蔽於欲而不知得，愼子蔽於法而不知賢，申子蔽於勢而不知知，惠子蔽於辭而不知實，莊子蔽於天而不知人，故由用謂之，道盡利矣。由俗謂之，道盡欲矣。由法謂之，道盡數矣。由勢謂之，道盡便矣。由辭謂之，道盡論矣。由天謂之，道盡因矣。

此短短數行中，吾國古代哲學家之概念，如墨家之利與用，兼愛與非攻，法家三派之法、術、勢，名家之辭，道家尚自然任天行，盡在其中矣。彼此之辨論，其起於孟、墨之義利論，孟、荀之性善性惡論，與儒道兩家之天與人，孰先孰後論，可謂其波瀾之壯濶，爲哲學史中所僅見者。至於留傳於後世而成爲傳統，則以孔、孟哲學成爲學說之標準，或成爲社會之制度爲最重要。其他各派，雖不如孔、孟，然亦因時代變遷而發生效用之日，如道家之於西漢於兩晉，法家之於實際政治方面，墨家之復興於邏輯學昌明之日，或者其非攻論將盛行於今後原子彈已發明而不敢使用之日，要而言之，儒家學說大行於吾國，其他學派之效用，則限之於某時期而不佔優勢。

以上各派學說，在西漢後，不論其爲儒家爲非儒家，皆呈衰落之象。此衰落之象，與上文思索力之旺盛相對，可名之曰思索力之疲乏，表現於以下各點：（一）定於一尊：孟子曰天下烏乎定，定於一。墨子尚同篇曰立以爲天子，使從事乎一同天下之義。此統一之成爲制度，自秦漢而實現，而最著於漢武帝之表彰六藝，罷黜百家。（二）以書本爲對象，拘泥於成說，如漢代之置五經博士，如今文派與古文派之爭，如經義斷獄，皆拘於成說之顯例也。

(三)以遁世爲事，由東漢之末，至於晉代，戰亂相循，學者以逍遙世外專務玄譚爲事。

在秦統一之先，早有法家視詩書禮樂爲蠹言。儒家哲學遭秦焚書爲一大刼。至西漢而固定而殭石化。西漢東漢之間，佛敎來自印度，第一流學者皆皈依佛法，始也將佛書翻譯，繼也自己體會，終也乃成爲中國佛敎之各派，此其時期，短言之，爲五百年，長言之，至於千年。亦猶希臘哲學衰亡之後，轉而入於宗敎時代，其趣向相似也。

吾人所欲問者，哲學思想何因而盛，何因而衰。哲學之所以盛，由於人之智力發達，敢於發問，敢於分析，敢於作答案。戰國爲七雄爭長之世，哲學思想初不因戰爭而遭挫折，秦漢大一統以後，帝王專制之局確立，自然不樂於人民之好爲異說。李斯氏上奏之言曰：「古者天下散亂，莫之能一，是以諸侯竝作，語皆道古以害今，飾虛言以亂實。人善其所私學，以非上之所建立。……聞令下，各以其學議之，入則心非，出則巷議，夸主以爲名，異取以爲高，率羣下以造謗，如此弗禁，則主勢降乎上，黨羽成乎下。」此與現代獨裁政治下之思想統制，非異曲同工者乎？漢代董仲舒之言，雖視李斯較爲和緩，然其定於一尊之方向，如出一轍。董氏曰：「今師異道，人異論，百家殊方，指意不同，是以上亡以持一統，法制數變，下不知所守，臣愚以爲諸生不在六藝之科孔子之術者，皆絕其道勿使並進，邪辟之說息，而後統紀可一而法度可明，民知所從矣。」此表彰六藝之舉，自然確立思想定於一尊之局矣。然此種要求之所以出現，猶之草木屆百花齊放後，至秋冬而葉落而萎謝矣。漢代大學中設五經博士弟子，其所治經書，各有專書，所以解釋五字之文，至於數萬言之多，此卽所謂「考據訓詁」之學，然思想之性質，變動不居，雖外受強制，而內部自生變化，證之太史公「六家要旨」，桓寬之鹽鐵論，與王充之論衡三書，儒家以外之學說尙有其活動發展之餘地，與現代蘇俄式之思想統制，自有不同者在矣。兩漢思想之中心，不外經學之版本，謂之爲吾國思想停滯時代，自爲允當。迄於魏晉之際，國內之亂，邊疆之禍，遠甚於秦漢之末，其時思想界遁入虛無，乃有所謂清譚與老易之學。自其由儒家轉向道家言之，不可不謂爲非思想之移動。然其對於問題解答上，則懶散之態度，完全表現矣。晉書阮籍傳云：「阮瞻見司徒王戎，戎問曰：「聖人貴名敎，老莊名自然，其旨同異？」瞻曰：「將無同。」

此「將無同」三字，爲春秋戰國講正名之際所不見，即名物之正確意義，棄置一邊，而以「不求甚解」了之而已。

阮籍作大人先生傳，攻擊君子禮法之言曰：「且汝不獨見虱之處褌中，逃乎深縫，匿乎壞絮，自以爲吉宅也。行不敢離縫際，動不敢出褌襠，自以爲得繩墨也。飢則嚙人，自以爲無窮食也。然炎斤火流，焦邑滅都，羣虱處於褌中而不能出，汝君子之處區內，亦何異夫虱之處褌中乎？」人生問題，苟如阮籍笑罵之可以了事，儒家所以斤斤於繩墨規矩，自不免多事矣。然正惟以逍遙世外之態度，不足以解禮樂刑政，此乃儒家所以出之以不厭不倦之努力也。然晉代清談家視之爲羣虱之處褌矣。威爾斯氏（H. G. Wells）評希臘思想之末年曰：紀元前四世紀結束之際，思想界之潮流，不走向亞里斯多德方面，亦不走向條理井然之智識之辛勤積聚。……當時大勢所趨，非哲學家所能把握，乃由市府之設計，新生活之思索，轉而至於遁逃世事之美景，以圖自慰而已。威氏此言，爲希臘而發，然移而用之於晉代，何不可之有。

乙、宋明儒家哲學之盛衰

唐宋以後，儒家哲學之趨於興盛，其根本教義與所用名辭，絕不離乎孔孟，然其所解釋之者，乃出於一個新哲學觀點。宋代學者用張邵與二程等所造成之學說系統，如所謂理氣，心性，理一分殊，氣質之性，本然之性，卽爲其系統中之重要成分。張邵與二程等自己諱言其學說與佛家有何關係，吾人處於今日不妨明白承認宋代以後新儒家哲學之興起，乃佛教入中國後之刺激有以促成之者也。

孔孟書中對於人生問題，如論孝、弟、忠、信、仁、義、禮、智，皆就弟子所問者零星答覆，未嘗以全部人生觀或宇宙觀，作爲一個系統而闡發之。自朱子所輯錄之「近思錄」一書觀之，其中以道體列爲第一項，與孔子罕言性與天道者大相異矣。更證之近思錄之其他各章，可謂其自本體論至於心、身、家、國之各方面，無不網羅於其中。此乃新儒家哲學之體系，與孔孟大相遠矣。

吾人可以明言：中國各派學說，因其國家地位在近世以前罕與他國接觸，在其文化演進史中，絕少有外國思想之跡象，有之則以印度佛教爲惟一外來原素。吾國人不輕易承認外國文化而向之低頭，必待自己納之胃中消化以後，化爲自己血液，而後吐而出之。此可證之南北朝之際，佛教各派無一不在中國自成一宗，如所謂三論宗成實宗，其後更由消化印度學說後而自己創爲一宗，如天台宗如華嚴宗禪宗是也。再進一步學者厭棄佛教遁入空無放棄人倫，乃走向闢佛返於孔孟之途徑，此則新儒家哲學所由興也。

佛教各派書籍之漢譯，予儒家以極大刺激。儒家自知關於宇宙與人生，非有一套與印度佛書體系相等之著作，勢難與之並駕齊驅。於是有周子太極圖說，以說明宇宙之所以成，有張子西銘以明仁愛之無遠不屆，有邵子之無名先生篇，所以明道之無乎不在，以見可名可道者之非最終之大道。質言之，宋代乃理學之創造時代也。各家之努力於創造，可以以下各家之言證之。

程明道曰：「吾學雖有所授受，天理二字卻是自家體貼得來。」此可見理學之名，乃程明道千錘百鍊中體貼出來。其所以與希臘「愛智」二字並垂千古者，非無故也。

周子太極圖說之首句，曰無極而太極。陸子靜因無極二字為昔所未見，乃疑為非周子之言。朱子反駁陸子曰：「孔子贊易，未嘗言無極也，而周子言之，則知不言者不為少，而言之者不為多矣。」此言乎學者不因孔子所不用而不敢用，所以明「無極」之名乃周子所自創也。

黃東發日鈔曰：「橫渠先生精思力踐，毅然以聖人之事為己任。凡所議論，率多超卓。至於變化氣質，謂形而後有氣質之性，善反之則天地之性存焉。故氣質之性，君子有弗性焉。此尤自昔聖賢之所未發。」自昔聖賢之所未發云云，非張子創造之意乎？

陸象山曰：「堯舜曾讀何書？」此語最可見昔賢說不足貴，貴乎自創。然宋代諸子知自己創造之不足，僅為新說來源之一，乃別求所以承繼傳統之道。於是將大學中庸自「禮記」中分出，視為自成一書，合此二書於論、孟，稱之為四書。此項四書與五經成為儒者學說之教典。自二程始，下逮朱子，對於舊日經書，重作新注解，所以使孔孟之面目，因新注解而一新，前人所未發見者，更因新注而發見之，此吾國哲學所以時在繼承傳統與自創新說雙軌並進之中也。

南宋時朱子繼二程之後，將宋代各家學說集其大成。其自身學說之基本曰理氣二元，曰理一分殊，曰進學主敬，其基礎濶大，足以包舉前人成說而熔之於一爐之中。基於其自己學說，將論語、孟子、大學、中庸、易、詩、禮各書爲之註解。其在註解方面之工作之艱難，視其自創新說更遠過之。朱子之大學補傳，引起其與王陽明之爭辨，可以見註解工作之中，其自身哲學見解含在其中矣。

吾人可概括言之，宋代新儒家學說盛行之後，如政治上王霸之分與堯舜其君之理想，如全國之書院制度，如鄉約從此成爲風氣。尤其程朱之四書與各經註解，成爲命題試士之標準典籍，則與董仲舒之表彰六藝罷黜百家如出一轍矣。

然明代哲學風氣，以現代哲學家懷德黑之術語言之，可謂其富於「思想上之冒險進取」(Adventures in Ideas)，明代政府雖下令以程朱之註解爲標準，然其學者之見解不明以「此亦一述朱，彼亦一述朱」（黃梨洲姚江學案中語）爲滿意。陳白沙氏王陽明氏皆以創作以另闢新境界爲己任者也。陽明學說可謂宋代學說發展之登峯造極何也？宋代理氣二元論之推演成爲物、知、心、意等之離貳，陽明龍場一悟之要點，以現代哲學術語表之，卽拔克萊氏「物之存在繫於覺知」(Esse est Percipi) 物之存在既由覺知，則離開覺知便無所謂物之存在。於是心與物合一。心物既合一，乃有心理合一，知行合一，乃有功夫與本體之合一。質言之，是爲唯心一元論。此哲學上之大發明，乃孔孟程朱所未嘗見到者也。而況陽明更有事功之成就，如平宸濠如平思田，因而聲名甚大，轟動四方，其學徒之衆爲世所罕見。一部明儒學案六十三卷中，所謂王門，其直接與陽明有關者，占廿六卷，占全書三分之一以上矣。其與之反對者爲甘泉學案，其修正之者爲蕺山學案，可謂爲陽明之諍友。則謂陽明爲支配明代哲學思想之人可也。陽明之唯心一元，莫顯著於其語錄中之所自言者如下：

「心外無物，心外無事，心外無理，心外無義，心外無善。吾心之處事物，純乎理而無人僞之雜，謂之善。非在事物有定所可求也。處物爲我，是吾心之得其宜也。義非在外可襲而取也。格者格此也，致者致此也。必曰事事物物上求個至善，是離而二之也。」

「格物者，格其心之物也，格其意之物也，格其知之物也，正心者，正其物之心也。誠意者，誠其意之物也，致知者，致其物之知也。」

陽明如此解釋大學之文，恐大學之作者初未嘗想及，我所以謂爲登峯造極也。

然陽明學說至明末而衰。其所以衰，依黃梨洲之言言之，狂禪二字害之也。此風氣之流行，由於天泉證道記中「無善無惡心之體，有善有惡意之動，知善知惡是良知，爲善去惡是格物。」四語之解釋，尤因四語中「無善無惡心之體」之第一語。龍溪因第一語而推論以及於下三語云：「此恐未是究竟話頭，若說心理是無善無惡，意亦是無善無惡的意，知亦是無善無惡的知，物亦是無善無惡的物。」

梨洲評龍溪之立場曰「既無善惡，又何有心意知物，終至於無心無意無知無物而後已。如此則致良知三字，着在何處？先生獨悟其所謂無者以爲教外之別傳，而亦併無是無。有無不立，善惡雙泯，任一點虛靈知覺之氣，縱橫自在，頭頭明顯，不離着於一處，幾何而不蹈佛氏之坑塹哉！」

龍溪於重刻陽明文錄有後語一篇中之言曰：

「道必言而傳，夫子嘗以無言爲警矣。言者所由以入於道之筌。凡待言而傳者，皆下學也。……若夫玩而忘之，從容默識，無所待而自中乎道，斯則無言之旨，上達之機。」

陽明門下之王心齋一派，其學說基本名曰淮南格物。此派名爲自陽明傳授良知學說，然其學者之立言，則與禪宗爲近。顏山農嘗講學於僧寺，榜曰「急救心火」，羅近溪偶過其地，初以爲名醫，及入而訪之，乃知山農榜此四字爲號召之術。趙大洲答友人之言曰：「僕之爲禪，自弱冠以來，敢欺人哉！」周海門與許浮遠辨論之言曰：「不知惡既無，而善亦不必再立，頭上難以安頭，故一物難加者本來之體，而兩頭不立者，妙密之言。」

讀以上各人之言論者，可知黃梨洲名之曰狂禪，顧亭林名之曰心性空譚，誠非無故而然也。

明末陽明學說既流於禪，於是起而矯正之者分爲三派：一曰由王而返於朱。如陳清瀾之學蔀通辯陸清獻之學術辯是也。二曰否定理學而返於經學，如顧亭林所謂「古之所謂理學，經學也，非數十年不能通」是也。更有修正陽明學說使之歸於篤實者如劉蕺山黃梨洲是也。此三派中以顧亭林之主張爲最有力，既已視心性之學爲空譚，自然返於有實證之經學，因而造成清代之考證家。其第二派之宗朱派在清代尙繼續發展，然亦僅保持舊日規矩而已。至於第三派之修正派，在明末不失爲有力之一派，至清代尙服膺陽明學說者僅有極少數人而已。

吾於此應當說明者，陽明學說在明末之衰，與孔孟學說在漢代以後之衰，迥乎不同，何也。孔孟學說至漢代成爲書本上之註解，更經過兩晉，與南北朝，乃迄於唐宋而後復活者，乃另一種新面目之新儒家哲學也。明末王學雖衰，然朱學依然存在。此乃新儒家中一派之盛衰，非新儒家全部哲學之生死也。倘以之與歐洲相比，僅如康德派衰而黑格爾代之以興而已。歐洲思想界中有默想（Speculative）與實證二派，默想派爲哲學，實證派爲科學。此兩派中默想派極盛之後，則實證派之注重科學研究者代之而興，及實證派流爲分科之學流於分析過甚，於是復返於注重默想之哲學。歐洲學界常往來於默想與實證之間，而明末之由理學之復返於經學，亦猶歐洲之由默想而返於實證也。

吾人處於二十世紀之今日，知哲學乃以概念爲基本之學問，與經學註解之文字語言之學問，兩者性質絕不相同。吾人既自學問分類之性質上而知理學之爲哲學，其性質與經學大異。顧亭林理學卽經學之言，在清初曾哄動一時，然自今日言之，吾人知此二者之渺不相涉矣。吾人但瞭解其一爲默想一爲實證之兩種治學方法，而不拘泥於其字句可矣。關於此問題之詳細討論，見拙作「中日比較陽明學」，讀者可求之於此書中。

丙、今日儒家哲學應復興之理由

中國之哲學著作如孔孟之書如老莊之書，自海禁既開，譯成西方文字後，西方學者常有批評之語，稱之爲片斷之格言，不相聯貫而成爲一種系統的著作。尤其對於論語中孔子君君臣臣父父子子之語，稱之曰同意語之重複。此八字中如君君如臣臣如父父如子子，在字面上言之，誠哉爲同意語之重複，然就意義言之，謂君有君應爲之事，臣有臣應爲之事，父有父應爲之事，子有子應爲之事。君應爲之事曰治國愛民，臣應爲之事曰忠君盡職，父之事曰慈，子之事曰孝。此卽依孔子所謂正名，乃就社會人倫關係中之各分子，規定其所應爲之事應爲之職也。亞里斯多德氏所謂每一大類中求小類者，必求其特異之徵以成爲定義，如動物中之人，稱之爲理性的者，因人之所以異於一般動物在其具有理性之特徵，此與君之特徵爲治國愛民，臣之特徵在忠君盡職，父之特徵爲慈，子之特徵爲孝者，謂孔子與亞氏所用方法初不相異可也。孔子之方法雖不如亞氏定義之精確，然其非同意語之重複，則稍識文義者所共見也。西方人讀孔孟之書者不識其精義所在，但就其外形評論，乃陷於謬誤而不自知矣。

西方人論中國哲學者，謂爲無系統的寫作，如評論語一書爲零星格言，然吾人試思之，系統之有無在思想內容，不在乎寫作形式，孟子一書中性善之旨，貫徹全書，其論人性論修身論王覇，無不從此一點出發，其思想之系統，顯然在也。老子之五千言以自然以無爲爲宗旨，貫徹於修身養性與夫治民立國方針之中，其思想之系統顯然也。乃至墨家與法家之書，亦無一家而無前後一貫之宗旨，其中固有系統顯然也。東方哲學家之著作，貴乎簡明而洞中要害，不好舖陳文辭，繁言敍述，猶文人之寫意畫，以若干筆畫成一人，與西方人之畫人相者之細針密縷者迥不相同。西方人所以評其無系統者，乃由於語言寫作方法之不同而已。孔子嘗自言「吾道一以貫之」，此「一以貫之」四字，卽可以見其思想之自有體系，特其所以表達之者，與柏氏亞氏異矣。

至於就現代西方哲學觀點以批評古代中國哲學者，謂現代西方哲學所注重者爲認識論，而古代東方哲學中缺少此類研究，但知專注重人倫者，因而謂爲與西方哲學不相類。然西方人此種議論正確乎不正確乎？固大有研究餘地也。古代中國之哲學，其所論不外乎是非善惡與父慈子孝，齊家治國之道。然吾人試以與柏拉圖氏之對話錄相比，知柏氏所討論，亦以人事問題爲重，異乎現代哲學之注重認識論。柏氏「辯護」一篇，所以明朝聞道夕死可也。「剌希司」論勇敢也。「夏米特司」論自克之義也。「共和」一書論治國之要道也。「會餐」論人之愛也。其他各篇不離乎道德上是非善惡之標準。是柏氏所以議論之方式卽令其與孔子不相類，然其所論之題材之爲人事，則與古代中國無二致也。吾人將孔孟書與柏氏相較，覺其一無遜色，乃大增吾人復興儒家哲學之勇氣者一矣。

以孔孟之書與現代西方哲學相比，既與其置重心於認識論者各異，更與其中各派立場如經驗主義，理性主義，相去甚遠。然現代哲學中康德氏兩大著作，其實踐理性中之道德論與純粹理性中之超驗綜合說，一則名之曰斷言命令，一則出於心之自動。康氏此項學說使吾人恍然於西方現代哲學雖以近代所發明之科學知識爲背景，然其基礎不外乎儒家所謂心之所同然之義理。惟「心之所同然」實現於理論方面，乃有康氏之十二範疇，惟心之所同然實現於是非善惡之判斷，乃有康氏所謂良心。此又康氏學說與古代儒家哲學之相合，足以增吾人復興儒家哲學之勇氣者二矣。

歐洲其他學派之理論，有物理學之機械主義有生物學之進化論。吾國自近半世紀以來，頗有持其說而鼓吹之者。進化論傳入中國最早，以赫胥黎之天演論爲第一書，由嚴復氏首先翻譯；其後有達爾文氏物種源論，由馬君武氏譯出。此派學說證明萬物之必變，其變由動植物起，自然爲厭故喜新者所歡迎。機械主義說明宇宙變化由於物力之運動，否定精神力量，換言之，一切心理現象同於物理化學元素之化分化合。此說由吳稚暉之「一個黑漆一團的宇宙觀」代表之。吳氏之論，類於英國之 Hobbes，法國之拉馬脫里氏（Lamettrie）與霍爾拔哈氏（P. D. Holbach）與德國之馬勒血氏及布許納氏（Molschott, Büchner）。吳氏之說顯然爲唯物主義，猶之英、法、德三國思想史在科學發達時代所必經之階段也。第一次大戰後馬克思主義入中國，馬氏持生產關係決定思想之說，恩格斯氏與列寧氏更以相反、對立與統一之說，推廣爲一切自然現象與社會現象之規律，是爲辯證唯物主義，爲共產黨欽定學說。此辯證唯物主義之流行於俄國後，其是非得失與利害如何？爲人所共見，可以不必在此縷縷言之。吾於此所以提出機械主義進化論與辯證唯物主義者，所以明此種偏激學說，既不能以之概括宇宙中之物、生、心三種現象，更不能爲社會一切問題謀解決之法，因此引起中國思想界之反感，增進吾人對於儒家哲學復興之勇氣者三矣。

第二次大戰前後，歐洲有一種新哲學學派，是名「存在」哲學，或曰存在主義。其首倡此說者爲丹馬之愷爾契格氏（Kierkegaard），其立說以主觀以情感深度以個人頃刻間之決定爲出發點，其與黑格爾氏之以理性以概念以系統爲根據者正相反對也。愷氏之說本於耶教，本於個人之忽然警覺，本於個人之立志，本於個人之決心，自然與黑氏之以理性中之一系列之概念，爲宇宙變遷之所本者，迥然各別矣。愷氏學說成於十九世紀之中，至於本世紀乃始爲人所發現，德之耶司丕氏（Jaspers），哈一特格氏（Heidegger），法之馬山爾氏（Marcel），薩德爾氏等（Sartre）均祖其說而流傳之。此三四人雖同名曰存在哲學，然各人學說之內容不相同。如耶司丕氏之哲學，不離康德之超驗哲學，哈一特格氏尤偏重於個人存在，薩德爾氏趨向於無神論與馬克思主義。可見此各人同名爲存在主義者，而內容各異矣。但就哈一特格氏言之，哈氏所論三點曰空無曰憂慮曰死亡。此乃歐人處於戰亂之中，念念不忘人世之無常，爲其論點之由來。此與吾國晉代處於內亂外患，乃有何晏王弼之崇尙虛無，可謂異代異地人之同種歌曲也。此派各人之學說暫不細論，但舉當代評論存在主義哈納門氏之言如下：「何謂存在主義？其代表之價值自不容懷疑。其所代表者乃歐洲崩潰時代之哲學之主要一派。德國名曰存在哲學，法與意名之曰存在主義，其內容與形式各有不同，然有共同處，即皆起於各國崩潰之中是也。」一由哈納門氏之言觀之，存在主義乃崩潰時代之象徵，我所以謂爲與何晏王弼之淸譚有同一政治背境者也。然吾以爲現代西歐人之惶惑，失望之情緒，遠甚於吾國之晉代，其不信理性之足爲人類前進之南針，其不信理性爲人類生活共同規律，其不信理性由沈埋而歸於復活，此乃文化滅亡人類死亡之言所以充滿於空氣之間也。吾國歷史上南北朝之後，復有唐宋之復興，足證一時喪亂之後，自有還於太平之日，即在喪亂之中，如孔子有其不可爲而爲之精神，孟子有舍我其誰之精神，晉代王羲之對抗何王虛無之論，乃在其蘭亭序中有一死生爲虛誕，齊彭殤爲妄作之言，此皆中國民族肯定人生之積極精神，在艱難困苦中保持而勿失之明證也。吾人鑒於存在主義中所表示西歐人之徬徨無措，而益覺中國哲學之可貴，而增其復興之勇氣者四矣。

由以上所述四點之中，可以見西方哲學各派之東來，固有大影響於吾國思想界，然迄於今日，乃令國人走到儒家傳統哲學萬不可放棄之一途。其所以然之故，果何在乎？就其概括方面言之，吾國儒家哲學以人生爲目的，尤注重於知識與道德之並行不悖。至於西歐哲學之注重自然界，注重邏輯，注重語義，可謂爲吾國人注意力之所不及。惟其念念不忘衆人所公有之知識與道德，以求人生問題之解決，且前後各代繼續本乎「行健不息」之旨以爲之，此乃中國文化所以歷久常存而不至於誤入歧途者也。其所以推究知識道德者，不外衆人之心同然，不外乎衆人所公有之理性，不外乎此公有之理性之暫沒而復現，此則儒家哲學之一般性也。

吾人再就儒家哲學之特點言之：

第一、天地萬物　儒家自孔孟以來，無不肯定天地間萬物之有，而未嘗有懷疑之意。大學曰「物有本末，事有終始」，其所謂物，詳於八條目中之格物、致知、誠意、修身、齊家、治國、平天下。此八項之詳細分析暫俟後論，簡言之，一切爲天下之物。朱子補傳之語曰「即凡天下之物，莫不因其已知之理而益窮之，以求至乎其極。」此即儒家肯定宇宙間事物之態度也。儒家所深排者爲釋氏虛無寂滅之說，張橫渠之言曰：「釋氏妄意天性，而不知範圍天用，反以六根之微，因緣天地，明不能盡，則誣天地日月爲幻妄。」佛家以山河大地覺迷所生，緣心起滅，悉屬幻妄，乃宗教家之言，與儒家之以常識觀察萬物者自不相同也。橫渠更有言曰：「凡可狀皆有也，凡有皆象也，凡象皆氣也。」宋儒之中，以「有」爲出發點者，莫過於橫渠。他人之未嘗明言者，其內心之態度，與橫渠態度如出一轍也。吾所以提出儒家肯定萬物一點者，由於西歐哲學家笛卡兒氏吾思故吾在之語，一若萬物之存在均在可疑之列，惟有以自己之思，確定自己之存在一點爲不可疑。最近新唯實主義流行，打破世間事物由於心識而後存在之論，直截了當承認萬物之存在。此與儒家之態度不謀而合者也。歐洲現代哲學之初期，受物理學之影響，欲以機械主義適用於心理，乃流爲世界只有物而無精神之說，所以唯物主義機械主義之宇宙觀即由之以生。然此種哲學排斥所謂心所謂精神，乃至不以人爲人而視之如機械。新唯實主義承認外界之存在，然尚不如儒家八條目中物、知、心、意、身、家、國、天下一律等量齊觀之爲得矣，此引起吾人自信之心以促成儒家哲學復興之念者一也。

第二、致知窮理　儒家承認天地萬物之存在，然同時以爲天地萬物之理，必經由心乃能知乃能通其理。朱子曰「人心之靈莫不有知，而天下之物莫不有理，惟於理有未窮，故其知有不盡。」由宋儒以來，致知窮理成爲哲學界之主要任務。其所謂「致知窮理」，重於德性，輕於物理，故其致知之方法，遠不如西方科學家之知之精細，然其致知之心之眞切，可與西方媲美。試擧程伊川朱晦庵之言以明之。伊川曰：「今人欲致知，須要格物，物不必謂事物，然後謂之物也。自一身之中，至萬物之理，但理會得多，相次自然，豁然有覺處。又曰或問格物，便通衆理，雖顏子亦不能如此道。須是今日格一件，明日格一件，積習既多，然後脫然有貫通處。」伊川致知之學，至晦庵更加重視，可於其觀察地球之構成證之。其言曰：「天地始初，混沌未分時，想亦只有水火二者，水之注脚便成地。今登高而望羣山，皆爲波浪之狀，便是水流如此。只不知因什麼事凝了，初間極軟，後來方凝得硬，想得如潮水察起沙相似。曰然，水之極濁便成地，火之極清便成風雹雷霆日星之屬。」朱子說明天地日星之所以成，不失其爲正確之觀點。其門人黃勉齋狀之曰：「自吾一心一身以至萬事萬物莫不有理……窮此理於學問思辯之際，皆有以見其所當然而不容已，與其所以然而不可易。」所謂所當然而不容已者，道德上之規律也，所以然而不可易者，物理世界之規律也。處於今日，吾人深知數學之知與理，邏輯之知與理，物理世界之知與理，吾國遠不如西方，然依伊川與朱子之說，足以見其對於知與理之不忽視。自可與西方注重知識之點會通而爲一。此引起吾人自信之心以促成儒家哲學復興之念者二也。

第三、推己及人　儒家認定己與人之間，有其彼此共同之點，可名曰精神感召，或心心相印。因此有語言有學術有社會構造。我之所言，可以喻他人，我之所知，可以達諸他人，我之所行，可以責人之共行，尤其注意於人類同知義理同有德性。孟子曰「無惻隱之心非人也，無羞惡之心非人也，無辭讓之心非人也。……人之有是四端也……猶其有四體也。……知皆擴而充之而已。」中庸引孔子之言曰「道不遠人，人之爲道而遠人，不可以爲道。」此卽言道之所以爲道，出於人心之同然，乃舉忠恕之德以爲之例證，更以父子君臣兄弟朋友之對待關係以明之。其言曰：「君子之道四，丘未能一焉。所求乎子以事父，未能焉。所求乎臣以事君，未能焉。所求乎弟以事兄，未能焉。所求乎朋友，先施之，未能焉。」此乃孔子謙遜之詞，不如謂其表示人類精神之所同可也。人與人心思之相同，爲吾國所認爲當然者，而西方學者竟有與之相反者，如司樣爾納氏（Max Stirner）於一八四四年尙有「個人與其財產」一書，卽主張世界之實在與他人之共存均在不可知之中，其惟一可知者獨爲其自己。此所謂獨知主義，與吾國所謂人心之同然正相反對者也。近年以來，西方學者亦自語言與學術可以上下觀察，見其相通，乃恍然於人類彼此之間，自有共通者在。此引起吾人自信之心以促成儒家哲學復興之念者三也。

第四、形上形下　儒家認形下形上之相通，必以形下爲基，然後進而達於形上。易曰形而上者謂之道，形而下者謂之器，器指物理世界中之有形可見有跡可求者言之，道指其中之義理言之。張南軒氏之言曰易之論道器，特以一形上下言之也。然道雖非器，而道必託於器，如禮樂刑賞，是治天下之道也。禮雖非玉帛，而禮不可以虛拘，樂雖非鐘鼓，而樂不可以徒作。刑本遏惡也，必托於甲兵，必寓於鞭扑，賞本揚善也，必表之以旂常，銘之以鐘鼎，故形而上者之道託於器而後行，形而下者之器，得其道無弊。」可知物質界與人心中之義理之不可離，若離而爲二，則一方有唯物主義，他方有唯心主義矣。更有但認物質而不知有心有人，則其爲禍尤甚矣。歐洲哲學界之康德氏以爲上帝、靈魂、世界自由或必然三者爲形上學中之主題，且以爲此三事乃超於人類經驗以外之事，故謂形上學所不能答覆，亦卽形上學之所以不成立也。康氏對形上形下界之劃分是否正確，正是一大問題。卽其劃而爲二之方法，亦未爲後來所遵守，如黑格爾氏如當代之耶司丕氏均爲德國哲學傳統中人，然其不信奉康氏劃分之界，而將上帝問題歸入哲學範圍以內依然如故矣。至於儒家哲學之見解，略與黑氏耶氏相類，以爲限於形上界以討論形上問題，誠哉其爲無確實之答案可言，然以形下界之事實爲張本，進而推定其有形上學問題討論之可能，則朱子嘗行之矣。關於宇宙造成之討論，陸象山氏以爲無極云云爲老子之說。然朱子則以爲無極而太極，乃形上形下相關連應有之歷程。其言曰「至於大傳，既曰形而上者謂之道矣，而又曰一陰一陽謂之道，此豈眞以陰陽爲形而上者哉！正所以見一陰一陽雖屬形器，然其所以一陰而一陽者，是乃道體之所爲也。故語道之至極，則謂之太極，語太極之流行，則謂之道，雖有二名，初無兩體。周子所以謂之無極，正以其無方所無形狀，以爲在無物之前，而未嘗不立於有物之後，以爲在陰陽之外，而未嘗不行乎陰陽之中，以爲通貫全體，無乎不在，而又初無聲臭影響之可言也。」此種討論宇宙創造者與宇宙之關係，卽形上形下之相爲表裏，自有其堅強根據而不易推翻之者。此引起吾人自信之心以促成儒家哲學之復興者四也。

儒家之最高理想爲「盡性知天」四字，此四字見於孟子。實則此四字早見於中庸之中，所論尤爲翔實。中庸之言曰「能盡其性，則能盡人之性，能盡人之性，則能盡物之性，能盡物之性，則可以贊天地之化育」。中庸所以形容天地之言曰「今夫天，斯昭昭之多，及其無窮也，日月星辰繫焉，萬物覆焉。今夫地，一撮土之多，及其廣厚，載華嶽而不重，振河海而不洩，萬物載焉。詩曰維天之命，於穆不已。此天之所以爲大也。」此爲儒家所信之宗教，由有形以推及於無形者也。其示人以修身養心之模範者爲孔子。其言曰「仲尼，祖述堯舜，憲章文武，上律天時，下襲水土。譬如天地之無不持載，無不覆幬。譬如四時之錯行如日月之代明。」而其修身之要點，不外乎尊德性，道問學六字。此六字中庸中早有列舉之細目，曰「聰、明、睿、知、寬、裕、溫柔、發強剛毅、齊、莊、中、正、文，理、密、察、溥博淵泉、而時出之。」宋代以後之周張程朱陸王均能深通此義，然其能以文言說明之者無有如橫渠氏大心篇中之語：「大其心則能體天下之物，物有未體，則心有外——有外之心，不足以合天心。」然則以小我之心，合於天心，其所以造乎廣大高明精微博厚之境界應當如何？此非一人一世之事，有待乎全人類之共同努力。易曰「天行健，君子以自強不息」。哲學家致知求仁之工作，亦若是而已。

四、宋代儒學復興之先例

甲 緒言

三四十年來，吾國學者以清代學術思想，比之於歐洲文藝復興，言其循復古之法，收學問解放之效也。考歐洲文藝復興，先之以搜羅希臘古書引起文藝思潮，繼之以科學發展、宗敎革命與各國政治改革，其範圍方面至廣，有美術中之繪畫彫刻建築，有文學中之語言與作品，有耶穌新敎之脫離羅馬而另樹一幟，有科學之以實測求新知，與夫政治上之推倒封建，確立君權或進於民主，合此種種，在歷史上劃然成爲一新時代。

明末清初之學者，因王學空譚心性，乃起而排斥之，其所用力，不外乎屏去思想上之默索，而反求於聖經賢傳之有文字可憑信者。顧亭林黃梨洲王夫之均非純粹之文字考證學者，其由虛返實之傾向，顯然也。其後心力所集注爲文字考證，閻若璩古文尙書疏證開其先，惠氏父子易學繼其後，至戴東原而奠其基。所謂考證，不離乎經，然所研究者廣及於數學、地理、文字、音韻、金石與考古。種類雖多，範圍雖廣，然較歐洲文藝復興後思想與生活之煥然一新者不可同日語。嘗反覆思之，吾國思想史中之文藝復興，與其以清代與歐洲比，不若以宋代與歐洲比。何也？良以宋代思想面目之一新，自可以與十三世紀以降之歐洲，度長挈短者在矣。試條舉之。

宋初之一般風氣，學者勇於疑古，由疑所疑，而自有所立說是爲創作。司馬溫公嘗上論風俗劄子曰：『近歲公卿大夫好爲高奇之論……至有讀易未識卦爻，已謂十翼非孔子之言，讀禮未知篇數，已謂周官爲戰國之書，讀詩未盡周南召南，已謂毛鄭爲章句之學，讀春秋未知十二公，已謂三傳可束之高閣，循守注疏者謂之腐儒，穿鑿臆說者謂之精義。』溫公所云云，初不限於新進後生，其自身與歐蘇諸公無不如此。惟其有此精神乃有學說上之創見。朱子於陸子駁周敦頤之太極圖說，答之曰：『文王演易，自乾元以下，皆未嘗言太極也，而孔子言之，孔子贊易，自太極以下，未嘗言無極也，而周子言之。……則知不言者不爲少，而言之者不爲多矣。』此言乎後起者不必因襲前人，貴乎自創。陸子靜有『六經注我，我注六經』之言；謂人類心思之所届，非古人傳統所能拘束。朱子之改古本大學爲之補傳，亦出於同一精神之啟發。司馬溫公之疑孟，歐陽修之易童子問，可作同類並觀一例。此與歐洲文藝復興後之排斥亞歷斯大德氏，主張各人對於聖經有自由解釋權者，其相同一也。宋代懲唐末五代文格之卑弱，歐陽修以古文倡，王安石曾鞏與三蘇起而和之，於是古文風行一時。宋詩自成一格，由蘇王爲之盟主。梅堯臣語人曰：凡詩意新語工，得前人所未道者，斯爲善矣。必能狀難寫之景，如在目前，含不盡之意見於言外，然後爲至也。至於詞，至宋而極盛，皆能被之樂府，蘇辛兩家尤號豪氣汪洋，晁无咎稱蘇曰：歌一曲終，覺天風海雨逼人。更有通俗語體之文，理學家之語錄，五代史平話，原本通俗小說，其大唐三藏取經詩話為後西遊記所本。此與歐洲文藝復興後各國語體文之長成，但丁以意語寫神曲，路德以德語譯聖經，其相同者二也。

宋代因思想之發皇，學術著作種類之多，非常人所能夢見。除理學一項詳見後文外。史學有溫公之通鑑以年為經以國為緯，以十七年之精力盡瘁於此書。有袁樞之紀事本末，以一事之始末貫串為主，不令其散見於各年之中。有鄭樵之通志，自謂總天下之大學術為二十略，在今日言之，可分為學術史、文藝史、制度史、政治史。鄭氏自謂十五略出於其自身胸臆，非漢唐諸儒之所得聞。有馬端臨之通考，以杜佑通典為藍本，然宋以後，均出於馬氏之撰述。更有歐陽修之新唐書與新五代史，歐公自謂『文省於前，事增於舊』。小學有二徐之說文，邢昺之爾雅，吳棫之古音。他若攷証金石，則有六一居士之集古錄，趙明誠之金石錄。至於宋人之治經學者，有伊川之易，有朱子之注羣經（詳列後方），有西山之樂律，有仲默之治書。其用力之勤，決不在漢代之下。此皆博學審問之後，有所創獲。此與歐洲文藝復興後人文思想之興起，乃有麥幾維里之佛羅蘭市史（History of Florence）；居雪第尼（F. Guicciardini）意大利史，與夫英法德史學之勃興，其相同者三也。宋代對於美術之趣味極濃，設有翰林圖畫局，並有書畫學博士。宣和畫譜二十卷所載二百卅一人，計六千三百九十六軸，分為十門：一道釋、二人物、三宮室、四蕃族、五龍魚、六山水、七鳥獸、八花木、九墨竹、十蔬菓。畫史稱北宋山水畫，范寬、李成、董源為傑出。稱李之筆，近視如千里之遙，范寬之筆，遠望不離坐外。徽宗尤注意花鳥，點睛多用黑漆，隱然豆許，高出縑素。康有為萬木草堂畫目曰：『鄙意以為中國之畫，至宋而後變化至極，非六朝唐所能及。

……故敢謂宋人畫爲西十五世紀前大地萬國之最。』至於建築有李誠之營造法式卅六卷，詳載當時宮殿，戶牖柱楷簷井建築雕刻彩畫塗塈之法。此在美術方面與意大利自由市當局之獎進，因而有李翁那特鳳棲等之教堂構造與堂中之名畫，其相同者四也。彫板印書之法，始於五代，至宋太祖開寶四年，敕人往益州（四川）雕大藏經板，至太宗太平興國六年板成進上，計五千四十八卷。繼而太宗又敕司業孔維等校勘孔頴達五經正義。慶歷中畢昇有活板排印之法。此與歐洲文藝復興後葛登堡之發明木製活字，其相同者五也。以云科學方面自難於與歐洲之歌白尼、克魄雷、格里雷相比，宋史稱沈括蘇頌精於天算。括有渾儀，浮漏景表三儀，爲世所稱。蘇頌與韓公廉創製儀象，腤合躔度，著有新儀像法要三卷。至於政治方面，不可與歐洲之議院憲法相提倂論。王安石變法雖不關國體政體之改造，然其決心之強，爲歷史所罕見。同時有程明道之條陳十事，呂大鈞之鄉約，可稱爲政治思想上之一種新見解。若夫宋代思想史中之第一大事當推理學之興起，一方自宗敎言之，可謂儒敎對佛敎之抗爭，與歐洲新敎之鬪爭舊敎同。他方其中含有哲理之爭論，因而可比歐洲現代哲學之以理性自主爲出發點者，實爲同種精神之活動。此事爲本文中之主題，詳見後文。茲先論秦漢儒學之晦蒙，再考儒學之所以振起。誠吾國思想史上光榮的一頁也。

乙　儒學之潛伏

韓昌黎原道篇言堯舜禹湯文武周公孔子之道，至孟軻之死而不得其傳，所以慨嘆儒學之凌夷衰微。宋儒周邵張二程起，墜緒絕而復續，因此橫渠有爲往聖繼絕學之言。其所以表彰諸儒者，每念念不忘其振起之功。朱子作濂溪像贊曰，道喪千載，聖遠言湮，不有先覺，孰開後人。胡五峯之論周氏曰，周子啟程氏兄弟以不傳之妙，一回萬古之光明。文彥博題明道之墓曰，先生生乎千四百年之後，得不絕之學於遺經，以興起斯文爲己任，辨異端，闢邪說，使聖人之道煥然復明於世，蓋自孟氏之後一人而已。黃百家於宋元學案中述文潔公之言曰：「自孔孟歿後，異端紛擾者千四百年。……逮二程得周子之傳，然後有以窮極性命之根柢，發揮義理之精微，議者謂比漢唐諸儒說得向上一層，愚謂豈特視漢唐爲然，風氣日開，議論日精，濂溪之言，雖孔孟亦所未發，特推其旨，要不越乎孔孟。」讀朱、胡、文、黃所以贊歎宋代理學復興者如是。吾人居二十世紀中葉而圖重振儒家思想者所當反覆思考者也。

秦火以後儒學賴漢代抱殘守缺，乃有五經博士之設與東漢馬鄭混一今古文之舉。所以存古代之簡編，功不可沒，然不能不謂之爲蒙晦，因其無所發明也。惟人類心思，不能長久停滯，當其不用於甲，則移而用之於乙。西漢儒者號稱尊孔，陰陽五行五德始終之說，自漢而滲入。更有在廟堂上提倡黃老清靜與長生不老之術者。迄乎魏晉之際，世道衰微，人事靡常，仁義道德之拘謹爲世所厭，遁而易學幽邈，與黃老無爲大盛於世。更藉老莊之名理，助長佛教之傳播。此自東漢之初，歷魏晉南北朝與隋唐以迄於宋代之思想鳥瞰也。此千餘年，比之於歐史中羅馬帝制迄於美洲之發見。五胡亂華與南北朝對峙，猶日耳曼族與其他種族之奪羅馬而代興也。明帝之夜夢金人，遣使取經與爲釋迦立像，猶君士但丁皇帝受耶教洗禮，建立彼得教堂與公元三百年頃之譯耶穌聖經爲臘丁文也。其教權與皇權之間，始相護，繼相爭，此爲吾國帝王權力至高無上者之所不經見，其後更有十字軍遠征耶穌聖地，是爲耶教與回教之戰，雖與吾國佛道兩教之爭不無相似處，然一爲兩教在帝王眼中一正一邪之時代，一爲兩地之勞師遠征，二者不可同日而語。其後耶穌教統一歐洲之局崩潰，而英、法、德之各民族國家代興，更難與吾始終不失爲一統國家者相提並論矣。

此時期儒學之衰可以漢書藝文志之言爲代表。其於敍述六藝各經之後，更論之曰：

『後世經傳既已乖離，博學者又不思多聞闕疑之義，而務碎義逃難，便辭巧說，破壞形體，說五字之文至於二三萬言，後世彌以馳逐，故幼童而守一藝，白首而後能言，安其所習，毀所不見，終以自蔽，學者之大患也。』

班固所指出之弊病，曰碎義，曰逃難，曰說五字之文至於二三萬言，曰後世靡以馳逐，曰安其所習，毀所不見，曰終以自蔽云云，即漢代發其端，至清代而復興之考證學之所有事也。此考證學在西方，名之曰文字學，既有文字語言，自不能無魯魚豕亥之誤與版本之眞僞，此自爲學問之一種，然倘欲以之代替理學或哲學如顧亭林之所謂經學即理學者，譬以今日言之，倘以爲有了文字學，便不須有哲學、邏輯、倫理、與形上學諸學，此種說法之不可通，盡人所共見矣。此時期中因儒學衰落，道釋兩家起而代之。魏晉以來之名理玄譚，一反乎兩漢之經學攷證，而與太史公六家要指所謂『道家使人精神專一、動合無形、贍足萬物』云云之道家亦異其趣。所謂玄譚實爲一般冥想的宇宙論，其所以發揮者有傅嘏鍾會之才性論，王弼何晏之虛無論，與向秀郭象之莊子注。昔年但以玄理清譚概括言之，鮮有承認其在哲學上之價值者，近年謝无量馮友蘭之哲學史，與牟宗三之才性與玄理三書敍此段玄譚特詳，或者將來更有昌明之一日。然其更駕而上之者，爲佛敎之傳播。第一、翻譯時代，後漢之安世高與支婁迦讖至西晉之竺法護，可謂爲譯經之創始者。第二、敎義研究勃興時代，始爲竺法雅，康法朗之格義佛敎，繼之以道安之「綜理眾理目錄」，又繼以鳩摩羅什之入長安（時爲姚秦之弘始三年，西曆四〇一年）譯經七十四部三百八十四卷，所以確立大乘敎義。第三、自立宗派時代，南北朝對立之際，有所謂三論宗、成實宗、淨土宗、禪宗、攝論宗等，然吾華自受釋迦之敎，其能自出心裁者，莫過於天臺之三時判敎，華嚴之五敎一乘與禪宗之敎外別傳，至若法相一宗，由玄奘開始，風行一時，然其入人心之深厚，遠不如天臺、華嚴、禪敎三宗。自有此三宗，而後佛敎思想之內容與其自由表達方式，不獨超出翻譯時代之依樣葫蘆，亦大異乎玄奘之唐梵之逐字直譯矣。其中影響於唐宋思想之尤甚者，爲禪宗之論心性。柳宗元之六祖墓銘，已謂禪宗之佛性，同於孟子之性善。更有傅翕之心王銘，三祖僧璨之信心銘，僧稠同時之亡名息心銘，心融之心銘，六祖之卽心卽佛說，慧海之頓悟入道要門，澄觀之心要法門，其以一心爲指歸，合於吾國之傳統，除孟子「心官則思」之語外，未有重心官如禪宗者矣。時之文學士從之請益者，如白居易、裴休與李翺，卽以韓愈之排佛，而其稱道大顚之言，曰『實能外形骸，以理自勝，不爲事物侵亂，與之語，雖不盡解，要自胸中無滯碍。』此爲唐代佛敎浸潤人心之明證。因而李翺之復性論，純以佛家言解釋儒家論性之說。此爲儒家之處人跨下，非一般人所能安所能忍，而反抗運動因以起矣。

丙　宋儒自信力之恢復

儒家之不慊於佛，由來已久，其膾炙人口者，爲韓愈之原道，歐陽修之本論。全謝山學案劄記，引楊文靖之言曰，佛入中國千餘年，只韓歐二公立得定耳。王梓材亦言，文忠本論中下，足與韓文原道諫佛骨表等篇，並傳千古。其推崇可謂至矣。吾人在今日言之，知宗敎信仰出於心所嚮往，與夫虔誠禱祝，非耳之所能聞，目之所能見，與衣食之可求而得，詩書之可以誦讀，刑政之可以治人者，逈乎不同，質言之，難以理知指而出之者也。惟其如此，韓公明先王之道，歐公修本以勝之論，均爲入世間之語，與佛道回耶之出世敎，不能在同一水平線上相提並論者也。朱子語類中論佛敎之言甚詳，畧舉一二而釋之。

> 釋氏書，其初只有四十二章經，所言甚鄙俚，後來日添月益，皆是中華文士相助撰集，如晉宋間自立講師，孰爲釋迦孰爲阿難孰爲迦葉各相問難，筆之於書，轉相欺誑，大抵多是剽竊老子列子意思變換推衍以文其說。

佛初入中國之始，釋文多借用道家之名詞，以爲行文之便，其是否欺誑，其是否出於剽竊，今日有梵文巴利文原本爲證，無待煩言而明。朱子又曰：

> 直至梁普通間，達磨入來，然後一切被他掃蕩，不立文字，直指人心，蓋當時儒者之學，旣廢弛不講，老佛之說又如此淺陋，被他窺見這箇罅隙了，故橫說豎說，如是張皇，沒奈何他，人才聰明便被他誘引將去。

當時禪宗之風靡天下，可以想見。達磨一宗，初不因老佛淺陋而起，實與釋迦立敎宗旨不背，亦不必在此多辨。朱子更有禪宗盛極一時之言曰：

達磨遂脫然不立文字，只是默然端坐，便心靜見理，此說一行，前面許多皆不足道，老氏亦難爲抗衡了。今日釋氏其盛極矣。

朱子旣知釋氏之所以盛，卻能窺見釋氏罅隙，由於但知否認，經不起以「有」爲基礎之常識上之對質。朱子之言曰：

問釋氏以空寂爲本，曰，釋氏說空，不是便不是，但空裡面須有道理始得。若只說我見空，而不知有箇實底道理，却做甚用得？譬如一淵清水冷澈底，看來一如無水相似，他便道此淵只是空底，不曾將手去探是冷是溫，不知道有水在裏面，佛氏之見正如此。今學者貴於格物致知，便要見得到底。今人只是一斑兩點見得些子，所以不到極處也。

朱子將手一探之言，與英國經驗論者反駁唯心派一切出於心造，每告之曰，爾脚一觸石頭，便感足痛云云極爲相同，言乎外界物之存在與其所以爲物之理，非人所能否定也。宋儒本此立場，以爲進攻之地，一主有，一主無，一主實，一主虛，一主萬事有理，一主不生不滅。質言之，有、實、理三者，乃宋儒理論之出發點也。

濂溪通書聖第四一段曰：『動而未形「有」、「無」之間者幾也。』劉蕺山註之曰：有無之間，謂不可以有言，不可以無言，故直謂之微，中庸以一微字結一部宗旨，究竟說到無聲無臭處，然說不到全是無也。黃百家又案之曰：『後儒之言無者，多引中庸無聲無臭爲言，不知中庸所云，僅言聲之無也，臭之無也，非竟云無也。若論此心可以格鬼神，貫金石，豈無也哉。儒釋之辨在此。』

濂溪之學以誠以善以仁義中正爲本，雖歸於無聲無臭，僅言其不可見不可聞，而不可見不可聞之背後自有『有』在也。

橫渠正蒙大易篇第十四曰：『大易不言有無，言有無，諸子之陋也。』張南軒釋之曰：『形而上者謂之道，託於器而後行，形而下者謂之器，得其道而無弊，……在道不溺於無，在器不墜於有，是大易不言有無明矣。言有無，如有生於無，則分而爲二矣。又如自無而有，自有而無，皆老莊之陋也。』

橫渠更有合有無爲一之言曰：『有無虛實，通爲一物者性也，不能爲一，非盡性也。飮食男女，皆性也。是烏可滅。然則有無皆性也。是豈無對。莊老浮屠爲此說久矣。果暢眞理乎。』橫渠對於萬有，更有極明確之言曰：『凡可狀皆有也，凡有皆象也，凡象皆氣也。』以上宋儒主有諸說。

佛家既以空無爲本，橫說竪說，要歸於無心無着，然後達於無我無常。儒者以有爲本，而有中之萬事萬物莫不有理。程明道曰：天地萬物之理，無獨必有對，皆自然而然，非有安排也。每中夜以思，不知手之舞之足之蹈之也。又曰質必有文，自然之理必有對待，生生之本也，有上則有下，有此則有彼，有質則有文，一不獨立，二則爲文，非知道者孰能識之。天文，天之理也。人文，人之理也。明道對於理對於天理，自謂乃自家體貼出來，可見其對於理一個概念，十分注重。伊川曰：今人欲致知，須要格物，物不必謂事物，然後謂之物也，自一身之中，至萬物之理，但理會得多，相次自然豁然有覺悟處。又曰窮理亦多端，或讀書講明義理，或論古今人物，別其是非，或應接事物而處其當然，皆窮理也。二程子可謂理之名辭首先使用者，宋學既以理爲大本大源，因而其學說有理學之名，又因伊川有性卽理之語，乃合理與性爲一，而名宋學爲性理學。理學或性理學之名在吾國之重要性，猶希臘所謂「愛智」，或近代歐洲之科學一名，由於知字來也。以上宋儒論理諸說。

伊川門人有詢及太虛，伊川告之曰：「亦無太虛」，遂指虛曰皆是理，安得謂之虛。天下無「實於理者」。此「天下無實於理者」七字，意謂目見耳聞之物，不能與理之實相比，何也？天地間之山峙水流，不免於陵谷之變遷，花開花落，由於四季之代謝，人物之生死，決之於年歲與疾病，此種種，西方名之曰現象，因其只能顯現一時而不能經久存在。至於眞正之實在，須具溥遍、必然與恒久之性，此種具有溥遍、必然與恒久之實在，卽伊川所謂天下無實於理者。試以西方其他哲學名詞代之，如柏拉圖氏之所謂共相，如康德派所謂有效性或曰可靠性。世間一切概念之所以成立，必需有共相，一切科學定律之成立，賴有有物必有則之有效性。伊川所以鄭重言「理之實」者，誠非無故而然也。

以上宋儒論實諸說。有、理、實三項，實爲儒釋兩家之分水嶺。吾國人心中向來只知性道，而不知有所謂宗敎。其歸依之者，樂聞其超絕塵世，至於佛敎之所以爲宗敎，初不深辨，其反對之者，則因其遺棄人倫而深惡之。及宋儒起，乃就宇宙基本問題之有無虛實而反駁之，於是千四百年儒學之絕者，賴以復續矣。

丁　宋代儒家之思想體系

佛敎之所以大行，賴有數千部大藏經之傳譯。初期有安世高、支婁迦讖之道行般若經，般若三昧經，首楞嚴經等十部二十餘卷。有竺法護之方等深經百餘部。中期則有鳩摩羅什譯經七十四部，尤以中、百、十二門、大智度四論爲最著，更有無讖之涅槃經與夫眞諦之攝大乘論，均爲奠定佛敎敎義之基本經典。及乎佛敎自立宗派時代，則有吉藏之「三論玄義」，天台智者大師之「法華玄義、摩訶止觀」，與夫吉藏之「探玄記」、「五敎音」、「華嚴經傳記」，及玄奘返自五印，法相宗因以成立，然同爲佛敎，就其主要派別言之，則有大小乘，有龍樹與無着之分派。其在吾國亦有天台、淨土、華嚴與禪宗之分門別戶。吾國儒家處此佛敎環境之中，思所以對抗佛敎之者，應如何苦心思索，著書立說，立言求其有據，條理貴乎貫通，而後世之聞其風者，乃有嚮往仰止之人，此學說體系之所以重要也。玆錄宋史道學傳之言，並附之以評論

『道學之名，古無是也。三代盛時，天子以是道爲政敎，大臣百官有司以是道爲職業，黨庠序師子弟以是道爲講習……於斯時也，道學之名何自而立哉。』

此篇首段想像道德與生活合一之說，此爲先哲所嚮往之一種境界，其爲人世之所無，不待辨而後明。道學傳又言：

『孔子有德無位，既不能使是道之用漸被斯世，退而與其徒定禮樂、明憲章、刪詩、修春秋、讚易象，……期使三五聖人之道，昭然復明於世。』

此段言有德無位之人，惟有著書以明道於後世。繼又言孔子之學傳之曾子、子思、孟子。更述孟子後聖學之不傳。

「孟子歿而無傳，兩漢而下，儒者之論大道，察焉而勿精，語焉而勿詳，異端邪說起而乘之，幾至大壞，千有餘載。」

最後敍周張二程，與夫朱子之功曰：

『至宋中葉，周敦頤出於舂陵，乃得聖賢不傳之學，作太極圖說、通書，推明陰陽五行之理，命於天而性於人者瞭若指掌，張載作西銘，又極言理一分殊之情，然後道之大原出於天者灼然而無疑焉。……此宋儒之學所以度越諸子而上接孟氏者歟。』

此段言周張二氏之功在於明道之大原。以現代語釋之卽爲確定一種宇宙觀，上自宇宙之所以成，下迄於人之所以爲人之理燦然大明也。

周邵張程朱氏之著作，按現代名稱，爲之分類，第一曰宇宙論，周子太極圖說通書，邵子觀物內外篇皇極經世篇，張子西銘正蒙屬之。第二曰由宇宙回到自己返省，可分子目：曰性曰心曰思曰知。同時更有實現其學說之方法，乃有第三曰書院教育，第四曰政制。玆分項言之：

第一、宇宙論

儒家之論宇宙，從天從人說起，鮮有涉及空有問題者。佛敎以空有爲論難之中心。宋儒之興，不能不對此問題，先予以答覆。周子太極圖說，邵子擊壤集皇極經世篇觀物內外篇，與夫張載之西銘正蒙，皆由對抗佛之空無而起者也。玆但就太極圖說一項論之。張南軒曰：「自秦漢以來言治者汨於五霸功利之習，求道者淪於異端空虛之說。…先生（周子）崛起於千載之後，獨得微指於殘編斷簡中，推本太極以及乎陰陽五行之流布，人物之所以生化。」魏鶴山曰：「周子奮自南服，超然獨得，以上承孔孟垂絕之緒……曰誠、曰仁、曰太極、曰性命、曰陰陽、曰鬼神、曰義利，綱條彪然，然分限曉然，學者始有所準。」此皆推崇太極圖說之言。陸子靜弟兄因易經中只言太極，未嘗有「無極」之名，疑此圖非周子之作，或其學未成時所作。朱子辨之曰不言無極，則太極同於一物，而不足爲萬化根本，不言太極，則無極淪於空寂，而不能爲萬化根本。朱子因陸子之反覆辨論，乃又告之以「伏羲文王未嘗言太極，而孔子言之，孔子贊易，自太極以下未嘗言無極也，而周子言之，……則知不言者不爲少，而言之者不爲多。」至於太極圖說爲道爲儒之爭，歷宋元明而未已。吾人居於今日，覺此文之眞僞不能據經書中有無「無極」二字爲論斷，文中所謂陰陽，所謂五行，所謂聖人定之以中正仁義，皆以聖經賢傳爲根據，豈嘗有道家「絕聖棄智」之臭味哉。今不察圖說全篇之意，而但以周子學問傳授出於陳摶與穆伯長之故，乃疑爲道家之言。黃宗羲爲之辨曰：「使其學而果是乎，則陳摶壽涯，亦周子之老聃萇弘也，使其學而果非也，即日取二氏而諄諄然辨之，則范縝之神滅，傅奕之昌言，無與乎聖學之昌明也。」顧涇陽曰周元公不闢佛。

高宗憲答曰：「元公之書，字字與佛相反，卽謂之字字闢佛可也。豈不信哉。」梨洲之言，所以戒人不必從無極二字之有無立論，而應從周子學說之全體方向言之，此爲知本之言，可以解後世學者之惑矣。

居世界大通之今日，益覺周子圖說以易經與孔孟爲立言之矩範，其合理氣兩面說明宇宙起源，尤爲周遍而涵該，既不偏於精神或造物主一面，以淪於猶太之一神論與三位一體之爭，且引起外超內在之紛議。同時不偏於希臘七賢以水火空氣變與爭五項爲惟一元素論者。希之七賢以水火空氣等等之一元爲宇宙構成之本。而周子則主五行順布之說。海拉克里氏以爭爲一切事物之父，周子則曰無極之眞，二五之精，妙合而凝。是周子之意，分中有合，別中有和。卽中庸所謂道中庸而極高明，誠乃吾國民性中流露而出之言也。

第二、由宇宙回到自己反省

人之所以爲萬物之靈，曰心，曰知，曰理義之辨，乃能就萬物所得之印象而加以思索反省，而有黑白同異彼此是非善惡之分。曾子曰：吾日三省吾身，孔子曰：爲仁由己而由人乎哉，曰克己復禮，孟子曰反身而誠，皆所以說明反省之功效也。二程子繼周邵張而起，已鮮聞有太極無極太虛太和造化鬼神之言，而注全力於定性，識仁，致知，窮理。質言之，由宇宙論回到己身之反省

一曰性　萬物皆出於天地之生生不已，一方爲物質血肉，他方爲感覺心知，水土木石之所以爲物，馬牛禽鳥之所以爲動物，與夫人之所以爲人，可謂一切皆有性，物有物性，獸有獸性，人有人性。周濂溪曰五行之生也，各一其性。橫渠之言曰：「天下凡謂之性者，如言

金性剛，火性熱，牛之性，馬之性也，莫非固有。」此乃性字之最廣義也。然自孟荀一主性善一主性惡以來，漢唐諸儒起而疑之，如董仲舒曰「性待教而爲善」，則未教時之不能爲善，意在言外矣。揚雄明言善惡混，昌黎則分上中下三品。此三家皆信性中善惡混同，然未明言其所以致此之故也。宋代乃分理氣兩面立論，自理言，有仁義禮智之德，乃成其爲善；自氣言，有物欲之蔽，乃成其爲惡。自是以來，本然之性與氣質之性之二分說，乃成爲定論。略舉各家之言如下：

周子通書曰：乾道變化，各正性命，誠斯立焉，純粹至善者也，故曰一陰一陽之謂道，繼之者善也，成之者性也。元亨誠之通，利貞誠之復，大哉易也，性命之源乎。

周氏之言，與大學之所謂至善，柏拉圖氏所謂善爲宇宙全體之象，不謀而合，言乎天地之間，萬物生生，各有其用，統類雖異，自能相處而安。此周氏所以有乾道變化，各正性命之言爲通書開宗明義之文也。

宋儒論性之說，莫著於張程。張橫渠曰：形而後有氣質之性，善反之，則天地之性存焉，故氣質之性，君子有弗性者焉。

伊川曰：性卽理也，所謂理性是也。天下之理，原其所自，未有不善。喜怒哀樂之未發，何嘗不善，發而中節，則無往而不善。……

伊川曰：論性不論氣，不備；論氣不論性，不明。

朱子評張程二家論性之重要曰：氣質之說，起於張程，極有功於聖門，有補於後學，前此未曾說到，故張程之說立，則諸子之說泯矣。

朱子推崇張程至於如此，張程之所以立，在乎性卽理也一語，此乃「性理學」之名之所以流行也。至於氣質之性，明末之黃百家又起而疑之，乃有「氣質之失其本然者非性」之言。可見本然之性與氣質之性之不易分界。然人與物之別之在乎以理性爲標幟，則爲東西古今之所同，故西方曰人者理性的動物也。

二曰心 自人之所得於天之稟賦者言之名之曰性，自人之所以主宰乎一身者言之名之曰心，朱子曰：「蓋人之一身，知覺運動，莫非心之所爲，則心者所以主於身而無動靜語默之間者也。」朱子自動靜兩方分別言之曰：「事物未至，思慮未萌，……道義全具，乃心之所以爲體。事物交至，思慮萌焉，則七情迭用，各有攸主，乃心之所以爲用。」此自體用兩方以論心，乃東方論心之特色，與西方之專自自覺性以觀心者迥乎不同者也。舉各家之言如下。

邵康節之言曰：「人之至者，謂其能以一心觀萬心，一身觀萬身，一世觀萬世者焉。其能以心代天意，口代天言，手代天工，身代天事者焉。其能以上識天時，下盡地理，中盡物情，通昭人事者焉。其能以彌綸天地，出入造化，進退古今，表裏人物者焉。」邵氏所以推崇人心通乎天地者，可謂無以復加矣。

伊川門人詢孟子言心無出入時，如何？伊川答曰：心本無出入，孟子只據操守言之。又門人詢逐物是心之逐否，曰心則無出入矣，逐物是欲。又言未感時知心何所寓，曰操則存，舍則亡，出入無時，莫知其嚮。更怎生尋所寓，只是有操而已。吾儒家之論心，常從心要在腔子裏立言。如孔門所謂克己復禮，躬自厚而薄責於人，吾日三省吾身。皆自操存以立體之言，爲西方所不道。此國人所當注意者也。

伊川又有心無限量之說。「門人問人之形體有限量，心有限量否，曰論心之形，安得無限量。又問心之妙用有限量否？曰自量人有限量，以有限之形，有限之氣，苟不通之以道，安得無限量。孟子曰盡其心知其性，心卽道也……苟能通之以道，又豈有限量。天下更無性外之物，若曰有限量，除是性外有物始得。」所謂心通之以道，卽西方所謂絕對精神。東方所謂心，非徒主思，主意，主情之心也，乃康節所謂代天意，天言，天工，天事之心也。

朱子仁說之發端曰：「天地以生物爲心者也。而人物之生，又各得乎天地之心以爲心者。故語心之德，雖其總攝條貫，無所不備，然一言以蔽之，則曰仁而已矣。」此可與朱子語類中與道夫問答之語互相發明。「道夫言向者先生敎思量天地有心無心，近思之，竊謂天地無心，仁便是天地之心，若使有心，必有思慮，有營爲，天地曷嘗有思慮來，然其所以四時行百物生者，蓋以其合當如此便如此，不待思維，此所以爲天地之道。」此言天地之心，名之曰仁者。卽所謂道心也。其中細別之曰仁義禮智者，人之得於天之性，亦卽人之道心也。此謂爲儒家之心體說可也。

若夫所謂知情意三者，吾國目之爲心之用。謝上蔡曰「性本體也，目視耳聽手舉足運見於作用者心也。」云云，同此意也。

三曰思 周子通書曰思曰睿，睿作聖，思者聖功之本。

伊川曰人思如泉湧，汲之愈新，不深思則不能造於道，不深思而得者其得失易；然學者有無思無慮而得者何也？以無思無慮而得者，乃所以深思而得之也。

朱子曰思索譬如穿井，不解便得清水，先亦須是濁，漸漸刮得去，卻自會淸。

吾國所謂思，在乎正心誠意，在乎希聖希賢，與西方之以思求知識之正確者異。可謂一以思求義理之是非，一以思求知識之是非。然思知識正確之思，憑邏輯數理以衡之者，亦同隸於「明辨」範圍之內，非人所能否認者也。

四曰知　宋儒之重「知」者，以伊川為第一，吾國主智主義者，不能不以伊川為代表。問學何以至覺悟處，曰莫先致知，能致知，則思一日而愈明一日，久而後有覺也……故曰勉強學問，則聞見博而知益明。此與明道告謝良佐之言：「賢卻記得許多」。又見良佐錄五經語為一冊，明道告之曰「玩物喪志」云云，正相反對。明道教人以存心養性為重，自不需乎聞見。至於伊川側重於知，自不以博聞廣見為害事。然伊川非不知聞見之知外，另有一種德性之知，嘗分別二者而言之曰：「聞見之知，非德見之知，物交物則知之非內也。今之所謂博物多能者是也。德性之知，不假見聞。」又告人曰：「為常人言，知得非禮不可為，便須用強。至於知穿窬不可為，則不待勉強。」此可以見伊川雖重知，然德性與聞見之知之區別，伊川早見及之矣。

伊川因致知而聯想及於格物。其言曰：

> 「格猶窮也，物猶理也，猶曰窮其理而已矣。窮其理，然後足以致知，不窮則不能致也。」
>
> 「今人欲致知，須要格物，物不必謂事物，然後謂之物也。自一身之中，至萬物之理，但理會得多，相次自然豁然有覺處。」

伊川書中有「物格者，適道之始」之言。是其所謂求知之目的，在於適道。然吾人不必因其有適道二字之用，將其求知之工，與適道混而為一。何也，適道為理學家之大目的，自不易一刻或忘者。然所以謂之知者，必以分別同異彼此黑白是非爲下手方法，則伊川所謂知，何能異乎常識之所謂知或科學之所謂知乎。

伊川極注意於求知之方法。其言曰：

「或問進修之術何先？曰莫先於正心誠意，誠意在致知，致知在格物。格，至也，如祖考來格之格。凡一物上有一理，須是窮至其理。窮理亦多端，或讀書講明義理，或論古今人物別其是非，或應接事物而得其當，皆窮理也。或問格物，須物物格之，還是格一物而萬理皆知？曰怎生便會該通。若只格一物，便通衆理，雖顏子亦不敢如此道，須是今日格一件，明日格一件，積習既多，然後脫然有貫通處。」

伊川既有今日格一件，明日格一件之言，可見格物二字與適道二字，在伊川思想中自爲二事，不可混同。伊川深知衆理會通之工之不易達，乃有今日一件，明日一件之言，則伊川之方法，謂爲西方邏輯論中之歸納，何不可之有乎。

以上述五子之言，可以見北宋儒學之輪廓。迄於南宋，朱子更集五子之言而成爲一大協和之音樂。其自身學說，姑略而不贅。孟子曰：「伯夷聖之淸者也，伊尹聖之任者也，柳下惠聖之和者也，孔子聖之時者也。孔子之謂集大成，集大成也者，金聲而玉振之也。金聲也者，始條理也，玉振之也者，終條理也。」朱子所以釋之者，謂三聖可以一德名，而孔子則兼三子之長，猶樂之以鐘宣其聲，以磬收其韻，乃合衆小成而爲一大成。吾人移孟子之言，以用於朱子，可謂朱子集五子之成者。朱子既解太極圖，通書，西銘，又復收集二程全書，著伊洛淵源。對於各家之言與其己見不相合者，卽有批評之處，亦復泰然容之。如明道之言仁，伊川之重知，朱子則合二者而一之。橫渠之氣先論，朱子則以理在氣先補之。此其所以集宋代思想之大成也。朱子有四書五經之注解，歷舉如下：

(一)周易本義十二卷，易學啓蒙四卷，詩集傳八卷，詩序辨說一卷，儀禮經傳通解三十七卷，孝經刊誤一卷。

(二)論語精義十卷，同或問二十卷，同集注十卷，孟子精義十四卷，同或問十四卷，同集注七卷，同要略五卷，中庸章句二卷，大學章句二卷。

此類注解，將孔子删定之五經與孔子，孟子，子思，曾子之書，反覆誦讀之後，以自己思想貫而通之，而傳統之文辭與當時之思潮，乃能互有聯繫。此爲西方史中對於前代名著所未嘗爲之工作。朱子有見於此而爲之，而傳統與當代得以連續不斷矣。

第三、教育書院

宋儒在吾國教育制度史上有其特殊貢獻，是爲書院教育。其起源遠在唐代，然其成爲師生問學德性相勉之地，自宋代而後定形也。唐宋之國學太學，所以教人者詩文經義，所以勉人者入仕而已。至於修身養性之功，置之不道。宋儒家所以教人者，專以變化氣質爲主。明道告謝良佐曰，賢卻記得許多，謝子爲之面赤身汗。游定夫自明道處歸，楊龜山詢以從何處，定夫答曰：「某在春風和氣中坐三月而來」，及朱子定白鹿洞書院教條，標五教之目，爲學之序，修身之要，處事之要，接物之要五項。其大目的在「講明義理，以修其身，然後推以及人。非徒務記覽爲詞章以釣聲名取利祿」。自是以來，書院之制確立，其主持之者，爲理學名家，其胸中有一番懷抱，將以移風易俗爲己任，如橫渠於關中，子靜於象山，朱子於白鹿洞，至明代而講學之風更盛，如陽明之天泉問答，高顧之東林書院，皆由承宋代之遺風而起者也。此種學風之中，師道之尊嚴，德性勸勉之鞭辟入裏，既非吾國官學所嘗有，亦非現代西方大學所能見及。倘求其近似者，蘇格拉底與門人之答問或可相比。然德性之指導，氣質之變化，吾國有遠過於希臘者矣。

第四、政　制

宋人議論時有推本窮源，探幽索微之致。濂溪之太極圖，康節之先天圖，其代表也。至其論政，上溯之於堯舜與三皇五帝。明道之陳治法十事之首，稱「聖人創法，皆本諸人情，通乎物理，二帝三王之盛，曷嘗不隨時因革，稱事爲制。」王安石之上仁宗皇帝書。亦曰：「以今之世，去先王之世遠，所遭之變所遇之勢不一，而欲一一修先王之政，雖甚愚者，猶知其難也，然臣以謂今之失，患在不法先王之政者，以謂當法其意而已。」此種措詞，合於孟子所謂法堯舜，而與荀子之法後王正相反對者也。除其有關中央政治者外，更有呂大鈞之天下爲一家賦與鄉約二者，天下一家賦之言曰：凡民之賢而不可遠者，皆我之父兄保傅，愚而不可棄者，皆我之幼稚臧獲。鄉約之目的四：一曰德業相勸，二曰過失相規，三曰禮俗相交，四曰患難相恤。朱子嘗爲增損之，陽明取而行之於南贛，以此較之西方所謂公民教育地方自治，若合符節者也。

結尾

昔梁任公「保教非所以尊孔」一文中有語曰：「正學異端有爭，今學古學有爭，言考據則爭師法，言性理則爭道統，各自以爲孔教而排斥他人以爲非孔教，於是孔教之範圍日縮日小，寖假而孔子變爲董江都何邵公矣，寖假而孔子變爲馬季良鄭康成矣。寖假而孔子變爲韓昌黎歐陽永叔矣，寖假而孔子變爲程伊川朱晦菴矣。寖假而孔子變爲陸象山王陽明矣。寖假而變爲紀曉嵐阮芸臺矣」。此言乎孔子在吾國根底之深厚，因而宗教，政治，學術，文章各方面無一不牽涉及於孔子，無一不以孔子爲護身符。我於此文結束之際，所欲聲明者，吾此所謂儒學，以哲學思想爲範圍，與宗教無關，與政治社會無關，與經學今文派古文派無關，與理學程朱陸王派別無關，但就孔孟以來及宋儒所確定之哲學基本範疇爲東西古今所共者討論之，發揚之，期其能超出乎此亦一是非彼亦一是非之門戶之爭，而在一種新觀點之下使儒學得所憑藉而因以復興。然吾人所以上溯於宋儒者非爲派別也，爲宋儒之基本觀念也，曰理性之自主，曰心思之體用，曰聞見之知與德性之知之區別，曰致知格物之實事求是。此爲東西古今思想之共同基礎，而不可須臾離者也。此種思想相因之局，不惟吾國如此，即求之西方，亦何謂不然。試問今日英法德美諸國之哲學，其唯心主義派之立場有能超於柏拉圖共相之外者乎，其所謂辯證法，有能超於柏氏巴爾納地司對話之外者乎，倫理學之主善主功利者有能超於柏氏亞氏之外者乎，其政治哲學，或以理論爲主，或以歷史制度爲研究資料，有能超於柏氏亞氏之外者乎。今日西方讀柏氏亞氏與其他古哲之文而愛之重之。奈何吾國有孔孟與宋代以來一線相繼之文化傳統，其爲子孫者何能不以繼志述事爲念，或發揚之，或推廣之，或有所取捨，或調停折衷，所以使吾所固有者煥然一新，在己有所建樹，乃可以廓而大之，以貢獻於世界人類。此非吾人之責而誰之責乎！

九月廿一日 勃克來

五、新儒家哲學之基本範疇

一、緒論

自我始有志於西方哲學，迄今已四十年矣。我對於各派學說常起一種互有短長得失之感，而沒有傾倒於一派門下。始也讀倭伊鏗、柏格森兩氏之書，覺其所謂「生活體系」、「生之衝力」、「行爲在先」之言之新奇可喜。至於康德學派所謂「認識」、「範疇」與「概念」，則兩氏擯之大門外，視爲不屑措意。我治倭氏、柏氏學說時，同時更以餘力讀西南學派黎卡德氏「認識之所對」、「自然科學概念構成之限界」、「現代哲學時貌學說之陳述與批判」。恍然於以生活爲主之哲學，但知有變有流有衝，至於理知之靜觀默察，以求其概念與範疇，在柏格森氏視之，若生活演進中之一張死呆電影片而已。此第一次西方兩派哲學之激盪，令我神魂爲之不安者也。我留德期中，各大學中主持風氣者，猶爲康德學派。然自一九一三年虎塞爾氏純現在學（此名詞普通譯爲現象學，然依虎氏原義，是當下即在之義，與英人所用之「所與」二字相合，指開眼便見之對象。其與康德著作中所謂現象，黑格爾精神現象學中之現象絕不相涉，今改譯爲現在學，卽顯現存在之意，以示區別。至於與時間意義之現在云云，逈然各別，更無論矣。）一書行世，是爲異軍突起之一派。虎氏本長於數學，早年曾有著算術哲學之計劃，惟僅出第一册而止，及一九〇一年出「邏輯研究」一書，分爲兩册，上册爲「純邏輯緒論」，下册「現在學與認識論之研究」。此書要點在抨擊心理主義與相對主義，而堅持邏輯公例之構成共相，且奠定對象（或曰客體）之客觀性。虎氏立場不獨指摘英國經驗派之以心理歷程解釋邏輯原則，同時對於德國康德學派之以心識爲外界對象之立法者，亦在反對之列。虎氏既自樹一幟，哈德門氏（N. Hartmann）本屬於馬堡學派者棄其師說而從之，倭氏之徒麥克司夏雷氏（Max Scheler）亦助虎氏爲之張目。新康德學派之衰，受虎氏學派打擊，從此一蹶不振矣。此第二次西方哲學界之疾風暴雨，令我神魂爲之不安者也。英國哲學界，我向未與之發生傳習關係，惟英人治學切實，長於分析，每事必求眞憑實據，爲我所嚮往。德人梅茲氏所著「百年間之英國哲學」，爲我書櫃中所保存且爲我所愛好之一書，其間敍述盎格羅黑格爾主義之傳佈，記格里恩氏、勃拉特蘭氏與卜山圭氏本黑格爾邏輯辯證法，以「關繫之內在」說明「實在」之性質，惟有在徹始徹終全體一貫與免於矛盾之原則中，可以瞭解實在。在此派學說觀之，具體之各事各物失其存在除此一連串之關係外，無實在可言。孰料馬爾氏於二十世紀之初，發表「駁唯心主義」一文，其人初不以算術邏輯與新物理學爲憑藉，但憑一點常識，指出黃色之感覺與外界黃色絕然兩事不可混而爲一，意謂唯心論者每謂一切由心識造成，就黃色感覺言之，黃色爲一種感覺，藍色爲一種感覺，其他各色復亦如是。然黃色感覺與黃色之在外者，純爲兩事。外界之黃色所以引起內心之黃色感覺，是外界黃色無待於黃色感覺而本自存在，可知黃色乃自在之客體，初不待於感覺而始生。馬爾氏由此達於一種結論曰：事物之存在，無待於心識。此今日英倫新唯實主義之由來。而黑氏學派爲之退避三舍矣。此第三次西方哲學之忽起忽落，令我神魂不安者也。

大戰之中，僻處西蜀，與西方哲學著作，絕少接觸。然哈特格氏「存在與時間」一書，在我一九三二年離德之際，固已膾炙人口，雖嘗思展卷一讀，然文字離奇，思想離奇，終覺格格不入而恝然置之。大戰既終，由亞而美，乃知歐洲之德法兩國中，生覺主義派（通常譯爲存在主義，此與凱爾豈格氏原義不符，凱氏注重個性之刹那，個人之選擇與對上帝之熱情，因此存在二字不免平凡，乃改譯爲生覺主義。）風行一時矣。此種思想之來源，不起於德與法，而發自十九世紀中之丹麥人凱爾豈格氏。凱氏嘗留學德國，讀黑格爾學說而大非之。黑氏以爲永久眞理應求之於理性，此理性通過自我、家庭、國族而達於全體。而凱氏處處與之相反。黑氏曰眞理在客觀性，凱氏曰應求之於主觀性，黑氏以爲眞理存在於理性，凱氏曰應求之於熱情中。凱氏以爲視個人爲大全中之一部分者，即等於否定人生。凱氏曰個性之刹那，即我之所以爲我。我之所以爲我，非一個體系中之一節一目。凱氏視我之所以爲我，上與上帝相通，非僅以體系中之一節一目視之，不免降低人之所以爲人。凱氏生於一八一三，歿於一八五五，二十世紀之初三十年中，始有人就凱氏書譯爲德文而討論之者，是凱氏書之埋沒近七八十年矣。德人中推衍凱氏學說者，爲哈特格氏與耶司丕氏二人。二人專門之學各異，思想方法各異，讀耶氏書者覺其於要害處，雖不離乎凱氏，然與康德氏以理性爲本者，相去不遠。至於哈氏之敷陳凱氏學說，側重於空無、愁慮、死亡等問題，倘就德國傳統而求其嚴肅、整齊、眞摯之態度，可謂歸於烏有矣。法國之生覺主義者如薩脫氏流爲無神論者，去凱氏歸依上帝之旨更遠。如馬賽爾氏認爲凡有應分爲對象（卽客體）與存在兩方面，人之所以爲人，應分爲身與我兩方，身可爲瞭解之對象，我則屬於神秘部分，不可以知識體系瞭解之。卽此所舉四人，各人立說之紛歧，可以概見。其他各人見解，惟有暫時擱置，不細論矣。此爲我神魂不安之第四次。此四十年我精神上之最感及之四大轉變，猶如錢塘江潮，前浪後浪相繼，波瀾壯闊，嘆觀止矣。以云博學愼思明辨，可謂無一派無獨到之處。然問歐美中曾有對於各派拳拳服膺擇善而固執之者乎？可謂絕無有矣。我追逐其後，求有所選擇，將信從感覺主義而反對理性主義乎？返躬自問，一彼一此之去取，惟有趑趄而不前。其信從黑格爾主義者之關係內在而否定唯實主義者外物存在乎？返躬自問，其趑趄不前之感正復相同。抑或信生覺主義者眞理應求之主觀而否定眞理在客觀性中之言乎？此又返躬自問，而期期以不可爲者矣。因此之故，在數十年中，除對西方哲學界之宗匠康德氏素所欽服外，其餘各大家常覺其獨到而不免於一偏。以是躊躇四顧，而不樂爲某家某派旗幟下之一兵一卒。近年以來自己思想上起一種轉變，曰與其對於西方某派左袒或右袒，反不如以吾國儒家哲學思想爲本位，刷新條理，更採西方哲學中可以與儒家相通者，互爲比較，互爲衡量，互爲引證。或者儒家之說，得西方學者之助，更加明朗清晰。而西方哲學家言，因其移植吾國，更得所以發榮滋長。蓋惟有採西方學說之長，而後吾國學說方能達於方法謹嚴，意義明確，分析精到，合於現代生活。亦惟有以吾國儒家哲學爲本位，而後本大道併行萬物並育之旨，可集合眾家之說，以滙爲一大洪流，兼可以發揮吾國愼思明辨而加上篤行之長。我嘗就東西哲學之所以爲東西哲學而比較之，東方人之視其哲學，爲道之所寄托，可爲擇善信守之資，創始者如是，繼起者如是。其有關於修己立身之道德，自必以身體力行爲歸宿。卽其關於理論方面，如小程子之所謂性卽理也一語，其支配宋明儒思想之久遠，亦爲人所共見。而西方人之視其哲學僅爲一種學說一種意見，甲時之好尚，移時而新者代之以興。其擺弧間之一往一返，各趨於極端，今日走理智之路者，忽一變而提倡反理智主義，今日本以客觀爲眞理標準者，忽一變曰應以主觀爲標準，今日以常以永久者爲觀點者，忽一變曰惟有變中乃有實在。我以爲此乃西方人之視其哲學，僅爲一種知識，所以表達一己之思想體系，以云信守奉行，非所計及也。吾國則反是，哲學爲愼思明辨篤行之資，其理可以公諸天下，可以大家思辨，可以大家奉行。昨日所是者，何不可保存於今日，以積漸之修正，代替忽東忽西之躑躅。此乃孟、荀、周、程、張、朱、陸、王所以造成儒家哲學之傳統也。此種傳統之基礎上，將物知心意身家國天下八者視爲一律平等同時承認。雖爲普遍常識中所下之判斷，因而缺乏西方之嚴格方法。然其中卻無但知有物而不知有心，或但知有心而不知有物之一偏之弊。此我所以見爲儒家哲學與西方哲學之交流與互爲貫通，不獨可以補益東方，或者可以產生一項交配後之新種也。

哲學之內容，廣矣大矣、精矣微矣、幽矣遠矣。非一二言所能盡也。就宇宙間具體事物言之，上有天象之日月星辰，下至地上之山川草木，中爲人類之生活，思想行爲與制度，何一非哲學家考索之所及乎？吾國儒家之言曰：通天地人謂之儒；西方希臘以物理、倫理、邏輯與形上學四者包括宇宙一切；此同爲東西兩方以哲學涵賅一切事象之意也。然就其觀點與其下手方法言之，自有不同之所在。吾國注重道德與人事，西方注重知識，吾國以六藝諸子百家爲學問綱領，西方自希臘至今日有所謂分科之學，吾國以義理爲是非之準繩，西方則以名數二者爲治學方法，迄於近數百年科學發展，歐西哲學走上認識論之途徑，專以研究知識之可靠性爲主，於是西方哲學之題材，與吾國哲學相去距離更遠矣。此二三百年來之認識論在第一次大戰前後爲吾國人所心摹力追者，其在西方已有望望然去之之象。德國史學家「西方衰頽」一書之作者史賓格雷氏之言曰：「中國古代以及孔子，其哲人均自居於政治家、治國者、與立法者，猶之西方之必大哥拉氏、巴末那底司氏、與霍布斯氏及蘭勃尼孳氏所孳孳厄厄者爲認識論，乃人生實際生活之主要關係之智識也。」美國作家威爾廸倫氏（Will Durant）引史氏言而伸說之曰：「中國哲學家不獨反對認識論，更輕視冗長的形上學。吾國青年形上學家無一人認孔子爲哲學家，因其向不討論形上學，更少討論認識論；孔子之實證的立場與斯賓塞氏孔德氏等，因其關心者獨爲道德與政治問題也。」以上西方人對於儒家之不治認識論，初不歧視，反而以爲與西方實證學派有相類之處。其所以然之故，果安在歟？我以爲吾儒家之出發點，一曰萬物之有，二曰致知之心，此二者等量齊觀，同認之爲有，與西方之分現象與實有爲二，乃以現象爲雲煙過眼，而進求實有永久者之更生。以觀覺所及之物爲實有，而或爲唯實派，或以理想所構成之概念（卽心）爲實有，而成功唯理唯心派，此爲中西哲學之差異有不可同日而語矣者。然吾國因無此特有點之故，免了許多無謂之派別之執，雖程朱陸王理在內或理在外之辨，與西方唯心唯實兩派不無相關之處，然此心物二者同爲實有之特點，砬然特立數千年之久矣。

二、萬物之有

外界之有，爲物之自存自在乎？抑待心而後認識乎？此爲哲學上之大爭執，不易片言折獄者也。茲先冠以陸賈新語道基篇之言如下：

傳曰：天生萬物，以地養之，聖人成之，功德參合，而道術生焉。故曰：張日月，列星辰，序四時，調陰陽，布氣治性，次置五行，春生夏長，秋收冬藏。陽生雷電，陰成雪霜，養育羣生，一茂一亡。潤之以風雨，曝之以日光，溫之以節氣，降之以隕霜，位之以衆星，制之以斗衡，苞之以六合，羅之以紀綱，改之以災變，告之以禎祥，動之以生殺，悟之以文章。故在天者可見，在地者可量，在物者可紀，在人者可相。故地封五嶽，畫四瀆，規洿澤，通水泉，樹物養類，苞殖萬根，暴形養精，以立羣生，不違天時，不奪物性，不藏其情，不匿其詐。故知天者仰觀天文，知地者俯察地理，跂行喘息，蜎飛蠕動之類。水生陸行，根著葉長之屬。爲寧其心，而安其性，蓋天地相成，氣感相應而成者也。於是先聖乃仰觀天文，俯察地理，圖畫乾坤，以定人道，民始開悟，知有父子之親，君臣之義，夫婦之道，長幼之序。於是百官立，王道乃生。民人食肉、飲血、衣皮毛。至於神農，以爲行蟲走獸，難以養民，乃求可食之物，嘗百草之實，察酸苦之味，敎民食五穀。天下人民，野居穴處，未有室屋，則與禽獸同域。於是黃帝乃伐木構材，築作宮室，上棟下宇，以避風雨。民知室居食穀，而未知功力，於是后稷乃列封疆，畫畔界，以分土地之所宜。闢土殖穀，以用養民，種桑麻致絲枲以蔽形體。當斯之時，四瀆未通，洪水爲害。禹乃決江疏河，通之四瀆，致之於海，大小相引，高下相受，百川順流，各歸其所。然後人民得去高險，處平土。川谷交錯，風化未通，九洲絕隔，未有舟車之用，以濟深致遠。於是奚仲乃橈曲爲輪，因直爲轅，駕馬服牛，浮舟杖檝，以代人力，鑠金鏤木，分苞燒殖，以備器械。於是民知輕重，好利惡難，避勞就逸。於是臯陶乃立獄制罪，縣賞設罰，異是非，明好惡，檢奸邪，消佚亂。民知畏法，而無禮義，於是中聖乃設辟雍庠序之教，以正上下之儀，明父子之禮，君臣之義。使強不凌弱，衆不暴寡，棄貪鄙之心，興清潔之行。禮義獨行，綱紀不立，後世衰廢。於是後聖乃定五經，明六藝，承天統地，窮事察微，原情立本，以緒人倫，宗諸天地，以修篇章，垂諸來世，被諸鳥獸，以匡衰亂，天人合策，原道悉備。智者達其心，百工窮其巧，乃調之以管絃絲竹之音，設鐘鼓歌舞之樂，以節奢侈，正風俗，通文雅，後世淫邪，增之以鄭衛之音，民棄本趨末，技巧橫出，用意各殊，則加雕文刻鏤，傅致膠漆，丹青玄黃琦瑋之色，以窮耳目之好，極工匠之巧。夫驢騾、駱駝、犀、象、瑇瑁、琥珀、珊瑚、翠竹、珠、玉、山生水藏，擇地而居，潔清明朗，潤澤而濡，磨而不磷，涅而不淄。天氣所生，神靈所治。幽閒清淨，與神浮沉，莫之不效力爲用，盡情爲器。故曰，聖人成之。所以能統物通變，治情性，顯仁義也。

此一篇之文，吾國文化中之重要名物可謂一齊俱備矣。道術功德情性，哲學或形上學之名物也。星辰日月，雷電雪霜，天文學之名物也。五嶽四瀆洿澤水泉，地理上之名物也。跂行喘息，蜎飛蠕動，根著葉長，動物學生物學之名物也。父子之親，君臣之義，夫婦之道，長幼之序，社會倫理中之名物也。宮室棟宇，建築學中之名物也。桑麻絲枲，農業界之名物也。輪轅舟檝，工業技術中之名物也。君臣獄罪賞罰，政制法律中之名物也。辟雍庠序，教育界之名物也。五經六藝，學術著作之名物也。仁義禮智，道德之名物也。此十二類之名物，在吾國昔日無哲學科學之分類，將各物各名使之各有所隸屬，亦無所謂基本理論之學，將思考中之概念屬之邏輯之中，此種種者概名之曰萬事萬物。道也事也心也物也常也變也，置之於同一水平之上，從不因道德以排官覺之所見，亦不挾官覺以排道德。以大學之八條目言之，所謂物、知、意、心、身、家、國、天下、一概平視，從未有此輕彼重之分，何嘗有挾物以排心之爭乎？更何有個人爲國存在或國爲個人存在之爭乎？凡此種種，概名之曰有。張橫渠曰：「凡可狀者皆象也。」又曰：「有無虛實，通爲一物。」張南軒曰：「在道不溺於無，在器不墮於有。」吾國學者對於內外之有，平等一視，養成一種對於一切之有，無否定之論。其主虛無寂滅之佛家，亦知有四大、五根、六塵、八識之有。儒家對於外界之存在，未有懷疑之者，亦不足怪矣。或者以爲儒家之所謂有，類於西方所稱之素樸的唯實主義。我以爲何種唯實主義爲正確，何種爲不正確，此哲學上之大問題，應首先分別，而後者是非乃有定論。

近代西方自天文地理物理生物諸科學發達之後，一轉而入於認識論，由英儒陸克爲開宗明義之第一人。然西方近代思想之堅實基礎，在於科學中之觀察實驗，與在乎數學邏輯之應用，乃其智識之所以正確所以有效。以言認識論之確實程度，遠不如科學，因其學派分歧，主張不一。吾人惟有依事理是非與邏輯方法以爲權衡取舍，而不必盲從一先生之言。舉例言之，(一)既言認識是必有所認識者，爲世界之存在，同時必有能認識之人與心，此二者互相對待，不可缺一。如是一方但認有物或曰但有外界，他方但知有心或曰外界乃心所造，二者同爲偏見，不待辨矣。(二)世界事物，常識觀點之下，分爲三類；(甲)曰死物或曰物理界，(乙)曰生物，爲動植兩類，(丙)曰人，有思考知理義，名曰理性動物。此三類既已各別，則執定唯物主義或機械主義者，以之應用於物質，固無不可，乃欲推廣而用之於生物與人類，其爲一偏之見，亦不待言矣。（三）事物既已分爲二類，乃欲推本而歸之於一元，於是有唯物一元或曰唯心一元之學派。主唯物一元者將生物與人，視之同於物質。主唯心一元者將一切事變歸之精神一元，此亦過於簡易化而不合理者也。（四）自西方近代哲學之創始，兩派互相對立，甲曰人之知識，以內生觀念爲本，是爲理性主義。乙曰知識起於經驗，以耳濡目染之官覺爲本，因而有心爲白紙之說。然吾人平情論斷，知數學與邏輯所以成，由於直觀中之關係，而與官覺無涉。其他各種自然科學，以官覺所見爲證，然數理邏輯之基礎，決不可缺。此又可見執定理性者與執定官覺者之同爲偏見矣。（五）經驗主義者休謨氏以心理狀態分析吾人之心，其結論曰無心可言，但有一堆觀念、知覺、情感與記憶。因此心理狀態刹那間之觀察，而歸結於無心與無自我，則東方所謂返躬自省，所謂修身養性，將何自而施乎？本此習慣，尤覺休謨氏說之一偏，與流弊之不可勝言。以上五端，在西方哲學中入主出奴攻駁相難之論屢見不一見。吾人受孔孟荀子與周程朱王之訓練者，豈可不知斟酌而取舍之乎？

本此評判立場以評斷「萬物之有」問題，其顯然可見者，西方哲學中有混淆不清之兩事，一曰世界存在，二曰關於世界之知識之構成。康德氏經理性與經驗兩派爭執之後，折衷之曰知識起於經驗，卽起於外界之意。然智識之所以構成，由於理解之方式，是爲邏輯因素，是爲康德氏心之統覺說，一轉手之間，成爲世界唯心所造之言。於是有唯心派否定世界存在之說矣。吾以爲世界存在爲一事，世界在人類降生之千萬年前，既已有之，謂康德氏精於自然科學者乃不知此理乎？特康氏重知識之所由成，窺見心之職掌之重要，因而自喜其學說，稱之爲哥白尼式革命，亦僅謂外界之知識依心中之邏輯因素構成，無否定世界存在之意也。吾人既明此點，因以爲外界存在與知識何自而來，應分爲兩事。伸言之，外界存在，應明白承認，而不可與知識起源混淆而爲一，此一事也。承認外界存在，然不以爲存在問題既已解決，而不需再問外界存在與心之關係如何，此又一事也。吾人如此立言者，所以明吾國傳統哲學中「萬物之有」既已保存於數千年之後，在今日言之，可謂有得而無失。正可與今日之新唯實主義之互相發明。何也？吾國學者對於外界之有，向無懷疑之說，以迄於今日。其在西歐，因有唯心派哲學家言，於是新唯實主義起而糾正。其說起於琪奇摩爾氏一九〇三年之文，名曰唯心主義駁論。將尋常習見之事加以分析，如曰吾感覺綠色，此綠色中之感覺與外在之綠色，迥然各別，不可混同。此一篇之文，引起波濤，羣起而駁斥世界由心造說之不當，且同聲和之，以成爲英國哲學界之思潮。然三十餘年之後，禹溫氏又繼起而修正之曰：「此項極有理由之惟實主義運動，與一般之反動運動相同，因其走於極端，忘卻其敵人絕對唯心主義者所見到之眞理。」禹氏評判之辭極繁，不及具引（詳見下文）。其要義不外乎但知外界之實者，不足以解決問題，不可不同時承認心之認識工作。意謂外界之實固已存在，然心之認識決不可少。是以上文以世界存在爲一事，以心之認識又爲一事之微意相合。可以謀實與心之兩不相妨，而各處於其應處之地位而已。

以上「萬物之有」之討論中可以窺見吾國哲學思想之大體方向，較西方無多遜色。然就精密程度比較言之，則吾國不如西方遠甚。第一、就有之爲有之學問分科言之，所謂天文地理生物植物社會國家等學，自西方輸入以來，方始有之。此由於吾國但知有六藝，而自然界之分科迄未確立。舉一例以明之，近年來學者常引戴東原由文辭以通其道之句。然所謂文辭，屬之語言學，所謂道屬之哲學或形上學。即曰應依說文之法考訂每一字之原義，然哲學中「道」之概念文字學中之「道」二者，渺不相涉。此種混淆之故，由於學術分科之意，絕未澈底明瞭故也。第二、學術必以邏輯數學爲基本。吾國邏輯之學在東西交通以前，不視爲應用之於思辨，治學方法中不知有定義，又不立每一學問之界限，因而每一學問之基本概念不具備，亦卽每一學問之系統末由建立。現代科學以數學爲基礎，大而日月星辰，小而原子電子，何一物能離乎質量速度之計算。吾國物理學者於原子學說之發明，亦能追隨世界科學之後。然西方探幽索隱之工，豈吾人所能企及乎？第三、吾國傳統向重道德輕智識，孟子曰「所惡於智者爲其鑿也」。其所謂智，殆指惠施等之雞三足火不熱之詭辯。因此實驗事物之智識之淹沒者二千餘年之久。今後苟不以外界事物爲研究對象，而但求之於口辯與文字考證之中，則名爲注重科學，而反以害之。第四、儒家之於智識，對於一草一木，非不知注意，然在吾國既無教會之組織，因而缺少對於智識之迫害之刺激。蒲羅諾之焚燒，格里雷氏取銷學說之要求，正所以促進歐人對於自然界之研究，而與吾國之不聞不問者正相反矣。此四者卽年來國人所提出科學所以不發達之答案。而依我言之，名數二者之不發達，思想之不精密爲其總因也。今後所以補救所以奮起之法，惟有側重科學，此爲全國人之公意，無俟煩言矣。自哲學方面言之，在乎求一平衡物心兩方，而不至偏物忘心，或偏心忘物之學說而已。十數年來，我徘徊於康德氏之門，因其純理批判與實理批判二書對於自然界知識與人生道德獨能兼籌並顧之故。近年讀哈德孟氏之著作，更覺其「凡有學」之對於物心並重之論，既無背於康氏，而週密過之矣。

哈德孟氏分宇宙之有爲四類。曰物理層，曰生物層，曰心理層，曰客觀精神層。物理層者物理化學之所研究屬之。生物層者植物動物與人屬之。心理層者，一人之感覺、思慮、記憶、想像屬之。客觀精神層者，語言、智識、道德、制度與歷史，其物其事為全國人所共曉、共用、共參與，共維持，乃以成為社會與國家民族之公物。此四層之中，最上層不可缺少第二第三與第四之下層以為其底本，最下層之物質雖不必依賴三層之所以生，四層之所以思，而不礙其自成為物質。然每一層各有其特質，不可以上層之所有而輕下層，亦不可以下層之所有而輕上層。簡言之，物質還其為物質，生物還其為生物，心靈還其為心靈，精神還其為精神。四者交相聯繫交相決定，初不以精神之高深，而視物質為不足重輕，亦不以物質之固定與可以確計而視精神為不可捉摸。此其為說既不背於科學家之重視自然，同時對於精神學派之重智識道德與歷史，絕無貶抑之詞。此乃合宇宙之大全，以為學術研究之對象，同時為人生觀樹立一種綜合方向。此可謂合於吾國問學德性雙管齊下或曰理氣並重之觀點，而垂世久遠者矣。

三、致知之心

人之所以知外物，賴乎有心。心為知之管鑰，盡人能言之矣。其在吾國，自戰國以來，早已知心之能知，一方由於官覺，他方由於心思，二者相合而成。孟子曰：「口之於味也，有同嗜焉。耳之於聲也，有同聽焉。目之於色也，有同美焉。至於心獨無所同然乎？心之所同然者，何也，謂理也義也。」口目耳鼻所嘗所見所聞所臭者為官覺之知，義理者思中之知。孟子此段，似乎口目耳鼻之所司者為味、色、美等，而以理義屬之於心。然官覺與心官之思之不可分離，以荀子之言證之足矣。荀子正名篇曰：

「形體色理以目異，聲音清濁調竽奇聲以耳異，甘苦鹹淡辛酸奇味以口異，香臭芬鬱腥臊洒酸奇臭以鼻異，疾癢滄熱滑鈹輕重以形體異，說故喜怒哀樂愛惡欲以心異。心有徵知，徵知，則緣耳而知聲可也。緣目而知形可也。然而徵知必將待天官之當簿其類而後可也。五官簿之而不知，心徵之而無說，則人莫不然，謂之不知，此所緣而以同異也。」

荀子言中，最可注意，五官各有所司，目之所司爲形爲色，耳之所司爲聲之淸濁節調，口之所司爲味之甘苦辛酸，體之所司爲疾痛與其所接觸者。此五官各有所司，然其上更有複查或綜合調查之心，以驗其合與不合，名之曰徵知。如此言之，先有官覺以分別形色聲音甜酸苦辣與體之剛柔軟硬，然後再由心施以最後調查，以驗五官簿籍中之所記者是否相合，與五官之所記與心是否相符，則官覺與心之不可離，孟荀已見及之矣。

孟荀兩家之邏輯理論，亦有可得而言者。孔子所謂正名，君君臣臣父父子子云者，實即同於西方所謂定義，或曰界說。人類之中，分爲小類，爲君臣父子。君應履行君之特點曰治國愛民，臣應履行臣之特點曰忠君盡職。治國愛民乃君之所以異於他職，忠君盡職乃臣之所以異於他職，此在西方名曰特異。每一小類如君如臣，加上特異，乃西方所謂界說。此我所以謂正名與界說之相脗合也。但就孟子言之，其書中論邏輯要素有二，一曰類，二曰心之所同然，孟子書中極重類字，如曰麒麟之於走獸，是獸類也。鳳凰之於飛鳥，是鳥類也。泰山之於丘垤，是山類也。河海之於行潦，是河流類也。又曰「凡同類者，舉相似也，何獨至於人而疑之，聖人與我同類者。故龍子曰：不知足而爲屨，我知其不爲蕢也。屨之相似，天下之足同也。」此段之中，提出三類：堯舜與一切人，有賢愚之分，然其爲人一也，是爲第一類。足卽俗語之腳，屨爲腳之所穿，製屨者按足之性爲之，乃成爲鞋，是爲第二類。蕢爲提籃，可以置物而便於携動者，是爲第三類。孟子一書論類字之詳如此，正與西方邏輯中論分類一章相同者也。其二曰心之所同然，卽甲之所是，乙亦是之之謂。孟子但提出義理二字，昔日註解者釋之爲道德仁義。然在今日可以推廣言之，如曰此爲黑此爲白，此爲事物之理。甲是甲，乙是乙，此爲邏輯之理。物各有類，此爲科學之理。不誠無物，此爲道德或形上學之理。孟子以「心之同然」四字爲扼要之說明，其不至乎心之所同然，則不名之曰理。在今日言之，亦曰知識應有人心中共同之根據，是爲邏輯，是爲自然律，是爲道德之所同認者，此亦無背於孟子之原義者矣。

荀子之注重類與孟子同。其言曰：「凡同類同情者，其天官之意物也同。」釋之者曰：天下之馬，雖白黑大小不同，天官意想其同類，所以共其省約之名，此與今日邏輯之所謂類，在求其特點之同者，其義一也。

「知異實者之異名也，故使異實者莫不異名也，不可亂也。」

萬物之同者異者，各歸之於一類，則事物各有所屬，所以指而名之者，自然便易，且亦便於分別論列矣。

「萬物雖衆，有時而欲徧擧之，故謂之物。物也者，大共名也。推而共之，至於無共而止。有時而欲偏擧（原文爲徧字，按之文義，應改爲偏字）之，故謂之鳥獸。鳥獸也者，別（別上去大字）名也，推而別之，……至於無別而止。」

荀子此段，正與西方邏輯學中之「撲飛利氏樹」相同。由物質一名，下至於人類一名，分爲四級，第一級爲有形體與無形體，第二級爲有形體之物中分爲活物死物，第三級爲有感覺與無感覺，即動物與其他不受感之物，第四級爲有理性者，是爲人。依荀子之名詞言之，以物爲大共名，其不具形體者，則不在物字涵義之內，是爲無共而止矣。降而下之，按其類而各有所別，人以理性爲特點，他物無與共之者，是爲無別而止，即爲人之特異點，他物無有共之者矣。

吾舉孟荀兩家之言，所以見東西思想之相同。茲更引英國感覺主義者與大陸理性主義者之言比較之。英國感覺主義者以爲知識由於五官之印象而來，彼等非不知人心之職爲思考爲內省，然以爲思考與內省之材料，最後由於五官之感覺而來，故其所側重爲感覺，因而感覺主義之稱，本與所說內容不甚相符，然已成爲共通之名稱，亦沿而用之。

陸克氏於其「人知論文」之言曰：

「官覺許各種觀念隨之而來，以之貯於空櫃中，心與之相習而熟，且入於記憶之中，而畀之以名稱。……於是心乃有觀念有語言有思辨之材料。材料愈多，思辨之運用尤多，則理性之用因之而益顯。」

「吾人可以心爲白紙，紙上無字無觀念，何由而有內容？何由而此貯藏室中，塗上萬有不同之形狀綵色？何由而有此理性中智識中之材料？我可以一字答之，曰經驗。一切智識由經驗來，智識之最後來源，經驗也。由於觀察，乃得思辨中之一切材料。」

陸氏此段之文，詢之荀子之有「緣耳知聲緣目知形」之言者，其擊節嘆賞也無疑。荀子雖有「心居中虛以治五官」之言，然其天論篇中有錯人思天則失物情之言，其側重於物之形體，可於言外見之。荀子乃吾國經驗主義之代表者也。

理性主義者為笛卡兒氏與斯賓挪沙氏。笛氏於其「心之方向之規則」文中舉吾人求智識而不至陷於虛妄者有二法：一曰直覺，二曰演繹。所謂直覺者如三角之由三線而成，圓形乃由平面之一線環繞而成，此皆可以一覽而知，不必有所懷疑者。所謂演繹者乃由已定之若干事若干原則，推論其有必然而不可易者。常人以為一切智識僅有蓋然性，然不知除此蓋然者之外，其必然而不可易之智識不少，皆由直覺與演繹中來也。

笛氏之同調，為斯賓挪沙氏。其所著倫理學一書，卽本於「幾何原本」之演繹方法以成之者。其所著「人智之改進」一文中有言曰：

「人之理智之本身之力，造成種種理智工具，由此理智工具，更生種種理智之新運用或研究之推動力，更逐步前進，以達於智慧之高層。」

斯氏所謂理智本身之力，以簡單明瞭之詞表達之，卽所謂內生觀念。如曰有果必有因。吾人非能將宇宙事物一概置之於五官感覺與經驗之下，然吾人堅信有果必有因之原則，此由內生觀念中來也。因此之故，甲派信先天，乙派重後天，甲重在內之心，乙重在外之事，甲派重理性，乙派重經驗。此兩派之對立，自十七世紀之中，迄於今日，已垂三百年之久，可以見其是非之不易論定矣。

以上歐西兩派哲學，至仍猶在爭執之中。然我以爲與其附和一派，而移其爭執於東方，不如明白承認兩派主張各有其短長得失之處。理性派之長在於承認理知自身之能力與先天命題之具有確實性，此按之數學、邏輯與道德學可以證實之者也。以云感覺主義或經驗主義之長在乎自然科學之成績，無論理性派之主張如何正確，然在其需要眞憑實據之際，必以官覺界之見聞爲最後判斷者。如是吾人承孟荀傳統之後，更兼收並蓄西方兩派學說，不必借甲以排乙，或借乙以排甲。吾之所深信不疑，此非調停兩可之論，實見兩派之各有所長，不如合其長而參互錯綜之，或者可以引而至於一條新路。證之既往歐洲科學之發展，可以瞭然矣。試問克泊雷氏曾將火星之軌道每一位置，逐一查考，乃發現火星軌道爲橢圓。後之繼起者，知不獨火星之軌道如是，乃有其他各行星無不如是之論，此非官覺中之所見，而理論之推演爲之也。及牛頓氏起，將克氏之假設推廣於一切天體與尋常習見之物，其所以統一之者，名曰萬有引力，此亦原則之推廣，而非官覺之所見也。愛因斯坦氏更推而廣之，由力學以及於電學與光學。此亦公理之推廣，非關於一事一物之官覺也。更進而言之，愛氏去牛頓之絕對時空說，而代之以時空合一說。此亦思想之結構，與官覺無涉者也。吾人於相對論之發明，雖認愛氏運思之巧，然亦不忘經驗派之重要，如水星行近太陽處之光之彎曲，必待日食時之照相以證明之，可知卽有愛氏理論，猶且待官覺爲之證實。可以見經驗派之不可少，與理性派相依爲用者矣。且廣泛言之，一切學術不離數學與邏輯，凡有可以作結論之處，皆理性爲之，而非官覺爲之，凡有證據可以指出者，皆出於官覺，而理性無能爲役也。此我所以認爲兩派應兩利俱存者也。或者難曰：吾國有孟荀學說，從未能出一牛頓氏或愛因斯坦氏，卽令今日起孟荀於地下，又有何用。我可以答曰：亞里斯多德昔受培根氏排斥，近年又因誤數婦人口中牙齒之數，爲羅素氏所非笑，然無礙於亞氏之爲歐人所尊敬也。孟荀兩家所言，按之今日西方學說，初無舛馳之處。吾國人何以抱一種自卑感，而視先哲之言爲一文不值欲盡棄之以爲快乎？此我望國人之反省也。

以上兩派，雖吾人認爲可以併行不背，然問題尚未解決，何也。吾國哲學界有兩派意見不同。朱晦庵曰卽物窮理，言理存乎事物是也。王陽明曰心卽理，言理存乎心也。以陽明爲是，但有理性主義一派已足，不必再有官覺主義求理於外物之主張矣。如以朱子之言爲是，則求理於事，舍官覺主義其奚依哉。茲錄兩氏之言，再進而論之。朱子大學補傳之言曰：

「所謂致知在格物者，言欲致吾之知，在卽物而窮其理也。蓋人心之靈，莫不有知，而天下之物，莫不有理，惟於理有未窮，故其知有不盡也。是以大學始敎，必使學者，卽凡天下之物，莫不因其已知之理，而益窮之，以求至乎其極。至於用力之久，而一旦豁然貫通焉。則衆物之表理精粗無不到，而吾心之全體大用無不明矣，此謂物格，此謂知之至也。」

旣曰格物，則由物之形體聲色，進而至於物之理則，無一不應在研究之列。其不能不賴耳目五官之用明矣。是朱子學說中含有官覺主義爲方法之意也。

陽明之言曰：「夫物理不外吾心，外吾心而求物理。無物理矣。遺物理而求吾心，吾心又何物耶。心之體，性也，性卽理也。故有孝親之心，卽有孝親之理，無孝親之心，卽無孝親之理矣。有忠君之心，即有忠君之理，無忠君之心，即無忠君之理矣。理豈外於吾心耶。」「晦庵謂『人之所以爲學者，心與理而已』。心雖主乎一身，而實管乎天下之理，理雖散乎萬物，而實不外乎一人之心。是其一分一合之間，而未免已啟學者心理爲二之弊。」「夫萬事萬物之理，不外乎吾心，而必曰窮天下之理，是殆以吾心之良知爲未足，而必外求於天下之廣，以裨補增益之，是猶析心與理爲二也。」「夫良知之於節目事變，猶規矩尺度之於方圓長短也。……毫釐千里之謬，不於吾良知一念之微而察之，亦將何以用其學乎。是不以規矩，而欲定天下之方圓，不以尺度而欲盡天下之長短，吾見其乖張謬戾，日勞而無成也已。」

陽明所謂理，指忠孝慈愛之道德言之，是可求之於一心，無疑義矣。更以心爲規矩尺度，自可視之爲標準之唯一者矣。自字面言之，似乎陽明已駁倒朱子矣。然吾人舉自然界之一二端，便可知陽明之說不能用之於一切事物之理。試問天文地質之理，可求之一心否乎？一人身體之疾病，可求之一心否乎？各種植物之生長之交配可以求之一心否乎？處此自然科學發達之日，應坦白承認自然界或物理界之知，惟有求之外界，不可求之一心。以云道德之知，在英國新唯實主義盛行之今日，亦有發爲善惡之辨由直覺中認識之主張，此可以爲陽明良知學說張目者矣。此物理之知與善惡之知二者，吾國昔時亦嘗分之爲聞見之知與德性之知之二類。知既有二類，則正與前文論世界外在與心之認識爲二事者，相爲表裏者矣。在外之物理，以朱子之說應之，在內之德性，以陽明之說應之。此亦兩說之可以並存者矣。況乎陽明氏重直覺之善，可求於一覺而得之，以云善之條目，當繼之以思考，此爲朱子之着眼點。如是就道德之理言之，已有本源與節目之不同，其所以達到之法，自不能出於一途。況乎除道德之理以外，更有外物之理，其所以致知之法，更非一途之所能解決，尤易見矣。與其因方法之一元而陷於過失，何如任其爲二，各擇其一法以處理之能各當其所乎。此朱王學說之聽其爲二，不必強以一是一非爲之判決。亦非折衷調停之說，吾國哲學史與西方哲學史上之經過，均可爲我作證者也。

以上爲認識論中所以處理「心」之方法如是。至於本體論中，心與物爲一爲二乎？本體一乎多乎？俟下文論之。

四、結論

五四以來，國中兩大口號，一曰整理國故，二曰科學與民主。所謂整理國故，指歷史文字語言材料言之，是否孔孟以來與宋明儒家哲學思想，視爲廢物而棄置之乎？其所求於兩方者，曰科學與民主，則西方哲學上自柏拉圖、亞里斯多德下至培根、陸克、休謨與夫笛卡兒、康德等置之不聞不問乎？竊以爲就科學言之，或就科學方法言之，所應遵而行之者爲演繹爲歸納，爲先天爲後天，爲直覺爲官覺，爲關係之內在爲關係之外在，爲事物之按質分類爲數學邏輯關係。此皆哲學上應討論之問題，非科學或科學方法云云者所能盡也。今後爲促進科學與民主計，不能不溯而上之以達於哲學。稍加思索者，可以共見者也。孔孟以至宋明之哲學思想，何者應保存而加以刷新者乎？何者爲西方哲學思想中之應採取，而與吾國所固有可以貫通者乎？此非吾國人於變法維新、共和建設、文學革命之後，所當起而直追者乎？昔日本維新之際，嘗議論東西文化之短長，二者是否相容。其時有佐久間象山氏治陽明學，以直截了當之言解決之曰：儒家所言爲道德，西方之長在技術，二者兩不相妨。日本對於此項問題，即此了結。然吾國有中學爲體西學爲用之爭，迄於五四，擴大而爲「打倒孔家店」

之標語。今大陸淪陷矣，儒家思想與西方科學是否相容，尚在相持不下之中。或者就中日兩方比較上言之，吾國人分析之精密，有異乎日本人之思想方法者，因而此問題不易解決。然則就儒家哲學與西方哲學審查之比較之，以求更進一步之融會貫通，非今日吾國學者所不容諉卸之責任乎？

竊以為論東西哲學之短長，應以文化基礎上之需要為出發點，而不以一己所好甲派或乙派之言為出發點。如曰英國之官覺主義，法國之百科全書學派，美國之實踐主義，此為一派一先生之言，即令引進其說，未必能於其建立文化之永久基礎有何益處。然其優點所在，如經驗主義之考查事實，實用主義之注重應用，如柏格森氏主張以直覺把握實在，然於一國之知識道德上可以適用，自亦不容掩沒。乃至現時流行之生覺主義，能為西方信仰耶教者所服膺，尊德性道問學者參考之資。至如英國新唯實主義與吾國「萬物之有」自有相脗合之處，且可以免今後認識論之爭執。然所謂世界，非僅目擊耳聞之一層，而另有其他三層在，其所以識知之者，不離乎心，而心之識知，以邏輯與數學為根本，舍邏輯與數學，則思辨是非標準難以成立，安有言認識而可忘「心」者乎？然其或為理性派或為經驗派，或為演繹派或為歸納派，此屬於過去之爭，今則不如明認各派之應同時並存可也。此數者或用其一或用其二，視問題性質決之，而不必預為擬定。如道德上之是非，有可以直覺或依孟子良知方法得之者，有應以理智為其輔佐者。在今日之英倫，且有人堅持善由直覺決定說者。吾國人何必以良知為千萬年之舊說而懷疑之乎？至於精神業力成就，為一國之制度文章，吾國人昔年過於重視文字制度，而忘其精神意義所在。我乃特別喚起國人注意於外殼與精神之分。我於吾國傳統學說，初無一毫曲解或穿鑿附會之意。孟荀學說之或重思或五官當簿，或性善性惡，皆有文字之可指，以資辨別。朱子與陽明之一主理智一主直覺，直截了當無可曲解。其所徵引之西方學說之可以相通者，可按西方各家原著與各種哲學史互相對照，如黑白之皎然分明，非可以意顚倒。有者謂之爲有，無者謂之爲無，如是者謂之如是，如彼者謂之如彼。語曰吾愛吾師，吾尤愛眞理。非主觀客觀兩面俱到而可認爲正確者，決不作強辭奪理之比附矣。吾之所以權衡中西思想者如是，若有人來問：我自身哲學能否自成一個系統乎？我可以答之曰有，是爲唯實的唯心主義。我之系統中，以萬物之有爲前提，而其論心之所以認識與文物之所以建立，則以心之綜合與精神之運行爲歸宿。此我三四十年之心思積聚，而不敢自以爲是者也。

或者曰如子所爲，殆不免於雜揉或折衷或調停兩可矣。我自問是否犯此病，如我但採合二三派而依違其間，成爲折衷派之一人。然我知我之思想自有一根骨幹，而以唯心論爲本，兼採唯實論之長。我之骨幹，不因他派之長之採擇而動搖，反因他家之長而不至走入一偏。我不敢借先哲之名爲自己護符。然前人之融會貫通，自有爲吾人所當取法者。朱子晦翁集宋代儒家思想之大成者也。關於宇宙創造之太極圖說，非採自周濂溪乎？其「涵養須用敬，進學在致知」，非採自二程乎？其本然之性與氣質之性之分，非採自張橫渠乎？其看喜怒哀樂未發時氣象之說，非學自李延平乎？朱子集各家之言，而內斷之於一心。其學說之層次，詳見於近思錄，非依門旁戶，而自有一貫之主張在矣。德國大哲康德氏，一切知識起於經驗之言，非採自陸克、休謨者乎？其注重道德，非受盧騷一書之影響乎？其自然界知識應以數學爲本，非採自牛敦者乎？其純理範圍內之宗教論，非本之於英人托蘭者乎？此爲康氏所依所據，然其純粹理性批導與實行理性批導之獨出心撰，爲世所同認者矣。可知學者之立言，不患採取他家成說，要其能自成一個體系而具有周遍性，乃成爲一種宇宙觀或人生觀，不陷於偏激與一偏，此則可貴者也。莊子天下篇之言曰：

「天下大亂，聖賢不明，道德不一。天下多得一察焉以自好，譬如耳目鼻口，皆有所明，不能相通，猶百家衆技也，皆有所長，時有所用，雖然不該不徧，一曲之士也。判天地之美，析萬物之理，察古人之全。寡能備於天地之美，稱神明之容。是故內聖外王之道，闇而不明，鬱而不發。天下之人，各爲其所欲焉，以自爲方。悲夫百家往而不返，必不合矣。後世之學者，不幸不見天地之純，古人之大體，道術將爲天下裂。」

荀子解蔽篇戒人不可拘守一隅，與莊子之意正同。其言曰：

「凡人之患，蔽於一曲，而闇於大理。治則復經（經常之意），兩疑則惑矣。天下無二道，聖人無兩心，今諸侯異政，百家異說，則必或是或非，或治或亂，亂國之君，亂家之人，此其誠心，莫不求正而以自爲也。妬繆於道，而人誘其所迨也（迨、近也），私其所積，惟恐聞其惡也。倚其所私以觀異術，惟恐聞其美也。……豈不蔽於一曲而失正求也哉。」

荀子論墨道名法各家之蔽，乃爲之結論曰：

「此數具者，皆道之一隅也。夫道者，體常而盡變，一隅不足以舉之。曲知之人，觀於道之一隅，而未之能識也，故以爲足而飾之。內以自亂，外以惑人，上以蔽下，下以蔽上，此蔽塞之禍也。」

荀子評墨道名法之各有所蔽，獨推尊孔子曰：

「孔子仁知且不蔽，故學亂（卽治字）術足以爲先王者也。一家得周道，舉而用之，不蔽於成積也。」

以上莊子荀子之言，足以證吾古人戒一曲之見而以求達乎道之全體爲祈嚮。抑豈獨吾之先哲如是。柏拉圖氏亦有言曰：

「所謂哲學家其人，非徒愛知識之一部分，而愛知識之全體者也。」

然知識之全豈易言哉。本大學日新又新之銘，中庸學問思辨之工，融會中西學術之通，以奠定思想上可大可久之基礎，非吾人之責而誰責乎。

——金山六月廿五日——

香港人生二三二期（四九、七、一）

六、儒家倫理學之復興

一、緒　論

吾國思想界之大變動，自中外交通以還言之，莫有過於道德意識之搖撼。昔年閉關自守，抱孔孟學說與綱常名敎以爲維持秩序之計者，自門戶大開以降，思想方面與事實方面所以激盪吾人之聞見與心靈者，則東西政治社會制度之懸殊是也。

吾國數千年之政體爲君主專制，而近代西方則爲民主爲憲政。社會上吾國爲男尊女卑與一夫兼有妻妾，而近代西方則爲男女平等爲一夫一妻爲婦女參政，近年更有蘇俄之無產階級專政，並西方平日所信守之制而推翻之。國人因此心中起種種疑訝而有戊戌、辛亥、「五四」等等改造運動。此形成吾方道德意識之動搖者一也。西方所以明告吾人者，又寧止此百數十年之所耳聞目擊，更有其根據進化論中數千年之人類發展史，曰生番時代，曰漁牧部落，曰農業部落，而此農業生活一期中，分酋長、封建、君主、民主各階段，其關於男女之際者，有雜交、羣婚與夫一夫多妻或一妻多夫各不相同之制；其屬於階級高下者，有封建時代之貴族與奴隸，商工業革命後之第三階級，與今日之工人階級。其所窮溯之年代尤長，則制度之奇突亦尤甚。而吾國先聖先賢所昭示之名教，若不足視爲典章以繫人心志。此形成吾方道德意識之動搖者二也。至於思想學說方面，近代西方哲學家，重視知識，駕道德而上之，予人以知重德輕之印象。倫理學中英美功利主義盛昌，將道德之善惡是非，解釋爲去苦就樂之效果。換詞言之，善惡是非之準則去，而以苦樂之效果代之。其他各派趨於極端者，有唯物辯證法之否定道德論，有邏輯實證派之視道德論斷同於感情嘆賞之辭。此形成吾方道德意識之動搖者三也。此三點，就吾一國言之，釀成史所罕見之慘局。在歐美言之，亦何嘗不爲歷史上之大旋轉點。然倘謂從此道德觀念可以否定，或曰道德觀念之不存在，則大誤矣。

就人類進化史與政治制度變遷言之，遠在戊戌之際，譚嗣同早有衝決網羅之說。及五四以後，胡適之陳獨秀倡打倒孔家店，郭沫若舉商代以前雜交與羣婚，以反證所謂綱常之不足憑。其時青年爲文，斥父母生男育女出於一時之情慾。甚有改昔日聯語曰萬惡孝爲首，百善淫爲先者。此種種形於文字之間者，無非告人以數千年來綱常名教之不足信守，應起而推翻之而已。然吾人試細讀西方主持進化論者之言，以爲政治制度之由部落而封建而專制而民主，男女關係由雜交羣婚而進於一夫多妻或一夫一妻，乃至社會中由貴族奴隸之分而進於第三第四階級與夫人人平等。其間自有向上向善徵象，曰人格尊嚴，曰理智發展，曰善之實現。豈若吾國耳食者流，肆無忌憚，視道德若無物者哉。

人類因千萬年之進化，乃有智能，乃知所以分彼此、辨善惡，乃有所謂惻隱辭讓羞惡是非之心。人處人羣中，彼此相接相觸，有對人對物對事之關係，有言語以達意，有文字書之書册，有典章法令以爲範圍約束。其始成也，視爲新奇，勉於共守。及乎垂日既久，認爲一成不易，於是心靈之體驗停頓，僅視爲具文而守之。更有食古不化者，死守古人之一字一句，稱爲「天不變道亦不變」之眞理，將心思之與時消息之功能一齊放下，但以爲墨守成規蹈習故常爲可以解決人生問題。清代中葉之變宋明理學爲「五種遺規」，即吾國思想史停滯之明證，而吃人禮教之反抗運動所由以起也。

吾以爲此項禮教反抗運動，視之等於歐洲宗教革命或排斥亞歷斯大德哲學之起於昔日信仰或學說成舊不足應變，自可持之有故。倘以爲道德準則或道德意識可以視同無物，則不獨大背乎西方進化論之主張，並將人類或國家陷入於不拔之深淵，而無可挽救矣。

人與人之相處，或爲父子，或爲兄弟，或爲夫婦，或爲朋友；或爲社會中四民之分工合作與互市交易。試問能不相親相愛而成爲家乎，能不言而有信以成爲朋友乎，能不辨是非善惡而知所當爲與不當爲乎，能不奉公守法以成政府以成國家乎？此即仁義禮智與忠誠之性，天所賦予而人所同具者也。其在歐美，政體由君主易而爲民主，而敬上奉公之忠自若焉。夫婦限於一夫一妻，而彼此愛敬之情自若焉。其爲個人者各有自由發展之途，特重於誠實不欺。其爲公民者，已受法律之保障，然亦尤能愛護公物愛護國家與地方團體。此即一己之所以修，一家之所以齊，一國之所以治，而道德意識之不可須臾離也。

吾國先聖先賢有見於此，特注重道德以爲立國大本，其所發揮光大者，或同於西歐，而可以互相輝映。或異於歐洲，而有其獨到之處，此在大陸淪陷之今日，應加以反省體會者也。尼采氏嘗云準値重行估定，殆愛護吾國文化者所同然者乎？

二、宇宙中之人

人處於宇宙間，其爲個人之形體、生命與性靈，渺小已極，如一粟之於太倉。然此一人之形體，生命與性靈，實以全宇宙爲來源爲背景。猶之粒米之稻，可以選種，可以植根，因土地肥瘠，雨露陽光照耀潤澤，乃構成年歲之豐歉，而決定此粒米之形態。依此類推，人生云云，何能限之於一人身心之形體知覺，而不求之於宇宙之大環境哉。

易經乾卦之彖曰：『大哉乾元，萬物資始，乃統天，雲行雨施，品物流形……乾道變化，各正性命，保合太和乃利貞，首出庶物，萬國咸寧。』繫辭曰：『天尊地卑，乾坤定矣，卑高以陳，貴賤位矣，動靜有常，剛柔斷矣，方以類聚，物以羣分，吉凶生矣，在天成象，在地成形，變化見矣，是故剛柔相摩，八卦相盪，鼓之以雷霆，潤之以風雨，日月運行，一寒一暑，乾道成男，坤道成女，乾知大始，坤作成物。』古人追溯於宇宙創造之始，因剛柔動靜之迭代，日月寒暑之運行，風雲雷雨之鼓盪，而求物類人類之所以生所以長。此物類此人類，各具其性，各有其宜，以構成種種之善。繫辭下篇曰『天地之大德曰生，聖人之大寶曰位。何以守位，曰仁。何以聚人，曰財。理財正辭，禁民爲非，曰義。』此言乎既有土有人以後，需財物以資生養，而是非善惡之道義隨之俱至。物各有類，各有其宜，人各有其地位；或爲父或爲子，或爲男或爲女，或爲夫或爲妻，或爲君或爲臣，或居高或居卑，由此種種之位與宜中，自有其善惡是非之分辨在矣。乾卦文言解釋元亨利貞曰善曰嘉曰利曰幹，而下文繼之以利物幹事云云，尤足以見古代論道德之不離乎人生，不離乎物質環境。宇宙之中有物質有禽獸有人，乃有漁牧農礦之富，有耕織貿遷之業，乃有法律政治等治人之具。所謂生所謂財所謂寶所謂位，即指此數者言之，而元亨利貞與仁義之德性隨之俱來。蓋自有生之始，人自爲物種之一，其愛類與懷生畏死之情，爲物類之所同。其分別彼此同異善惡之知，則爲人之所獨。此則法哲柏格森氏所以有道德二源之說，其一曰本能，其二曰理智，殆與易經溯之於生生之始與其與生俱來之仁義，有相似處，而可以參照者矣。

三、儒家倫理之出發點

言乎道德意識之來源，可溯之於有生之初而求之於本能，以云善惡是非之準繩，出於人義理之心，或稱爲良知良能，或名之曰窮理致知，其間得失，容俟後論。而倫理學之所以爲學之基本概念，曰善曰己曰性曰心者，不可不先明其義之所在。

我在解釋此數者之先，略言東西倫理學異同之故。吾國孔孟之教，與古代希臘柏拉圖與亞歷斯大德二氏所云德性在致知之中者，初不相遠。柏氏對話論克制，友誼，勇氣，公道各篇，「共和國」之斥強權昌公道與夫治國者之應爲哲人，尤合於吾國內聖外王之古訓。此時希臘哲學，雖以定義、概念辯證爲出發點，然於德性，初不忽視。惟耶穌教興，而有中世紀之教會，專就人與上帝之調和立論，視哲學倫理爲神學之侍婢而已。逮於近代，科學新知層見疊出，知識效力爲哲學家所重視，乃有認識論成爲專科之學，且爲哲學重心所在。更因知識之性質，就其在邏輯與心理上構成之過程分解宰割之，有謂官覺爲知之唯一來源者，有謂心爲一張白紙說者。人之所以爲己爲心爲性者，經支解之後，認爲僅有其名而實無其物。不啻將人之所以爲人之壁壘粉碎之摧毀之，從何而有道德意識可言者哉？哲學倫理方面尚有所謂功利主義派，解釋道德同於去苦就樂之計算，或政治上社會上之福利工作。質實言之，近代歐洲之重知輕德，名為沿襲希臘哲人理性之舊貫，實與希臘人之崇尚意典並由思辨以返於德性者相去遠矣。

吾人既明東西哲學在古代與近代發展所以異同之故，乃可進而論道德哲學之基本概念，一曰善，二曰己，三曰性，四曰心。

一曰善　人之為人，不離血肉，不離物質，然善惡是非之所以分，視其意識中之動機如何。孟子於孺子入井章中，先舉怵惕惻隱，其於納交父母，要譽鄉黨，視為動機之不正者而以非字斥之。此由於道德之善，以心意之大公至正為主，與世間之金銀，財寶，器物，利祿名位與利便法門，迥乎各別者也。世之樂善好施者未嘗不收濟人之效，制物成器者未嘗不能利用厚生，爵人於朝者非不能奔走聰明才智之士，然與道德之善之出於人對人之善意者不可相提並論。道德之所謂仁，出於愛類與立人達人之念，而不參以為己之私。所謂義，出於理之當然，不顧艱難危險勇往以赴之。其所謂禮，出於合羣生活中應有之先後或取予，而不雜以虛偽矯飾。其所謂智，在於求事物之眞，明辨之愼思之。可以見所謂仁義禮智雖不離人生，不超乎物質。然人之能遵守此者，必超脫物質之功而後達乎善，必捨一己之私而後達於公。此四者之所以為善，由於心意之動向定之而已。大學明明德一章，所以特注重正心誠意者為此也。德哲康德氏於其「道德之形上學基礎」中之言曰：『世間除善意之外，無一事物可以不加限制之辭而稱之為善。人之理知，聰明，剖斷，與夫其他才性如勇如決如堅如忍，固無一不可稱之為善，然所以運用此才性者在乎意。意之不善，此等才性適足以為惡而有害於人。其他如權如富如名如一人之健康一家之幸福等等，無一不引起人之驕傲自大。惟其抱有善意者，乃能矯正此數者之病，使之共趨於善。』康氏所謂善意，與我所謂正心誠意，可謂異地同符者矣。大學最後一章中論善之爲善，尤爲深切。其言曰：『康誥曰，惟命不於常，道善則得之，不善則失之矣。楚書曰，楚國無以爲寶，惟善以爲寶。舅犯曰，亡人無以爲寶，仁親以爲寶，泰誓曰，若有一介臣，斷斷兮無他技，其心休休焉，其如有容焉。人之有技，若己有之，人之彥聖，其心好之，不啻若自其口出，實能容之，以能保我子孫黎民，尙亦有利哉。人之有技，媢疾以惡之，人之彥聖而違之，俾不通，實不能容，以不能保我子孫黎民，亦曰殆哉。』所謂『惟善以爲寶』者，決之於內心之有容與不媢疾，亦正心誠意之原意而已。

二曰己　一人之生，分青年中年老年各階段，然其間有前後相繫之一線，以成其爲己。如曰爲仁由己而由人乎哉，此言擇善固執之者，有己在焉。又曰吾日三省吾身，此言每日省察所爲之是非善惡者己焉。倘非有己，則省之者爲誰，執守之者將又爲誰，曰顏淵三月不違仁，惟其有己，以繼續不斷之精神出之，然後擇善固執，因習慣而成自然。謝上蔡與伊川相別一年，復見，問其所進。上蔡曰但去得一矜字耳。此惟有己之中，乃知所以改過，今日克之治之，明日又克之治之，以收此去矜之效。吾國先哲之教，從未有否定所謂己者。然近代西方哲學家，陸克氏有心爲白紙說，既已無心，則記憶，比較與改過遷善之功，安從而施？休謨氏倡爲所謂己者，初非有此實體，不過前後觀念之相續，乃易經所謂憧憧往來者而已。休氏之言如下：『若干哲學家以爲吾人每時每刻自覺有所謂己者，自覺其己之存在與繼續，且無待於求證，而灼然知己之爲完全單一易簡之體。……然我嘗求所謂己者，僅知有甲種或乙種之感，如或冷或熱，或光或暗，或愛或恨，或苦或樂之先後繼起之覺。我從未在任何時把握所謂己而不帶有感覺者，觀察所得，惟有感覺而已。倘我酣睡而感覺停止之際，則我不知有己，謂己不存在可焉。……所謂心所謂己者非他，乃一羣前後繼起之感覺而已。』休氏原著，名曰人性論，附以副標題，曰「以實驗方法討論道德主體之嘗試。」其意在於將己加以分析，猶近代物理學家之分析原子也。德哲康德氏起，乃從認識論與道德論兩方駁休氏之說。康氏謂人之所以知外界，由於心中之範疇，倘僅有一堆觀念，則知識之條理何自而來。至於道德方面，所以敬天，所以視人如己，自有爲之主宰者。倘己不存則知識道德二者蕩然無存矣。數十年後，美國詹姆斯氏自稱經驗主義者與休謨氏同。然其名著「心理學」取休謨氏所否定之己而恢復之，列各種之己，曰物理的己，曰社會的己，曰精神的己。此可以見常識所共認之己，因效科學方法之發生，乃取而粉碎之。然西方學者中尚有不肯附和其說者，則吾國人可不明辨而知所以取捨乎。

三曰人性 同爲人類，生有父母，羣居有社會。因父母子女而有愛類之情（仁），因社會而識人之各有所事，各有其所當爲（義），因男女而知彼此之相悅有別，因外物而辨其爲彼此黑白先後與其他種種名稱（禮）。如此言之，不謂仁義禮智之性不與生俱生得乎？反而言之，孩提之童，因玩物而爭奪，因聲色而求先覩，因爭父母之愛而相妒。此爭奪殘賊之性，自亦與生以俱來，無可疑者也。蓋人與萬物同生於天地之間，木石花草各有其性，禽獸各有其性，豈有人而不具與生俱來之性者乎？人不獨有其固有之性，更有其喜怒之情，辨物之知，與立定決心之意。其所以待物接人，知有彼此，遠近，親疏，與難易，久暫與宜不宜之分。更就其爲長久遠大之規畫言之，則有是非之準則與道德之規範，此尤爲人類崇高潔淨精微之美德。孟子雖主性善，然非不知富歲子弟之多賴，凶歲子弟之多暴。荀子主人之性惡，然非不知人性之可以矯正，可以化導。如此就性之與生俱來者言之，自有善惡兩方。若就其高潔者言之，由克治約束以趨於中正。此視乎平日之存養，擴充，非可期之於人人者矣。

四曰心　心之爲物，果有方所乎，果有形狀乎，爲體乎，爲用乎，以思爲主乎，以情爲主乎，以意爲主乎？此等等問題，無一不屬於心之範圍，然不易有確切不移之答覆。就吾國習用之語以明之。「心之官則思」句中所謂心，以思爲主，近於所謂性。「心血來潮」之所謂心，以一時之衝動爲主，所謂情。如曰「決心如何」之心則以意爲主。心之爲用之廣，與不易於捉摸如是。故書曰人心惟危道心惟微，危微二字所以形容心之活動之微妙與其瞬息變化。又曰『出入無時，莫知其向』，言乎心之或在或不在，自己不易覺察。然不論如何，人之知痛知癢知寒知暖知饑知飽，乃至辨彼此同異是非邪正，皆以一心爲主宰。荀子曰：『心者形之君也，而神明主也，出令而無受令。自禁也，自使也，自奪也，自取也，自行也，自止也。』朱子觀心說中之言曰：『心者，人之所以主乎身者，一而不二者也，爲主而不爲客者也，命物而不命於物者也。』荀子朱子兩家所以形容心之自爲主宰，至矣盡矣。然與孟子所謂操存舍亡，與牛山之木一章中所謂養，各認有自主之心，同出一轍者矣。

以上四項基本出發點，有之則有倫理學，無之則無倫理學。近代西方哲學家或科學家如陸克氏休謨氏華生氏（行爲主義者）與包夫羅夫氏雖有駁斥其說者，然我未見其如科學發明之成爲自然定例。至於善之所以爲善，惟實主義者英國摩爾氏，且言其爲不可分析無可界說。其義顯非語言文字所能說明與辨析，則其爲精神上崇高境界，有待於人心之體驗而力行而實現，亦可因之以明。以上四點，雖若千年來先聖之言，然吾人豈可視爲陳言而廢棄之乎？。

四、儒家倫理學之特點

孔孟以來，所以提撕警覺人心者，有一大原則，曰以善惡義利是非之辨，直接訴諸各人之良心，使其知所以身體而力行之是矣。此一大原則，可以分析言之。(第一)孟子公孫丑卷上之言曰：「無惻隱之心，非人也。無羞惡之心，非人也。無辭讓之心，非人也。無是非之心，非人也。」又曰：「人之有是四端也，猶其有四體也。」告子章中，又稍變其詞句曰：「惻隱之心人皆有之，羞惡之心人皆有之，恭敬之心人皆有之，是非之心人皆有之。惻隱之心，仁也，羞惡之心，義也，恭敬之心，禮也，是非之心，智也。仁義禮智，非由外鑠我也，我固有之也。」前後兩章中，一以否定方式謂不具此四者則不成爲人。一以肯定方式，言此四者爲人所固有。孔子於論語中有志於道，據於德，依於仁。或曰尊德性，道問學。孔孟視德性爲人所固有，一也。(第二)惟人之有此四端，乃能以善惡義利是非之辨，直接訴諸各人之良心。如孔子曰行「己」有恥，曰毋友不如「己」者，曰克「己」復禮，曰古者言之不出，恥「躬」之不逮。如曰德不修，學不講，聞義不能徙，不善不能改，是「吾」憂也。孟子曰：「由君子觀之，則人之所以求富貴利達者，其妻妾不羞也而不相泣者幾希矣。」曰欲貴者，人之同心也，人人有貴於己者弗思耳。曰苟爲不熟，不如荑稗。夫仁，亦在乎熟之而已矣。曰求則得之，舍則失之，是求有益於得也，求在我者也。求之有道，得之有命，是求無益於得也，求在外者也。以上孔孟就「己」之所當爲者，直接耳提面命，聞其言或讀其言者，一若暮鼓晨鐘之發人深省。其與西方康德氏以人爲目的之訓，與邊沁氏最大多數之最大幸福之言，意在求得一項自然公例以適用於多數人羣者，其目的迥乎各別。(第三)儒家之所以告人者，非一項公例，而在乎各人之所當爲。如曰父慈子孝兄愛弟敬。如曰君使臣以禮，臣事君以忠。如曰：「吾日三省吾身，爲人謀而不忠乎？與朋友交而不信乎，傳不習乎？」其離父子君臣兄弟朋友師生之關係，而就一般人言之，則爲忠恕之道。其答子貢一言而可以終身行之之問，曰其恕乎，己所不欲，勿施於人。中庸曰：「忠恕，違道不遠，施諸己而不願，亦勿施於人。君子之道四，丘未能一焉。所求乎子，以事父，未能也。所求乎臣，以事君，未能也。所求乎弟，求事兄，未能也。所求乎朋友，先施之，未能也。」此段言父慈子孝兄愛弟敬君禮臣忠云云，雖似乎一方面之單獨義務，然試求其本，則出於父子君臣兄弟之人與人對待關係，故與忠恕之道，異流而歸於同源。至於離開一般人相互之關係，而就一人言之者一如孟子曰：「居天下之廣居，立天下之正位，行天下之大道，得志與民由之，不得志，獨行其道。富貴不能淫，貧賤不能移，威武不能屈，此之謂大丈夫。」孔子曰三軍可奪帥也，匹夫不可奪志也。所以勉人之昂首直立，各全其人之所以爲人而已。（第四）理之所當爲，爲道德之準繩，出於情與理之自然。日本學者稱之曰本務。西方倫理學所謂道德的義務，亦同此意。然西方另有一倫理概念，名之曰善。此善字，有依嚴格之義解之者，如康德氏所謂善意，有依寬泛之義解之者，若有用有益有利或爲人所樂者，其義中涵有善巧方便之意。因此西方學者嚴於是非善惡之分辨者，以爲善之屬於有同有益者，只可視爲工具之善。至如人貴誠實，人貴自立之善之出於絕對義務者，不可與之相混，乃另以『應爲』或『當爲』（ought）之語代之。所以明嚴格之善應純以是非爲標準，不可參以利之動機。孟子曰：「一簞食，一豆羹，得之則生，弗得則死，嘑爾而與之，行道之人弗受，蹴爾而與之，乞人不屑。」孔子曰：「富與貴，是人之所欲也，不以其道得之，不處也。貧與賤，是人所惡也，不以其道得之，不去也。」如是生也死也富也貧也貴也賤也，一切先問合乎道義與否，而後辭之受之。則理之所當爲，自有明顯原則懸乎心目之間矣。（第五）善惡義利是非之辨，爲人心所能覺察。孟子稱之曰不學不慮而能之良知。究竟此良知，純爲本能乎？抑有學而知之成份乎？此時暫勿深論。然心能直接辨別是非善惡，爲古今儒家所一致同意。嘗云人貴誠實，人應忠於職守，人應與人分工合作。此皆各人聞之知之而可以立下肯定之答案者。此卽良心之直接洞見之所致也。凡此五項指人心而昭示之者，自孔孟確定大本，至今未或稍變。卽推之近世宋明以來儒家言之：周程張邵爲對抗佛家計，廓大人倫以至宇宙、理氣、性心關係，乃至於所謂未發之中，其精微奧妙，有過人之處。然關於性善，道德本源，與心之存養，初不逾越孔孟規矩。其在理論方面，如性有義理之性，與氣質之性之分，如理氣二者之先後，如論性不論氣爲不備，論氣不論性爲不明之言，此皆理論演進之所致，不得以其爲孔子之不道性天而棄之也。自宋迄明，更有象山先立乎其大者，陽明心卽理與知行合一之主張，此亦由於鞭辟入裏，而有此一針見血之言。陸王之立場，與朱子分心與理爲二之觀點，自然各別。然吾人不可以陸王直指本心之言爲禪，更不可以爲朱子但知求外之知而忘卻本心。良以本心之知善惡是非，返省克治以求去非存是，爲兩派之所共，無彼此出入之可言也。吾國儒家之書，與康德「實踐理性批導」中善意與斷言命令最爲相近，然康氏云『汝之行爲應求其所根據之定則，經汝之意力而成爲自然界之公例』。其意在乎求一項自然公例，至爲顯著，孟子嘗云心之同然云云，亦似乎一種同歸之原則。然一則求諸一心而自收同然之效，一則一人之所行期於成爲自然公例。一爲直接性，一爲間接性。一爲主觀責任心，一爲客觀公例性。易詞言之，一則責諸一己，求諸一心，一則求諸人人，求其成爲自然界之公例，雖立言各異，然自有其殊途同歸者在矣。

簡單言之，吾國倫理學之特色：（一）善惡是非之辨存於一心。（二）所以辨之者爲良心之覺察。（三）辨別是非，在乎行其所當爲，而免其所不當爲，乃有人心道心之分。（四）存養省察，就自己之意、情、知三方面，去其不善以存其善，而尤貴乎就動機之微處克治之。（五）視自己爲負責之人，本良心以審判之，且斥責之，乃能收不遷怒不貳過之效果。（六）不獨知之，又貴乎力行，故曰君子有諸己而後求諸人，無諸己而後非諸人。陽明曰知而不行，只是未知。凡此皆吾國行己立身之要道，亦卽民族風氣之所賴以維繫也。

五、德性之合一與種類

德性之名目，除仁義禮智四者外，就論語一書言之，曰溫良恭儉讓。曰恭寬信敏惠。曰慈孝愛敬。曰直諒多聞。曰義禮遜信，曰剛毅木訥。論語一書中擧各種德性之名，同時又論各種德性相互間之關係。如曰孝悌也者，其爲仁之本歟，此言孝悌與仁之出於一源也。如曰惟仁者能好人，能惡人。仁者既能好人，又能惡人，好人出於愛，出於好善，惡人出於辨別善惡之義。此言仁與義之出於一源也。如曰仁者己欲立而立人，己欲達而達人。立己之道曰正心修身，立人之道曰齊家治國平天下。其中包涵之廣如此。慈孝敬愛恭寬信敏惠與其他德性，無一不在其中可矣。因此，德性之爲一乎爲多乎？卽各種德性可以統而爲一乎，抑各自獨立而不相涉者乎？吾以爲德性爲人類之所共，所以實現之者，出於一人發於一心。卽其德性之表現，或重於汎愛之仁，或重於分別之義，或出於效力之忠，或出於踐言之信。要其所向之目的，爲人類之公善。則分殊之中，自有其統一之理。然人羣之中，有父子夫婦君臣上下之辨，則各人在其本位上所負之義務各不相同，此德性之所以出於一而歸於殊矣。

程伊川嘗就德性之分合，而論仁與四者之關係曰：四德之元，猶五常之仁。偏言則一事，專言則包四者。張伯行於近思錄集解中解伊川之言，尤爲明顯。其言曰：

『人得天地之理以生，故在天爲元亨利貞之四德，在人卽爲仁義禮智信之五常。而元者天地之生理也，猶仁者人心之生理也。生理不息，循環無端。是以偏而言之，則元者四德之一，仁者五常之一。若專而言之，則亨只是生理之通，利只是生理之遂，貞只是生理之藏，一元可以包之。禮者仁之節文，義者仁之裁制，智者仁之明辨，信者仁之眞實，一仁可以包之。易曰大哉乾元，萬物資始，乃統天。謂統乎天，則終始周流，都是一元。孟子四端之說，亦以惻隱一端，貫通乎辭讓羞惡是非之端，而爲之統焉。』

程子將人之仁義禮智信，比之於乾之元亨利貞，二者旣出於同一，宇宙自可統而爲一，此乃自倫理之理論上求其統一之法而已。

德性之或一或多，其在西方哲學之希臘時代，亦有同一之討論，茲舉柏拉圖對話伯羅泰哥拉司一篇之語，以資參證。

『伯氏曰我憶昔時我嘗提出問題，請君爲之解釋。倘我記憶不錯，此問題如下：智，節制，勇，公道，神聖（此五者爲希臘哲人所常論之基本道德）五者，其爲同一事之五名歟，抑每一名各自爲一特殊之物，各有其本身之職，則甲之與乙丙丁等不可相混。君嘗答曰（君指蘇格拉底氏）此五名非指同一物，一名各爲一物，此五者同爲德性之各部分。然其所以相同，非如金之分爲或大或小之各塊，乃如同一面貌上之各部分。而彼此各不相同。

蘇氏答曰：五種屬性爲德性之各部分，其中之智，節制，公道，神聖四者，彼此之間自屬相同，惟第五項之勇，則與四者各別。此所謂以勇著名之人，往往其中有極不義，極不神聖，極不節制，極無智識之人也。』

「伯羅泰哥拉司」一篇之論，歸結於一切德性，可由智識教之，使之爲善而去惡。簡言之，爲善由知，爲不善由不知。世間無有既知之，而爲惡者。此卽西方道德教育應從智識入手之根本理論也。此種立場，不可謂爲全非，論語六言六蔽一章，歷舉仁智信直勇剛諸德，而力言以學問矯正此德性之偏。可以證德性與知識之不可離。孔子曰：

『好仁不好學，其蔽也愚。好知不好學，其蔽也蕩。好信不好學，其蔽也賊。好直不好學，其蔽也絞。好勇不好學，其蔽也亂。好剛不好學，其蔽也狂。』

讀者試推廣其義及於婦人之仁，微生之信，與夫暴虎憑河之勇，可以知德性表現於生活，自須本於經驗、智識、考慮與夫權衡，而後行之而各得其當。如是言之，朱子窮理致知之說是歟，陽明良知之說非歟？應之曰皆是也。善惡是非中毫釐分寸之辨，是出於窮理致知之知，抑出於不學而知之良知，乃一極複雜問題，然兩派之不能離一「知」字，一也。

六、窮理與良知

吾國理學之所以分爲理學派之程朱，心學派之陸王者，非曰其正心誠意方法之各殊也，亦非曰進學涵養方法之各殊也，亦非曰一重聞見之知，一重德性之知故也。兩派同趨於存心養性，同歸於去人欲，存天理。其所以畫然分而爲二者，始於陸子之立大與知本，然其關鍵無過於心物二者之不相通。王陽明龍場一悟之後，發爲『意之所在，便是物』之見解，於是心物爲二之病去，且並身心意知，一齊打通。而「良知」之說，成其學說之最後根據。陽明哲學理論獨到之處，不可因此後袒朱袒王之故，並其學說之精微而忽之也。

程伊川曰：

『凡一物上有一理，須是窮致其理，窮理亦多端，或讀書講明義理，或論古今人物，別其是非，或應接事物而處其當，皆窮理也。』

朱子亦曰，有一物卽有一理，如舟只可行之於水，車只可行之於陸。一物各有一理，乃須卽物而窮其理。朱子大學章句補傳之言曰：

『所謂致知在格物者，言欲致吾之知，在卽物而窮其理也。蓋人心之靈，莫不有知。而天下之物，莫不有理。惟於理有未窮，故其知有不盡也。是以大學始敎，必使學者卽凡天下之物，莫不因其已知之理而益窮之，以求至乎其極。至於用力之久，而一旦豁然焉，則衆物之表裡精粗無不到，吾心之全體大用，無不明矣。』

程朱派就事物上求理，陽明名之曰「析心於理而爲二矣。」陽明所以評朱子之失，始於其格竹而無所得之經驗，經龍場一夜大悟心物二者之相通，於是有天下無心外之物，亦無心外之理之言。物、理、心，三者，皆貫串於知意之中。自四十三歲以後，專以致良知三字爲其敎學之綱領。良以一念之發，良知未有不知之者。其善也，良知自知之。其不善也，良知亦自知之。則循良知之準則，去其私欲障蔽，自然歸於至正之理矣。

然我以爲天下之理，有關於外物者，有關於內心者。其關於內心者，自然如陽明所謂『心卽理也。此心無私欲蔽，卽是天理。不須外面添一分。以此純乎天理之心，發之事父便是孝，發之事君便是忠，發之交友治民便是信與仁，只在此心去人欲，存天理上用功便是。」反是者如徐愛所問，溫凊定省之類，則多之應溫，夏之應凉，與夫父母飲食之應爲滋補之雞肉爲清淡之蔬菜，此皆屬於物理屬於智識，卽程朱所謂卽物窮理之工，不可少也。陽明亦云『誠孝的心便是根，許多條件便是枝葉。須先有根而後有枝葉，不是先尋了枝葉，而後種根。』根本與枝葉二者雖有別，然世界上既無無根之樹，亦無無枝葉之樹。則窮理與致良知，自相需爲用，而不必相排。仲言之，今之人將朱子學說補充陽明心理一元之論，正所以使兩派益臻於盡善盡美而已。

七、明善與求眞

大學之總綱曰，明德，親民，止於至善。而其下手之法曰格物、致知。明德親民者，所以登斯民於衽席，使其讀書明理，使其飽食暖衣，使其家給人足，使其敦睦和好。是所謂善也。然善不離乎知，不離乎眞。如物之有彼此遠近，事之有輕重大小，乃至天文地理人事，無一不應辨別其性質與種類，而後知所以利用厚生。是所謂眞也。大學首章立明德親民之綱，又條舉其目曰修身齊家治國平天下，斯爲善之實現。然原善之由來，不外乎將思將知，應用於天文地理、物理人事，更進而至於正心誠意，卽辨別善惡是非，以爲德性之存養。此則求眞之義，由物理界而推及於一人之身與心也。如明善與求眞，其義雖二，而其目的則一。中庸論明善誠身之道曰『誠者天之道也，誠之者人之道也。誠者不勉而中，不思而得。』此誠字言乎天理之自然、自在、自足。至於人類在天地之間者，在乎擇善固執，在乎學問思辨，卽大學所謂格物致知之工夫也。柏拉圖氏言至高之善如日光，一面其熱力能生萬物，他一面予人以光，使目能視。柏氏此言，乃善之最好譬喩。卽誠與明，或曰善與眞，二者互相關聯不可離二是矣。

柏拉圖氏對話中，有非律勃司一篇。篇首舉雙方之主張。非氏曰，凡關係於人生之快樂者爲善。蘇格拉底氏反對之曰：凡屬於思想、知識、記憶與正論者，較快樂爲勝。繼而蘇氏又伸言之，所謂樂與苦，不離乎心之知。樂多少苦多少，必先有心而後能覺知。但以快樂爲善，而忘心之知，其不得爲確論，不待言矣。反之，求其但有知而無感覺者，除上帝外，殆無人能之者。則理知一端不能獨自爲善，亦可以見。況所謂樂者有種種，有爲飲食之樂，有爲狗馬之樂，有男女之樂。一時所謂樂者，不轉瞬間可以成爲痛苦。是則樂之種類，有待於知之識別。於是蘇氏之結論，爲樂與知相需爲用，不可缺一。然二者之調和，非可率爾爲之，其中有多少之比例，有口味之合否。譬之以蜜糖與水調和，水可比之於知，糖可比之於樂。此二者比例適合，乃能成爲可口之飲料。此蘇氏於菲律勃司一篇之主張，即樂利與理知之不容偏廢也。

吾人讀菲律勃司一篇者，可以窺見希臘思想中之注重快樂，其與吾國倫理學重仁義禮智之德性者殊科。然吾人放眼觀之，孟子爲主仁義最力之人，其書中何嘗不知園囿鳥獸之樂，何嘗不知有五畝之宅之樂，何嘗不知有斑白不負戴之樂？雖孟子所謂樂，乃與民同樂之樂。與希臘人之言個人快樂者不同。然儒家以樂爲善中之一部份，亦即易經利者義之和也之義。至云以個人之樂爲善，除列子有「當身之娛」之言外，儒家鮮有道之者。如是以明善爲綱，以格物致和爲求眞之方法，乃收身修家齊國治天下平之樂，此則儒家明善求眞之歸宿也。

八、習行與求知

知與行，本爲一種理念所以實現之兩面，行而不知，是爲冥行躑躅，知而不行，是爲空言無實。此盡人所共知共曉矣。吾國儒家，在孔子生時，已受長沮桀溺四體不勤五穀不分之譏，意者士與農工與軍人分業過度之所致歟？朱明末造，顏習齋目覩家國危亡之日，書生束手無策，乃推其所以致此之故，曰不習不行。習齋評朱子之言曰：

『文家把許多精神費在文墨上，誠可惜矣。先生輩舍生盡死，在「思、讀、講、著」四字上做工夫，全忘却堯舜三事六府，周孔六德六行六藝，不肯去學，不肯去習，又算什麼？千餘年來，率天下入故紙堆中，耗盡身心氣力作弱人病人無用人者，皆晦庵爲之也。』

朱晦庵一人是否負此吾國文弱之大病，暫不深論。然吾國人犯此文弱與不務實不好動之病，無可疑也。習齋之言，發之於明末淸初，除其門人李恕谷輩之發揮外，少有轉移當時風氣之效。迄於淸末，曾文正出入戎馬之中，乃發見操作之有益於身心，而有「習勞則神欽」之箴言。謂曾氏受習齋學說之影響，可也。自吾國與西方交通，見其軍人之操練，工人之技術，大學學生之遊戲，與夫科學家在試驗室實事求是之工夫，然後知所謂讀書人之所事，不獨呫嗶伊唔，而別有手足勤動與實物接觸之實用工作在矣。習齋又曰：

『天地間豈有不流動之水，不著地不見泥沙不見風石之水，一動一著，仍是一物不照矣。今玩鏡裏花水中月，信足以娛人心目，若去鏡水，則花月無有矣。卽對鏡水一生，徒自欺一生而已矣。若指水月以照臨，取鏡花以折佩，必不可得之數也。故空靜之理，愈譚愈惑，空靜之功，愈妙愈妄。』

習齋之惡空惡靜，指二氏言之，同時兼及於宋明儒者。然我以爲所謂實所謂空之有用與否，視其所修所養者如何，宗敎家默坐澄心，哲學家冥心孤往，以求其思想體系，乃至科學家如愛因斯坦氏執一紙一筆靜坐斗室之中，豈能以此輩之空之虛，而謂爲無用？良以學術有關於高深之理論，每出於一人靜中之思索，如哲學，如宇宙論，如邏輯數理等屬之。有關於分科之學可以試驗者，如心理生物物理化學等屬之。更有在農場上種植工廠中製造之者，其爲實爲虛，視其所研究者之性質。然實用之有賴於默索，有賴於空虛，爲學者所同認。質言之，實與虛乃不可相離者也。

惟全國讀書人倘盡趨文字書本之學，而忘手足之勤動，實物之接觸，則其爲學術界之大害，可以近百年來東西文化交通後證之。孔子曰吾少也賤，故多能於鄙事。以孔子之大聖而習於料量之平六畜之蕃息，可以見手足之勤勞，無礙於身心性命之學。清初之張楊園，亦以躬耕爲務。其言曰：『學者舍稼穡外，別無治生之道。能稼穡，則無求於人，而廉恥立。知稼穡之難，則不敢妄取於人，而禮讓興。』竊以爲習齋與楊園處亡國之後，大悔讀書人紙筆之學之無用，而告以勤勞操作，豈有在今日大陸上天翻地覆之餘，而尙不思所以矯正「四體不勤五穀不分」之病者歟？

九、倫理之變與不變

吾人處廿世紀之今日，而論道德問題，其第一事應答覆者，曰倫理之變與不變。自人類有史以來，賴乎宗教，社會風俗，與夫政治制度，乃成爲安定之社會。其間似有一種倫理關係，行之千百年而不變者。近代學者對於社會組織，開始研究後，覺所謂倫理者，隨社會之變而變。舉其顯者言之，如昔日君主政體下，有天無二日民無二王之忠。近代民主政體既成，人民主權，各人有各人基本權利之信條，隨之而起。古代大家庭制度之下，有所謂百行孝爲先，或以百忍爲五代同堂之美德。昔日以婦人從一而終爲美德，至近代則離婚爲習見之事。因此社會制度之變，乃覺昔日視倫理具有天不變道亦不變之性質者，爲不可信。因而對於倫理抱懷疑或否定論者，大有人在矣。

吾人試平心靜氣以觀之，所謂社會組織，如政制由部落而封建而君主而民主，家庭由祖父孫之同堂而成爲一夫一妻之小家庭，乃至男女婚姻男女離合之自由，其日在變遷之中，誠無可疑矣。然人類之良知，人類善惡是非之準繩，乃至個人良心上所以爲然或所以爲不然之判斷，是否並此而喪失。此則吾人唯有以一否字答之而已。

同此人類，同此心理，同此善惡是非之準繩，因其生活環境之改造，所以表現其德性之方式，因時因地而不同。然其合乎人之所以爲人之道，自古至今，終始一貫者矣。何以言之，昔日封建時代或君主時代以忠於其主爲務，民主時代，人之有選擇政府之權，人人有批評政府之權，同時人人有守法奉公之義務，以維持其國家之生存。此由於對一人之忠，擴大而爲各人之自由。吾未見其悖乎善惡是非之準繩，而不合乎人之所以爲人之道也。昔時夫唱婦隨或以婦人從一而終爲美德，然自人類平等以觀，各有所愛各有所知，則男女之離合，自以各隨自已判斷之爲合理，吾亦未見其悖乎善惡是非之準繩，而不合乎人之所以爲人之道也。至於家庭之聚族而居，古人早已知其致婦女勃谿，而創爲分爨之制。使子弟各自食其力，知所以自立，此亦無悖乎善惡是非之準繩，而不合於人之所以爲人之道也。由以上社會制度之變，而各人表現其德性者各異，吾但知其爲良心良知之充類至盡而已。社會制度之所以變，自有物質因素參於其間，然其合於人性人道之行爲，則不論人種之爲白爲黃爲黑，宗敎之爲印爲回爲耶，無有一人有提出異議者矣。因此可以見東海聖人西海聖人，心同理同之言，信而有證矣。其中有一應得之結論曰：變中有不變者在，人心是矣，善惡是非之準繩是矣，倫理是矣。古往今來政治社會制度之所以變，或因戰亂，或因暴政，或因束縛太甚，或因分配不均，然所以謀人之各得其所者，不外乎平等自由與胞與之三義。此三義之背後之主動，則人而已，心而已，理而已矣。人心理三者所以表現之道德，雖有時爲一人或少數人計，然其趨勢之歸於人人之平等自由，是乃所以充其人之所以為人之量也。此充其人之所以為人之量之大理想，誠未能一蹴而幾。此由於強之凌弱，富之欺貧，或民主與獨裁政體之各異。然此全人類中之各人應成其所以為人，古今中外殆無一人不同以為然，而衷心嚮往之者也。此非我一人於社會劇變之今日，故作此袒護人同理同之言也，古人早已先我言之矣。陽明子曰：

> 大人者以天地萬物為一體者也，其視天下猶一家，中國猶一人焉。若夫間形骸而分爾我者，小人矣。大人之能以天地萬物為一體也，非意之也。其心本若是，其與天地萬物為一也。豈惟大人，雖小人之心，亦莫不然。彼顧自小之耳。是故見孺子之入井，而必有怵惕惻隱之心焉。是其仁之與孺子而為一體也。孺子猶同類者也。見鳥獸之哀鳴觳觫，而必有不忍之心焉。是其仁之與鳥獸，而為一體也。鳥獸猶有知覺者也，見木石之摧折而必有憫恤之心焉，於其仁之與草木為一體也。草木猶有生意者也，見瓦石之毀壞，而必有顧惜之心焉，是其仁之與瓦石而為一體也。是其一體之仁也，雖小人之心亦必有之，是乃根於天命之性而自然昭靈不昧者也。是故謂之明德。

吾所謂變中之不變，亦即陽明所謂昭靈不昧之心，所以明善惡是非之辨之良知也。此其一體之仁未或稍變，且無時而不在。然其所以表現之者，君主時代謂之為忠，民主時代謂之為自由，為公平競賽。君主時代謂之為守王法，民主時代謂之為人人守其所自立之法。君主時代曰勞心者治人，勞力者治於人，民主時代曰人各有工作機會曰人人平等。君主時代曰天秩天序，民主時代曰自由競爭。昔日貴守成，今日貴進步。昔日貴知足尚儉，今日貴供足給求。昔日視勞動爲賤役，今日稱勞動爲神聖。凡因社會結構與政體之變，其生活方式隨之而各異，而德性之節目亦因之而繁多。然德性之節目雖多，而不害其倫理之爲一。伸言之，德性爲多種性，而倫理爲一元性也。此德性條目之多種，何一不出於天地一體之仁之良心乎？我所以力持變中之不變，或不變中之變，或曰一中之多或多中之一者，其義在此也。

變中之不變或多中之一之說，非我一人之私言也。孟子既先我言之矣。孟子曰：「伯夷聖之清者也，伊尹聖之任者，柳下惠聖之和者也。」謂之爲清者，由於其目不視惡色，耳不聽惡聲，非其君不事，非其民不使。謂之爲任者，由於思天下之民匹夫匹婦有不與被堯舜之澤者，若己推而納諸溝中。謂之爲和者，由於其進不隱賢，必以其道，遺佚而不怨，阨窮而不憫。如是清任和之所以爲德之名不同，而其同歸於道，同歸於善則一。此則惟集大成之孔子能之。意者此三種之德，惟孔子能合而一之。此三德既可以合而爲一，則道德條教之多者之可以匯歸於倫理之一，又何疑乎？

吾人因以見世界上人類發展之經過雖不同，然其所以建立其倫理者，同出於一本，曰人曰心曰理而已。吾人信此心此理之不滅，則人類暫時之黑暗，終有光明之一日也。

十、結論

抑吾尚有重言以聲明之者，即西方之倫理學，與孔孟以來正心修身之敎，大不相類。西方之倫理學，在討論人之行爲之規範。其主題與吾國孔孟之言，非不相同。然其反覆討論者，曰何謂善。善爲快樂，或爲應爲之義務。此善之察知，由於經驗抑由直覺。凡此議論，乃學術性之辨難，與吾國直指出各人之所當爲，曰爲人父止於慈，爲人子止於孝，爲人君止於仁，爲人臣止於敬者迥乎各別。一則由討論以求其成爲一門科學，一則求各人所當爲者責之勉之。此則吾國學者之所以重省察克治，與夫正心修身。惟其責之也嚴，故其有志於道者，必以改過遷善變化氣質，爲第一件大事。方今世界大通，各國間有宗教之殊，社會構造之異，乃至倫理觀念之別。由此種種殊相之比較，即不免乎討論研究，即不免乎知識成份之參雜。換詞言之，道德之直接指示，將成爲倫理學之理論的探討，無可幸免者矣。吾國學者，倘能自識其道德教育之特點，而求所以保持其所固有，或不至降道德而淪爲倫理的理論。其所以補救之法，即由理論探討之中，以求返於善惡是非之準繩之力行。此則我所禱祀求之者也。吾國尊德性輕功利之原則，不獨施之於己，且時時見之於國家政策。歷代中，有以觀兵耀武開疆拓土爲大戒者。或者吾族之所以長存，不至若其他古國如埃及，波斯，羅馬之滅亡者，殆亦由於此修德教，懷遠人之所致。茲舉鹽鐵論本議第一之言以爲吾文之結束。

惟始元六年，有詔書使丞相御史與所舉賢良文學語問民間所疾苦，文學對曰：竊聞治人之道，防淫佚之原，廣道德之端，抑末利而開仁義，毋示以利，然後教化可興，而風俗可移也。今郡國有鹽鐵酒榷均輸，與民爭利，散敦厚之樸，成貪鄙之化，是以百姓就本者寡，趨末者衆。夫文繁則質衰，末盛則本虧。末修則民淫，本修則民慤。民慤則財用足，民侈則饑寒生。願罷鹽鐵酒榷均輸，所以進本退末，廣利農業便也。大夫曰匈奴背叛不臣，數爲寇暴於邊鄙，備之則勞中國之士，不備則侵盜不止。先帝哀邊人之久患苦爲虜所係獲也，故修障塞，飭烽燧，屯戍以備之邊。用度不足，故興鹽鐵，設酒權，置均輸，蓄貨長財，以佐助邊費。今議者欲罷之，內空府庫之藏，外乏執備之用，使備塞乘城之士，飢寒於邊，將何以贍之，罷之不便也。

文學再駁之曰：

天子不言多少，諸侯不言利害，大夫不言得喪，畜仁義以風之，廣德行以懷之。是以近者親附，而遠者悅服。故善克者不戰，善戰者不師，善師者不陣，修之於廟堂而折衝還師，王者行仁政，無敵於天下，安用費哉？

儒家之言仁義，自孟子迄於漢之文學，迄未衰歇。此種議論，在當代聞之者，視為迂闊，然此固吾國個人修養與國家政策固有之傳統也。豈至今日而銷聲匿跡，或澌滅以盡乎？

一九六一年一月五日　金山

七、「儒家哲學之復活」自序

今後中國文化進展之途，可以一言蔽之曰：自力更生中之多形結構而已。當代學者中求吾國文化所以異於西方之特徵，名之曰一源的。倘易之以哲學名辭，可謂爲一元的。然細加分析，豈無外來元素，如音樂美術植物之來自西域，佛教之來自印度。此數者入吾國環境中，受其陶冶之日久，且從未經彼此間度長絜短之試驗，故仍不失其爲一元的外形也。海禁大通以來，吾國始與西歐國家較量文化優劣。吾國朝野初期所感者，爲西方船堅炮利；次期所覺者爲科學技術之精良，爲政治制度中法治與民主之優越；終則覺其倫理關係與學術方法無一不超越吾人。至此而四千年文化全部武裝繳械矣。然吾所欣羨之西方文化，自一九一四年迄於今日，已經兩次大戰，引起西方多數人心之不安與少數思想家之憂慮，其爲之畫一疑問符號者大有人在。吾人處於今日，聞西方文化衰落之呼聲矣。然返躬自問，吾國能否返於閉關以前之舊狀乎？我唯有答曰：此必不可能之事也。依我所見，論西方文化之危機，等於聞鄰家數金銀珠寶之聲。論他人之富貴貧賤，苟吾國自己不努力、其富且貴也，未必即爲吾益；其貧且賤也，或將更爲吾害。是故吾國所以自處之道，曰自己努力；不可以爲傳統中之學術與制度尙有效力尙可遵行，唯有自己思考觀察以檢討自己所有，再將自己一切與世界各國所有者，較其優劣與得失，以定其取舍。惟其有待於外人，今後將無一源性之可言，其可以採擇之地，或爲西歐或爲美洲或爲印度，或爲各回教國或爲日本，其來源各異，將成爲一種多形結構，然其選擇、決定、與陶鑄而成之權，操之於己，而不流於喧賓奪主。此所謂自力更生中之多形結構之要義也。此非我一人憑空立論，今日西歐文化，卽沿此途徑演化而成者，其初期所吸收者，爲希臘之理性思想；次期爲羅馬制度；再次爲耶教教義；及文藝復興後，乃自己創造科學與民主政治。此種多形結構之中，可以窺見歐人上自信仰下至物質生活，無一事不在探深致遠之中，因此引起我將儒家哲學思想探討一番，此固有之傳統，可以爲今後推陳出新之基礎否乎？我考儒家思想之範疇，曰萬物之有曰致知窮理曰心之同然曰形上形下相通，此數原則中何一不可與西方哲學聯繫者乎？何一反於科學者乎？何一妨礙民主政治者乎？何一不可爲世界大同導其先路者乎？我再思三思，深覺「五四」以來主張「打倒孔家店」者，但見「三綱五常」與夫「禮教吃人」之爲害，然於儒家思想與德賽先生可以同條共貫之處，竟熟視而不覩不聞，在今日思之，猶不能不爲之深惜者也。去年自美而歐而亞，以儒家思想復興爲題，與各方人士往復討論，今記而出之，將以此爲發端，而續之以詳說。此我「爲往聖繼絕學」之宗旨也。

一九五九年三月十三日於　金山

八、儒學之復興

張君勱先生講
孫鼎宸記

一

今天講「儒學之復興」，先將上次胡君提出「儒學之發展」與「中國文化與西方文化接觸後能否合一」等問題來答覆，作爲本講的開端。中國文化與西方文化接觸後，能否合一，這個問題可以這樣說，能合；也可以說，永遠不能合。這要看雙方的感應演變若何。中國文化有五千年的歷史，向來是閉關自守的，直到清末鴉片戰爭發生，才引起一陣暴風。自合者言，如佛敎自東漢明帝時傳入中國，經過數百年的宣揚，而絡續地被中國吸收。然到宋代，有新儒學起來，接着韓退之繼續攻擊佛敎，這樣說，儒學和佛敎，仍然是不能相合。又如西方的耶穌敎，初入歐洲，在羅馬帝國時代，因與皇帝政權衝突，遭遇着極殘暴的殺害，賴耶穌敎徒的再接再厲，而後終成爲羅馬的國敎，慢慢地且普遍於全歐洲，這又是相合的一個例子。以後耶穌敎徒奥古斯丁 (St. Augustine, 354–430) 及聖多瑪 (St. Thomas of Aquinas

1225–1274）先後發表他們的神學與經院哲學的名著，討論宗教與哲學問題，在西方哲學史亦佔一重要地位。所以由哲學來看宗教，哲學是哲學，宗教是宗教，毫不相同。如此說來，耶教與歐洲思想似是合一，而其實又是不合一的。在歐洲有些人，認爲宗教與哲學是可以打通的，但是有些人則認爲宗教與哲學是打不通的。因爲兩種體系不同，層次亦不同。尤其是馬克思出來，更是反對宗教。他是無神論者，提出科學的唯物史觀，注重自然律，其學說風行一時。實在說來，文化是綜合的，包括不同的成份，哲學是文化的一部門，哲學有層次，文化亦有層次，它能互相交流才是好的，而不能以一種哲學壟斷一切。我們看德國康德、黑格爾的哲學，傳到英國，並沒有吞併了英國哲學；反之，英國哲學，亦吞併不了德國哲學，這是思想交流的一個好榜樣。

二

再回頭來說，要把中國文化思想一元化，而圖一線單傳，這也是不可能的，因爲各家的觀點不同，其趣向所至自有岐異。譬如說，中國先秦思想，墨子與孟子便主張不同，孟子重內在的心性，墨子尚外在實用。法家道家又與儒家不同，法家重術勢，道家重自然，各有所偏，是古代哲學已分有若干層次了。到東漢後，佛教進來，魏晉南北朝時代，有人歡迎，也有人排斥，迄唐代已有中國的佛學如天臺、華嚴、禪諸宗了。說到宋代儒學亦分成朱陸兩派，朱子說象山太簡，象山認朱子支離，其實，朱陸異同，一爲主張性卽理，一爲主張心卽理，此皆表示二人之看法和出發點有些不同而已。我們再看印度宗教，先爲婆羅門教（簡稱印度教），在古代盛行，他們篤信吠陀聖典，猶我們念五經四書一樣。到釋迦後，佛教與起，其教義，以宇宙人生底眞理——法——爲根柢，以體現這眞理的人格——佛——爲教宗，順其教義而組織精神的團結——僧——以實踐其理想，此即三寶。與原來印度教又不相同，而兩者亦不能合一。信佛教者仍爲佛教徒，信印度教者仍爲印度教徒。迨佛教衰亡，佛教徒何處去了，亦可說其中之一部思想，又被印度教吸收回去，如商羯羅即吸收了佛教思想，不過其詳細情形，我們不大清楚。到了近代英國曾統制印度很久，但並未呑併了印度思想。印度當代之思想家如太戈爾、阿羅頻多、拉達克西南，都研究了西方思想，再回頭來發揮印度之哲學與宗教。我們研究中西文化，應該注意到這些地方。

亞洲人嘗反對西方思想，說他們思想是在語言文字中，不如我們致知外，更注意到篤行方面。這確是中國思想之特點，應該特別珍視，故我們多與西方學術文化接觸，可接收許多西方新知識，而中國之重知行合一，亦可補西方之所短，糾正他們但知重知而不知重行之弊，所以我以爲儒家哲學與西方哲學之交流，可以補益東方或西方，由此而產生一項交配後之新種。中庸說：「萬物並育而不相害，道並行而不相悖」，此吾儒家之信條，故中國人最能容納外來思想，至如何溝通中西思想文化，這就看將來我們自己與東西其他國家人士的努力如何？這是我答覆胡君的幾點要義，不識各位認爲若何？一九五八年元旦，由唐君毅先生起草所發表「爲中國文化敬告世界人士宣言」一文內，曾提到有關胡君所關心的幾個問題的答案，對中西文化應有的認識和瞭解，與共同致力的新方向，都有一大體的說明，諸位不妨看看。

三

我以下再講述應以儒學爲本，而溝通東西思想之理由。爲什麼不說以中國的道學墨家爲本？因爲道家主淸靜無爲，不看重知識，不重修齊治平之大道。墨家雖重邏輯，有天志非攻的道理，但太偏重實用，而亦不能據以融攝西方之關於自然社會的理論知識。惟儒家學說圓通廣大，高明精微，確是中國思想的主流。今舉大學首章「格物、致知、正心、誠意、修身、齊家、治國、平天下。」八條目，這一套偉大的輪廓，便可包括各方。大學之八條目，開始由個人做起，一方面正心誠意，一方面格物致知，卽物而窮理。憑此再推進一步，己立立人，己達達人，逐次向修身、齊家、治國、平天下之目標邁進，這眞是一套大規模的思想。我們當本此規模，更加以充實，則所包括者可無有窮盡。

就當前局勢，先天下之急，復興儒學，使儒學思想有新生命，實爲一件大事。如何復興，首先應該多方面來弘揚儒學，並有一條可使大家共同承當責任的路子，這又要靠多方面的共同努力。中庸告訴我們「博學、審問、愼思、明辨、篤行」五種方法，這就是大家可走的一條正路子。（一）博學，除由書籍而來的知識之外，兼通達人情物理，都是成爲博學中所涵之事。（二）審問，卽發現問題提出問題，如柏拉圖之對話集，卽是以彼此互相問難之體裁所寫。人於博學後，提出問題，是學問之第二步的事。（三）愼思，就是多用腦力，想得要比別人週到，使自己思路有條理，並使之立於不敗之地。這樣就可謂能愼思。（四）明辨，辨別各種思想學說、名辭、概念的相異之意義，及分辨是非善惡，皆明辨之事。以上四者爲知識部分。（五）篤行，由知到行，此爲中國哲學之特點。所以知之必行，踐篤履實，才可入於聖賢之途。我們儒家之重視篤行，宗教家之只重信仰者有時還不能做到。此儒學之所以可貴。不過時代變遷，對以上五者應重新認識，擴大運用，能在物理、邏輯、形上、政治、法律學等各方面來解釋儒學；這樣，儒學才能眞正復興。

儒學最重如何爲人。有關治人之道德，自必以身體力行爲歸宿。而做人之道，須先弄淸楚做人的槪念，明白人生的意義和價値，否則胡塗一世，也就沒有什麼可說的了。

四

我們看科學知識是公共承認的。因爲科學有定義，有公理。有定律，有一定之對象範圍，這些道理，是大家所承認的。可是儒家學問就沒有科學這樣容易解釋得淸楚。這就要靠「學與思」的工夫，憶我幼年十幾歲時，嘗於黎明焚香一柱，讀朱子「近思錄」，使我對此書，發生很大興趣。淸紀曉嵐主纂「四庫提要」，在「近思錄」提要上，說到道與學之槪念，求道先要學。權衡二程和朱子的意旨，紀氏所言，頗獲我心。我們談經就談經，談哲學就談哲學，談哲學不能專靠說經。哲學的基本精神，是理性之運用。孔孟最重思，思卽理性之運用。宋明思想，或說心卽理，或謂性卽理，能瞭解心、性、思三者之要義，就懂得哲學的精神。哲學卽中國之所謂義理之學，亦就是心性之學。此乃中國學術思想之核心。心性與天地間之義理相通，卽中國思想有天人合德之說之眞正理由所在。空談心性是沒用的，不過朱陸兩派之或說心卽理，或說性卽理等，欲瞭解其詳，當然要費一番工夫。大約熟讀孟子，對心、性、思，便可得一明瞭的解說。大體上朱陸之說，都從孟子之重思發展而來。孟子說：「心之官則思，思則得之，不思則不得也。此天之所與我者，先立乎其大者。」（告子上）又說：「盡其心者知其性也；知其性，則知天矣。……存其心，養其性，所以事天也。」（盡心上），盡心卽是思，看了這幾句話，當可以認識孟子重思之大義。後來朱子編「近思錄」

卷三有「學原於思」一句話，朱子注釋「思所以啟發其聰明」，一切學問，離不開思想，判斷由思而來，所以思想很重要。由思而啟發聰明，就可以明理明道。以前古人喜用道字，到宋以後，多用理字。其實道與理是二而一，都是人之所思。後陸王派講心卽理，心卽是思之所自發。對宋明儒所謂理，戴東原說成條理，在外不在內，宋儒解說，以理爲「如有物焉，得於天而具於心」，是理兼在外與在內，此說實較妥當。詩經說：「天生烝民，有物有則，民之秉彝，好是懿德」，也是以理兼在物與在人心的說法。任何事物，皆有其理路，比方說，我們講物理化學，離不開物質與能力的變化之理，此理之本身，乃思維之所對，不是我們的肉眼所能看得到的。我們講人心之理，也要深一層的體會推究，此理也不是肉眼所能看到，或只向外可求而得的。所以我們必須要平心靜氣來看戴氏所謂理只在外並視理爲血氣心知之所對，這種說法，未免太偏。尤有言者，今後我們治學問亦必須兼學西方之邏輯的方法，並採西方哲學義理中可以與儒家相通者，互爲比較，互爲衡量，互爲證明，則儒家之學說，得西方思想之助，當可更加明朗清晰，而西方哲學家言，因其移植吾國，亦可更得所以發榮滋長，如佛學之在中國可有進一步之發展一般，而我們亦可說，惟有以吾國儒家「道並行而不相悖，萬物並育而不相害」之精神，可以集合眾家之說，而滙爲一大洪流，再濟以儒家之重篤行之長。這樣，儒學才得以有新血輪之輸入，而有其世界性的新生命，儒學才能眞正復興。我來貴校講學，瞬已半年多了，今天大雨，各位仍冒雨前來聽講，好學樂道，非常快慰。謹以「風雨如晦，鷄鳴不已」相贈，願與各位共勉之！

唐君毅先生結語：此次承張先生來校講演哲學問題，共計西方哲學七次，東方哲學六次，本來中西哲學各有幾千年的歷史，短短時間是講不完的。不過，舉一反三，聞一知十，諸位能善聽，由這十幾次的連續講演，當亦可窺見中西哲學之大體。張先生所講內容，有歷史叙述，有講者創見，其重點，不外闡述人心與理性問題。憶四十年前，張先生在清華講學，與丁文江先生發生科學與人生觀論戰，相持經年，當時張先生即強調人心之自由意志與理性之重要。因自由意志與理性，乃人之所以能獨立自主，而有其人格與尊嚴之本。張先生重獨立自主與人格尊嚴的精神是一貫的。數十年來，在其所從事之教育、政治和憲法與制定各種事業中已表現出來。其中工作上雖有斷有續，然其精神是一貫的。今天講到中國哲學的特點，「博學、審問、愼思、明辨」之外，還要濟以「篤行」，張先生重知又重行，表現他知行合一的人格。他年將八秩，而猶扶杖講學，誨人不倦，值得敬慕。今張先生站在我們面前，像是道與人同時擺在我們面前一樣。人與人之間，能以道相接，此乃最可貴處。張先生與梁任公先生在師友之間，任公純爲中國式之學者，張先生則更旁涉西方之學，此中可見一種慧命之相續。張先生多次之講演，不只是與我們大家一些知識，且使我們感到此中華學術慧命之相續，實尚非感謝兩字所能表達者也。

九、中國現代化與儒家思想復興

張君勱講
王禹九譯

民國五十四年（一九六五）六月廿八日至七月三日，韓國高麗大學，在漢城近郊萬客山莊舉行「亞細亞近代化問題國際學術大會」。張君勱先生應邀前往參加。君勱先生除在開幕典禮中代表全體會員咨詢外。並在該會五個分組之第一分組中演講本題。吾人在臺灣，僅知君勱先生有此一行，並不知有此一演講。君勱先生逝世後，承該次大會主席李相殷教授賜寄該次大會報告一冊，始悉該次大會一切情形。胡浦清教授屢言欲譯君勱先生英著「新儒家思想史」一書，因其爲一鉅製，有力不從心之感，我因又以此一演講以請之。不意胡教授患病迄未完全康復，乃在其板橋寓所就近洽請王禹九先生譯出之。王先生國學及英文造詣均佳，玆當刊布，謹述因緣如是——程文熙注

本講題的名稱——中國現代化與儒家思想復興——初看起來，可能是矛盾的。中國現代

化與一般人所瞭解的儒家思想復興，這兩種概念是相反的兩件事，似乎彼此不能相容。

大家都知道，在一般人的心目中，「儒家」一詞代表的是一種舊學說或舊規範，而「現代化」一詞所指的則是從舊到新的一種改變，或對新環境的一種適應。然而，如果人們深究儒家思想的根源，顯然，儒家思想是基于一些原則的：如理智的自主，智慧的發展，思考與反省的活動，以及質疑與分析的方式。如果這一看法不錯，則儒家思想的復興適足以導致一種新的思想方法，這種新的思想方法將是中國現代化過程中的基礎。我的看法是：儒家思想的復興有助于或者是中國現代化的先驅。人們甚至可以說，在中國人心目中根深蒂固的儒家思想足可為導致中國現代化的基本方法。

本講演分為兩部份：第一部份討論「現代」一詞的意義和中國對現代化的嘗試；第二部份討論儒家思想的復興。

壹、現代化的意義和中國對現代化的嘗試

「現代」一詞的意義是什麼？「現代」是什麼？「現代」或「古代」一詞不過是區分一個時代知識趨勢的一種表示。一般地說，科學與民主的標識被用來作為現代的標識。人們如果要問：沒有心的作用——即思想的合理性，科學能否發展？人們便可看出現代科學祇是一種顯然採用計量與實驗方法的學科。現代科學與古代思想同是基于思想合理性的原則。所以，現代與古代，不是像意義與無意義或者黑與白那樣的分別，而是在準確程度上有差別而已。

現代或古代的分野，雖然只是準確或方法的差別，但這個問題卻很重要，我們必須在這

兩個時代之間找出一條分界線。這條分界線便是指示中國現代化途徑的路標。

人們翻開歐洲現代史，便發現將歐洲引進現代的是若干知識界領袖。下列名詞如：文藝復興、科學發展、宗教改革、專制君主及民主政體的興起，都是歐洲走向現代化的里程碑。這些運動表現于文藝、宗教、知識與政體等不同的領域中。在這些不同的領域中，領袖衆多，我很難指出誰最重要。現在我們姑以培根（Francis Bacon）爲引進現代中的一位。培根著有「新論理學」（Novum Organum）在這本書中，他強調歸納與實驗。這是他主張現代學習方法的積極的或者肯定的一面。他也有消極的或者否定的一面，那就是他指出四種偶像：部落、穴居、市場、戲劇。據他說，這四種偶像都是發現新知識的障碍。

培根指責亞里斯多德（Aristotle）是其論理學或演繹法的奴隸，這一指責乃是廢舊更新的一種強有力的武器。培根將這兩方面思想做成對比，使得我們中國人知道關於現代化問題我們該做的是什麼。

但我也得提一提促成現代的另一些人；主張徹底懷疑的笛卡兒（René Descartes）告訴我們的一個公式：「我思故我在」（Cogito, ergo sum）。他說，我們可以懷疑一切事物，但我們卻不能懷疑我們自己的思想。這樣直覺出來的印象，極爲清晰，由此他又提出別的推理原則，如因果律（the law of cause and effect）。這是理性論者（Rationalist School）的基礎，也是康德哲學悟性範疇的基礎。另一方面，我也得提一提主張思想是一張白紙的經驗論者。這派論者認爲感覺是知識的泉源。

在宗教方面，我不得不提一提新教領袖路德（Martin Luther），他在「一個基督徒的自由」（The Freedom of a Christian Man）一書中，主張人的內在力量應擺脫人爲形式的束縛。他為良心自由也為人權奠立基礎。茨溫格利（Zwingli）與加爾文（Calvin）為個人的內在自由而奮鬪，由於他們的奮鬪，現代的宗教、公民與科學自由就抬頭了。

在科學方面，提出三個名字就足夠說明了：哥白尼（Copernicus）、伽利略（Galileo）與克卜勒（Kepler）。他們都是實驗科學（experimental）方面的先鋒，並為自然法則（Natural Law）的發現，奠定了觀察的方法與證據的假設。

在政體方面，我要提出初期中的布丹（Bodin）、亞爾秀夕斯（Althusius）與格老秀斯（Grotius），以及後期中的霍布斯（Hobbes）、洛克（Locke）與盧梭（Rousseau）。他們的社會契約與自然權利學說導致了立憲政體與民主政體的制度。

只提出先驅工作者的名字，而不探討他們的著作，在這個場合也就夠了，因為我們都知道他們。當人們問道：「現代思想、現代制度和現代生活的特徵是什麼？」我覺得，基本上，人的理智自主是現代的眞正動力。這從不同領域的不同方式中都看得出來。在宗教方面，它叫做良心自由；在哲學與科學方面，它叫做理性論（rationalism）與經驗論（empiricism）；在政治與經濟方面，它叫做人權與自由競爭。雖然在不同領域中有各種不同的表現，但它們卻出於同一個來源，那便是人心或思想的合理性。

當歐洲自現代化以來，生活上有了改變與謀求進步之時，中國恰正相反。

中國是悠久傳統被保持與受尊重的一個國家。自孔子刪訂經書以來，學者就信奉他的學說，並閱讀他的著作。儒家在中國掌握着思想生活。不僅儒家的學說，諸如道德價值，性善及修身方法等學說，被視為永恒的眞理，而且就像專制君主政體及以經書作為考試課本等制度，也被看作是經久不變的。人們可以說儒家在中國就是教會、政府與學術的三位一體。當然，儒家也有敵對的學派，那是道家與佛家，但都不是勢均力敵的學派。道家在現世界中對人生採取放任的態度，並且總想延長壽命。它在出世與入世的人生哲學中，是採取中庸之道的。

佛教自印度傳入，受到中國學者及平民的信奉。中國本身並未創設任何宗教，佛教是經過若干時代才適應的，大部份佛經由梵文譯為中文，並建立藏經樓加以收藏。佛教強調人生的空虛，故從未能代替儒家的經書、家庭制度或政體形式。自秦（公元前二五六——二〇六年）、西漢（公元前二〇六——公元二四年）、東漢（公元二五——二二〇年）、魏（公元二二〇——二六五年）、東晉（公元二六五——三一七年）、西晉（公元三一七——四二〇年）一直到隋代（公元五四九——六一四年），中國知識份子都尊崇儒家經書，而政治制度亦全依據儒家精神。

在這些朝代中，儒家經書雖被普遍誦讀，但大部份最優秀的學者卻對佛教發生興趣。中國人對佛經經過這樣長時期的深思熟慮之後，就以其自己的方式加以解釋，並建立中國的佛教宗派，例如淨土宗、華嚴宗與禪宗。這些佛教新宗派的形成，說明中國人恢復了他們的思想能力與創造能力。

中國人思想能力的復活也推及到儒家，故在唐代（公元六一八——九〇六年）及宋代（公元九六〇——一二七九年），新儒家興起了。新儒家學說的旺盛，歸功於宋儒：在北宋時期的周敦頤（公元一〇一七——一〇七三年）、程顥（公元一〇三二——一〇四六年）、程頤（公元一〇三三——一一〇八年）及南宋時期的朱熹（公元一一三〇——一二〇〇年）。

如果有人要問新儒家學說與孔孟學說有多大差別，我的回答是：新儒家所提出的問題完全不同。他們的問題是宇宙論方面的：宇宙是否存在，理（精神）與氣（物質）的關係視爲探討人性與物界的方法，如何使物理與心理一致。最後一個問題是朱熹開始提出討論的，明朝（公元一三六八——一六四三年）的王陽明繼續予以探討。宋明兩代是中國思想在春秋與戰國時代全盛之後最活躍的時期。

王陽明及其弟子去世之後，中國思想界的活力便沒落了。有清一代，中國思想界轉向於考證學，惠棟、戴震等的著作可爲代表，他們的興趣集中於內容的批評、字句的解釋及事物的來源。人們不能說沒有過像宋明時代那樣的哲學，但清代一般的意見總認爲所有的哲學問題都經朱熹解決，不需要再探討了。這便是張履祥（公元一六一一——一六七四年）、陸世儀（公元一六一一——一六七四）、陸隴其（公元一六三〇——一六九三年）等人的態度。這乃是停滯時期，在這個時期中，儒家思想的陳腐表現又出現了。

在十九世紀時，西方國家帶着兵艦、大砲與蒸汽機叩開中國的大門，中國於是和西方國家接觸了。一直到十九世紀中葉，中國學者尙不明白在哲學、科學、技術和政治方面西方是如何地優于中國。和日本相比，我得說中國人對於其歷史上四十多個世紀以來所從來未遭遇的新環境，已失去好奇心理與適應能力。

自十九世紀末到中國大陸淪入共黨之手爲止，中國對於現代化卻曾有過幾次嘗試：

一、第一次嘗試的人是曾國藩和李鴻章。在這個時候，曾李都承認西方在技術與自然科學方面優於中國，於是在福州設立造船廠，在上海設立兵工廠，並設立翻譯館翻譯有關槍砲製造、造船、航海、化學、天文及國際法等西方書籍，北平與上海各設外語學校一所。這些都是鴉片戰爭與太平天國之亂以後的設施。

二、一直到一八八四年中日戰爭結束，中國政治家尚未想到專制君主政體有改革的必要，雖然於一八七七年出使詹姆士朝廷的中國第一位使節也是曾國藩之友的郭嵩燾曾上書大清皇帝說：英國議會制度之完善一如夏商周三代的政體。一八八四年中日戰爭之後，一位有遠見的派駐日本的黃公使，寫了一本「日本史」，內中有很多章敍述明治維新的事。告訴中國人政體有改革必要的，他是第一個。在黃之後，康有爲、梁啟超及其他維新領袖上書滿清皇帝說，政治維新是救國之道。康的建議雖於一八九四年被光緒皇帝所採納，但一八九八年六月十一日到同年九月二十日的百日維新，卻因慈禧太后所發動的政變而挫敗了。

三、一九〇〇年義和團之亂後，所有的中國人都明白滿清統治者不適於治理國政。孫逸仙博士是一位具有遠見的人，他認爲專制君主制改爲民主共和制是進入現代化的途徑；鼓吹幾年之後，留日的中國學生，爲了推翻滿清政府，便組織同盟會。一九一一年，武昌新軍的起義，爲所有其他二十省的新軍發出推翻滿清的信號。皇室看到這種情形，由於他們已無力鎭壓各省的叛變，攝政王與皇室會商之後，便決定退位。滿清皇室的退位，就是把政治權力交給人民。雖然政權的移轉可在短時間裏完成，但合法而和平地治理卻需要相當的經驗、誠實與守法精神。袁世凱成爲首任中華民國總統之後，作爲共和國的總統，他並未拋棄他是皇位篡奪者的想法，所以他企圖改共和爲袁家朝代，稱其統治爲洪憲。他僅僅統治了幾個月，這是因爲蔡鍔將軍與梁啟超已在雲南與廣西起義。洪憲運動之後，中國青年察覺到一紙憲法，其本身是不能生效的，爲使中國成爲一個現代國家，某些澈底的改變必須進行。這便是五四運動的暗含意義。

四、五四運動。這是許多活動的一個說法。這個運動從學生示威遊行反對中國在凡爾賽和約簽字開始，因爲在這個和約裏規定一九一四年日本在戰爭中自德國手中獲得的膠州灣租借地歸日本所有。不過，這個運動卻包含若干其他方面：

(一)文學革命——由古體變爲白話。

(二)主張自由戀愛——男女有選擇配偶的權利。

(三)要求建立眞正的民主政體。

(四)強調科學研究的重要。

胡適博士和陳獨秀是這個運動的領袖。胡適與陳獨秀雖同爲文學改革而努力，但他們對馬克思主義或共產主義的看法卻不相同，五四運動之後，陳獨秀變成中國共產黨的首領，而篤信杜威博士實用主義的胡適仍舊擁護民主。

我知道各位不會希望我把中國大陸的共產革命那一頁列爲中國現代化的一部份，因爲共產革命所帶來的專政，乃是舊日專制政治的復活。

從這一現代化的敍述，我們可以瞭解，現代化是由舊的思想、觀察或統治變爲新的思想、觀察或統治，但在實際生活中，現代化乃是一場人們個性的衝突。它總是站在進步與自由一方的人和站在保守或激進一方的人之間的鬬爭。這便是基督教會爲什麼有路德、加爾文、茨溫格利也有正教會派的道理。在學問方面，一方面有培根，另一方面有亞里斯多德派；在科學方面，有伽利略和宗教法庭；在政治方面，有路易十四和革命份子。在中國，進步份子和保守份子也作相同的對抗：例如，在政治上，康有爲和光緒皇帝站在一邊，慈禧太后及其黨羽站在另一邊；在文化方面也有敵對的陣營：一方認爲中國文化的地位很高，西方的成就止於技術階層，而急進派則要在整個過程中全盤模仿西方。

在亞洲國家中，現代化在不知不覺中實現的，日本是唯一的國家。其他國家，如中國與印度，都是被迫通過許多難關的。受英國人薰陶的印度準備改變時，中國在作多次的改革或革命之後，已捲入共產實驗的漩渦中。如果現代化來得突然而又是激變，那是不會順利安固的。是否會作新的改變，我們且等着瞧吧。

貳、復興儒家哲學是現代化的途徑

儒家哲學思想的復興運動，中國大陸陷落之後愈益明顯。它是哲學思想的運動，它與被視爲儒家學說之產物的社會制度和政治制度是分開的。這些在過去被視爲不可改變或不可動搖的制度，在西方潮流的衝擊之下已經改變，時間是不會倒流的。我們挑出一方面，就專心研究哲學思想復興這一方面。我們發覺歐洲現代思想是希臘思想的延續，希臘哲學是現代思想的基礎。在歐洲是如此的話，那末，中國爲什麼不能利用其舊有的基礎呢？

儒家哲學思想的基礎有如下述：理智的自主，心的作用與思想，德性學說，宇宙的存在，現象與實體，或者道與氣，這些都是儒家思想的基本觀念，我們爲什麼不敢說它們可以被用來復興中國思想呢？

一、理智的自主

理智是人所固有的，這個觀點是孟子所主張的，我現在引他下面的話：

「惻隱之心，仁也；羞惡之心，義也；恭敬之心，禮也；是非之心，智也。仁義禮智，非由外鑠我也，我固有之也。弗思耳矣。故曰，求則得之，舍則失之。」孟子接着說，理義這些德性是人人所共有的。他說：

「口之於味也，有同耆焉；目之於色也，有同美焉；至於心，獨無所同然乎？心之所同然者，何也？謂理也，義也。聖人先得我心之所同然耳。」

西方和他相似的人，我引述柏拉圖「共和國」裏的話：

「哲學家由於經驗而處于優越的地位。哲學家是唯一具有智慧與經驗的人。推理的能力——判斷的工具——只有哲學家才有。因此，既然經驗、智慧與推理是裁判者，則可能的推論是：快樂便是智慧與推理愛好者所贊許的最眞實的東西。我們得到的結論是：心靈上理性部份的快樂是三者的最大快樂。所以，作爲以推理爲主要原則的人，才有最快樂的生活。」

柏拉圖還說：

「最重要的，不是人們所爭取的有形物體，而是看不見的絕對精神。幾何學家是眞正想尋出他們思想上內在關係的人。這唯有靠推理——心靈的眼睛——來完成。」

二、心的作用與思考

孔子認爲學與思同樣重要，孟子則正相反，他特別指出，心的作用是思，思比學更重要。孟子說：

「耳目之官不思，而蔽於物。物交物，則引之而已矣。心之官則思。思則得之；不思則不得也。」寫下不知道如何去思這句話的孟子，意思是說人不知道如何分類，如何看出事物的比較價值，或看出是與非的區別。孟子所說的「思」，就是理論方面的「判斷」和倫理方面的「評價」。

在上節裏，我們發現在聽、視與思之間，孟子和柏拉圖作出相同的對比。孟子說耳目之官不思，柏拉圖說思考總是優越的，且比感覺更加正確，因爲思考透入實在的領域，而不止現象。

柏拉圖又問道：

「我們對於知識的實際獲得又怎麼說呢？——如果把身體納入研究之列，身體是阻礙者？還是幫助者？我的意思是說，看的或聽的是眞實的嗎？不是像詩人所常告訴我們的視覺與聽覺都是不正確的證人嗎？然而，即使視覺和聽覺都是不正確而又模糊的，其他的感官怎麼說呢？你會說它們是最好的嗎？

當然，他回答說。

那麼，心靈在什麼時候獲得眞實呢？——因爲和身體一同作思考企圖中，心靈顯然受欺騙了。

不錯。

那麼，心靈在思考中所顯現的必然不是眞實的存在啦？

是的。

最好的思考，是當心靈全神貫注和沒有事物煩擾它的時候——無所聽、無所視、無所苦、無所樂——當它離開身體，並與身體儘可能無關的時候，當它沒有身體上的感官或慾望，而只一心追求眞實的時候。」

關於心靈與身體及慾望的關係，孟子的見解和柏拉圖是一致的。孟子說：

「養心莫善於寡欲。其爲人也寡欲，雖有不存焉者寡矣；其爲人也多欲，雖有存焉者寡矣。」

三、萬　物

孟子認爲學問必基於類或萬物的觀念。「類」這個詞語是孟子全書的基本概念。他說：「豈惟民哉？麒麟之於走獸，鳳凰之於飛鳥，太山之於丘垤，河海之於行潦，類也。聖人之於民，亦類也。』

孟子表明類的概念對各種不同的學問是非常重要的。孟子在這裏爲我們指出四類：動物中的走獸、飛鳥、山岳的地理名稱以及溝池。孟子看得很淸楚：分類的方法是做學問的第一步。

在孟子類的概念中，「人」是理性的動物，他之分出這一類，其目的在把人提高到自覺的程度，並使人能運用他的道德反省能力。這就是說，就人而言，思想的合理性是主要的特徵。

我得免除引述柏拉圖和亞里斯多德論及萬物的麻煩，因爲他們兩個人都是提出萬物的創始人。柏拉圖說宇宙是原始的和眞實的，而亞里斯多德則認爲如果沒有以物質本體的萬物，宇宙便沒有眞實的東西了。除開這一點以外，他們的說法，從古代經中世紀到現代，對西方思想發揮了極大的影響。

四、物質世界與抽象世界

中國人自有史以來，卽做了一連串天文學上的發現，他們知道星、太陽、月蝕，以及一年中的季節依自然法則運轉。孟子引敍下列的詩並加上孔子的評註。

「天生烝民，有物有則。民之秉夷，好是懿德。」孔子曰：「爲此詩者，其知道乎。」

孔子評註這首詩的意義，指出抽象世界的存在，而在抽象世界中，道是無處不在的。這就是說，在可以觀察的現象之上，道在抽象世界中存在。這裏，我們發現柏拉圖所謂的「理念」。在變化的現象世界之上，還有不變的和永久的理念或眞實世界。從孟子和柏拉圖的唯心派轉變到實在論者或二元論，我要硏究朱熹與亞里斯多德。在他們兩人的理論裏，我發現若干異常明顯相似點，雖然這兩位哲學家在歷史上和地理上距離很遠。

首先，我要指出朱熹與亞里斯多德兩個人都認爲宇宙與萬物同等重要，沒有一個是脫離有形世界而騰昇到無形世界的。

亞里斯多德認爲眞實世界不能够只存在於理念中而在吾人感官所察覺的事物之外，朱熹幾乎是同意的，雖然他們兩個人都相信目的會升高到永恒而不變的事物形式，這便是萬物的本體。

朱熹說「理」（精神）在「氣」（物質）中，沒有「氣」，便沒有「理」。一位弟子問說：「理與氣孰先？」朱熹答道：「此本無先後之可言，然必欲推其從來，則須說先有理，然理又非別爲一物，卽存乎是氣之中。」這和亞里斯多德所說的：「如果有物，因爲它是不生長的，那更合理的假定是：這種時常是物的東西，如果精神與物質不是分開的，因爲沒有東西是這樣，它應該是原始的。但，既然這是不可能的，那一定在合成的東西之外另有東西，這便是精神。」不是一樣嗎？

亞里斯多德認為：既然精神與物質接觸，運動必然發生，這種運動沒有始也沒有終。朱熹也有同樣的見解，他依據易經說：動或變的世界是由兩個力量所操縱的陽（積極的、主動的、潛在的）與陰（消極的、被動的、眞實的）交互不停地運動和休止。

依照亞里斯多德的意見，運動的目的只在于靜止在不動的東西或不動的主使者——上帝裏。在中國，祂就是「天」——一切變化或運動的目的。最有意思的，是他們對上帝或天的見解。朱熹認為天是完善的，而且沒有作為。由於天本身是完全的理性，它沒有痕跡，也不會因驅策或目的而工作。亞里斯多德稱上帝為「思想的思想」。柴勒（E. Zeller）說明亞里斯多德對上帝的觀念如下：「祂（上帝）不是在祂本身之外指揮祂的思想與意志去影響的界，而是靠祂完全的存在去影響世界。絕對完全的存在——最高的善——也是所有事物運動與努力的目的。」

在自然方面，亞里斯多德與朱熹都認為植物、動物和人均有生命，只是生活方式不同而已。朱熹一位弟子問：「動物有知，植物無知何也？」朱熹答道：「動物有血有氣，故能知。植物雖不可言知，然朝日照耀之時，欣欣向榮，若戕賊之便枯萎。雖獸類知仁：如虎如狼；亦知工作；如蟻。但無理性。理性惟人有之。」

亞里斯多德也有相同的區別：植物有生長與營養的生命；獸有知覺的生命。人是依理性原則而完美的。

在倫理學方面，他們思想體系中亦有若干相同處。朱熹是宋代哲學家中主張大學、中庸、論語與孟子編在一起作爲五經之外儒家教材的一位。在大學一書中，我們發現下列的句子：「大學之道，在明明德，在親民，在止於至善。」明德的方法，我們發現有八個步驟：㈠格物、㈡致知、㈢誠意、㈣正心、㈤修身、㈥齊家、㈦治國、㈧平天下。

這些步驟是臻於至善所必需的，也爲柏拉圖和亞里斯多德所同意，因爲他們兩位都體認到善的意思與知識的重要，以及它們彼此間的關係。關於善的意思，我們知道柏拉圖與亞里斯多德的看法是不相同的。我要指出亞里斯多德在其「倫理學」一書裏開始就說：「每一種藝術與每一種研究，同樣地，每一個行爲與每一個心意，我認爲其目的在於善。」這裏的善是部份的善，小於這樣的善，是作爲一個西方人的柏拉圖和作爲一個中國人的朱熹所不能同意的，因爲在中國人的意識裏，善是與道——唯一正確的方法——相符的。在這一方面，作爲一位嚴肅的道德家如朱熹者，是不同意亞里斯多德的。但亞里斯多德所說的德，朱熹是會欣然同意的。我引亞里斯多德「倫理學」一書中的話如下：

「德分兩類；智慧與道德。智慧的誕生與成長，主要是由於教（因此之故，需要時間與經驗），而道德價值則是習慣的結果，也稱習慣。」

這樣敍述的德，在西方談倫理的書裏是不常發現的，但在中國，凡是哲學家的書裏，都可以找得到，因爲「習」或者行爲的重複是慣於道德生活的唯一方法。

爲朱熹與亞里斯多德這一節作結論，我要指出他們兩個人所探討的眞正目標是這個世界。

他們的分離點是假定的現實，也就是他們所想從那裏而深入最後基礎的。亞里斯多德從柏拉圖那裏拿到精神這一概念，但他利用它的方式不同。亞里斯多德認爲精神是含在事物之內的，是事物形成的本源。

柴勒對於柏拉圖與亞里斯多德所作的下述比較，可以適用於朱熹與其對抗者陸九淵和王陽明。柴勒說：

「他（亞里斯多德）是一位沉思者，觀察家和發現者，他所認定的永恒的世界，是他用思考來分析的一個假定的數值……雖然他賦有偉大的思考天才，他卻完全沒有柏拉圖那種如火的革新熱誠；這種革新熱誠畢竟是神秘所鼓舞起來的。」

同樣的，陸王的哲學是精神的昇高和人性的改善，而朱熹卻是滿懷現實而謹愼小心的一位冷靜的觀察家。

結論

在對中國和希臘的哲學思想史這樣檢討之後，也許有人會問：你檢討的目的是什麼？我這樣做，不僅僅是思想的回憶，而是想找出中國思想復興的方法。我這樣做的目的，是證明中國的土地是固厚而廣濶的，足供建立新思想之用。我更要指出：現代化的程序應從內在的思想着手，而不是從外在開始。

因爲歐洲的現代包括若干方面：文藝復興、宗教改革、科學，以及政府，我們不能像設立工廠，裝設機器和建築公路那樣地來做現代化的工作，我們一定要從它的根源做起，這就是說，從心或思考作用開始。因爲心或思考作用是獲得知識的。

人生在這個世界裏，必須知道吃什麼，知道住在房子裏和治療疾病。在初期中，人類忙於磨製石器、生火、馴養畜牲和栽培植物。當時的知識是由發現實用的東西開始的。

這個時期過去之後，知識的尋求便擴展到各自構成專門學問的天文、數學和醫藥。還有，屬於倫理與政治方面的個人行爲和政府行爲、是或非的問題也發生了。然後就有一種學問討論詞語的意義、推理的作用及判斷的方法，這就叫做論理學。在這些知識分類發展之後，人們便追究整個人類經驗的基本問題，如知識的眞諦，人生的意識，以及宇宙的目的等。這種學問稱爲「哲學」，希臘人名之爲「學識」，相當於知識；這門學問，頗受希臘和中國的重視。孔子說：「好學近乎知」。顯然的，實用的知識逐漸地進於「學識的巓峯」。

在古代，哲學被稱爲科學之母，現在不是這樣了。無疑地，哲學已不再被視爲是概括人類知識的總體。不過，哲學的主旨是研究眞實的知識與人生的意義，對於這些問題，專門科學是沒有答案的。每一門科學都有它自已有限的範圍：生物學的主旨是生命；物理學的主旨是物質與能力；心理學的主旨是心理作用。哲學研究知識、精神生活與物質世界的關係以及信仰與希望的問題。

這些問題，對人類是那麼普遍，那麼被全體人類所深深地思考，而在人類心靈裏又是那麼根深蒂固，所以在所有各種知識中，最高的地位仍然是由哲學所佔據。當它把宇宙當作整體看時，哲學是由心靈思想所操縱的活動。哲學像一條河，由發源處流向海洋，發源處的水量充足，流出的水便大。哲學也像生長在沃土上暴露在雨露與陽光下的植物，它可以長得很大。我認爲就人類工作成果的科學、技術及其他文化現象而言，獲得新的思考方法——探究心靈活動的源頭——尤其重要。思想運動的培養與發展必須是：這個運動具有更多的好奇心，更多的警惕性，更大量的提出問題並尋求答案，還有就是訂立簡明的原則。有這樣的心胸，才能掀起思想運動，這種思想運動才能對哲學、科學、技術與政治等各種不同活動發生影響。

我只談哲學這一方面，並且說出我們復興儒家哲學思想的方法。在今天的演講中，只能談一個大概：

一、我們要利用已有的泉源，如我所已說明的孔子、孟子、朱熹及其他哲學家。這並非說我們只崇拜中國作家，而不要向西方學習，反之，我們認爲希臘和現代的西方哲學，對中國思想的復興，能提供很多建議。不過，我們要利用已有的泉源來復興中國思想。拿中國和西方比較，我們可以看出中國哲學思想的缺點與優點。

在學習西方之後，我們便看清楚我們自己的哲學家了。在從前，我們以爲主張人性皆惡的荀子是和孟子敵對的；現在，我們稱荀子爲經驗主義者或實在論者。從前，我們把主張兼愛的墨子看作利他主義者，現在我們要稱他爲功利主義者，因爲他的主要思想是功利的學說。在新的眼光下，我們以新的方法來評價舊的哲學思想。

二、我們想把未來的中國哲學思想放在廣大的基礎上。這就是說，我們不要提倡這一派或那一派的思想，例如朱熹派、王陽明派、康德派、實用主義派或者實證主義派：我們依照孔子的傳統。孔子說「萬物並育而不相害，道並行而不相悖。」在這個希望之下，未來的中國思想是超越理想主義與現實主義或其他主義的。總而言之，我們不應受這派或那派哲學思想的束縛，而應讓所有並行的路各行其是。儒家的見解是允許所有思想派別共存的。

三、道德與知識同等重要。我們可以確切地假定：在這個世界裏，不只是一個眞理，而是有許多眞理。爲了生命的存在，我們認爲具有知識並不是使人類幸福的唯一途徑，而是知識必須合乎道德的標準。

爲使這個意思明白起見，我舉出一個西方的例子，康德的哲學體系是基於兩本書的：「純粹理性批判」(Critique of Pure Reason)與「實踐理性批判」(Critique of Practical Reason)。知識是一回事，道德又是一回事。我們知道，康德的方法和儒家一樣，因爲康德認爲道德與科學知識同等重要。我們不認爲科學敎我們唯一的眞理；我們認爲：爲使人類不因科學之故而犧牲，而要使知識服務人類，則知識必須合乎道德的標準。這就是儒家從整體來衡量知識與生命的方法。這就是新儒家思想的主要方向。

我希望各位同意我的看法：儒家思想的復興並不與現代化的意思背道而馳，而是讓現代化在更穩固和更堅實的基礎上生根和建立的方法。

附：十、中華民族精神——氣節

自中原淪於共產，自己痛下決心，不作人云亦云之文，不作言之無物之文，不作隨俗浮沉之文，不作敷衍塞責之文，執筆而書之，必胸中眞有所見，而有益於世道人心者，良以世亂若此，我幸苟全性命，其能不苦心焦思，嘔吾心血，以冀挽救吾族于萬一乎。此則此篇之所爲作也。

民國四十年九月廿日張君勱自誌

一、發端

近三十年來，吾國學者見西方有所謂哲學，乃取春秋戰國以來迄於宋元明淸諸子百家之議論，可以比附歐西哲學者，按年代與派別，羅列而彙舉之，名之曰中國哲學。若謝旡量之中國哲學史，胡適之之中國哲學史大綱，與馮友蘭之中國哲學史皆其例也。

吾以爲諸子百家之理論，不能離開理智，不能離開正名定義。故儒家有正名之義，墨家有辯經之作，名家有堅白異同之辯。吾國諸子學說可以與歐西相比較，可以參觀互證，自爲學術交通後應有之工作。雖然，倘因諸子百家之言，與歐西有互同之處，因而謂二者之內包外延完全相同，此則荀子所謂蔽於一曲而闇於大理矣。

吾以爲中西哲學思想有其根本上之異點：第一，吾國哲學家意在於求善，其所祈嚮者爲一種價值論。以吾國名辭言之，爲是非善惡之所歸。西方哲人所致力者爲求眞，爲認識論。此其異一。第二，吾國哲人富於理性，少譚信仰。自孔孟以來，好學好問。孔子云多識草木鳥獸之名，又曰學如不及，猶恐失之。又曰默而識之，學而不厭，誨人不倦。惟其重知重學，故其立言，好以古人所已經歷者爲根據。所謂好古敏求云者，卽由此而來。因此養成吾國學者之傳統，或重義理或事考證。而與印度、近東、與歐西承受耶教後之發揮宗教信仰者大不相同。吾國文化中缺少「信仰」一部工作，因此佛學由之以輸入。其詳另文論之。然在吾國哲學理論背後，亦有一種信念，如孔子云「朝聞道夕死可矣」。孟子云天下無道，以身殉道。宋儒云爲天地立心，爲生民立命，爲萬世開太平。此種議論，與宗教家之所謂信仰異，然不失其信心，可名之曰理性的信念（Rational Conviction）。此其異二。第三，印度、近東與歐西習於信仰，乃有耶穌天國降臨之說，馬克思繼承其猶太傳統，宣傳其「無階級的社會」且夕實現，與耶穌之天國福音正同。其在哲學上爲絕對論，欲以一套範疇概括天下事理。吾國儒家亦有一種道統與殉道觀念，以一己之躬行實踐爲主。及乎環境與己之信念兩不相容，則以朝聞道夕死可矣之態度出之。此卽所謂成仁取義，以求社會之改善。其所以死者，爲正義之所歸。與歐西人與猶太人之迷信所謂彌賽亞降臨者，迥乎不同。此其異三。

吾人明中西哲人思想之所以異，然後知儒家多少議論，有不可以列入西式哲學史之內者。如孔子所謂「吾日三省吾身」，「吾與回也，終日不違如愚」，乃至宋儒所謂「志伊尹之所志，學顏淵之所學」，此片言隻語，在吾國人可以終身受用不盡者。若置之認識論式之哲學史中，則索然寡味矣。

其尤爲吾民族精神所在者，曰氣節。此氣節之名，來源甚遠。但就字面言之，與孟子所謂浩然之氣，與文文山之正氣歌，自有密切關係。但在西方哲學中，求一與之相等之名稱，竟不可得。何也？此種德行亦爲西方所重，然絕少作爲一種專題而研究之者矣。謂之爲理智乎？則氣節之爲物，背後有一種確乎不拔之信心，非單純理智所能解釋者也。謂之德性（卽康德所謂實踐理性）乎？其所以確然自信，曾經過愼思明辨工夫，以求夫一是之歸，其含有理智成份，不可得而否認者也。謂爲信仰乎？一人在心安理得之心理狀態下，以身殉其所信，粉身碎骨亦所不辭，自足以對天地鬼神而無愧。然與西方所謂惟有上帝拯救吾人之信仰，有不可同日而語者矣。如是，氣節之本質，非理智，亦理智，非德性，亦德性，非信仰，亦信仰。依現代哲學心理學之名詞言之，謂爲非此單純之三者所能盡，實兼三者而另成一種理性的信心可也。再詳細分析之，其中所含成分有三：

（甲）**理性**。氣節背後所假定者，爲人格之尊嚴，爲理性之辨別。吾既爲人，當盡其天之所賦予於我者，則知之辨理，與意之堅決尙已。孔子曰：三軍可奪帥也，匹夫不可奪志。此卽抱定自己正確堅定之意志，而不應受外界威力強暴名利之搖撼之謂也。其所以抉擇是非之標準者，在戰國時有孟子所謂富貴不能淫，貧賤不能移，威武不能屈之原則。後代則有所謂不事二姓，不事異族，餓死事小，失節事大等等之名節大防。此皆幾經試驗後，確乎知其爲造成吾族中，個人或全體生存上，不可或缺之大原則所在，故當相與共守者也。

（乙）信心。凡普通事理物理，以目驗者爲歸宿，或以理之可通與否爲標準。今日科學之所謂試驗，所謂自然法則，即由此而來者也。其在哲學，或主一元或主多元、二元，或就現象立言，或直造乎本體，或爲理性主義，或爲經驗主義，或主物質，或主精神，兩派立言若相反。苟言之自成條貫，是亦可並存而無碍者矣。至於處於一種環境，但能有一不能有二之日，如蘇武之看羊十九年，如文文山之傳車窮北。或屈膝胡虜，或效忠漢室。此時只有一條路。所以選擇之者，惟有本乎平日自信爲道義之所在以行之。以爲惟有如是，吾心乃安。此種信心，與西方宗教上信仰之本質相去不遠矣。

（丙）殉道精神。人生在普通情形之下，可以譚物理與事理。如木能造屋，米麥能養人，皆以外物爲試驗，合乎實用者，則採而行之。以云平時政治社會，可訴諸民意，或主保守，或主激進，或保護既得權益，或爭勞動者之地位，此兩黨處於共守之法規下互爭多少，互爲進退可也。然在今日兩極端對峙之中，或主民主，或主無產階級專政，或信個人自由，或重集體平等，一方以殺人放火之手段行之，而絕無所顧惜。正所謂「時窮節乃見」之時日也。當此時也，苟無信心之人，徬徨瞻顧，失其所以安心立命之道，而不知所以措其手足者應何如。然求之人類歷史經過，任何國家任何社會，無不有一段殺人放火時期，如秦始皇之統一六國，如歐洲之宗教戰爭，如法國大革命。惟其社會上有一種根深蒂固之病根，革命者乃能簧鼓其說，乃能乘隙而動。多數民衆因平日之不平心理，自然從風而靡。然按之人類歷史經驗，「階級鬪爭」可以立國乎？「黨治」可以立國乎？「世界革命」將以造亂乎，將爲人羣增進福利乎？此等極端派之主張，徒以快一時之意，逞一時之殘暴，朝晚將歸於敗亡，數千年之歷史可以爲證，無待繁言博引者矣。處此非甲卽乙，或非活卽死之日，必先將自己將各方面比較研究，求得一心安理得之境，置生死於度外，或以積極態度出之。如孟子排楊墨，則爲理論上確乎不拔之信心之表現。或如顧亭林、黃梨洲、王夫之不屈膝異族，文文山之「鼎鑊甘如飴」，然後心中泰然，不必有所畏怯，或且視死如歸，以身殉之。墨子之行十日夜以救宋，耶穌門徒在其初期受盡羅馬皇帝之桎梏，亦爲同一精神堅忍不拔之表現。其終也，殘暴不仁者，終歸消滅而後已。此人類歷史之經過如此，可以深信不疑者矣。

二、氣節說在吾國思想史中之經過

氣節之名，本於孟子浩然之氣之學說，然其起源實在孟子之先。下逮宋明道學之禁，朱明之亡，而後氣節之深入人心。氣節爲民族主義之精神基礎，益爲人所共見矣。茲述關於氣節說之沿革如下。

（一）**孔子**　論語一書中，孔子有關於氣節之說。已不少矣，

曾子曰，可以託六尺之孤，可以寄百里之命，臨大節而不可奪也。君子人與，君子人也。

子曰，歲寒，然後知松柏之後凋也。

子曰，志士仁人無求生以害人，有殺生以成仁。

子張曰，士見危致命，見得思義。

此數段中，孔子之如何重視節操，可以概見。然求之禮記儒行篇中，更有互相發明之處。

儒有委之以貨財，掩之以樂好，見利不虧其義，劫之以衆，沮之以兵，見死不更其守。

儒有可親而不可劫也，可近而不可迫也，可殺而不可辱也。

儒有忠信以爲甲胄，禮義以爲干櫓，戴仁而行，抱義而處，雖有暴政不更其所，其自立有如此者。

身可危也，而志不可奪也，雖危起居，竟信其志，猶將不忘百姓之病也，其憂思有如此者。

儒有上不臣天子，下不事諸侯……砥礪廉隅，雖分國如錙銖，不臣不仕，其規爲有如此者。

讀以上所舉論語與儒行之語，然後知儒之所以爲儒，自有立身處世之大節，非近人譏儒爲儒者所能窺見萬一也。

(二) 孟子　孟子所處時代，異乎孔子，爲戰國後期。類乎現代所謂「權力政治」流行之日，亦爲學術思想上各走極端之日。故孟子立言尖銳與澈底，與孔子執兩用中者異矣。

孟子曰：吾嘗聞大勇於夫子矣，自反而不縮，雖褐寬博，吾不惴焉，自反而縮，雖千萬人，吾往矣。

敢問何謂浩然之氣？曰：難言也，其爲氣也，至大至剛，以直養而無害，則塞於天地之間。其爲氣也，配義與道，無是餒也。是集義所生者，非義襲而取之也。

由君子觀之，則人之所以求富貴利達者，其妻妾不羞也而不相泣者，幾希矣。

生亦我所欲，所欲有甚於生者，故不爲苟得也。死亦我所惡，所惡有甚於死者，故患有所不避也。

天下有道，以道殉身。天下無道，以身殉道。

天下無道，以身殉道八字之中，何其自信之深，自任之重，自己犧牲之壯烈，今日之眞對民主有信心出死力以與共產黨爭者，豈不如是耶？

孔孟兩家之根本精神，不外智仁勇之三種達德。數千年來將此等名詞讀得濫熟，成爲一種口頭禪，不加細察。若就仁者不憂，智者不惑，勇者不懼三句中之不憂、不惑、不懼三項，施之於吾人所以於今日民主與極權對峙之日，而後知不憂、不惑、不懼之何等重要。然非有平日愼思明辨之功，出之以毅然決然之行，曷克臻此乎？

（三）**秦代**　自戰國之初，各派學說競起，類乎歐洲文藝復興以後之現象。然自由之極，學派繁多，成爲「處士橫議」，爲政府之所不喜。於是法家代興，商君倡爲非儒之論，所謂「詩書禮樂善修仁廉辯慧，國有十者，上無使守戰，國以十者治，敵至必削，不至必貧，國去此十者，敵不敢至，雖至必卻」云云，卽由此而來。與今日共產黨承十九世紀自由主義之後，推翻傳統的道德、宗教、法制，而一切以獨斷以暴力行之者，復何以異？法家借「強公室弱私門」之名，盡社會上豪強不屈者而去之，似乎鏟除階級差別，亦卽所以誅鋤異己。此時期中個人持操，盡消滅於「殺豪傑」「築長城」之工作中，個人生命且不足道，自無節操培植之可言矣。

（四）**漢代**　漢興，高祖除秦苛法。繼以文景與民休息，招致經明行修之士，而後漢族活力復盛。乃能北逐匈奴、西通西域。蘇武之塞上牧羊，張騫之屢遭困厄而卒逃回故國者，於探險之中，更寓以強立不懼之精神矣。至光武中興與明章諸帝崇尚儒術獎勵名節，乃有漢末黨錮時代「危言深論，不隱豪強」之風氣。范曄之言曰：「自武帝以後，崇尚儒學，懷經挾術，所在霧會，至有石渠分爭之論，黨同伐異之說，守文之徒盛於時矣。至王莽專僞，終於篡國，忠義之流，恥見纓紼，遂乃榮華丘壑，甘足枯槁，雖中興在運，漢德重開，而保身懷方，彌相慕襲，去就之節，重於時矣。逮桓靈之間，主荒政謬，國命委於閹寺，士子羞與爲伍，故匹夫抗憤，處士橫議，遂乃激揚名聲，互相題拂，品覈公卿，裁量執政，婞直之風，於斯行矣。夫上好則下必甚，矯枉故直必過，其理然矣。」此范氏言中，可以見兩漢民德升降之由來。

（五）自三國迄唐　自三國鼎峙，至隋唐一統，舊史中名目繁多。始分爲魏蜀吳三國，繼合之爲東西兩晉，再加上五胡十六國與北朝，可謂爲銖錙必較之稱謂方法，無益於歷史大潮流之瞭解者矣。吾以爲自三國之始，迄於隋或唐之一統，即西歷二二〇至五八九年或六一八年之三百六十餘年或四百年間，不如簡稱之爲中國混亂時代。此時代在政治上爲內部之分崩離析，在文化上爲佛教輸入，儒家教義失其信心，乃轉而爲道家清譚與佛教皈依，謂爲吾族自理智綱常之人生轉而於宗教信仰可矣。處此世界大通文化交流之日，吾人知信仰爲人類心理上自然現象，不必因崇儒之故而倡爲排佛之論，數千部大乘內典，數百西來高僧奇行，與夫法顯、玄奘、義淨之西行求法，足以見宗教上大無畏精神，可以補儒道兩家所不及，何必再有排斥之論乎？彼視宗教爲人民麻醉劑之共產黨，自不足與語此，無待言矣。吾人讀讚嘆玄奘之言曰：「翹心淨土，往遊西域，乘危遠邁，杖策孤征，積雪晨飛，途間失地，驚砂夕起，空外迷天，萬里山川，撥煙霞而進影，百重寒暑，躡霜雨以前蹤。」此非誇大之言，實爲寫實之語，讀之者深佩慈恩法師大無畏與不避艱險之精神，可以與仁者不憂智者不惑勇者不懼之義，並行不悖，且擴充而至於無量無邊者矣。

（六）唐代　唐代爲佛教全盛時代，亦爲新儒家哲學萌芽之日。宋代道學雛形，已具於韓愈、李翺之手。唐人氣象質樸，而亦富於情感。於文能起「八代之衰」，於詩有李杜之傑作。其學術思想，類乎布帛粟菽之樸實無華。韓氏原道，舉「其文詩書易春秋，其法禮樂刑政，其民士農工賈，其位君臣父子師友賓主昆弟夫婦，其服麻絲，其居宮室，其食粟米菓蔬魚肉」云云，以攻擊精深奧妙之佛學，其代表作品也。韓氏此文及原性原毀之作，與其門徒李翺之復性書，實早開宋代理學之先河。韓氏伯夷頌一篇，尤爲有關氣節之文。韓氏於舉世宗周之際，訶然於伯夷叔齊之餓死首陽山，乃釋其所以然之故曰：「窮天地亘萬世而不顧」，又曰：「微二子，亂臣賊子接跡於後世」。意謂君臣上下，乃社會繫維之大防，即令周室爲人民所擁戴，然不可不有耻食周粟之夷齊。且稱夷齊曰：「一家非之，力行而不惑者寡矣。至於一國一州非之，力行而不惑者，蓋天下一人而已矣。」可見政治上一個朝代即令成功，而一個個人仍有其是非褒貶之特權。此其言將一人人格，一人信心，一人之殉道精神，推而至於至高至遠，無以復加者矣。方今國中充斥朝秦暮楚之輩，讀韓氏此文者，其亦有冷水澆背之感歟。

（七）**宋明兩代**　宋代承佛學洗禮之後，漢族思想因而復活，爲新儒家哲學發皇之日。明代因之，乃有朱王異同之爭。王陽明實取朱子非二元哲學（朱子哲學既非二元亦非一元，印度有 Advait 之名，即介於一元與二元間之非二元，因移而用於朱子）而發揮之，以趨向於惟心一元主義。此兩朝思想自由發展，故學術光輝足繼戰國之後，與漢代以來抱殘守缺者異趣。中間因蒙古一朝之異軍突起，吾國受外人統治，雖有剿襲朱學末流之吳草廬輩，殊不足觀。此宋明兩朝學者之節義，見之於其元祐黨案慶元黨案與東林復社。程伊川嘗因黨論削籍，然四方學者猶相從不舍。伊川告以尊所聞行所知可矣，不必及吾門也。朱子被韓侂胄稱爲僞學，爲逆黨，爲道學權臣結爲死黨窺伺神器。時則凡稍以儒名者，至無容身之所。有勸朱子謝遣生徒者，朱子笑而不答，猶今世之以言論自由思想自由爲性命也。至於明代東林復社，有認爲明之亡國之因，實由於此者。黃梨洲爲之辯護曰：

「論者以東林清議所宗，禍之招也。子言之，君子之道，辟則坊與。清議者天下之坊也，夫子議臧氏之竊位，議季氏之旅泰山，獨非清議乎？清議息，而後有美新之上言，媚閹之紅本。故小人之惡清議，猶黃河之碍砥柱也。熹宗之時，龜鼎將移，其以血肉撑拒，沒虞淵而取墜日者，東林也。毅宗之變，攀龍髯而蓐螻蟻者，屬之東林乎？屬之攻東林者乎？數十年來，勇者燔妻子，弱者埋土室，忠義之盛，度越前代，猶是東林之流風餘韻也。一堂師友，冷風熱血，洗滌乾坤。無智之徒，竊竊然從而議之，可悲也夫。」

梨洲此段文章，可歌可泣，可見講學之風盛。爭言論自由思想自由者，羣集於集會結社之中，見夫政治上之不公不是者，則起而爭之。然徒以招殺身之禍。勇者燔妻子，弱者埋土室之言，何其與今日之情況相似耶？

（八）**清代**　清代爲滿族入主中夏，在學術方面爲尊朱斥王，爲漢學攷證。然其時之統治者，尚不至盡殺天下讀書種子。顧亭林猶奔走塞上，圖復明室，黃梨洲能完成宋元學案與明儒學案，船山之著作至曾文正乃爲之刋行。此三人之學術思想，成爲光復漢族成立民國之先驅。可見舊朝代猶有一點顧忌，能爲下代留存革命種子，然豈所語於今日哉？

統觀以上各代言之，大概學術思想昌明之日，亦即有骨氣有節義之人才出現之日，如戰國如兩漢如宋明是矣。戰國風氣由於前代之蘊蓄，兩漢由於時主之崇尚，宋明則講學者之爭思想自由實爲大因。有學術思想自由，自有氣節表現。然亦惟賴有氣節，而後思想自由人格尊嚴，乃能爭取得來。此二者互為依伏，吾人所當深念者也。

三、西方之氣節與吾國之比較

吾儕讀歐洲史，知西方人對於氣節，愛護而寶貴之，正與吾國同。蘇格拉底一生，經柏拉圖之手，寫得有聲有色，蘇氏之自信心與以身殉其所信，正哲人之氣節也。其類乎蘇氏者，在歐史中頗不乏人。惟歐人從不將氣節一端，列之哲學史中而研究之。即在倫理學道德學，亦不見有此項目。良以歐洲哲學史或倫理學道德學之重心，在認識論，道德律之確實性如何。茲舉歐人中氣節之士若干人，以見歐亞兩洲之心同理同。

甲、**蘇格拉底氏**　蘇氏生於希臘，為塑像家之子。始習父業，繼轉而研究哲學。讀當時哲學家之著作，而能自成一家言。蘇氏學說之要點，曰反對詭辯派（Sophist）之主觀主義。在概念之中，尋求是非善惡之客觀標準所在。惟其然也，蘇氏尚「知」，其治學之入門處曰：「自知」（Know thyself）。蘇氏所謂知，不在默識心通之中，而在對辯譚論之中。常遊行街市，與青年一問一答，因此哄動全城，受業者趨之若鶩。蘇氏於討論負治國之責者，開始先問青年曰：汝需一靴，將何至乎？曰求之於靴匠。汝欲造屋，將何至乎？曰求之於木匠泥水匠。汝之所以為此，乃以靴匠真知做靴，木匠泥水匠真知造屋故也。蘇氏因此推論曰：「求靴必於真知做靴之人，求造屋必求之於真知木工泥水工之人，乃獨於治國平天下，委之於不知所以治國平天下者可乎？」此對話之中，可以窺見蘇氏之重「知」。其精到處，非尋章摘句之中，所能盡焉。蘇氏學說，與宋代程伊川之立場，有極相似處。伊川曰：須是識在所行之先，譬如行路，須是光照。又曰「向親見一人，曾為虎所傷。因言及虎，神色便變。旁有數人，見他說虎，非不知虎之猛可畏，然不如他說了有畏懼之色，蓋眞知虎者也。學者深知，亦如此。且如膾炙，貴公子與野人莫不皆知其美。然貴人聞著便有欲嗜膾炙之色，野人不然。學者須是眞知。纔知便泰然行將去也。」伊川所謂眞知便能泰然行去，正與蘇氏之旨不謀而合。至於蘇氏謂：作惡由於不知。謂人之作惡，由於知識之暗昧，非本有意於爲惡。此種主張，爲蘇氏所獨。伊川未必定與之同意。人心之中，有知有意有情，非可簡化之以成一元者也。蘇氏此種街頭辯論之法，影響希臘青年甚大。乃有控告之者，謂爲惑亂青年之人，謂無神論者，謂爲自命爲第一智者。其起訴文之要點，曰「蘇氏爲一作惡者，爲一怪人，天上地下之物，無一不窮究。且能使惡事反若成爲善事，而以之教授一般人士。」蘇氏經多數法官判爲有罪，檢察官請處以死刑。按希臘法律，被告得自請減刑。假令蘇氏自行提議一種相當之處罰，本在可以免死之列，但蘇氏僅答曰罰金叄十米那（合現幣數幾何待攷）。時之觀審者，柏拉圖在其中，願擔保交出此數。法官因蘇氏所提罰金數目之微，爲之大怒，判爲死刑。蘇氏卒服毒劑以死。其死前答辯之語曰：「上帝命我以擔此哲學者之任務，研究我自己與一切人類。我倘因畏死之故，而放棄此地位，是爲我叛背上帝，明明是不智，而自托於智。死之畏懼，卽對智之假托，非眞智也。死之爲善爲惡，誰得而知之？在畏懼者視之爲大惡，又安知其爲非世間至善之所歸乎？」蘇氏所自命，與論語中天將以夫子爲木鐸之言，復何以異。其甘心一死，不稍增罰金以求生，非成仁取義者乎？

乙、勃魯諾氏　勃魯諾生於意大利之那玻璃城。早歲入天主教之鐸米尼干會，受新柏拉圖主義之影響，認爲上帝卽在自然界之中，二者合而爲一。勃氏受教會審問，自覺不安於國中，乃去法去英，求一教書職業以自活。卽有著作，出版家不爲之承印。居英雖蒙英女王依麗沙白之優容。然其在牛劍大學關於不死論與歌白尼氏天學體系之演講，竟遭禁阻。嗣由英赴德，受白倫許威公爵之招待，且將其著作出版，敎會下令驅逐勃氏。嗣受莫孫尼哥氏（Mocenigo）之騙返意大利，勃氏被拘獄中。敎會責以承認思想錯誤，取消其著作之言。交涉及七年之久，勃氏堅執不爲。乃於一六〇〇年投入火中焚燒以死。其臨死告敎會之語曰：「汝等之判決，使汝戰慄，遠在我自身之上。」嗚呼，世間自信其學說之眞，甯死而不悔如勃氏者，何可多得？與今之學者自認錯誤，取容當世者者，何其異耶？

丙、**康德氏**　德國大哲康德氏，除敎授於哥尼司堡大學與著作之外，不出里門。既無政治活動，自無招禍之理由可言矣。孰料一七八八年非烈威廉二世卽位，其司法部長華爾納氏爲深信馬丁路德敎條之一人，深恐啓蒙時代之理性主義動搖宗敎信仰，乃設思想管制局。一七九二年康氏「理性界限以內之宗敎論」一書出版。出版人移其印刷公司於耶納，以逃避普魯士之管轄。惟康氏自將該書第一部「人性之根本惡」交管制局檢查，及第二部「善與惡之鬥爭」完成，管制局認爲有「攻擊」聖經上神學之處，不准出版。一七九四年普王諭旨一道公佈，大旨曰：「朕對於汝之哲學，用以誤解聖經與耶敎之根本原則，深滋不悅！在汝所著『理性界限以內之宗敎論』一書，及其他小册，足以證之。吾深望汝盡其敎育青年之責，不負其所受託之崇高任務。吾望汝自知其職責所在而履行之。若仍繼續舊行而不改，將自陷於罪戾。」

康氏作一辯護自己之文以答之曰：「我常引以爲戒，且勸告敎授宗敎之師友曰：關於宗敎信條，其有不敢自信以爲確實者，（此語中含有憑人理性判斷宗敎之意），置之不議，我亦自守此原則，奉此忠實的良心爲法官，不犯惑亂世人之過失，不作不正當之言論，我年已七十一歲，與此世界之惟一法官見面之日不遠，我可以坦白之言奉答，我深知此責任所在，本其自覺性而力行之。」康氏末後更有一項諾言曰：「我今後不願再對於顚倒耶教之處，有所觸犯。所以免於罪戾之法，惟有停止關於自然的啟示的宗教論之公開討論。」康氏此項諾言，但言今後不再寫關於宗教之文，絕不同意於已寫者之取消。表示其對於政府命令之服從。然不取消自己所已發表之言論，即其人格與氣節所在也。康氏更有記載此段公案之文曰：「取消或否認自己之所信，乃卑鄙之舉。今後對於本題之緘默，乃臣民之義務。一人之所言，必須本於自信以爲眞者，取一切所信以爲眞者而公表之，非一個人應有之義務。」康氏此段記載之中，可以窺見歐洲人立言之不苟，非今之朝夕翻覆者所能與之同日而語。

康氏之友非希德氏，將康氏關於宗教立場，推廣其意，著爲「啟示之批導」一書，執教於耶納大學。竟因「無神論者」之罪名免職。及拿破崙攻陷柏林，非氏不顧拿翁之淫威，舉行「對德意志國民演講」，即後日德意志統一之先聲也。

丁、**克魯采氏**　克魯采氏爲當代意大利之黑格爾派哲學家，深信自由主義。其著作中有「自由爲歷史故事」一書，同時駁斥馬克思惟物主義，發揮其說於「歷史的惟物主義與馬克思經濟學」一書中。自墨沙里尼柄政，其門徒有叛克氏而趨承墨氏者，是爲琴梯爾氏（墨氏時代教育部長）。克氏隱告人曰：墨氏必有敗亡之日，琴氏異時或將由我而保全其性命。墨氏後敗，琴氏遭暗殺而死。惟墨氏執政，懾於克氏在國際上之聲名，不敢觸犯克氏。其家鄉那玻璃大書舖中，將克氏著書排列玻璃櫃中，終不撤去，墨氏黨徒亦無如之何也。墨氏敗時，英美軍隊在意大利南登岸，克氏謀所以恢復意大利，乃有「國民解放陣綫」（National Liberation Front）之組織。此時英人持意皇不去位之主張，克氏告英美曰：墨氏成功，由於意皇之引進。力持意皇應負責之議。旋英人自悟其非，意皇終於遜位。第一次解放內閣成立之日，各黨共推克氏爲首相，惟以年老力辭，乃讓蒲杜格里將軍主持。意大利於投降後國際地位之恢復，克氏實有大功。而在墨氏法西斯主義成爲「聖旨」之日，克氏抱其所信之自由主義與之抗爭，則尤不可及矣。

歐洲史中所謂忠臣義士，如吾國歷史上諫諍之臣者實不多見。十九世紀前之歐洲爲封建時代，爲人臣者知有服從而已，不若專制帝皇下之忠臣，可以盡言焉。惟歐洲敎會制度之下，思想自由與宗敎對立，因而有哲學科學思想與宗敎信條之爭。其間堅貞不拔之士，自信其主張，與敎會對抗者，自馬丁路德以來，實繁有徒矣。民族主義繼興，又有抵抗壓迫者之外國以爭取己國獨立者，在德有非希德，在意有瑪志尼、加里波底等。自十九世紀間各國施行憲法，實行議會、政黨、選舉與請願之制，既有控訴之門，上下之情因之以通，自不需如吾國之有所謂諫諍。而所謂氣節之表現，在事實上自無此必要矣。此中西兩方對於氣節，所以有不同之觀點而輕重緣之以異矣。

四、氣節內容之分析

第一節中，我已舉氣節之重要成份有三，曰理性，曰信心，曰殉道精神。若更按心理學以求之，可謂其實兼智、情、意三項。

第一、所謂氣節，非暴虎憑河之勇之謂也，亦非北宮黝不膚橈不目逃之謂也。其中含有博學愼思審問明辨之功夫。以孟子言之，處於戰國之世，睥睨一世，視儀秦縱橫家如無物者，誠以對於王霸之差別，辨之有素也。其舉大禹之治水，與孔子之作春秋，以爲排楊墨之根據，可以見其平日盤旋腦際之問題廣矣大矣。蘇格拉底於受審之日，所以辯護其與青年沿街論道者，自有至精至高之理論伏乎其後，非常人所能察見。乃至文文山之被俘，世人徒見其臨危授命，而不知其少年時所作殿試廷對之文，早已以天下爲己任矣。由孟氏蘇氏文氏三人之言行言之，凡人於物理人情是非得失之故辨之者不眞不切者，則自信之心無從而建立也。此之謂智。

第二、所謂氣節，非倔強、獨斷、一意孤行之謂，然其中有不可奪之意志存焉。晉書忠義傳之言曰：「守鐵石之深衷，厲松筠之雅操，見貞心於歲暮，標勁節於嚴風。」足爲氣節二字之正確解釋，然其所以能頂天立地，不動如山岳者，則意實爲之。

第三、智以頭腦冷靜爲主，意以堅定爲主，此二者宜於辨別與決斷，其能鼓動他人使之風起雲湧者，則赤忱尚已。文文山傳中之言曰：「江上報急，詔天下勤王，先生捧詔涕泣，遂起兵。諸豪傑皆應，有衆萬人。事聞。以江西提刑安撫使召入衞。其友止之。先生曰：吾亦知其然也。第國家養育臣庶三百餘年，一旦有急徵天下兵，無一人一騎入關者。吾深恨於此，故不自量力，而以身徇之。庶天下忠臣義士，將有聞風而起者，義勝者謀立，人衆者功濟，如此則社稷猶可保也。」此段文中可見志士仁人之所爲，明知其必不成而爲之，賴一己之熱誠，以鼓動他人之同情，盡其義之所爲，成敗利鈍，非所計焉。德哲菲希德於拿破崙大兵雲集柏林之日，旁人且遠走高飛之不暇，何敢鼓動羣衆，仇視法國？然菲氏演講垂數月之久，舉德國之歷史語言爲證，以明德意志之復興在卽。不數年後，拿氏果敗，德意志終於解放。文氏與菲氏之此種熱誠，卽孟子所謂至大至剛之氣。謂爲春風露雨可也，謂爲雷電可也。以一人內心之火，燃起他人內心之火。此之謂情。

智、意、情三者，就一般人生水平上，以說明其爲氣節不可少之元素。然尙有最後一境界，即自信其行爲之正當，若天之所命而不容自己者。而後方有一安心立命之所，雖赴湯蹈火亦所不辭矣。此之謂信念，此之謂殉道精神。

雖然，吾人所當知者，則氣節之所以適用於人生問題之各方面者應如何乎？舉正氣歌中之十二人爲例，先加以說明，再從而推廣之。

正氣歌之十二人如下：

（一）在齊太史簡，（二）在晉董狐筆，（三）在秦張良椎，（四）在漢蘇武節，（五）爲嚴將軍頭，（六）爲嵇侍中血，（七）爲張睢陽齒，（八）爲顏常山舌，（九）或爲遼東帽，（十）或爲出師表，（十一）或爲渡江楫，（十二）或爲擊賊笏。

此十二人之事蹟，所謂成仁取義，吾民族之精神所在也。舉舊史中之原文，作簡單之敍述。

（一）**齊太史簡**　此事起於齊之崔杼弒其君莊公，事繁姑不盡引。莊公被弒，太史簡書曰崔杼弒其君。崔杼殺此依春秋書法記事之太史簡。太史簡之弟照樣再書，崔杼復殺之。其少弟不以二兄之死爲意，因再書之。崔氏知殺人之殺不盡也，乃舍之。另一史官名南史氏聞太史盡死，執簡以往，聞既書矣，乃還閭丘。吾古代歷史記載，有一種筆法，依此筆法記載，自然觸犯權臣之怒。然太史氏因其職守所在，不敢以畏死而模稜兩可，而依違其間或有顚倒之處，謂吾國史家忠於職業的倫理可也。

（二）**晉董狐**　晉靈公爲昏亂之君，嘗從臺上彈人，觀其避彈以爲戲。趙盾在晉素得民心，靈公請盾飮酒，將縱猛犬殺之。示眯明陰保護之，趙盾得以脫身。繼而盾之弟趙穿襲殺靈公於桃園，且使趙盾復位。太史董狐書曰趙盾弑其君。以示於朝。盾曰弑者趙穿，我無罪。太史曰子爲正卿，而亡不出境，返不討賊，此非弑君而何。孔子聞之曰：董狐，古之良史也，書法不隱。

（三）**張良**　史記留侯世家曰：

留侯張良者，其先韓人也，大父開地相韓昭侯，宣惠王襄哀王，父平相釐王悼惠王。悼惠王二十三年平卒。卒二十歲，秦滅韓。良年少未宦事韓，韓破，良家僮三百人，弟死不葬，以家財求客刺秦王，爲韓報仇，以大父，父五世相韓故。良嘗學禮淮陽，東見倉海君，得力士爲鐵椎重百二十斤。秦皇東游，良與客狙擊秦皇帝博浪沙中，誤中副車。秦皇帝大怒，大索天下，求賊甚急，爲張良故也。

（四）**蘇武**　蘇武塞上牧羊，人所共知，其詳可攷漢書五十四卷。茲錄其尤要之語。蘇武初以中郎將送匈奴使者還歸匈奴，與張勝常惠偕行。既至匈奴。會匈奴中之緱王與漢使虞常等謀劫單于，謀泄事敗，匈奴乃有強武投降之舉。蘇武謂惠等屈節辱命，雖生何面目以歸漢，引佩刀自刺。衞律大驚，自抱持武，馳召醫。鑿地爲坎，置熅火，覆武其上，蹈其背以出血，武氣絕，半日復生。單于壯其節，朝夕遣人候問。後衞律再勸蘇武降曰：律負漢歸匈奴，幸蒙大恩，賜號稱王，擁衆數萬，馬畜彌山，富貴如此。蘇君今日降，明日復然。武罵律曰：汝爲人臣子，不顧恩義，叛主背親，降虜于蠻夷，何以汝爲見。律知武終不可脅。單于益欲降之，乃幽武置大窖中，絕不飲食。天雨雪，武臥齧雪與旃毛並咽之，數日不死。匈奴以爲神，乃徙武北海上無人處，使牧羝，羝乳乃得歸（此卽烏白頭馬生角之意，言不得歸也）。後李陵降匈奴，單于聞二人素相識，乃由李陵說蘇武降。武答曰：今得殺身自效，雖蒙斧鉞湯鑊，誠甘樂之。後數日又告陵曰：自分已死久矣，王必欲降武，請畢今日之歡，效死于前。陵見其自誠，喟然嘆曰：嗟乎義士，陵與衞律之罪上通于天矣。後漢使者來匈奴，匈奴詭言武死。常惠乃夜見漢使，教漢使告單于，言天子射上林中得鴈，足有係帛書，言武等在某澤中。單于視左右而驚，謝漢使曰武等實在。單于乃遣蘇還漢，以始元六年春至京師。其牧羊北海上，杖漢節牧羊，臥起操持，節旄盡落，其留匈奴凡十九歲，始以彊壯出，及還鬚髮盡白。太史公贊曰：使于四方，不辱君命，蘇武有之矣。

（五）**嚴顏**　後漢三國時人，爲益州牧劉璋巴郡太守。初劉璋招先主入蜀，顏拊心嘆曰：此所謂獨坐窮山，放虎自衞也。及先主攻璋，張飛諸葛亮溯江而上，飛生獲顏，呵之曰，大軍至，何以不降而敢拒戰？顏答曰：卿等無狀，侵奪我州，我州但有斷頭將軍，無降將軍也。飛怒，令左右牽去斫頭，顏面色不變，曰：斫頭便斫頭何爲怒耶？飛轉以爲壯而釋之，引爲賓客焉。但此後嚴顏在蜀，絕無所表現，想其仍忠心耿耿故主，故不願爲先主用耳。

（六）**嵇紹**　嵇紹，晉書忠義傳之第一人，八王之亂時出色人物，嵇康之子也。初因山濤之薦，徵爲秘書丞。王戎於稠人中見之，稱之曰昂昂然如野鶴之在鷄羣。及齊王冏輔政，冏爲驕奢，聞董艾言嵇紹善於絲竹，乃令操之。嵇紹對曰：「公匡復社稷，當軌物作則，垂之於後，紹雖虛鄙，忝備常伯，腰紱冠冕，鳴玉殿省，豈可執絲竹以爲伶人之事。」冏聞而大慚，艾不自得而退。嵇紹旋由御史中丞轉爲侍中，河間王顒，成都王潁舉兵向京都以討長沙王乂，乂次於城東，宣言於衆曰：今日西討，欲誰爲都督乎？六軍之士皆曰願嵇侍中戮力前驅，雖死猶生也。遂拜紹爲使執節平西將軍。嗣乂被執，紹復爲侍中，公王以下皆詣鄴謝罪於成都王潁。嗣後朝廷復有北征之役，徵紹復其爵位，紹以天子蒙塵，承詔馳詣行在所，值王師敗績於湯陰。百官及侍衞莫不散潰。唯紹儼然端冕，以身捍衞，兵交御輦，飛箭雨集，紹遂被害於帝側。血濺御服，天子深哀嘆之。及事定，左右欲浣衣，帝曰此嵇侍中血，勿去。此乃嵇侍中血四字所以流傳於史册也。

（七）張巡　張巡傳，讀韓退之張中丞傳後序者，無不耳熟能詳。茲錄新唐書張巡傳中之結束語如下：「巡長七尺，鬚髯每怒盡張，讀書不過三復，終身不忘。爲文章不立稿。守睢陽，士卒居人，一見問姓名，其後無不識。更潮及尹子琦，大小四百戰，斬將三百，卒十餘萬。其用兵未嘗依古法，勒大將教戰，各出其意。或問之。答曰古者人情敦樸，故軍有左右前後，大將居中，三軍望之以齊進退。今胡人務馳突，雲合鳥散，變態百出，故吾止使兵識將意，將識士情，上下相習，人自爲戰爾。其械甲取之於敵，未嘗自修。每戰無不親臨行陣。有退者，巡已立其所，謂曰我不去此，爲我決戰。士感其誠，皆一當百。待人無所疑，賞罰信，與衆共甘苦。寒暑雖厮養必整衣見之，下爭致死力，故能以少擊衆，未嘗敗。被圍久，初殺馬食，既盡而及婦人老弱三萬口。人知將死而莫有叛者。城破遺民止四百而已。」張睢陽齒四字之由來，尤爲壯烈。睢陽城食盡援絕，張巡西向拜曰：孤城備竭弗能全，臣生不報陛下，死爲鬼以癘賊。城遂陷，與許遠俱執，巡衆見之，起且哭。巡曰安之勿怖，死乃命也，眾不能仰視。尹子琦謂巡曰：聞公督戰大呼，輒眥裂血面，嚼齒皆碎，何至是？答曰吾欲氣吞逆賊，顧力屈耳。子琦怒，以刀抉其口齒，存者三四。巡罵曰吾爲君父死爾，附賊乃犬彘也。

（八）**顏杲卿** 顏杲卿，唐史忠義傳中之人物也。杲卿初以蔭調遂州司法參軍，再遷爲范陽戶曹參軍。安祿山聞其名，表爲營田判官，假常山太守。祿山反，杲卿與長史袁履卿等圖謀討賊，與北方各郡趙、鉅鹿、廣平、河間相呼應，各郡斬僞刺史，傳首常山。安祿山至陝，聞兵大興，使史思明率平盧兵渡河攻常山。蔡希德自懷會師，且急攻城。杲卿以兵少，未及爲守計，求救於河東承業，拒不出兵。杲卿晝夜戰，糧竭矢盡，六日而陷，與履卿同執。祿山脅之使降，取少子季明，加刃頸上。曰降之，我當活爾子。杲卿不答，遂殺其子。杲卿至洛陽，祿山怒曰：吾擢爾太守，何所負而反？杲卿瞋目罵曰：汝營州牧羊羯奴耳，竊荷寵恩，天子負汝何事而乃反乎，我世唐臣守忠義，恨不斬汝以謝上，乃從爾反耶？祿山不勝忿，縛之天津橋柱，節解，以肉噉之，詈不絕，賊鈎斷其舌曰：復能詈否，杲卿含胡而絕，年六十五。

（九）**管甯** 所謂遼東帽，指管甯言之也。管甯因漢末之亂，渡海至遼東。因山爲廬，鑿坯爲室，越海避難者皆來就之而居，旬月而成邑，遂講詩書，陳俎豆，飾威儀，明禮讓。甯所居屯落，會井汲者或男女錯雜，或爭井鬬鬩。甯患之，乃多買器分置井旁，汲以待之，又不使知。來者得而怪之，問知甯所爲，乃各相責不復鬬訟。鄰有牛暴甯田者，甯爲牽牛着涼處，自爲飲食，過于牛主，牛主得牛大慚，是以左右無鬬爭之聲，禮讓移於海表。可謂爲古代之農村文化改良家也。魏初帝室屢次徵召，不應命。三國志稱之爲參縱巢許，殆其近之。甯常著皁帽，布襦袴布裙，隨時單復出入閨庭。能自杖，不須扶持，四時祭祀，輒自力彊，改加衣服，故在遼東所有白布單衣，親薦饌饋，跪拜成禮。蓋管氏既守古禮，惡衣惡食而又以自耕自食爲樂者也。

（十）**諸葛武侯**　諸葛武侯一生，可以無待贅述。其出師表首述自己出處曰：「臣本布衣，躬耕南陽，苟存性命于亂世，不求聞達於諸侯。」繼述與劉備相識曰：「先帝不以臣卑鄙，猥自枉屈，三顧臣於草廬之中，諮臣以當世之事，由是感激，遂許先帝以驅馳。」其末後表示決心之語曰：「庶竭駑鈍，攘除姦凶，興復漢室，還與舊都。」由其隱居求志說起，因知己之感，出而擔任國事。最後且有「不效則治臣之罪」之言。後世評文者稱之曰語重心長，滿紙淚痕，誠得其當矣。

（十一）**祖逖**　祖逖年十四五，猶未知書。諸兄每憂之，然輕財好俠，慷慨有節尙，每至田舍，輒稱兄意，散穀帛以賙貧乏，鄉黨宗族以是重之。後迺博覽詩書，該涉今古，往來京師，見者謂逖有贊世才。逖與劉琨俱爲司州主簿，情好綢繆，共被同寢，中夜聞荒鷄鳴，蹴琨覺曰：此非惡聲也。因相與起舞。京師大亂，逖率親黨數百人，避地淮泗，以所乘車馬，載同行老疾，躬自徒步，藥物衣糧與衆共之。又多權略，是以少長咸宗之。時帝方拓定江南，未遑北伐。逖進說曰：「晉室之亂，非上無道而下怨叛也。由藩王爭權，自相誅滅，遂使戎狄乘隙，毒流中原，今遺黎既被殘酷，人有奮擊之志，大王誠能發威命，將使若逖等爲之統主，則郡國豪傑必因風而赴，沈溺之士欣於來蘇，庶幾國恥可雪，願大王圖之。」帝乃以逖爲奮威將軍豫州刺史，給千人廩布三千匹，不給鎧仗，使自招募，仍將本流徙部曲百餘家渡江，中流擊楫而誓曰：「祖逖不能清中原而復濟者有如大江。」辭色壯烈，眾皆慨嘆。此「渡江楫」之名所由來也。

(十二) **段秀實**　段秀實者，唐德宗時藩鎮變亂中之傑出人物也。李希烈既據汴州，自稱楚帝。德宗行幸陝西之乾縣，朱泚欲以迎鑾駕之法，濟其逆謀。自意嘗委秀實為涇原節度，必肯與之同惡。秀實初詐從之。陰說大將劉海賓何明禮姚令言，判官歧靈岳同謀殺泚。朱泚遣韓旻領步馬三千疾趨奉天，以迎德宗。秀實以為待韓旻迎駕歸來，恐生大變，乃定直搏殺朱泚之計。明日泚召秀實議事。源休姚令言等皆在座。秀實戎服，與泚並膝，語至僭位，秀實勃然而起，執休腕奪其象笏，奮躍而前，唾泚面大罵曰：「狂賊，吾恨不斬汝萬段，我豈逐汝反耶。」遂擊之，泚舉臂自捍，纔中其額，流血匍匐而走，兇徒愕然，初不敢動，而海賓等不至，秀實乃曰：我不同汝反，何不殺我。兇徒羣至，遂遇害焉。

以上十二人，本文文山之所舉，依據舊史，敍述其事。吾之所以為此，意在於十二人生平之中，求得若干抽象原則，以推知氣節之所以適用于人生者應何如。

第一曰不事異族勿忘愛國之大義。祖逖擊楫斷流，蘇武塞上牧羊十九年，皆由于愛國之義有以致之。

第二曰不從叛逆作亂。如張巡之罵尹子琦，段秀實之以笏擊朱泚，與顏杲卿之痛斥安祿山，皆同此不犯上作亂之精神。

第三曰不輕易主，盡以身許國之義務，如張良之椎擊秦皇，諸葛武侯之忠於蜀漢，稽紹之以身捍衛晉帝。

第四曰不事王侯，弊屣尊榮，自巢由以至管甯其代表也。

第五曰不屈于當政者之權威，守歷史書法之正義。太史簡、董狐、與作春秋之孔子，讀春秋而深通其義之孟子，以及後世主持正論者皆屬之。

雖然，文文山所舉，皆歷史上外患內亂之中，以身殉其所信之人物。堅強不屈，或口舌罵賊，或甘赴鼎鑊，皆視死如歸者焉。然亦有身雖不死，或雖死而以學說爲本位者，其內心之鎭定，不亞於太史簡嵇侍中顏杲卿張睢陽等，如非希德在柏林圍城之中舉行對德意志國民演講，蘇格拉底信其「德本於知」之學說，孔子知天下事不可爲而猶爲之，孟子自言其好辯之不得已，康德守其理性界限以內之宗敎論而不變，非氏蘇氏孔氏孟氏康氏經博學愼思審問明辨而後決定其自身之立場，本其所信爲正論者以駁斥邪說，與十二人中不事異族不事二姓者同一堅強。然亦有阻擾之者，如孔子厄於陳蔡，蘇氏受審判於雅典，則委之於天命，此亦氣節之另一方面，應擴而充之者也。因此以上五項之外，可加下列三項以補之。

第六曰不屈於威力，而放棄其人格尊嚴與思想自由之權利。

第七曰不服從一個拋棄愛國愛民任務之政府，而爲其順民。

第八曰不隨時俗好惡，將其所自信之理論根據，置之於最高原則之上，終有日就光明之一日。

第八項之實例，可證之吾國二三十年思想界之狀況。自五四以來，時人好駁斥孔孟綱常名敎與孔子子爲父隱之主張。然目擊當今子告其父兄叔伯，妻告其丈夫之大禍，乃知先哲之所以如此立言，自爲社會秩序打算，有其至深厚之根據，非可輕易拋棄者矣。

吾人既得氣節適用於今日人生之八項原則，然而未盡焉。氣節之表現，必先有阻礙之者，換言之，先有一敵人在旁，妨碍其自由意志或獨立人格，然後本正義感以抗之。故上文所舉八項，皆以「不」字發端，似乎吾人所言，偏於消極方面。其與積極之方面關係如何，不可不爲之解釋，姑以孟子「人有所不爲也，而後可以有爲」之言爲之發端。

自孟子「人有所不爲也，而後可以有爲」之言觀之，道德之爲義，曰有所應爲，有所不應爲。應爲者積極也，不應爲者消極也。二者若相反，而同出于一源。譬曰臨財毋苟得，臨難毋苟免，不淫不盜不謊言，此其措辭之方式消極者也。然毋苟得與不盜之正面爲義爲廉，不好色不淫之正面爲貞操，不苟免之正面爲勇。措辭正反兩面各有不同，然而義則一貫者也。在個人言之，積平日若干次若干件之不苟取不苟得，而後義因之以實現，積若干件不食言之事，而信因之以實現，積若干件不爲婦女所惑之事，而男子之貞操之人格因以養成，積若干件不敷衍塞責不避艱難困苦，而忠義因之以養成。積極之中，含有消極，消極之中，含有積極。更擴而至全國以言之，積若干人個人之有所不爲，而全國之大有爲乃以實現。此則正反兩面之應會通，非可執一偏之見可以爲準繩者也。

最後氣節問題，尙有其形而上學的意義在焉。孟子曰：「其爲氣也，至大至剛，以直養而無害，則塞於天地之間。」文文山之言曰：「是氣所磅礴，凛烈萬古存，當其貫日月，生死安足論，地維賴以立，天柱賴以尊，三綱實係命，道義爲之根。」蘇格拉底之言曰：「死或爲不夢之睡眠，或爲靈魂歸於另一世界。苟人能與奧菲斯神與先哲荷馬譚話，其爲樂如何。果其然也，請諸君許我死而已矣，死而已矣。」「另一世界中，決不因我之與人問答而置我於死地。除更爲幸福外，入於不朽之鄉矣。」合中西哲人之言觀之，可見存心養性之背後更有「窮天地亘萬古」之宇宙意義在矣。

五、結論——今日提倡氣節之重要

抑國人所當深念者，二十世紀之今日，羣言淆亂之時代也，哲學、道德以及政治經濟制度，無一而非各執一詞，互相詬病。此雙方之爭，非僅恃智識所得而解釋而判定，應進而求之於信心而已。其但恃智識學問者將令自身繞室徬徨而不知所措，惟有在思辨之中，繼之以信心（Conviction）甚或信仰。此乃講理論與有志於事功者所不可不知者也。

社會之所以安定，視乎是非善惡邪正之有無標準。有之者安，無之者亂。是非之辨，視乎邏輯，善惡之分，視乎道德倫理，邪正之抉擇，視乎其法律政治。乃自一九一七年蘇聯革命以還，共產主義者告人曰：君等資產社會之所謂邏輯，非我之所謂邏輯也；君等資產社會之所謂道德，非我之所謂道德也；君等資產社會之所謂政治制度，非我之所謂政治制度也。甚至資產社會之語言名辭，非我之所謂語言名辭。濟之以宣傳以冷戰以各種和平理事會。於是乎十九世紀以來所謂形式邏輯，今則有辯證法之邏輯與之對立。所謂道德，昔日或爲康德說，或爲邊沁說，今則視之爲資產階級壓迫人民之工具。其於政治制度，亦同以工具視之。所謂是非善惡邪正云云者，混淆至於無可分辨，一若惟有決之於雙方之成敗，決之於雙方之武力矣。然武力之成敗，其能爲眞正是非善惡邪正之標準乎？決不然矣。

武力既不足爲是非善惡邪正之標準，其所以代之者，亦曰各人心理之同然。此同然之心理何由養成？曰由於各人自己之分辨抉擇，而以全人格爲其後盾而已。

此是非善惡邪正之混淆，由於人心所造成。然亦惟有還求諸人心之辨別力信仰力以爲矯正之資。目前種種混亂情況，可分以下三項論之。

第一、**政治制度之混亂**。吾人處此局面之中將安歸乎？歸於西方民主集團乎？共產主義者譏之曰：此舊式資本社會之政治制度，不適於方今社會公道昌明之日。西方民主集團駁之曰：眞正之民主，必本於人民人格之尊重自由之確保，無人格之尊重與自由之確保，即令實行平等，等於牢獄中囚犯之平等而已。共產主義者又曰：君等資本主義社會，名爲有自由，然報紙輿論操於資本家之手，被選爲議員者均爲富者階級，所謂貧者之自由安在？西方民主主義又反駁之曰：即令如君所言，輿論與議會議席操於富者之手，然貧者之思想言論集會結社之自由固有憲法上法律上之保障，且漸進改良之法案，何日無之？何嘗如蘇聯國中並反對黨之存在而不容許乎？共產主義者又有言以難之曰：此爲社會革命之期，所以防制反動派之勢力伸張，不得不有此限制，一旦成功，社會中無階級之區別，人人平等自由，而此限制自取消矣。民主主義者又有以駁之曰：所謂社會改造，必以合於民意合乎長治久安之原則爲依歸。誠社會改造之爲良方案，何患乎多數人之不同意，而先有防制反對者之舉乎。況乎改革方案必出於全國多數之同情，然後能植基深固，不至爲人民所厭惡，若徒逞一黨之一意孤行，安知國內外形勢變動之後，不終有翻雲覆雨之一日乎？政治制度必以民意以人情爲基礎，非可依少數人之私意勉強行之者也。昔日聖君賢相，尚不免人存政舉人亡政息之公例之支配，況乎今日共產黨以少數人之專制，暴虐其民以爲征服世界之企圖，即令成功，不過如亞力山大拿破崙十餘年之武力煊赫，而百年長久之規模安在乎？

第二、**邏輯與哲學思想之混亂**。昔日亞歷斯大德之形式邏輯，爲事物永恒之邏輯，昔日所謂道德倫理，即人羣間善惡邪正之歷久不易之標準。此二者爲共產主義者所深惡，乃採唯物辯證法以代之。辯證法之要點，謂世界事物，乃相互依存，而在日進不已之變遷中，無單獨存在者。惟其然也，所以觀察自然界與社會發展者，應求之相互依存之中，亦卽在對立而統一之中或曰相反之同一中。此自然界與社會發展，非各個固定之事物之存在乃一連串之行歷，由對立而合一，復由合一而分裂，因此成爲否定之否定。吾人所欲問者，此種惟物辯證邏輯，能取亞氏形式邏輯而代之乎？世界旣有所謂山也河也礦也植物也動物也人也。此種分類辨物之中，已有形式論理學之同一、矛盾、排中三律在乎其中，物理學也化學也礦植物學也，何一不以靜止狀態中之認識爲基礎，卽令由原子而沙石而山河大地而生物人類，由於量變質變而來，然由物質而生命而心靈之質變量變之詳細情形如何，未見惟物主義者之能有所昭示。昔日德國學者認此類事，爲宇宙之謎，此量變質變之奧妙，一日不能解決，雖懸此公式於國門，安從而使人同意其說乎？惟物主義者反對『物由心造』之說，其所力持者，爲存在決定思想，非思想決定存在，對於思想決定存在之主張者，稱之曰惟心主義。惟心主義之種類多矣。黑格爾氏以絕對（Absolute）統轄一切，謂由上帝意中造成世界，故由此創造行爲中，以求其邏輯，則一切範疇，卽爲宇宙演進之眞理，苟惟物主義所反對者爲黑氏之絕對論，卽非唯物主義者之我亦予以同情矣。雖然，康德之「純理批導」中所提出之問題曰認識何以可能？意謂物理、天文、生物、心理各種現象所以成爲科學，必先經由吾心之認識。試問不先經吾心之認識，何以知爲礦物植物生物與夫原子細胞等等。此科學之基本處，惟物主義且並此而棄之，吾所深不解也。惟物主義更推廣此「存在決定思維」之原則以及於社會發展，於是有鐵器形成農業封建社會，蒸氣機形成資本主義社會之說。鐵與蒸氣機之使用，乃人之智力爲之，非鐵與蒸氣機自能爲人用也。封建社會構成之條件，曰部落之存在，曰世襲之制，曰授田之制，曰公侯伯子男對王室之義務，此各種因素爲之造成，豈鐵器一端所能決定乎？推之蒸氣機，亦復如是。十五六世紀海上新地發現，各地貿遷有無，與美亞非各洲人民之愚昧，乃資本主義之所以造成，蒸氣機何能單獨決定一切乎？要之辯證法哲學之目的，在乎革命，故一切以「變」爲中心。矛盾也，矛盾之統一也，不外乎達其革命目的之理論手段。然人類社會有革命之時日，亦有不革命之時日。不革命之時日，貴乎各階級合作和睦相處，相安於同一法治之下。更有所謂敵人來侵時之對外一致，此必在同一愛國條件之下而後能有此合作現象。若日日夜夜以階級鬪爭爲事，吾未見此種國家內之人民能有享樂之一日。而曷貴乎有此社會乎？若夫道德之存在，驗之生物進化，已可概見。羊能善羣，狗知忠義，螞蟻知君臣之組織，虎豹亦愛其所生之子。此種天性由來，遠在人類產生與歷史記載以前。惟物主義者並此而排之，名之曰上層意識，由於資產階級壓迫羣眾，乃造爲道德宗教之名以爲工具。何其視道德根源之爲日短淺至於是乎？以云革命，由部落而封建，由封建而專制君主，復由專制君主而民主，其間變遷，自爲歷史中必經之階段。然英也法也皆嘗有所謂革命，何嘗如蘇俄之以惟物辯證爲共產主義之聖經乎？

第三、外交關係之混亂。自蘇聯立國之日，號召各國社會黨，造成第三國際。其始也蘇聯受外國之包圍，不得已而有此組織。斯太林旣執政，俄國內部已漸鞏固，由是與各國訂立互不侵犯條約，且加入國際聯盟，此爲其公式外交。其與之同時併進者，爲共產國際所管轄之各國內部之共產黨，以滲透以分化以偵探以罷工，爲崩潰各國之手段。然各國人民激於愛國大義，鮮有附和之者。第二次大戰後，德意旣敗，東歐空虛，蘇聯乘隙而入，乃取波捷匈羅保各國爲己有，強之施行共產黨獨霸之制。亞洲之中華民國，亦因國民黨之連戰連敗，不一二年，大陸爲共產黨所佔有。於是由中國而擴大爲韓戰、爲安南之戰。其野心之大，且欲並西歐各國而共產化之。西方民主集團慄慄危懼，乃有馬歇爾經濟合作計劃，北大西洋同盟與軍備重整以爲應付之策略。此時第三次大戰，已在醞釀之中，可以一發而不可收拾。且將有原子彈氫氣彈之使用，引起人類文明毀滅之危懼。

吾人目擊此世界種種混亂，求所以自效於國家與人類者，內自邏輯、道德與哲學，外至政治制度與國際關係，無一不應研究之比較之，從而抉擇其一，以爲自己發言之根據，努力之方向。其所以立己者，曰吾將爲能辨別而有定見之人也，吾將爲有氣骨之人也，吾將於此兩種潮流之中，求有所左右而轉移之也。誠有此分辨之智慧，無惑之定見與夫不拔之信心，處此錯綜之局中，或能有以自效。而不然者，徬徨四顧，患得患失，卽令幸而自投於勝者之側，可以保全性命，可以安富尊榮，然而對人類對國家之貢獻安在乎？在有信心者言之，其良心昭之曰：與其順潮流而成功，不如逆潮流而失敗。我雖不能建功於今日，可以明正義於後世，千百年後必有能爲公平之判斷者。如是吾人今日之立身行己，惟有氣節而已矣，惟有氣節而已矣。

吾所謂氣節，前文已詳言之，茲再舉其綱要言之有三：一曰辨理之明，二曰信心之堅，三曰殉道之勇。

第一、辨理之明。處此國際派別對峙思想紛歧之日，爲謀國家長治久安，與免後此之循環報復者，惟有在平心靜氣，讀書明理中，求其利害得失之故。理之是非，有可以一朝見者，如蘇俄所行無產階級專政之制在列寧逝世之後，已引起斯太林與托勞孳幾之鬪爭，大足爲前車之鑑。若更求之於久遠，則政治意見之不同，爲一國當然之事，豈排斥反對黨者所能解決？更以社會發展言之，依史學家社會學家之研究，自有封建，君主專制與民主憲政階段。其所以向於此階段之發展，或依革命，或依平和改革，此應決之於民意，非一黨所能獨斷。更以科學性質言之，數百年來新科學之發展，由愛好科學者之觀察試驗以尋求公例，不背客觀求眞之標的。今蘇俄否認「爲科學而科學」之主張，創爲科學含有階級性之說，乃分之爲無產階級科學與資產階級科學。自政治利害以論定科學，蔽聰塞明，自狹其求眞之大道。更以邏輯言之，有靜止之事物，自爲形式論理所能適用。有變動之社會，辯證法不失爲觀察法之一種。然不必生產方法，爲決定因素。若夫社會改造所以謀生民之幸福，若不擇手段以爲之，徒苦人民，不必其能長保共產黨之政權。此各種問題，非經愼思明辨，求事理之當然，而無一毫私意存乎其間者，何能得其正當之答案乎？

第二、信心之堅。方今爲民主集團與共產集團鬪爭之日，爲明瞭兩方所以對峙之故，或可以比較短長得失了之。若求有所左右輕重，則自己無所袒護不可焉。孟子生於戰國之世，毅然斥楊墨爲無父無君。近人評孟氏之言爲不合于邏輯，實則表示孟子對儒墨之抉擇，旣以其一爲優，自不能不以其他爲劣。孔子于長沮桀溺之耦耕，豈有不羨其逍遙世外之淸閒？然孔子抱定「吾非斯人之徒與而誰與」之決心，自然視此耦耕者爲禽獸之高飛遠走。良以學問上之主張，苟其限之於理論範圍之內，自可各執一端而兩存其說。及其有關行動之際，自不能不袒其一而舍其他。蘇格拉底自信其問答中尋求眞理之方法，自然不顧一世之毁譽以爲之，亦曰本自己所確信以轉移一世之風氣而已。

第三、殉道之勇。凡自己所信爲眞理者，初不願以形諸文章了事，而求人之共喩。始則閉門修養，繼則出而淑世。蘇格拉底、孔子、釋迦牟尼與耶穌皆同此精神也。其幸而生者如孔子，不免於陳蔡之厄。不幸而死者，爲蘇格拉底與耶穌。蘇氏於法庭臨終之言曰：令我死而已矣、死而已矣。耶穌於受審之日，明白自言爲上帝之子，猶孔子「天之未喪斯文，匡人其如予何」云云，自負其受命於天。非有此信心者，何能以己之一死，洗滌塵寰之罪惡，廓清世界之兇燄哉？

吾國之民主主義者，其亦自念在此民主與共產之鬬爭中，所以失敗之故安在乎？國中明雙方是非得失之理者，已不易得。明其理矣，又有定見者能有幾人？今大陸淪陷矣，民心向背可知矣。誠有祖逖擊楫斷流之決心，武侯攘除奸凶與復漢室還於舊都之鞠躬盡瘁之忠誠，更高者出之以釋迦我不入地獄誰入地獄之捨身救世精神。吾見中華民族獨立與光榮之恢復有日矣。